한국 근대잡지 창간호 연구

한국 근대잡지 창간호 연구

2022년 8월 16일 초판 1쇄 발행

글쓴이   김기태
펴낸이   권혁재
편 집   조혜진
표 지   이정아

제 작   성광인쇄
펴낸곳   학연문화사
등 록   1988년 2월 26일 제2-501호
주 소   서울시 금천구 가산디지털1로 16 SKV1AP타워 1415호

전 화   02-6223-2301
팩 스   02-6223-2303
E-mail   hak7891@chol.com

ISBN 978-89-5508-472-6 93910

※ 이 저서는 2018년 대한민국 교육부와 한국연구재단의 지원을 받아 수행된 연구임.
  (NRF-2018S1A6A4A01036050)

한국 근대잡지 창간호 연구

김기태

서 문

우리 근대잡지 창간호에서 그 시대를 만든 사람들을 만나다

이 책은 2018년 5월부터 3년 동안 교육부·한국연구재단의 지원을 받아 진행된 '저술출판
지원사업'의 결과물이다. 만일 이 저술의 연구계획서가 정부의 지원 대상에 선정되지 못했다
면 아마도 이 책은 나오지 못했을 것이다. 그만큼 방대한 내용일 뿐 아니라 무언가 크나큰 계
기 혹은 동기부여가 필요한 연구였다. 1896년 2월 창간된《친목회회보》를 필두로 1945년 12
월 창간된《건국공론》에 이르기까지 우리나라 근대잡지 창간호 100종을 연구 대상으로 삼았
다. 일제강점기를 포함하여 50년 남짓한 기간 동안 명멸했던 우리 근대잡지는 그 자체로서 당
대의 시대상을 담은 그릇이었으며, 발행에 참여한 사람들의 노고가 고스란한 결과물이었다.

잡지마다 특색이 다르긴 하지만 주된 내용은 계몽적인 것들로 외국의 정치, 문화, 지리, 학
문 등을 소개하고 개화와 자강사상을 전파하는 데 기여했다. 또한, 상업성을 초월하여 우리
민족이 지향해야 할 방향을 제시하는 이상주의적 경향을 띠는 한편, 서구와 일본의 문화와
사상을 소개하는 데 역점을 두었다. 이들 초기 잡지가 닦아 놓은 토대 위에서 비로소 종합잡
지와 전문지들이 출현할 수 있게 되었다.

이 책은 연구 목적과 방법, 근대잡지가 나타나게 된 시대적 배경을 살펴보는 '제1장 서론',
100종의 근대잡지 창간호를 구체적으로 분석하고 있는 '제2장 근대잡지 창간호 분석', 근대
잡지 창간 배경과 근대잡지 창간호의 편집 특성 그리고 근대잡지 창간의 시대적 의미와 시사
점에 대해 살펴본 '제3장 근대잡지 창간호 분석 결과', 끝으로 '제4장 결론'으로 이루어졌다.
특히, 제2장에서 살피고 있는 것처럼 이 책에서 대상으로 삼은 근대잡지 100종을 들여다보
면 서로 유사하면서도 저마다 독특한 특성을 간직하고 있었으며, 당대의 시대적 물결에 기꺼
이 올라타서 시대와 역사를 만들어 나갔던 인물들의 도저한 흔적을 찾을 수 있었다.

제3장에서 자세히 살피고 있는 것처럼 이 책에서 대상으로 삼은 근대잡지 100종을 유형화
하면 다음과 같다.

1) 동경 유학생 중심의 친목 · 계몽 잡지들

  - 《친목회회보》(1896년 2월 15일 창간호 발행)

  - 《대조선독립협회회보》(1896년 11월 30일 창간)

  - 《가정잡지》(1906년 6월 25일 창간)

  - 《태극학보》(1906년 8월 24일 창간)

  - 《대한유학생회학보》(1907년 3월 3일 창간)

  - 《학지광》(1914년 4월 2일 창간)

  - 《근대사조》(1916년 1월 26일 창간)

  - 《창조》(1919년 2월 1일 창간)

  - 《삼광》(1919년 2월 10일 창간)

  - 《예술운동》(1927년 11월 15일 창간)

  - 《막》(1936년 12월 1일 창간)

2) 최남선의 신문관에서 발행한 잡지들

  - 《소년한반도》(1906년 11월 1일 창간)

  - 《소년》(1908년 11월 1일 창간)

  - 《붉은저고리》(1913년 1월 1일 창간)

  - 《아이들보이》(1913년 9월 5일 창간)

  - 《청춘》(1914년 10월 1일 창간)

  - 《동명》(1922년 9월 3일 창간)

3) 각종 학회나 단체에서 만든 기관지 겸 학술잡지들

  - 《대한자강회월보》(1906년 7월 31일 창간)

  - 《서우》(1906년 12월 1일 창간)

- 《대동학회월보》(1908년 2월 25일 창간)

- 《서북학회월보》(1908년 6월 1일 창간)

- 《호남학보》(1908년 6월 25일 창간)

- 《기호흥학회월보》(1908년 8월 25일 창간)

- 《공업계》(1909년 2월 28일 창간)

- 《교남교육회잡지》(1909년 4월 25일 창간)

- 《동광》(1926년 5월 20일 창간)

- 《해외문학》(1927년 1월 17일 창간)

- 《한글》(1932년 5월 1일 창간)

- 《과학조선》(1933년 6월 10일 창간)

- 《극예술》(1934년 4월 18일 창간)

4) 개벽사 중심의 대중 종합잡지들

- 《조양보》(1906년 6월 25일 창간)

- 《야뢰》(1907년 02월 05일 창간)

- 《신문계》(1913년 4월 5일 창간)

- 《서광》(1919년 11월 30일 창간)

- 《개벽》(1920년 6월 25일 창간)

- 《조선지광》(1922년 11월 1일 창간)

- 《어린이》(1923년 3월 20일 창간)

- 《신여성》(1923년 9월 1일 창간)

- 《조선농민》(1925년 12월 13일 창간)

- 《별건곤》(1926년 11월 1일 창간)

- 《현대평론》(1927년 1월 20일 창간)

- 《혜성》(1931년 3월 1일 창간)

- 《비판》(1931년 5월 1일 창간)

- 《제일선》(1932년 5월 20일 창간)

- 《신계단》(1932년 10월 8일 창간)

- 《학등》(1933년 6월 10일 창간)

- 《사해공론》(1935년 2월 1일 창간)

- 《백광》(1937년 1월 1일 창간)

- 《건국공론》(1945년 12월 25일 창간)

5) 신문사 등에서 발행한 시사 중심의 종합잡지들

- 《삼천리》(1929년 6월 12일 창간)

- 《신동아》(1931년 11월 1일 창간)

- 《신가정》(1933년 1월 1일 창간)

- 《중앙》(1933년 11월 1일 창간)

- 《월간야담》(1934년 10월 10일 창간)

- 《조광》(1935년 11월 1일 창간)

- 《야담》(1935년 12월 1일 창간)

- 《여성》(1936년 4월 1일 창간)

- 《소년》(1937년 4월 1일 창간)

- 《춘추》(1941년 2월 1일 창간)

6) 순수문학을 추구한 문예잡지들

- 《태서문예신보》(1918년 9월 26일 창간)

- 《폐허》(1920년 7월 25일 창간)

- 《장미촌》(1921년 5월 24일 창간)

- 《백조》(1922년 1월 9일 창간)

- 《금성》(1923년 11월 10일 창간)

- 《조선문단》(1924년 10월 1일 창간)

- 《조선시단》(1928년 11월 7일 창간)

- 《문예공론》(1929년 5월 3일 창간)

- 《조선문예》(1929년 5월 5일 창간)

- 《신소설》(1929년 12월 1일 창간)

- 《시문학》(1930년 3월 5일 창간)

- 《문예월간》(1931년 11월 1일 창간)

- 《문학》(1933년 12월 25일 창간)

- 《형상》(1934년 2월 6일 창간)

- 《신인문학》(1934년 7월 9일 창간)

- 《삼사문학》(1934년 9월 1일 창간)

- 《시원》(1935년 2월 1일 창간)

- 《시건설》(1936년 11월 5일 창간)

- 《시인부락》(1936년 11월 14일 창간)

- 《단층》(1937년 4월 21일 창간)

- 《자오선》(1937년 11월 10일 창간)

- 《청색지》(1938년 6월 3일 창간)

- 《맥》(1938년 6월 15일 창간)

- 《박문》(1938년 10월 1일 창간)

- 《문장》(1939년 2월 1일 창간)

- 《시학》(1939년 3월 12일 창간)

- 《인문평론》(1939년 10월 1일 창간)

7) 친일 선동에 앞장선 잡지들

 - 《동양지광》(1939년 1월 1일 창간)

 - 《총동원》(1939년 6월 4일 창간)

 - 《태양》(1940년 1월 1일 창간)

 - 《신시대》(1941년 1월 1일 창간)

 - 《국민문학》(1941년 11월 1일 창간)

 - 《대동아》(1942년 3월 1일 창간)

8) 그 밖의 잡지들

 - 《유심》(1918년 9월 1일 창간)

 - 《장한》(1927년 1월 10일 창간)

 - 《신생》(1928년 10월 1일 창간)

 - 《철필》(1930년 7월 1일 창간)

 - 《가톨릭청년》(1933년 6월 10일 창간)

 - 《음악평론》(1936년 4월 10일 창간)

 - 《신세기》(1939년 1월 1일 창간)

 - 《방송지우》(1943년 1월 1일 창간)

　나아가 이러한 근대잡지의 창간호 표지를 보면 우리 근대인들이 꿈꾸었던 주체를 표현하기 위해 만들어진 다양한 이미지들과 함께 당대의 감각을 뛰어넘는 새로운 디자인 형식이 반영되어 있어서 눈길이 머물곤 했다. 잡지 표지에 구현된 이미지들이 발산하는 다양한 표정과 외침은 당대의 독자를 자극하여 새로운 이념과 가치, 새로운 세계로 나아가도록 만드는 안내자였다. 결국 근대시기에 명멸해 간 우리 근대잡지들은 이처럼 일제강점기라는 어려운 시기를 극복하고 우리 말과 글을 지켜낸 공로와 함께 우리 민족정신을 면면히 이어준 매우 중요한 매체였으며, 상업지로서의 성공보다는 국민정신 계몽이라는 역사적 사명을 수행한 지사적(志士的) 매체였다.

한편, 기초자료를 수집하는 과정에서 확인한 선행연구를 보면 근대잡지에 실린 글 한 편에 대한 분석 등 미시적인 담론에서부터 근대잡지 전반을 아우르면서 미래를 조망한 거시적 연구에 이르기까지 방대한 자료가 축적되어 있음을 확인할 수 있었다. 하지만 이 같은 성과들이 일목요연하게 정리되어 있지 않고 여기저기 흩어져 있는 까닭에 이를 찾아내는 일이 쉽지 않았고, 또 근대잡지 창간호 영인본이나 표지 및 본문 이미지 등에 접근하는 것도 쉽지 않았다. 더구나 당시의 구어(口語)를 그대로 표기한 문체와 한자(漢字) 투성이 기사(記事)들을 해독하는 일도 어려웠다. 모든 학문 분야에서 역사적 연구에 관심을 갖는 연구자가 사라지고 있는 현실에 비추어보면 안타까운 일이 아닐 수 없다.

최근 필자는 충북 제천 세명대학교 인근에 [처음책방]이라는 이름의 초판본·창간호 전문서점을 열었다. 지난 30여 년 동안 꾸준히 모아온 수만 종의 초판본과 창간호를 드디어 세상에 선보인 것이다. 이 또한 기초자료로서의 그것들이 생명력을 회복하기 바라는 마음에서 시작한 일이다.

아무쪼록 이 책을 통해 21세기를 위해 고단한 시절을 겪어냈던 20세기와 그 이전 시대의 흔적들이 그대로 녹아 있는 우리 전적(典籍)들을 제대로 연구해 보려는 연구자와 이러한 연구 성과를 담은 성과물을 성원하는 독자들이 늘어나기를 바라는 마음 간절하다.

거듭 이 책이 나올 수 있도록 '저술출판지원사업'으로 격려해 준 교육부와 한국연구재단에 감사의 마음을 전한다. 아울러 어려운 시기에 선뜻 출판을 맡아 고생한 출판사 식구들에게도 고마운 마음뿐이다. "아무리 뛰어난 재능도 꾸준함을 이길 수 없다"는 믿음을 함께 나누고 싶다.

2022년 6월
[처음책방]에서 김기태

목　　차

[서문]

제3장 근대잡지 창간호 분석 결과

제4장 결론

◆ 참고문헌 ◆

제1장 서론

1. 연구 목적 및 방법

1) 연구 목적

디지털 미디어 시대로 불리는 21세기는 19세기 이전부터 19세기로, 그리고 20세기를 거쳐 이룩되었다는 점에서 지나간 세기의 연장선상에 놓여 있다. 봉건시대가 막을 내리고 근대화의 도도한 물결이 우리 역사를 수놓을 무렵이었던 19세기 중·후반부터 20세기 초반 한반도의 풍경은 동·서양 열강의 각축장으로 변모해 갔고, 급기야 35년 동안 일제강점기를 거쳐야 했던 비운의 시기와 맞물린다. 따라서 '오래된 미래'가 될지도 모르는 우리 근대시기에 대한 연구는 더욱 치밀하게 집중해야 할 주제가 아닐 수 없다.

그동안 우리 근대시기를 다각도에서 조망한 저술들—이화인문과학원 편(2016), 『근대 지식과 저널리즘』(소명출판)/이덕일(2012), 『근대를 말하다』(소명출판)/이영석(2003), 『역사가가 그린 근대의 풍경』(푸른역사)/천정환(2003), 『근대의 책읽기: 독자의 탄생과 한국 근대문학』(푸른역사)/육당연구회(2015), 『최남선과 근대지식의 기획』(현실문화) 등—이 축적되었지만, 시대의 거울이라고 할 수 있는 잡지(雜誌)의 한국적 탄생과 발달과정에 대한 논의는 상대적으로 박약했다. 물론 잡지 중심의 역사적 논의를 다룬 걸출한 저술들—안춘근(1990), 『잡지출판론』(범우사)/최덕교(2004), 『한국잡지백년』(전 3권, 현암사)/정진석(2014), 『한국 잡지 역사』(커뮤니케이션북스) 등—과 더불어 매체적 관점에서 잡지의 근대성을 다룬 저술들—성갑식(2003), 『한국 기독교 신문·잡지 백년사: 1945~1985』(감리교신학대학교출판부)/박기현(2003), 『한국의 잡지출판』(늘푸른소나무)/안재성(2012), 『잡지, 시대를 철하다』(돌베개)/정진석(2015), 『책 잡지 신문 자료의 수호자』(소명출판) 등—은 나름대로 의미 있는 성과들임에 틀림없다.

하지만 교과서를 통해 배운 단편적 지식, 예컨대 우리나라 최초의 잡지는 무엇이고, 어떤 잡지를 창간한 사람은 누구이며, 유명한 문학가 아무개가 참여해서 만든 문예지는 무엇이라는 등등의 상식이 널리 공유되고 있음에도, 우리 근대시기에 명멸해 간 수많은 잡지에 대한 체계적인 분류나 내용분석을 시도한 적은 없었던 것으로 보인다.

이 저술에서는 이 같은 문제의식 아래 이미 공표된 연구 성과들을 실제 근대잡지의 내용과 비교해 가면서 1800년대부터 1945년 광복 시기까지 발행된 잡지들을 중심으로 연구를 진행하였다.

우리나라 최초의 근대잡지로 일컬어지는 《친목회회보》를 비롯하여 《대조선독립협회회보》, 《소년》, 《청춘》, 《창조》, 《개벽》, 《폐허》, 《장미촌》, 《백조》 등 세간에 널리 알려진 것들 뿐만 아니라, 《공업계》, 《가톨릭청년》, 《학지광》, 《어린이》, 《유심》, 《삼광》, 《과학조선》, 《극예술》 등 문화예술·교육·학술·농업·종교·아동 등 분야별로 의미 있는 잡지들을 망라하여 표지, 창간사, 목차, 간기면(刊記面)과 함께 본문의 주요 내용을 들여다보고자 한다. 이를 통해 우리 근대시기 잡지의 총체적 모습과 함께 근대화에 기여한 잡지의 위상을 확인하고, 잡지마다 가지고 있던 개별적 존재감을 되살려냄으로써 이 분야 연구자들에게 기초자료를 제공하는 동시에 근대잡지에 관심이 많은 독자들의 지적 호기심을 충족시켜주는 데 목적을 두고 집필하였다.

2) 연구 내용 및 방법

이 저술의 원천자료가 되는 근대잡지 창간호는 현재 (사)한국잡지협회에서 운영하고 있는 한국잡지박물관(한국잡지정보관)에서 소장한 것들을 근간으로 한다. 창간호가 온전히 보존되어 있는 130여 종을 중심으로 분류해서 실제 분석 대상을 100종 이내로 추리고, 잡지박물관이 아닌 다른 곳(아단문고, 삼성출판박물관, 가천박물관 등)에서 소장하고 있는 창간호를 보태어 최종 100종을 선별, 분석하였다. 아울러 소장처를 방문하여 원천자료인 창간호의 사본을 통해 이를 직접 분석하는 동시에 관련 문헌을 확인하는 방법을 병행하였다.

주요 항목은 창간사 등에 나타난 창간 배경, 관련 인물(발행인, 주요 필자 등), 주요 내용, 편집 특성, 창간 의의 등으로 나뉘며, 편집디자인을 통해 표지, 창간사, 목차, 간기면 등 특징적인 부분의 이미지를 함께 수록하는 형식을 취했다. 특히 간기면[또는 판권면(版權面)]은 책의 저작권 및 출판권과 관련된 내용을 중으로 발행일, 쇄(刷)와 판(版) 등의 정보를 모아놓은 쪽(페이지)을 가리킨다. 동양에서 '판권(版權)'이라는 용어가 등장하는 최초의 문헌은 일본의 근대화를 이끌었던 '후쿠자와 유키치(福澤諭吉, 1835~1901)[1]'의 1873년 기록인 것으로 알려져 있다. 곧 저작권을 뜻하는 영어단어 'copyright'에 대해 "'카피(copy)'는 옮기는 것을 뜻하고 '라이트(right)'는 권리를 뜻한다. 즉 저술자가 책을 저술한 뒤 이를 옮겨 판본으로 만들고 당사자가 자유롭게 취급하여 다른 사람이 이를 복제할 수 없게 하는 권리이다. 이 권리를 얻은 자를

1 　규슈의 오이타 현에 있는 나카츠 번에서 하급 무사의 아들로 태어나 계몽가이자 사상가, 교육가, 저술가로 활약하며 일본의 근대화를 이끌었던 인물. 한편으로는 그를 일본 제국주의의 아시아 침략사상을 구축한 대표적인 학자로 보는 견해도 있다. 야스카와 주노스케, 이향철 옮김(2011), 『후쿠자와 유키치의 아시아 침략사상을 묻는다』, 역사비평사 참조.

'카피라이트'를 얻은 자라 칭한다. 그러므로 '카피라이트'라는 단어는 출판특권, 혹은 이를 줄여서 판권(版權)이라고 번역해야 할 것이다."[2]라고 적고 있다.[3]

근대잡지 창간호에서도 어떤 방식으로든 대부분 간기면을 두고 있어서 잡지 창간에 따른 기본적인 정보를 살펴볼 수 있거니와, 여기서도 간기면을 통해 대략적으로나마 해당 잡지의 연원(淵源)을 인물 중심으로 들여다보고자 한다.

3) 연구 결과 활용 및 기대효과

이 저술은 우리 역사의 주요 지점인 근대시기를 촉발하고 완성시킨 잡지가 내포한 의미망을 확인하고 그 구체적인 모습을 보여줌으로써 이 분야 연구자들에게 기초자료를 제공하는데 기여하고자 기획되었다. 사실 근대잡지는 그 한 종 한 종이 중요한 연구 대상이며, 분석 대상이다. 그럼에도 이 분야 연구자가 매우 제한적일 수밖에 없었던 이유는 잡지 창간호의 경우 개인 소장자들이 많고 희귀자료로 인식되다 보니 원천자료에 대한 접근성이 떨어지고, 정기간행물의 성격상 창간 시기와는 다르게 폐간 시기를 확인하기 어렵다는 점 등 잡지 발행 여건이 열악했기 때문이다. 나아가 한국잡지협회와 같은 관련단체의 경우에는 임기제에 따라 수시로 집행부가 바뀌는 등 사업의 지속성을 지켜내기 어려운 여건 때문에 박물관 조성 및 유지와 운영이 쉽지 않다는 점도 간과할 수 없을 것이다.

이처럼 시간이 갈수록 잡지 창간호 희귀본은 점점 수장고 깊숙한 곳으로 숨어들고 있는 시점에서 이 저술을 통해 기대할 수 있는 효과는 다음과 같다.

첫째, 원본의 영인(影印)과 디지털화의 필요성을 적극 주장하고 주요잡지의 창간 의미를 정리함으로써 새로운 연구 분야의 개척에 기초자료가 될 수 있다.

---

2 著作權法百年史編纂委員會 編著(2000), 『著作權法百年史』, 東京:著作権情報センター, p.51 재인용.
3 이처럼 판권이란 말은 '출판권'의 준말로써 도서출판에 관한 이익을 갖는 권리, 즉 저작권자가 출판자에게 허락한 권리이다. 따라서 이 책에서는 판권면보다 좀더 포괄적인 개념, 즉 '발간(刊)에 따른 기록(記)을 담고 있는 지면(面)'이라는 뜻의 '간기면'을 대표용어로 쓰고자 한다. 오늘날에도 '출판권'이라고 해야 할 것을 '저작권'이라고 하거나, '저작권'이라고 해야 할 것을 '출판권' 또는 '판권'이라고 하는 사례가 많이 있다. 예를 들어, 번역 도서에 등장하는 '한국어판 저작권'이란 용어는 '한국어 출판권'이라고 해야 옳으며, '영화 판권'이란 말은 '영화 저작권'으로 표현해야 한다. 김기태(2018), 「1990년대 한국 단행본의 간기면 연구」, 《한국출판학연구》 제83호, 한국출판학회 pp.44~45.

둘째, 분야별 근대잡지의 특성을 개괄해서 보여줌으로써 개별 잡지에 대한 연구를 촉구하고, 관심 있는 연구자들의 연구 의욕을 자극할 수 있다.

셋째, 디지털 미디어의 등장 이후 침체 일로를 걷고 있는 잡지산업 부흥을 위한 정책 연구의 토대가 될 수 있다.

넷째, 근대잡지 발행사(發行社) 및 발행인의 역사성을 확인함으로써 지속가능한 잡지산업의 근간이 되는 잡지사(雜誌史) 모델 수립의 근거자료가 될 수 있다.

다섯째, 근대시기 잡지의 표지 및 본문 편집디자인 특성을 통해 전통 잡지 디자인의 정형성을 발견함으로써 현대잡지 디자인 연구에 도움을 줄 수 있다.

여섯째, 그동안 제호로만 알려져 왔던 근대잡지의 실제적인 모습을 보여줌으로써 잡지에 대한 대중적 관심을 유도할 수 있다.

일곱째, 잡지 폐간 또는 잡지의 정기간행물적 성격 때문에 잊힌 내용들을 발굴함으로써 새로운 스토리텔링 자원을 확보할 수 있다.

여덟째, 시대상을 반영하고 있는 근대잡지의 진면목을 일목요연하게 정리함으로써 잡지근대화가 시대의 근대화에 어떻게 기여했는지 확인할 수 있다.

4) 선행연구 고찰

이 연구를 수행함에 있어 근대잡지 창간호 실제본과의 내용 비교 및 참고에 활용한 선행연구와 그 특성은 다음과 같다.

(1) 최덕교 편저(2004), 『한국잡지백년』(전 3권), 현암사

4×6배판 양장본 책자 형식으로 1,700여 쪽에 달하는 방대한 분량의 이 저술은 청소년 잡지 《학원》 편집장 출신인 최덕교(崔德敎, 1927~2008) 선생 필생(畢生)의 역작(力作)이다. 1896년 창간된 한국의 첫 잡지 《대조선독립협회회보》로부터 조선왕조 말기, 대한제국, 일제강점기, 8·15 해방 공간을 거쳐 6·25전쟁 중에 나온 잡지까지 모아 제1권 113종, 제2권 148종, 제3권 123종으로 총 384종을 다루고 있다. 그 내용은 잡지별로 발행인, 편집인, 인쇄인, 주재, 주간, 발행소 및 인쇄소, 판형, 면수, 정가 등 서지사항을 비롯하여 창간 취지 및 목차와 주요 내용 등을 옮김으로써 그 잡지의 면모를 파악할 수 있게 구성했다.

(2) 문화재청(2010), 『근대문화유산 신문잡지분야 목록화 조사 연구 보고서』

이 저술은 문화재청의 연구용역 보고서로서 한국외국어대학교 정진석(鄭晋錫) 교수가 연구 책임을 맡아 진행하였고, 잡지분야 집필은 당시 보성고등학교 교사로 재직 중이면서 근대서지학회를 주도한 서지학자 오영식이 맡았다. 1896년부터 1936년 사이에 발행된 잡지 중에서 60종을 선별하여 창간호뿐만 아니라 모든 발행호수를 대상으로 의미를 분석하고 있다. 선별 기준에 대해 연구진은 희귀성을 바탕으로 하되 소장처가 분명한 것 중에서 친일색이 짙은 잡지는 배제했음을 밝히고 있다.

(3) 국립중앙도서관 편(2016), 『한국근대문학해제집Ⅱ-문학잡지(1896~1929)』

국립중앙도서관에서 발행한 이 저술은 개화기부터 발행된 근대문학 잡지 창간호 49종에 대한 해제를 담고 있다. 표지 전체 및 간기면 부분 사진을 싣고 있는 것이 특징이다. 아울러 부록 형식의 〈목록〉을 통해 잡지명, 권호, 발행사항(발행처, 발행지), 발행일, 원본 소장처, 영인본 유무 등을 도표로써 기록하고 있다. 강진호(성신여대), 김찬기(한경대), 이경수(중앙대), 이원동(경북대), 임상석(부산대), 정주아(강원대), 차혜영(한양대), 최현식(인하대) 등이 잡지별로 나누어 해제를 집필하였고, 조남현(서울대) 명예교수가 감수를 맡았다.

(4) 국립중앙도서관 편(2017), 『한국근대문학해제집Ⅲ-문학잡지(1927~1943)』

국립중앙도서관에서 발행한 이 저술은 1927년부터 1943년까지 발행된 근대문학 잡지 창간호 52종에 대한 해제를 담고 있다. 표지 전체 및 간기면 부분 사진을 싣고 있으며, 부록 형식의 〈목록〉을 통해 잡지명, 권호, 발행사항(발행처, 발행지), 발행일, 원본 소장처, 영인본 유무 등을 도표로써 기록하고 있다. 강진호(성신여대), 김은하(경희대), 박용찬(경북대), 서재길(국민대), 유석환(성균관대), 윤대석(서울대), 이경수(중앙대), 이상우(고려대), 이원동(경북대), 정영훈(경상대), 정주아(강원대), 조은숙(춘천교육대), 최현식(인하대), 허병식(동국대) 등이 잡지별로 나누어 해제를 집필하였고, 조남현(서울대) 명예교수가 감수를 맡았다.

(5) 국립중앙도서관 편(2018), 『한국근대문학해제집Ⅳ-문학잡지(1907~1944)』

국립중앙도서관에서 발행한 이 저술은 1907년부터 1944년까지 발행된 근대문학 잡지 창간호 70종에 대한 해제를 담고 있다. 특별히 『한국근대문학해제집Ⅱ-문학잡지(1896~1929)』와 『한국근대문학해제집Ⅲ-문학잡지(1927~1943)』에서 다루지 않은 잡지들을 중심으로 하되,

특히 지방 동인지 및 교지 등도 함께 다루었다. 표지 전체 및 간기면 부분 사진을 싣고 있으며, 부록 형식의 〈목록〉을 통해 잡지명, 권호, 발행사항(발행처, 발행지), 발행일, 원본 소장처, 영인본 유무 등을 도표로써 기록하고 있다. 강진호(성신여대), 공임순(서강대), 김종훈(고려대), 노춘기(강남대), 신현규(중앙대), 안용희(가톨릭대), 염희경(한국방정환재단), 유석환(한국방송통신대), 유임하(한국체육대), 이경수(중앙대), 이화진(연세대), 장정희(서울대), 정선혜(한국아동문학학회), 조은숙(춘천교대), 최현식(인하대) 등이 잡지별로 나누어 해제를 집필하였고, 조남현(서울대) 명예교수가 감수를 맡았다.

(6) 한국학중앙연구원,『한국민족문화대백과사전』(http://encykorea.aks.ac.kr)

한국학중앙연구원이 집대성한 『한국민족문화대백과사전』은 1980년 4월 편찬사업을 시작한 이래 1991년 초판본을 완성하였으며, 이후 보완된 방대한 정보들을 바탕으로 디지털화 작업을 거쳐 여러 인터넷 플랫폼을 통해 항목별 집필 내용이 공개되고 있다. 현재도 편찬사업이 지속적으로 진행되고 있다.

2. 근대잡지와 시대적 배경

1) 한국의 근대문화사 개관[4]

시대 구분에 있어 근대(近代, modern)라는 말은[5] 새로운 시대를 의미하는 로마자 'modernus · moderna'에서 유래한다. 이 말이 유럽에서 널리 사용된 것은 19세기에 이르러서였다. 이 용어는 일차적으로 문화사적 측면에서 르네상스 시기를 거치면서 이루어진 문화적 전환(via antiqua · via moderna)을 그 이전 시대와 구분하여 사용한 것이다. 여기에는 15세기 이래 지속적으로 이루어진 르네상스의 문화 · 예술 변화와 스콜라 철학의 붕괴에 따른

4　김기태(2014),『동양 저작권 사상의 문화사적 배경 비교 연구:한국·중국·일본의 근대 출판문화를 중심으로』, 도서출판 이채, pp.21~29 참조.
5　이하 신승환(2003), http://terms.naver.com/entry.nhn?docId=1518415&cid=276& categoryId =1112 재인용.

새로운 철학적 조류, 수학적 세계관에 따른 산업혁명과 과학·기술혁명 등의 변화가 동시대적으로 일어나면서 초래된, 이제껏 보지 못했던 엄청난 변화를 총체적으로 담고 있다. 이처럼 근대란 말은 다의적으로 쓰인 개념이었다. 나아가 15세기 이래의 변화된 시대상을 철학적으로 성찰하고, 해체되는 보편성을 대체할 새로운 철학적 사유 체계를 제시하려는 노력이 모여 근대라는 새로운 시대정신을 형성하게 된다. 또한 이 근대성이 18세기 이래 정치와 사회, 문화와 경제, 학문 등 인간 삶의 전 영역에 걸쳐 구체적으로 실현된 체계가 이른바 계몽주의 근대이다.

또, 사전적 의미에서 '개화(開化)'[6]는 "사람의 지혜가 열려 새로운 사상, 문물, 제도 따위를 가지게 됨"을 뜻한다. 따라서 '개화'란 현 단계보다 좀 더 높은 문명화 단계에 도달하는 것을 가리키는 개념이다. 19세기 말 한국의 지식인들이 소망했던 문명개화는 곧 "서양식으로 근대화를 이룩하는 것, 달리 말하면 오랜 역사와 더불어 지속되어 온 중국의 영향권에서 벗어나는 것"[7]을 뜻하였다. 이러한 태도는 당시 발행된 《독립신문》 영문판에 실린 다음과 같은 논설에 잘 나타나 있다.

> 낡고 화석같이 된 한학(漢學)에 젖은 세대에 속하는 많은 사람이 다음다음 죽어 없어지고 국가의 과거보다도 장래를 더 많이 걱정하는 젊은 세대로 바뀌기 전에는 아무 일도 할 수 없다.[8]

삼국 시대 이후 줄곧 지식인과 권력층의 전유물로 전승되어 온 한학이 '낡은 화석'처럼 과거의 흔적만 남길 뿐 학문이나 가치 규범으로서는 이제 생명력을 잃었다는 통렬한 비판인 셈

---

6 이 용어의 뿌리를 캐어 들어가다 보면 중국의 두 고전 『역경(易經)』과 『예기(禮記)』를 만나게 된다. 앞 책의 격사전(擊辭傳)에서는 '개물성무(開物成務)'를 말하고, 뒤 책의 학기(學記)에서는 '화민성속(化民成俗)'을 말한다. 이 말을 하나로 합쳐 흔히 '개물화민(開物化民)'이라고 일컫는다. 이때 '개물화민'에는 모든 사물의 궁극을 밝혀 나날이 새롭게 하고 새로운 것으로써 백성을 변화시켜 풍속을 이룩한다는 뜻이 담겨 있다. 근대 계몽기 개화파가 지향하고 있던 개화의 개념은 이 '개물화민'과 깊이 연관되어 있다. 좀 더 구체적으로 말해서 '개물'이란 국내 자원을 개발하여 산업의 근대화를 이룩하는 것이며, '화민'이란 계몽과 교육을 수단으로 삼아 민중의 의식을 개발하고 지식의 근대화를 이룩하는 것이다. 김욱동(2010), 『번역과 한국의 근대』, 소명출판, p.39.

7 김욱동(2010), 위의 책, p.16.

8 《독립신문》 영문판 1897.5.11. 논설, 김욱동(2010), 위의 책, p.17 재인용.

이다. 《독립신문》이 지향한 '독립'은 곧 중국의 굴레로부터의 독립, 유교(儒敎)나 유가(儒家) 전통으로부터의 독립이었던 것이다.

한편, 다음과 같은 글에서 볼 수 있는 것처럼 열강의 각축 속에서 근대화를 지향했던 당시 지식인들은 서양 문물에 대한 동경에 사로잡혀 있었던 것으로 보인다.

> 19세기 말엽 근대 계몽가들의 문명개화 사상은 그보다 십여 년 앞서 정치가이며 학자인 김윤식(金允植)이 주창한 동도서기론(東道西器論)과 비슷하다. 1880년 초 그는 동도, 즉 조선의 전통적인 제도와 사상은 그대로 지키되 서기, 즉 근대 서양의 과학 기술은 받아들이자고 주장하였다. 예로부터 문화에 대한 자긍심이 강한 동양에서는 서양 사람을 야만족으로 여겼고, 그들을 부를 때에도 서양 오랑캐라는 뜻으로 '양이(洋夷)'라는 용어를 사용하였다. 그러나 19세기에 들어서면서 동양보다 훨씬 더 발달된 물질문명을 갖춘 서양 세력이 동양으로 진출하기 시작하자 그들과 맞서 자신을 지키기 위해서라도 서양 문물을 받아들이지 않을 수 없었다. 그리하여 중국을 비롯한 일본과 조선 등 동양 세 나라에서는 전통문화는 그대로 유지하면서 동양보다 앞선 서양의 과학 기술을 수용하는 방법을 모색하게 되었다. 이보다 조금 앞서 김윤식이 제기한 동도서기론과 같은 맥락에서 중국에서는 중체서용론(中體西用論)을, 일본에서는 화혼양재론(和魂洋才論)을 부르짖었다.[9]

또 역사학자 이광린은 저서 『한국개화사연구(韓國開化史硏究)』에서 1870년대부터 1900년대에 이르는 한국 개화사상을 세 단계로 나누어 살피고 있다.

> 이처럼 구한말에 있어서 개화사상(開化思想)은 한국 사회를 지배하였으나, 사상의 내용을 따져 보면 적어도 삼 단계로 변천 발전하였던 것 같다. 우선 첫 단계는 1870년대로서 '개화(開化)'는 '개국(開國)'과 같은 개념으로 사용되고 해외에 대한 지식을 가져야 된다는 것이 개화사상으로 간주되었으며, 둘째 단계는 1880년대로 소위 외국 기술(外國技術)을 받아들이어 나라의 부강(富强)을 이룩해 보겠다는 사상이었다. 마지막 셋째 단계는 1890년대와 1900년대로 국가의 독립[국권(國權)]과 국민의 권리[민권(民權)]를 주장하였다. 독립협회(獨立協會)의 활동과 같은 것이 가장 두드러진 개화사상의 발로였다. 그러므로 개화사상은 개념적으로 단

---

9 김욱동(2010), 앞의 책, pp.18~19.

일하게 파악될 수 있는 성질의 것이 아님을 알 것이다.[10]

한편, 개화당(開化黨)[11]을 조직하여 조선의 근대화를 꾀하고자 했던 김옥균(金玉均, 1851~1894)을 비롯한 개화파 청년 귀족들[12]은 1884년 근대 국가 수립을 목표로 수구 정권을 타도하기 위한 쿠데타로서의 '갑신정변(甲申政變)[13]'을 일으켰다. 당시 청나라와 일본 양국의 노골적인 내정 간섭이 심화되는 가운데, 우선 권력부터 잡고 그 다음에 위로부터의 개혁과 근대화를 추진하는 '변법자강(變法自彊)[14]'을 목표로 한 정변이었다. 하지만 개화당은 정변을 성공시키고자 청나라와 대립한 반면 조선에 세력을 확장하고자 했던 일본의 군사력을 빌림으로써 정변은 결과적으로 3일 만에 실패로 끝나고 말았다. 갑신정변의 실패 원인으로는 ① 청군의 불법적인 궁궐 침범과 군사적 공격, ② 개화당의 일본군 차병(借兵)의 실책과 일본군의 배신적 철병, ③ 개화 정책을 지지할 사회 계층으로서의 시민층의 미성숙, ④ 민중의 지지 결여, ⑤ 개화당의 민비(閔妃)와 청군의 연락에 대한 감시의 소홀과 정변 수행 기술의 미숙 등을 들 수 있다.[15]

---

10 이광린(1999), 『韓國開化史研究』, 일조각, p.19.
11 1874년(고종 11년) 경부터 김옥균(金玉均)·박영교(朴泳教)·박영효(朴泳孝)·서광범(徐光範) 등이 중심이 되어 개화 정책을 추구한 정치 집단. 개화당이 형성된 계기는 1870년 전후로 김옥균 등이 박규수(朴珪壽)의 사랑방에서, 조선 후기 실학사상과 오경석(吳慶錫)·박규수·유홍기(劉鴻基) 등의 개화사상과 중국에서 들어온 신서(新書)들을 공부하기 시작함으로써 이루어졌다.
12 개화당의 형성과 발전 과정에 참여한 구성원의 신분은 양반·중인·군인·평민·승려·상인 등 각계 각층의 출신이었다고 볼 수 있다. 그러나 김옥균·박영교·박영효·홍영식·서광범 등 개화당의 최고 지도부는 당시 최고위 양반 출신의 영민한 청년들이었다. 김옥균은 안동 김씨로 부사 병기(炳基)의 양자이며 선택받은 재사로서 정계가 촉망하는 신진 양반 관료였다. 박영교와 박영효는 판서 원양(元陽)의 아들로서, 특히 박영효는 영혜옹주(永惠翁主)를 취하여 철종의 부마가 되어 정1품 금릉위(錦陵尉)에 봉해져 있었다. 서광범은 영의정 용보(龍輔)의 증손이며 참판 상익(相翊)의 아들로 문과에 급제하여 장래를 촉망받고 있었다. 개화당의 최고 지도부가 이와 같이 최고위 양반 출신으로 구성된 것은 일찍이 오경석·유홍기·박규수 등 개화사상의 선각자들이 나라를 구할 혁신 세력을 서울 북촌(양반촌)의 영민한 양반 자제들 중에서 선발하여 개화 세력을 교육하고 급속히 육성한데서 기인한 것으로, 개화당 형성의 특징의 하나가 된 것이었다. 한국민족문화대백과사전 [개화당]
13 1882~1884년경 조선의 사회정치세력은 ① 급진개화파(개화당), ② 온건개화파, ③ 민비수구파, ④ 대원군수구파, ⑤ 위정척사파 등 5대 세력으로 분화되어 있었다. 1884년의 갑신정변은 5대 세력 중에서 급진개화파가 청국과 결탁한 민비수구파에 대항하여 일으킨 정치 투쟁이었다.
14 법과 제도를 변혁시켜 스스로 강대국이 된다는 뜻.
15 한국민족문화대백과사전 [개화당]

원래 개화당이 정치 세력화할 수 있었던 것은 급변하는 정세 때문이었다. 1876년 부산을 필두로 원산(1880년)·인천(1883년) 등이 개항되어 외국과의 통상 교섭이 본격적으로 시작되자 조선 왕조 정부는 세계의 정세를 잘 아는 신지식을 가진 개화 관료들을 필요로 하게 되었다. 이에 따라 개화당 인사들은 정부 조직에 중견 관료로 진출하여 국왕과 다른 최고위 관료들을 움직여 가면서 자주(自主) 부강한 근대 국가 건설과 개혁을 위한 개화 정책을 추진하게 되었다. 개화 정책 중 대표적인 것을 들면 다음과 같다.

① 신식 행정관서로서 통리기무아문(統理機務衙門)[16]의 설치(1880년)

② 일본 국정시찰단(신사유람단)의 파견(1881년)

③ 영선사(領選使: 병기학습 유학생 사절단)[17]의 파견(1881년)

④ 신식 육군(陸軍)의 창설(1881년)

⑤ 기무처(機務處)[18]의 설치(1882년)

⑥ 감생청(減省廳)[19]의 설치(1882년)

⑦ 대외 균세정책의 실시(1882년)

⑧ 해방책(海防策)의 수립(1882년)

⑨ 보빙사(報聘使)[20]의 파견(1883년)

---

16 1880년(고종 17) 12월 21일 변화하는 국내외 정세에 대응하기 위해 국내외의 군국기무(軍國機務)를 총괄하는 업무를 관장하던 정1품아문(正一品衙門) 관청.

17 조선 말기 개화기에 중국의 선진 문물을 견학하기 위해 젊은 유학생들을 거느리고 건너가 청나라의 무기제조법 등을 배워오고, 미국과의 수교 문제(聯美論)에 관하여 사전 조율하기 위해 중국을 다녀온 사신.

18 고종이 제도 개혁을 추진하기 위해 1882년 11월에 임시로 세운 관청.

19 흥선대원군 하야 이후 외국과의 접촉으로 새로운 문물제도가 도입되자, 1882년(고종 19) 10월 19일 정부의 불필요한 기구 축소와 관원 감축을 통한 국가의 재정 절감을 위해 설치된 임시 관청.

20 1882년 조미수호통상조약의 체결 후 이듬해 공사 푸트(Foote, L. H.)가 내한하자 이에 대한 답례와 양국간 친선을 위하여 사절을 파견하였다. 구성원은 전권대신 민영익(閔泳翊), 부대신 홍영식(洪英植), 종사관 서광범(徐光範), 수행원 유길준(兪吉濬)·고영철(高永喆)·변수(邊燧)·현흥택(玄興澤)·최경석(崔景錫) 등과 중국인 우리탕(吳禮堂), 일본인 미야오카(宮岡恒次郎), 미국인 로웰(Lowell, P.) 등 모두 11인이었다. 7월 26일 인천을 출발하여 일본을 거쳐 9월 18일 미국 대통령 아서(Arthur, C.A.)를 접견하고 국서와 신임장을 제출하였다. 그 뒤 40여 일 동안의 미국 거류 기간 중에 외국박람회·공업제조회관·병원·신문사·조선공장·육군사관학교 등을 방문 시찰하였고, 미국 정치와 농사 개량에 대한 지식도 배웠다. 귀국 때 홍영식 등은 태평양을 거쳐 바로 귀환

⑩ 해관(海關)[21]의 설치(1883년)

⑪ 최초의 근대학교인 원산학사(元山學舍)의 설립(1883년)

⑫ 최초의 영어학교인 동문학(同門學)의 설립(1883년)

⑬ 최초의 근대신문인 ≪한성순보 漢城旬報≫의 창간(1883년)

⑭ 근대 우편제도의 창설(1883년)

⑮ 치도국(治道局)의 설치와 서울 시내의 도로 확장 정리

그 밖에도 서울 시내의 근대 경찰제도의 창설(1883년), 복식 제도의 개혁(1883년), 해외 유학생의 파견(1881~1884년), 농무목축(農務牧畜) 시험장의 설치(1884년), 26개 근대 상공업 기업체의 설립(1881~1884년) 등이 있었다.

그러나 개화당이 일본에 의존함으로써 민중의 지지를 얻지 못해 정변에 실패하고, 한편에서는 주자학의 정통성을 주장하며 근대화 자체에 반대하던 위정척사파(衛正斥邪派)가 근대적 통일 국가를 수립하려는 정치 세력의 결집을 방해하고 있었다.[22] 그리고 일본의 침략 야욕이 노골화하면서 조선의 근대화는 또 다른 국면으로 치닫고 있었다.

한편, 이 같은 개화파의 노력은 1894년의 갑오개혁(甲午改革)[23]으로 이어진다. 이후 약 19

하였으나, 민영익·서광범·변수는 유럽을 거쳐 서구의 신문물을 직접 관찰하였다. 그러나 유길준은 미국에 남아 갑신정변의 발발 때까지 유학하였다. 보빙사가 받아들인 신문물은 그 뒤의 신식 우편제도 창시, 육영공원 설치에 영향을 미쳤고, 특히 농무목축시험장과 경작 기계의 제작, 수입 등 농업 기술의 연구에도 기여한 바가 컸다. 한국민족문화대백과사전 [보빙사]

21 조선 말기 개항 후에 창설된 관세행정기구로서 오늘날의 세관(稅關)과 유사한 기구.

22 나카쓰카 아키라, 성해준 옮김(2005), 『근대일본의 조선 인식』, 청어람미디어, p.65.

23 갑오경장(甲午更張)이라고도 한다. 1894년 봄 호남에서 동학농민운동이 일어났다. 농민들은 폐정개혁(弊政改革)을 조건으로 내세워 전라도를 휩쓸고 전주성(全州城)을 점거하였다. 이어 동학농민군과 정부군과의 강화가 성립되었으나 민씨 정권이 6월 초에 청나라에 대하여 파병을 요청한 것이 발단이 되어, 일본도 조선에 군대를 파견하게 되었다. 청일 두 나라 군대가 아산과 인천에 몰려오는 가운데 서울에서 일본 공사 오토리(大鳥圭介)는 내정개혁안을 제시하고, 또 7월 23일에는 일본군이 궁중에 난입하여, 친청(親淸) 민씨 정권을 타도하고 흥선대원군을 영입하여 신정권을 수립하였다. 그 뒤 7월 27일 개혁추진기구로서 군국기무처(軍國機務處)가 설치되고, 영의정 김홍집(金弘集)이 회의총재(會議總裁)에, 그리고 박정양(朴定陽)·김윤식(金允植)·조희연(趙羲淵)·김가진(金嘉鎭)·안경수(安駉壽)·김학우(金鶴羽)·유길준 등 17명이 의원에 임명되어 내정개혁을 단행하게 하였다. 그 뒤 개혁 운동은 3차로 나뉘어 추진되었다. 을미사변을 계기로 추진된(1895년 8월~1896년 2월) 제3차 개혁을 따로 분리하여 '을미개혁'이라고 부른다. 한국민족문화대백과사전 [갑오개혁]

개월 동안 지속되었던 갑오개혁은 소기의 성과를 거두지 못하고 결국에는 실패로 끝나고 말았다. 갑오개혁을 평가함에 있어 이를 완전히 일본의 정치적 개입에 의한 타율적 개혁으로 보는 견해, 그리고 일본 세력이 배후에서 작용하였으나 궁극적으로는 조선의 개화파 관료들이 주도한 제한된 의미에서의 자율적 개혁으로 보는 견해가 있다. 그러나 통시적으로 볼 때, 갑오개혁은 멀리 실학(實學)에서부터 갑신정변과 동학농민운동에 이르는 조선 시대의 여러 가지 개혁 요구 내지 운동을 배경으로 하여 반청·독립 정신을 가진 친일개화파 관료들이 추진한 개혁으로 보아야 한다는 견해도 있다(한국민족문화대백과).

따라서 갑오개혁은 조선 사회에 있어서 근대적인 개혁에의 내재적 지향을 반영한 획기적인 개혁으로서, 일본의 메이지유신[明治維新]이나 청말(淸末)의 무술변법(戊戌變法)[24]에 대비되는 한국 근대화의 중요한 역사적 기점이었다. 그러나 갑오개혁은 그 시의성(時宜性)과 당위성에도 불구하고 추진 세력이 일본의 무력에 의존하였다는 제약성 때문에, 반일·반침략을 우선으로 여겼던 국민들의 반발에 부딪혀 좌절되었다. 하지만 이러한 갑오개혁의 정신은 독립협회 운동과 계몽 운동으로 이어져 한국의 근대화에 기여하였다.

2) 한국 근대 출판문화의 형성[25]

한국에 있어 근대 출판문화의 태동 배경, 즉 근대 출판의 발생 요인은 신식 인쇄술과 출판의 도입, 근대 신문의 대두와 새로운 문필인의 탄생, 신교육의 보급, 국문 운동의 전개로 말미암은 국문 전용과 언문일치(言文一致) 문장의 사용, 그리고 읽을 수 있는 새로운 독자층의 대두 등이라고 할 수 있다.[26]

먼저, 한국에서 공식적으로 신식 연활자(鉛活字) 인쇄술을 처음 도입한 것은 1883년 박문국(博文局)[27]을 설치하여 한성순보(漢城旬報)를 발행한 때였다. 그리고 1년 뒤에는 한국 최초의 근대

---

24 청일전쟁 패배 이후 절충적 개혁인 양무운동의 한계를 느끼고 캉유웨이(康有爲), 량치차오(梁啓超) 등이 중심이 되어 정치, 교육, 법 등 청나라 사회 전반의 제도들을 근본적으로 개혁하고자 한 운동. 변법자강운동(變法自彊運動)이라고도 한다.

25 김기태(2014), 앞의 책, pp.57~61 참조.

26 민병덕(1992), 「한국 개화기의 출판관에 관한 연구」, ≪출판학연구≫, 한국출판학회, pp.76~77.

27 조선 말기 인쇄·출판에 관한 사무를 관장하기 위하여 설치되었던 관서. 박영효(朴泳孝)의 건의에 따라 1883년(고종 20) 8월에 설치되었다. 조미수호통상조약 체결 직후 조선은 시대적 요구에 응하여 여러 가지 부국책을 추진하였는데, 박문국은 통리교섭통상사무아문(統理交涉通商事務衙門)의 산하 기관인 동문학(同文學)의 신문 발행 업무를 담당하기 위하여 설치되었다. 명칭은 유길준이

식 출판사 겸 인쇄소인 광인사(廣印社)가 민간 자본으로 설립되었다. 이어 1885년 배재학당에 인쇄소가 설치되고, 1888년 천주교회에서 성서활판소 등을 설치하면서 비로소 조선 사회는 근대적 인쇄출판 문화 시대를 맞이하게 되었다. 당시 학술적 목적이 강한 교양서적은 기본적으로 문자를 읽을 줄 아는 유학자들을 중심으로 소비되었고, 민간인이 영리를 목적으로 펴낸 방각본(坊刻本)은 평민들을 대상으로 일종의 수신서 또는 교양서 등의 다양한 역할을 담당하였다.

다음으로, 한국 최초의 근대 신문은 김옥균 등 개화당이 1883년 박문국에서 발행한《한성순보》였다. 국내 기사와 서양 문물을 소개하였는데, 갑신정변으로 박문국이 소실되는 바람에 창간 1년여 만에 폐간되었다. 1886년 1월부터 국한문 혼용의《한성주보》로 복간되었으나 1888년 7월 신문사 자체의 운영난으로 폐간되었다. 이후 근대식 신문이 본격적으로 발간된 계기는 1896년 4월 서재필(徐載弼, 1864~1951)이《독립신문》을 창간한 것이었다. 논설, 잡보, 관보, 외국 통신란을 두었으며, 순 국문과 영문으로 동시에 발행하여 일반 국민들이 쉽게 볼 수 있도록 하는 한편, 외국인들에게 한국의 사정을 알리는 역할을 하였다.[28] 순 국문으로 발행된《독립신문》은 철저히 계몽적인 관점에서 자주독립과 자유민권 사상을 심어 주는 한편, 다른 신문이 창간될 수 있는 환경을 마련해 주었다.[29] 그리하여 1898년에는《매일신문》,《황성신문》,《제국신문》,《협성회회보》등이 창간되었고, 이후《대한매일신보》(1994),《만세보》(1906),《대한민보》(1909) 등이 등장하였다. 그러나 이렇게 발행되기 시작한 신문들은 대개 1910년 경술국치(庚戌國恥)로 인하여 폐간되기에 이르렀는데, 일제의 언론 통제 때문에 오히려 잡지와 도서 출판이 활성화되는 계기가 되었다.

마련한 <한성부신문국장정(漢城府新聞局章程)>의 제1조를 답습한 것이다. 초대총재는 민영목(閔泳穆), 부총재는 김만식(金晩植)이었다. 기자는 동문학과 각 사(司)에서 차출된 주사(主事) 또는 사사(司事)의 직함을 가진 사람들이었다. 한성부 남부 훈도방(薰陶坊) 저동의 영희전(永禧殿) 자리에 있었으며, 처음 ≪한성순보(漢城旬報)≫는 한성부에서 주관, 발행하기로 하였으나, 박영효가 한성판윤을 물러남으로써 동문학으로 이관되어 1883년 10월 이곳에서 발간하였다. 그러나 1884년 12월 갑신정변으로 불타버리자 이듬해 중부 경행방(慶幸坊) 교동의 전 왕실 건물로 이전, ≪한성주보(漢城周報)≫로 복간되었다. 이때 총재는 김윤식(金允植), 부총재는 정헌시(鄭憲時), 주필은 장박(張博), 회계는 정병하(鄭秉夏), 외국어 번역원에는 일본인 이노우에(井上角五郞)였다. 신문 발행 경비는 특수한 세수권(稅收權)을 부여받아 충당되었고, 각 지방 관아에 배부되어 그 수익금으로 유지되었다. 그러나 수금이 제대로 되지 않아 관세를 차용하기도 하였다. 결국, 1888년 7월 재정문제로 통리교섭통상아문에 부속됨으로써 문을 닫고 말았다. 한국민족문화대백과사전 [박문국]

28 최준(1972),『한국신문사』, 일조각, pp.61~62.
29 한혜영(2010),「대한제국시기(1897~1910)의 도서 출판에 관한 연구:정치, 외교, 행정 도서를 중심으로」, 서강대학교 언론대학원 석사학위 논문, p.16.

한편, 1905년부터 1910년 사이에 개화파를 중심으로 이른바 국학 운동이 펼쳐진다. 여기서 국학(國學)은 국어학(國語學)·국문학(國文學)·국사학(國史學)의 영역을 포함하는 개념이다. 당시 개화 운동의 구체적인 방안은 서양의 선진 기술을 적극적으로 수용하는 것이었으나 그 세부 내용은 단순한 서구화가 아닌 우리의 정신적 전통을 바탕으로 한 자주적 근대화를 추구하는 것이었다.[30] 당시 국사는 신채호·박은식·장지연 등이 주도하였고, 국어와 국문학 영역은 주시경·유길준·최광옥·이봉운·지석영 등을 중심으로 발전하였다.

그 중에서도 유길준(1856~1914)의 『서유견문(西遊見聞)』[31]은 새로운 국한문체 보급에 크게 공헌하였으며, 특히《독립신문》,《제국신문》 등 국문체 신문과《황성신문》,《대한매일신문》등 국한문 혼용 신문은 표기 방법을 통일해야 할 필요성을 제기함으로써 국문 연구에 많은 도움이 되었다.[32] 그리하여 1907년에 조선어학회의 모체인 국문연구소가 학부(學部)에 설립되었다.

---

30 김봉희(1999), 『한국 개화기 서적문화 연구』, 이화여자대학교출판부, p.23.
31 활자본 1책. 1895년(고종 32) 도쿄 교준샤(交詢社)에서 간행되었다. 이 책은 유길준이 1881년 일본에 갔을 때부터 구상하여 준비해 오다가 1885년 미국에서 돌아와 연금생활을 하면서 집필한 것이다. 1889년에 완성되었으나 6년 후인 1895년에 출간되었다. 내용은 서양 각국의 지리, 역사, 정치, 교육, 법률, 행정, 경제, 사회, 군사, 풍속, 과학 기술, 학문 등 광범위한 분야에 걸쳐있다. 이 책의 순서는 1889년에 유길준 본인이 쓴 서문(序文)과 비고(備考), 목차 등으로 구성되어 있다. 목차는 모두 20편(編)인데, 제1편은 지구세계의 개론, 6대주의 구역, 나라의 구별, 세계의 산, 제2편은 세계의 바다, 강, 호수, 인종, 물산, 제3편은 나라의 권리, 국민의 교육, 제4편은 국민의 권리, 인간 세상의 경쟁, 제5편은 정부의 시초, 종류, 정치제도, 제6편은 정부의 직분, 제7편은 세금 거두는 법규, 납세의 의무, 제8편은 세금이 쓰이는 일들, 정부에서 국채를 모집하여 사용하는 까닭, 제9편은 교육하는 제도, 군대를 양성하는 제도, 제10편은 화폐의 근본, 법률의 공도, 경찰제도, 제11편은 당파를 만드는 버릇, 생계를 구하는 방법, 건강을 돌보는 방법, 제12편은 애국하는 충성, 어린이를 양육하는 방법, 제13편은 서양 학문의 내력, 서양 군제의 내력, 유럽 종교의 내력, 학문의 갈래, 제14편은 상인의 대도, 개화의 등급, 제15편은 결혼하는 절차, 장사지내는 예절, 친구를 사귀는 법, 여자를 대접하는 예절, 제16편은 옷, 음식, 집의 제도, 농작과 목축의 현황, 놀고 즐기는 모습, 제17편은 빈민수용소, 병원, 정신박약아 학교, 정신병원, 맹아원, 농아원, 교도소, 박람회, 박물관과 동·식물원, 도서관, 강연회, 신문, 제18편은 증기기관, 와트의 약전, 기차, 기선, 전신기, 전화기, 회사, 도시의 배치, 제19편은 각국 대도시의 모습, 미국의 여러 대도시, 영국의 여러 대도시, 제20편은 프랑스의 여러 대도시, 독일의 여러 대도시, 네덜란드의 여러 대도시, 포르투갈의 여러 대도시, 스페인의 여러 대도시, 벨기에의 여러 대도시 등이다. 이 책은 최초의 국한문 혼용서로서, 이 책의 출간으로 당시의 신문, 잡지가 비로소 국한문 혼용체를 많이 따르게 되었다. 또 이 책은 갑오개혁의 사상적 배경이 되었을 뿐 아니라 계몽사상 형성에 영향을 주었으며 국문학이나 신소설에도 커다란 영향을 끼쳤다. 두산백과 [서유견문]
32 한혜영(2010), 앞의 논문, p.13.

문단에서는 순국문으로 쓴 신소설이 등장하였는데, 신소설은 언문일치 문장을 사용하였고, 주인공의 말과 행동을 통하여 전근대적인 윤리 및 도덕을 배격하고 신교육의 필요성과 민족의 자주독립을 주장함으로써 계몽 문학의 역할을 하였다. 실제로 1895년 이후부터 한자 대신 표음문자인 한글을 국문(國文, national script)으로 격상시키려는 움직임이 일어났는데, 이러한 국문 운동은 갑오개혁 이후 지석영(池錫永, 1855~1935)에 의하여 '국가적 사업'으로 불렸고, 이봉운(李鳳雲, 생몰년 미상)은 1897년 『국문정리(國文正理)』를 저술하여 국문 운동에 이바지하였다.

이처럼 개화기 한국의 인쇄출판은 계몽 및 민족주의 고취에 목적을 두고 생겨났으며 발전했다는 특징을 띤다.

3) 한국 근대잡지의 등장[33]

한국 최초의 근대적 잡지가 무엇인가에 대해서는 전문가들의 견해가 엇갈린다. 1892년 1월에 창간된 ≪코리안 리포지토리≫를 최초의 잡지로 보는가 하면, 1896년 2월에 창간된 ≪친목회회보≫가 우리 잡지의 효시라는 주장도 있으며, 1896년 11월에 나온 ≪대조선독립협회회보≫가 최초의 잡지라는 견해도 있다.

우리나라를 소개한 최초의 잡지는 영국 성공회가 한국의 선교를 지원하는 각국의 성공회 교구에 보내기 위해 1890년 7월부터 발행하기 시작한 영어잡지 ≪모닝캄 The Morning Calm≫이었다. 이 잡지는 런던에서 인쇄하여 세계 여러 나라에 배포했는데, 한국에 있던 영국 성공회 주교가 원고를 런던으로 보내면 이를 런던에서 편집하여 발행했기 때문에 우리 잡지의 역사에 포함시키기는 어려운 것으로 보인다. 다만, 이 잡지는 세계 여러 나라에 배포되었기 때문에 미지의 나라였던 조선을 '조용한 아침의 나라'로 알리는 데 공헌했다는 점에서 의미가 있다.

한편, 우리 땅에서 편집과 인쇄가 이루어진 최초의 영어잡지는 미국 감리교 선교사들이 발행한 ≪코리안 리포지토리 The Korean Repository≫[34]였다. 이 잡지는 선교사였던 올링거(F. Ohlinger) 부부가 1892년 1월에 창간했으며, 1895년 1월부터는 아펜젤러(H. G. Appenzeller)와 존스(George Heber Jones)가 발행인이 되었고, 헐버트(Homer B. Hullbert)가 부

---

33 한국잡지협회 편(1995), 『한국잡지 100년』, 한국잡지협회, pp.7~10., 정진석(2014), 『한국 잡지 역사』, 커뮤니케이션북스 참조.

34 주로 선교사들이 알아야 했던 우리나라의 언어, 역사, 문화 및 시사적인 내용을 담았는데, 외국인 선교사들이 영어로 발행했음에도 당시 우리나라의 사정을 살펴보는 데 귀중한 자료가 되고 있다.

편집인으로 잡지 발행을 맡았다. 이 잡지는 1898년 12월까지 발행되었으며, 1901년 1월부터 헐버트가 발행한 ≪코리아 리뷰 The Korea Review)도 국내에서 발행된 영어잡지로 일본의 한반도 침략을 규탄하는 내용을 담아 세계 여러 나라에 배포되었다.

또, 1895년 7월에는 일본 유학생들이 대조선인일본유학생친목회를 결성하고 이듬해 2월에 ≪친목회회보≫[35]를 창간했다. 창간호 표지에는 1895년 10월에 창간한 것으로 표기되어 있지만 뒤표지 간기면(刊記面)에는 1896년 2월에 발행한 것으로 나와 있다. 아마도 1895년 10월에 창간할 예정이었으나 연기된 것으로 보인다. 다만, ≪친목회회보≫는 발행장소가 우리나라가 아닌 일본 동경이라는 점에서 우리의 최초 잡지로 보기 어렵다는 견해도 있을 것으로 보인다.

결국 우리 손으로 우리 땅에서 발행한 최초의 잡지는 독립협회가 1896년 11월 30일 월 2회 발행을 목표로 선보인 ≪대조선독립협회회보≫[36]였다. ≪독립신문≫이 1896년 4월 7일 창간되었으며, 그 뒤를 이어 약 7개월 후 회보가 발행된 것이다. 4·6판형과 5·7판형의 중간 크기에 24면 또는 28면으로 매월 15일과 말일에 발행되었고, 기사는 한자 전용, 국한문 혼용, 한글 전용의 세 가지로 인쇄되었다. 1897년 8월 15일자의 통권 제18호까지 발행되었다.

초창기 근대잡지들의 발행주체는 크게 보아 교회 등 종교 계통을 비롯하여 유학생 단체, 단체 또는 학회, 독립된 잡지사 등이었다. 이처럼 독자적인 잡지사가 발행하는 잡지의 등장에 앞서 종교 계통과 유학생 또는 학회가 먼저 잡지를 발행하기 시작한 것은 사회적 여건 때문이었다. 또한 대개의 잡지들은 계몽적인 내용을 주로 다룸으로써 개화와 자강 사상을 전파하는 데 기여했다. 근대잡지 형성기에는 상업성을 초월하여 민족사상 함양에 주력함으로써 본격적인 종합잡지와 전문잡지들이 나타날 수 있는 토대를 닦아주었던 것이다.

한편, 근대적인 잡지의 형태를 갖춘 ≪소년≫이 등장하기까지 대략 35종의 잡지가 발행되었지만, 그 중 1년 이상 지속적으로 발행된 잡지는 그리 많지 않았다. 통권 10호를 넘긴 잡지들을 살펴보면 다음과 같다.

---

35 3개월 간격으로 발행된 계간지 형식으로 1898년 4월 통권 6호를 끝으로 종간되었다.
36 이 잡지는 독립협회 회보 형식으로 발행되었으나, 그 내용은 회원들에게 국한되지 않고 국민적 이익에 관심을 두어 개화기 잡지 성격 형성에 영향을 미쳤다. 특히 계몽적 성향이 두드러져서 근대 문명과 과학 지식을 조명한 각종 논설을 실었는가 하면, 외국 자료를 통해 국민 대중에게 근대적 과학 지식과 서구사상을 보급하고 국제정세를 전함으로써 민족의 자주독립 의식을 깨우치는 데 편집방침을 두었다.

- ≪조양보≫ : 1906년 통권 12호
- ≪대한자강회월보≫ : 1906년 7월~1907년 7월 통권 13호
- ≪태극학보≫ : 1906년 8월~1908년 8월 통권 26호
- ≪서우≫ : 1906년 12월~1908년 8월 통권 14호
- ≪법정학계≫ : 1907년 5월~1908년 9월 통권 24호
- ≪대동학회월보≫ : 1908년 2월~1909년 9월 통권 20호
- ≪대한협회회보≫ : 1908년 4월~1909년 3월 통권 12호
- ≪서북학회월보≫ : 1908년 6월~1910년 1월 통권 19호
- ≪기호흥학회월보≫ : 1908년 8월~1909년 7월 통권 12호

그밖에 ≪가정잡지≫(1906년 6월 창간)와 ≪여자지남≫(1908년 4월 창간), ≪자선부인회잡지≫(1908년 8월 창간) 같은 여성잡지 및 ≪수리학잡지≫, ≪공업계≫ 같은 전문잡지가 등장한 것도 이 무렵이었다. 나아가 모든 면에서 체계가 갖추어진 근대적 의미의 종합잡지는 1908년 11월 창간된 ≪소년≫으로부터 시작되었다. 이 잡지는 육당 최남선과 그의 형인 최창선 형제가 설립한 출판사 신문관(新文館)에서 발행한 것으로 1911년 5월 통권 23호까지 나오고 폐간되었다. 실제로 우리 잡지계에서는 1966년도부터 ≪소년≫이 우리나라 잡지문화 정착에 미친 영향을 기리기 위해 이 잡지가 창간된 11월 1일을 '잡지의 날'로 정해 기념행사를 벌이고 있다.

■ 참고_ 근대잡지란 무엇인가?

언론사 연구자 정진석은 저서 『한국 잡지 역사』(2014)에서 우리 근대잡지에 대해 다음과 같이 일문일답 형식으로 요약하고 있다.

▶ 우리 민족에게 잡지는 무엇인가?
민족상과 국가상을 제시해 온 매체다.
▶ 언제 무엇을 제시했는가?
한말에는 개화와 자주, 일제 강점기에는 항일 독립, 광복 이후에는 독재에 대한 저항과 민주주의 정착이라는 시대 요구를 전파했다.

▶ 한말의 잡지는 어떤 사명을 수행했나?

국민 의식 개혁, 산업 진흥, 애국 독립사상과 같은 거대 담론을 펼쳤다. 민족의 주체성, 애국심, 역사에 대한 자부심을 고취하면서 우리 민족을 결합시켰다.

▶ 개화사상에 어떤 영향을 주었나?

외국의 정치, 문화, 지리, 학문을 다채롭게 소개했다. ≪대조선독립협회회보≫와 같은 잡지가 등장해 서구 시민사상, 근대 문명, 과학 지식을 소개했다. 당시 개화사상을 반영하는 논설을 실었다.

▶ 자주정신은 어디서 확인할 수 있나?

≪대한자강회월보≫에서 볼 수 있다. 국민 교육 고양과 식산 증진을 통한 부국강병으로 독립의 기초를 마련하고자 했다. 식산흥업(殖産興業)의 필요성, 국가 부원증진책, 식산 결여의 원인, 황무지 개척, 임업과 토지 개량의 필요성을 구체적 연구 결과로 제시했다.

▶ 우리나라 최초의 본격 종합잡지는 무엇인가?

'잡지는 국민의 교과서'라는 전제에서 출발한 ≪소년≫이다. 창간인 최남선은 잡지가 청소년과 국민 계몽의 탁월한 수단이 될 것이라는 점을 분명히 인식하고 있었다.

▶ 최남선이 주목한 잡지의 기능은 무엇인가?

학교를 세우거나 사회의 어떤 고정된 지위에 앉아서 지도자 역할을 행하는 것보다 잡지의 역할이 훨씬 크고 신속하다고 판단했다. 또 잡지가 널리 보급되면 자라는 청소년이 스스로 깨우치는 데 도움이 된다고 보았다.

▶ 일제 강점기 초기에 발간된 잡지의 목적도 그것인가?

그렇다. 청소년과 국민을 깨우치고 가르치며, 민족정기를 앙양하고, 조선의 문화유산을 널리 알리면서 자주독립 정신을 고취한다는 목적을 실현하는 데 잡지는 적격의 매체였다.

▶ 잡지에 대한 정치 탄압은 언제, 어떻게 시작되는가?

무단정치 시기다. 무력에 의한 강압으로 조선인들을 통치한다는 총독부의 방침에 따라 신문뿐만 아니라 시사 문제를 다룰 수 있는 종합잡지의 발행을 원천 봉쇄했다. 종교 잡지와 일본 유학생 발행 잡지가 겨우 명맥을 이었다.

▶ 총독부는 잡지를 어떻게 통제했는가?

잡지를 출판법의 적용을 받아 발행되도록 했다. 출판법에 따라 잡지 발행은 원고 검열과 납본 검열이라는 이중의 통제 장치를 거치게 된다. 원고를 먼저 제출하여 검열을 통과해야 했고, 조판 인쇄된 출판물을 배포하기 전에 또 납본 검열을 받아야 했다. 그 결과 시사 종합잡지 발행이 극도로 제한되었고 종교 잡지와 일본 유학생 발행 잡지가 겨우 명맥을 잇게 된다.

4) 일본 근대 출판 및 잡지의 등장과 시대적 배경[37]

우리 근대 출판 및 잡지의 등장을 이해하려면 일본의 근대화 과정을 먼저 살펴볼 필요가 있다. 일본에서 메이지 시대 초기의 활자매체 발달을 뒷받침한 것은 바로 인쇄 기술의 혁신, 즉 목판 인쇄를 대신한 근대적 활판 인쇄의 등장이었다. 활판 인쇄의 발달은 매스미디어, 특히 초기 일간신문 발행을 가능하게 한 일대 사건이었다. 특히 일본의 경우에는 일본 문자의 금속 활자 주조에 성공한 것이 결정적인 계기가 되었다. 중국의 과학적이고도 합리적인 호수(號數) 활자 체계에 주목하여 그것을 만들어 내기 위해 전태 모형(電胎母型)을 만들고 금속활자를 주조함으로써 근대 일본 인쇄술의 창시자로 불리는 모토기 쇼조(本木昌造, 1824~1875)가 이룬 업적이기도 하였다. 목판 또는 조각 활자는 수작업으로 한 글자 한 글자를 만들어 나가야 하는 데 반하여 주조 활자는 1개의 모형에서 기계적으로 대량 생산을 할 수 있다는 장점이 있었다.

나가사키의 네덜란드어 통역사였던 모토기 쇼조는 1848년 우연히 네덜란드 상선을 통하여 동료와 함께 인쇄기 및 활자 등을 한 세트 장만하면서 인쇄에 흥미를 갖게 되었다고 한다. 그리고 자신이 지은 『난화통변(蘭和通弁)』을 그 인쇄기를 사용하여 찍어 냈다. 이후 모토기는 데지마(出島) 인쇄소나 나가사키 제철소를 경유하면서 인쇄술을 가르치는 신가이 사숙(新街私塾)을 열어 활판 제조의 기업화를 노렸지만 납 합금을 흘려 넣는 모형 제작 방식으로는 가느다란 선이나 글자의 변화를 표현할 수 없었으므로 좀처럼 일이 진행되지 않았다. 그렇지만 모토기는 1869년, 상하이의 미화서관(美華書館)[38]에서 전태법(電胎法)[39]을 고안한 윌리엄 캠블

---

37 김기태(2014), 앞의 책, pp.87~91 참조.

37 김기태(2014), 앞의 책, pp.87~91 참조.
38 The American Presbyterian Mission Press: 미국 장로회가 중국에 설치한 출판 및 인쇄 기구.
39 자모(字母)의 제조 방법의 한 가지로, 종자(種字)의 전해(電解)로써 구리나 아연을 두껍게 입힌 다음, 그것을 벗겨 내서 마데에 끼워 자모를 만드는 방법. 그 구체적 방법에는 직접법·간접법·다이캐스팅(diecasting) 법이 있는데, 이러한 방법들에 의해 만들어진 것을 '모태자모'라고 한다. 첫째로 직접법이란 이미 만들어진 활자를 종자(種字)로 하거나 또는 지금(地金)으로 활자 크기의 몸통을 만들어 글자를 조각, 이를 종자로 하여 황산동액(黃酸銅液)의 전도조(電鍍槽)에 매달아 전주(電鑄)를 한 다음, 이에 아연을 두껍게 입힌 뒤에 놋쇠의 마데재(字母材)에 끼워 넣어 자모를 만드는 것을 말한다. 둘째로, 간접법은 조금 복잡한데, 먼저 지케재(材)의 목재 구형(木材口形)에다 활자와 같은 좌향의 글자를 조각하여 활자와 똑같은 목판을 만든 뒤에 그 표면을 유지석(油砥石)으로 평평하고 매끄럽게 문지른다. 그다음, 납분(蠟盆)과 합하여 압착시켜 자형(雌型)을 만들어 그 표면

(William Gamble)을 나가사키에 초빙할 수 있었다.

이러한 배경 아래 1876년 10월, 활자를 한층 더 개량하여 일본의 인쇄 기술을 향상시킨 슈에이샤(秀英舍)[40]가 등장하였다. 슈에이샤는 1871년에 목판으로 간행된 새뮤얼 스마일즈(Samuel Smiles) 지음·나카무라 마사나오(中村正直) 번역의 『서국입지전(西国立志伝)』을 활판 인쇄로 재간행하였을 뿐만 아니라 장정(裝丁)을 함에 있어 보리짚을 원료로 한 종이를 사용하여 양장본을 만드는 데 성공하였다. 그리고 이 책이 당시 베스트셀러가 됨으로써 양장 활판본을 순식간에 보급시키는 성과를 거두게 되었다. 이후 1880년에는 교과서 인쇄 방식을 활판 인쇄로 바꾸게 되면서 드디어 신문·잡지·서적 인쇄기술의 혁신에 탄력이 붙게 되었다. 1869년에 창설된 도쿄 활판인쇄업 조합의 규모는 1880년 당시 104개 사, 105개 공장, 인쇄 기계 478대, 공장 노동자는 약 1,800명에 이르렀다.

한편, 일반도서와 더불어 신문 및 잡지 등 정기간행물의 발행도 증가하기 시작하였다. 메이지 시대에 설립된 대표적인 법률서적 출판사인 '유히가쿠(有斐閣)'의 역사를 다룬 『有斐閣百年史』의 저자 야하기 카츠미(矢作勝美)는 "당시 출간된 서적은 대부분 신판으로 간주할 수 있겠지만, 일부는 종래의 판(板)을 사용하여 찍어 낸 것들도 있었다. 그러나 중판의 분야는 주로에도 이래 구사조시[41] 계통의 읽을거리나 한문 서적 계통에 속해 있었던 것으로 보인다."[42]고 말하고 있다. 당시 출간된 서적에서 일본 국내 저서 대비 번역서 비중을 살펴보면 번역서가

에 그래판팅을 칠한 뒤에 이를 전동조(電銅槽)에 매달아 전주하면 종자와 동일한 동(銅)의 원형이 된다. 그러면 그에 시안화은액을 도포하고 표면에 은도금을 한 뒤에 다시 전동조에 매달아 전주하면 활자와 반대인 우향의 오목 글자와 같은 동(銅) 컬러가 되며, 그 뒷면에 아연을 유출시키면 중간에 놋쇠층이 발생하여 도금되는데, 이를 마데재에 끼워 넣으면 자모가 되는 것을 말한다. 셋째로, 다이캐스팅 법은 위의 간접법과 같으나, 동 컬러에다 녹인 놋쇠재를 직접 주조해서 마데재를 동 컬러로 만들어 끝손질하는 방법을 말하는데, 이는 다량의 자모를 제조할 수 있는 것이 특징이다. 이러한 전태법은 서양에서 발명된 것으로, 중국에는 1870년경 상하이 미화서관의 인쇄 기술자였던 미국인 윌리엄 캠블에 의해 도입되었다. 그리고 우리나라에는 일본인의 손을 거쳐 1880년경에 전해졌는데, 1920년 창간된 조선일보는 이 전태법에 의해 만들어진 경편자모(輕便字母)를 사용하여 활자를 주조했다고 한다. 그러나 1886년 벤턴자모조각기(Benton matrix cutting machine)가 발명되자, 전태법에 의한 자모의 제조는 점차 사용되지 않게 되어 오늘날에는 거의 사라지게 되었다. 한국언론진흥재단 [전태법]

40 현재의 '대일본인쇄'를 말한다.

41 구사조시(草双紙): 에도 시대의 그림이 들어 있는 대중적인 일본 소설을 통칭하는 말. 단순히 그림책이라는 견해도 있었으나, 점차 성인을 위한 요소도 등장하게 되었다.

42 著作權法百年史編纂委員會 編著(2000), 『著作權法百年史』, 東京:著作権情報センター, pp.42~43.

30% 가까운 비중을 차지하고 있었다. 일본 국내 저서도 상당수가 해외 사정을 전달하는 내용이었다는 점에서 메이지 시대는 그야말로 서양학자들의 시대였다고 할 수 있다.

이 같은 양상은 신문이나 잡지에서도 그대로 나타났지만 당시로서는 신문과 잡지 사이에 거의 구분이 없었던 것으로 보인다. 메이지 4년(1871년), 기도 타카요시(木戸孝允)가 출자하여 발간한 잡지 제호를 《신문잡지(新聞雑誌)》라고 했던 것만 봐도 알 수 있는 것처럼, 메이지 원년인 1864년에 하마다 히코조우(浜田彦蔵)가 발행한 《해외신문(海外新聞)》도 당초에는 《신문지(新聞誌)》라고 하였다. 이는 분큐(文久) 원년인 1861년 나가사키에서 발행된 《THE NAGASAKI SHOPPING AND ADVERTISER》처럼 영문으로 쓰여 있었다.

일본 신문 또는 잡지의 시발점은 막부에서 나온 것으로는 1862년 1월에 반쇼시라베쇼(蕃書調所)[43]에서 발행된 《관판 바타비아 신문(官板バタヒヤ新聞)》으로, 당시 네덜란드 식민지였던 인도네시아 바타비아(Batavia: 현재의 자카르타)에 있었던 네덜란드 총독부 기관지 《야바세 쿠란트(Javasche Courant)》(주간신문)의 '외국 기사'란에 실려 있는 기사들을 번역하여 이들을 목활자(木活字)로 인쇄해서 발행한 것이었다.

민간에서 발행한 것으로는 1867년 10월, 야나가와 슌산(柳川春三)이 창간한 《서양잡지(西洋雜誌)》가 시초였으며, 이것을 일본에서 가장 오래된 잡지라고 볼 수 있다. 하지만 이것도 각지의 영문 간행물에서 따온 것을 번역한 것에 불과하였다. 《서양잡지》는 발행인 야나가와가 세상을 떠난 1869년 9월까지 모두 6호를 간행하였다. 번역을 벗어나 항간의 뉴스를 담은 잡지로는 1868년 오사카에서 간행된 《메이지 월간(明治月刊)》을 들 수 있다. 그런 의미에서 이를 일본 최초의 잡지라고 보는 견해도 있다.

이처럼 《서양잡지》이래 1877년까지 창간된 잡지는 180여 종에 이르렀으며, 그중 대부분은 신문사에서 발행된 것이었다. 그러던 중 언론·정치·경제 기사를 망라한 메이지 시대 초기의 오피니언 리더 저널이라고 할 수 있는 잡지가 등장하게 되는데, 1873년 모리 아리노리(森有礼)의 제의로 생겨난 메이로쿠샤(明六社)에서 1874년에 발행하기 시작한 《명륙잡지(明六雜

---

43 '반쇼(蕃書)'란 '오랑캐 책'이라는 뜻인데, 반쇼시라베쇼와 그 전신인 요가쿠쇼(洋學所)는 에도 막부의 서양학문 연구 및 교육기관으로서 서양 신문들의 번역만 담당한 것이 아니라, 양서(洋書)도 번역 출판했으며, 또한 에도 막부의 신하들과 그 제자에 대한 서양학문 교육도 실시했다. 이러한 반쇼시라베쇼는 1862년 5월 요쇼시라베쇼(洋書調所)로 개칭했다가 1863년 8월 다시 카이세이쇼(開成所)로 이름을 바꾸었다. 차배근(2003), 「江戸時代末 日本의 西洋言論文物 受容過程에 관한 小考」, 《언론정보연구》 제40호, 서울대학교 언론정보연구소, p.65.

誌)》가 바로 그것이었다.[44] 그밖에 민간에서 발행된 최초의 신문은 《서양잡지》를 창간한 야나가와 순산이 1868년에 발행한 《중외신문(中外新聞)》이었으나 이것 역시 야나가와의 사망과 함께 폐간되었다. 그리고 일간지의 효시라고 할 수 있는 신문은 1871년 1월에 창간된 《요코하마 매일신문(橫浜每日新聞)》이었다. 일본의 수도 동경(東京)에서 최초로 나온 일간지는 1872년 2월에 창간된 《도쿄일일신문(東京日日新聞)》[45]이었으며, 문부성 제2연보에 의하면 1874년에 창간 허가를 받은 신문만 29개에 이르렀다고 한다. 나아가 당시 막부 휘하의 수많은 서양 학자 및 지식인들이 신문사에 들어가 필봉을 휘둘러 메이지 신정부에 대한 비판 활동을 벌였다.

그리하여 급기야 메이지 7년(1875년) 6월에는 신정부에 대한 비판을 금지하는 신문지조례, 참방률(讒謗律)[46]에 의한 탄압이 시작되었다. 특히 신문지조례는 점차 고조되기 시작한 자유민권 운동에 직면한 정부가 신문발행조목을 실질적으로 개정한 결과였다. 신문지조례(전문 16조)는 종전의 신문 법규에 투영된 교도적 내용을 일소하고 엄벌주의를 통해 반정부적 언론 활동의 억제에 역점을 두고 있는데, 주로 19세기 전반의 프랑스 출판법제를 작위적으로 섭취한 산물이었다.[47] 당시 출판 관련 형사 규정을 정하는 방법은 출판법 그 자체에 출판 형사범의 내용과 형벌을 규정하는 프랑스·벨기에 유형과 출판 형사범을 기본적으로는 일반 형법의 규정에 따른 것으로 해석하고 특별 사항에 대해서만 출판법에 규정하는 독일·오스트리아 유형으로 크게 나눌 수 있었다.[48] 결국 신문지조례와 참방률이 언론 활동을 규제하는 데 초점을 두었다면 출판조례는 출판물을 통한 정부 비판을 통제하는 강력한 제도적 장치였던 셈이다.

---

44 니시무라 시게키(西村茂樹), 니시아마네(西周), 가토 히로유키(加藤弘之), 사카타니 시로시(阪谷素), 츠다 마미치(津田真道), 나카무라 마사오(中村正直), 미츠쿠리 슈헤이(箕作秋坪), 미츠쿠리 린쇼(箕作麟祥), 스기 코지(杉亨二). 후쿠자와 유키치, 칸다 타카히라(神田孝平), 다나카 후지마로(田中不二麿), 시미즈 우사부로(淸水卯三郎), 츠다 센(津田仙) 같은 당시 일본을 대표하는 지식인들이 창간 작업에 참여하였다.

45 오늘날의 마이니치신문(每日新聞)이다.

46 정부 비판을 규제하기 위하여 공포된 언론 통제법. 구체적으로는 메이지 시대 초기 명예훼손에 대한 처벌을 규정한 법률로, 활발한 언론 활동과 자유민권 운동에 힘입어 신문 기고나 풍자화 등을 통하여 천황을 비롯한 위정자를 비판하는 것을 막기 위하여 제정된 것으로 알려져 있다. 일본 위키피디아 참조.

47 奧平康弘(1967), 『日本出版警察法制の歷史的研究序說5』, 《法律時報》, 第39卷 第9号, p.73.

48 奧平康弘(1967), 『日本出版警察法制の歷史的研究序說4』, 《法律時報》, 第39卷 第8号, pp.69~70.

제2장 근대잡지 창간호 분석

1) 창간 배경

창간호 표지에는 1895년 10월 발행으로 표기되어 있으나 간기면을 보면 1896년 2월 15일 발행된 것으로 나와 있어 그 기간적 차이에 대해서는 제대로 알 길이 없다. 어쨌든 이 잡지는 대조선인일본유학생친목회(大朝鮮人日本留學生親睦會), 즉 일본에 유학 중인 조선 사람들이 모인 친목단체에서 펴낸 것이었다.[1] 창간호 첫 장에 보면 「회지(會旨)」로서 회보 발행 목적을 밝히고 있는바 "본회 회보 발행 목적은, 오인(吾人)이 타방(他方)에 유학하되 원근(遠近)에 교주(僑住)하여 용음(容音)이 낙락(落落)한지라……, 피아(彼我)의 사정을 통하여 친목을 돈후(敦厚)히

1　우리나라 최초의 일본 유학생은 1881년 4월 일본의 새로운 문물을 시찰하러 간 신사유람단을 수행했다가 그대로 머물러 일본 학교에 들어간 유길준, 육정수, 윤치호 등 세 사람으로 알려져 있다. 이후 1884년 갑신정변 이전까지 점차 증가했는데, 이는 그 무렵 일본을 왕래하며 활동했던 개화파 지도자 김옥균과 박영효가 우리 청년들을 일본에 보내어 신학문을 공부하도록 고종에게 진언한 덕분이었다. 그러나 갑신정변이 실패하자 일본 유학도 주춤해졌다가 1894년 갑오경장 이후에야 정부에서 유학생을 공식적으로 선발하여 보내기 시작했다.

하고 겸하여 지식을 교환함을 위함이라"고 했다. 또 창간호 말미에 있는 '친목일기'에 보면 "개국 504년(1895) 4월(음력) 창립, 4월 초7일 상오 12시 정부 파견 유학생 113인 일행이 동경 신바시(新橋) 역에 도착, 먼저 와 있던 동경 유학생들이 각자 국기를 흔들며 환영 나왔다."는 대목이 있다. 아울러 4월 18일 하오 1시에는 경응의숙(慶應義塾) 구락부에 일본 유학생이 모두 모여 투표를 통해 평의원(評議員) 12명을 선출했다고 한 것으로 보아 이 같은 과정 끝에 친목회보 창간이 이루어진 것으로 보인다.

대조선인일본유학생친목회는 1895년 5월 동경에서 설립된 최초의 재일한국유학생단체로 당시 113명의 관비(官費) 유학생들이 경응의숙에 입학한 뒤 어윤적(魚允迪), 윤치오(尹致旿) 등이 중심이 되어 만들어졌다. 설립목적은 친목도모와 학식교환 그리고 한국문화의 계발에 있었다. 원래 회원에게만 배포하는 비매품이었으나 후원금을 낸 인사들 외에 국내 각 학교와 정부기관에도 보냈다. 유지(有志)들의 찬조금으로 잡지를 발행하였는데, 후쿠자와 유키치(福澤諭吉) 등 일본인들의 찬조가 더 많았다. 유학생 회원들은 선진문물과 과학기술을 습득하여 조국 근대화의 추진 세력이 되고자 했으나, 일본의 제국주의 침략정책을 제대로 파악하지 못한 점이 없지 않다.[2]

2) 관련 인물

창간호 간기면을 보면 발행인은 최상돈(崔相敦), 편집인은 김용제(金鎔濟), 그리고 인쇄인은 야마모도(山本鉄次郎), 인쇄소는 동경 소재의 슈에이샤(秀英社)로 표기되어 있다. 또 본문 첫 장을 장식한 것은 「회지(會旨)」이지만, 그 다음 페이지에는 한 면에 통상(通常) 찬성원장(贊成員長) 의화군(義和君) 이강(李堈, 1877~1955), 특별 찬성원장 후쿠자와 유키치의 사진이 실려 있다. 뒤이어 당시 학부대신 박정양(朴定陽)과 그 뒤를 이어 학부대신에 오른 이완용(李完用)의 훈시(訓示)가 실려 있다.

3) 주요 내용

창간호의 내용을 살펴보면 우선 회보 발행 목적을 밝힌 「대조선인일본유학생친목회 회지」에 이어 사설 「본지취론(本誌就論)」, 그리고 8편의 논설이 그 뒤를 잇고 있다. 이어 학부대신 2인 및 특명전권공사의 훈시와 2편의 연설, 그리고 여러 사람의 문예작품이 실려 있다. 다음

2 문화재청(2010), 『근대문화유산 신문잡지분야 목록화 조사 연구 보고서』, 문화재청, p.166.

으로 〈내보〉와 〈외보〉가 실려 있는데, 일간신문에서 간추린 것들로서 다방면의 뉴스를 담고 있었다. 이처럼《친목회회보》는 단순히 유학생들을 위한 회지에 머물지 않고 학술과 문예와 시사를 아우른 종합지 성격을 띠고 있었다. 말미에는 「친목회 일기」와 함께 '찬성금 기부자 명단'이 실려 있다.

4) 편집 특성

표지 글자는 전부 한자로 표기되어 있다. 당시 신식 출판물로서 일본 인쇄술 및 제지술에 힘입어 발행된 잡지인 만큼 판형은 5×7판(국판 또는 A5형)[3]이었으며, 110여 쪽에 걸쳐 내용을 담고 있다. 3개월 간격으로 발행하는 계간지를 지향했으며, 1898년 4월까지 통권 6호를 발행했다.

5) 창간 의의

1896년 2월 15일 일본 동경(東京)에서 우리나라 일본 유학생들의 최초 단체였던 대조선인 일본유학생친목회에서 창간한《친목회회보》는 우리나라 잡지 역사에 있어 우리 손으로 처음 만들어진 국문 잡지였다. 본래 이 잡지는 3개월마다 한 번씩 발행하기로 했으나 제2호는 4개월 만인 1896년 6월 16일 발행했으며, 제3호 역시 4개월 만인 10월 23일 나왔고, 제4호부터는 발간비의 부족으로 6개월마다 발행하기로 결정했으나 제3호 발행 5개월 뒤인 1897년 3월 24일 발행했다. 그리고 제5호는 제4호의 발행 후 6개월 만인 9월 26일 정상적으로 발행했으나 제6호는 약 7개월만인 1898년 4월 9일에야 나왔다. 그러나 이를 끝으로《친목회회보》는 종간되고 말았는데 그 이유는 회원들 사이의 불화로 인해 제6호의 발행 이후 곧 친목회가 해체되고 말았기 때문이다. 하지만《회보》는 창간 이후 2년 2개 월 동안 모두 6호를 발간하면서 우리나라 일본유학생들 간의 친목과 지식교환 등에 크게 기여했다. 또한 모국

---

3 판형이란 출판물 크기를 구별하는 단위를 가리킨다. 일반적으로 용지의 칭호에 따라 구별되는데 사륙판(4×6판)이란 사륙전지(1090×788㎜)를 64면으로, 국판이란 국판 전지(939×636㎜)를 32면으로 자른 규격을 말한다. 그리하여 책은 판형에 따라 사륙판은 127×188㎜, 사륙배판은 188×258㎜, 국판은 148×210㎜, 국배판은 210×297㎜의 크기를 갖게 된다. 그런데 국판의 '국'은 국화를 뜻하는 글자 '菊'에서 따온 것으로, 이는 일제강점기 일본 황실을 상징하는 문양에서 비롯된다. 나아가 서양에서는 인쇄용지 규격을 A계열과 B계열로 구분하고 있으며, A5 판형이 국판에 해당한다. 여기서는 이 같은 여러 의미를 불식하고 기존 4×6판에 빗대어 국판 전지를 5×7전지라고 하는 데 착안하여 '5×7판'이라는 표현으로 쓰고자 한다.

에 개화사상(開化思想)과 새로운 언론문물(言論文物)을 전파하는 데도 큰 몫을 했으며, 특히 모국에서도 잡지가 나오도록 만드는 데 하나의 중요한 자극제가 되었다고 볼 수 있다. 따라서 《친목회회보》에 관한 연구는 우리나라에서 잡지라는 서양 언론문물의 수용과 생성·발전 과정을 규명하는 데도 필요하다.[4]

그러나 이 잡지가 일본 땅에서 나왔다는 이유로, 이보다 9개월 뒤인 11월 20일 서울에서 창간된 《대조선독립협회회보》를 우리나라 최초의 근대적 잡지로 보는가 하면, 창간 시기만을 기준으로 따져서 1892년 1월 미국 선교사 올링거(F. Ohlinger) 부처가 서울에서 창간한 영문잡지 Korean Repository를 우리나라 근대적 잡지의 효시로 보는 사람도 있다. 하지만 "그것이 어느 나라 땅에서 나왔든 간에, 우리 동포의 손으로 만들어진 최초의 근대적 국문잡지는 《친목회회보》였음을 누구도 부정할 수는 없다."[5]는 견해가 우세한 것으로 보인다.

다만, 창간호 구석구석에 엿보이는 것처럼 발행지가 일본 동경이라는 점 이외에도 잡지 발행에 가장 큰 영향을 미친 찬성금(후원금) 내역을 보면 조선 유지들보다 당시 일본 최고의 사상가이면서 한반도 제국주의 침략의 옹호자였던 후쿠자와 유키치를 비롯한 일본인 유지들의 후원금이 훨씬 많았다는 점에서 과연 우리나라 최초의 잡지로 볼 수 있는가 하는 논란을 잠재우기는 쉽지 않을 것으로 보인다.

---

4 차배근(1999), 「大朝鮮人日本留學生 《親睦會會報》에 관한 硏究(續): 創刊後 終刊號까지의 發刊實態와 주요 內容」, 《언론정보연구》 제36호, 서울대학교 언론정보연구소, pp.79~80.

5 차배근(1998), 「大朝鮮人日本留學生 《親睦會會報》에 관한 硏究: 創刊後 終刊號까지의 發刊實態와 주요 內容」, 《언론정보연구》 제35호, 서울대학교 언론정보연구소, p.1.

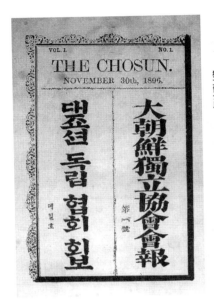

1) 창간 배경

《대조선독립협회회보》는 "1896년 7월부터 1898년 12월에 걸쳐 열강에 의한 국권침탈과 지배층에 의한 민권유린의 상황 속에서 자주국권 · 자유민권 · 자강개혁사상에 의하여 민족주의 · 민주주의 · 근대화운동을 전개한 우리나라 최초의 근대적인 사회정치단체"[6]로서의 독립협회 기관지로 창간되었다. 독립협회는 외세의 국권침탈과 지배계층의 민권유린 상황 속에서 자주국권과 자유민권, 자강개혁사상을 바탕으로 민족주의, 민주주의 그리고 근대화를 주창하는 운동을 전개하는 과정에서 《독립신문》과 《독립협회회보》를 기관지로 두고 협회의 주장과 사업을 알리는 한편, 대중 계몽에 앞장섰다. 창간호 본문 중에 있는 독립협회 규칙 제2조에 따르면 "독립협회는 독립문과 독립공원을 건설하는 사무를 관장한다."고 규정되어 있다. 표지에 따르면 창간호는 1896년 11월 30일에 발행되었다.

---

6 한국정신문화연구원 편(1993), 『한국민족문화대백과사전』, '독립협회' 항(유영렬 집필), 최덕교 편 저(2004), 『한국잡지백년1』, 현암사, p.29 재인용.

2) 관련 인물

독립협회를 창립한 서재필(徐載弼, 1864~1951)은 1863년 전남 보성에서 군수의 아들로 태어나 7세에 상경하여 한학을 공부한 후 1882년 3월 별시(別試) 문과에 합격하여 벼슬길에 올랐다. 그 무렵 김옥균, 서광범, 홍영식, 박영효 등과 어울리면서 개화사상을 가지게 되었다. 1894년 12월 김옥균 등과 함께 '갑신정변(甲申政變)'을 일으켰지만 3일 천하로 실패한 후 일본으로 망명했으나 여의치 않자 다시 미국으로 망명했다. 1894년 갑오개혁이 일어나 갑신정변 주모자들에 대한 역적죄가 사면되면서 서재필은 1895년 5월 박정양 내각의 외무관리에 임명되었으나 응하지 않다가 미국에 온 박영효의 권유로 1895년 12월 귀국했다. 하지만 서재필은 자신이 먼저 해야 할 일은 벼슬보다는 신문을 발간하여 국민을 계몽함으로써 국민의 여론을 정부에 바르게 전하는 일이라고 생각했다. 그리하여 1896년 4월 7일 《독립신문》을 창간했고, 7월 2일에는 '독립협회'를 창립했으며, 11월 22일 '독립문'을 준공했고, 마침내 11월 30일에는 《대조선독립협회회보》 창간호를 발행했다.

또 한 사람, 여기서 주목해야 할 이는 바로 이완용(李完用, 1858~1926)이다. 그는 독립협회 초창기 위원장을 거쳐 부회장, 회장을 역임했으나 끝내 변절하여 매국노의 길을 걸었다.[7] 한편, 창간호 서두에 「독립협회 서(序)」라는 글을 쓴 사람은 당시 독립협회 회장을 맡고 있었던 안경수(安駉壽, 1853~1900)였고, 또 우리나라에서 종두법(種痘法)을 처음 실시한 지석영(池錫永, 1855~1935)의 「국문론」이라는 논문이 실렸다.

3) 주요 내용

서문에 해당하는 「독립협회 서」에 이어 「송(頌) 독립협회」(본회원), 「독립협회 규칙」, 「독립협회 윤고(輪告)」, 「국문론」(지석영), 「공기」(피 제슨), 독립협회 보조금 수입인명 등의 순으로 편집되었다. 이 중에서 「독립협회 서」와 「송 독립협회」는 순 한문(漢文)으로, 「독립협회 규칙」과 「독립협회 윤고」는 국한문(國漢文) 혼용체로, 「국문론」과 「공기」는 순 국문으로 쓰였다.

초대 독립협회 회장을 지낸 안경수가 순 한문으로 쓴 서문의 앞부분을 보면 다음과 같다.(현대어 표기로 고침)

---

7 이완용의 일제강점기 활동은 「일제강점하 반민족행위 진상규명에 관한 특별법」 제2조 제3·4·6·7·9·13·19호에 해당하는 친일반민족행위로 규정되어 『친일반민족행위진상규명 보고서』 Ⅳ-13: 친일반민족행위자 결정이유서(pp.533~577)에 관련 행적이 상세하게 채록되었다. 한국민족문화대백과사전 [이완용]

이제 우리 대조선국 사람이 독립협회를 무엇 때문에 만드는 것일까? 독립이라고 하는 것은 크게 발분해야 되는 일이요, 협회를 만든다는 것도 역시 크게 발분해야만 이루어지는 것이다. 옛날 우리 단군께서 나라를 여시고 기자께서 교육을 펴서 삼한이 각각 자리를 잡았었고 고려가 나라를 통일했던 것이다. 그 후 우리 태조께서 천자의 자리를 이어받아서 모든 법도를 세우셨으며, 우리 대군주 폐하에게 전해 내려와 수천 년이 되었다. 그러는 동안 나라도 우리나라요, 백성도 우리 백성이어서 그 정치가 교화를 이루었다. 그런데 이모두 우리나라요 우리 백성인데도 아직까지도 뚜렷이 독립하자는 기세가 없는 것은 무엇 때문인가? 이것은 나라가 작아서 그런 것도 아니요, 백성들이 약해서 그런 것도 아니다. 나라 다스리는 교화가 개명되지 못해서 그런 것도 아니요, 오직 남을 두려워하고 현상을 유지하는 것만 편안히 여기고 유약하고 조심하는 데만 익숙해져서, 나가서는 말을 달려 적을 치는 계략이 없고, 들어와서는 자기 집을 지키는 방법도 갖지 못했기 때문이다. 〈이하 생략〉

그리고 '국문론'을 쓴 지석영은 원래 1899년 설립된 국립의학교 초대교장을 맡는 등 의학전문가였지만 개화운동에 지도자로도 앞장섰다. 특히 독립협회의 주요인물로 활동하면서 개화가 늦어지는 이유 중 하나가 어려운 한문을 쓰기 때문이라고 보고 한글을 교육하고 보급하는 일에 많은 힘을 기울였다. 20세나 어린 주시경(1876~1914)과 함께 '한글 가로쓰기'를 주장하기도 했다.(현대어 표기로 고침)

나라에 국문이 있어 이를 항상 사용하는 것은 사람에게 입이 있어 말을 하는 것과 같다. 말을 하되 그 음조와 음성이 분명치 못하면 남들이 말하기를 반 벙어리라 할뿐더러 필자가 생각해도 그렇다. 국문이 있으되 이를 사용하는 데 있어 균일하지 않으면 그 나라 국민도 그 나라 국문이 귀중한 줄 모르는 것이니 어찌 국가와 국문의 관계가 적다고 하겠는가. 우리나라 사람은 말을 하되 이를 분명히 기록할 수 없고 국문이 있으되 똑같이 사용하지 못해 그 귀중함을 모르니 가히 탄식스러울 뿐이다. 국문을 귀중하게 여기지 않음은 모두가 균일하게 사용하지 않음이요, 이것은 말 뜻을 분명히 기록할 수 없는 연유가 된다. 말 뜻을 분명히 기록할 수 없는 바에 대해 살펴보고자 하니 뜻 있는 분들의 참고 있기를 바란다. 〈이하 생략〉

또한, 여기서 '공기'란 글을 쓴 '피 제슨'은 서재필의 미국명인 〈Philip Jason〉 또는 〈Jason, P.〉를 한글로 적은 것이다. 그 일부를 현대어로 고쳐서 살펴보면 다음과 같다.

학문이라 하는 것이 별것이 아니라, 세계에 있는 물건과 각색 천연한 이치를 자세히 공부하여 그 물건이 어떤 것인지 무엇에 쓰는 것인지 사람에게 관계가 어찌 있는지, 그런 것을 궁구하여 쓸 것은 쓰고 못 쓸 것은 내어버리고 하는 까닭에, 문명 진보하는 나라들은 인민 교육을 제일 사무로 아는지라. 〈이하 생략〉

4) 편집 특성

표지의 제호를 한글과 한자, 그리고 영문으로 함께 표기한 것이 이채롭다. 창간호 표지에 발행호수와 발행일자만 나와 있을 뿐 편집 및 발행과 인쇄에 관한 정보를 적은 간기(刊記)가 없고, 5×7판과 4×6판의 중간 크기(가로 11㎝×세로 17㎝)에 22면의 분량으로 정가는 10전, 그리고 매월 15일과 말일에 발행되는 반월간지 형식을 띠고 있다. 편집체제는 제목과 본문의 구별 없이 같은 4호 활자를 썼고, 35자×14행으로 1단에 걸쳐 세로짜기를 취하고 있으며, 쉼표와 마침표 등 문장부호가 없다.

반월간지를 지향하여 매월 2회 약 20면 정도의 분량으로 통권 18호까지 발행했다. 우리 역사와 정치 그리고 해외 소식과 함께 애국정신을 고취하는 글을 주로 실었다.

5) 창간 의의

독립협회가 발행한 《대조선독립협회회보》는 우리 땅에서 우리 손으로 만든 최초의 근대잡지이다. 이후 이 잡지는 계몽적 논조의 논설, 회원 기고, 세계 주요사건 요약, 세계 여러 나라의 사정, 독립협회 소식 등을 주로 다루었다. 그밖에 이 잡지가 우리 잡지 역사에 있어 주목받을 만한 특성을 요약하면 다음과 같다.[8]

첫째, 독립협회라는 일개 단체의 기관지에 국한되지 않고 전국민을 대상으로 하는 잡지를 만들었다는 것이다. 둘째, 이런 대중적 취향으로 인해 계몽적 성격이 두드러졌다는 것이다. 독립협회와 직결된 내용 이외에도 근대문명과 과학지식을 조명한 논설과 외보(外報) 등에서 이를 쉽게 확인할 수 있다.

끝으로 독립협회가 회보의 문자 사용에 있어 이상주의와 현실주의의 타협을 시도하였다는 것이다. 한글을 전용한 《독립신문》의 의미는 말할 나위 없이 소중한 것이다. 그런 한편 회보를 통해서는 한문전용과 국한문혼용을 병행하여 폭넓은 독자 대상을 확보한 것이다.

---

8 문화재청(2010), 『근대문화유산 신문잡지분야 목록화 조사연구보고서』, p.168.

1) 창간 배경

대한제국 말기에 발간된 월간지로서 순한글 잡지의 효시이며, 당시의 유일한 가정잡지였다. 이 잡지는 상동교회 소속 상동청년학원(尙洞靑年學院) 내 가정잡지사에서 1906년 6월 25일에 창간했다. 뒤이어 나온 《여자지남》이나 《자선부인회잡지》가 특정 여성단체의 기관지 성격을 띠고 있다면 이 잡지는 일반여성 특히 가정부인을 대상으로 한 교육 및 계몽적 성격을 띤다는 점에서, 그리고 나중에 국권회복을 위한 비밀결사로 조직된 신민회(新民會)[9]의 대

---

9 전국적인 규모로서 국권을 회복하는 데 목적을 두었다. 1907년 4월 안창호(安昌浩)의 발기로 양기탁(梁起鐸)·전덕기(全德基)·이동휘(李東輝)·이동녕(李東寧)·이갑(李甲)·유동열(柳東說)·안창호 등 7인이 창건위원이 되고, 노백린(盧伯麟)·이승훈(李昇薰)·안태국(安泰國)·최광옥(崔光玉)·이시영(李始榮)·이회영(李會榮)·이상재(李商在)·윤치호(尹致昊)·이강(李剛)·조성환(曺成煥)·김구(金九)·신채호(申采浩)·박은식(朴殷植)·임치정(林蚩正)·이종호(李鍾浩)·주진수(朱鎭洙) 등이 중심이 되어 만들어졌다. 신민회의 창립 과정을 살피기 위해서는, 이에 앞서 존재했던 다섯 개의 비공식 애국집단 세력을 이해할 필요가 있다. 첫째는 《대한매일신보(大韓每日申報)》를 중심으로 애국계몽운동을 전개하던 집단세력이며, 둘째는 상동교회(尙洞敎會)를 중심으로 애국계몽운동을 전개하던 집

중교육 정책의 일환으로 창간되었다는 점에서 차이가 있다.

2) 관련 인물

이 잡지는 1906년 6월에 유일선(柳一宣, 1879~1937)[10]이 편집 겸 발행인을 맡아 월간으로 간행했으나 1907년 1월에 제7호를 내고는 휴간되었다가 1년여가 지난 1908년 1월부터 편집 겸 발행인을 신채호(申采浩)로 바꾸어 속간되었다. 하지만 이것도 같은 해 8월에 제2권 제7호(통권 제14호)를 내고는 더 이상 발간 여부를 알 수 없게 되고 말았다. 발행소가 '상동청년학원 가정잡지사'에서 '광학서포(廣學書舖)'로 바뀌었지만, 속간호에서도 사장은 여전히 '유일선'이었으며, 교정 및 교열을 담당했던 교보원은 모두 주시경(周時經, 1876~1914)이 맡고 있다.

속간호에 나타난 목차를 보면, 새해 축사, 논설, 평론, 가정 미담, 소아 교양, 가정경제, 가정교제, 위생, 백과강화, 잡보 등으로 총 50면의 체재를 갖추고 있다. 그리고 이 잡지의 마지막 면에서는 '본사 사원'을 소개하고 있어서 눈길을 끈다.

사장 / 유일선
편집 겸 발행인 / 신채호

단세력이다. 셋째는 서북지방과 서울 등지의 신흥 시민세력이고, 넷째는 무관 출신으로서 애국계몽운동을 전개하던 집단세력이며, 다섯째는 미주에 있던 공립협회(共立協會)의 집단세력이다. 이 다섯 개 집단 인사들은 그들 세력의 역사적 배경이 같았기 때문에 몇몇을 제외하고는 거의 모두 서로에 대해 잘 알고 있었다. 즉, 국내에서는 동학당에서 출발한 김구 등 몇 명과 미주지역의 몇 사람을 제외하고는 모두가 독립협회(1896~1898)의 청년회원들이었다. 독립협회가 자주·민권·자강 운동을 전개하던 시기에 그들은 주로 만민공동회 운동에 앞장섰던 청소년들이었다. 그러나 1905년 이후에는 각자 관련 분야에서 국권회복을 위한 실력양성 운동으로서 교육구국 운동을 중심으로 한 애국계몽 운동을 전개하였다. 신민회는 위의 다섯 개 집단이 중핵이 되어 만든 국권회복 운동단체였다. 한국민족문화대백과사전 [신민회]

10 일제강점기의 개신교 목사. 일본 조합교회의 목사인 와다세(渡瀨常吉)의 도움으로 일본에 유학하여 1904년 도쿄 물리학교를 졸업하였다. 졸업 후에는 잠시 도쿄의 중앙기상대에서 기상학을 연구하다가 귀국하였다. 1905년 일신학교 교사를 시작으로 이듬해부터 상동청년학원에서 교장 겸 산술 교사를 역임하는 등 교육계에 종사하였다. 당시 상동청년학원은 전도사 전덕기 등을 중심으로 개신교의 개화 청년들이 많이 모여든 장소였다. 유일선은 1906년 전덕기의 주도로 순한글로 발행되는 《가정잡지》 발간에 관여하였고, 1908년에는 대한학회와 기호흥학회에 참가하여 활발한 사회 활동을 벌였다. 하지만 나중에는 친일파로 변절하여 조선총독부 촉탁으로 근무하던 중 사망했다. 위키백과 [유일선]

교보원 / 주시경

총무 / 김상만

회계 / 유명혁

찬성원 / 장지연, 유성준, 전덕기, 정운복, 여병현, 김병현,양기택, 안종화, 이동휘, 원영의, 이종호, 민대식, 최광옥, 이은승, 안 준. 유진태, 안창호, 민준호, 정익노, 류근

위에서 보이는 이 잡지 관련 인물들의 면면을 살펴보면 당시 사회적으로 상당한 명망가들이 두루 포진하고 있음을 알 수 있다. 교보원 주시경은 유명한 국어학자이고, 전덕기(全德基, 1875~1914)는 당시 상동교회 목사이면서 독립운동가이며, 이동휘(李東輝, 1873~1935)는 나중에 상해임시정부 국무총리를 맡게 되는 독립운동가이고, 도산 안창호(安昌浩, 1878~1938) 역시 대표적인 애국지사였다.

3) 주요 내용

《가정잡지》는 주로 여성 취향의 기사와 육아·요리·위생 등을 다루었으며, 가정의 미담(美談)과 위인의 가정을 소개하여 자녀교육의 중요성을 강조하였다. 또한 산술(算術)·이과(理科)·한글 등의 교육을 위해 '백과강화'라는 고정란을 두고 신지식 보급에 노력하였다. 이 잡지의 발간 목적은 창간호에 실린 다음과 같은 글에 잘 나타나 있다.(현대어 표기로 고침)

고금 충효의 본받을 만한 일과 지금 내외국의 본받을 만하고 중계할 만한 소문들과 또 논설과 평론과 국문 산술 역사 지리 등 가정교육에 유익할 만한 과정과 또 다른 여러 가지 재미있고 유익한 말들을 기록하여 가정잡지라 이름하고 출간합니다.

이것은 '가정을 이롭게 다스려 문명한 사회 이루기를 간절히 바라는' 데에서 나온 취지이다. 당시 《황성신문》(1906년 6월 29일)에서도 이 잡지의 창간을 알리며 다음과 같이 구독을 권유하는 글을 실었다.(현대어 표기로 고침)

동서양 고금에 어진 사람의 행적과 어진 부인의 자식 교훈하던 일과 살림살이하는 사적을 기록하고 또 신학문의 긴요한 사상을 논술하여 누구든지 사보게 되면 첫째 자녀 교육하는 데 필요할 것이오, 또 부인의 덕행이 양성되어 부부간 화락하는 도와 심지어 의복·음식

만드는 학문과 집안 일용사물의 당한 일을 차례로 기재하여 가정에 유익한 일이 무수할지니 어찌 사회상에 다행이 아니리오.

잡지 속간을 맡은 신채호도 "이 잡지가 가정교육의 목탁이 되어 전국 이천만 동포 가정의 변혁을 일으키고, 문명한 새 공기를 받아 새나라 백성이 되게 하고자 한다."라고 함으로써 새 발행인으로서의 각오를 밝히고 있다. 이 속간사는 나라의 자주독립을 위하여 목숨까지 바친 민족주의 사상가 신채호의 소망과 포부를 선명하게 보여준다.[11]

4) 편집 특성

5×7판 크기에 표지의 제호를 한글과 한자를 아래 위로 나란히 배열하고 있다. 또한, 한반도 지도와 무궁화꽃을 바탕에 수놓음으로써 애국심을 고취하려는 의도가 잘 나타나 있다. 본문은 순한글을 지향하여 당시로서는 비교적 독서력이 약했던 여성들을 배려하려는 편집진의 노력이 고스란히 드러나고 있다.

5) 창간 의의

《가정잡지》는 월간지로서 순한글 잡지이자 여성잡지로서 우리나라 잡지 역사에 있어 최초라는 점에서 큰 의미를 갖는다. 또한, 이 잡지는 상동교회와 관계된 교인들이 주축이 되어 만든 잡지이지만, 기사 중에 기독교를 다룬 내용은 보이지 않는다. 물론 그 중심에는 기독교 사상에 근거한 만인평등론, 특히 남녀 평등사상이 자리 잡고 있어 여성잡지로서의 모범적인 역할을 선구적으로 해내고 있다. 구체적으로 축첩제도를 비판하고, 여성을 배려하는 새로운 부부상을 제시한다. 또한 이 잡지가 지향하는 것은 여성 개인의 해방이 아니라 국가 전체의 발전을 위한 기초, 곧 국가의 가장 중요한 단위로서 가정을 살리고 키우는 일이다. 이것은 '가정이 정돈된 후에야 국가가 정돈되고 국가가 정돈된 후에야 세계가 정돈된다'는 주장에서 잘 드러난다. 이는 유교에서 말하는 '수신제가치국평천하(修身齊家治國平天下)'의 사상과도 같은 입장이다.

따라서 이 잡지는 가정문제나 여성의 역할, 자녀 교육뿐만 아니라 국어·역사·지리·수

---

11 부길만(2010), 「[출판으로 본 기독교 100년] 가명잡지(상동청년학원, 1906년 6월 창간)」, 《국민일보》(2010.12.02.)

학·과학·상식·평론 등 신학문 전반을 다루며 국민계몽에 앞장섰다. 특히 주시경은 이 잡지에 국문을 연재하며 한글전용을 외쳤고, 한글의 가치와 원리를 깊이 있고 체계적으로 밝혀 냄으로써 국어학의 발달에도 크게 공헌하였다.[12]

〈참고〉《가정잡지》 창간호에 실린 부부10계명

부부의 십계명 (十誠命)

뎨일계, 남편 되는이 박게서 불편ᄒᆞ던 얼굴로 집안 식구를 더ᄒ
지 마오.

뎨이계, 남편 되는이 무단이 나가 자거나 밤늦게 돌아오지 마오.

뎨삼계, 남편 되는이 자녀 있는 데서 그 안히 허물을 칙ᄒ지
마오.

뎨사계, 남편 되는이 친구의 졉디로 안히를 괴롭게 ᄒ지 마오.

예오계, 남편 되는이 의복으로 잔말 마오.

뎨육계, 안히 되는이 남편의 부족ᄒᆞᆫ 일이 잇거든 종용이 남편에
게 권ᄒᆞᆯ 것이요 결단코 군소티 마시오.

뎨칠계, 안히 되는이 물건이 필졀ᄒᆞᆫ 소티 내기를 졀조잇게 ᄒ
시시오.

뎨팔계, 안히 되는이 남편이 친구하고 담화ᄒᆞᆯ 새 뒤로 엿보지
마시오.

뎨구계, 안히 되는이 함부로 남편에게 의복 구ᄒ기를 일삼지 마
시오.

뎨십계, 안히 되는이 ᄒᆞᆼ상 목소티를 크게 ᄒ여 역ᄒ게 마시오.

제1계, 남편 되는 이 밖에서 불편하던 얼굴로 집안 식구를 대하지 마오.

제2계, 남편 되는 이 무단히 나가 자거나 밤늦게 돌아오지 마오.

제3계, 남편 되는 이 자녀 있는 데서 그 아내 허물을 책하지 마오.

제4계, 남편 되는 이 친구 접대로 아내를 괴롭히지 마오.

제5계, 남편 되는 이 의복으로 잔말 마오.

제6계, 아내 되는 이 남편의 부족한 일이 있거든 조용히 남편에게 권할 것이요 결단코 군
소리 마시오.

제7계, 아내 되는 이 물건이 핍절한 소리내기를 절조 있게 하시오.

제8계, 아내 되는 이 남편이 친구하고 담화할 때 뒤로 엿보지 마시오.

제9계, 아내 되는 이 함부로 남편에게 의복 구하기를 일삼지 마시오.

제10계, 아내 되는 이 항상 목소리를 크게 하여 역하게 마시오.

---

12 부길만(2010), 앞의 글.

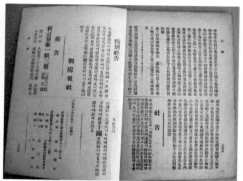

1) 창간 배경

《조양보》는 1906년 6월 25일에 창간된 우리나라 최초의 종합지 성격을 띤 잡지이다. 장지연(張志淵, 1864~1921)이 국민들에게 지식을 보급하고 국내외 정세를 보도하기 위하여 창간했다.

2) 관련 인물

창간호 간기면을 보면 사장에 장응량(張應亮), 총무에 심의성(沈宜性), 주필에 장지연 등의 이름이 보인다. 주요 필진으로는 역시 '장지연'을 들 수 있으며 그밖에 이기(李沂, 1848~1909)[13]와 윤효정(尹孝定, 1858~1939)[14]이 눈에 띈다. 다른 신문에 실렸던 글이나 외국의 글을 번역 소개한 것이 적지 않아 집필자가 많지는 않았던 것으로 보인다. 그리고 기서(寄書)를 제외하고는 저자를 밝히지 않거나 필명으로 처리한 것이 많다.

---

13 대한제국기 대한자강회를 조직하고, 언론을 통해 국권수호와 제도개혁에 힘쓴 항일운동가. 애국계몽운동가. 1906년경에 장지연·윤효정 등과 함께 대한자강회(大韓自强會)를 조직하였다. 그 회보와 《호남학보》 및 《조양보》·《야뢰》 등에 서문과 논설을 통해 국민계몽운동을 전개하였다. 한국민족문화대백과사전 [이기]

14 일제강점기 독립협회 간부, 대한협회 총무 등을 역임한 독립운동가. 한국민족문화대백과사전 [윤효정]

3) 주요 내용

이 잡지는 국민들에게 지식을 보급하고 국내외의 정세를 보도하는 것을 그 사명으로 삼았다. 매달 2회에 걸쳐 국한문혼용의 5×7배판(타블로이드판) 24면을 발행했다. 그 내용은 논설(論說)을 비롯한 교육·실업(實業)·담총(談叢)·관보초록(官報抄錄)·내지잡보(內地雜報)·해외잡보(海外雜報)·사조(詞藻)·소설 등으로 나누어 실었다.

발간 당시 저명인사가 많이 참여하지 않았음에도 불구하고 《조양보》는 세간의 관심을 끌었는데, 《황성신문》은 《조양보》가 "국민의 지식을 개발하고 상하의 정과 뜻을 소통하는 것을 목적으로 하는 잡지"라고 소개하면서 "문장과 언론의 굉박(宏博)함과 기사의 정확함이 국민의 식견(識見)을 향상시키고 사회교육에 도움이 된다."고 평했다.

한편, 이 잡지에서 가장 눈여겨 볼 부분은 '논설'이다. 윤효정의 「조양보 독법」이나 장지연의 「교육론」, 그리고 제2호에 실린 「개화원위(開化原委)」 등은 당시의 일반적 계몽담론과 차이가 있음을 알 수 있으며, 특히 외국의 주요사상을 선진적으로 번역해서 소개하고 있는데 「반제국주의 내지는 보호국론」 같은 글이 그 대표적이다.

4) 편집 특성

반월간으로 매월 10일과 25일에 5×7배판(타블로이드) 크기로 간행되다가 제12호부터 월간으로 바꾸고 5×7판 크기로 줄여서 냈지만 그것이 종간호가 되고 말았다. 당시 성행하던 학회의 기관지나 학회지 들과는 성격을 달리하여 교육, 실업, 여성문제, 세계정세, 국내외 소식 등을 함께 다룬 종합지 성격을 띠었다. 표기 형태는 순 한문과 국한문 혼용, 순 한글이 함께 쓰였으며, 4호 활자에 2단 세로짜기로 편집했다.

5) 창간 의의

《조양보》는 근대 계몽기 최초의 종합교양지로서 그 의미가 매우 크다. 비록 1906년 6월부터 1907년 1월까지만 발간되었지만, 이 잡지를 필두로 《대한자강회월보》, 《태극학보》와 같은 고도의 지식담론을 게재한 종합지가 본격적으로 등장하게 된다. 일반적으로 회원들을 두루 갖춘 단체를 기반으로 한 여타의 학보에 비해 《조양보》는 그 기반이 뚜렷하지 않다는 것도 특징이라고 할 수 있다. 하지만 대한자강회 및 황성신문 계열의 인사들이 주요 필진으로 참여하고 있고, 문명에 관한 특정 관점을 공유하고 있어 이들과의 관련이 매우 높음을 짐작할 수 있다.

또한 《조양보》는 번역문 게재에도 남다른 안목을 발휘했다. 번역을 통해 새로운 근대적 담론들을 수용하고자 노력했을 뿐만 아니라, 세계의 정세에 민감하게 대응했다. 나아가 당대 주요한 사건들에 관한 독자들의 투고나 기서(寄書)들과 핵심 담론들을 다양한 문체와 형식으로 충실히 싣고자 노력했다. 특히 《조양보》에서 번역은 "과거를 해석하는 것, 근대를 번역해 들여오는 것, 해석하고 번역한 것들을 가공하여 사회에 전달하는 것, 여론으로부터 합의된 담론을 제시하는 것, 앞선 상황들이 서로 영향을 미쳐 다른 양상으로 발전해 가는 것"[15] 등을 포함함으로써 이후 나타나는 다른 학보에도 큰 영향을 미쳤다.

---

15 전성규(2019), 「근대계몽기 학보 및 자료 연구의 현황과 『조양보』 번역의 시사점」, 《상허학보》 제 57호, 상허학회, p.448.

1) 창간 배경

《대한자강회월보》는 대한자강회에서 발간한 기관지로, 1906년 7월에 창간되어 다음 해 7월 통권 13호를 발행하고 종간되었다. 대한자강회의 전신은 이준(李儁), 양한묵(梁漢黙) 등이 결성한 헌정연구회(憲政研究會)로, 우리 국민의 정치의식과 민족의식을 높이고자 조직된 단체였다. 이후 1906년 3월 31일에 '시일야방성대곡(是日也放聲大哭)'[16]이란 글을 썼다가 투옥됐

---

16 1905년 11월 20일자 황성신문(皇城新聞)에 게재된 장지연의 논설. 이 신문의 주필이었던 장지연은 1905년 을사조약이 체결되자 이 논설을 써서 을사조약의 굴욕적인 내용을 폭로하고, 일본의 흉계를 통렬히 공박하여 그 사실을 전 국민에게 알렸다. 이로 인하여 황성신문은 사전 검열을 받지 않고 신문을 배포하였다고 해서 3개월간 정간되었으며, 그는 일본 관헌에 붙잡혀서 90여 일 동안 투옥되었다가 석방되었다. 이 논설은 국한문혼용체로 쓰였는데, 그 내용은 민족정의를 호소하면서 격렬하고 비분강개(悲憤慷慨)한 논조를 담고 있다. 논설은 이토 히로부미[伊藤博文]가 한국에 왔을 때, "……천만 뜻밖에 5조약이 제출되었다. 이 조약은 비단 우리 한국뿐만 아니라 동양 삼국의 분열을 빚어낼 것을 조장하는 것이다. 그러면 이등박문의 본의는 과연 어디에 있겠는가?……"라고 하면서 을사조약에 숨겨진 일본의 침략적 저의를 폭로하였다. 또한, "……저 개돼지만도 못한 소위 우리 정부의 대신이라는 자는 각자의 영리만을 생각하고, 위협에 벌벌 떨면서 나라를 팔아먹는 도적이 되어, 4,000년 역사의 강토와 500년 종사를 타인에게 바치고, 2000만의 영혼을 모두

던 장지연(張志淵, 1964~1921)[17]을 중심으로 윤효정(尹孝定), 심의성(沈宜性) 등이 애국계몽 및 구국정치 단체를 표방하며 헌정연구회를 확대, 개편한 것이 바로 대한자강회이다. 대한자강회는 중앙회(본회)와 지방지회를 가진 전국 규모의 단체로 지회 수는 25개를 오르내렸고, 회원 수도 1,500여 명으로 추산된다.[18] 국민 교육의 고양과 식산(殖産) 증진을 통한 부국강병(富國强兵)을 이루어 장차 독립의 기초를 마련하고자 노력했는데, 이런 설립 목적을 위해 강연회를 개최하고 기관지를 발행했다. 대한자강회는 규칙 제7조에서 "월보 혹은 신문을 발간하여 본회의 주의(主意)를 발표하며 또 회중 사업을 게재할 것"이라 하여 월보가 "본회의 기관 정신(精神)"임을 밝혔다. 월보의 성격에 대해서는 "현세에 일어나는 시무를 잘 아는 자는 준걸(俊傑)이라 할 수 있으며, 준걸이어야 국가를 잘 다스릴 수 있다. 이를 위해 월 1회 발행하는 것이다."라고 하였다. 또한 "전국의 동포로 하여금 회보를 읽게 하여 조국정신(祖國精神)을 배양케 하고, 세계의 현실을 알게 하여 국권 회복을 도모할 수 있게 한다."는 애국계몽적 입장을 견지했다. 아울러 독립사상을 고취하는 일에도 앞장서 1907년 7월 1일에는 대한자강회 인천지회장 정재홍(鄭在洪)이 궁내부대신 박영효를 육혈포로 쏘아 중상을 입혀 세상을 놀라게 한 사건을 제13호 특집으로 소상하게 다루기도 했다. 하지만 대한자강회는 1907년 8월 이완용 내각의 내부대신 송병준에 의해 해산되고 말았다.

2) 관련 인물

간기면을 보면 편집 겸 발행인은 김상범(金相範), 인쇄인은 이정주(李廷周), 인쇄소는 제국신문사, 발행소는 대한자강회월보사무소로 되어 있다. 실제로 월보의 편찬을 위해 편집협찬위원으로 장지연, 윤효정, 정운복, 이기, 현은, 양홍묵, 여병현, 남궁훈, 임병환, 박은식 등 10인을 공선하고, 검열위원으로 윤효정, 장지연, 정운복 3인을 선정했다. 월보 발간 승인을 위해 심의성을 6월 25일 내부(內府)에 보내 허가를 얻었다. 이후 월보는 매월 1회씩 발간하여 창간호가 1906년 7월 31일 발행되었고, 2호부터는 매월 25일 발행되어 대한자강회가 해산

타인의 노예로 되게 하니, 저 개돼지만도 못한 외무대신 박제순(朴齊純)과 각 대신은 족히 엄하게 문책할 가치도 없거니와, 명색이 참정대신이라는 자는 정부의 우두머리임에도 불구하고, 다만 '부(否)'자로써 책임을 면하며 이름만 팔려고 꾀하였다."라고 하면서, 을사조약에 서명한 을사5적을 통렬히 공박하고 있다. 이것은 한말 을사조약을 전후하여《황성신문》과《대한매일신보》등을 통한 항일언론활동의 대표적인 논설이다. 한국민족문화대백과사전 [시일야방성대곡]

17 대한제국기 황성신문사 사장, 경남일보 주필 등을 역임한 언론인.
18 국립중앙도서관 편(2016),『한국근대문학해제집Ⅱ-문학잡지(1927~1943)』, p.13.

된 1907년 7월까지 총 13호가 발행되었다. 발행부수는 7호부터는 2,000부씩 발간한 것으로 보아 상당한 호응을 얻었다고 볼 수 있다.

3) 주요 내용

창간호뿐만 아니라 이후의 《대한자강회월보》는 일관된 표제 분류에 따라 글을 싣고 있다. 곧 사설, 논문, 문원, 잡조 등과 같은 표제 분류에 따른 본문 구성 방식을 보이고 있는 것이다. 창간호에 실린 단체 설립 취지서를 보면 "무릇 아국(我國)의 독립은 자강(自强) 여하에 있을 뿐이다."라고 선언하고 있다. 대한자강회가 설립된 시점은 을사늑약이 체결된 직후여서 백성들의 민족의식과 독립 열망이 드높았기에 이 무렵 결성된 단체들의 기관지 역시 국민적 열망을 담아내는 데 집중하고 있었다. 특히, 월보의 가장 중심적인 논설을 주제별로 살펴보면 자강회 관련문제, 교육관계, 식산관계, 정치관계, 법률관계, 역사지리관계, 기타 주제의 논설 등으로 이루어졌다. 이 중 교육과 식산 두 분야의 논설은 자강회의 목적과도 관계되는 만큼 전호(全號)에 걸쳐 게재되었으며, 그 편수도 가장 많은 수를 차지하고 있었다.

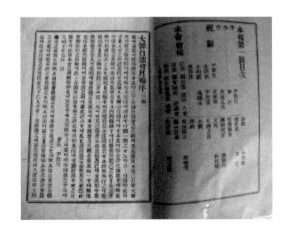

4) 편집 특성

5×7판 크기에 각호마다 70-80쪽으로 구성되어 있다. 표지는 녹색 바탕에 붉은색으로 한반도 지도를 넣고 힘찬 기운이 느껴지는 흰색 제호를 배치했다. 이로써 단체를 이끌었던 인사들의 애국계몽 의지를 표지 디자인을 통해 상징적으로 구현하고 있는 것으로 보인다. 1부

정가는 15전, 본문은 한문(漢文) 현토체(懸吐體)[19]로 되어 있다.

5) 창간 의의

대한자강회 회원들은 이 잡지를 통해 식산흥업(殖産興業)의 필요성, 국가부원증진책(國家富源增進策), 식산 결여의 원인, 황무지 개척, 한국의 생산물, 임업의 필요성, 토지 개량의 필요성 등에 대한 구체적 연구 성과를 실어 계몽운동을 전개했다. 특히, 국채보상운동(國債報償運動)이 일어났을 때에는 적극적인 참여를 결의하기도 했다. 창간호에 실린 박은식의 「대한정신」과 제3호에 실린 장지연의 「자강주의」라는 글에서 알 수 있는 것처럼 '자주독립'을 주장했으며, 조직 내에 '식산부(殖産部)'를 설치하여 황무지 개척 등에 눈을 돌린 것은 매우 특징적인 활동이라고 할 수 있다. 문원(文苑), 사조(詞藻) 그리고 오늘날의 의미와는 다르지만 '소설(小說)' 등의 표제를 설정한 것도 특이하며, 소학교부터 한글을 가르치라는 이능화(李能和)의 글도 매우 중요한 의미를 갖는다.[20]

하지만 대한자강회는 당시 사회진화론적 문명관을 수용하면서, 제국주의의 본질을 제대로 이해하지 못하는 한계를 가졌다. 을사늑약 체결에 따라 국권상실의 위기가 현재화된 상황에서도 여전히 일본을 문명화의 모델로 인식하였다. 대한자강회는 일본은 문명국으로 한국의 자강 노력에 모범이 될 수 있다고 보았고, 그 결과 통감부에 대해서도 일정한 기대감을 가지고 있었다. 이처럼 대한자강회는 많은 한계를 안고 있었지만 월보의 간행, 지회 설립 등을 바탕으로 교육과 식산흥업이라는 자강의 길을 분명히 제시하며 국민을 계몽하고 이를 국권 회복과 자주독립의 동력으로 삼고자 했다. 대한자강회는 해산 이후 대한협회로 이어지면서 한말 애국계몽운동에 중요한 역할을 담당했다.

---

19 한문 구절 아래에 토(조사나 어미)를 다는 것을 현토(懸吐)라고 한다.
20 문화재청(2010), 앞의 자료, p.178.

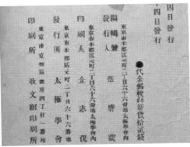

1) 창간 배경

《태극학보》는 일본 유학생 단체 '태극학회'의 기관지로 창간되었다. 1906년 8월 창간호를 낸 이래 1908년 12월 통권 27호를 내고 종간했다. 태극학회는 주로 우리나라 관서지방(황해도, 평안도)에서 온 유학생들의 단체로서 정확한 연혁은 알려져 있지 않으나 "1905년 겨울에 먼저 온 유학생이 중심이 되어 새로 온 유학생들에게 일본어를 가르치는 강습소를 열었는데, 이것이 모체가 되어 학회로 발전했다"[21]고 한다. 또한, 이 잡지는 1896년의 《친목회회보》를 계승하는 두 번째 유학생 회지(會誌)이며, 오직 유학생들의 힘만으로 발행되었을 뿐만 아니라, 구한말 발행된 학회지 가운데 27호까지 속간된 최장수 잡지라는 점에서도 의미가 크다. 표지에 태극기를 엇갈리게 그려 넣어 애국심을 고취하려는 의도를 분명히 밝히고 있다. 학보의 발간 경비는 회원의 의연금(義捐金)에 의존하다가 점차 국내 인사들의 후원에 의지하게 되었다. 국내에서 이갑(李甲) 등 서우학회 인사들과 관서지방 유력인사들의 지원이 계속 이루어

---

21 최덕교 편저(2004), 앞의 책, p.174.

졌고, 점차 서울지역 인사들도 지원에 나서 1907년 7월에는 175명의 인사들이 동시에 후원금을 내기도 하였다.

2) 관련 인물

간기면을 보면 편집 겸 발행인에 장응진(張應震), 인쇄인 김지간(金志侃), 발행소 태극학회(太極學會), 인쇄소 교문관인쇄소(敎文館印刷所)로 표기되어 있으며, 발행인 및 발행소 주소는 모두 '東京市 本鄕區 元町 2丁目 66番地'로 같다. 태극학회는 1907년 2월부터 국내 여러 곳에 지회를 두고 학술 보급과 애국 계몽에 주력했는데, 이때의 회원 수는 270여 명, 지회의 회원을 합치면 600명이 넘었다고 한다. 1908년 대한학회(大韓學會)와 통합됨에 따라 회명도 대한흥학회(大韓興學會)로 바뀌고 학보도 종간되었다.[22] 발행인 장응진(1890~1950)은 1919년 12월 창간된 《서광》의 발행인을 맡기도 했으며, 훗날 휘문고등학교 교장이 되어 6·25전쟁 중 부산 임시학교에서 과로로 순직했다. 또한, 창간호에서부터 논설의 연재를 시작하고 있는 주일 한국공사관 참서관(參書官)인 동시에 유학생 감독(監督)이었던 한치유(韓致愈, 1857~?)[23]라는 인물도 이채롭다. 그는 이후 8호에 이르기까지 두 편의 글을 연재하게 된다.[24]

---

22 당시 일본 유학생들은 1905년 태극학회를 비롯해 1906년 공수학회(共修學會)·낙동친목회(洛東親睦會)·광무학회(光武學會)·대한유학생회(大韓留學生會), 1907년 호남학계(湖南學稧)·동인학회(同寅學會)·한금청년회(漢錦青年會) 등 여러 단체를 설립하였다. 그 뒤 1908년 태극학회와 공수학회를 제외한 여타 단체를 통합한 대한학회(大韓學會)가 설립되었다. 그리고 1909년 1월 대한학회와 태극학회가 주축이 되어 공수학회와 새로 성립된 연학회(研學會)를 합하여 대한흥학회를 발족시켰다. 한국민족문화대백과사전 [대한흥학회]

23 한치유는 일제강점기에 다방면에서 활동한 다수의 일본 유학생들에게 적지 않은 영향을 끼쳤으며, 독립협회에도 참여하는 등 당대 역사의 중심에 있던 인물이나 몰년(沒年)을 확인할 수 없을 만큼 생애의 사적을 구성하기가 힘들다. 한치유는 1857년에 태어났으며, 1890년에 곽산(郭山) 군수에 임명되었고, 1898년에는 독립협회의 간부로 이상재(李商在), 남궁 억(南宮檍) 등과 검거된 17인 가운데 하나였다. 곧 석방된 뒤에는(이 즈음에 변절한 것으로 보인다.) 1899년 성균관 교수 등을 거쳐 1901년부터 미국 공사관 서기(書記)로 근무했고, 1904년에 일본 공사관의 참서관이 되었다. 1907년에는 일본 유학생 감독에서 무안부윤(務安府尹)으로 자리를 옮겼고, 1918년에 조선총독부에 의해 전라남도 도참사(道參事)에 임명되었다. 임상석(2018), 「統監府 治下 文明談論의 한 사례: 韓致愈의 '太極學會總說'과 '告學會說'」,《어문교육연구》 제46권 제3호, 한국어문교육연구회, p.292.

24 한치유는 《태극학보》의 창간호에서 제8호(1906.08.~1907.03.)까지 「태극학회총설」과 「고학회설」을 연재했다. 이 두 글은 한문(漢文)으로 작성되어 있고 사단(四端)과 오륜(五倫)을 불변의 이치로 강조하면서도 결론은 지방자치와 의무교육, 의회정치 강화에 이르는 한편, 기독교와 조상 제

3) 주요 내용

창간호의 편차는 크게 강단(講壇)과 학원(學園)으로만 구성되어 있는데, 앞서 소개한 바 있는 한치유의 글로부터 시작하여 최린과 최남선 등 저명인사들의 글이 실려 있다. 특히 유학생 단체 기관지답게 회원들의 다양한 글이 실렸다. 먼저 창간사에 해당하는 '태극학보 서(序)'에서는 "……우리 태극학회가 고고의 소리를 내고 동도(東都)의 한쪽에서 태어난 지 오늘에 해가 넘었다.…… 때때로 연설 강연 혹은 토론 등으로 학식을 교환 연마하여 후일 웅비할 준비를 게을리 아니하고, 틈으로 각자 학습한 전문지식과 보통지식으로 논문을 짓고 번역을 하여 우리 동포 국민의 지식을 개발하는 데 작은 조력이 되고자 하는 미성(微誠)에서 나온 것이니, 이것이 본보가 창간되는 성운(盛運)을 만남이로다.……"라고 하여 창간의 의미를 스스로 부여하고 있다.

또 본문 중에는 '공과대학생 상호(尙灝) 씨'라는 글이 있는데, 이는 동경제국대학 공학부를 졸업한 '상호'라는 사람을 다음과 같이 소개하고 있어 눈길을 끈다.(현대어 표기로 고침)

우리나라 유학생이 일본에 와서 배운 지 10여 년에 제국대학 본과를 졸업한 사람은 이 사람이 처음이니, 이는 본인의 행복일 뿐 아니라 대한 나라로서도 축하할 일이다. 그는 서울 출생으로 9년 전에 일본에 와서 고등학교를 거쳐 대학에 입학하여 좋은 성적으로 공과대학을 졸업했으니, 동경 각 신문에서 크게 찬양 보도했다. 그는 본시 집안이 가난하여 고학으로 학업을 성취함으로써 우리 유학생 사회에 큰 모범이 되는 인물이고 보면……. (이하 생략)

4) 편집 특성

5×7판 크기에 52면으로 되어 있으며, 표지에는 제호 위에 태극기 깃발 두 개를 교차해서 배치함으로써 제호의 의미를 강조하고 있다. 본문은 대부분 한문에 토를 단 국한 혼용문에 전문 4호 활자로 2단에 걸쳐 세로짜기를 취하고 있다.

사의 조화를 주장하는 등, 동서의 절충을 내세운다. 여성의 등용과 예법의 교체에 대해서도 자세하게 논해 문화사적으로도 주요한 자료가 될 수 있다. 그러나 그의 문명담론은 국문인 한글로 이루어져야 하는 의무교육과 지방자치를 최우선의 과제로 설정하면서도 한문 문어체의 외피에 갇혀 그동안 거의 주목을 받지 못했다. 한글을 제대로 구사하지 못하는 한학(漢學) 지식인들이 국문의 필요성을 먼저 인지하고 한문으로 국문의 이념을 주장하던 보호국-통감부 체제라는 과도기를 파악하기 위해 꼭 검토되어야 하는 논설이라는 견해가 있다. 임상석(2018), 위의 논문 참조.

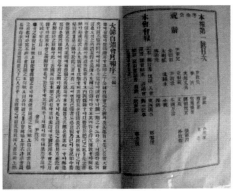

5) 창간 의의

《태극학보》는 우선 《친목회회보》에 이어 창간된 두 번째 유학생 잡지라는 의미를 갖는다. 나아가 순전히 학생들 힘으로만 잡지를 발행했다는 점도 주목할 만하다. 이처럼 유학생들의 힘만으로 창간된 《태극학보》에 대해 당시 《제국(帝國)신문》(1906.09.12.)과 《대한매일신보》(1908.05.23.)에서는 축하하는 사설을 실을 정도로 국내에서의 관심이 높았다. 또한, 구한말 발행된 학회지 가운데 27호까지 속간된 최장수 잡지라는 점에서도 의미가 크다.

그밖에 학회의 명칭에서 알 수 있듯이 국가와 민족을 위해 패기와 사명감을 강조한 학회이기 때문에 학보 또한 그 범주를 벗어나지 않았다. 민족 주체의식의 확립을 중요시하여 국가나 민족의 개념을 키워 나아가는 데 주력하였다. 따라서 이들의 주장은 외세의 침탈로 위태로운 민족의 현실을 해결하려는 움직임에 있어 중요한 활력소가 되었을 뿐만 아니라 근대에의 새로운 각성과 신문화 형성에 영향을 미치는 매개체가 되었다. 새로운 외래사상을 수용하여 우리 대중의 지식 기반을 넓히고자 노력했으며, 더불어 외세의 침략으로 인해 위태로운 국가 현실을 직시하고 애국 계몽사상을 고취시킨 점 또한 매우 중요한 의미를 가진다.

1) 창간 배경

《소년한반도》는 1906년 11월에 창간되어 1907년 4월 통권 제6호로 종간된 근대 초기 최초의 청소년 잡지이며, 최남선이 창간한 《소년》의 모태가 된 것으로 유명하다. 당시 청소년들에게 근대 문화와 사상을 전파하고, 애국과 구국의 방안을 계몽하는 내용의 글을 많이 실었다. 청소년 잡지를 표방하고 있지만 종합지 성격도 강해서 국민정신을 함양하고 신지식을 선도하는 데 발간 목적을 두었다. 창간 취지에 따르면 "구사회를 혁명하고, 애국심을 불러일으키고, 민족적인 비약을 꾀하자"는 내용과 함께 창간호에 실려 있는 광고 "소년한반도라 하는 잡지는 대한제국의 독립기초와 자유정신과 평등주의로써 국민적의 뇌수(腦髓)를 자양(滋養)하는 신경원소(神經元素)요, 교육계의 학리(學理)를 발명하는 해상등대(海上燈臺) 운운" 등의 내용을 통해 분명히 알 수 있다.

2) 관련 인물

간기면을 보면 사장에는 아산군수 출신으로 정약용 연구에 일가견이 있었던 양재건(梁在

書), 총무에 조태진(趙泰鎭), 찬술원(撰述員)에 양재건·조중응(趙重應)·이해조(李海朝)·이인직(李人植) 등 15명의 진용이었으나 편집은 주로 이해조와 이인직이 맡아서 진행하였다.[25] 조중응은 이완용 내각의 법무대신을 지낸 을사매국(乙巳賣國) 역신(逆臣) 7인 중 한 사람이었으며, 이해조와 이인직은 신소설 작가였다.

3) 주요 내용

목차를 보면 표제 분류에 따라 논문, 소설, 사조, 잡조 등 다양한 내용의 글을 수록하고 있으며, 당시 계몽담론의 핵심이었던 '애국' 및 '민족'의 이념을 구국 이데올로기로 제시하고 있다. 또한 우리나라 최초의 사회학 연구자로 거론되기도 하는 이인직의 「사회학」 논문이 실려 있다. 다만, 이미 다른 저술들(신소설 「혈의 누」 등)에서 한계를 드러냈던 '아시아 연대론'에 대한 입장이 다시 제시되고 있다는 점에서 별도의 판단이 필요한 것으로 보인다.

일반적으로 이 잡지를 상업성이라는 측면에 초점을 맞춰 거론하고 있으나 그것은 근대적인 학문지식과 관련된 내용을 보다 쉽게 알리기 위해 택한 방식이라고 보는 것이 타당하다. 그리고 당시에 여타의 학회지들이 자신들의 주의주장을 전달하기 위해 논설을 강조했던 것에 비해 이 잡지는 근대학문의 일반적 내용들을 마치 교과서처럼 정돈하여 실었다는 점에서 차별적 특징이 있다. 다만, 제4호부터 발행을 맡은 조중응이 유학시절부터 이인직과 가까운 사이였는데, 특히 이완용 내각에서 법무대신을 맡은 뒤 두 사람의 관계는 더욱 밀접해졌던 것으로 보아 이 잡지의 기획과 운영에 이인직과 조중응이 깊이 관여한 것으로 볼 수밖에 없다. 이런 점에서 《소년한반도》는 당시의 여타 학회지들이 보여준 항일구국을 지향하지 못했

---

25 한국민족문화대백과사전 [소년한반도]

고, 결국 몇몇의 필자들은 이 잡지를 떠날 수밖에 없었던 것이다.[26]

4) 편집 특성

5×7판 크기에 50면으로 되어 있으며, 표지의 중앙에 배치된 한자 제호는 약자(略字)를 붓글씨 서체로 표현하면서 강렬한 느낌을 뿜어내는 획을 통해 구현하고 있다. 이로써 당대 청소년의 기상과 포부를 상징적으로 드러내고자 한 것으로 보인다.

5) 창간 의의

주요인물들의 정치적 변절에도 불구하고 《소년한반도》는 이해조의 신소설 「잠상태(岑上苔)」를 싣고 있어 근대문학 형성에 기여한 바가 적지 않으며, 개화기 대표적 언론인 이인직의 활동을 파악할 수 있는 중요한 매체라는 점, 그리고 최남선의 《소년》을 탄생시킨 모태가 되었다는 점에서 매우 중요한 잡지이다.

[참고] 《소년한반도》 해제_구장률[27]

《친목회회보》와 《대조선독립협회보》를 시초로 하는 한국 잡지의 역사는 1906년을 넘어서면서 전기(轉機)를 맞이한다. 러일전쟁 종결과 을사늑약 체결로 인해 민간의 공론 활동이 반자율적인 조건에 처했기 때문이다. 그 결과 만민공동회 해산 이후 가능성의 영역에 잠복해 있던 근대화에 관한 모색이 지배 권력의 이행과 공백 속에서 활발하게 전개된다. 주권을 실한 상황에서 독립된 국민국가를 건설하려는 고투는 언론출판활동에서 두드러졌다. 특히 이 시기에 창간된 40여 종의 잡지와 학회지는 근대 지식을 수용하고 제도화하는 데 중요한 역할을 했다. 전문 교육을 시행하기 어려웠던 국내의 현실에서 잡지와 학회지는 선진적인 지식담론을 생산·유통하는 핵심적인 미디어였다. 일본과 중국을 경유한 서구의 근대 분과 학문이 잡지와 학회지를 통해 활발히 소개되었고, 논자들은 신지식을 전유하는 가운데 이들 미디어를 통해 심도있는 사유를 개진했다. 따라서 근대 초기의 지식담론이나 학문의 재편과정 등을 살필 때 잡지와 학회지는 무엇보다 중요한 자료라고 할 수 있다.

《소년한반도》는 《조양보》·《야뢰》 등과 더불어 본격적인 잡지의 시대를 연 종합지이다.

---

26 문화재청(2010), 『근대문화유산 신문잡지분야 목록화 조사연구보고서』, p.182.
27 https://www.krpia.co.kr/viewer?plctId=PLCT00005238&tabNodeId=NODE03756154

1906년 10월 23일 내무부 인가를 받아 동년 11월 1일에 창간되었고, 1907년 4월 통권 6호로 종간되었다. 매월 1일 1회 정기 간행했으며 보광학교(普光學校) 내에 임시사무소를 두고 김상만서포, 박문서림, 대한매일신보사 등에서 발매했다. 가격은 신화(新貨) 15전으로 같은 시기에 발간되던 잡지들과 유사한 수준이었다. 반년 정기구독은 80전, 1년 정기구독은 1환 50전이라 광고한 것으로 보아 장기 발간할 계획을 가지고 있었음을 알 수 있다. 또한 인쇄소가 보문관(普文館, 1·6호), 휘문의숙인쇄부(徽文義塾印刷部, 3호), 일한도서인쇄주식회사(日韓圖書印刷株式會社, 4호), 탑인사(搭印社, 5호)로 거의 매호 바뀌었다는 사실은 잡지 발간이 그리 안정적이지 못했음을 미루어 짐작케 한다.

《소년한반도》는 국민정신을 함양하고 신지식을 선도하는 데 발간 목적을 두었다. "少年韓半島라 ᄒᆞᄂᆞᆫ 雜誌ᄂᆞᆫ 大韓帝國의 獨立基礎와 自由精神과 平等主義로써 國民的의 腦髓를 滋養ᄒᆞᄂᆞᆫ 神經元素오, 教育界의 學理를 發明ᄒᆞ난 海上燈臺"라는 광고의 자기규정에서 확인할 수 있듯이 민주정체(民主政體)를 새로운 국가상으로 삼고 있으며, 국민의 자질을 갖추기 위해서 무엇보다 '지식'의 습득이 우선되어야 함을 강조했다. 1호의 「취지(趣旨)」는 《소년한반도》가 탄생하는 날이 '구사회(舊社會)를 혁명하는 날'임을 선언하고 있는데, 최남선이 《소년》을 창간하기 2년 전부터 '신대한(新大韓)' 혹은 '신대한을 건설할 주체'의 표상으로 '소년'을 전면에 내세우고 있다.

'일반교양 위주의 상업적 잡지'라는 통상적인 규정과 달리 《소년한반도》는 근대 학지(學知)를 가장 다양하게 소개하고 있으며 상업성과도 어느 정도 거리가 있다. 당시에 발간된 학회지가 대개 창간 취지에 따라 논설을 통한 계몽과 특정 지식의 전달에 집중하는 경향이 있던 반면, 《소년한반도》는 논설을 거의 게재하지 않고 자연과학을 중심으로 재편된 근대 분과학문 일반을 균질하게 배치했다는 점이 특징이다. 국가학, 사회학, 법률학, 경제학, 교육학, 언어학, 심리학, 지리학, 물리학, 수학, 공학, 동물학, 식물학, 광물학, 농학 등 전문학교 수준의 교과과정에 해당하는 학문영역을 고루 아우르고 있다. 여기에 「교제신예(交際新禮)」, 「아모권면」과 「동양담설」, 「사조(詞藻)」와 「소설」란, 외보와 내보 등을 연재 편성하여 종합잡지로서의 면모를 갖추었다.

국한문체로 게재한 논문들은 다른 학회지나 잡지에 비하면 쉽고 간결하다. 하지만 이를 두고 '일반교양 위주'라든가 '전문성의 결여'로 평가하기보다는 지식의 대중화를 위한 전략으로 이해하는 것이 적절할 것이다. 《소년한반도》의 필진은 '잡지'가 학회나 정당의 기관지보다 넓은 독자층을 포괄해야 한다는 생각을 공유했던 것으로 보인다. 이를 위해 《소년한반도〉는 근대 학지(學知)를 효과적으로 알리기 위한 방법을 고안했다. 하나는 각 학문의 요지를 개론적으로 재구성하는 방식인데 이인직의 「사회학」이나 이각종의 「국가학」이 대표적이다. 보다 적극적인 방안은 문답체를 활용하는 것이었다. 위생, 지리, 심리, 동물, 식물, 광물 문답은 각 학문의 요지를 간결하면서도 흥미롭게 접할 수 있는 내용과 형식으로 구성되어 있다. 독자가 생소한 지식을 쉽게 습득하도록 가공하는 일은 국외의 논저를 직접 번역하는 것보다 더 많은 고민을 요한다고 하겠다. 그러므로 『소년한반도』는 '잡지'로서 갖추어야 할 미덕을 의식적으로 고려하고 있었으며, 국민 창출을 위해 취할 수 있는 현실적인 편집 전략을 택했다고 볼 수 있다.

한편, 《소년한반도》를 상업지로 분류할 수 있는 근거 또한 미약하다. 「현상미화(懸賞謎話)」에서는 판매 부수를 늘이려는 의도보다 독자의 관심과 참여를 유도하려는 필진의 고심을 읽을 수 있다. 한자에 관한 문해력을 요구하는 퀴즈를 제시하고 답과 더불어 해석을 부기하도록 했다. 이해조의 소설 「잠상태(岑上苔)」역시 한문현토체로서 국문소설을 연재한 신문 및 잡지와 비교할 때 상업적인 면모를 찾아보기는 어렵다. 국문으로 쓴 「아모권면」과 「동양담셜」도 각각 교훈적 이야기와 소화(笑話)인데 다른 학회지나 잡지에서도 더러 찾아볼 수 있는 지면이다. 문답을 활용한 지식의 전달이나 「현상미화」 등은 지식과 대중을 매개하게 위한 채널이었고, 무엇보다 1900년대 후반은 본격적인 상업지가 출현할 수 있는 여건이 조성되지 않았다는 점에 유의할 필요가 있다. 그런 점에서 『소년한반도』의 성격에 관한 기존의 규정은 다시 검토될 필요가 있다.

《소년한반도》의 발간에 참여한 인물은 대략 20여 명이다. 양재건(梁在謇)이 창간호부터 3호까지 사장을 역임했으나 4호부터 조중응(趙重應)으로 바뀐다. 총무는 처음부터 종간까지 조진태(趙鎭泰)가 맡았다. 1호 판권지 면에 따르면 찬술원(撰述員)으로는 양재건(梁在謇), 원영의(元泳義), 정교(鄭喬), 조중응(趙重應), 박정동(朴晶東), 이인직(李人稙), 이응종(李膺種), 이해조(李海朝), 서상호(徐相浩), 김경식(金瓊植), 유석태(柳錫泰), 서병길(徐丙吉), 이범익(李範益), 한익교(韓翼敎), 유제달(柳濟達), 최재익(崔在翊)이 참여했다. 기재된 이들 외에 상호(尙灝)가 지속적으로 글을 실었고, 「혈의루」의 서문을 쓴 최영년(崔永年)이 2호에 찬설(讚說)을 썼다.

당시의 학회지나 잡지들은 논설을 통해 집필진의 시국관이나 정치적 견해 등을 드러내는 것이 보통이다. 그러나 《소년한반도》에는 필진들이 공유하던 입장을 확인할 수 있는 글이 드물다. 「취지」는 오직 국사(國事)를 생각하는 애국심으로 국민국가를 쟁취해야 한다고 밝혔고, 《황성신문》과 《대한매일신보》는 그러한 《소년한반도》를 지지했다. 그럼에도 불구하고

《소년한반도》의 필진들은 제국 일본의 보호국에 처한 한국의 현실에 대해 비판적인 입장을 드러내지 않는다. 《소년한반도》가 추구한 근대는 신지식을 수용하고 민주정체의 이념을 지향하는 수준에서 이루어졌고, 여기에는 단일하게 규정하기 어려운 필진들의 복잡한 정치적 입장이 교차하고 있는 것으로 보인다.

《소년한반도》가 지향한 바를 좀 더 실제에 가깝게 이해하기 위해서는 이인직을 중심으로 한 인맥에 주목할 필요가 있다. 이인직은 동경정치학교와 미야코신문(都新聞) 견습생 등을 거치면서 신문과 잡지 발간에 대한 전문적인 식견을 갖추었고, 『만세보』주필을 담당하는 가운데 《소년한반도》 창간에 참여했다. 4호부터 사장을 역임한 조중응은 유학시절부터 이인직과 절친한 사이였는데 이완용 내각에서 법상(法相)을 맡은 뒤로도 둘은 긴밀한 관계를 유지했다. 《소년한반도》가 종간된 다음 달인 1907년 6월 《만세보》도 특별한 이유를 밝히지 않고 종간되었다. 이완용 내각의 출범을 수구파와의 대결에서 개화당이 승리한 것이며 조중응이 법상이 된 것을 국민의 행복이라는 내용의 논설을 게재한 다음이었다. 이후 이인직은 친일지 《대한신문》의 사장을 역임한다. 이해조는 《소년한반도》를 통해 처음 공론장에 등장하여 《소년한반도》가 종간된 다음날에 제국신문사에 입사한다. 대표적인 민족지였던 《제국신문》은 1907년 5월 대대적인 실무진의 교체가 이루어졌다. 이후 이인직이 「혈의루」하편을, 이해조의 「고목화」와 「빈상설」을 연재했다. 주지하다시피 이해조는 1910년 이후 총독부 기관지 『매일신보』의 소설기자가 된다. 여러 정황을 고려해 볼 때 이인직과 조중응이 《소년한반도》의 기획과 운영의 중심에 있었던 것으로 추정된다. 또한 창간 초기 애국계몽의 취지에 동조했으나 시간이 지나면서 일부 찬술원들은 이들의 정치적 행보에 동조하지 않았던 것으로 보인다. 정교가 조중응이 사장에 오르는 4호부터 글을 싣지 않았다는 사실 등이 그러하다. 그런 맥락에서 《소년한반도》는 다른 잡지나 학회지들에 비해 1906년 이후 지식장의 변화가 단선적이지 않음을 보여준다.

지금까지 《소년한반도》는 원본이 일반에 공개되지 않음으로써 본격적인 연구가 이루어지지 못했다. 이인직의 「사회학」이나 이해조의 「잠상태」가 실렸다는 이유로 주목받는 정도였고, 최근 근대지식의 유입과 관련된 맥락에서 간소하게 다루어졌을 뿐이다. 《소년한반도》는 지식의 근대적 제도화, 을사늑약 이후 지식장의 판도, 한국 잡지의 역사적 변천 등 복합적인 문제들을 포괄하고 있다. 같은 시기 학회지들과 차별화되는 지식의 대중화 전략, 개신유학자들과 변별되는 번역의 방향성, 애국과 친일이라는 정치적 입장의 변전 과정, 《소년》 이전의 잡지사 등을 살피고자 할 때 《소년한반도》가 갖는 중요성을 재차 강조할 필요가 없을 것이다.

1) 창간 배경

《서우》는 '서우학회(西友學會)' 기관지로 창간되었다. 서우학회는 기울어진 나라를 구하고자 1906년 10월 서울에서 평안도 및 황해도 출신 지식인들이 모여 조직한 구국 계몽단체로서, 우리나라 최초로 생긴 학회였다. 서우학회의 창립 발기인은 박은식을 비롯하여 김달하, 김명준 등 12인이었다. 서우학회는 1908년 1월에 한북흥학회와 통합하여 '서북학회'로 이름을 바꾸고 1908년 6월부터 기관지 《서북학회월보(西北學會月報)》를 발행하였다.

2) 관련 인물

창간호 간기면을 보면 주필(主筆)에 박은식(朴殷植), 편집 겸 발행인 김명준(金明濬), 인쇄소 보성사(普成社), 발행소 서우학회관(西友學會舘) 등으로 표기되어 있다.

주필 박은식(1859~1925)[28]은 창간호에 여러 글을 실었다. 그의 글을 보면 과거 왕조시대에

---

28 박은식은 역사학자이면서 언론인이기도 했고, 독립운동가로도 이름을 떨쳤다. 황해도 황주 출생

평안도 및 황해도 사람들이 얼마나 많은 핍박을 받았는지 알 수 있으며, 우리 개화기의 선각자들이 유독 그 지역에서 많이 나온 이유 또한 짐작해 볼 수 있다.

편집 겸 발행인 김명준(1870~?)[29]은 조선 말기의 문신이자 대한제국의 관료이며, 일제강점기의 사회 운동가, 교육자, 언론인으로 활동한 인물이다. 일제강점기 초반 교육 및 계몽단체에서 활동하다가, 조선총독부 중추원(中樞院) 참의(參議)를 지냈다. 구한 말 관료생활 재직 중에도 대한자강회, 서우학회, 서북학회, 대한협회 등에도 참여했고, 안중근 사건과 105인 사건 등으로 투옥되었다가 풀려나기도 했다. 1921년 민원식(閔元植, 1886~1921), 한영원(韓永源, 1871~1934) 등과 함께 국민협회에서 활동하였으며, 민원식이 세상을 떠난 후 국민협회를 이끈 인물이다

3) 주요 내용

창간호 목차를 보면 서우학회 취지서를 비롯하여 다수의 '축사'와 '사설', 그리고 '논설'이

이며, 1898년 9월 남궁 억, 유근 등이 《황성신문(皇城新聞)》을 창간하자 장지연과 함께 논설기자로 들어갔다. 1904년 7월 양기탁과 영국인 베델(Betell, E. T.)이 창간한 《대한매일신문》의 주필을 지냈다. 1905년 을사늑약을 통렬히 비판한 장지연의 '시일야방성대곡(是日也放聲大哭)'으로 《황성신문》이 정간을 당했다가 1906년 복간되었지만 장지연이 복직하지 못하자 박은식이 주필로 취임했다. 1906년 3월 대한자강회가 창립되자 이에 적극 참여해서 활동했고, 1908년 1월 서우학회와 한북흥학회를 통합하여 서북학회를 발족시키고 서북협성학교를 설립하여 이를 주축으로 1909년까지 63개의 지교(支校)를 열어 교육구국운동을 광범위하게 펼쳤다. 1924년에는 대한민국 임시정부 기관지 《독립신문》 사장에 취임, 그해 6월 이승만 대통령이 미국으로 떠나자 그 혼란을 수습하기 위해 임시정부 국무총리 겸 대통령대리로 추대되었으며, 1925년 3월 의정원에서 대한민국 임시정부 제2대 대통령으로 선출되었다. 그러나 스스로 내각책임제 개헌안을 제출하여 이상룡을 국무령으로 추천 선출하고 자신은 대통령직을 사임했으며, 얼마 지나지 않아 병을 얻어 세상을 떠났다. 위키백과 [박은식]

29 1886년(고종 23년) 12월 향시 과거에 병과로 급제한 후 승정원, 성균관에서 근무했으며 대한제국 때에는 홍문관시강과 중추원 부참의, 강동군수를 역임했다. 한때 일진회에도 가담하였다. 1910년(융희 4) 10월 한일 합방 조약 후 관직에서 물러났다. 그는 서우학회, 서북학회, 대한협회, 신민회 등 계몽단체에서도 활동했으며, 한일합방 직후에는 교육계에 투신하여 오산학교, 중앙학회, 진명여고보 등에서 활동하였다. 그는 국민협회의 창립 멤버의 한 사람이었고 곧 협회 총무에 선출되었으며, 1921년에는 부회장이었다. 민원식의 사후 한영원 등과 국민협회를 이끌었고, 다른 회원들이 탈퇴한 뒤에도 계속 국민협회를 유지하였다. 중일 전쟁 이후에는 조선임전보국단 등에 가담하여 활동했고, 1945년 4월 일본 상원 귀족원 의원에 선출되었으나 8월 10일 일본의 패전으로 조선이 해방되었다. 1947년 중앙신문사 사장이 되었다. 6·25 전쟁 직전 무렵까지도 생존해 있었지만, 대한민국 정부 수립 이후의 활동, 행적은 미상이다. 위키백과 [김명준]

뒤를 잇는다. 나아가 다양한 장르의 글들이 배치되어 있고, 말미에는 '시보(時報)', '회록', '회원명부', '회계보고' 등이 게재되어 있다. 먼저 맨 앞에 나오는 '본회 취지서(本會趣旨書)'를 보면 '교육 구국 사상'이라는 서우학회 설립 목적이 잘 나타나 있다.(현대어 표기로 고침)

대체로 사물이 고립되면 위태로워지고 함께 모이면 강해지며 합치면 성공하고 흩어지면 실패하는 것은 본래의 자연스러운 이치이다. 하물며 지금 세계에서의 생존경쟁은 자연스러운 이치요 우승열패(優勝劣敗)는 공공연한 사례라고 말하기 때문에 사회에서의 단체를 이루는가의 여부를 가지고 문명과 야만을 구별하고 존속과 패망을 판단한다. 오늘날 우리들이 이처럼 극렬(劇烈)한 풍조(風潮)를 맞이하여 크게는 국가를 작게는 자신 아니 가정을 스스로 보전(保全)하는 계책을 강구해 본다면 우리 동포 청년의 교육을 인도하고 면려(勉勵)하여 인재를 양성하고 대중의 지식을 계발(啓發)하는 것이 곧 국권을 회복하고 인권(人權)을 신장(伸張)하는 기초이다. 그러나 이처럼 중대한 사업을 일으켜서 확장하고자 한다면 대중들의 단체의 힘이 반드시 그 밑거름이 되어야 하니 이것이 오늘 서우학회를 발기(發起)한 까닭이다. 〈이하 생략〉

또한, 본문 중 '시보'는 1906년 11월 1일부터 16일까지의 뉴스를 간추린 것인데, 당시의 세태를 짐작하기에 부족함이 없다. 특히 11월 16일자 뉴스에서는 "이또(伊藤博文) 통감은 오전 10시경에 박 참정, 이 내상, 이 군상, 이 법상, 민 탁상, 권 농상을 자기 관저로 소집하고 정무 쇄신에 거익 분려(去益奮勵)하라는 뜻으로 일장 훈시를 하였다."고 함으로써 당시 국호(國號)는 엄연히 '대한제국(大韓帝國)'이었지만 이미 나라의 구석구석은 일본제국주의가 침탈했음을 여실히 보여주고 있다.

4) 편집 특성

창간호는 5×7판 크기에 52면으로 정가 10전이다. 표지 디자인을 보면 초록색 바탕에 붉은색의 얇은 테를 둘러 적록의 색채 대비가 선명하게 처리했고, 제호는 힘찬 붓글씨체를 종이 본연의 흰색으로 나타내어 창간 의지를 상징화하고 있다. 아울러 모든 글자를 한자(漢字)로 처리하고 있으며, 선과 면 그리고 활자만으로 표지를 구성하고 있다. 잡지의 말미에 서점 '동화서관(東華書館)'[30]의 광고가 실려 있는 것도 이채롭다. 1906년 12월 창간된 이래 1908

---

30 19세기 말 갑오개혁 시기를 전후하여 서울과 지방에서 여러 개의 서포(書舖)들이 나타나면서 서

년 5월까지 통권 17호가 발행되었다.

5) 창간 의의

《서우》는 창간호에서부터 사설(社說), 논설(論說), 잡조(雜俎), 인물고(人物考), 문원(文苑), 시보 (時報) 등의 분류 체계에 따라 다양한 글을 수록함으로써 종합지로서의 면모를 갖추고 있다. 창간호 취지서에 나타나 있는 것처럼 이 잡지는 특히 민족자강(民族自强) 및 교육 구국 사상을 주창하는 글을 많이 싣고 있는 것도 특징이다. 아울러 을지문덕이나 양만춘 같은 역사적 인 물의 위인전을 수록하여 민족정신을 고취하기도 했다. 이처럼 《서우》는 우리 근대 초기 애국 계몽 운동이 전국적 차원으로 번지기 이전에 평안도 및 황해도 출신 지식인들을 중심으로 창 립된 최초의 지역 단위 학회 기관지라는 점과 함께 국권회복과 교육구국의 애국계몽 운동을 전개함에 있어 선도적 역할을 맡았던 대표적 종합지라는 점에서도 그 의미를 찾을 수 있다. 제17호까지 발행되고 종간했지만 이후 다른 학회와의 통합을 통해 새로운 모습으로 계속 발 전해 나갔다.[31]

적도 전문 유통체계를 마련하기 시작했다. 이때 등장한 서포들은 주한영책사(중앙서관), 김상만책 사(광학서포), 고제홍책사, 야소교서회, 대동서시, 동화서관 등이다. 이중 주한영책사, 김상만책 사, 고제홍책사, 대동서시, 동화서관은 서울에 있었고, 야소교서회는 평양에 자리를 잡으면서 융 희(隆熙) 연간(1907~1910년)까지 서적 유통의 주도적 역할을 담당했다. 김봉희(1999), 『한국 개 화기 서적 문화 연구』, 이화여자대학교 출판부, pp.68~73 참조.

31 문화재청(2010), 앞의 자료, pp.123~124 참조.

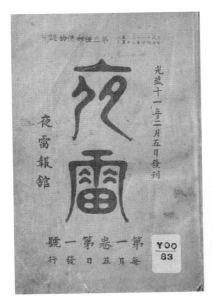

1) 창간 배경

《야뢰》는 1907년 2월 5일 창간되어 그해 7월에 제6호를 내고 종간된 종합잡지이다.

발행인 오영근(吳榮根)은 창간 취지서에서 다음과 같이 잡지 이름의 의미와 발간 의도를 분명하게 밝히고 있다.(현대어 표기로 고침)

> 만물을 움직이는 것으로 우레보다 빠를 것이 없고, 소리가 큰 것으로 우레보다 더한 것이 없다. 신속하게 비구름을 몰아치고도 남는 힘이 있고, 급격하게 산악을 흔들어대고도 남는 위엄이 있다. 〈중략〉 본지가 이를 취한 것은 장차 그 소리를 크게 내어 온 나라를 긴 밤 단꿈 속에서 깨어나게 하여 천문만호가 활짝 열려 고동치고 분발하여 신천지를 보게 함이라.

아울러 오영근은 같은 글에서 "동서고금의 제도 정형(情形)과 학술 기업(技業)에 이르기까지 크고 작은 것을 다 갖추고, 삼라만상을 망라하여 한 권의 책 속에 모아 일반 국민에게 보통지식을 채워주려는" 목적 아래 잡지를 창간한다는 점 또한 천명함으로써 동도서기(東道西器)의 신념에 입각하여 서구의 학술 및 기예를 적극적으로 수용하려는 태도를 보이고 있다.

2) 관련 인물

간기면을 보면 편집 겸 발행인은 오영근, 발행처 야뢰보관(夜雷報舘), 그리고 보성사(普成社)에서 인쇄하였다. 집필자 중에 우선 눈에 띄는 사람으로는 안국선(安國善, 1878~1926)을 들 수 있다. 「금수회의록(禽獸會議錄)」이란 신소설 작가로 알려진 안국선은 1895년 관비유학생으로 동경전문대학에서 정치학을 수학한 뒤 귀국하여 정치, 경제 분야를 강의하였다. '응용경제', '민원론', '국채와 경제' 등의 글을 창간호부터 제3호에 걸쳐 게재했다. 그 다음으로는 현채(玄采, 1856~1925)[32]라는 인물을 들 수 있는데, 역사와 지리 분야 글을 한 호에 두 편 이상 쓰기도 했다.

3) 주요 내용

창간호 목차를 보면 표제 분류에 따라 글을 배치하고 있는 점이 눈에 띈다. 곧 글의 성격과 장르에 대한 잡지 편집진의 고민이 담겨 있는 셈이다. 창간호부터 시사평론, 학술, 사회문제 등 다양한 장르의 학술 논문(인문, 이화학, 생리학, 농학, 경계학 등)과 사회 현실 문제를 다룬 논문을 싣고 있다. 또한 국내외 정세와 관련된 관외보(管外報)도 게재하여 종합지로서의 면모를 갖추고 있다. 특히 문예란에 '골계소설(滑稽小說)'이란 명칭을 붙인 서사작품을 수록하고 있어 이채롭다. 그밖에 '합금제조법' 등 과학기술 관련 논문을 수록하는 등 근대 초기의 과학과 기술을 선도하는 글을 많이 싣고 있는 것도 주목할 만하다.

---

32 1856년 출생했다. 1873년 식년시 역과(譯科)의 한학(漢學)에 3위로 급제했다. 1892년 부산항감리서 역학, 번역관이 되었으며, 1894년 통리교섭통상사무아문 주사가 되었다. 1895년에는 관립외국어학교 부교관, 한성사범학교 부교관을 지냈다. 1896년 평강군수가 되었다가 사직했다. 1899년 학부 편집국 위원으로 임명되어 1907년까지 학부 주사 및 보좌원으로 근무했다. 학부 재직 때인 1899년 학교용 국사교과서인 『동국역사』를 편찬했다.1900년 장지연과 함께 시사총보사를 광문사로 개칭한 후 『목민심서 』 등 정약용의 저서를 간행했다. 1905년 한성법학교 교장이 되었고, 1906년 대한농회 의원, 국민교육회 보강요원, 1907년 이토 히로부미의 후원으로 조직된 대동학회 평의원에 선출, 1908년 기호흥학회 찬무원, 대한중앙학회 평의원이 되었다. 이 과정에서 『월남망국사』, 『유년필독』, 『(중등교과)동국사략』 등을 저술했다. 1910년 최남선 등과 조선광문회에 참여했으며, 1911년 문예구락부의 편집장이 되었다. 1918년에는 서화협회 발기인, 1919년에는 3 ·1운동 이후 조선총독부 후원으로 친일단체 육성책의 일환인 대동사문회 발기인으로 참여했다. 1922년에는 제1회 조선미술전람회에서 입상했다. 같은 해 조선사편찬위원회가 조직될 때 위원으로 임명되어 『조선사』 편찬에 참여했다. 1925년 2월 사망했다. 한국민족문화대백과사전 [현채]

4) 편집 특성

창간호는 5×7판 크기에 54쪽의 분량으로 간행되었다. 특히, 표지의 제자(題字)가 전서체(篆書體)[33] 형상을 띠고 있어 독특하다. 다만, 전서체가 주로 곡선을 잘 살린 것이어서 '우레'라는 순 우리말이 주는 느낌과는 거리가 먼 것처럼 느껴지기도 한다. 편차를 보면 논설, 시사평론, 학술, 역사지리, 문예, 실업, 외국사정, 내국휘보 등으로 되어 있는데, 창간호부터 6호까지 거의 비슷하다. 다만, 기담수총(奇談蒐叢) 같은 것이 추가되기도 했다. 1907년 2월 5일에 창간, 그해 7월에 6호를 내고는 종간되었다.

5) 창간 의의

《야뢰》는 매호마다 자연과학 논문을 수록하고, 진화론(進化論)을 적극 수용하는 논문을 게재하는 등 서구 과학사상 전파에 앞장섰다는 점에서, 근대 초기 과학기술 계몽운동을 선도적으로 이끈 잡지로 평가할 만하다.[34]

특히, 《야뢰》는 잡지의 지면 중 상당 부분을 국채보상운동(國債報償運動)에 관한 내용들로 채우고 있어 주목된다. 이 잡지의 필자로 활동한 인물의 상당수가 '국채보상기성회'의 발기인

33　고대의 한자(漢字) 서체. 전서는 넓은 뜻으로는 예서(隸書) 이전에 있는 서체로 갑골문(甲骨文)·금문(金文)·석고문(石鼓文)·육국고문(六國古文)·소전(小篆)·무전(繆篆)·첩전(疊篆) 등이 모두 이에 속한다. 좁은 뜻으로는 대전(大篆)과 소전이 주축이 된다. 전서의 변체(變體)는 지극히 많아 수서(殳書)·각부(刻符) 등 통칭하여 잡체전(雜體篆)이라 한다. 한국민족문화대백과사전 [전서]

34　문화재청(2010), 『근대문화유산 신문잡지분야 목록화 조사연구보고서』, pp.25~27 참조.

들이었다는 점이 잡지의 성격을 잘 보여준다. 결국 국채보상은 성공하지 못하여 한반도는 일제의 치하에 놓이게 되었지만, 대한제국 시기 국채보상운동이 활발했던 그 시기를 이끌었던 잡지가 바로 《야뢰》였다.

〈참고〉 국채보상운동(國債報償運動)[35]

1. 정의
1907년부터 1908년 사이에 국채를 국민들의 모금으로 갚기 위하여 전개된 국권회복운동

2. 역사적 배경
일본은 1894년 청일전쟁 당시부터 우리나라에 대해 적극적으로 차관공여(借款供與)를 제기하여 두 차례에 걸쳐 각 30만 원과 3백만 원의 차관을 성립시켰다. 이러한 일본의 차관 공세는 1904년 제1차 한일협약 이후 더욱 노골화되었다. 이때 일본이 우리나라에 차관 공세를 펴는 데는 두 가지 목적이 있었다. 첫째는 한국의 재정을 일본 재정에 완전히 예속시키는 것이고, 둘째는 차관으로 식민지 건설을 위한 정지 작업(整地作業)을 하자는 것이었다.

이러한 목적에 의하여 제1차 한일협약 이후 우리나라에 재정 고문으로 부임한 메가타(目賀田種太郞)는 1906년까지 네 차례에 걸쳐 1,150만 원의 차관을 도입하였다. 제1차 차관은 1905년 1월 '폐정리자금채'라는 명목으로 해관세(海關稅)를 담보로 한 3백만 원이었다. 제2차 차관은 1905년 6월 우리 정부의 부채 정리와 재정 융통에 필요한 자금 명목으로 한국의 국고금을 담보로 2백만 원을 들여왔다. 제3차 차관은 1905년 12월 우리나라의 토착 자본을 일본 자금에 예속시킬 목적으로 금융자금채 150만 원을 들여왔다. 제4차 차관은 1906년 3월 기업자금채의 명목으로 5백만 원을 들여왔다.

이러한 일본 측의 차관 공세는 우리 정부와 민간의 경제적 독립을 근본적으로 위협하는 것이었다. 여기서 당시 우리나라의 토착 자본은 일본 차관의 굴레에서 벗어나려는 운동을 전개하지 않을 수 없었던 것이다.

---

35 한국민족문화대백과사전 [국채보상운동]

3. 경과

1907년 2월 중순 대구의 광문사(廣文社) 사장 김광제(金光濟)와 부사장 서상돈(徐相敦)은 단연(斷煙)을 통하여 국채를 갚아 나가자는 국채보상운동을 제창하였다. 당시의 광문사는 지식인과 민족 자산가로 구성되어, 주로 실학자들의 저술을 편찬하고 신학문을 도입하여 민족의 자강 의식을 고취하고 있던 출판사였다. 또, 서상돈은 일찍이 독립협회 회원과 만민공동회 간부로서 자주독립 운동에 참여해 온 인사였다. 김광제·서상돈은 1907년 2월 21일자《대한매일신보》에 "국채 1천 3백만 원은 바로 우리 대한제국의 존망에 직결되는 것으로 갚지 못하면 나라가 망할 것인데, 국고로는 해결할 도리가 없으므로 2천만 인민들이 3개월 동안 흡연을 폐지하고 그 대금으로 국고를 갚아 국가의 위기를 구하자"고 발기 취지를 밝혔다.

취지문을 발표한 뒤 대동광문회(大同廣文會, 대구 광문사)는 민회소(民會所), 즉 단연회(斷煙會)를 설립하여 직접 모금운동에 나섰다. 대동광문회의 국채보상운동 발기가 대한매일신보·제국신문·만세보·황성신문 등에 보도되자 각계각층의 광범한 호응이 일어났다. 서울에서는 2월 22일 김성희(金成喜) 등이 국채보상기성회(國債報償期成會)를 설립하고 취지서를 발표하였다. 기성회는 회칙까지 제정하여 본격적인 운동의 채비를 갖추었다. 또, 수전소(收錢所)는 서점·약국·대한매일신보사·잡지사 등으로 지정하였다. 그 뒤 전국에서 '국채보상'의 이름을 붙인 20여 개에 달하는 국채보상운동단체가 창립되었다. 이들 단체의 운동은 국채보상을 위한 계몽적 활동과 직접 모금운동을 하는 실천적 활동으로 크게 두 가지 양상으로 나눌 수 있다.

운동에는 문자 그대로 각계각층이 참여하였다. 고종도 단연의 뜻을 밝혔고, 이에 따라 고급 관료들도 한때 소극적이나마 모금운동에 참여하였다. 운동에 가장 적극적으로 참여한 것은 민족자본가와 지식인층이었다. 상인들은 일본 차관과 직접적인 이해관계가 있는 당사자들이었기 때문에 인천·부산·원산·평양 등지에서 상업회의소 등을 통하여 적극적으로 활동에 참여하였다. 지식인들은 각종 단체·학회·학교·언론기관 등을 중심으로 활동에 적극 참여하였다. 운동에는 신지식인뿐만 아니라 유림(儒林)과 전·현직 하급관리들도 각 지방에서 상민층과 함께 적극 참여하였다. 또, 이 운동에서 특기할 만한 것은 많은 부녀 층이 참여하여 각종 패물을 의연소(義捐所)에 보내 온 점이다. 그리고 노동자·인력거꾼·기생·백정 등 하층민들까지도 적극 참여하여 이 운동은 그야말로 범국민적 운동으로 전개되어 나갔다.

4. 결과

운동이 가장 활발하게 전개된 것은 1907년 4월부터 12월까지였다. 특히, 6월~8월에는 가장 많은 의연금이 모아졌다. 그러나 운동은 일제의 탄압과 운동주체역량의 부족으로 인하여 1908년에 들어서면서 점차 쇠퇴하기 시작하였다. 운동을 처음부터 적극적으로 꾸준히 추진해 간 중심체는 양기탁(梁起鐸)과 베델(Bethell, E.T.裵說)이 이끄는 대한매일신보사였다. 따라서, 이 운동은 사실 국권회복운동의 하나로서 전개되고 있는 셈이었고, 이에 일제는 갖은 방법을 다하여 방해, 탄압하려 들었다. 일제는 1907년 이후 베델을 국외로 추방하는 공작을 펴, 1908년 5월 3주(週)의 금고와 벌금형을 선고하였다. 그리고 같은 해 7월 통감부 당국은 "대한매일신보가 보관한 국채보상금을 베델·양기탁 두 사람이 마음대로 하여 3만 원을 소비하였다."고 주장하면서 양기탁을 구속해 버렸다. 이른바 일제는 '국채보상금소비사건(國債報償金消費事件)'을 조작한 것이다. 통감부의 공작에 따라 전 국채보상지원금 총합 소장이었던 윤웅렬(尹雄烈)은 "보상금 중 삼만 원을 영국인 베델이 사취하였으므로 그 반환을 요청한다."는 반환청구서를 제출하였다. 그리고 일제는 이를 근거로 운동의 지도자들에 대한 불신감을 민중들에게 심어주고자 하였다.

양기탁은 공판 결과 증거 불충분으로 무죄를 선고받았다. 그러나 이러한 통감부의 공작으로 운동의 주체는 분열되어, 운동 자체가 암초에 부딪쳐 끝내는 종지부를 찍고 말았다.

5. 의의와 평가

국채보상운동은 처음부터 순수한 애국 충정에서 각지에서 자발적으로 일어난 것으로서, 전국적인 통일된 지휘체계 하에서 진행된 것이 아니었다. 때문에 일제의 방해·탄압 책동에 효과적으로 대응하지 못하고 끝내 좌절되었던 것이다. 운동이 비록 좌절로 끝나긴 하였으나 국권 회복을 위한 투쟁의 하나로서 그 역사적 의의는 큰 것이었다.

1) 창간 배경

이 잡지는 일본 동경 대한유학생회(大韓留學生會)[36]에서 1907년 3월에 창간한 회원잡지로, 같은 해 5월까지 3호를 내고 종간했다. 창간사를 보면 그 취지를 이해할 수 있는데, 주요대목은 다음과 같다.(현대어 표기로 고침)

> 무릇 우리 유학생이 동경에 있는 자가 천이면 많고 5백이면 적은 것이니 추산컨대 6, 7백 명이 되는지라. 곧 6, 7백 명이 스스로 하나의 가족사회가 되었으니, …… 친목 단결의 힘이 있지 않으면 유학의 명의를 욕되게 함이 아니겠는가.

---

36 당시 일본에 유학 중이던 학생들은 여러 단체를 조직했지만, 1907년부터는 통합을 모색하기 시작했다. 그 결과 처음으로 나타난 통합조직이 '대한유학생회'였다. 하지만 불과 3개월 만에 기관지 3호 발간을 끝으로 발전적 해산을 단행, 이후 '대한학회'라는 좀 더 확장된 통합조직이 나타나게 된다. 당대의 다른 유학생 단체와 마찬가지로 구국과 계몽을 기치로 내세웠으며, 기관지《대한학회월보》(1908.02.25.~1908.11.25.)를 발행하였다.

전번 광무 10년(1906) 7월에 민충정공 추조회(追弔會)를 행하고 인하여 촬영을 마치고, 대한 유학생구락부와 청년회를 규합하여 대한유학생회를 정의(情誼) 친밀과 학식 교환으로써 목적을 삼으니…… 돌아보건대, 지금 나라의 운명은 매우 어렵고 인물과 문명이 아직 진전이 없으니, 전도(前途)에 책임을 가진 자가 하루걸러 식사하더라도 오히려 미치지 못할까 두렵도다.

우리 6, 7백 명은 하나를 들으면 하나를 기억하고, 하나를 배우면 하나를 연출하여 붓을 입으로 삼고 글을 말로 삼아 세계의 문명을 수입하여 국가의 실력을 공급하는 것이 바로 본회 목적의 넓은 뜻이요, 2천만 가족사회와 더불어 함께 귀착하는 것이니……

곧 이 잡지는 1906년 7월 충정공(忠正公) 민영환(閔泳煥, 1861~1905)[37] 1주기 추도회에 참석한 유학생들이 발의하여 창간한 것이었다.

2) 관련 인물

《대한유학생회학보》 창간호 간기면을 보면 편집인으로 최남선(崔南善)의 이름이 올라 있어 눈길을 끈다. 발행인으로는 유승흠(柳承欽, 1876~?), 인쇄인 문내욱(文乃煜), 그리고 발행소는 대한유학생회, 인쇄소는 명문사(明文舍)로 각각 기재되어 있다. 서울 보급소로는 '주한영서포(朱翰榮書舖)'의 이름이 보인다.

한편, 창간호에 실린 제1회 총회 회의록을 보면 "광무 10년(1906) 9월 2일 하오 1시에 유

---

37 1905년 11월 일제가 을사조약을 강제 체결하여 외교권을 박탈하자, 원임의정대신 조병세(趙秉世)를 소두(疏頭)로 백관들과 연소(聯疏)를 올려 조약에 찬동한 5적의 처형과 조약의 파기를 요구하였다. 그러나 황제의 비답(批答)이 있기도 전에 일본 헌병에 의해 조병세는 구금되고 백관들이 해산당하자, 자신이 소두가 되어 다시 백관들을 거느리고 두 차례나 상소를 올리고 궁중에서 물러나지 않았다. 이에 일제의 협박에 의한 왕명 거역죄로 구속되어 평리원(平理院, 재판소)에 가서 대죄한 뒤 풀려났다. 그러나 이들은 다시 종로 백목전도가(白木廛都家, 육의전)에 모여 소청(疏廳)을 설치하고 항쟁할 것을 의론하였으나 국운이 이미 기울어졌음을 깨닫고 죽음으로 항거하여 국민을 각성하게 할 것을 결심, 본가에서 자결하였다. 세 통의 유서가 나왔는데, 한 통은 국민에게 각성을 요망하는 내용이었고, 다른 한 통은 재경 외국사절들에게 일본의 침략을 바로 보고 한국을 구해줄 것을 바라는 내용이었다. 또 다른 한 통은 황제에게 올리는 글이었다. 민영환의 자결 소식이 전해지자, 원임대신 조병세를 비롯한 전 참판 홍만식(洪萬植), 학부 주사 이상철(李相喆), 평양대(平壤隊) 일등병 김봉학(金奉學) 등 많은 인사들도 스스로 목숨을 끊었고, 민영환의 인력거꾼도 목숨을 끊어 일제 침략에 항거하였다. 한국민족문화대백과사전 [민영환]

학생 감독부 내에서 개회하니 출석원이 259인이러라. 최린 씨가 임원선거를 하기로 동의하여 최석하 씨 제청으로 가결되어 회장은 상호 씨가 피임되고 부회장은 최린, 총무원은……제씨요, 평의원은…… 제씨요, 서기원은…… 제씨요, 회계원은…… 양씨요, 서무원은…… 제씨요, 편찬원은…… 최남선 3씨요, 번역원은…… 제씨러라.”고 함으로써 최남선이 총회에서 편찬원에 뽑혔음을 보여주고 있다. 나아가 간기면에 편집인으로 이름을 올림으로써 보통편찬원이 아닌 편집책임자였음을 알 수 있다.

일반적으로 최남선은 1908년《소년》을 창간할 때 비로소 잡지를 편집하고 제작한 것으로 알려져 있지만, 그보다 먼저《대한유학생회학보》를 편집하는 일에 관여한 사실을 간과해서는 안 된다. 이때 그는 새로운 기술을 바탕으로 한 인쇄기기를 이용한 편집 및 제작 기술을 익혔던 것이다. 그는 이미 15세의 나이에 일간신문에 논설을 실어 필화(筆禍)를 일으킬 정도로 담대했으니, 당시에도 나이는 비록 17세였지만 그 능력이 두루 인정되어 편집책임자로 선임된 것이리라.

3) 주요 내용

창간호 목차를 보면 논단을 비롯하여 학해(學海), 사전(史傳), 문원(文苑), 잡찬(雜纂), 학계 소식 그리고 회보 등으로 배열되어 있다. 그 중에서도 논단의 비중이 높다. 문장은 순 한문과 순 한문에 토를 단 것, 국한(國漢) 혼용문 등이 뒤섞여 있다. 특히, 최남선은 창간호에 ‘현시대의 요구하는 인물’, ‘혜성설(彗星說)’ 등의 글을 게재하고 있는데, 언문일치를 지향하는 쉬운 문장으로 되어 있어서 비교적 읽기가 편하다.

4) 편집 특성

이 잡지 창간호는 5×7판 크기에 100면으로 편집되었으며, 정가는 17전으로 기재되어 있다. 말미의 알림글[지고(誌告)]을 통해 “본회는 회원 여부를 물론(勿論)하고 논의(論義), 학술(學術), 문예(文藝), 수필(隨筆) 역술(譯述)[38] 등 제반기서(諸般奇書)를 환영함. 단, 취사첨삭(取捨添削)은 편집인이 단행함.”이라고 밝힘으로써 편집인이 최종적으로 잡지에 실을 원고를 취사선택하고, 내용의 교정 및 교열을 도맡아 진행한다고 알리고 있다.

---

38 번역하여 기술함.

5) 창간 의의

《대한유학생회학보》는 앞선 《친목회회보》의 찬성금과 달리 수많은 학생들의 정성과 유지들의 격려로 모아진 출연금으로 발간되었다. 비록 통권 3호를 내고 폐간되었지만, 일본 유학생들의 구심점 역할을 함과 동시에 육당 최남선으로 하여금 잡지 편집의 기술과 매력을 알려준 계기가 되었다는 점도 주목할 만한 성과였다. 또한, 이 잡지는 표면상 회원 상호간의 친목과 학식 교환에 발간 목적을 두고 있지만, 실제에 있어서는 선진의 서구문명을 받아들여 독립국가를 보전하는 실력을 배양하자는 데에 그 목적이 있었다.

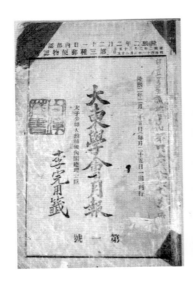

1) 창간 배경

대동학회에서 발간한 기관지로서 1908년 2월 25일에 창간되어 1909년 9월 25일 통권 20호로 종간된 잡지이다. 대동학회는 1907년 12월 신구(新舊) 학문 연구를 표방하며 서울에 설립된 단체로 이완용, 조중응 등이 유림계를 친일화하려는 일제의 의도에 따라 '이토 히로부미'로부터 2만 원의 자금을 제공받고 신기선(申箕善) 등을 내세워 조직하였다. 설립 당시 표방한 목적은 "유도(儒道)로써 체(體)를 삼고 신학문으로 용(用)을 삼아 신구사상을 합일시켜 보겠다"는 것이었다. 1908년 법률교육을 목적으로 하는 대동전수학교를 설립하였고, 기관지로《대동학회월보》를 간행하였다. 1909년 10월에는 총회를 거쳐 명칭을 '공자교회(孔子敎會)'로 고쳤다.

2) 관련 인물

창간호 간기면을 보면 발행소는 '대동학회회관', 인쇄소는 '보성사', 그리고 편집 겸 발행인은 '이대영(李大榮)[39]으로 표기되어 있다. 대동학회는 신기선을 임시회장으로 내세워 조직

---

39 이대영(1874~1950)은 대한제국 시대였던 1904년 9월 15일부터 1905년 11월 7일까지 용천감리

되었고, 특히 이토 히로부미의 찬조금을 받은 일로 각계의 큰 비난을 받았다. 신채호는 신기선을 일본의 3대 충노(忠奴)로 질타하고 공개적인 절교서를 발표하기도 했다. 부회장 홍승목과 서기 겸 이 잡지의 발행인인 이대영을 비롯한 학회 임원들의 상당수는 조선총독부 창설이후 중추원과 경학원 등의 일제 기구에 소속되어 유림의 친일화 작업에 적극 가담하였다.

3) 주요 내용

이 잡지는 '논설, 학원, 문원, 사조, 휘보, 회록'으로 구성되어 있는데, 여타의 학회지와 비교해 보았을 때 새로운 학문에 대한 약간의 소개가 있을 뿐 유교를 정점으로 하는 구(舊)학문의 범주 내에서의 사고가 중심을 이루고 있다. 따라서 '문원, 사조'에 있어서도 한시(漢詩) 등 순한문으로 구성되어 있으며, 휘보 또한 '관보적요(官報摘要)'를 담고 있는 수준에 불과하다. 곧 한문의 비중이 월등히 큰 잡지라고 할 수 있다.

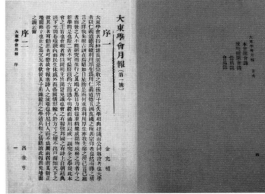

4) 편집 특성

5×7판 크기로 매호마다 60~70쪽 정도를 유지했다.

서 주사(龍川監理署 主事, 판임 6등)를 지냈으며 1907년 친일 성향의 유림단체인 대동학회(大同學會) 서기를 지냈다. 1911년 9월 8일부터 1921년 7월 30일까지 경학원 직원(直員), 1921년 7월 31일부터 1936년 1월 17일까지 경학원 사성(司成)을 역임했고 1936년 1월 18일부터 1943년 4월 26일까지 경학원 부제학(副提學)과 명륜학원(明倫學院) 강사를 겸임했다. 1928년 일본 정부로부터 쇼와 대례 기념장을 받았으며 1939년 11월 조선유도연합회 발기인, 1941년 10월 조선임전보국단 발기인으로 참여했다. 민족문제연구소의 친일인명사전 수록자 명단의 종교 부문과 친일반민족행위진상규명위원회가 발표한 친일반민족행위 705인 명단에 포함되었다. 위키백과 [이대영]

창간호 표지에는 한자로 '대동학회월보'라는 제호가 세로글씨로 쓰여 있고, 잡지 제호 옆에는 '太子少師大勳輔國內閣總理大臣'이라는 직책과 함께 '李完用籤'이라고 써놓았다. 태자소사(太子少師)는 원래 "고려 시대에, 태자부(太子府)에 둔 종이품 벼슬"이었는데, 충렬왕 3년 (1277)에 '세자이사(世子貳師)'로 고쳤다고 한다. 대한제국 말기에 이토 히로부미를 '태자태사 (太子太師)'[40]로 불렀다는 점에서 겸양의 표현인 듯하다. 또, '첨(籤)'은 일반적으로 "책이나 문서에 붙이는 쪽지를 의미하는데 여기에서의 의미는 정확하지 않으나, 태자의 사부이며 공신이고 총리인 이완용이 뜻을 함께한다는 의미"[41]로 보인다.

5) 창간 의의

이 잡지는 전반적으로 한문 전통과 사문의식(斯文意識)에 대한 강조로부터 시작하여 근대 분과학문에 대해 서술하고 나서 한시(漢詩) 수창(酬唱) 등의 한문 시문(詩文) 창작에 대한 내용으로 이어진다. 이른바 동문동종(同文同種)이라는 표현을 따라 한국과 일본이 역사적으로 공유한 한문 전통이 조선 식민통치의 문화적 보완제로 사용된 것이다. 실제로 이 잡지에 참여한 유림들은 장지연이나 박은식 같은 개신(改新) 유학자에 비해 사회적 지위가 높아 당대의 주류라고 할 만한 사람들이다. 이들이 근대 분과학문과 국민국가 이념을 수용한 과정 및 일제에 협력한 태도를 보여준다는 점에서 앞으로도 연구할 만한 가치가 적지 않다고 하겠다.[42]

---

40 1907년 대한제국의 마지막 황태자 이은(李垠)이 일본 유학이라는 명목으로 일본에 인질로 끌려
    갈 때 순종황제가 이토 히로부미[伊藤博文]에게 내린 관직이다.
41 국립중앙도서관 편(2016), 『한국근대문학해제집Ⅱ』, p.28.
42 국립중앙도서관 편(2016), 위의 자료, pp.29~30.

1) 창간 배경

《서북학회월보》는 서우학회가 한북흥학회와 통합하여 결성한 서북학회에서 발간한 학회 기관지이다. 곧 서북학회는 관서지방 인사를 중심으로 한 서우학회가 함경도 중심 인사들의 한북흥학회와 통합하여 1908년 1월에 결성되었다. 두 학회 통합 이후에도 학회지는 그냥 《서우》란 제호로 발간하다가 1908년 6월에 이르러서야 《서북학회월보》란 제호로 새롭게 창간호를 낸 것이다. 서북학회는 1910년 9월에 강제 해산되었는데 《서북학회월보》의 경우 23호까지 나왔지만 20호 이후에는 압수당했다는 기록이 있어 종간호에 대해 정확한 정보를 확인할 수 없다.[43] 《서북학회월보》는 1908년 6월부터 1910년 7월까지 발행되었는데, 그 전신이라고 할 수 있는 《서우》가 1906년 12월부터 1908년 5월까지 발행된 것을 포함하면 근대 계몽기 발행 잡지 중에서 가장 오랜 기간 발행된 것이 된다. 역시 서북지방 인사들이 중심이 되어 활동한 태극학회의 《태극학보》도 통권 26호를 발행함으로써 일본 유학생 단체 기관지로는 가장 오랜 기간 발행되었다는 점에서 "조선시대 내내 차별받았던 서북 인사들의 언론활동이 가장 활발했던 점"[44]이 돋보인다.

---

43 문화재청(2010), 앞의 자료, p.214.
44 국립중앙도서관 편(2016), 앞의 자료, p.37.

2) 관련 인물

창간호 간기면을 보면 주필 박은식(朴殷植, 1859~1925), 편집 겸 발행인 김달하(金達河), 인쇄인 이달원(李達元), 인쇄소 보성사(普成社) 그리고 발매소로는 대한서림(大韓書林), 박문서관(博文書館), 중앙서포(中央書舖) 등으로 표기되어 있다.

한편, 이 잡지는 학회의 기관지로서 그 체재나 내용을 보면 서우학회의 《서우》와 크게 다르지 않다. 한북흥학회의 이동휘(李東輝), 이종호(李鍾浩) 등 새로운 회원들과 합쳐지기는 했지만 그들이 갖고 있던 사고나 방향은 다르지 않았기 때문이다.

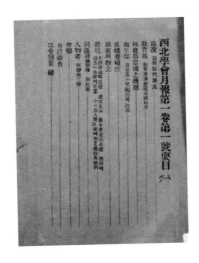

3) 주요 내용

창간호 목차를 살펴보면 그 편차(編次)가 《서우》와 크게 다르지 않고, 후반부에 문예와 사조가 추가되는 정도의 차이가 있음을 알 수 있다. 또, 서북지방 인사들의 경우 일찍이 번역 성경 등을 받아들임으로써 국문체에 익숙해졌는데, 이 같은 경향은 이 잡지에도 반영되어 한글의 비중이 높은 기사들이 많이 게재되는 결과를 가져온 것으로 보인다. 논설 성격의 글들은 다른 잡지들에서와 마찬가지로 한문 비중이 높았으나, 풍자적이거나 서사적인 성격의 글들은 한글 전용으로 실리기도 했다. 담총(談叢), 항요(巷謠), 가담(街談) 등의 한글 위주 기사들은 시대 풍자적 성향을 드러내기도 했다. 하지만 창간호 이후를 포함하여 구성 면에서 자세히 살펴보면 다른 학회지에 비해 체제가 혼란스러워 보인다. 논설 항목만 고정되어 있고 학술적인 글들은 교육부, 위생부, 잡조, 강단 등의 제명(題名) 아래 편성되어 있다. 그렇다 보니 학술 성격의 글들은 다른 학회에 비해 내용의 연속성이나 구성이 제대로 갖추어지지 못한 반면, 위생 및 국토 애호를 강조하는 삼림(森林) 관련 글들이 비중 있게 실려 있다. 한편, 《서우》에서의 교육에 대한 강조가 《서북학회월보》에서는 좀 더 구체적으로 심화되어 사립학교령에 대한 소개 등이 실린 것은 특이한 점이라고 하겠다.

4) 편집 특성

5×7판 크기의 창간호 표지를 보면 제호를 중앙에 한자로 크게 써놓았으며, 오른쪽에는 발행일, 왼쪽에는 발행소를 표기한 다음 네모 박스 모양으로 괘선 처리를 하고 있다. 아울러 비슷한 시기 발행한 잡지와 달리 본문에도 거의 삽화가 실리지 않았다는 특성을 보이고 있다.

5) 창간 의의

우선 서우학회와 그것이 확대, 개편된 서북학회를 통해 나온 《서우》와 《서북학회월보》는 1906년부터 1910년까지 통권 40호에 이르는 방대한 호수를 발행함으로써 민족 수난기에 국가와 민족을 위해 계몽하고 선도한 대표적인 잡지가 되었다는 점에서 의미가 크다. 또한, 새로운 이념을 다룬 글들이 많이 실림으로써 다양성과 특색을 갖추고자 애쓴 편집진의 노력도 엿보인다.

특히 박은식과 김원극(金源極, 생몰 미상)[45] 등의 필자가 중심이 되어 양명학(陽明學) 관련 기사를 자주 실었으며, 기존의 사문 전통을 공자교(孔子敎) 같은 근대적 종교로 개신하자는 취지의 논설도 나타난다. 이율곡(李栗谷), 양계초(梁啓超, 1873~1929)[46], 조지 워싱턴 등 다양한 위인들의 사상과 사적(事跡)을 지속적으로 소개한 것이 곧 사문 전통과 서구 과학을 조화시키려는 동도서기론(東道西器論) 사상의 표현일 것이다. 공자가 우리나라에 다시 온다면 서구의 제도를 참조할 것이라는 주장도 비슷한 맥락이 아닐 수 없다. 다만, 서북학회 부회장이었던 정운복(鄭雲復, 1870~1920)은 이토 히로부미와 밀접한 관계 속에 일제에 적극 협력했고, 서북학회는 결국 일진회(一進會)와 연합을 시도하기도 했다는 점에서 한계를 떨쳐버리지는 못한 것으로 보인다.

---

45 송남(松南), 춘몽(春夢), 춘몽자(春夢子) 등의 필명으로 1908년부터 《태극학보》, 《서북학회월보》에 한시와 산문을 게재하였으며, 1908년부터는 《태극학보》의 주필로 활동한 적이 있다.
46 중화민국의 근대 사상가이자, 정치가, 언론가, 개혁가, 철학가, 문학가, 사학가, 교육가이다. 위키백과 [양계초]

1) 창간 배경

《호남학보》는 1908년 6월 25일에 창간되어 1909년 3월 25일 제9호로 종간되었는데, 5×7판 크기에 매호 60여 쪽 분량으로 발행되었다.

호남학회는 1907년 7월 전라남북도 출신 인사들이 호남지역의 교육 발달과 주권수호를 목표로 서울에서 설립한 애국계몽 단체이다. 주요활동으로는 교육구국 운동, 학보 간행, 계몽 강연, 토론회 등을 실시하였는데, 특히 교육활동을 중시하여 호남 각 지역 사립학교의 진흥을 꾀하고, 서울에 유학 중인 호남출신 학생들을 후원하였다. 그러나 이 잡지는 제9호 서두에 "대금 수합(代金收合)이 영성(零星)하여 속간(續刊)이 극난(極難)"하다고 밝히며 회원 및 뜻 있는 인사들의 적극적인 협조를 당부했지만, 결국 제작에 따른 재원 문제로 인해 폐간되고 말았다.

2) 관련 인물

호남학회는 1907년 7월 서울에서 조직된 애국계몽 단체로서, 이를 주도한 인물은 강엽(姜曄)·고정주(高鼎柱)·강운섭(姜雲燮)·백인기(白寅基)·유희열(劉禧烈)·박영철(朴榮喆)

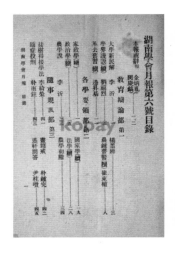

・최준식(崔俊植)・양회원(梁會源)・김낙구(金洛龜)・박남현(朴南鉉)・소석정(蘇錫政)・김봉선(金鳳善)・윤경중(尹敬重)・박해창(朴海昌)・김경중(金璟中)・이기(李沂) 등 전라남북도 출신 인사들이다. 설립 목적을 '호남지역의 교육 발달'에 두고 주권수호 운동을 펼쳤다.

창립 초기 회장은 고정주가 맡았으며, 회원 자격은 20세 이상으로 전라남북도에 현주소를 두었거나 이 지역에서 태어난 사람으로 제한했다. 서울에 중앙회를 두고 지방에 지회를 설치하여 전라북도 지방 29개소, 전라남도 지방 23개소, 서울과 남해에도 각각 지회가 있었으며, 1910년경 회원은 565명에 이르렀다. 재정은 입회금 50전, 월연금 10전, 기부금 등으로 운영되었으나 전반적으로 궁핍한 지경을 벗어나지 못했다. 활동으로는 교육구국 운동・학보 간행・계몽 강연・토론회 등에 역점을 두었다. 1910년 8월 통감부의 압력으로 해산될 때까지 호남학회는 호남지역 출신 인사들의 계몽운동에 공헌했다.

3) 주요 내용

창간호에 실려 있는 호남학회 취지문을 보면 '구학(舊學)'과 '신학(新學)'의 관계에 대해 "以三代로 視唐虞 則虞唐이 爲舊學이오 三代가 爲新學이며 以秦漢으로 視三代 則三代가 舊學이오 秦漢이 爲新學矣니 推以至於唐宋明淸하야 莫不皆然이어늘 何獨於今日에 乃疑懼耶아"라고 하여 시대가 변하면 구시대의 학문은 구학이 되고 신시대의 학문이 신학이 되는 것이 당연한 이치이니 오늘날의 '신학(新學)'도 그런 차원에서 받아들이면 된다고 주장하고 있다. 그럼에도 호남지방 지식인들이 여전히 구학(舊學)을 고집하면서 신학문을 거부함으로써 국가를 침

륜(沈淪)케 하고 백성들을 야매(野昧)한 상태로 이끌고 있다고 지적하고 있다.[47]

이처럼 호남학회 회원들은 무엇보다도 신학문의 수용이 중요하다고 생각했으며, 이 같은 생각은 구학문에 대한 비판으로 이어졌다. 이 잡지의 편집 책임을 맡았던 해학(海鶴) 이기(李沂, 1848~1909)는 「일부벽파(一斧劈破)」라는 글을 통해 구학문 비판론과 신학문 수용론을 격렬히 전개하였다. 그는 먼저 갑오년 이래로 인재(人材)를 취하지 않고 오로지 뇌물에만 의하여 관리를 채용해 왔고, 또 '신학문'과 '신교육'이란 말이 나온 이래로 조정에 나아간 자는 군부(君父)를 배반하고 국가를 팔아먹으며, 외국에 유학한 자는 외세에 의존하여 관직을 차지하니 이들 신문학과 신교육은 모두 나라를 망하게 하는 것이라고 말하는 이들이 있으니 이들의 말이 모두 틀린 것은 아니지만 사실은 하나는 알고 둘은 모르는 것이라고 주장했다. 이어서 그는 조정에 나아간 관리들은 대부분 구학문을 한 이들이고, 신학문을 한 이들도 대부분 20세 이후에 유학을 하였으니 실제로는 이미 고루한 관습과 사고에 찌든 이들이며, 외국에 가서 겨우 3~5년 교육을 받은 이들이니 이들을 어찌 신교육을 제대로 받은 이들이라고 볼 수 있겠는가 의문을 제기하고 있다. 또한, 그는 폴란드·이집트·인도·안남(베트남) 등의 예를 들면서 이들 나라에는 다른 민족이 침략해 들어와 기존의 임금을 바꾸거나 종사(宗社)를 바꾸지 않는 가운데에도 서서히 식민지로 거두어들이는 새로운 법[新法]을 써서 나라를 멸망시키고 있다고 지적하였다. 그는 이처럼 나라를 멸망시키려는 자들이 신법을 쓰면 나라를 복구하려는 자들도 마땅히 신법을 써야 할 터인데, 우리의 경우에는 여전히 수구(守舊)에 머무르면서 신법을 도모할 생각을 하지 않고 있다고 비판하고 있다

이 잡지는 호남학회의 활동을 구체화하기 위해 교육구국론, 실력양성론, 단결론, 실업구국론, 애국론, 사회폐습개혁론 등을 주장하며 계몽 사업을 전개하였다. 구체적으로는, 교육변론(敎育辯論), 각학요령(各學要領), 수사규풍(隨事規諷), 명인언행(名人言行) 등으로 나누어 교육과 학문을 표면에 내세웠다. 그러나 《호남학보》도 당시의 여러 학회지와 마찬가지로 정치적 의도를 바탕에 깔고 있었다. 이 잡지 역시 일제 침략으로부터 주권을 수호하고 구국독립을 위한 국민정신 계몽에 공헌한 바가 매우 컸던 것이다. 다만, 각 지역을 중심으로 학회가 결성

---

47 顧今湖南五十七郡之人이 其儒者는 大袍高笠으로 坐談性理하야 慮其不我崇拜者多矣오, 其塾師는 通鑑史略으로 邀取月粮하야 慮其奪我生計者多矣오, 其富戶는 慳吝錢財하고 昧於公益하야 慮其索我義捐者多也라. 如或群起而攻之曰 學會는 是何物也오 此皆近世新學이라 其道則無父無君이오 其書則無倫理하야 驅人類於禽獸者也라하야 一唱百和하야 却立而反走하야 竟使國家로 沈淪하고 生民으로 野昧則亦復何快於心哉아.

되어 외견상 매우 다양한 형태를 보이는 것처럼 보일 수 있으나 각각의 단체가 조선의 독립과 개화, 계몽을 지향하는 점에 있어서는 다를 수가 없기 때문에 학회 사이에 큰 차이를 발견하기는 어렵다.

4) 편집 특성

5×7판 크기로 매호마다 60쪽 내외 분량이 발행되었다. 창간호와 제2호 표지를 보면 거의 흡사한데, 삽화나 기타 이미지 처리 없이 오직 글자만으로 구성하고 있는 것이 눈에 띈다.

5) 창간 의의

국권 상실이 임박해오던 시기, 3~4년 정도의 짧은 기간 존속하고 이내 사라져버린 월보들의 주요내용은 서구 근대의 분과학문들을 축약 번역하여 전하는 것이었다. 단기적인 활동 속에서도 이 시기 학회들은 조선의 근대를 어떻게 구성하고 계획해야 하는 지에 대해 고민하였다. 호남학회에서 발간한 《호남학보》 역시 이러한 근대계몽기 지식인들의 절박함이 묻어 있다. 편집주간이었던 이기(李沂)는 구학과 신학은 문자만 다를 뿐 그 의리는 똑같다고 주장하면서, 구학문과 신학문의 친연성을 주장하였지만, 실제 《호남학보》에서 소개하는 주요 내용은 근대지식과 관련된 신학문이었다. 《호남학보》의 '교육변론', '각학요령'에는 국가학, 정치학, 법학처럼 정치와 관련된 학문에서부터 농학, 종식학, 삼림법 등 실용적인 학문과 '가정학'처럼 새로운 신식학문도 소개하고 있다. 호남학회에서는 여성에 대한 교육의 일환으로 '가정학'을 중요하게 생각하였다. 매 호마다 '가정학'란을 마련하여 태아교육, 자녀교육, 유아놀이, 소학 교육에 이르기까지 자세하게 소개하였다. 호남학회에 참여했던 인물들은 보통교육, 의무교육에도 관심을 가지고 있었다. 이기(李沂) 등은 구학문은 매우 어렵기 때문에 고등교육과정에 적용해야 하고, 초등교육에서는 서양식 학문체계를 수용해야 한다고 주장하였다. 초등교육과정을 설립하여 서로 뜻이 통하는 학생들끼리 모여 교제를 하고 지식을 교환하기 위해서는 학교가 필요하다고 여겼다.[48]

호남학회 회원들은 《호남학보》 등을 통해 신학문 수용과 신교육 실시의 당위성을 거듭 강조하였으며, 낡은 관습의 타파, 식산흥업의 필요성도 아울러 강조하였다. 특히 그들의 신학

---

48 정훈(2019), 「근대 계몽기 『호남학회월보』의 특성 연구」, 《국어문학》 제71집, 국어문학회, pp.302~303.

문 수용론은 비록 일부에서 신구학 절충론을 제기하는 회원이 있기도 하였지만 대체적으로는 구학 폐기론의 관점에 선 것이었다. 특히 이기(李沂)의 '일부벽파론(一斧劈破論)' 같은 글은 당시로서는 상당히 급진적인 글이었다. 이렇게 볼 때 당시 호남학회의 주도적인 인사들은 서북학회에 비교한다면 상대적으로 보수적이었겠지만, 기호흥학회와 비교해 본다면 상대적으로 진보적이었다고 할 수 있다. 또한, 당시 보수적인 유림들이 가장 많은 지방으로서 의병투쟁이 격렬하게 진행되고 있었던 호남에서 이들이 펼친 계몽활동은 각 지방에서 신교육을 위한 학교들이 차례로 설립되는 데 상당한 영향을 미친 것으로 보인다. 이들 신식학교의 학생층이 비록 양반층의 자제들보다는 중인 이하 계층의 자제들로 구성되었고, 학교의 시설 등도 아직은 보잘 것이 없었지만 이들은 호남지방에 뿌려진 소중한 개화의 씨앗이 되었으며, 이들 학교에서 교육을 받은 이들이 훗날 1920년대 이 지방에서의 민족운동과 사회운동을 지도하는 이들로 성장하였던 것이다.[49]

---

49 박찬승(1994), 「한말 호남학회 연구」, 《국사관논총》 제53집, 국사편찬위원회, pp.177~178.

1) 창간 배경

《기호흥학회월보》는 기호흥학회에서 발간한 기관지로 문화적 · 계몽적 성격을 지닌 잡지이다. 1908년 8월에 창간되어 1909년 7월까지 만 1년 동안 통권 12호를 내고 경비 절감 문제 등을 이유로 종간되었다.

기호흥학회는 1908년 1월 민족자강을 위한 교육계몽 운동을 목적으로 기호(畿湖) 지방에 설립된 애국계몽 단체이다. 을사늑약 이후 애국지사들은 교육을 통한 구국운동을 적극적으로 펼쳤는데 이 단체 역시 경기도와 충청도 일원에 교육기관을 설립하여 학업을 권장하며 회보를 간행하여 일반 인사에게도 지식을 주입하는 것을 목적으로 교육진흥을 내세웠다. 물론 근본 목적은 독립정신과 애국사상을 고취하는 것에 있었다. 이 단체는 교사 부족 문제를 해결하기 위해 1908년 6월에 서울 소격동에 기호학교(畿湖學校)를 설립하였는데, 이것이 오늘날 중앙고등학교의 전신이다.[50]

---

50 문화재청(2010), 앞의 자료, p.218.

2) 관련 인물

간기면을 보면 발행인 김규동(金奎東), 편집인 이해조(李海朝), 인쇄인 이기홍(李基弘), 인쇄소 우문관(右文館), 발행소 기호흥학회사무소, 그리고 발매소는 경성명서포(京城名書舖)로 표기되어 있다.

근대 계몽기 우리 땅에서 결성된 학회들은 대체로 지역에 기반을 두는 경우가 많았지만 이들의 활동무대는 대부분 서울이었다. 평안도 중심의 서우학회가 가장 먼저 결성되었고, 일본 유학생 중심의 태극학회도 이른 시기에 만들어졌다. 기호지방 중심의 기호흥학회는 비교적 늦게 결성되었지만 회원의 면모를 보면 이용직, 신기선, 정만조, 안종화 같은 유림의 원로 및 정부 고위관료부터 박정동, 유병필, 안국선 등 근대 학문을 익힌 신진 인사들까지 다양했다. 이 학회 또한 다른 학회와 마찬가지로 학교를 운영했으며, 기관지에는 이 학교 소속 인사들도 자주 참여했다. 또, 이종일, 오세창 등 천도교 관련 인물들도 있고, 대한자강회 회장 윤효정이 기호학교의 교장을 맡기도 했다. 뒷날 임시정부에 참여하는 김가진, 조완구와 어윤적, 윤치오, 민종묵 같은 일제 중추원 의원이 되는 이들도 같이 참여했다. 이처럼 기호흥학회에는 서울·경기·충청이라는 조선 중심에 위치한 기호지방의 지역적 기반에 힘입어 다양한 성향의 인사들이 모여들었다.[51] 특히, 당대의 신소설 작가로 이름을 얻은 이해조가 편집책임을 맡았다는 점이 두드러지는 잡지가 바로 《기호흥학회월보》라고 하겠다.

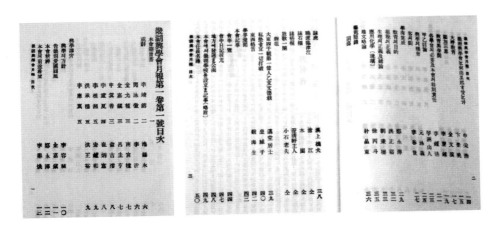

---

51 국립중앙도서관 편(2016), 앞의 자료, p.40.

3) 주요 내용

창간호에 의친왕(義親王) 이강(李堈, 1877~1955)의 친필과 신채호 변영만 등 대가들의 글이 실렸으며 이후 안국선, 이해조, 김윤식, 어윤적, 정만조 등 필진의 면모가 매우 화려하다. 이 같은 특성은《기호흥학회월보》의 발간 목적인 흥학(興學)에서 찾을 수 있는데, 특히 각종 신학문의 소개에 역량을 집중하면서 학식이 높은 회원은 물론, 전문지식을 가진 일반인사에게 강론과 기고를 부탁함으로써 독자들에게 신지식을 공급하고자 했다. 이처럼 다양한 신학문을 소개하기 위해 60인 이상이 저술원으로 이름을 올렸다.

이 잡지의 기사는 대체로 흥학강구(興學講究), 학해집성(學海集成), 예원수록(藝苑隨錄), 잡조(雜俎), 학계휘문(學界彙聞), 별보(別報), 본회기사(本會紀事)」의 순서로 게재되었다. 우선 '흥학강구'에서는 학회 회원 및 일반 인사들의 흥학론과 기타 논설을 실었다. 국민정신 계도를 목표로 하는 계몽적 내용은 주로 이 부분에서 다루어졌다. '학해집성'에서는 신학문에 관한 전문적인 내용을 다루었는데, 관련분야에 따라 법률학, 정치학, 논리학, 경제학, 지리학, 교육학, 생리학, 화학, 광물학, 동물학, 농학 등으로 구분되었다. '예원수록'과 '잡조'에서는 통상 짧은 문학작품을 수록했는데, 이는 문학을 통해 자주독립정신과 애국사상을 고취하고자 했던 것으로 보인다. '별보'에서는 당시 조령(朝令)과 관보(官報)의 주요 내용을 요약하여 전달함으로써 독자로 하여금 국가의 대소사에 대해 관심을 갖도록 유도했다. 끝으로, '본회기사'에서는 기호흥학회의 제반활동 상황을 전달하여 독자와 회원들의 관심과 협조를 구하고 있다.

4) 편집 특성

창간호를 보면 5×7판 크기에 60쪽 정도의 분량으로 구성되었으며, 표지에는 전서체(篆書體)로 제호를 나타내었다. 그리고 표지 뒤에는 2쪽에 걸쳐 의친왕이 행서체(行書體)로 쓴 '咸與惟新'이란 글귀가 새겨져 있다. 이 말은 "모두 함께 새롭게 하자"는 뜻으로 중국 고전 서경(書經) 중 '하서(夏書)'의 한 구절이다.[52] 곧 혁신의 근거를 한문 고전에서 찾고 있으며, 대한제국

---

[52] 오경(五經) 중의 하나로, 중국 상고시대(上古時代)의 정치를 기록한 책으로 알려진《서경(書經)》의 하서(夏書) 윤정편(胤征篇)에서 나오는 말. 윤후(胤侯)가 하왕(夏王)의 명령으로 희화(羲和)를 치러 갈 때의 선언으로, 희화를 치게 된 까닭을 설명하고 그곳 관리들과 백성들을 안심시키기 위해 만들어진 것이라고 한다. 목적은 괴수인 희화 한 사람을 제거함으로써 무고한 백성이 화를 입지 않도록 하기 위한 것이므로 그의 위협에 못이겨 본의 아닌 과오를 범한 사람은 일체 죄를 묻지 않는다고 선언한 다음, 오래 물들어 있는 더러운 습성을 모두가 함께 이를 씻어내어 새롭게 하자고 당부했다. 즉 '모두 함께 새롭게 하자'는 말을 '함여유신(咸與維新)'이라고 썼던 것이다. 나중에 '유신'이라는

의 독립과 부강(富强)을 이 잡지의 발간 취지로 내세운 것과 일맥상통하는 것으로 보인다.

5) 창간 의의

《기호흥학회월보》는 그 편집 내용이나 경향으로 보아 당시에 나온 여타의 학회지들과 크게 다르지 않으나 나름대로의 특징 몇 가지를 갖고 있다.

첫째, 최초의 신소설 작가인 이해조가 이 회보를 편집했다는 사실이다. 그래서인지 사조[藝苑(예원)] 분야의 기사가 적지 않다.

둘째, 교육에 대한 이론과 실제를 두루 갖춘 잡지라는 것이다. 정영택의 「교육의 의의」(제2호)와 같은 주의 주장을 비롯하여 「사립학교규칙」(제7~8호)과 같은 현장용 자료까지 싣고 있다.

이처럼 교육 진흥을 내세우면서 독립사상을 고취시켰기 때문에 이 월보는 제6·9·10·11호 등 여러 번 압수되는 시련을 겪은 뒤 학회 재정난으로 인해 1년 만에 종간되고 말았다.

〈참고〉《기호흥학회월보》의 발행부수와 일제의 탄압[53]

1908년의 통계에 따르면 《기호흥학회월보》의 발행부수는 2,000부로, 한성에서 350부, 각 지방에서 1,650부가 배부되었다. 대금은 선납하거나 등기환(登記煥)으로 보낼 수 있었는데, 납입이 제대로 이루어지지 않아 기호흥학회는 상당한 재정난에 처하였다. 그리고 이러한 재정난은 《기호흥학회월보》의 폐간에 중요한 원인이 되었다. 이미 이 잡지 제5호에서부터 특별광고를 통해 대금의 신속한 납부를 요청해야 했고, 제10호에서는 대금을 회수하기 위하여 각 도 관찰사와 군수 등에게 협조를 구하기로 결정한 사실을 '본회기사'로 전하고 있다. 제11호의 발간 즈음에는 재정난이 극도로 심해져 학식이 있는 자는 기고를 통해, 구독자는 대금을 지불함으로써 잡지 발행을 계속 유지할 수 있도록 도와달라고 호소했으나 순탄치 못하였다.

그뿐만 아니라 일제통감부는 기호흥학회의 애국계몽활동에 주목하면서, 《기호흥학회월보》의 기사 내용을 문제 삼아 수차례 압수하는 탄압을 가하였다. 먼저 제6호에서 이기헌(李

말이 널리 알려지게 된 것은 《대학(大學)》 신민장(新民章)에 [시에 말하기를 "주나라가 비록 옛 나라이나, 그 명이 새롭다"고 했다(時曰 周雖舊邦 其命維新)]고 인용되어 있기 때문이다.
53 국사편찬위원회 우리역사넷 [기호흥학회]

起憲)의 「學問은 不可不參互新舊」가 문제되었고, 이후에도 제9호에 게재된 김기현(金璣鉉)의 「變之又變」, 제10호에 게재된 윤상현(尹商鉉)의 「學界의 照魔鏡」, 제11호에 실린 안종화(安鍾和)의 「興學이 爲國之急務」와 윤상현의 「精神的 教育」과 같은 글이 국권회복을 논하는 불온한 기사라는 이유로 각각 압수되었던 것이다.

이처럼 재정적 어려움에 더해 일제통감부의 탄압까지 받게 되면서 《기호흥학회월보》는 제12호를 마지막으로 폐간되고 만다.

1) 창간 배경

《소년》은 1908년 11월 1일 창간되어 1911년 통권 23호로 폐간당한 청소년 잡지로, 창간 당시 18세의 소년이었던 최남선(崔南善, 1890~1957)이 편집과 글쓰기를 도맡아 큰 화제가 되었다. 역사적으로도 우리나라 근대잡지의 종합적인 틀을 갖춘 잡지의 효시로 《소년》을 꼽는다는 점에서 가치가 크다. 최남선은 이미 1년여 전 동경 유학시절 《대한유학생회학보》편집 책임을 맡아 잡지 편집에 관한 모든 것을 익혔고, 동경의 인쇄소 슈에이샤(秀英社)에서 견습을 거치는 등 만반의 준비를 갖춘 바 있다. 그리고 부친으로부터 거금의 사업비를 받아 슈에이샤에서 인쇄시설을 사들이고 인쇄 기술자까지 구해 귀국길에 올랐다. 그리하여 평소 열망했던 잡지 발행의 꿈을 실현하고자 신문관(新文館)을 차리고 마침내 《소년》을 창간했다.

2) 관련 인물

창간호의 간기면을 보면 편집 겸 발행인 최창선(崔昌善), 인출인(印出人) 박영진(朴永鎭), 인출처 신문관 인출소, 발행처 신문관 등이 기재되어 있으며, 신문관 발행인 최창선은 최남선의 형이었다. 한편, 다음과 같은 창간사를 보면 최남선의 기개와 잡지 창간의 의미를 엿볼 수 있다.(현대어 표기로 고침)

나는 이 잡지의 간행하는 취지에 대하여 길게 말씀하지 아니하리다. 그러나 한마디 간단하게 할 것은, '우리 대한으로 하여금 소년의 나라로 하라! 그리하려 하면 능히 그 책임을 담당하도록 그를 교도(敎導)하여라.' 이 잡지가 비록 작으나 우리 동인은 이 목적을 관철하기 위하여 온갖 방법으로써 힘쓰리라. 소년으로 하여금 이를 읽게 하라. 아울러 소년을 훈도(訓導)하는 부형(父兄)으로 하여금도 이를 읽게 하여라.

특히 여기서의 '소년'은 14~15세 소년이 아니라 당시 최남선 또래의 18~19세, 또는 그 위인 20대 청년층을 망라한 것으로 보인다. 그래서 도산(島山) 안창호(安昌鎬)가 주도한 '청년학우회'의 문헌에는 이 《소년》지를 기관지로 기록하고 있다. 나아가 청소년뿐만 아니라 가정을 이끄는 학부형들도 이 잡지를 읽음으로써 가정에서 청소년을 가르치는 일에 도움이 되기를 바라는 마음도 함께 피력하고 있다.

3) 주요 내용

먼저 앞부분에 나오는 화보에 눈길이 간다. 고종황제의 황태자 영친왕(英親王) 이은(李垠)과 조선통감 이토오 히로부미(伊藤博文)가 함께 서 있는 사진이 있는데, 통감은 이미 백발이 성성한 노인이고 황태자는 11세의 어린아이여서 아마도 어린 황태자를 볼모로 잡아가기 직전에 찍은 것으로 보인다. 이어서 미국 나이아가라 폭포의 모습과 러시아 피터 대제의 프로필이 들어 있다. 아마도 우리 잡지 역사에 있어 사진으로 화보를 구성한 최초의 사례가 아닐까 싶다.

한편, 창간호 목차를 보면 집필한 사람의 이름이 전혀 나와 있지 않다. 그것은 80면이 넘는 잡지의 원고를 모두 최남선 혼자 썼기 때문이다. 18세 소년이 혼자서 잡지의 집필과 더불어 편집 및 제작을 도맡아 해냈다는 사실이 믿기지 않을 정도다. 특히 최남선은 그때까지 다른 잡지에서는 볼 수 없었던 새로운 편집 방식을 도입하여 본문에 내용과 어울리는 삽화와 함께 사진도 넣고, 사진 화보도 곁들이는 등 남다른 노력을 기울였다. 본문을 보면 그 다양성을 두루 살펴볼 수 있지만, 첫 장부터 3쪽에 걸쳐 실려 있는 시 '해(海)에게서 소년에게'가 눈길을 끈다. 당시만 해도 틀에 박힌 정형 한시(漢詩)만을 숭상하던 시절이었는데, 그 낡은 형식을 단번에 무너뜨리고 새로운 형식으로 선보인 신체시(新體詩)는 아마도 우리 문학계를 발칵 뒤집어 놓기에 충분했을 것이다.

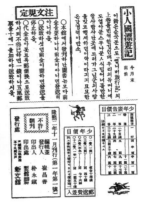

我 난 서울하學遊御에 本日
와 下殿子太皇
公 文 博 爾 伊 師 太

4) 편집 특성

창간호는 5×7판 크기에 84면으로써 정가는 14전이었다. 표지 맨 위에는 발행일이 적혔고, 그 아래 월계수 잎으로 둥글게 도형이 그려진 가운데에 제호를 배치하였고, 그 양쪽에 방(榜)을 붙이듯 잡지를 발행한 목적을 내걸었다. 또 표지 아래에는 주요목차를 나열하고서 태극 마크와 함께 '其他 丘山 기사는 다 正金美玉이라'는 홍보문구를 집어넣었다.

5) 창간 의의

《소년》은 육당 최남선이 일본 유학을 마무리하지 못하고 귀국한 뒤의 첫 사업으로 문화운동을 주창하면서 장차 나라의 기둥이 될 소년들을 먼저 지도 계몽할 목적으로 발행한 것이었다. 따라서 이 잡지는 우리나라 개화기의 대표적 문화계몽지로서 청소년 의식계몽에 기여한 바 크다. 특히 서구문학의 선구적 도입을 통해 톨스토이를 비롯한 바이런, 엘리엇, 빅토르 위고 등의 작품과 '걸리버 여행기'를 비롯한 '로빈슨 크루소의 모험' 및 '안데르센 동화'와 '이솝 우화' 등을 번역하여 소개하는 한편, 국한문 혼용과 언문일치(言文一致)에 어울리는 문체를 개발하였고, 신체시와 시조의 부흥에 앞장서는 등 새로운 문물을 소개하여 청소년들의 의식을 계몽하려는 노력이 돋보인 잡지였다.

<참고> 신문관(新文館)[54]

1907년 여름 최남선이 당시의 서울 남부 상려동(上犂洞)에서 창설하였다. 이 출판사의 업적은 크게 세 가지 측면에서 살펴볼 수 있다.

첫째, 여러 종류의 계몽잡지의 발간이다. 1908년 11월 최남선이 주재한 우리나라 최초의 청소년잡지 《소년》을 발행하였다. 이 잡지는 새로운 형태의 시를 비롯하여 언문일치의 글을 크게 보급시키는 데 기여하였다. 그 뒤 1913년 1월 1일에는 어린이 교육잡지 《붉은저고리》를, 1913년 9월에는 이광수(李光洙)가 편집을 담당한 《새별》을, 같은 해 9월 5일에는 월간 소년잡지 《아이들보이》를, 1914년 10월 1일에는 본격적인 대중계몽잡지인 《청춘》 등을 계속해 발간하였다.

둘째, 각 분야에 걸친 폭넓은 일반 서적의 간행이다. 즉, 교과서류를 비롯하여 종교서적·지리지도·조선어한문서적·서양서적·이과서적·수학측량서적·어학서적·간독서적(簡牘書籍)·법정서적·경제서적·법전서식서적·실업부기서적·의약서적·문학서적과 사전·자전류, 교육 및 가정서적, 도서 및 습작서적 등 광범위한 출판활동을 전개하였다. 특히 1909년 2월에는 우리나라 최초의 교양문고본인 '십전총서(十錢叢書)'를 기획, 「셜늬버 유람긔(葛利寶遊覽記)」 등 2종을 발간하였으며, 그 뒤 1913년부터는 '륙젼쇼셜문고(六錢小說文庫)'를 기획, 「홍길동전」을 비롯하여 10여 종의 순국문소설을 발간함으로써 대중을 대상으로 한 문고판 형식의 새로운 출판기획을 시도하였다.

셋째, 조선광문회(朝鮮光文會)에서 편찬한 각종 고서의 간행이다. 예를 들면 『동국통감』을 비롯하여 『해동역사』·『연려실기술』·『대동운부군옥(大東韻府群玉)』·『당의통략(黨議通略)』 등 역사와 고문(古文), 고사(古事) 및 당쟁사에 관한 희귀한 서적을 활자판으로 대량 출판하였다. 그리하여 과거 극히 소수의 사대부에게게만 국한되어 읽혔던 서적을 널리 보급함으로써 서적의 대중화를 꾀하였다. 또한, 역사서적뿐만 아니라 『동국세시기』·『열하일기』·『중경지(中京誌)』·『동경잡기(東京雜記)』·『해동소학(海東小學)』·『훈몽자회(訓蒙字會)』·『택리지』·『해동명장전(海東名將傳)』·『동국병감(東國兵鑑)』 등 각종 고전 출판에도 힘을 기울였다.

이처럼 신문관은 1910~1919년까지의 언론·출판·결사·집회 등의 자유가 전혀 보장되지 않은 암흑기에 폭넓은 출판 활동을 통하여 잊혀져 가는 우리 문화의 발굴, 전승과 창달을 위하여 노력함으로써, 민족정신의 고취와 대중계몽교육의 선구자로서 커다란 의의를 지닌다.

---

54 한국민족문화대백과사전 [신문관]

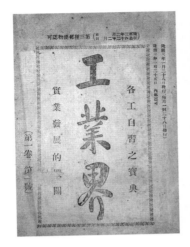

1) 창간 배경

《공업계》는 우리나라 최초의 공업 분야 월간지로서 관립(官立) 공업전습소(共業傳習所) 전습생들로 구성된 '공업연구회'가 1909년 2월에 창간했는데[55], 3호까지 간행 후 폐간되었다. 그러나 그 창간호에 게재된 창간사와 축사, 또 2~3호까지 계속 실린 축사의 내용으로부터 공업기술의 발전이 우리 근대화를 위해 얼마나 시급하고 필요한 것인지 역설하는 모습을 볼 수 있다.

2) 관련 인물

일제강점기가 본격적으로 시작되기 직전인 1908년 9월 7일 박찬익(朴贊翊, 1884~1949) 등 관립 공업전습소 재학생들은 '공업연구회'를 창설했다. 우리 역사상 최초의 이공계 연구단체인 공업연구회는 구한말 일본의 내정간섭이 극도에 달하고 나라의 존립이 흔들리던 당시 청

---

55 대부분 이 잡지의 창간호 표지나 간기면 기록을 보고 창간호 발행일자를 '1월 28일'로 적고 있는데, 제3호 41쪽 다음 쪽에 "1호의 1월은 2월로, 2호의 2월은 3월로 바로 잡는다"는 기록이 있다. 따라서 《공업계》의 창간일자는 1909년 2월 28일로 바로잡아야 한다. 문화재청(2010), 『근대문화유산 신문잡지분야 목록화 조사연구보고서』, p.224.

년학도들의 뜨거운 애국심의 소산이었다.

당시 황성신문은 1908년 10월 18일자 사설(社說) '공업전습소'에서 공업연구회를 다음과 같이 소개하고 있다.(현대어 표기로 고침)

……일반 학생 모두가 주야 불철 열심히 수업하여…… 공업연구회를 조직하고 한 달에 두 번씩 야간에 모여 상호 토론 지식을 교환하고, 일반 방청자까지 강연과 실습을 통하여 공업의 뜻하는 바를 인식토록 하고 각자 매달 50전을 출연하여 잡지를 발간하고, 일반 국민에게 공업의 지식을 전달케 하기로 의결하였다고 하니…… 나라 부강의 기초가 실업의 발달임은 재언이 불요…… 국민 동포여 30~40년이나 폐쇄된 울타리 생활 속에 외국과 교섭이 없어서…… 윤선(輪船) 철궤(鐵軌)와 전선 전화 그리고 철갑거함(鐵甲巨艦)과 같은 각종 제조품도 전연 보지 못하여…… 그 동안 성냥 한 개비도 만드는 자가 없고……. 금일 공업전습소의 발전은 실업계에 새로운 희망을 주고 있으니 우리 동포는 이와 같은 실상을 절감하고 상상력과 경쟁심을 분발하여 각종 공업의 연구와 진취를…… 국력을 부강케 하는 목표에 득달하기를 축원하노라.

공업연구회는 그 취지문에서 "공학을 연구 토론하고 강연하면서 정보교류는 물론 일반인들에게 공업지식 습득에 일조가 되고자 한다."고 밝혔다. 연구발표는 매달 두 차례 하기로 하고 월 1회 회보「공업계」를 발간했다. 이 모임의 기초위원인 이용춘 · 고희철 · 박승익 · 최익진 등은 금공(金工: 기계공업) · 토목 · 도기 · 응용화학 · 염직과 2~3기 재학생들이었다. 이모임에서 활약했던 사람들은 고작 스무 살 정도의 젊은 공학도들이었지만, 공업입국(工業立國)의 기치를 내걸고 연구 · 계몽운동에 앞장섰다.

초대 회장 박찬익은 1902년 농상공학교에 진학했는데, 이듬해 일본인 교사에게 반항하다가 퇴학당했다. 이후 신민회 등에서 애국계몽운동을 벌이던 그는 1908년 도산 안창호의 후원으로 관립 공업전습소에 입학했다. 그는 1910년 경술국치(庚戌國恥) 후에는 중국으로 망명해 상해 임시정부 의정원 의원, 외무차장 등으로 활약했다.

3) 주요 내용

창간호를 살펴보면 이 잡지를 발간하게 된 이유를 '근고(謹告)'라는 제목으로 다음과 같이 서술하고 있다.(현대어 표기로 고침)

본보 공업계(工業界)는 우리 대한제국의 부강기초(富强基礎)를 건립하고 2천만 공중(公衆)의 공업사상(工業思想)을 고취(鼓吹)할 주의로 실지 수학(修學)한 공업 각 과(科)의 강의와 기타 공업에 관한 고명(高名)한 논설과 신기(新奇)하게 들은 것을 모아 편집 간행함이니 공업 발전에의 최대 기관(機關)이오,

공학 수습(修習)에 유일 보전(寶典)이라 의협심과 혈기가 있는 영예(榮譽)가 있는 우리 일반 동포는 이 업(業)을 연구하고 이 업을 실시할 의무를 시사(是思)하여 이 보(報)를 보기로 하여 사랑 주심을 마음으로 칭송하고 머리를 조아려 축하(心頌頂祝)하노라.

이처럼 간단한 사고(社告)는 이것이 유일 최고의 기관이라고 언급하고 이 공업을 연구실시하고 이 월보를 사랑하고 축하한다고 적고 있다. 다음 이 월보를 간행하게 된 '공업연구회'의 취지가 자세하게 기재되었다. 그 내용을 보면 공업연구회의 기능과 의무, 필요성을 역설하고, 또 천연사물에 인공을 가하는 것을 공업이라고 정의하고 설명하면서 공업 없이는 국가와 국민이 부유하게 될 수 없음을 강조하고 국부민강(國富民强)할 것을 일깨우고 있다. 나아가 공업과 상업을 천한 직업으로 아는 꿈속에 있으니 어찌 국민이 부유해질 수 있느냐고 한탄하고 있다. 이와 같이 초기의 공업은 수공업을 포함한 모든 제조업으로 규정하면서 공업전습소의 과목 분야에 극진한 정성을 다하자고 주장한다.

또한 《공업계》 창간호에는 우국인사들이 잡지 창간을 축하 격려하는 한편, 앞으로 회원들이 공학도로서 정진할 것을 기대하는 내용도 많이 게재되었다. 당시로서는 생소했을 법한 원소(元素) 주기율표도 들어 있다.

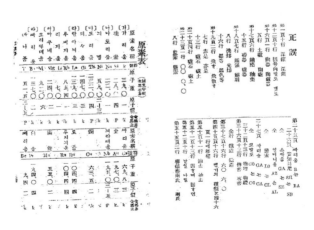

4) 편집 특성

창간호는 5×7판 크기(150×222㎜)에 본문 59면으로써 정가는 15전이었다. 표지 제호는 괘선 테두리 안에 붓글씨 서체를 사용하여 정중앙에 배치하고 있으며, 괘선을 제외하고는 모두 활자로 구성되어 있다. 본문이 끝난 다음 면에 잘못 표기된 낱말을 바로잡는 정오(正誤) 사항이 실려 있다.

5) 창간 의의

《공업계》는 무엇보다도 우리나라 최초의 공업기술지였다는 점에서 의의가 크다. 특히, 나라를 걱정하는 인사들은 한결같이 공학이 그 당시 우리나라의 사정과 환경에 있어서는 만 가지 학문의 어머니임을 극구 설명하고 《공업계》 발행을 축하하고 환영했다. 세계는 적극적으로 정진하고 있으나 우리나라는 소극적으로 퇴보하고 있으니 가난한 우리 처지에 있어서 제일 먼저 우리가 서둘러서 이룩해야 할 학문이 공학임을 누누이 설명하는 한편, 빈약을 면하려면 공업이 우선이며 구구절절 모두 공업이 제일 필요한 분야임을 강조하고 있다. 당시 공업은 수공업을 포함한 모든 제조업이었다. 공업부터 일으키자는 주장을 적극 개진함으로써 공업이 우선이라는 생각이 퍼져나가는 데 크게 기여한 것만으로도 이 잡지의 성과는 매우 크다고 하겠다.

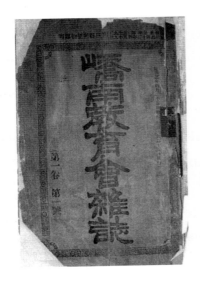

1) 창간 배경

1909년 4월 25일 교남교육회(嶠南教育會)가 창간한 계몽적 성격의 학회지이다. 교남교육회는 1908년 3월 15일 경상도의 교육진흥을 표방하고 조직되었던 교육계몽 운동단체이다. 교남교육회의 설립취지와 목적을 회칙을 통해 살펴보면 교남교육의 진흥을 목적으로 한다고 명시되어 있고(제2조) 이 목적을 달성하기 위해서 서울에 사범학교를 세우는 것과 지회(支會)를 도내에 설치하여 학교를 설립케 하는 것, 그리고 회보와 그밖에 필요한 서적을 발간하는 것으로 되어 있다(제3조). 그러나 교남교육회는 통감부에 의해 모든 학회가 학부대신의 승인을 받도록 조처한 학회령(學會令)이 선포된 이후에 설립되었으므로 학교설립은 무산되었고, 학회지마저 1910년 5월 25일자 12호를 마지막으로 통감부에 의해 강제 폐간되었다.

2) 관련 인물

간기면을 보면 편집 겸 발행인은 박정동(朴晶東), 인쇄소는 우문관(右文館), 발행소는 황성(皇城) 중부(中部) 전동(典洞) 교남교육회 사무소(嶠南教育會事務所)의 명의로 표기되어 있다. 교남교육회는 박정동(?~1919)[56]이 앞장서서 설립했고 본부는 서울 전동의 전 한어학교(漢語學校)에 두었다. 초대임원은 회장에 이하영(李夏榮), 부회장에 상호(尙灝), 총무에 손지현(孫之鉉), 평의원에 박정동, 이각종(李覺鍾), 간사원에 이원식(李元植), 이규한(李圭漢), 김병필(金秉泌) 등으로 구성되었다.

3) 주요 내용

창간호의 본문을 살펴보면 그 내용은 본회 취지서(趣旨書)와 본보 간행설(刊行說)을 비롯한 회설(會說), 교육설(教育說) 등 학회의 설립과 회지 간행의 당위성을 주장하는 7편의 글과 김윤식(金允植), 장지연(張志淵), 남궁억(南宮檍), 여규형(呂圭亨) 등 저명인사가 망라된 24편의 축사 그리고 회중기사(會中記事)와 부록 등이 함께 게재되어 있다. 그러나 이 창간호에서 주목할 만한 글은 채장묵(蔡章默)의 「교남인사(嶠南人士)의 완뇌(頑腦)를 불가불(不可不) 일타격(一打擊)」이라는 논설과 이종면(李鍾冕)의 「지나(支那) 양계초(梁啓超) 신민설(新民說)」의 번역문이다. 전자는 영남인사들의 교육열이 다른 지역에 비해서 낙후되고 있음을 맹성해야 한다는 것이고, 후자는 개화문명에 관한 계몽적 내용이었다. 제2호부터 학술난을 두고 여기에 지리학(地理學), 물리학(物理學), 물권학(物權學), 지문학(地文學), 생리학(生理學), 법률학(法律學), 잠학(蠶學), 사학(史學) 등을 게재하고 있으나 성격상 창간호와 유사하다. 잡지의 구성은 대개 학술(學術), 휘설(彙說), 잡조(雜俎), 사조(詞藻), 학계휘보(學界彙報), 회중기사(會中記事) 등으로 나누어 글을 실었다.

4) 편집 특성

5×7판 크기에 매호당 면수는 제1호부터 제5호까지는 60~65면, 제6호는 43면으로 줄였다가 제8호는 56면, 제11·12호는 각각 45·48면으로 편집·간행되었다. 1910년 5월 25일 제12호까지 발간 후 종간되었다. 그 동안에 제5호와 제6호, 제9호와 제10호 사이의 격월간(隔月刊)을 제외하고는 매월 한 번씩 정기적으로 간행되었다. 분량은 원래 표지·목차·간기면까지 합쳐 70면 발행을 계획했는데, 제6호 이후 분량을 크게 줄인 것은 모두 자금사정에 따른 것으로 보인다.

---

56 대한제국기 한성사범학교 교원, 한성사범학교 물리 교관 등을 역임한 교육자. 계몽운동가, 종교인. 한국민족문화대백과사전 [박정동]

5) 창간 의의

지역학회지 중 가장 뒤늦게 발간된 학회지로서 《교남교육회잡지》 역시 다른 지역학회지처럼 교육을 강조하며 신학문을 배워야 하고, 사범학교 등을 세워 새로운 학문을 가르치는 인재를 양성하는 것을 목적으로 했다. 교남(경상도) 인사들은 당시의 문제들을 구세대들의 안일하고 보수적이며 완고한 태도에서 배태되었다고 보고, 이에 대한 책임의식과 비판의식이 두드러졌다. 특히 교남 지역의 구세대들을 스스로 비판하고 성찰하면서 제대로 된 진정한 유교의 도리로 돌아갈 것을 주장했다. 즉, 구세대들의 변질된 유교가 아니라 제대로 된 유교, 정도(正道)의 유교로 돌아가 신학문을 배우고 익혀 백성을 교육하고 새로운 나라를 건설해야 한다는 반성적 사고가 드러나고 있는 것이다. 이는 바로 교남의 지역성에 뿌리를 둔 깊이 있는 문제의식에서 파생된 것이다. 또한, 교남의 이러한 반성적 사고는 새로운 유교, 혁신유림들과도 연계되면서 근대계몽기와 일제 식민지를 겪으며 삶과 사회를 바꾸어나가려는 운동으로 이어졌다. 이처럼 지역을 기반으로 한 학회지들은 그 기반이 되는 지역을 토대로 지역적 특성을 드러내면서 동시에 시대의 역할을 담당해 나가고 있었다는 점에서 의미가 크다.[57]

《교남교육회잡지》는 일제의 강점을 위한 최종단계에 발행하여 체제상 빈약함이 없지 않지만 거국적인 계몽운동의 일환으로 학회지의 효시가 되었다는 점에 그 의의가 크다. 또한, 1908~1909년 상대적으로 침체되어 있던 재경 영남인사들의 조직화와 대외 홍보, 대중 계몽을 강화하는 계기를 제공했다는 점도 기억해야 할 것이다.

---

[57] 전은경(2019), 「근대계몽기 『교남교육회잡지』의 '로컬리티' 인식과 서사화 전략」, 《어문론총》, 한국문학언어학회, pp.139~140.

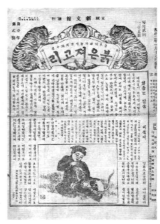

1) 창간 배경

신문관에서 최남선이 아동들을 교육·계몽하기 위해 창간한 어린이 잡지. 1913년 1월 창간하여 매월 2회(1일·15일) 발행하였다. 이 잡지는 1911년 5월 《소년》이 통권 23호로 강제 폐간된 후 1년 7개월 만에 나온 것이었다. 그러나 이 잡지 또한 오래가지 못하고 1913년 6월 통권 12호를 끝으로 총독부 명령에 의해 강제 폐간되었다.

2) 관련 인물

발행인은 최남선(崔南善)이며, 신문관(新文館)에서 발행하였다.

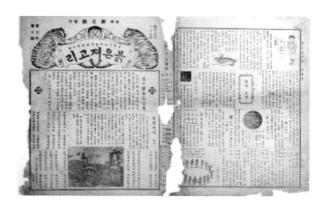

3) 주요 내용

창간사에 해당하는 '인사 여쭙는 말씀'의 다음과 같은 내용을 보면 이 잡지의 창간 목적을 짐작할 수 있다.(현대어 표기로 고침)

우리는 온 세상 붉은 저고리 입는 이들의 귀염 받는 동무가 될 양으로 생겼습니다. 재미 있는 이야기도 많이 있습니다. 보기 좋은 그림도 많이 가졌습니다. 공부거리와 놀잇감도 적 지 아니 만들었습니다. 여러분의 보고 듣고 배우고 놀기에 도움될 것은 이것저것 다 마련하 였습니다. 한 벌 한 벌 나오는 대로 차례차례 보아가면 무엇이 어떠하며 무슨 재미가 얼만큼 있는지 아시오리다.

곧, 이 잡지는 어린이를 위한 계몽 또는 학습보조 잡지였던 셈이다. 실제로 창간 취지에 맞 추어 어린이들의 지식 증대와 흥미 고취에 필요한 여러 가지 그림과 재미있는 이야기, 어린 이들의 교육과 성장에 유익한 위인전 및 우화 등을 세심하게 배치하고 있다. 또한 사람 이름 이나 몇몇 부득이한 표현을 제외하고는 한글 전용의 문체를 사용함으로써 우리 어린이들에 대한 배려와 한글에 대한 사랑을 함께 담아내고 있다.

창간호의 내용을 구체적으로 살펴보면 「은진미륵」 실제 모습 이미지와 설명, 온달과 평강 공주를 형상화한 삽화가 달린 「바보 온달이」, 체력 신장을 권고하는 '줄넘기' 그림, 이야기 「따님의 간 곳」, 사냥개의 사냥 장면을 담은 4컷 만화 '다음엇지', 그리고 한샘(최남선)이 '혼 자 있을 때 조심'이라는 제목으로 쓴 「깨우쳐 들일 말씀」, 위인전이라고 할 수 있는 「이름 난 이: 아이삭 늬유톤」, 동식물에 대한 소개란으로서 '물범'을 묘사하고 있는 「것 모리」, 어린이 들의 능력과 수준에 적합한 놀이를 소개하는 「의사 보기」(성냥개비 놀이) 등이 실려 있다.

4) 편집 특성

5×7배판보다 약간 큰 판형에 4단 세로짜기 체제로 매호 8면을 발행했다. 제본이 되지 않은 형태를 띠다 보니 이를 신문으로 보아야 한다는 주장도 있을 듯하다.

창간호의 표지를 보면 제호는 상단부의 '공부거리와 놀이감의 화수분'이라는 부제(작은 글씨)와 하단부의 '붉은저고리'라는 제호(큰 글씨)를 두루마리 용지에 펼쳐 놓은 모습으로 구성되었다. 제호 둘레에는 흰 옷을 입은 강인한 소년이 좌우로 양손을 뻗어 두 마리 호랑이의 발을 들어주고 있는 판화를 배치했다. 이 잡지의 발행인 최남선은 이미 《소년》에서 일본이 내세운 토끼에 맞서 호랑이를 조선의 상징적인 영물(靈物)로 내세웠는데, 이 잡지에서도 그 뜻을 잇고 있는 것으로 보인다. 아울러 이후에 발행된 《아이들보이》와 《청춘(靑春)》의 창간호 표지에도 호랑이가 등장하는데, 이는 호랑이를 통해 식민지 조선인의 일본에 대한 저항 의지를 표현한 것이라고 할 수 있겠다.

[그림 1] 최초의 4칸 만화 형식과 이를 우리말로 표기한
<다음엇지>, 작가미상, 대길이네 개와 담비, [붉은저고리],
1913.01.01

[그림 2] 2칸 만화 형식을 취한 작품. 작가미상,
담배 먹는 소, [붉은저고리], 1913.03.15.

5) 창간 의의

《붉은저고리》는 1910년대 우리 어린이들을 교육하고 계몽하기 위해 창간된 최초의 아동잡지라는 점에서 의미가 크다. 발행과 편집을 맡은 최남선은 어린이들의 눈높이에 맞춘 위인전(교훈)과 이야기(흥미), 과학지식 향상과 지혜 계발의 놀이, 이를 위한 사실적 삽화와 방법의 제시, 어린이들이 갖추어야 할 생활 관습과 태도 등을 쉽고 재미있는 한글 전용 문체로 싣고 있다. 이런 노력들은 아동잡지의 구색 갖추기를 넘어 식민지 현실에 맞서 우리 어린이들의 인성

계발과 실력 향상을 꾀하는 수단이 되었다는 점에서 의미가 더욱 크다고 하겠다. 나아가 이 잡지는 뒤를 이어 발행되는 《아이들보이》, 《새별》과 함께 우리나라 아동문학의 토대가 되었다는 평가 속에서 활발한 연구가 진행되고 있는 기본자료라는 점에서도 큰 의미를 갖는다.

〈참고〉 최남선의 어린이 잡지에 투영된 인물 이미지[58]

《붉은저고리》의 위인전 코너였던 「이름난 이」에서는 창간호에서 뉴턴을 소개한 이후 그 다음 호부터는 나폴레옹, 세익스피어, 정몽주, 김시습, 워싱턴, 벤자민 플랭클린, 링컨 등이 초상화와 함께 소개되었다. 과학자 뉴턴과 문호 세익스피어, 그리고 『자조론(自助論)』의 플랭클린을 제외하면 모두가 국가에 헌신한 인물들이었다.

특히, 최남선은 1900년대 초부터 스마일스의 『자조론』을 접했고, 1913년부터는 이 책을 번역해 1918년에 일부 출간한 바가 있다. 즉 『자조론』 번역 시기는 아동잡지인 《붉은저고리》·《아이들보이》의 발행 시기와 겹치게 된다. 따라서 '자조론'은 두 잡지에 영향을 미쳤을 것이라고 보았다. 《붉은저고리》·《아이들보이》 등에 수록된 인물들 대부분은 평범하거나 평범의 기준에 못 미치는 어린 시절을 보내지만 노력해서 위대한 인물로 거듭난다. 즉 모두 '노력형' 인물인 것이다.

여기서 수신(修身) 방법론은 수련(修鍊)이다. 수련은 '정성'이자 '애씀'이다. 이에 대해서 구체적으로 「세 가지 시험」으로 보여주고 있다. 솔거가 세 가지 시험을 모두 통과하고 믿음이라는 구슬을 얻는데 이 구슬이 상징하는 바는 '자조' 즉 독립정신이다. 최남선은 솔거 이야기를 통해 '배달민족의 일꾼'이 세워야 하는 국가건설의 주체상으로 근면 · 성실 · 인내 · 애씀을 제시한 것이다. 그런데 자조하는 인물들에는 반드시 조력자가 등장한다. 조력자는 최남선이 생각하는 '선배'의 역할이다. '선배'인 조력자들이 대상을 계도(啓導)하는 내용은 '노력' · '인내' · 정직 · '순결' · '고결한 성품' 등에 관한 것이다.

이처럼 최남선이 '자조'를 인물이야기에 형상화한 이유는 아동이 개인의 역량을 쌓아서 민족의 미래에 대한 자조를 말하기 위한 것이다. 따라서 최남선의 '자조' 의미는 개인의 입신출세를 넘어 민족 전체의 자조(독립정신)를 위한 것이다.

---

58 김명옥(2021), 「『붉은저고리』와 『아이들보이』의 역사인물 이미지 연구」, 《동화와 번역》 제41권, 건국대학교 동화와번역연구소 참조.

 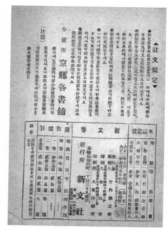 

1) 창간 배경

1913년 4월 5일 신문사(新文社)에서 발행하기 시작한 월간 종합잡지이다. 1917년 3월 5일 통권 48호로 종간될 때까지 한 번도 거르지 않고 계속 발행되었다. 창간호 정가(定價)는 15전으로 당시로서는 파격적으로 싼 가격이었다. 그러므로 《신문계》는 발간 비용 마련을 위해 광고를 적극적으로 활용했으나, 기본적으로 상당한 적자를 감수하면서 발행한 것으로 보인다. 그리고 그 기본적인 자본금은 발행인 다케우치 로쿠노스케(竹內錄之助)가 마련했을 것으로 보인다. 적자를 감수하면서까지 이 잡지를 간행한 목적은, 식민지 현실을 호도하여 일제가 한국의 주체적 근대화를 말살했다는 사실을 은폐하고, 한국 역사에 대한 기만적 부정을 통해 민족적 자긍심을 잃게 하며, 식민지화가 오히려 근대문명을 가져다주었다는 환상을 심어주는 데 있었다. 이러한 선전(宣傳)의 주대상층은 기본적으로 학생층이었다.

2) 관련 인물

간기면을 보면 발행 겸 편집인은 다케우치 로쿠노스케(竹內錄之助), 인쇄인은 김홍규(金弘奎), 인쇄소는 대동인쇄소(大同印刷所), 발행소는 신문사(新文社)로 표기되어 있다. 그밖에 고문 혹은 기자로 잡지 발행에 참여한 인사로는 김형배(金亨培), 최찬식(崔瓚植), 백대진(白大鎭), 강매(姜邁),

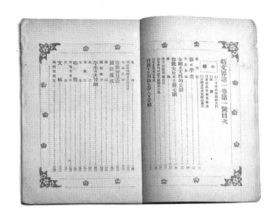

유동민(劉東敏), 유전(劉銓), 송순필(宋淳弼), 야마타(安田溪山), 다케우치(竹內吟月), 야마자키(山崎東洲) 등이 있었다.

3) 주요 내용

창간호 목차를 보면 필자를 전혀 밝히지 않고 있는데, 주요 내용을 보면 금강산이 천연의 공원이라는 해동산인의 글이 눈에 띄며 조선어에 대한 약간의 소개에 비해 '국어'로 표기하고 있는 일본어에 대해서는 국어속성, 국어훈련 등 다양하게 다루고 있다. 화보에는 사진 4컷을 담았는데, 창간 당시보다 20년 전의 남대문과 빨래하는 아낙네들 사진 그리고 일본 동경상업학교와 콜로라도 해변의 모습을 보여주고 있다. '석유' 또는 '생리'에 관한 글처럼 계몽적 성격의 글이 많이 실려 있다. 본문 중간에 들어 있는 사진[창간호 33쪽에 있는 수리학자 유일선(《수리학잡지》, 《가명잡지》 발행인)의 상반신 사진]도 소중한 자료가 될 수 있을 것이다.

하지만 결정적으로 이 잡지의 편집진은 학생들을 식민지 체제 안으로 포섭하기 위해 다양한 이데올로기 공세를 펼치고 있는데, 창간호 서두에 실린 「春과 학생」이란 글에서 "어둡고 괴로웠던 구시대는 물러가고 봄날과 같이 따사로운 신세계가 전개되었으니 학생들은 오직 학문에 매진하여 새 시대의 주역이 되라"고 강권하며 식민 현실을 호도하고 있다.

4) 편집 특성

창간호는 5×7판 크기에 69쪽 분량으로 발행되었다. 표지 디자인을 보면 일본과 한반도가 모두 붉은색으로 표현되어 망국의 현실을 그대로 담고 있다. 그 위를 덮고 있는 호랑이는 최남선이 그의 잡지 표지에 그렸던 조선의 상징과는 거리가 멀어 보인다.

5) 창간 의의

《신문계》는 식민통치의 기틀을 마련하기 위해 온갖 극단적인 수단들이 동원되던 시기에 보다 효율적인 조선 지배를 위한 이데올로기 조작을 하고자 발행한 잡지이다. 특히 학생층을 주된 대상으로 삼아 그들의 지적 욕구를 충족시키는 한편, 젊은 계층의 정치적·사회적 무의식을 조장하여 식민지 경영에 필요한 조력자로 양성하고자 했다. 그 과정에서 적극적인 친일파를 비롯하여 상당수의 지식인이 협력자로 포섭되어 편집진과 필진으로 동원되었다.

또 다른 측면에서 보면, 1913년 4월 5일에 창간된 《신문계》는 일본인 다케우치 로쿠노스케가 우리말로 발행한 일종의 계몽 잡지라고 할 수 있는데, 1917년 3월까지 통권 48호까지 발행했으니 발행횟수만으로도 여타의 잡지를 압도한다. 물론 우리 조선 땅에서 일본인이 발행한 잡지들은 크게 관심을 가질 만한 대상이 못 되는 것이 대부분이다. 그러나 이 잡지는 매체를 확보하기 힘들었던 무단통치 시기에 발행되었다는 점과 통권 48호까지 발행되었다는 점, 그리고 발행인 다케우치가 이 잡지 외에도 《신문세계》(1913.02.)와 《우리의 가정》(1913.12.), 《반도시론》(1917.04.)을 발행한 주요한 잡지 발행인이라는 점 때문에 특별한 의미를 부여할 수 있겠다.

이처럼 1910년대 우리 잡지계는 크게 보아 최남선과 다케우치가 양분했다고 해도 지나친 말이 아니다. 먼저 《소년》으로 시작한 육당은 《아이들보이》, 《붉은저고리》, 《새별》 등을 연속 또는 동시에 펴내다가 《청춘》을 내었다. 그러므로 1910년대는 《신문계》와 《청춘》의 라이벌 관계가 지속되면서 잡지문화가 전개되었다고 할 수 있다.

1) 창간 배경

《아이들보이》는 최남선이 1913년 9월 5일에 창간했으며, 《붉은저고리》가 강제 폐간된 후 3개월 만에 나왔다. 그러나 이 잡지 역시 1년여를 겨우 버티고 1914년 9월에 통권 13호로 종간되었다. 이 잡지가 창간된 시기는 일제의 극렬한 무단통치가 시행되고 있을 무렵이고, 언론 및 출판의 자유가 주어지지 않았던 때였다. 다만, 구한말 개화파 지식인들에 의해 대두되기 시작한 '사회교육'의 중요성이 사회와 가정에서의 교육에 대한 관심으로 떠오르면서 "가정에서의 책 읽기라는 새로운 문화가 형성되었으며, 자녀와 부모가 함께 보는 가정 독서물의 출현이 요구"[59]되기에 이르렀다. 《붉은저고리》와 더불어 《아이들보이》는 이 같은 독서문화를 배경으로 세상에 나온 것이다.

또한, 이 잡지는 1908년 최남선이 처음 창간한 《소년》의 맥을 잇고 있는바, 《붉은저고리》(1913.01.~1913.06.)와 《새별》(1913.09.~1915.01.)이 비슷한 시기에 발행되었다는 점에서 그 연속성에 주목할 필요가 있다.

---

59 권혁준(2012), 「『아이들보이』의 아동문학사적 의의에 대한 연구」, 《한국아동문학연구》 제22호, 한국아동문학학회, p.14.

2) 관련 인물

간기면을 보면《소년》과 마찬가지로 최창선(崔昌善)을 저작 겸 발행인으로 내세웠으며, 인쇄인은 최성우(崔誠愚), 인쇄소는 신문관인출소, 발행소는 신문관(경성 남부 상리동 32)으로 표기되어 있다.

3) 주요 내용

《아이들보이》를 창간한 목적은 창간호 40쪽에 나오는 다음과 같은 '여쭙는 말씀'에 잘 나타나 있다.

> 올 서울부터 여러분허고 사괴어 지내던 『붉은져고리』눈 지난 六月 十五日치(데十二號)부터 못가게되여 섭섭ㅎ고 무안ㅎ기 그지 업습더니 다힝히 이번에 새 얼골로 다시 여러분을 뵈옵눈 긔틀이 생기오니 얼만큼 스스로 위로도 되려니와 여러분게도 또한 쾌훈 일이 아니라훌수 업다ㅎ노이다

곧 이 잡지는《붉은저고리》의 뒤를 잇기 위해 만든 것임을 공공연히 밝히고 있다. 또한, 창간사를 통해 이 잡지의 독자는 '조선 백만 아이들'이고, 이 잡지가 지향하는 것은 '가르치는 자'가 아니라 '동무'가 되는 것임을 분명히 나타내고 있다. 이로써 이 잡지는 어린이를 위한 잡지임을 밝힌 우리나라 최초의 잡지이며, 앞선《붉은저고리》의 뒤를 잇는다는 사실도 분명히 밝힌 만큼 우리나라 최초의 아동잡지를《붉은저고리》로 보는 데에는 큰 문제가 없는 것으로 보인다.

또한, 창간호에서는 금강산 폭포 사진을 화보로 실었고 '남생이 줄다리기'나 '범 때려 잡은 최효자' 등 주로 전래의 동화를 재미있게 풀어서 실었으며, 외국의 좋은 글도 번역하여 소개하고 있다. 그러나 무엇보다도 가장 눈길을 끄는 것은 '글꼬느기'라는 부분이다. 상금을 걸고 독자들에게 우리말 작문을 교육시킨 것인데, 이는《소년》에서부터 시작된 것이기도 하다. 이처럼 일제에 나라를 빼앗긴 상황에서 우리 '조선 글'을 제대로 쓰는 일은 특별한 의미를 지닌다. 특히 한글 풀어쓰기를 시도한 것은 국어학자들도 관심을 갖지 못하던 때에 육당이 처음 시도한 것이라는 점에서 그 의미가 크다. 나아가 그림을 그려놓고 말을 만들어 문장을 꾸미는, 오늘날의 퀴즈 비슷한 것을 설정해 놓았는데, 당시로서는 독자들의 관심을 끌기에 충분한 구성이 아닐 수 없다.

4) 편집 특성

창간호는 5×7판 크기에 40쪽 분량으로 만들어졌다. 표지 디자인도 매우 인상적이다. 당대의 대가 심전 안중식이 그렸는데, 당시로서는 드물게 붉은 색 바탕에 갑옷과 투구를 하고, 전통(箭筒)을 등에 멘 장군이 창과 활을 들고 백마를 타고 있는 모습이다. 또한 왼쪽 하단 모서리에는 용맹스런 호랑이의 얼굴을 그려 놓았다. 이 표지는 12호까지 계속됐다가 종간호인 제13호에서 바뀐 바 있고, 이후에도 《야담》 같은 잡지에서 응용하여 사용하기도 하였다.[60]

5) 창간 의의

최남선은 《소년》의 뒤를 이어 《붉은저고리》를 창간했고, 이어서 《새별》과 《아이들보이》까지 연달아 발행했다. 이는 '최남선'이라는 개인의 잡지 역사인 동시에 우리나라 아동잡지의 역사라고 해도 과언이 아니다. 이들 잡지는 편집 방법이나 체재(體裁)가 유사한데 특히 《아이들보이》는 특정 인명(人名)을 제외한 모든 글을 한글화함으로써 어린이들의 가독성을 높여주려고 적극 배려하고 있다. 예컨대, 제호로 쓰인 '아이들보이'에서 '보이'는 동사 '보다'에 명사형 접미사 '이'를 붙여 '읽을거리'를 뜻하는 단어로 새로이 만든 말이다. 나아가 창간호부터 어린이들의 작문 원고를 모으기 위해 '글꼬느기' 원고지를 첨부한 것도 주목할 만한 노력이다.

---

60 문화재청(2010), 『근대문화유산 신문잡지분야 목록화 조사연구보고서』, p.234.

또한, 최남선은 자연과학 지식을 통해 어린이들이 사회에 크게 쓰이기를 바라는 뜻으로 「이 되는 버리지들 이야기」를 창간호부터 12호까지 빠짐없이 실었다. 창간호에 실린 '연가시'를 비롯하여 잠자리, 거미, 꿀벌, 누에, 뱀, 도마뱀, 지네, 가뢰(딱정벌레), 노래기, 더부살이, 벌 등 주변에서 흔하게 볼 수 있는 '버리지들'이 그 대상이다. 쓸모없어 보이는 '버리지들'의 효용성을 앞세움으로써 어린이들이 겉모습을 뛰어넘어 사회 발전에 기여하는 유익한 사람으로 성정하기를 바라는 마음이 담겨 있다.[61]

〈참고〉《아이들보이》의 아동문학사적 의의[62]

1913년 신문관에서 발간한 아동잡지 『아이들보이』는 한국 아동문학의 형성에 중요한 역할을 하였다. 그동안 학계에서는 진정한 아동문학의 출발은 방정환의 《어린이》로 보아야 한다는 견해도 있었으나 필자는 《아이들보이》야말로 우리나라 근대 아동문학의 출발을 알리는 잡지라고 생각한다. 《아이들보이》를 아동문학의 기점으로 잡아야 하는 이유를 문학 행위의 세 주체인 독자, 작가, 텍스트의 측면에서 살펴보면 다음과 같다.

첫째, 《아이들보이》가 명실공히 '아이들'을 독서 주체로 상정하였다는 점은 아동문학 형성의 가장 중요한 요인이 된다. 진정한 근대 아동문학의 시작은 '아동의 발견'으로 비롯되기 때문이다. 《아이들보이》는 창간사에서 '아이들'을 독서 주체로 상정하였다는 점을 선언하고, 잡지의 내용과 기사의 문체를 보통학교 학령층의 어린이에게 정확히 맞추어 발간하였다.

둘째, 《아이들보이》에 게재된 기사는 거의 최남선이 작성하였을 것으로 추측할 수 있다. 아동문학 형성의 요인 중 하나를 작가군의 등장이라고 본다면 《아이들보이》의 작가군은 매우 불완전한 것이었으나, 이것은 시대적 한계일 수밖에 없었다.

셋째, 아동문학 형성의 가장 중요한 요인은 아동문학 텍스트의 존재이다. 《아이들보이》에는 다양한 서사물이 실려 있어 미래의 작가와 당시의 독자들에게 아동문학의 씨앗을 전해주었으며, 최초의 창작동화를 수록함으로써 명실공히 아동문학 형성에 큰 공헌을 하였다. 《아

---

61 국립중앙도서관 편(2016), 『한국근대문학해제집Ⅱ-문학잡지(1896~1929)』, p.59.
62 권혁준(2012), 앞의 논문, pp.5~6.

이들보이》에 수록된 옛이야기와 서양 동화의 번역물은 당시의 아동 독자에게 아동만을 위한 서사문학의 효용과 필요성을 환기하여 창작동화 형성의 분위기를 조성하고 동화를 창작할 수 있는 씨앗을 전해주었으며, 창작동화 「센둥이 검둥이」를 수록함으로써 우리나라 아동문학 형성의 요람 역할을 한 것으로 평가할 수 있다. 또한 《아이들보이》에는 초창기의 동요로 볼 수 있는 「소낙이는」이 실려 있다. 이 작품은 화자를 아이로 설정하여 아이의 생활 감정을 노래한 것으로, 1920년대의 동요와 비교해보아도 그 수준에서 크게 차이가 없다.

《아이들보이》는 우리나라 아동문학이 형성될 수 있도록 분위기를 조성하고 자양분을 공급하여 배태시킨 태반이자, 초창기 아동문학을 성장시킨 요람이었다.

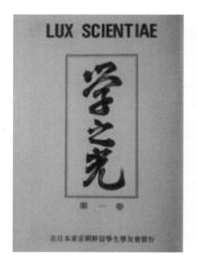

1) 창간 배경

1914년 일본 동경에서 김병로(金炳魯)·최팔용(崔八鏞) 등이 창간한 '재일본동경조선유학생학우회(在日本東京朝鮮留學生學友會)'의 기관지이다. 일제에 의한 강제 병합 이후 일본에 유학한 재일 유학생들은 각 출신 지역별로 다양한 이름의 유학생 모임을 결성하였다. 이를 기반으로 1911년 5월에 재동경유학생친목회(在東京朝鮮留學生親睦會)가 유학생 전체의 친목단체로 결성되었지만, 곧 일제에 의해 해산되었다. 그 뒤 재일 유학생들은 통합 친목회로서 1912년 10월 재일본동경조선유학생학우회(이하 '학우회')를 창립했다. 학우회는 연구 발표를 통하여 역량을 강화하고 민족의식을 고취하기 위해 잡지를 발간하기로 결정하고,《학지광》을 창간했다.[63]

《학지광》은 1914년 4월 2일자로 발간되어 1930년 12월 제30호를 끝으로 종간되었다. 당초 격월 발행을 예정했지만 1년에 2회 또는 3~4회 정도 발간되었다. 당시 재일 유학생들은 일본 당국의 특별 감시 대상이었던 만큼,《학지광》 또한 엄중한 검열을 받아야 했다. 따라서 학우회원들의 문필 활동도 많은 제약을 받았고, 7, 8, 9, 18호 등이 발매가 금지되기도 했다.[64]

---

63 국사편찬위원회 우리역사넷 [학지광]
64 일부의 문헌에 《학지광》이 29호를 끝으로 종간되었다고 기술하고 있으나 다음과 같이 제30호가

2) 관련 인물

간기면을 보면 창간호를 발행한 곳은 동경 우시코메(牛込)에 위치한 학지광발행소, 인쇄소는 동경 긴자(銀座)에 있는 복음인쇄합자회사(福音印刷合資會社) 동경지점이었다.

초기 발행인은 김병로(金炳魯)·최팔용(崔八鏞) 등이다. 편집은 학우회의 집행부가 담당했고, 창간 초기에는 김병로와 송진우(宋鎭禹), 신익희(申翼熙) 등이 중심 역할을 하였다. 현재 확인할 수 있는 편집 겸 발행인은 신익희(3~4호), 장덕수(5호), 이광수(8호), 변봉현(10호), 현상윤

엄연히 존재한다는 사실을 밝힌 글이 있다.
《학지광》은 재일본동경 조선유학생학우회에서 1914년 4월 2일 창간한 기관지이다. 처음에는 격월간을 계획하였으나 1년에 2~3회밖에 내지 못해 결과적으로 부정기간행물이라 할 수밖에 없겠다. 《학지광》은 1896년의 《친목회회보》로 시작된 일본유학생 학회지의 계보를 이은 것이라 할 수 있는데, 1910년의 경술국치 이후에 나왔기 때문에 앞의 회보들과는 성격이 크게 다르다. 가장 큰 차이는 검열 문제인데, 물론 조선이 아닌 일본에서 나왔지만 나라 잃은 백성들의 모임을 곱게 볼리 없는 일경(日警)의 눈을 비켜갈 수 없었다. 한 조사에 의하면 7, 9, 19호는 발매금지를 당한 것으로 되어 있다. 〈중략〉《학지광》은 문학 분야를 떠나서도 근대지식인 구도를 이해하는 데 매우 중요한 자료이다. 《학지광》이 이처럼 중요하기 때문에 학계에서는 일찍이 그 영인복간을 시도하였는데 원본을 구하지 못한 호수가 적지 않다. 창간호는 어디 소장되어 있는지조차 모르고 있으며 2호부터 7, 8, 9, 11, 16, 23, 24, 25, 26, 28, 30호까지 영인본에 누락되어 있어 학자들의 안타까움이 되고 있다. 몇 해 전에 일본인 학자가 미국에서 8호와 11호를 발굴해서 혼자 갖고 있다가 8호를 《민족문학사연구》에 영인, 발표한 적이 있을 정도이다. 국내 소장처를 탐사해본 결과 아단문고에 11호와 26호 그리고 존재도 모르고 있는 30호까지 있어 여간 다행한 일이 아닐 수 없다. 종간호로 추정되는 30호의 편집후기에는 당시에 잡지 발행의 세 가지 난사(難事)가 소개되었는데, 그하나가 '기금모금난'이요 둘이 '원고모집난'이고 셋이 '출판법난'이었다.
문화재청(2010), 앞의 자료, p.237.

(11~13호), 최팔용(14~15, 17호), 박승철(19호), 박석윤(20호), 최원순(21호), 김항복(22호), 이종직(27호), 박용해(29호) 등이다.

3) 주요 내용

《학지광》은 유학생들의 논문과 평론, 소설과 극, 기행, 수필, 시 등과 학우회 및 유학생 관련 기사로 구성되었고, 문예와 학술 및 교육, 사회, 경제 등 여러 분야에 걸친 글들이 실렸다. 논조는 시기별로 차이를 보인다. 1910년대에는 서구 문명의 소개, 유학생으로서 사회적 의무감과 지식인으로서의 현실 참여 강조, 이를 위한 계몽적 자질 함양 등의 내용이 주를 이루었다. 1920년대에는 서구의 민족주의론을 소개한다든지, 마르크스주의를 선전하는 글들이 다수 등장하였다.

필자를 보면 현상윤(玄相允)·장덕수(張德秀)·나혜석(羅蕙錫)·최승구(崔承九)·최두선(崔斗善)·정노식(鄭魯湜)·안확(安廓)·김찬영(金瓚永)·송진우(宋鎭禹)·이광수(李光洙)·김억(金億)·신석우(申錫雨)·전영택(田榮澤)·오상근(吳祥根)·이병도(李丙燾)·김도태(金道泰)·진학문(秦學文)·김명식(金明植)·서춘(徐椿)·이인(李仁)·최팔용·최승만(崔承萬)·최학송(崔鶴松)·이일(李一)·김준연(金俊淵)·김동인(金東仁)·고영환(高永煥)·박석윤(朴錫胤)·박승철(朴勝喆)·주요한(朱耀翰)·홍영후(洪永厚)·변영로(卞榮魯)·김우평(金佑枰)·신태악(辛泰嶽)·김석송(金石松)·변희용(卞熙瑢)·민태원(閔泰瑗)·이성해(李星海)·홍순혁(洪淳赫)·정인섭(鄭寅燮)·홍병삼(洪秉三)·김윤경(金允經)·이헌구(李軒求) 등이다.[65]

4) 편집 특성

창간호 표지를 보면 모두 문자로 구성되어 있는데, 상단에는 에스페란토어로 'LUXSCIENTIAE', 중앙에는 세로글씨 한자로 '學之光', 그리고 하단에는 발행호수 '제1권' 및 발행단체 '재일본동경조선유학생학우회 발행' 등이 표기되어 있다. 창간호는 4×6배판 크기로 발행되었으며, 제2호까지 같은 판형으로 유지되다가 제3호 이후에는 5×7판으로 발행되었다.

---

65 한국민족문화대백과사전 [학지광]

5) 창간 의의

《학지광》은 우리나라 학술계와 사상계에 크게 이바지하였으며, 특히 신문학 사조의 도입 및 창작에 큰 영향을 끼쳤다. 나아가 《학지광》은 한국 근대문학의 형성과정을 파악하는 데에 있어 매우 중요한 매체이다. 구한국시대의 전근대적 모습을 벗어나 본격문학을 지향하게 되는 첫 출발점이 《학지광》이라고 할 수 있다. 예를 들어 보성중학교 1회 졸업생 최소월(崔素月)[본명은 승구(承九)]은 1910년 중학을 졸업하고 일본 유학길에 올라 《학지광》의 일원이 되었다. 요절하지만 않았다면 시문학사상 훌륭한 시인으로 남았을 그의 문학활동은 주로 《학지광》에서 이루어졌다. 문학을 버리고 다른 길로 간 현상윤이나 진학문의 경우도 마찬가지이다. 다시 말하면 춘원과 육당의 '2인 문단시대'를 극복할 인재들이 《학지광》을 통해서 성장했으며 그것이 부분적으로 《창조》로 이어질 수 있었다는 것이다.[66]

이처럼 무단통치기에 조선인 발간 잡지는 종교 분야를 제외하고는 몇 종에 불과하던 상황에서 《학지광》은 사료적으로도 큰 의미를 가지며, 유학생 동향을 자세히 소개하는 등 유학생 연구에도 중요한 가치를 지닌다. 또한 여러 창작 소설과 시, 번역 문학 작품을 수록하는 등 1910년대 한국 문학 발전에도 기여했다. 그리고 일본에서 출판된 까닭에 당시 조선에서 발행된 잡지와 비교하면 당대 지식인과 학생들의 정치·사회적 인식을 더욱 풍부하게 볼 수 있다. 그밖에 "《학지광》은 재일조선유학생의 친목도모 및 상호부조를 위한 기관지로 출발했으며, 식민지 조선의 개량과 발전을 위한 논설 및 문학작품 발표에 적극적인 태도를 취했다. 그럼으로써 근대문학의 파종과 전파, 조선 개혁과 발전에 관한 날카로운 쟁론 등에서 뛰어난 성과를 거뒀다."[67]는 점에서도 의미가 큰 잡지라고 하겠다.

---

66 문화재청(2010), 앞의 자료, p.237.
67 국립중앙도서관 편(2016), 앞의 자료, p.63.

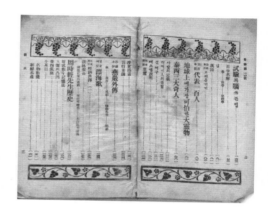

1) 창간 배경

1914년 10월에 최남선(崔南善)이 창간하여 1918년 9월 통권 제15호로 종간되었다. 청년을 대상으로 창간한 잡지이며, 월간종합지 형식을 띠고 있다. 《소년》·《붉은 저고리》·《아이들 보이》·《새별》의 뒤를 이어서 일반교양을 목표로 펴낸 계몽적 대중지라고 할 수 있다. 창간호부터 제4호까지 순조롭게 발행되다가(제5호는 아직 발굴되지 않음) 1915년 3월에 통권 제6호가 국시(國是) 위반이라는 구실로 정간되기도 했다. 그 뒤 허가 취소까지 당하여 2년여 동안 발행하지 못하다가 1917년 5월에 속간호가 나왔는데, 그때 발행한 4천여 부가 매진되었다고 한다. 이후 제14호까지 띄엄띄엄 나오다가 제15호에 이르러 일제에 의해 강제로 폐간되고 말았다.

2) 관련 인물

간기면을 보면 최남선의 형인 최창선이 편집 겸 발행인으로 되어 있으나 실제에 있어서는 최남선이 모든 것을 도맡아 했다. 인쇄자는 최성우(崔誠愚), 인쇄소 및 발행소는 신문관(新文館)이다.

3) 주요 내용

편집 내용은 당시에 정치 및 시사적인 내용을 다룰 수 없었으므로 인문과학·사회과학·자연과학을 어린이로부터 어른까지 읽을 수 있도록 흥미 중심으로 엮었다.

창간사에서 "아무라도 배워야 합니다. 그런데 우리는 더욱 배워야 하며 더 배워야 합니다. 이제 우리는 다른 아무것보다도 더욱 배움에서 못합니다……(중략)……우리는 여러분으로 더불어 배움의 동무가 되려 합니다. 다 같이 배웁시다. 더욱 배우며 더 배웁시다."라고 한 데서 발간 취지를 알 수 있다.

또, 창간호는 본문과 특별부록으로 구성되어 있는데 본문 속에서는 「세계의 창조」와 「마호멧과 밋회회교」 등을 통해 서양의 신지식을 소개하고 있다. 122쪽에 실려 있는 「뻬쓰뽈 설명」은 야구에 대한 초기자료인 것으로 보인다.

그밖에도 계몽적 논설로 「아관(我觀)」·「냉매열평(冷罵熱評)」·「편견과 누습을 버리라」·「재물론」·「노력론」·「용기론」·「귀천론」·「초절론(超絶論)」·「풍기혁신론」 등이 있고, 세계문학개관란에 위고(Hugo, V.)의 「레미제라블」, 톨스토이(Tolstoi, L.N.)의 「부활」, 밀턴(Milton, J.)의 「실락원」, 세르반테스(Cervantes, S.M.de)의 「돈키호테」, 초서(Chaucer, G.)의 「캔터베리기」, 모파상(Maupassant, G.de)의 「더러운 면포」 등을 소개하였다.

아울러 국내고전 소개로 「표해가(漂海歌)」·「호남가」·「팔도가」·「고금시조」·「연암외전(燕巖外傳)」·「수성지(愁城誌)」·「광한전백옥루상량문(廣寒殿白玉樓上樑文)」 등이 있다. 또, 신문학으로 이광수(李光洙)의 시·시조, 초기소설 「김경(金鏡)」·「소년의 비애」·「어린 벗에게」·「방황」·「윤광호(尹光浩)」 등과 최남선의 작품이 실려 있고, 현상모집을 통하여 시·시조·한시·잡가·신체시가·보통문·단편소설 등의 작품을 뽑았다.

4) 편집 특성

창간호는 5×7판 크기에 무려 300쪽의 분량을 담고 있으며, 정가는 40전이었다.

창간호는 우선 표지 그림이 매우 인상적이다. 화려한 채색의 서양화로, 입을 크게 벌린 호랑이와 그 옆에 선 가사를 걸친 건장한 반라의 청년이 한 손에 꽃가지를 쥐었고 다른 한 손으로 호랑이를 쓰다듬고 있다. 'KO'라는 서명으로 보아 고희동(高羲東, 1886~1965)의 그림임을 나타내고 있다. 그리고 이 그림을 제3호까지 그대로 사용하고 있다. 목차 다음에 화보가 나오는데 '세계제대폭'이란 제목으로 7개의 폭포 사진이 실려 있다. 다음으로 4쪽에 걸쳐 광고가 실려 있고, 14쪽부터 권두시·권두언 등으로 본문 기사가 시작된다. 수록된 글은 모두 36종이며, 기사마다 삽화 한 편씩이 실려 있는데 삽화는 고희동과 함께 심전(心田) 안중식(安中植, 1861~1919)이 그렸다고 목차 부분에 밝혀 놓았다. 그리고 두 화가의 전면 양화(洋畫)가 각각 1면씩 실려 있다.

본문은 188면에서 끝나고 부록이 계속된다. 다만, 기사마다 제목은 있지만 필자 이름이 없는 것이 독자로서 아쉬운 부분이라고 하겠다.

또한, 300쪽에 달하는 비교적 방대한 잡지임에도 광고는 겨우 10면에 불과하고, 그 중 5.5면이 자사 광고, 4.5면이 외부 청탁광고인데, 상품종목이 책·구두·약·치술사(齒術士) 등 4종에 불과하다. 부록은 195쪽부터 시작되는데, 두 가지 내용으로 나뉜다. 먼저, '세계문학개관'이란 제목 아래 「너 참 불상타」(빅토르 위고)에 이어 「세계일주가-총 129절」가 299쪽에서 끝난다. 300쪽에는 간기 표시·정가표·광고료·구독자의 주의 등이 함께 실려 있는데, 정가표를 보면 1책 20전, 3책 56전, 6책 1백10전, 12책(1년분) 2백15전으로 선금 할인가가 적혀 있어 눈길을 끈다.

5) 창간 의의

《청춘》의 문화사적 의미를 정리하면 다음과 같다.[68]

첫째, 이른바 일제무단통치기인 1910년대의 정신적 공백을 채워준 대표적인 잡지이다. 출판법에 의해 발행된 잡지라 시사문제를 다룰 수 없었지만 교양 중심의 대중지 모습을 유지하면서 교묘하게 계몽과 각성을 유도하였다고 볼 수 있다.

둘째, 문학사적인 공로를 들 수 있다. 이광수의 초기 단편들이 적잖이 발표되었으며, 여류문인 김명순이 이 잡지를 통해 춘원으로부터 추천을 받아 등단했고, 특히 톨스토이 등의 외국문학 소개가 활발히 이루어진 점 등으로 보아 한국 현대문학의 출발점이라 할 수 있는 《창조》로 이어지는 가교가 되었다.

셋째, 국학(國學)을 개척하여 민족주체성을 확립하는 데 일조하였다고 볼 수 있다. 역사와 서지(書誌) 등의 문화사적 안목이 뛰어난 육당이 편집을 주도했기 때문에 가능한 일이었다.

끝으로, 출판미술의 관점에서 지니는 의미가 크다. 미술 분야 일본 유학 1호인 우리나라 최초의 서양화가 고희동의 그림을 표지화로 사용하여 제3호까지 같은 그림으로 장식하고 있으며, 제4호 또한 고희동의 다른 그림으로 장식하고 있다. 표지뿐 아니라 화보와 창간호 본문 79쪽에도 고희동의 그림을 실었으며, 사진 기술이 발달하지 못했기 때문인지 본문 속 삽화들도 고희동과 안중식의 그림으로 처리한 곳이 적지 않다.

---

68 문화재청(2010), 앞의 자료, p.240.

1) 창간 배경

《근대사조》는 1916년 1월 26일 '일민(一民)'이라는 필명을 사용한 상아탑(象牙塔) 황석우((黃錫禹, 1895~1959)가 일본 동경에서 창간한 21쪽짜리 잡지이다. 표지에 나타나 있는 것처럼 격월간으로 계획했지만 창간호가 종간호가 되고 말았다. 창간사가 끝난 이후 지면에 알림 글이 있는데 그 내용을 보면 애초에는 이 잡지의 제호를 '신시대(新時代)의 복음(福音)'으로 하려고 했는데 사정이 여의치 않아 어쩔 수 없이 '근대사조'로 하게 되었음을, 또한 원래 1915년 11월 발간할 예정이었지만 이 또한 '여러 사정' 때문에 늦어졌다는 사실(19쪽)을 밝힘으로써 불가피한 사정과 간섭이 많았음을 암시하고 있다. 당시 동경에서는 1914년부터 유학생회 기관지로《학지광》이 발행되고 있었는데, 약관의 나이로 와세다 대학에 재학 중이던 황석우는 혼자서《근대사조》를 낸 것이다. 이로써 "유학생들이 많았던 일본 동경에서 개인 단독으로 잡지를 낸 것은《근대사조》가 처음인 것"[69]으로 보인다.

2) 관련 인물

창간호 간기면을 보면 편집 겸 발행인은 '황석우', 인쇄소는 '현대사(現代社)', 발행소는 '근대

69　문화재청(2010), 앞의 자료, p.242.

사조사'로 표기되어 있다. 또 20쪽에 보면 '일민(一民)'은 자신의 '통명(通名)'[70]이며 자신은 '근대사조사'의 '사장 겸 주필' '황석우'임을 밝혀 놓았다. 목차를 보면 황석우의 글이 두 편, 번역문이 네 편[71], 김억(金億, 1896~?)과 최승구(崔承九, 1892~1917)[72]의 글 등으로 구성되어 있다.

3) 주요 내용

발간 이유를 밝힌 글로 보이는, 본문 맨 앞에 나오는 '눈물 아래서 붓대를 잡다'라는 글을 보면, 황석우는 "일본유학생들아! 일본유학생들아! 대저 그대들은 무엇을 하느냐? (중략) 그대들은 뜻이 있고 의(義)가 있거든 그대들이 보고들은 것을 만분의 일이라도 (중략) 곰팡내 나는 우리에게 좀 들려주려무나."고 안타깝게 외치면서 아무도 일어나는 자 없기에 번민(煩悶)

---

70 '통칭명(通稱名)'. 원래 '통칭'이란 제2의 이름, 즉 예명, 펜네임, 자(字) 등과 같이 본명 이외에 세상 사람들에게 통용되는, 말하자면 속칭과 같은 존재이다. 제2차 세계대전 종결 이후에도 일본에 거주하고 있는 재일 한인은 이름으로 인한 차별을 피하기 위해서 대개 일본풍의 통칭명을 사용하고 있다. 다만 재일 한인이 사용하는 통칭명의 성씨는 다름 아닌 식민지 강점기에 조선인이 강요당했던 '창씨개명'의 일본식 성이다. 한국민족문화대백과사전 [통명]

71 번역문에 역자(譯者)를 별도로 밝히지 않은 것으로 보아 황석우가 직접 번역한 것으로 추정된다.

72 보성전문학교(普成專門學校)를 거쳐 1910년경 일본으로 건너가 게이오대학(慶應大學) 예과과정을 수료하였다. 처음에는 사학(史學)을 전공하려고 하였으나, 학비난에다 폐결핵까지 겹쳐 학업을 중단하고 귀국, 당시 전라남도 고흥군수로 있던 둘째형 최승칠(崔承七)의 집에서 요양하다가 26세의 젊은 나이로 요절했다. 재기발랄하고 다정다감한 최승구의 시재(詩才)는 일찍이 최남선에게 높은 평가를 받았다. 최승구는 또 시작뿐만 아니라 연극에도 뛰어난 재능을 보여 직접 극본을 써서 연출·연기를 맡아 하기도 하였다. 최승구의 문단 활동은 일본 유학 당시 《학지광》의 편집에 참가하면서부터 시작되었다. 일제치하의 울분과 저항정신을 고취한 시 「벨지엄의 용사」를 1915년 《학지광》 제4호에 발표하는 한편, 「정감적(情感的) 생활(生活)의 요구」·「남조선의 신부(新婦)」 등의 수필과 평문류(評文類)를 역시 《학지광》에 발표하기도 하였다. 그밖에 시작품으로는 유고시집 노트에 실려 있는 시편들이 대부분을 차지한다. 「종(鐘)」·「사랑의 보금자리」·「박사왕인(博士王仁)의 무덤」·「나의 고리(故里)」·「불여귀(不如歸)」 등 25편을 남기고 있다. 이들 시편들은 대체로 그 이전의 개화기 시가들에서 보이는 집단적이고 민중적인 발상법과는 달리, 주정적(主情的)이고 개인 자아의 서정성을 바탕으로 하고 있다. 특히 「보월(步月)」과 「조(潮)에 접(蝶)」을 비롯한 일련의 시에 나타난 서정성, 즉 감상(感傷)과 향수를 기조로 한 낭만적 속성은 당시 '민족주의'를 표방하였거나 아니면 그것을 주제로 하여 직설적이고 웅변적인 어조로 노래하고 있는 개화기 시가보다는 한층 진전된 단계의 것으로 간주된다. 유작으로는 1982년에 간행된 《최소월작품집(崔素月作品集)》이 있다. 최승구는 최남선의 「해에게서 소년에게」로부터 주요한(朱耀翰)의 「불놀이」 등 일련의 시작에 이르는 한국 근대시사에서 중간적 위치를 차지하면서 시적 전환을 보여주고 있는 시인이다. 최승구가 담당한 과도기의 교량적 구실은 우리의 근대시사에서 매우 중요한 것으로 평가된다. 한국민족문화대백과사전 [최승구]

하며 체읍(涕泣)하다 개연(慨然)히 붓대를 잡았음을 밝히고 있다. 이어 창간사에서는 아래와 같이 학술적 지식을 소개하며 조선사회 개혁에 대한 생각을 발표하기 위해 이 잡지를 발간한다고 밝히고 있다.(현대어 표기로 고침)

내가 이 잡지를 발간하는 것은 우리 조선 민족에게 구미(歐美) 선진국의 철학사조(哲學思潮), 문예사조(文藝思潮), 종교사조(宗敎思潮), 윤리사조(倫理思潮), 기타 학술적 지식(智識)을 소개하며, 더불어 조선사회 개혁에 대한 의견을 밝히는 것이 목적이다. 이 잡지가 조선 민족에게 유익한 정보를 많이 제공하기를 바라며 아울러 애독자 여러분의 성원을 바란다.

한편, 18쪽 본문의 맨끝에 "인(人)을 해(害)롭게 하난 인(人)은 악자(惡者)요, 폭자(暴者)이며, 인(人)에게 해롭게 함을 밧난 자(者)난 약자(弱者)요, 겁자(怯者)이니라."는 글을 넣어 시대상황과 처신에 대해 자신의 생각을 우회적으로 나타내었다.

4) 편집 특성

창간호는 5×7판 크기에 21쪽 분량으로 발행되었다. 제호는 붉은색 글씨로 표현했으며, 제호 아래에 목차 형식의 내용을 통해 본문에 실린 글 제목과 저자 이름을 밝혀 놓았다. 잡지 전체에 걸쳐 삽화가 거의 없고 활자 위주로 편집되어 있다.

5) 창간 의의

창간호 전체 내용을 보면 번역을 제외하고는 소월(素月) 최승구의 글로 '긴 숙시(熟視)'라는 제목의 산문시가 눈에 띈다. 최승구가 예술의 심미적 독자성과 사회적 가치에 대해 심각하게 탐구한 최초의 시인이란 평을 들을 만하다는 것을 알 수 있게 한다. 김억의 '오스카 와일드 론'은 김억의 초기 예술론과 사상적 경향을 이해하는 데 있어 중요한 단서가 되는 글이다. 황석우는 이후 《장미촌》(1921)과 《조선시단》(1928)을 발행함으로써 잡지인으로서의 면모도 갖춘 인물이라고 할 수 있다.

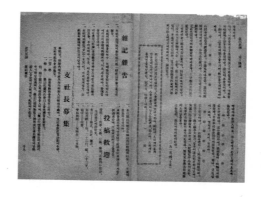

〈참고〉《근대사조》의 매체적 성격과 문예사상적 의의[73]

1916년 1월 일본에서 황석우가 발행한 《근대사조》는 활자 매체에 머물지 않고, 결여된 정치적 자아를 보충하고 확장하는 사상적·인적 네트워크로 기획되었다는 매체적 특성이 있다. 이 잡지는 지배와 피지배 관계를 생성·유지시키는 정복 전쟁과 배타적인 충군애국의

---

[73] 정우택(2005), 「『근대사조』의 매체적 성격과 문예사상적 의의」, 《국제어문》 제34집, 국제어문학회, pp.149~150.

국가주의를 반대하고 만민평등 평화주의, 세계주의, 인도주의를 주장하는 글들을 선진사조로 번역·소개했다. 이는 당시의 제1차 세계대전과 식민주의를 반대하는 다이쇼 데모크라시의 아나키즘적 풍조와 연결되어 있다. 황석우, 최승구(-나경석), 김억, 정태신 등은《근대사조》를 통해 1910년대 한국 사회주의(아나키즘)의 인적 계보를 형성하였고, 최승구는 '개인'의 혁명을 도모했던 시인이자, 개인주의적 아나키스트였다. 김억은 개인의 절대 자유를 실현하는 방법으로써 유미주의에 주목하고 이를 삶으로 실천한 오스카 와일드를 소개했다. 또한 김억은 아나키스트의 공식 언어이자, 국제평화주의를 정신으로 하는 에스페란토의 선구자이기도 했다. 김억과 황석우는 개인의 절대 자유, 아나키즘적 사상을 기반으로 자유시의 이념과 형식 원리를 이론화하고자 시도했다. 이렇듯《근대사조》는 1910년대 사상과 문예의 폭을 넓히고 심화하는 중요한 역할을 하였다.

1) 창간 배경

《유심》은 1918년 9월에 만해 한용운이 정신문명의 중요성을 강조하면서 펴낸 불교 색채가 짙은 교양잡지이다. 같은 해 12월 제3호로 종간되었다. 1918년 9월, 서울 종로구 계동 43번지에 '유심사'라는 간판을 내걸고 최남선이 운영하는 신문관에서 창간호를 인쇄했다. 이미 『정선강의 채근담』과 『불교대전』 등을 발간하면서 출판·언론 사업에 눈을 뜬 한용운이 불교에 입각한 교양잡지를 낸 것이다. 아울러 이 잡지는 민족의식을 고취시키고 청년들의 교양을 증진하려는 목표를 내세웠다. 하지만 《유심》은 일본총독부의 탄압과 3·1독립만세운동의 준비 등으로 인해 제3호를 끝으로 발행이 중단되고 말았다.

2) 관련 인물

간기면을 보면 편집 겸 발행인은 한용운(韓龍雲), 인쇄인 최성우, 인쇄소는 신문관, 그리고 발행소는 유심사(惟心社)로 표기되어 있다.

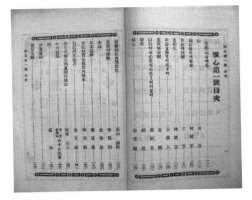

3) 주요 내용

먼저 창간사 「처음에 쓺」을 보면 그 내용은 다음과 같다.(현대어 표기로 고침)

배를 띄우는 흐름은 그 근원이 멀도다. 송이 큰 꽃나무는 그 뿌리가 깊도다.

가벼이 날리는 떨어진 잎새야, 가을바람의 굳셈이랴. 서리 아래에 푸르다고 구태여 묻지
마라. 그 대(竹)의 가운데는 무슨 걸림도 없느니라.

미(美)의 음(音)보다도 묘한 소리, 거친 물결에 돛대가 낮다.

보느냐. 샛별 같은 너의 눈으로 천만(千萬)의 장애(障碍)를 타파하고 대양(大洋)에 도착하는
득의(得意)의 파(波)를.

보이리라 우주의 신비(神祕). 들리리라 만유(萬有)의 묘음(妙音).

가자 가자, 사막도 아닌 빙해(氷海)도 아닌 우리의 고원(故園), 아니 가면 뉘라서 보랴, 한 송
이 두 송이 피는 매화(梅花).

여기서 만해 한용운이 《유심》을 통해 대중들의 의식을 계몽시키려 했음을 짐작할 수 있다.
'매화'는 만해가 그리는 꿈이고 이상이었기 때문이다. 이는 '유심'에 수록된 글들을 보면 알
수 있다. 주로 만해가 썼지만 박한영, 백용성, 권상로, 이능화, 김남전, 최남선, 최린, 현상윤
등도 주요 필자로 참여했다. 실제 박한영은 '타고르의 시관'을, 만해 한용운은 타고르의 '생
의 실현'을 번역하기도 했다.

창간호의 목차를 통해 '창간사'의 뒤를 이어 이 잡지에 실린 글의 제목과 필자를 살펴보면
다음과 같다.

〈시〉 '심(心)'/만해(萬海)

〈논설〉 '조선청년과 수양'/한용운(韓龍雲)

　　　　'고통과 쾌락'/주관(主管)

　　　　'고학생'/한용운(韓龍雲)

　　　　'전로(前路)를 택하여 진(進)하라'/오세인(五歲人)

　　　　'시아(是我) 수양관(修養觀)'/최린(崔麟)

　　　　'동정 받을 필요 있는 자(者)— 되지 말라'/최남선(崔南善)

　　　　'수진(修進)'/유근(柳瑾)

　　　　'유심(唯心)'/이광종(李光鍾)

　　　　'우담발화(優曇鉢花) 재현어세(再現於世)'/우산두타(寓山頭陀)

　　　　'종교와 시세(時勢)'/이능화(李能和)

　　　　'심론(心論)'/김남천(金南泉)

　　　　'반본환원(反本還源)'/강도봉(康道峰)

　　　　'가정교육은 교육의 근본'/서광전(徐光前)

　　　　'자기의 생활력'/김문연(金文演)

　　　　'학생의 위생적 하기(夏期) 자수법(自修法)'/계동산인(桂東山人)

　　　　'생(生)의 실현(實現)'/타고르 원저(原著),

〈소설〉 '오(悟)'/국여(菊如)

　　　　수양총화(叢話)

　　이중 창간사 「처음에 씀」, 시 「심(心)」, 논설 「조선청년과 수양」·「고통과 쾌락」·「고학생」·「전로를 택하여 진하라」 등은 모두 한용운의 글이다. 만해(萬海)는 그의 호이며, 주관(主管)은 주재(主宰)나 주간(主幹)으로 보면 되고, 오세인(五歲人)은 그가 오세암에서 좌선 수도(修道)를 마치고 나왔기 때문에 쓰인 별칭이다. 또 국여(菊如)의 소설 「오(悟)」도 한용운이 후일 장편소설을 여러 편 썼다는 점에서 그가 지은 것으로 추정되며, 우산두타(寓山頭陀)의 「우담발화 재현어세」, 계동산인(桂東山人)의 「학생의 위생적 하기 자수법」, 타고르의 「생의 실현」 등과 그 밖의 잡저(雜著)를 모두 한용운이 직접 쓴 것으로 보인다. 결국 이 잡지 분량인 전체 64쪽 중에서 40쪽 이상 한용운의 글이 차지하고 있다는 점에서 가히 만해의 개인잡지라고 해도 과언이 아닐 것이다.

4) 편집 특성

창간호는 5×7판 크기에 64쪽 분량으로 발행되었다. 표지 제호는 한자 붓글씨체로 중앙에 크게 자리잡고 있으며, 나머지 글자는 활자체로 이루어져 있다. 아마도 제호 글씨는 만해 한용운이 쓴 것으로 추정된다.

5) 창간 의의

《유심》은 당시 유명한 승려였던 만해 한용운이 편집 겸 발행인을 맡았다는 점에서, 그리고 필자들 중에 불교인들이 다수를 차지한다는 점에서 줄곧 '불교잡지'로 규정되어 왔지만, 불교도 이외에도 당대의 유명한 필자들도 다수 글을 싣고 있다는 점에서 '불교 색채가 짙은 종합 교양잡지'로 보아도 무방하다. 나아가 창간호에서 현상문예 공고를 내고 제3호에서 수상작을 발표했다. 《유심》은 매호에 걸쳐 보통문, 단편소설, 신체시, 한시 등 4개 분야의 문예 작품을 현상 모집했는데, 만해는 당시 학생소설 「고학생」을 쓴 종로 견지동 118번지의 '방정환'과 함께 평양 창전리의 '김순석'을 수상자로 선발했다. 방정환에게는 1원 50전의 상금이, 김순석에게는 50전의 상금이 돌아갔다. 선외 가작 당선자로는 김형원, 박중빈, 철아, 소파생, 이형준, 이영재, 어효선, 김창진, 이중각 등이 선정됐다. 이들은 모두 우리 문단의 주요한 인물로 성장한다. 곧 이들의 문학적 성장의 계기를 만해 한용운이 《유심》을 통해 마련했던 것이다.

그뿐만 아니라 한용운 자신도 잡지 《유심》을 자유시 실험의 수단으로 활용했다. 즉, 「심(心)」이라는 작품을 보면 '심(心)은 심이다'로 시작해서 '심은 절대며 자유며 만능이니라'로 끝나는데, 이 작품은 「님의 침묵」 이전의 대표 작품으로 평가된다. 이처럼 《유심》은 한용운의 「님의 침묵」 이전의 문학 형성에 중요한 계기를 이룩한 잡지라는 점에서 그 의미가 크다.[74]

나아가 《유심》은 3·1운동의 밑거름 역할도 했다. 3·1운동 핵심 인물인 최린, 권동진, 오세창, 최남선, 현상윤 등을 필자와 동지로서 인연을 맺게 한 것이 바로 《유심》이었으며, 당시 언론에 반드시 등장하던 총독부 관리의 글을 철저히 배제하여 민족주체성을 확고히 보여줌으로써 《유심》의 근간에 '민족운동'이 분명히 자리 잡고 있었다는 점에서도 의미가 큰 잡지라고 하겠다.

---

74 한국민족문화대백과사전 [유심]

1) 창간 배경

《태서문예신보》는 우리나라 최초의 주간잡지로서 1918년 9월에 창간되어 1919년 2월에 제16호로 종간되었다. 발간 당시에는 종합지의 성격을 띠고 문예작품 외에도 취미기사를 실었으나 그 뒤 곧 문예지의 성격을 띠었다. 김억(金億)·이일(李一)·장두철(張斗澈) 등이 중심이 되어 태서(泰西) 곧 서구의 문학작품을 소개하는 데 주력하였다. 1919년 2월 16일까지 약 5개월(21주) 동안 16호를 낸 것으로 보아 매주 정기적으로 발행하지는 못했지만 이 정도만으로도 당시로서는 대단한 일이라는 점에서 편집 및 발행에 참여한 사람들의 열정을 짐작할 수 있다.

2) 관련 인물

이 잡지에 표기되어 있는 발행인은 '데이비드·이·한'이라는 외국인으로 되어 있지만 실제로는 장두철[75]이 편집과 발행을 도맡았다.

---

75 장두철의 이력은 문헌에는 나타나지 않으나, 그는 이 잡지를 주재하면서 몇 편의 시와 소설을 남겼고, 해몽(海夢)생·HM 등의 필명으로 많은 기사를 썼다. 최덕교 편저(2004), 『한국잡지백년2』, 현암사, p.78.

3) 주요 내용

주요 내용은 창작시 · 번역시 · 창작소설 · 번안소설 · 외국문학과 문단 사정의 소개, 시론(詩論) 등으로 되어 있다. 특히 주목할 것은 시와 해외 시의 수입 · 소개를 겸한 이론들이다. "본보는 저 태서(서양)의 유명한 소설 · 사조 · 산문 · 가곡 · 음악 · 미술 · 각본 등 일반문예에 관한 기사를 문학 대가의 붓으로 직접 본문으로부터 충실하게 번역하여 발행"할 것이라고 밝힌 창간호의 권두언이 이 같은 사실을 뒷받침해주고 있다.

매호 권두에는 사설(社說, 에디토리얼)을 싣고 있으며 음악 · 미술까지도 포함한 예술 전반을 대상으로 하고 있지만 실제로는 문학 중심으로 편집되었다. 특히 시를 제외한 다른 장르는 별로 많은 지면을 차지하지 못하고 있기 때문에 거의 시전문지(詩專門誌)의 성격을 띠고 있다. 그 가운데서도 특히 김억의 번역시와 시론은 한국 근대시 형성에 지대한 영향을 끼친 바 있으며 이 번역시들은 뒷날 한국 최초의 시집인 『오뇌의 무도』로 출판되기도 하였다.

4) 편집 특성

5×7배판(타블로이드판) 크기에 8면으로 발행되었으며, 당시 가격은 6전이었다.

5) 창간 의의

우선 《태서문예신보》는 우리나라 잡지 중 최초의 주간지(週刊誌)로서 서구의 문예작품을 본격적으로 번역하여 소개했으며, 근대문학 특히 시문학의 발전에 기여한 공이 매우 크다. 물론 구한말 학회지들에서부터 당대의 웬만한 매체들은 거의 모두 번역 작품을 싣고 있었지만, 《태서문예신보》처럼 근대문학 분야에서 전문적으로 외국문학을 번역하여 소개한 잡지는 없었다. 특히 안서(岸曙) 김억(金億)은 이 잡지를 통해 본격적으로 번역 활동에 나섬으로써 1920년대에 들어 우리나라 최초 시집이자 번역시집인 『오뇌의 무도』를 출간하는 토대가 되었다는 점에서도 이 잡지의 의미는 크다고 할 수 있다.

나아가 과거 《소년》 · 《청춘》을 통해 발표된 최남선(崔南善)이나 이광수(李光洙)의 시가 시정신(詩精神)을 결여한 채 형태만의 새로움을 내세웠다면, 《태서문예신보》에 실린 김억 · 황석우(黃錫禹)의 창작 시편들은 개성적인 서정을 바탕으로 한 개성적인 운율의 창조에 노력을 기울이고 있다는 사실로 미루어 이를 근대문학에 대한 최초의 자각이라고 볼 수 있다.[76] 이처럼

---

76 한국민족문화대백과사전 [태서문예신보]

많은 번역시와 외국 시론의 소개와 함께 종간할 때까지 모두 38편의 창작시를 싣고 있는 이 문예지는 《창조》로부터 시작되는 한국 근대문학의 개화(開花)를 위한 밑거름이 되었다는 점에서 그 문학사적 의의를 찾을 수 있다.

〈참고〉코난 도일의 추리소설 「The Three Students」와 《태서문예신보》[77]

코난 도일(Sir Arthur Conan Doyle, 1859~1930)의 소설 「The Three Students」(1904)는 중국에서 1906년에 번역되었고 일본에서는 1907년에 번역되었다. 그리고 한국에서는 1918년에 번역되었다. 중국이 일본보다 1년 앞섰고 한국은 중국보다 십여 년 뒤처졌다. 이것은 코난도일 추리소설의 동아시아 3국의 번역 상황을 가늠하는 지표가 된다. 한편 기존 연구자의 견해와 같이 여기서도 《태서문예신보》에 실린 「충복」의 번역자를 장두철로 보았다. 기존 연구자들의 근거는 장두철이 《태서문예신보》의 편집자이며 YMCA 영어학교를 졸업할 정도로 영어 실력이 있었다는 것이었다.

「The Three Students」의 화자는 왓슨이지만 한국어 번역 「충복」의 화자는 전지적 화자다. 번역에서 추리소설 시점의 묘미를 살리지 못한 것이다. 이는 번역자가 당시 관찰자로서 1인칭 화자에 익숙하지 못한 독자의 서사 관습을 고려한 결과라고 볼 수 있는 한편 번역자가 스스로 자신의 창작 역량을 드러냈다고도 볼 수 있다. 원작에서 왓슨이 한 역할을 번역자의 분신인 외부 화자가 맡아 이야기를 전개했고, 번역자의 자유를 활용하여 원작에는 없는 추리 내용을 「충복」에 포함하였다.

그렇다면 이러한 번역을 어떻게 볼 것인가. 기존 용어로는 '중역'과 '의역'이라는 말이 있지만 이 용어로 「충복」의 번역 태도와 번역 양상을 충실하게 포괄해 낼 수는 없다. 《태서문예신보》는 "본문으로부터 충실하게" 번역하는 것이 원칙이자 편집 방침이었다. 그리고 「충복」 번역자는 원문을 저본으로 번역하는 것에 강조점을 놓았다. 「충복」 번역자는 원본을 저본으로 하되 당시 독자의 서사 관습을 존중하면서 자신 나름으로 인물을 묘사하고 추리 과정을 덧붙여 번역했다. 시점을 교체한 것은 서사 관습에 관한 사항이면서 동시에 번역자의 자유를 확보하는 시도이기도 하였다. 작품 바깥의 화자가 왓슨의 역할을 맡으면서 번역자의 창작의 여지를 더 넓힐 수 있는 공간을 마련한 것이다.

---

[77] 조경덕(2017), 「『태서문예신보』 소재 소설 「충복」 연구-번역 양상을 중심으로」, 《국제어문》 75집, 국제어문학회, pp.183~184.

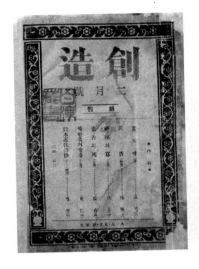

1) 창간 배경

《창조》는 일본 동경에서 김동인(金東仁)·주요한(朱耀翰)·전영택(田榮澤) 등이 창간한 우리나라 최초의 문예 동인지 형식을 띤 잡지이다. 1919년 2월에 창간되어 1921년 5월 통권 제9호로 종간되었다. 1919년 2월 1일 동경의 창조사(創造社)에서 발행되었다. 월간을 계획해 창간호를 '2월호'라 밝혔으나 이후로 월간 발행 약속을 지키지 못했다. 1919년에 3호까지 냈고, 1920년에 7호까지 냈으며, 1921년에 8~9호를 내고 종간되었다. 결과적으로 거의 부정기간행물에 가깝다고 할 수 있으며, 잡지의 분량 또한 제각각이었다. 창간호의 경우 81쪽이었으나 제2호는 60쪽에 그쳤고, 제8호는 116쪽이나 되었다. 동경 창조사에서 발행하다가 1920년에는 당시에 설립된 한성도서를 통해 발행했으며, '주식회사 창조사' 설립을 시도했지만 결국 이루지 못했다.

2) 관련 인물

간기면을 보면 편집 겸 발행인에 주요한, 인쇄인은 무라오카 헤이기치(村岡平吉), 인쇄소는 복음인쇄합자회사(福音印刷合資會社), 그리고 발행소는 창조사로 표기되어 있다. 창간 동인은 김동인·주요한·전영택·김환(金煥)·최승만(崔承萬) 등 5인이다. 종간까지는 창간 동인 이외

이광수(李光洙), 이일(李一)·박석윤(朴錫胤), 김명순(金明淳), 오천석(吳天錫), 김관호(金觀鎬)·김억(金億)·김찬영(金瓚永), 임장화(林長和) 등 13인이 참가하였다.

3) 주요 내용

《창조》는 이광수·최남선의 계몽적 목적문학을 반대하고 문학을 '도학선생(道學先生)의 대언(代言)'이나 '할일업슨 자(者)의 소일(消日) 거리'(창간호-남은말)로 보는 데 불복한다고 선언하면서 출발하였다. 그 대체적인 내용을 보면 다음과 같다.

여러분은 우리의게서 무어슬 어드시려 하심닛가. 한낫 재미잇는 니야기거림닛가? 저 통속소설(通俗小說)의 평범(平凡)한 도덕(道德)임닛가? 또 혹(或)은 '바람에 움지기는 갈대'임닛가.

우리는 결(決)코 도덕(道德)을 파괴(破壞)하고 멸시하는 거슨 아니올시다마는, 우리는 귀(貴)한 예술(藝術)의 쟝긔를 가지고 저 언제던 얼굴을 찌푸리고 계신 도학(道學) 선생의 대언자(代言者)가 될 수는 업습니다. 그러나 또 우리의 노력(努力)을 할 일 업슨 자(者)의 소일(消日)꺼리라고 보시는 데도 불볷(不服)이라 합니다. 우리는 다만 충실(忠實)히 우리의 생각하고 고심(苦心)하고 번민한 기록(記錄)을 여러분께 보이는 뿐이올시다.

또, 창간호의 편집후기를 보면, "우리의 속에서 일어나는 막을 수 없는 요구로 인하여 이 잡지가 생겨났습니다. 갖가지 곡해와 오해는 처음부터 올 줄 믿고 있습니다. 그러나 우리는 다만 참으로 우리 뜻을 알아주시는 적은 부분의 손을 잡고 나아가려 합니다."라고 한 것으로 보아 정확히는 알 수 없으나 쉽지 않은 상황에서 잡지가 발행됐음을 알 수 있다.

이처럼 1919년 2월에 창간되어 1921년 5월 통권 제9호로 종간될 때까지 이 동인지를 통해 시 70여 편, 소설 19편, 희곡 4편, 평론 16편, 번역시 49편이 발표되었다. 이 같은 노력을 통해 《창조》는 뒤이어 나오는 《폐허(廢墟)》·《백조(白潮)》 등과 함께 우리나라 근대문학의 주춧돌과 같은 구실을 담당하였다. 특히, 신문학(新文學)이라는 커다란 명제를 앞에 놓고 방황과 모색을 계속하던 당시의 문단에 「불놀이」·「약한 자의 슬픔」 등에 나타난 것처럼 내용으로나 형식으로나 어느 정도 완성된 작품을 선보였다는 점에서 문학사적 의의를 부여할 수 있을 것이다.

4) 편집 특성

편집 · 인쇄 및 발행은 창간호부터 제7호까지는 동경(東京)에서, 제8호는 편집은 평양, 인쇄 · 발행은 서울, 제9호는 모두 서울에서 진행하였다. 편집 겸 발행인은 제1~2호 주요한, 제3~7호 김환, 제8호는 고경상(高敬相)이고, 제9호는 김동인 · 김찬영 · 김환 · 전영택 등이 공동 편집하였다. 체재는 5×7판 120면 안팎이었다. 창간호는 1919년 2월 1천 부, 81면으로 발행되었으며, 값은 30전이었다.

5) 창간 의의

무엇보다도 우리나라 최초의 종합문예 동인지라는 점에서 의미가 크다. 나아가 창간호에는 주요한의 '불놀이'가 실려 있어 한국시문학사상 최초의 자유시라는 평가를 받고 있으며, 김동인의 '약한 자의 슬픔'이 2호까지 연재되었다. 이처럼 그 핵심 동인이라고 할 수 있는 김동인에 의하여 근대적 소설 문체의 확립이 이루어졌고, 주요한에 의하여 자유시의 형태를 정립하기 위한 노력이 계속되었다는 점도 아울러서 높이 평가되어야 할 것이다. 이와 같이 창조 동인들은 근대문학의 구체성을 파악, 이광수의 언문일치의 문장에서 일보 전진하여 신문장을 위한 혁신운동을 일으켜 국어체 문장을 확립했다. 예컨대, 이광수 소설까지 우리말에 존재하지 않던 동사의 과거 · 현재 · 미래의 시제(時制)를 완전히 구분했고, 대명사를 만들고, 방언을 사용하는 등 작품 창작에서 구체적이고도 실제적인 혁신을 시도했다. 따라서 창조 시대에 이르러 우리의 순문학은 첫째 구어체(口語體)의 확립, 둘째 계몽문학의 배척 및 사실주의에 입각한 순문학운동으로 재출발했다는 점에서 이는 문예사조로도 큰 전환이며, 창작수법에서도 일대 진보였다고 말할 수 있을 것이다.

그밖에 최승만 희곡 '황혼'과 전영택의 소설 '혜선(惠善) 사(死)'가 실려 있는데 '황혼'은 유학생 모임에서 실연(實演)된 작품이다. 다시 정리하자면, 이 잡지가 갖는 의미는 순수문예를 최초로 표방한 동인지라는 점, 계몽담론으로부터 벗어나 문학 고유의 영역을 개척한 점, 한국 근대문학의 형성에 중요한 기능을 한 작품들이 다수 수록되었다는 점 등을 들 수 있다. 그리고 한 걸음 더 나아가 《폐허》와 《백조》를 탄생시켜 본격적인 동인지 문학시대의 서막을 열었다는 점에서도 매우 중요한 의미를 갖는다.

1) 창간 배경

1919년 난파(蘭坡) 홍영후(洪永厚, 1897~1941)가 발행한 우리나라 최초의 음악잡지. 일본 동경에서 창간되었으며, 1920년 4월 통권 제3호로 종간되었다. 이 잡지의 표제에 나타난 '세 가지 빛'은 음악, 미술, 문학의 3개 분야 예술을 뜻하며, 그것들을 주제로 한 순수 예술잡지라고 표방하고 있으나 실제로는 주로 음악 분야를 다루었다. 아울러 재동경조선유학생(在東京朝鮮留學生) 악우회(樂友會)의 기관지 성격을 띠었으나 실제로는 발행 겸 편집인 홍난파가 여러 다른 필명으로 지면의 상당 부분을 독차지하고 있다.

2) 관련 인물

편집인 겸 발행인은 홍영후였고, 인쇄인은 아베 세츠지(阿部節治), 인쇄소는 동경국문사(東京國文社), 발행소는 겉표지에는 재동경조선유학생 악우회(樂友會), 간기면에는 동경 삼광사(三光社)로 되어 있다. 당시 경성의 광익서관(廣益書館)에서도 판매했다.

1918년 일본 도쿄에서 결성된 조선유학생 악우회(朝鮮留學生樂友會)는 음악 사상의 보급과 사회 음악 발달을 도모하고자 한 단체이다.

한편, 홍난파 이외에 이 잡지 창간호에 글을 실은 사람은 와세다 대학에 재학 중이었던 이병도(李丙燾, 1896~1989)와 와세다 대학을 중퇴한 유지영(柳志永, 1896~1947), 그리고 상아탑(象牙塔)이란 호를 썼던 시인 황석우(黃錫禹)가 있었다.

3) 주요 내용

이 잡지는 음악·미술·문학을 주제로 하고, 특히 음악사상과 사회음악에 중점을 두었으며, 내용의 대부분이 홍난파의 글이라는 점에서 음악 중심의 잡지라고도 할 수 있다. 이 잡지 창간사에서 홍난파는 이렇게 호소하고 있다.(현대어 표기로 고침)

우리 조선은 깨는 때 올시다. 무엇이던지 하려고 하는 때 올시다. 할 때 올시다. 남과 같이 남보다 더 낫게 할 것이올시다. 암흑에서 광명으로 부자유에서 자유로 나가야 합니다. 퇴폐(頹敗)한 구습(舊習)과 고루한 사상을 타파하고, 새 정신 새 사상 훌륭한 욕망 위대한 야심을 집어넣어야 할 것이외다. 그리해 우리의 실력을 건전하고 충실하게 양성해야 합니다. 이것이 곧 우리 악우회(樂友會)의 출생된 동기(動機)이며, 삼광(三光)을 우리 손으로 쓰게 된 까닭이라 합니다. 음악이 우리 인생에 필요하다 함은 다언(多言)할 바가 아니지만은 더욱이 우리나라 사람—사상의 변천기에 있는 이—에게는 무엇보다도 더 크고 중요한 것이외다.

〈중략〉

조금 멀리 구미열강의 국민을 생각해 보십시다. 그네의 문명이 우리에 얼마나 초월하였으며 그네의 사상이 우리네보다 얼마나 고상하고 그네들의 야심이 얼마나 위대한지를. 그러나 그네의 문명이 일조(一朝)에 된 것이 아니외다. 무상(無上)한 노력과 분투의 사물(賜物)이외다. 문명은 주인이 없는 것이외다. 아무나 하려면 할 것이외다. 우리의 선조는 오랫동안 잠자셨지만은 우리는 깨인 사람인즉 깨인 사람의 할 일을 하십시다. 불가불무상(不可不無上)의 노력과 뜨거운 성의를 가져야 하겠습니다. 〈중략〉 비노니 우리 2천만의 형제여, 같이 힘쓰십시다.

창간호에서 홍난파는 창간사 이외에도 필명을 이리저리 바꾸어가며 「음악이란 하오/洪永厚」,「인문발달의 3대 시기/Y,H,生」,「음악상의 신지식/蘭坡」,「부슬비 오는 밤/쏠파生」,「서울계신 K형께/ㄷ,ㄹ,ㅁ」,「금패의 행방/都禮美」,「바람과 빗/ㅎ,ㅇ,ㅎ」, 그리고 도스토예프스키 원작의 소설 「POOR FOLK」를 번역해서 「사랑하는 벗에게/도뤠미生」으로 연재했다.

제2호에서 홍난파는 「권두소언」,「창가유희의 교육상 효능/洪永厚」,「사랑하는 벗에게/도스토예프스키 作, 도뤠미生 譯」,「음악일화/蘭坡生」,「월광의 곡/秋江生」)을 발표했는데, 그는 권두소언에서 "지난 봄 3월에 명색이 창간호라고 꼴답지 못한 것이 한번 출생한 후에 주위의 사정과 내외의 형편이 어찌할 수 없이 무정하게도 우리 삼광아(三光兒)의 발육을 저해했습니다."라는 표현으로 잡지 발행의 어려움을 표현했다. 독자들에게는 모처럼 발행한 삼광잡지가 없어질 위기에서 회생한 것만으로도 기특히 여기며 애독하고 성원해 줄 것을 호소했다. 제3호에 홍난파는 「음악상 음의 해설/洪永厚」, 「빈인/도스토예프스키 作, 도뤠미生 譯」, 「석왕사유기/蘭坡生」, 「처녀혼/都禮美」 등의 글을 썼는데, 이처럼 그는 음악이론, 번역, 기행문, 창작소설 등의 다양한 장르를 넘나들며 문필가로서의 면모를 과시하고 있다.

또, 이 잡지에서는 '질의응답' 부분을 두어 독자들의 질문을 받았는데, 그 답변으로 박자, 음색, 오페라 등 당시로서는 생소했을 음악 관련 용어를 풀이해주고 있다. 이는 단지 예술을 즐기면 되는 것이라는 차원을 넘어 학문으로서의 음악 지식을 널리 보급하겠다는 홍난파의 다짐이 낳은 결과일 것이다.

4) 편집 특성

창간호는 5×7판 크기에 39면으로 구성되었으며, 정가는 20전이었다.

창간호 표지를 장식한 인물은 작곡가 바그너Wilhelm Richard Wagner, 1813~1883)였다. 맨 위에 제호를 굵은 붓글씨체로 올려놓고 그 아래 '창간호'임을 밝힌 다음 바그너의 초상화를 한가운데 배치했다.

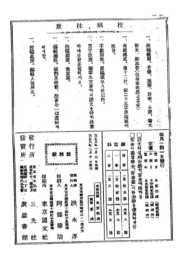

5) 창간 의의

《삼광》이 갖는 가장 큰 의미는 우리나라 최초로 음악 위주의 예술잡지를 표방했다는 점이다. 이는 당시 동경음악학교에 재학 중이던 홍난파의 남다른 열정 때문에 가능했을 것이다. 그는 본명 홍영후를 비롯하여 난파, 난파생, YH생, ㅎㅇㅎ, 도레미생, ㄷㄹㅁ, 도레미(都禮美) 등의 필명으로 여러 편의 글을 썼다.

한편, 홍난파는 동경에서 《삼광》의 창간호를 1919년 2월 10일에 발행한 이후 제2호를 1919년 12월 28일에, 그리고 제3호를 1920년 4월 15일에 각각 발행했는데, 여기서 눈에 띄는 대목은 우리나라 최초의 문예 동인지라고 알려진 《창조》의 창간일이 1919년 2월 1일이므로 그로부터 불과 9일 후에 홍난파가 이 잡지를 창간했다는 점이다. 논문이나 문학작품에 있어서 습작에 지나지 않지만, 우리나라 최초의 예술전문지이고, 특히 어떤 의미로는 음악전문지의 효시라는 점과 뒷날 음악가로 이름난 홍난파의 논문과 문학작품이 게재되어 있다는 점에서 그 의의가 더욱 크다.

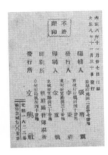

1) 창간 배경

《서광》은 1919년 11월 30일에 창간된 월간 종합잡지이며, 1921년 1월 18일 통권 8호로 종간되었다. 그리고 잡지 《청년》과 통합하여 '청년'으로 제호가 변경되어 명맥을 유지했다. 계몽을 목적으로 창간한 잡지로서 문학작품들은 거의 다루지 않았으며, 대부분 논문과 잡조 혹은 수필로 지면을 구성하였다.

2) 관련 인물

간기면을 보면 창간호의 편집인은 장응진(張膺震, 1890~1950), 발행인은 이병조(李秉祚), 인쇄인은 김중환(金重煥), 인쇄소는 조선복음인쇄소(朝鮮福音印刷所), 발행소는 문흥사(文興社)였다. 편집인은 제1호에서 제5호까지는 장응진이, 제6호부터 제8호까지는 이병조가 담당했다. 당시 편집인 겸 주필을 맡았던 장응진은 휘문고보(徽文高普) 학감(學監)이었으며, 필진 중 상당수가 휘문고보와 관련이 있었다. 주요필진으로는 장응진을 비롯하여 김윤경(金允經), 노자영(盧子泳), 박달성(朴達成), 박종화(朴鍾和), 신종석(愼宗錫), 이돈화(李敦化), 이병도(李丙燾), 이서구(李瑞球), 임경재(任璟宰), 홍병선(洪秉璇), 홍영후(洪永厚), 황석우(黃錫禹) 등이 참여했다. 이로써 잡지 《서광》은 휘문고보 인맥과 밀접한 관계가 있음을 알 수 있다.[78] 실제로 휘문고보 재학생 및 졸업생들이 중심이 되어 만들어진 단체인 '문우회(文友會)' 회원들이 《서광》의 필진으로 다수 참여하고 있다.

3) 주요 내용

창간호에 실린 창간사에 따르면 《서광》의 창간 목적을 "우리 반도 암운(暗雲) 중 일개의 효성(曉星)이 되어 일(一)은 우리 청년학생의 전진을 계시(啓示)하기에 휘광(輝光)을 발하며, 일(一)은 신지식 신사상을 고발(鼓發)하여 사회 진운(進運)에 만분일(萬分一)을 공헌함에 유(有)하고자"라고 밝히고 있다. 또한, 창간호에는 산업계, 학계, 언론계, 종교계를 대표하는 사회명사 41명이 찬조원으로 참가한 명단이 실려 있다.

한편, 《서광》의 내용에 따른 편집체제를 살피면 크게 세 가지 특징이 발견된다.[79]

첫째, 창간호부터 《서광》의 주요 의제가 청년 담론임을 알 수 있다. 창간호에 실린 「신시대를 환영함」, 「조선청년의 무거운 짐」 같은 글을 비롯하여 제2호의 「현대청년의 가치」, 「청년의 자각을 절규함」, 제4호에 실린 「우리의 행복과 책임을 논하여서 청년동무에게 고함」 등의 글이 그 증거이다.

둘째, 편집체재는 크게 논설과 문예로 나눌 수 있는데 논설은 사회와 진보, 학문의 본질, 결혼이나 가정 문제, 농촌 문제, 자연과학 상식, 문화, 종교 등 다양한 분야를 다루었다.

셋째, 문예면에는 한시(漢詩), 수필, 시, 소설 등이 실렸는데, 외국문학 관련 소식도 간간히 보인다. 특히 《서광》 제7호에는 박종화, 노자영, 김동인 등의 이름이 보인다.

결국 주요필진의 교유(交遊) 관계를 염두에 둔다면 《서광》은 동호인들의 동인지와 같은 성격이 강한 잡지라고 볼 수 있다.

---

78 문화재청(2010), 『근대문화유산 신문잡지분야 목록화 조사연구보고서』, pp.89~91 참조.
79 문화재청(2010), 앞의 자료, pp.89.

4) 편집 특성

창간호의 표지를 보면 머리에 왕관을 쓴 청년이 횃불과 장검을 들고 있는데, 그 청년의 뒤편에서 빛이 쏟아지는 이미지로 구성되어 있다.

5) 창간 의의

《서광》은 다른 월간 종합잡지와는 달리 문학작품은 거의 다루지 않았다. 가령 소설로 주목할 만한 것은 창간호에 실린 정지용(창간 당시 경성휘문고등보통학교 2년생)의 「삼인(三人)」 정도다. 이처럼 《서광》은 대중계몽을 목적으로 한 시사종합지로서 특히 3·1운동 이후 가장 먼저 나온 종합지라는 의의를 지니고 있다. 나아가 3·1운동 이후 대중들의 새로운 문화적 욕구와 청년들의 문학적 열정을 담아냄으로써 이후에 나타나게 되는 《백조》 같은 잡지의 출현을 도운 잡지로서 갖는 의미가 있다.

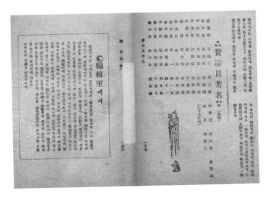
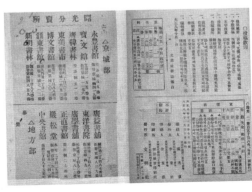

1) 창간 배경

천도교 청년회가 개벽사(開闢社)에서 1920년 6월 25일 창간한 잡지이다. 당시 천도교는 항일운동과 신문화운동을 활발히 전개하고 있었으며, 이 같은 취지에 따라 민족문학 수립과 민족전통 문화유산 확립을 기본으로 언론·학술·종교·문예를 다루는 종합 월간지를 발간하기로 하고, '후천개벽사상'에서 이름을 따 '개벽사'를 창업하고 잡지 《개벽》을 발행하게 된 것이다. 창간 이유는 "세계사상을 소개함으로써 민족자결주의를 고취하며, 천도교사상과 민족사상의 앙양, 사회개조와 과학문명 소개와 함께 정신적·경제적 개벽을 꾀하고자 함"이라고 밝히고 있다.

창간 배경을 좀더 구체적으로 살펴보면, 1919년 9월 2일 천도교 청년지도자였던 이돈화, 박달성, 이두성 외 제씨의 발기로 언론기관인 '개벽사'의 창립발기회가 조직되었고, 이에 평북 박천의 유지 최종정(崔宗禎)과 변유항(邊有恒) 두 사람의 기부로 경영자금이 마련되었다. 그리하여 1920년 1월 8일 이두성 명의로 신문지법(新聞紙法)에 따라서 조선총독부에 허가원을 제출하였다. 1920년 5월 22일에 발행허가를 받았고 그 지령서는 6월 1일에 교부되었다. 잡지의 내용을 언론·종교·문예·학술에 한정하면서 신문지법에 의해 잡지 발행을 허가받은 것은 조선인으로서는 《개벽》이 효시였다. 이후 개벽사는 6월 8일 《동아일보》에 창간을 알리는 "월간잡지 개벽은 조선문화의 발전을 자책하고 처음으로 출세하였으니 조선은 이로부터 개벽이 됩니다. 개벽의 정신은 신조선의 정신이요, 개벽의 생명은 신조선의 생명이외다."라는 내용의 광고를 싣고, 같은 달 25일 《개벽》을 창간했다.[80]

한편, 창간호는 발간과 동시에 표지(호랑이 그림)와 「금쌀악」·「옥가루」등 몇몇 기사가 문제가 되어 일제에게 전부 압수되고 말았다. 이에 문제가 된 기사를 삭제하고 호외(號外)를 냈으나 이것마저 압수되어 다시 임시호(臨時號)를 발행하였다. 그 뒤에도 시련은 계속되었고, 결국 1926년 8월 1일 통권 제72호(8월호)를 끝으로 일제에 의하여 강제로 폐간되었다. 폐간될 때까지 발매금지(압수) 40회 이상, 정간 1회, 벌금 1회 등 많은 압력과 박해를 받았으며, 그로 인한 경영난도 심각하였다.

1934년 11월 차상찬(車相瓚)이 《개벽》을 속간하여 제1호부터 제4호까지 내었으나, 1935년 3월 1일 다시 폐간되었다. 그러나 이것은 이전의 《개벽》과 성격을 같이 하는 것은 아니었다. 광복 후 1946년 1월 김기전(金起田)이 발행인 겸 편집인으로 『개벽』을 복간하여, 1926년에 폐간된 『개벽』의 호수를 이어 제73호부터 시작하여 1949년 3월 25일(통권 제81호)까지 모두 9호를 발행하고 자진 휴간하였다.

2) 관련 인물

간기면을 보면 사장 최종정, 편집인 이돈화(李敦化), 발행인 이두성(李斗星), 인쇄인 민영순(閔泳純), 인쇄소는 신문관(新文館)으로 기재되어 있다. 사무실은 서울 송현동 34번지 천도교 경성교구 내에 마련했다. 1934년 11월 속간호 《개벽》 발행 당시 편집 겸 발행인은 차상찬(車相瓚), 인쇄인은 김용규(金容圭)였다. 또 해방 후 복간호의 편집 겸 발행인은 김기전(金起田)이었으

나, 김기전이 북한에서의 천도교회 운영을 위해 월북한 이후 이응진(李應辰)으로 바뀌었다.

3) 주요 내용

창간사에서 "인민의 소리는 이 개벽에 말미암아 더욱 커지고 넓어지고 철저하야지리라"고 하면서 정신의 개벽과 사회의 개조를 적극적으로 주장한 개벽의 초창기에는 「인내천주의의 연구」(제1호~제8호), 「인내천주의의 창도자 최제우선생」(제20호), 「조선동학사상의 정체」(제21호) 등 천도교적 색채가 전혀 없지는 않았으나 점차 그러한 색채가 탈각되어 갔다. 물론 《개벽》이 다른 잡지들이 불과 몇 호만 발간하다가 중단하는 단명에 그친 것과는 달리 장수를 할 수 있었던 원동력은 천도교라는 경제적 지주가 든든했기 때문이기도 하다. 천도교 지도자들은 이 잡지를 통해 신문화의 건설을 역설하고 교육과 산업의 발전이 급선무임을 절규하는 한편, 미신타파를 부르짖고 봉건의식의 청산을 주장하는 문명개화노선을 추구하였다.

또한, 《개벽》의 기사 영역은 종교·사상·정치·경제·산업·역사·천문·지리·문학·미술·음악·제도·기술·풍속·풍물·인물·시사 등을 아우르고 있으며, 현란하고 화려한 광고들에서 보듯이 유통되는 상품 및 근대문물 전체에 관심을 갖고 있을 정도로 종합지적인 개방성을 보였고, 이를 통해 성공적으로 대중에게 다가설 수 있었다. 특히 천도교 조직사업의 일환으로 발행했던 잡지임에도 종교적인 글이 별반 실리지 않았던 반면, 다른 신문과 잡지와 비교해보더라도 문예작품에 대한 지면 할애가 두드러졌다는 점은 이것을 잘 보여준다.

《개벽》은 또한, 1900년대 당시 계급주의적 경향문학을 지향하던 신경향파 초기의 작가들을 많이 배출하여, 지면의 상당 부분에 그들의 작품을 게재하였다. 김기진(金基鎭)·박영희(朴英熙) 등의 평론가, 조포석(趙抱石)·현진건(玄鎭健)·김동인(金東仁)·이상화(李相和)·염상섭(廉想涉)·최서해(崔曙海)·박종화(朴鍾和)·주요섭(朱耀燮) 등의 작가들이 주로 《개벽》을 무대로 작품 활동을 하였으며, 김유정(金裕貞)도 단편소설을 1편 발표하였다. 그밖에 노수현(盧壽鉉)·김은호(金殷鎬)·이상범(李象範)·오일영(吳一英)·김응원(金應元)·고희동(高羲東) 등의 그림도 자주 소개하였고, 강암(剛菴)·운양(雲養)·성당(惺堂)·석정(石汀)·긍제(兢齊) 등의 서예도 소개하였다.

4) 편집 특성

창간호는 5×7배판 크기로 발행되었다. 창간호 표지는 조선을 상징하는 호랑이가 지구 위에서 힘차게 포효하는 그림으로 장식하여 신문화 운동을 바탕으로 조선인을 계몽하고자 했던 잡지의 이상을 잘 표현하고 있다. 전체 지면의 약 3분의 1을 문학과 예술면으로 할애하여 소설·시조·희곡·수필·소설이론·그림 등을 게재하였고, 문체는 국한문혼용체를 썼다.

5) 창간 의의

민족항일기의 《개벽》은 일제의 정책에 항거하여 정간·발행금지·벌금, 그리고 발행정지 등의 가혹한 처벌을 감수하면서까지 민족의식 고취에 역점을 둔 대표적인 종합잡지로서 그 의미가 매우 크다. 원래 신문지법에 의해 발행된 《개벽》은 일제당국의 검열 정책으로 인해 기사가 삭제되거나 잡지 자체가 발매금지 당하는 일을 여러 차례 겪었다. 그때마다 《개벽》의 담당자들은 권두언이나 편집후기 등을 통해서 이 사실을 알리거나 항의했고, 호외호와 임시 호를 수시로 발행함으로써 이에 맞섰다.[81]

그뿐만 아니라 문예잡지 못지않게 문학 이론의 전개, 문학작품의 발표, 외국 문학의 소개, 신인 발굴 등 다각적인 배려를 함으로써, 1920년대 문학창달에 기여한 바가 커서 이 시기 문학 연구에 귀중한 문헌적 가치를 지니고 있다.[82]

우선, 우리 문학사(文學史)에서 《개벽》이 차지하는 비중을 주목하지 않을 수 없다. 김기진, 나도향, 박종화, 염상섭, 이기영, 현진건 등 한국 문학사에서 중요한 위치를 차지하는 다수의 작가들이 《개벽》의 문예란을 통해 등단했다. 이를 통해 한국 현대문학의 전통이 형성되었다고 해도 과언이 아닐 것이다. 또한, 《개벽》은 한국 문학사에서 기존의 낭만주의 및 자연주의 경향의 문학 활동을 비판하며 형성된 '신경향파 문학'의 주요 무대이기도 하였다.

이처럼 《개벽》은 1920년대 전반기 우리 사회의 문화, 예술을 선도하였으며, 특히 문학에 있어 동인지 문학을 벗어나 본격문학에 접근하는 결정적 매체 역할을 하였다. 출판문화 측면에서도 본격적인 잡지의 시대를 열었다고 할 수 있다. 문학사 측면에서는 문학의 대중화 및 개방성에 크게 기여했으며, 세칭 '신경향파' 문학을 탄생시켰고, 리얼리즘문학의 산실이기도 했다. 그러나 무엇보다도 중요한 것은 김소월의 「진달래꽃」부터 이상화의 「빼앗긴 들에도 봄은 오는가」에 이르기까지 우리가 기억하는 한국문학의 명작들이 모두 《개벽》을 통해서 발표되었다는 사실이다.[83]

---

81   국립중앙도서관 편(2016), 『한국근대문학해제집Ⅱ-문학잡지(1896~1929)』, p.94.
82   한국민족문화대백과사전 [개벽]
83   문화재청(2010), 『근대문화유산 신문잡지분야 목록화 조사연구보고서』, p.258.

〈참고〉《개벽》의 역사적 의미[84]

《개벽》은 1920년대 6월부터 1926년 8월(통권 72호)까지 6년간 매호 8,000~9,000부를 발행하였고, 평균 7,000부 이상의 판매량을 자랑하던 1920년대 전반기 가장 영향력 있는 잡지였다. 발행 금지 처분으로 1926년에 강제로 폐간되었던 《개벽》은 1934년 11월에 속간호가 발간되었지만, 4개월 만인 1935년 3월호(통권 4호)를 끝으로 더 이상 발간되지 않았다. 해방 이후인 1946년 1월에 다시 《개벽》의 복간이 이루어졌지만, 역시 제대로 발행되지 못하고 1949년 3월호(통권 9호)를 끝으로 폐간되었다.

《개벽》의 창간은 천도교 청년회를 중심으로 진행되었다. 천도교 청년회의 이돈화(李敦化, 1884~?)를 중심으로 방정환, 김기전, 박달성, 조기간, 차상찬, 이두성, 박래홍, 김옥빈, 박사직 등이 개벽의 창간을 위해 모였지만, 잡지의 발행을 위해 설립한 출판사인 개벽사(開闢社)에는 이들 중 일부만이 참여하였다. 《개벽》 창간호의 발간 당시 개벽사의 정식 사원은 사장 최종정, 편집인 이돈화, 발행인 이두성(李斗星), 인쇄인 민영순(閔泳純)을 비롯하여 강인택, 김기전, 노수현, 박달성, 박용희, 방정환, 현희운 등이었다. 개벽사의 핵심 간부들은 모두 천도교 청년회 간부들이었다.

1920년대까지 천도교는 일제 시기 대표적 종교이자 민족운동 세력 중의 하나였다. 초창기 《개벽》에 실린 다수의 글도 천도교 청년회 간부이자 개벽사의 직원인 이돈화, 박달성, 김기전 등이 집필하였다. 그러나 《개벽》의 기사 중에서 천도교의 교리에 관한 것은 매우 드물었다. 개벽은 각종 주제에 관한 논설과 문학과 잡문 등이 실린 대중 종합지였다. 그리고 《개벽》의 필자들도 점차적으로 다양화되면서, 다양한 주제들이 『개벽』에 실렸다. 이에 더하여 대중종합잡지를 위한 《개벽》의 노력은 대중들과의 소통 가능한 형태의 다양한 기획으로 구현되었다. 독자투고나 지방통신란의 신설, 조선 10대 위인 투표, 전래 동화 모집, 일종의 답사 보고서인 조선 13도호의 발간 등을 통해 대중에게 다가가기 위해 노력하였다. 이런 노력들이 모여서 《개벽》에 대한 대중의 호응을 이끌어낼 수 있었다. 뿐만 아니라 필자들이 논설과 만평을 통해 쏟아내는 현실 비판은 대중들의 많은 호응을 얻었고, 이는 《개벽》의 인기에 중요한 밑거름이 되었다. 실제로 논설은 1920년대 발간된 《개벽》의 전체 기사에서 문학과 잡문에 이어 세 번째로 많은 비중을 차지하였다. 논설의 내용은 대부분 사상 및 정치·시사

---

84 국사편찬위원회 우리역사넷 [개벽]

에 관한 것으로 식민지 현실의 다양한 문제가 논설을 통해 대중에게 전달되었다. 이처럼 개벽은 현실 개혁 혹은 민족 운동에 적극적이었다. 개벽의 전체적인 경향은 1923~1924년을 기준으로 구분될 수 있다. 앞 시기에는 '개조론' 혹은 '문화주의'와 관련한 내용이 많았다면, 이후에는 '계급주의'와 같은 사회주의와 관련한 글이 많이 소개되었다.

내용적으로 《개벽》은 창간 초기부터 문예란에 많은 비중을 두었다. 1920년대 발간된 《개벽》에서 문예란의 평균 비중은 약 33%이었으며, 1930년대의 《개벽》 속간호도 약 36%로 비슷한 비중을 문예란에 할애하였다. 한국 문학사에서 개벽이 차지하는 비중은 매우 컸다. 일례로 김기진, 나도향, 박종화, 염상섭, 이기영, 현진건 등 한국 문학사에서 중요한 다수의 작가들이 《개벽》의 문예란을 통해 등단하였다. 이를 통해 한국 문학의 전통이 형성되었다고 해도 과언이 아닐 것이다. 또한, 《개벽》은 한국 문학사에서 기존의 낭만주의 및 자연주의 경향의 문학 활동을 비판하며 형성된 '신경향파 문학'의 주요 무대이기도 하였다. 김기진의 「붉은 쥐」(1924년 11월호), 박영희의 「전투」(1925년 1월호), 「사냥개」(1925년 4월호), 이상화의 「빼앗긴 들에도 봄은 오는가」(1926년 6월호) 등 다수의 신경향파의 작품이 《개벽》에 실렸다.

현실 비판을 수반하는 기사들이 많이 실렸던 만큼 『개벽』은 발행되는 내내 검열에 시달렸던 것으로도 유명하다. 《개벽》에 대한 검열은 창간호부터 시작되었다. 《개벽》 창간호의 표지에는 호랑이가 그려져 있었는데 이것과 더불어 「금쌀악」, 「옥가루」 등의 몇몇 기사가 문제가 되어 일제 당국에 압수되었다. 문제가 된 표지와 기사를 삭제하고 호외를 냈지만 이것마저도 압수를 당하였다. 결국 《개벽》은 창간호를 다시 임시호로 발행할 수밖에 없었다. 우여곡절 끝에 창간호를 발행했지만, 검열 문제는 《개벽》 주체들이 "삼개월마다 반드시 한번씩 당한 일이라 새삼스럽게 놀라는 바도 아니"라고 할 정도로 《개벽》의 발행 기간 내내 따라다녔다. 1926년 8월 1일 통권 72호로 폐간되기까지 압수 및 발매 금지 37회 이상, 정간 1회, 벌금 1회의 탄압을 받았다. 결국 1926년 8월에 박춘우(朴春宇)가 쓴 「모스크바에 새로 열린 국가 농촌학원」이라는 사회주의 관련 글이 빌미가 되어 《개벽》은 발행 금지 처분을 받았다.

1) 창간 배경

《폐허》는 1920년 폐허사에서 시·소설·논설 등을 수록하여 창간한 문예 동인지이다. 1920년 7월 창간되어 1921년 1월에 통권 2호로 종간되었다. 1919년 동경에서 발행된 최초의 문예동인지 《창조》의 영향으로 염상섭(廉想涉), 오상순(吳相淳), 황석우(黃錫禹) 등이 모여 만든 문학동인회에서 발행하였다. 광익서관 주인인 고경상(高敬相)이 출판자금을 전담하여 간기면에는 편집 겸 발행인으로 표기되어 있지만, 실제 편집은 김억(金億)과 황석우가 맡았다. 2호는 1921년 1월에 남궁 벽(南宮璧)이 편집을 맡고 이병조(李秉祚)를 발행인으로 하여 신반도사에서 간행되었는데 그것으로 종간되었고, 1924년 2월에 염상섭이 《폐허이후》를 발행한 바 있다.

《폐허》의 제호는 독일시인 실러(Schiller, J. C.)의 시구(詩句)에서 인용한 것이다. 창간호 128쪽에 의하면 "넷 것은 멸(滅)하고, 시대는 변(變)하였다. 내 생명은 폐허(廢墟)로부터 온다."는 실러의 시구에서 취했다고 한다. 후기에 "우리가 황량낙막(荒凉落寞)한 조선의 예원(藝苑)을 개척하여 거기다 무엇을 건설하고 부활하고 이식하여 백화난만한 화원을 만들어놓으면, 그것이 세계예원(世界藝園)의 내용, 외관(外觀)을 더 풍부하게 하는 것이 아닌가."라고 했는데, 이 또한 이 잡지를 발행한 취지라고 할 수 있다.

2) 관련 인물

편집·발행인은 고경상이며, 폐허사에서 간행하였다. 동인은 시에 김억·남궁 벽·오상순·황석우·변영로(卞榮魯)이고, 소설에 염상섭·이익상(李益相)·민태원(閔泰瑗)이다. 그 밖에 기고자는 나혜석(羅蕙錫)·김원주(金元周)·이혁로(李赫魯)·김찬영(金瓚永) 등이 있다.

김만수(金萬洙)는 철학 전공으로 취지에 동조하여 자택을 개방하고 폐허사 간판까지 붙였다(적선동, 곧 염상섭 출생 직전까지의 생가). 창간호는 주인 고경상이 1,000부를 발행하였고, 2호는 이병조가 신반도사(新半島社)에서 발행하였다.

3) 주요 내용

작가 염상섭이 창간사 「폐허에 서서」를 썼으며, 황석우는 시편 「석양은 꺼지다」와 함께 「일본시단의 2대 경향」이라는 평문을 발표했으며, 김억은 「베를렌시초」를 번역해서 실었다.

창간호의 목차를 보면, 소설은 민태원의 「어느 소녀」 한 편뿐이고, 시에 있어서도 염상섭 황석우, 이혁로 세 사람에 그치고 있으며, 나머지 대부분은 수필류이다. 그런 점에서 창간호는 본격적인 문예지로서는 조금 아쉬움이 있다. 그러나 오상순의 「시대고와 그 희생」은 아래에서 보는 것처럼 어둡고 괴로웠던 당대 지식인들의 심정을 대변한 명문장으로 유명하다.[85]

우리 조선은 황량한 폐허의 조선이요, 우리 시대는 비통한 번민의 시대이다. 이 말은 우리 청년의 심장을 짜개는 듯한 아픈 소리다. 그러나 나는 이 말을 아니 할 수 없다. 엄연한 사실

---

85 한국민족문화대백과사전 [폐허]

이기 때문에 소름이 끼치는 무서운 소리나 이것을 의심할 수 없고 부정할 수도 없다.

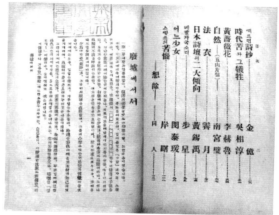

4) 편집 특성

창간호는 5×7판 크기에 130쪽 분량으로 발행되었으며, 발행부수는 1,000부였다. 창간호 및 제2호, 그리고 《폐허이후》에 이르기까지 표지를 보면 비슷한 시기에 등장한 다른 잡지들과 비교했을 때 별다른 장식이나 기호 없이 표제 글자만 부각됨으로써 표제에 대한 특별한 느낌이 든다.

5) 창간 의의

《폐허》는 《창조》, 《백조》 등과 함께 1920년대 '동인지 문학' 시대를 만들어낸 잡지로서 그 의의가 크다. 동인지는 주로 일본 유학생 출신의 문인들이 만든 전문 문예잡지로서, 서구와 일본을 거쳐 한국으로 들어온 새로운 사상과 문예사조를 소개하고 또 한국적으로 소화함으로써 한국 근대문학의 본격적인 출발점이 되었다.[86]

앞서 살핀 것처럼 《폐허》의 제호는 독일시인 실러의 "옛것은 멸하고 시대는 변하였다. 새 생명은 폐허로부터 온다."는 시구에서 따온 말이다. 이로써 폐허파의 사상적 성격과 문학적 경향을 가늠할 수 있는데, 그것은 낡은 세계를 파괴하고 새로운 세계를 건설하자는 아나키즘

---

86 국립중앙도서관 편(2016), 앞의 자료, p.98.

사상이었고, 낭만주의 · 이상주의 · 상징주의 등의 예술적 지향이었다.[87] 따라서 《폐허》의 문학성을 퇴폐주의적인 것으로 규정짓는 것은 위험한 일이다. 실제에 있어 동인 중에는 퇴폐적 경향의 정반대에 서 있었던 사람도 있기 때문이며, 특히 《폐허》의 하나의 경향으로 '퇴폐'를 거론한다면 몰라도 그 전체를 그렇게 보아서는 안 될 것이다. 아무튼 잡지 《폐허》는 어느 한 시기 문학청년들의 동인지였기 때문에 중요한 것이 아니라 나라를 빼앗기고 3 · 1운동까지 실패한 절망적 역사현실에서 "폐허로부터 새 생명을 찾"고자 꿈꾸고 노래했던 역사이기 때문에 중요한 것이다.[88]

한편, 우리 문학사에서 이들을 '폐허파'라 하고, 그 문학적 경향을 퇴폐주의라 한다. 창간을 전후하여 3 · 1운동의 실패로 인한 실망과 경제적 파탄, 지식인의 실업사태 등으로 인한 불안에 겹들여 서구의 세기말적 사상의 영향으로 희망을 잃고 의지할 지주를 잃은 젊은지식인을 휩쓴 당시의 퇴폐적 분위기의 소산이었다. 오상순은 「시대고(時代苦)와 그 희생」에서 "우리 조선은 황량한 폐허의 조선이요, 우리 시대는 비통과 번민의 시대이다."라고 하였다. 그러나 폐허파를 일률적으로 퇴폐주의라고 보기는 어렵고 일부 퇴폐주의적 경향을 띠고 있었다. 실제로 《폐허》에 발표된 이익상 · 김억 등의 견해는 오히려 퇴폐주의를 부정하고 있음을 볼 수 있다. 결국 《폐허》는 퇴폐주의 · 감상주의나 이상주의 · 낭만주의 등 여러 요소가 혼합된 양상을 보이고 있다.[89]

〈참고〉《廢墟以後(폐허이후)》[90]

《폐허이후》는 염상섭(廉想涉)이 주재하여 만든 문예잡지로, 편집인 염상섭, 발행인 아놀드, 인쇄인 김병익, 인쇄소 대동인쇄주식회사, 발행소 폐허이후사, 총발매소 중앙서림으로 되어 있다. 시나 소설 작품은 물론 외국문학 소개나 평론도 실었던 《폐허》와 달리 《폐허이후》는 염상섭의 소설 「잊을 수 없는 사람」, 김정진(金井鎭)의 희곡 「기적불 때」, 현진건(玄鎭健)의 소설 「그리운 흘긴 눈」 등이 실려 있다. 이밖에 오상순 · 홍명희(洪命熹) · 주요한(朱耀翰) · 최남선 · 변영로(卞榮魯) · 김형원(金炯元) · 김명순(金明淳) · 김억(金億) · 조명희(趙明熙) · 정인보(鄭

---

87 국립중앙도서관 편(2016), 앞의 자료, pp.97~98.
88 문화재청(2010), 앞의 자료, p.262.
89 한국민족문화대백과사전 [폐허]
90 국립중앙도서관 편(2016), 앞의 자료, pp.98~99.

寅普) 등의 소설, 시, 시조, 번역소설 등이 실려 있다.

염상섭이 주재한 잡지이자 표제 때문에 《폐허이후》는 동인지 《폐허》의 후신으로 알려지기
도 했다. 그러나 《폐허이후》는 1922년 12월 한국 근대문인들의 첫 번째 조직 '조선문인회'
와 그 기관지 《뢰네쌍쓰》(1923.4.)와의 관계 속에서 이해할 수 있다. '조선문인회'는 이병도,
염상섭, 오상순, 황석우, 변영로 등이 참가했고, 장차 외국 동지와 교섭이 있을 것이므로 '조
선'이라는 두 글자를 붙였다고 한다. 조선문인회는 기관지 《뢰네쌍쓰》를 내고 이후 《폐허이
후》를 발간한 것 말고는 특별한 활동이 없었다. 조선문인협회는 한국 최초의 문인조직으로
서 문인들의 권익 보호를 위한 이익집단적 성격을 가지고 있었지만, 문화생활상 문예운동을
통해서 "최선의 사상을 창출하고 민중을 교화하는 운동으로서의 성격"을 띤 조직으로 봐야
한다는 견해도 있다.

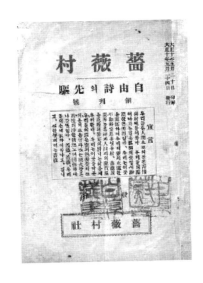

1) 창간 배경

우리나라 최초의 시 전문 잡지로, 상아탑(象牙塔) 황석우(黃錫禹)가 주재하여 장미촌사(薔薇村社)에서 1921년 5월 24일에 창간하였다. 황석우는 이보다 앞서 김억과 함께 《폐허》 창간호를 주재했다가 곧바로 거기서 손을 떼고 《장미촌》을 간행한 것이다.

이 잡지가 창간호만 내고 종간된 것은 재정상의 문제와 더불어 황석우의 일본 유학, 그리고 동인들이 바라는 지속적인 지향점과 목표의 혼미 그리고 무엇보다도 집단정신이 결여되었기 때문이다.[91]

2) 관련 인물

발행인은 변영서(邊永瑞)이고 편집인은 황석우로 되어 있다. 여기서 발행인으로 표기되어 있는 '변영서'는 미국인 선교사 '필링스'라는 인물로, 그 당시 외국인을 내세우면 잡지의 발행허가가 수월했기 때문이었으며, 실제 창간 과정에서 주도적인 역할을 한 사람은 황석우였다.

---

91 국립중앙도서관(2016), 앞의 자료, p.100.

동인으로는 변영로(卞榮魯)·오상순(吳相淳)·박종화(朴鍾和)·박인덕(朴仁德)·노자영(盧子泳)·박영희(朴英熙)·정태신(鄭泰信)·이훈(李薰)·신태악(辛泰嶽) 등이 있는데, 이들 중 변영로·오상순·황석우는 《폐허》 동인이었고, 박종화·박영희·노자영 등은 후에 《백조》 동인으로 참여했다.

황석우는 1916년 동경에서 《근대사조》를 창간호로 마치더니 1920년에는 서울에서 낸 《장미촌》 또한 창간호로 종간을 맞은 비운의 주인공이 되었다.

3) 주요 내용

창간호의 표제 밑에 붙인 '자유시(自由詩)의 선구(先驅)'란 부제는 주재자인 황석우가 이전부터 주장해온 시론(詩論)의 일단을 반영한 것이기도 하다. 실제로 황석우가 쓴 권두의 「선언(宣言)」에서 그는 다음과 같이 쓰고 있다.(현대어 표기로 고침)

우리들은 인간으로서의 참된 고뇌의 촌에 들어 왔다. 우리들의 밟아 나가는 길은 고독의 끝없이 묘막(渺漠)한 설원(雪原)이다. 우리는 이곳을 개척하여 우리의 영(靈)의 영원한 평화와 안식을 얻을 장미촌의 훈향(薰香) 높은 신과 인간과의 경하(慶賀)로운 화혼(花婚)의 향연(饗宴)이 얽히는 촌을 세우려 한다.

권두의 「선언(宣言)」에 이어 창간사에 해당하는 변영로의 「장미촌」이라는 글이 실려 있는데, 여기서 변영로는 "극도로 곤비(困憊)한 인간의 영혼은 쉬지 않고 정신의 은둔소(隱遁所)를 찾는 것이다. 그리하여 인간의 의식과 감각은 차차로 볼 수 있는 세계에서 볼 수 없는 세계에, 즉 물질세계에서 정신세계에 나아가 보지 못했던 형상에 목(目)을 당(瞠)하며, 듣지 못하던 음향에 이(耳)를 징(澄)하며, 훈향(薰香)에 비(鼻)를 장(張)하는 것"이라고 하며 "정신의 세계요 시의 왕국인 장미의 촌으로 찾아가자!"고 설파하고 있다.

그밖에 「장미촌의 향연」(황석우)·「장미촌의 제1일의 여명」(황석우)·「최후의 고향」(又影)·「생과 사」(槿圃)·「피어오는 장미」(春城)·「적(笛)의 비곡(悲曲)」(懷月)·「우유(牛乳)빛 거리」(月灘)·「콜넘버스」(朴仁德 譯)·「신월(新月)의 야곡(夜曲)」(李虹)·「춘(春)」(李薰) 등이 실려 있고, 권말의 「동인의 말」에서는 동인들의 동정(動靜)을 알리고 있다.

4) 편집 특성

창간호는 5×7판 크기에 24쪽 분량으로 발행되었다. 글쓴이들을 보면 지금도 제대로 알려지지 않은 인물들, 예컨대 박인덕, 정태신, 신태악, 이훈, 이홍 등의 이름이 보인다. 한편, 참여문인의 이름 중에 오상순이 있지만 글은 보이지 않는데, '동인의 말'에 따르면 사고(事故)로 부득이 시를 싣지 못했다고 한다.

5) 창간 의의

《장미촌》은 24쪽짜리 소책자로, 창간호밖에 나오지 않았다. 그럼에도 그것이 우리 근대 문학사에서 중요한 의미를 띠는 이유는 우리나라 최초의 시 전문지라는 데 있고, 또 그 동인들의 활동이 그만큼 문학사에 크게 기여했기 때문이다.

우선 《장미촌》도 1920년대 문예지들이 지닌 결함과 혼잡성을 그대로 가지고 있었던 것으로 평가된다. 황석우는 기성과 신인을 막론하고 후진들에게 많은 영향을 미쳤다. 그는 일본 상징주의 시에 심취하여 그것을 번역했는데, 그의 시에 나타난 분위기나 어휘가 상당 부분 일본 상징주의 시와 일치하고 있다. 또한, 이 잡지는 창간호가 종간호가 되는 바람에 그 결실을 보지는 못했으나 문호를 개방함으로써 신인 발굴을 시도했다는 점, 《폐허》와 《백조》를 잇는 교량 역할을 했다는 점에서 시사적(詩史的) 의미가 있다. 또한 《장미촌》을 중심으로 모였던 문인들은 다시 제각각의 세계를 키우면서 다음 세대 문단의 주류로 성장하게 되었다.[92]

---

92 국립중앙도서관(2016), 앞의 자료, p.102.

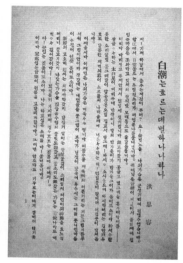

1) 창간 배경

1920년대 배재학당(培材學堂)과 휘문의숙(徽文義塾) 출신의 문학청년들이 모여서 발행한 문예 동인지로, 1922년 1월 박종화(朴鍾和)·홍사용(洪思容)·나도향(羅稻香)·박영희(朴英熙) 등이 창간하였으며, 김덕기(金德基)와 홍사용의 재종형(再從兄)인 홍사중(洪思中)이 자금을 출자하여 설립한 문화사(文化社)에서 발행하였다. 발행 동기는 휘문의숙 출신의 박종화·홍사용과 배재학당 출신의 나도향·박영희 등의 문학청년들의 교류에서 비롯되었다. 3·1운동이 실패한 뒤 절망적 상황에서 신념이 통한 청년문사들이 모여 문예와 사상을 펼칠 수 있는 잡지를 만들고자 고민한 끝에 문예잡지《백조(白潮)》와 사상잡지《흑조(黑潮)》를 발행하기로 한 것이다. 그리하여《백조》를 먼저 창간하게 되었는데, 원래 격월간으로 계획했으나 발간 과정이 순조롭지 못하여 1922년 5월에 제2호, 1923년 9월에 제3호를 내고 종간되었다. 그리고《흑조》는 끝내 세상에 나오지 못한 채 묻히고 말았다.

2) 관련 인물

창간호 간기면을 보면 편집인은 '홍사용', 발행인은 '아펜젤러'로 표기되어 있으며, 컷·장정·표지는 안석주(安碩柱)와 원세하(元世夏)가 맡았다.

일제의 검열을 피하기 위해 발행인으로 외국인을 내세웠는데, 창간호는 당시 미국인 선교사이면서 배재학당 교장을 맡고 있던 아펜젤러(Henry Dodge Appenzeller, 배재학당을 설립한 헨리 G. 아펜젤러의 아들), 제2호는 보이스 부인(미국인 선교사), 제3호는 훼루훼로(망명한 러시아인) 등이었다.

창간 동인은 '홍사용, 현진건, 나도향, 박영희, 이상화, 김팔봉, 노자영, 오천석, 안석주, 원세하, 이광수, 박종화'의 12인이다. 동인의 면모를 대략 살펴보면, 배재학당 출신의 박영희, 나도향 등과 휘문의숙 출신의 박종화, 홍사용 등으로 구성되어 있음을 알 수 있으며, 다른 한편으로는 1919년 2월에 청년구락부에서 낸 《신청년》이란 잡지의 동인들과 비슷한 것을 알 수 있다. 박영희, 나도향, 오천석 등이 후자에 해당한다.

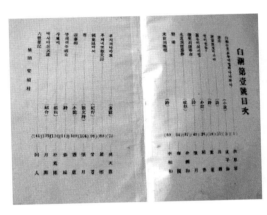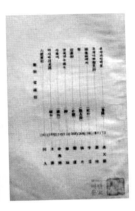

3) 주요 내용

《백조》에 실린 작품들을 살펴보면 대체로 시 분야의 활동이 활발했음을 알 수 있다. 주요 작품들은 시 분야에서 홍사용의 「백조는 흐르는데 별 하나 나 하나」(창간호)·「봄은 가더이다」·「나는 왕이로소이다」, 이상화(李相和)의 「나의 침실로」(제3호), 박영희의 「꿈의 나라로」(제2호)·「월광(月光)으로 짠 병실(病室)」(제3호), 박종화의 「흑방비곡(黑房悲曲)」(제2호)·「사(死)의 예찬(禮讚)」(제3호) 등이고 소설 분야에서 나도향의 「여이발사」(제3호), 현진건의 「할머니의 죽음」(제3호), 박종화의 「목매는 여자」(제3호) 등을 들 수 있다.

《백조》의 문학적 경향을 흔히 낭만주의적인 것으로 이야기하지만, 그것은 시 분야에 국한된 일이고 소설 분야에 있어서는 역시 당시의 유행하는 사조(思潮)인 자연주의적인 성격이 짙다. 당시의 동인지는 어느 뚜렷한 문학적인 주의나 사조에 의하여 뭉친 동인이기보다는 문학

동호인의 친교적 성격이 강하였던 만큼 무슨 주의 일색으로 보기는 어렵다.[93]

4) 편집 특성

창간호는 5×7판 크기에 144쪽의 분량으로 간행되었다. 잡지 표지의 그림은 이 잡지의 동인이자 화가였던 안석주와 원세하가 그렸다. 창간호 잡지 표지에는 청자 무늬 테두리를 배경으로 그 안쪽에 전통의상을 입고 생각에 잠긴 여성이 그려져 있으며, 속표지에는 나신(裸身)으로 바닷가에 앉아 있는 여인의 뒷모습과 이 여성을 내려다보는 아기천사의 삽화가 그려져 있다. 아마도 한국적 전통을 살린 삽화와 서구적 분위기의 삽화를 골고루 배치하려고 노력한 흔적인 것으로 보인다.

〈왼쪽부터 홍사용, 이상화, 나도향〉

---

93 문화재청(2010), 『근대문화유산 신문잡지분야 목록화 조사 연구 보고서』, p.264.

5) 창간 의의

《창조》, 《폐허》와 더불어 3대 문예동인지에 속하는 《백조》는 불과 1년 반 정도의 기간 동안에 통권 3호밖에 발행되지 못했지만, 그 속에는 우리 문학사에 빛나는 작품들이 많이 들어 있다. 이상화의 「나의 침실로」, 홍사용의 「나는 왕이로소이다」, 박종화의 「흑방비곡」 등 시문학 분야에서 큰 성과를 냈으며, 나도향, 현진건의 초기 단편들은 한국문학을 한 단계 끌어올린 명작들이다. 특별한 문학적 이념 때문에 모였다기보다는 친교적 성격이 강한 모임이었기 때문에 백조 동인 모두를 '퇴폐적 낭만주의'라고 단정해서는 안 될 것이다.[94] 시문학에서는 낭만주의 경향이 짙었던 게 사실이지만 소설 쪽에서는 자연주의적 경향이 뚜렷했다고 할 수 있다. 당시에는 조선의 모든 지식인, 학생들이 3·1운동의 실패로 인한 좌절과 허탈감으로부터 자유로울 수 없었기 때문에 《백조》 동인들 또한 그 범주에 속하지 않을 수 없을 것이다.[95]

---

[94] 특히 제3호부터 동인으로 합류한 김기진은 감성으로 충만한 《백조》 동인들을 '세기말적 근대병자'라고 비판한다. 이처럼 김기진의 시와 산문은 장차 박영희와 함께 투신하게 될 계급문학의 맹아를 담고 있다. 그런 점에서 《백조》는 직정적(直情的)인 감정의 표출부터 현실의 반영 및 변혁의지에 이르기까지 3·1운동 이후 한국 사회가 배태했던 문학적 상상력의 너비를 보여주는 잡지라고 할 수 있다. 국립중앙도서관 편(2016), 앞의 자료, p.105.

[95] 문화재청(2010), 앞의 자료, p.264.

1) 창간 배경

《동명》은 1922년 9월 3일 편집 겸 발행인에 진학문(秦學文), 감집(監輯)에 최남선(崔南善)으로 하여 창간되었으며, 신문관(新文館)에서 발행하였다. 제호는 고구려의 동명왕(東明王)에서 따온 것으로 추측되며, 이는 '동방이 밝아온다'는 뜻으로 겨레의 밝은 희망을 일깨우는 의미를 담고 있다. 아울러 "조선민족아 일치(一致)합시다. 민족적 자조(自助)에 일치합시다."라는 구호를 편집목표로 내걸었으며, 편집위원으로 염상섭(廉想涉)·권상로(權相老)·이유근(李有根)·현진건(玄鎭健) 등이 활약하였다. 1923년 6월 3일, 시대에 좀더 대응하고자 한다는 사고(社告)를 내고 일간신문으로 발돋움하기 위하여 제2권 23호(통권 40호)를 마지막으로 발전적인 해체를 하였다.[96]

《동명》은 표지 및 간기면에서 매주 일요일 발행한다고 밝히면서 스스로 '시사 주보', '동명 주보'라고 일컬었다. 그러나 적게는 한 달에 2회에서 많게는 5회씩 부정기적으로 간행되었다. 실제로 10개월 동안 1권은 1호부터 17호까지, 2권은 1호부터 23호까지 총 40호가 발간되었다.

---

96 한국민족문화대백과사전 [동명]

2) 관련 인물

《동명》은 진학문을 편집 겸 발행인으로 내세웠으나 실제로 잡지 발행을 진두지휘한 사람은 최남선이었다. 또 김동성, 변영로, 양건식, 염상섭, 홍명희, 현진건이 동인으로 참여해서 힘을 보탰다. 기실 《청춘》 폐간 이후 암중모색과 장고를 거듭하면서 최남선이 끝내 버리지 못했던 소망은 《청춘》을 복간하는 일이었다. 그러나 조선총독부의 태도가 요지부동이었기에 마침내 단념하지 않을 수 없었다. 결국 최남선은 1922년 여름에 신문관의 간판을 내리고 인쇄소만 남기기로 결심했다. 신문관은 전성기만큼 최고의 품질을 자랑하기 어려웠지만 여전히 인쇄물을 수주하거나 광고를 낼 정도는 되었다. 신문관은 1928년 무렵까지 인쇄소로서만 근근이 명맥을 유지했다. 그 대신 최남선은 동명사를 설립하고 신문지법에 의거해 주간지 《동명》의 발행 허가를 따냈다. 최남선이 1919년 삼일운동으로 투옥되었다가 1921년 10월 풀려난 뒤 처음 한 일이 동명사를 창립해 잡지 《동명》를 발행한 셈이었다.

3) 주요 내용

창간호는 2만 부를 발행하여 매진되었으며, 권두논문으로 「조선민시론(朝鮮民是論)」을 비롯하여 권덕규(權悳奎)의 「조선어문의 연원과 그 성립」, 설태희(薛泰熙)의 「조선은 오직 조선인의 조선」, 최린(崔麟)의 「공생활과 사생활」, 최남선의 「조선역사 통속잡화」 등의 글을 실었다. 특히, 「조선민시론」은 창간호부터 시작하여 10회 넘게 연재되는 동안 우리 민족의 대동 및 일치단결을 주문하였다. 필자는 이름을 남기지 않았으나 최남선의 글임을 짐작하기에는 어려움이 없다. 또한, 제1회 논설에는 김동성(金東成)의 시사만화까지 게재하였다. 그밖에 창간호에는 변영로의 창작시가 실렸으며 2호에는 변영만이 번역한 예이츠의 시 「천(天)의 직물(織物)」이 실렸다. 3호에는 현상윤의 「청년의 심리와 일전기의 필요」가 실렸다.

또한 창간호 표지에는 육당 최남선의 「조선역사강화(朝鮮歷史講話)」를 3호 이후에 연재한다는 예고문구가 실려 있는데, 실제로 3호에 실린 최남선의 글 제목은 '조선역사통속강화(朝鮮歷史通俗講話)'였다. 태극(太極)의 연원과 의미를 고찰하는 것으로 시작된 글은, 2권 9호까지 19회 연재되었는데, 선사시대의 석기 고분, 무형적 유물인 종교, 신화, 전설, 언어, 조선어, 불함문화(不咸文化), 언어와 문화, 이자(夷字) 등을 소재로 삼아 '조선학'의 필요성을 강조한 것이었다.

4) 편집 특성

5×7배판(타블로이드판) 크기에 신문 형태를 띤 잡지 형식을 취했으며, 24쪽(18쪽부터 광고)으로 발행되었다. 1면을 표지로 사용했는데, 제호 아래 계명성(鷄鳴聲)을 상징하는 그림으로 장식하였으며, 다시 그 왼쪽 아래에 해인사의 대장경 판목고(板木庫) 등 세계 각국의 명화와 국립기념비 등의 사진을 곁들였다. 본문은 5단으로 구성되었으며, 정가는 15전이었다.

1922년 9월 3일 창간 이래 매주 일요일마다 꼬박꼬박 발행된 《동명》은 타블로이드판 주간 잡지라는 보기 드문 형식으로 또 한 번의 실험을 감행했다. '동명'이라는 표제 위를 장식한 'Ex Orient Lux(빛은 동방에서)'는 창간 취지를 함축한 말이자 최남선의 속마음이기도 했다. 창간호부터 27호의 표지에는 매호 '조선 민족아, 일치합시다. 민족적 자조에 일치합시다.'라는 기치가 걸렸고, 28호부터는 내 일은 내가, 오늘 일은 오늘 한다는 뜻으로 '내 일 내, 오늘 일 오늘'이라는 표어로 바뀌었다.

5) 창간 의의

우선 시사성을 놓쳐서는 안 될 주간지이면서도 20면의 분량 안에 사상, 학술, 문예, 교육, 가정, 창작, 번역, 동화, 만화, 공모에 이르기까지 다채로운 영역을 꾸준히 소화해 낸 점은 《동명》의 공적이 아닐 수 없다. 또한, 이 잡지는 호를 거듭할수록 최남선의 개인적인 명망과 다채로운 편집으로 독자들의 사랑을 받았다. 애초에 신문지법에 따라 허가를 얻었기 때문에 각종 당면한 시사문제를 심층적으로 보도하고 논평할 수 있었다. 예를 들면, 일본 니가타현(新潟縣)에서 일어난 한국인 노무자의 학살사건을 상세히 보도한 것이라든가, 「인민을 위한 경관인가 경관을 위한 인민인가」라는 제목의 폭로기사를 게재한 것, 그리고 '동명평단'과 같은 단평란이 실린 것 등이 눈에 띈다. 문예작품도 게재하여 양백화(梁白華)의 「빨래하는 처녀」, 염상섭의 「E선생」 등 연재소설을 실었고, 여성을 위한 가정개량에 관한 글도 실었다는 점에서 종합지로서의 특성을 잘 지켜냈다.

특별히 《동명》의 발행에서 주목할 만한 것은, 이 잡지가 1923년 6월 3일에 통권 40호를 끝으로 종간되었지만, 이례적으로 자진해서 잡지사 문을 닫았고 미리 사고(社告)를 통해 알렸다는 점이다. 대부분의 잡지가 간행에 따른 어려움을 호소하면서 어쩔 수 없이 폐간했던 점에 비추어보면 매우 이례적인 일이 아닐 수 없다.

1) 창간 배경

1922년 11월 1일 조선지광사에서 장도빈(張道斌, 1888~1963)[97]이 창간한 사회주의 성향의

---

[97] 한성사범에서 교편생활을 하였던《황성신문(皇城新聞)》의 주필 박은식(朴殷植)의 소개로 1908년 봄《대한매일신보(大韓每日申報)》에 들어갔다. 21세에 논설위원이 되어, 8세 위의 신채호(申采浩) 및 양기탁(梁起鐸)과 함께 논진(필진)으로 일하였다. 입사 몇 개월 후 신병을 앓던 신채호의 후임으로 논설주필이라는 막중한 책임을 맡아, 당시 친일 내각과 친일 단체인 일진회(一進會)와 맞서 투쟁을 벌였으며, 한편으로 안창호(安昌浩)의 신민회(新民會) 비밀회원으로 가담하여 국권회복운동의 선봉에 섰다. 1910년 일제강점으로 신문사가 문을 닫을 때까지 보성전문학교(普成專門學校)를 다니면서(4회 졸업) 국사연구에도 몰두하였다. 1910~1912년 서울의 오성학교(五星學校) 학감으로 있다가, 1913년 노령(露領) 블라디보스토크로 망명하여 가까운 신한촌(新韓村)에서 다시 신채호를 만나고, 최재형(崔在亨)·홍범도(洪範圖)·이동휘(李東輝)·이상설(李相卨) 등 독립투사들과 교류하며, 보성전문학교 교수이던 이종호(李鍾浩)의《근업신문(勤業新聞)》에서 논설을 썼다. 1916~1918년 병고의 몸으로 귀국하여 평안북도 영변의 서운사(棲雲寺)에서 요양한 뒤 처음으로 민족혼을 일깨우는『국사』를 발간하였고, 이를 계기로 평안북도 정주의 오산학교(五山學校) 조만식(曹晩植) 교장의 초청을 받아 약 1년간 교사생활을 하였다. 1919년《동아일보》의 발간을 출원하여 허가를 받았으나 운영을 양도하고, 이어 한성도서주식회사를 허가내어 1926년까지 잡지《서울》·《학생계》·《조선지광(朝鮮之光)》을 발간하였다. 한편으로는 출판사 고려관(高麗館)을 설립하고『조선사요령(朝鮮史要領)』·『조선위인전(朝鮮偉人傳)』·『조선역사록(朝鮮歷史錄)』 등 많은 책자를 편찬하였다. 1927~1945년 고적답사를 통한 역사연구에 전념하였으며, 일제 말에는 총독부의

종합잡지이다. 통권 100호로 1930년 11월 종간되었다. 편집인 겸 발행인은 처음 장도빈이었다가 뒤에는 김동혁(金東爀)으로 바뀌었다. 초기에는 민족사상을 고취하면서 일제에 항거했으나, 점차 사회주의 색채를 띠게 되었다. 문학적인 면에서는 유진오(兪鎭午)·이효석(李孝石)이 소설 작품을 통해 참여했고, 시인 정지용(鄭芝溶)도 이 잡지를 통해 작품을 발표했으며, 임화(林和)의 경향적 작품「오빠와 화로」등이 발표되기도 하였다.

《개벽》과 마찬가지로 '신문지법'에 의해 발간되었기 때문에 시사 문제까지 다룰 수 있는 명실상부한 종합지로 1920년대 전반에《개벽》과 쌍벽을 이루기도 했다. 처음에 월간으로 발행하다가 제3호부터 주간으로 바뀌어 60호까지 발행된 후 다시 61호부터 월간으로 바꿔 종간호가 된 100호까지 발행되었다. 후신으로《신계단(新階段)》이 발행되었다.

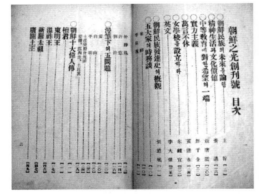

2) 관련 인물

간기면을 보면 편집 겸 발행인 장도빈, 인쇄인 양명수, 인쇄소 한성도서주식회사, 발행소

끈질긴 중추원참의 제의를 거부하고 심산에 은둔하였다. 1928년 발간한 『조선역사대전(朝鮮歷史大全)』은 식민사가들에게 경종을 울렸고, 『대한역사(大韓歷史)』를 통한 기자조선설(箕子朝鮮說)의 반론은 유명하다. 광복 직후 월남하여 9월 19일 서울 종로구 견지동 동덕초등학교 뒷자리의 방 3칸에서 《민중일보(民衆日報)》를 창간, 공산언론과 대항하였으며, 같은 해 조선신문주간회(朝鮮新聞主幹會)를 조직해 대표가 되었다. 1949년 《민중일보》가 화재를 만나 재건이 어렵게 되자, 윤보선(尹潽善)에게 판권을 무상으로 양도하였다.그동안 언론활동과 병행하여 1947년 한국대학(韓國大學)을 설립하였고, 1948년 단국대학(檀國大學)을 설립하여 초대 학장을 지내고 1949년 육군사관학교 국사학 교수로 봉직하였다. 노후에는 서울시사편찬위원과 고등고시위원을 지냈다. 1990년 건국훈장 독립장이 추서되었다. 한국민족문화대백과사전 [장도빈]

조선지광사로 표기되어 있다. 편집 겸 발행인은 장도빈에 이어 1924년 5월부터 김동혁(金東爀)이 이어받았다. 발행인 장도빈은 독립운동가요 역사학자로 3·1운동 직후인 1920년 5월에 주로 서북지역 인사들을 모아 한성도서주식회사를 설립하여 월간종합지 《서울》과 《학생계》도 발행했는데, 이 잡지들 또한 장도빈이 편집 겸 발행인을 맡았다. 김동혁은 신간회 경성지회 간사로서, 이후 조선공산당 관련 활동을 하다가 검거되기도 했던 인물이다.

3) 주요 내용

목차 앞에 나오는 「본사의 주의주장」을 보면 "조선 민족의 생존과 발전을 위하여 정의와 지식과 모든 문명을 선전하고 조선인의 교육, 식산, 협동을 고취하며, 이상의 주장을 관철하여 조선 민중의 권리와 행복을 옹호하며, 나아가 세계문화에 공헌할 것을 꾀하겠다"고 밝히고 있다. 이어서 본지가 신문지법에 의해 설립되어 정치, 시사, 경제, 학술, 문예 기타 모든 필요한 언론, 기사를 게재하며, 월간으로 매월 1일에 발행한다는 점을 밝혔다.

목차를 통해서 보면 창간호의 기사들은 가볍게 읽을 수 있는 기사가 거의 없으며 필진들의 무게감 또한 대단하다. 필자로는 장도빈을 위시하여 강매, 장응진, 최린, 허헌 등이 그러하며, 기사로는 「조선민족의 미래를 논함」(장도빈)과 「조선민족발달사」(장도빈)나 「조선 10대 위인전」이 그러하다. 특히 「조선 10대 위인전」은 분량이 83쪽이나 되는 '책 속의 책'이라고 할 수 있다. 이 역시 장도빈이 쓴 것으로 보이는데 역사 계몽에 비중을 두었던 것으로 보인다. 문예물이 약간 실려 있는데 당시 《학생계》 편집을 맡고 있던 오천석의 동화 번역을 제외하고는 대개는 한시(漢詩) 정도에 지나지 않는다.[98]

4) 편집 특성

창간호는 5×7판 크기에 약 180쪽 분량으로 간행되었다. 창간호는 표지 그림부터 특색이 있는데, 웅장한 산과 나무가 차지하고 있어 우리 민족의 기상을 잘 표현하고 있다. 보성중학 제1회 졸업생이며, 오세창(吳世昌, 1864~1953)[99]의 조카인 오일영(吳一英)이 그림을 그렸다.

---

98 문화재청(2010), 앞의 자료, p.268.
99 20세에 역관이 되었다가, 1886년 박문국 주사로서 《한성순보》 기자를 겸하였다. 1894년에 군국기무처 총재비서관이 되었고, 이어 농상공부 참서관, 통신원 국장 등을 역임하였다. 1897년 일본 문부성의 초청으로 동경외국어학교에서 조선어교사로 1년간 체류하였다. 1902년 개화당사건으로 일본에 망명하던 중에 손병희(孫秉熙)의 권유로 천도교에 입교하였다. 1906년 귀국 후 《만세

또, 쪽수의 표시를 단위별로 끊어놓은 것도 특색이라고 할 수 있다. 3호부터는 주간(週刊)으로 발행주기가 바뀌면서 판형도 타블로이드판으로 바뀌었다가 다시 월간으로 돌아온 제61호(1925년 10월)부터 5×7판 형태로 바뀌었다.

5) 창간 의의

《조선지광》의 편집 체제는 크게 학술과 지식 담론, 그리고 문예물로 나누어 살필 수 있다. 학술과 지식 담론은 유물론과 관념론을 둘러싼 철학 논쟁, 변증법적 유물론이나 경제발달사 등 사회과학적 지식들, 그리고 국제 사회주의 운동 및 국제 정세에 대한 분석기사 등이 주를 이루었다. 이처럼 당대의 수준 높은 학술 담론과 사상 논쟁이 《조선지광》의 지면을 매개로 이루어졌는데, 그 때문에 당대의 일부 독자들로부터 잡지가 너무 어렵다는 비판을 받기도 했다.

《조선지광》의 문예면은 김기진, 박영희, 조명희, 이기영, 한설야 등 사회주의 문인단체 카프계열 작가들의 비평이나 문학작품들이 대다수를 차지했다. 내용 형식 논쟁, 예술 대중화 논쟁 등 카프의 주요 논쟁과 관련된 비평문들이 실렸고, 조명희의 「낙동강」 등 카프 작가들의 기념비적인 작품들도 발표되었다. 그뿐만 아니라 이 잡지에는 1930년대 한국 모더니즘 시의 대표주자 정지용의 시가 게재되었고, 당시 경성제국대학 재학생 유진오와 이효석도 문예면에 이름을 올렸다. 이후 각각 지식인 소설과 서정성 짙은 단편소설을 썼던 유진오와 이

보》·《대한민보》 사장을 역임하였고, 3·1운동 때에는 민족대표 33인의 한 사람으로 활약하다 3년간 옥고를 치렀다. 1918년에 근대적 미술가 단체의 효시인 서화협회가 결성될 때 13인의 발기인으로 참가하였으며, 민족서화계의 정신적 지도자로 활약하였다. 광복 후 서울신문사 명예사장·민주의원·대한민국촉성국민회장·전국애국단체총연합회장 등을 역임하였다. 6·25전쟁 중 피난지 대구에서 사망하여 사회장(社會葬)이 거행되었다. 한편, 일제강점기에는 주로 한묵생활(翰墨生活)로 은거하며 오경석과 자신이 수집한 풍부한 문헌과 고서화를 토대로 『근역서화징(槿域書畵徵)』을 편술하였다. 이 책은 삼국시대부터 근대에 이르는 한국서화가에 관한 기록을 총정리한 사전이다. 그 밖에도 조선 초기부터 근대에 걸친 서화가·문인학자들의 날인(捺印)된 인장자료를 모아 『근역인수(槿域印藪)』를 집성하였으며, 수집한 소품 고서화들을 화첩으로 묶은 『근역서휘(槿域書彙)』·『근역화휘(槿域畵彙)』 등 한국서화사 연구에 귀중한 자료를 남겼다. 글씨는 전서와 예서를 고격(高格)하게 즐겨 썼다. 특히 전서와 예서를 혼합한 글씨나 와당(瓦當), 고전(古錢), 갑골문 형태의 구성적인 작품도 시도하여 독특한 경지를 이루었다. 또한 고서화의 감식과 전각(篆刻)에 있어서도 당대의 일인자였다. 합천 해인사의 「자통홍제존자사명대사비(慈通弘濟尊者四溟大師碑)」의 두전(頭篆)을 비롯한 기념비 글씨도 전국 곳곳에 많이 남겼다. 1962년 건국훈장 대통령장이 추서되었다. 한국민족문화대백과사전 [오세창]

효석이 《조선지광》에 발표했던 「스리」, 「파악」, 그리고 「도시의 유령」 등의 작품도 당시에는 사회주의적 색채가 있었다. 이는 《조선지광》의 후반기를 차지했던 1930년을 전후한 시기에 사회주의가 커다란 위세를 떨쳤음을 의미한다.

이처럼 《조선지광》은 민족주의 사상에서 출발해서 사회주의 사상을 전파하는 중심매체가 되었다. 특히, 신경향파 문학으로 대표되는 초창기 사회주의 문학의 산실이었던 《개벽》이 일제에 의해서 강제로 폐간된 이후 《조선지광》은 사회주의 문학 혹은 프롤레타리아 문학론이나 그 계열 작품의 발표지면을 제공함으로써 1920~1930년대 우리 근대문학의 한 축을 담당했다.[100]

〈참고〉 조선프롤레타리아예술동맹_카프(KAPF)[101]

1925년에 결성되었던 사회주의 혁명을 위한 문학가들의 실천단체. '카프(KAPF)'라고도 한다. 이것은 에스페란토식 표기인 'Korea Artista Proleta Federatio'의 머리글자를 딴 약칭이다.

1919년 3·1운동 이후 일제의 이른바 '문화정치' 하에서 러시아혁명 이후 세계적으로 고양된 프롤레타리아의 파고를 배경으로 조선에서도 공산주의운동이 발흥하였다. 이러한 사회운동의 고양 속에서 KAPF는 소련의 RAPP와 일본의 NAPF에 영향을 받아 프롤레타리아 계급운동의 일환으로 문학운동을 전개하였다.1920년대 초 일본에서 신사상의 세례를 받은

---

100 국립중앙도서관 편(2016), 『한국근대문학해제집II-문학잡지(1927~1943)』, pp.106~108.
101 한국민족문화대백과사전 [조선프롤레타리아예술동맹]

유학생 김기진(金基鎭)을 비롯한 박영희(朴英熙)·이상화(李相和) 등에 의하여 예술지상주의를 반대하는 '생활을 위한 예술'이 소박하게 주장되었으나, 아직 관념적이고 심정적인 감정토로에 지나지 않았다.

1922년 9월경에 조직된 염군사(焰群社: 무산계급 해방문화의 연구 및 운동을 목적으로 하여 李浩·李赤曉·金斗洙·崔承一·朴容大·金永八·宋影·沈大燮·金紅波 등에 의하여 구성)와 문학가 단체 '파스큘라'(PASKYULA: 김기진·박영희·金復鎭·金炯元·安夕影·李益相·延鶴年·이상화 등의 두음자를 따서 명명)가 당시 국내 사회주의운동단체와 관련하여, 그리고 일본 프로문학의 영향 아래 KAPF로 통합된 것은 1925년 8월경이었다.

KAPF 결성 뒤에도 두드러진 창작 활동은 별로 이루어지지 않고 주로 평론을 통한 정론적 예술비평이 주조를 이루었다. 이 시기의 작품으로는 박영희·김기진·최서해(崔曙海) 등의 단편소설이 있으며, 준기관지《문예운동(文藝運動)》(1926)을 발간하여 그들의 이념을 전파하였다. 한편, 1926년 말부터 KAPF 내부에서 계급성을 강조하는 박영희와 형식의 중요성을 강조하는 김기진 사이에서 '내용·형식 논쟁'이 전개되었다. 이 논쟁은 결국 김기진이 자신의 설을 철회하는 것으로 끝났고 이를 계기로 KAPF의 제1차 방향전환이 이루어진다. 그리고 이 논쟁의 과정 속에는 당대의 사회적 분위기가 미묘하게 개입되고 있었다. 1927년 말 KAPF 동경지부는 기관지《예술운동(藝術運動)》을 발간하고, 서울의 중앙과 갈등관계를 심화시켰다. 그리하여 제3차 조선공산당(ML)과 관련된 '무산자사(無産者社)'를 통하여 1929년경부터 신진이론가들의 계급문예이론이 KAPF의 주도권을 장악하였다.

임화(林和)·김남천(金南天) 등 소장파들은 당시 사회운동의 조류에 발맞추어 '예술운동의 볼셰비키화'를 주장하고, '소부르주아적 편향을 척결할' 목적으로 카프의 재조직을 단행하였다. 이것이 1930년 KAPF의 제2차 방향전환이다. 방향전환 이후 예술대중화론에 대한 내부 논쟁이 벌어지고 창작방법론 문제로 심화되었으며, 소비에트의 사회주의 리얼리즘의 수용 문제도 적극적으로 거론되었다. 또한, 이 시기에 이르러서 어느 정도 수준에 오른 작품들이 산출된다. 이는 여러 논의를 통하여 리얼리즘에 대한 인식이 심화되었고, 작가들이 창작을 통하여 사회적 실천을 하려는 노력들이 활발하여졌기 때문이다. 그러나 이러한 KAPF의 활동은 영화「지하촌(地下村)」사건으로 1931년 1차검거, 1934년 신건설사(新建設社) 사건으로 2차검거를 통한 극심한 탄압으로 와해되기 시작하였다. 그리하여 지속적인 일제의 탄압과 조직 내부의 갈등으로 인한 조직원들의 전향이 계기가 되어 1935년 5월 KAPF는 공식적으로 해체선언을 하게 된다.

조직 내부에서는 해체에 찬성하는 '해소파'와 이에 반대하는 '비해소파'의 대립이 첨예하게 드러났으나 주도권을 장악하고 있던 임화 등에 의하여 결국은 KAPF가 해체된 것이다. 양측의 대립은 광복 이후에 또다시 첨예하게 드러나게 되었다. 카프의 해체 이후에도 프로문학의 이론과 창작은 간헐적으로 지속되었다. 그러나 1930년대 말에는 대부분 전향을 하거나 침묵으로 자신들의 이념을 고수하게 되었다. 그리하여 일제의 학정 하에서 사회주의혁명을 목적으로 하는 프로문학운동은 기나긴 잠복기에 돌입하게 되었다. 그러나 이러한 지하활동은 1945년 광복을 맞이함으로써 새로운 단계로 부활하게 되었다.

〈참고〉 식민지 검열정책과 사회주의 관련 잡지의 정치 역학[102]

1926년 《개벽》이 폐간된 표면적 이유는 사회주의와의 연관성 때문이었다. 그러나 사회주의 잡지임을 전면적으로 표방했던 《조선지광》은 1932년까지 간행이 허용되었다. 이러한 차별적 현상은 식민지 검열체제가 미디어의 존폐를 매우 복잡한 역학 속에서 결정했음을 보여주는 사례의 하나이다. 검열체제가 《조선지광》의 지속적 간행을 묵인한 것은 《조선지광》이 검열체제의 통제 아래 있는 모습을 보여줌으로써 사회주의의 대중적 이미지를 약화시키려는 것, 그리고 사회주의 합법 미디어의 존재를 통해 사회주의가 제국의 식민지 경영에 위협세력임을 가시적으로 드러내려는 두 가지 이유 때문이었다. 이 점에서 《조선지광》은 식민체제가 '스스로 생산한 적대자'였다고 할 수 있다. 그러나 당시의 사회주의자들은 그러한 역학을 제대로 이해하지 못했다. 사회주의자들은 《개벽》 폐간의 실질적 이유가 사회주의 때문이 아니라 대중적 헤게모니에 있었음을 간파하지 못했다. 사회주의자들은 《조선지광》을 사회주의 진영만의 매체로 전문화시켰는데 그것은 반일 세력 결집에 도움이 되지 못했다. 결과적으로 식민권력의 미디어 정책과 《조선지광》은 의도하지 않은 협력 관계 속에 놓이게 된 것이다.

---

102 한기형(2006), 「식민지 검열정책과 사회주의 관련 잡지의 정치 역학—『개벽』과 『조선지광』의 역사적 위상 분석과 관련하여」, 《한국문학연구》 제30권, 동국대학교 한국문학연구소, p.171.

1) 창간 배경

소파 방정환(方定煥, 1899~1931)의 주도로 간행된 《어린이》는 1923년 3월 20일자로 창간호가 나왔다.[103] 천도교 소년회에서 편집을 맡았고, 창간호부터 종간호까지 개벽사(開闢社)에서 발행되었다. 개벽사는 1919년 9월 2일 창립된 천도교 청년교리강연부(이하 교리강연부)의 편술부(편집부) 사업으로 시작되었고, 최종정(崔宗楨)과 변군항(邊君恒)의 기부로 경영의 기본을 삼아 성립되었다.[104] 천도교 청년회에서는 1921년 4월 김기전·방정환 등이 중심이 되어 청년회 산하에 소년부를 두고, "우리는 참되고 씩씩하게 자라는 가운데 인정 많은 소년이 됩시다"라는 구호 아래 '어린이 운동'을 시작하였다. 5월 1일에는 소년부를 천도교 소년회로 개편하였다. 천도교 소년회에서 전개한 가장 대표적인 어린이 운동이 바로 '어린이날' 행사와 잡지 《어린이》 발행이었다.[105]

---

103 방정환은 앞서 1920년 8월 《개벽》 제3호에 '어린이 노래'를 번역, 소개하면서 '어린이'라는 용어를 처음 사용했다. '늙은이', '젊은이'와 대등한 의미였다. 이처럼 '어린이'라는 신조어가 널리 쓰이게 된 것은 잡지 《어린이》가 탄생한 후부터였다.

104 정용서(2013), 「방정환과 잡지 『어린이』」, 《근대서지》 제8호, 근대서지학회, p.43.

105 정용서(2013), 위의 논문, p.46.

2) 관련 인물

발간 초기에는 방정환이 일본에 있었던 관계로 1~30호까지 발행인은 김옥빈(金玉斌)이었고, 이후 31호부터 82호까지는 방정환이 편집 겸 발행인이 되었다. 1931년 방정환 사후(死後) 87호(1931. 8.)부터는 이정호(李定鎬)가 방정환의 역할을 이어받았다. 신형철(申瑩澈), 윤석중(尹石重) 등도 편집에 참여하였다.

3) 주요 내용

이 잡지의 발행을 주도했던 방정환은 창간호에 창간사처럼 쓴 「처음에」라는 글에서 다음과 같이 창간의 의미를 밝히고 있다.(현대어 표기로 고침)

새와 같이 꽃과 같이 앵도 같은 어린 입술로 천진난만하게 부르는 노래, 그것은 고대로 자연의 소리이며, 고대로 하늘의 소리입니다. 비둘기와 같이 토끼와 같이 부드러운 머리를 바람에 날리면서 뛰노는 모양 고대로가 자연의 자태이고 고대로가 하늘의 그림자입니다. 거기에는 어른들과 같은 욕심도 아니하고 욕심스런 계획도 있지 아니합니다. 죄없고 허물없는 평화롭고 자유로운 하늘나라! 그것은 우리의 어린이의 나라입니다. 우리는 어느 때까지든지 이 하늘나라를 더럽히지 말아야 할 것이며, 이 세상에 사는 사람사람이 모두, 이 깨끗한 나라에서 살게 되도록 우리의 나라를 넓혀가야 할 것입니다. 이 두 가지 일을 위하는 생각에서 넘쳐 나오는 모든 깨끗한 것을 거두어 모아 내는 것이 이 '어린이'입니다. 〈후략〉

《어린이》의 주요 내용은 표지, 권두, 화보와 동시·동화·아동극 등의 아동문학과 야담(野談)·소화(笑話)·기담(奇談)·전설(傳說)·미담(美談) 등의 담화(談話; 이야기), 만화·삽화·아동

화 등의 그림, 교양지식, 독자란, 통신, 현상(懸賞), 광고, 편집후기, 부록 등으로 이루어져 있다. 매년 창간 기념일을 맞이하여 특별기획과 선물을 마련한 점도 특기할 만하다. 이 잡지의 각종 기획은 '조선'에 대해 알리는 내용을 꾸준히 담고 있었다.[106]

'신여성'에 실린 안석주의 만문 만화 '처음 상경한 여학생의 공부'. 여학생들이 공부는 뒷전인 채 허영과 사치를 일삼는다며 비난하고 있다. <매체로 본 근대 여성 풍속사-신여성>에서

4) 편집 특성

창간호는 별쇄 표지도, 목차도 없이 속장만 4×6배판(타블로이드판) 크기에 12쪽으로 엮어 푸른 잉크로 찍어 냈다. 창간호에는 간행기록이 없고, 제2호의 간기면에는 발행인 김옥빈, 인쇄인 정기현, 인쇄소 대동인쇄, 발행소 개벽사, 정가 5전으로 표기되어 있다. 방정환은 편집 실무를 주재하다가 제31호(1925년 9월)부터 발행인이 되었다. 《어린이》는 1934년 7월호까지 통권 122호를 펴냈고, 이어 1948년 5월호로 복간되어 1949년 12월호까지 15호를 더해 총 137호를 발행하고 폐간했다.

창간 당시에는 대체로 보름에 1회꼴로 발행되다가 곧 월간 체재로 바뀌어 폐간 때까지 계속되었다. 그러나 여러 가지 이유로 매년 1회 정도 결간되곤 하였다. 창간 당시는 4×6배판 12쪽으로 된 신문 형식이었으나 제8호부터는 5×7판의 책자 형식으로 바뀌었다. 일반기사는 국한문을 혼용하거나 한자를 괄호로 처리하였으며, 문예물은 한글을 전용하였다. 호를 거듭할수록 삽화나 사진을 늘려서 지면을 다양하게 꾸몄으며, 지면 분량은 12쪽에서 90쪽까지 증감의 폭이 컸으나 월평균 70쪽 정도였다.

---

106 국립중앙도서관 편(2016), 앞의 자료, p.110.

5) 창간 의의

창간 초기에는 천도교소년회에서 '새싹회' 회원들이 주관했는데, 방정환은 그 중심인물이었다. 따라서 《어린이》는 방정환의 사상과 경영철학에 따라 운영되었고, 그의 유고 시나 사후에는 김옥빈(金玉斌)·이정호(李定鎬)·김기전(金起田)·고한승(高漢承)·마해송(馬海松)·박달성(朴達成)·손진태(孫晋泰)·윤석중(尹石重) 등이 편집에 참여하였다.

이 잡지는 동요·동화·동극 등의 구분을 확실히 하여 장르 의식을 확립하는 한편, 최초로 동요·동화의 창작품을 게재하였다는 점에서 한국 아동문학의 본격적인 출발선을 그었다. 마해송의 「어머니의 선물」·「바위나리와 아기별」 등 창작동화를 게재하는 한편, 좋은 창작동요를 다수 게재하여 1925년을 전후한 동요 황금시대로 이끌어 갔다. 방정환의 「형제별」, 윤극영(尹克榮)의 「반달」, 유지영(柳志永)의 「고드름」, 서덕출(徐德出)의 「봄편지」, 이원수(李元壽)의 「고향의 봄」, 윤석중의 「오뚜기」 등의 명작동요를 게재하여 작곡하게 함으로써 국민 개창운동의 절정을 이루었다.

또한, 이 잡지는 우수한 아동문학가를 배출하는 데 크게 이바지하였다. 마해송·정인섭(鄭寅燮)·한정동(韓晶東)·윤석중·이원수·박목월(朴木月)·이구조(李龜祚) 등이 모두 이 잡지를 무대로 활동하였고 육성되었다는 점에서 그 의미가 매우 크다.[107] 특히, 독자투고란을 통해서는 윤석중과 이원수, 박목월, 서덕출 등이 세상에 알려졌다.

이 밖에 이 잡지가 발간되고 유통됨으로써 '어린이'라는 말이 널리 쓰이게 되었다는 점에 있어서도 《어린이》의 공로는 매우 크다. 결국 《어린이》는 당대의 문학가이자 혁명적 교육사상가였던 방정환과 '새싹회' 회원들, 개벽사 내의 걸출한 필진들, 조선 각지의 소년문사들이 서로 소통하며 만들어낸 근대 아동문학·문화사의 대표 잡지였다.[108]

---

107 한국민족문화대백과사전 [어린이]
108 국립중도서관 편(2016), 앞의 자료, p.111.

〈참고〉 방정환(方定煥)[109]

일제강점기 어린이의 날을 제정하고, 아동잡지 『어린이』를 창간한 아동문학가.

호는 소파(小波). 서울 출신. 아버지는 방경수(方慶洙)이다.

1909년 매동보통학교에 입학, 이듬해 미동보통학교로 전학하여 1913년에 졸업하였다. 그 해 선린상업학교에 입학하였으나 이듬해 가정 사정으로 중퇴하였다. 1917년 손병희(孫秉熙)의 딸 손용화(孫溶嬅)와 결혼하였다. 그 해에 청년운동단체인 '청년구락부(靑年俱樂部)'를 조직하여 활동하였다. 1918년 보성전문학교에 입학, 이듬해인 1919년 3·1운동이 일어나자 독립선언문을 배포하다가 일본 경찰에 체포되어 고문을 받고 1주일 만에 석방되었다. 1920년 일본 도요대학[東洋大學] 철학과에 입학하여 아동예술과 아동심리학을 연구하였다. 1921년 김기전(金起田)·이정호(李定鎬) 등과 함께 '천도교 소년회'를 조직하여 본격적으로 소년운동을 전개하였다. 1922년 5월 1일 처음으로 '어린이의 날'을 제정하고, 1923년 3월 우리나라 최초의 순수 아동잡지 《어린이》를 창간하였다. 이 잡지는 월간으로서 일본 동경에서 편집하고 서울 개벽사(開闢社)에서 발행을 대행하였다. 같은 해 5월 1일에 '어린이날' 기념식을 거행하고 '어린이날의 약속'이라는 전단 12만장을 배포하였다. 1925년에는 제3회 어린이날을 기념하는 동화구연대회(童話口演大會)를 개최하였다. 1928년에 세계 20여 개 나라 어린이가 참가하는 '세계아동예술전람회'를 개최하였다.

방정환이 남긴 작품은 번안물이 대부분이다. 원문의 뜻과 흐름을 손상시키지 않고 외국어의 장벽을 무난히 돌파하여 동화 번안작가로서의 면모를 잘 보여주었다. 그가 번안 내지 개작한 동화들이 지닌 일관된 특징은 풍자와 해학의 정신과 교훈성에 있다고 할 것이다. 다시 말하자면 종래의 유교도덕에 얽매어 있던 어린이들을 어린이다운 감성으로 해방시키고자 하였다. 그러나 이 감성 해방은 시대적 상황과 결부되어 그들을 웃기기보다는 울리는 결과를 가져왔다. "웬일인지 별 하나/보이지 않고/남은 별이 둘이서/눈물 흘린다."(형제별)와 같은 동요에서 이러한 모습은 잘 나타나고 있다.

생전에 실천하고 남긴 업적을 간추려보면, 첫째로 민족주의를 바탕으로 한 최초의 아동문화운동가요, 사회운동가였다. '소년입지회(少年立志會)'의 조직과 3·1독립운동 참가, '천도교 소년회' 결성 및 육성이나, 아동을 '어린이'라는 용어로 '늙은이'·'젊은이'와 대등하게

---

[109] 한국민족문화대백과사전 [방정환]

격상시킨 일 및 아동문제 연구단체인 '색동회' 조직, '어린이의 날' 제정 등이 그것을 입증한다. 둘째로 번안 및 개작작가 · 동화작가 · 동화구연가 · 아동잡지 편집인으로서의 업적이다. 『사랑의 선물』(개벽사, 1922)을 비롯한 본격적인 개작 번안, 창작동화를 남기며 최초의 대표적인 구연동화가로 활약하고 《어린이》지를 통하여 윤석중(尹石重) · 이원수(李元壽) · 서덕촌 등 아동문학가의 발굴, 육성에 힘썼다. 셋째로 아동들을 소박하고 천진난만하며 순진무구하게 보고 감상적 · 관념적 · 권선징악적인 작품을 통해서 그들이 자유롭고 행복한 생활을 누릴 수 있도록 이끌어주었다. 그러나 그것은 어디까지나 어린이의 현실적 · 경제적 어려움을 이해하고 종래의 전통적인 부당한 대우를 시정하여 감성 해방(동심 회복)을 하려는 데 그 목적을 두었다. 그러므로 그는 금세기 우리나라의 지사(志士)요, 선구적 언론인이요, 교육자요, 문학가로 불려야 마땅한 인물이다.

생전에 발간한 책은 『사랑의 선물』이 있고, 그밖에 사후에 발간된 『소파전집』(박문출판사, 1940) · 『소파동화독본』(조선아동문화협회, 1947) · 『방정환아동문학독본』(을유문화사, 1962) · 『칠칠단의 비밀』(글벗집, 1962) · 『동생을 찾으러』(글벗집, 1962) · 『소파아동문학전집』(문천사, 1974) 등 8종이 있다. 1957년 그의 정신을 기리기 위하여 '소파상(小波賞)'이 제정되고, 1971년 40주기를 맞아 서울 남산공원에 동상이 세워졌으나, 1987년 5월 3일 서울어린이대공원 야외음악당으로 이전되었다. 1983년 5월 5일에는 망우리 묘소에 이재철이 비문을 새긴 '소파 방정환 선생의 비'가 건립되었으며, 1987년 7월 14일에는 독립기념관에 방정환이 쓴 '어른들에게 드리는 글'을 새긴 어록비가 건립되었다. 1978년 금관문화훈장, 1980년 건국포장, 1990년 애국장이 추서되었다.

1) 창간 배경

　1923년 개벽사에서 여성지 《부인》에 이어 발행한 잡지이다. 《부인》은 개벽사에서 1922년 6월부터 1923년 9월까지 발행한 여성잡지인데, 1923년 9월에 천도교 청년회의 주도로 근대 교육을 받은 '신여성'을 대상으로 한 잡지인 《신여성》으로 제목을 바꾸어 창간했다. 잡지 재창간의 주요 목표는 여성의 사회 진출과 여권 신장, 의식 계발에 두었으며, 특히 여성 교육과 여성 노동, 여성 일자리 확대를 지속적으로 다루었다. 창간 이후 1934년 8월호까지 발간되었지만, 1926년 11월부터 1930년 12월까지는 개벽사 발행의 《별건곤(別乾坤)》에 통합시켜 잡지가 발행되지 않았다. 1923년 9월 15일 창간호를 낸 뒤 1926년 10월까지 모두 31권을 내고 휴간했다. 1931년 1월에 복간하여 1934년 6월호까지 통권 71호가 발간되었다.

　천도교는 시천주(侍天主) 사상을 근간으로 한 남녀평등을 중시하여 여성문제에 관심을 가지고 생활 혁신과 신여성상(新女性像)의 정립을 위한 여성운동을 전개하였다. 그리고 이를 확장하기 위해 여성잡지 발간을 통한 여성 계몽에도 선구적 역할을 담당하고자 했다. 그런 이유로 이미 1922년 6월에 《부인》을 창간하여 1923년 9월까지 통권 16호를 발행했으나 구독층에 대한 재검토를 통해 근대적 신식교육을 받은 '신여성' 계층을 독자로 확보할 필요성을 중시하고 1923년 9월부터 잡지명을 변경하여 새롭게 발행한 것이다. 창간호 편집은 박달성이 담당했으며, 제3호부터는 방정환이 맡았다가 1931년 7월호 이후 차상찬이 책임을 맡았다. 초기에는 따로 신여성부 기자가 배치되지 않고 박달성이나 방정환 등 발행 겸 편집인이 혼자 편집 책임을 졌다. 창간 1년 후에 비로소 전담 기자가 배치되기 시작했고, 부인 기자도 뽑게 되었다. 원래는 신문지법에 의해 출판 허가를 받으려 하였으나 여의치 않아서 출판법으로 허가를 받았다.[110]

2) 관련 인물

간기면을 보면 편집 겸 발행인 박달성, 인쇄인 민영순(閔泳純), 인쇄소 대동인쇄주식회사(大東印刷株式會社), 발행소 개벽사로 표기되어 있다. 잡지의 표지 디자인 및 삽화는 김규택(金奎澤, 1906~1962)[111], 안석주 등이 맡았으며, 여성기자로 활약한 인물은 허정숙(許貞淑, 필명:晶淑, 貞琡, 許, 스카이, SKY, 七寶山人), 박경식(朴敬植, 필명: P생, KS생, P.K.S 등), 김원주(金源珠), 송계월(宋桂月), 이선희(李善熙) 등을 꼽을 수 있다.

3) 주요 내용

여성들을 위한 일반교양이나 계몽을 촉구하는 논문 · 시 · 소설 · 수필 등의 문학작품을 실었고, 아동문학에도 관심을 보여 동요나 동화를 실었다. 개벽사의 정치적 노선을 수용하여 「여성의 계급적 지위」, 「약한 여성과 노동계급의 기원」 등 사회주의 사상을 수용한 논문도 게재하여 동시대의 상업적인 여성잡지와는 다른 양상도 보여주었다. 기사내용으로는 연애와 결혼, 여성운동과 계몽, 여성교육 등을 많이 다루었으며, 여성의 외모, 여성의 직업, 취미 등 다

---

110 한국민족문화대백과사전 [신여성]

111 호는 웅초(熊超). 휘문고등보통학교를 거쳐 일본 가와바다미술학교(川端美術學校)를 졸업했다. 1933년 9월부터 《조선일보》에 연재된 이광수(李光洙)의 「유정(有情)」의 삽화를 비롯하여 함대훈(咸大勳)의 「폭풍전야(暴風前夜)」(1934), 한용운(韓龍雲)의 「흑풍(黑風)」(1935), 이광수의 「이차돈(異次頓)의 사(死)」(1935~1936), 김말봉(金末峰)의 「찔레꽃」(1937), 홍명희(洪命熹)의 「임꺽정(林巨正)」(1937~1939), 한용운의 「삼국지」(1939~1940) 등에 삽화를 그렸다. 1935년 5월에는 같은 신문에 유머소설 「망부석(望夫石)」을 직접 쓰고 거기에 그림까지 곁들여 다재다능한 역량을 잘 보여주었다. 또한, 광복 후에도 《조선일보》에 시사만평을 발표하였으며, 정비석(鄭飛石)의 「암야행로(暗夜行路)」(1947), 염상섭(廉想涉)의 「난류(暖流)」(1950), 김영수(金永壽)의 「빙하(氷河)」(1959~1960) 등에도 삽화를 그렸다. 6 · 25전쟁 때는 일본 동경 주재 유엔군사령부의 심리작전과 전속화가로 활약하였고, 1961년 귀국하여 만년에는 《한국일보》에 시사만화를 맡아 발표하였다. 풍자작품으로 「망부석」과 함께 「억지 춘향전」이 있다. 한국민족문화대백과사전 [김규택]

양한 주제들이 실렸다.주요필진은 이돈화, 김기전, 박달성, 주요섭, 방정환, 차상찬 등 개벽사 원들이었으며, 현철, 최영주, 신형철, 윤석중, 김규택, 안석주 등도 필진으로 참여하였다. 여성잡지이지만 동시대 여성잡지와 마찬가지로 남성들이 주요필진이란 한계를 갖고 있다.

독자의 범위는 교육을 받은 신여성부터 일반 부인까지 다양한 계층이 포함되어 있었다. 특히 '독자란'에서 이름은 가명과 본명을 반반씩 사용하고 있는 데 반해 독자들의 거주 지역을 명시하였다. 이에 독자의 분포범위를 추측할 수 있는데, 그 규모가 전국은 물론 해외로까지 확대될 정도로 영향력 있는 여성지였다.

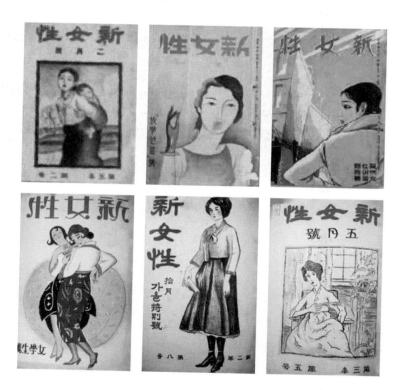

4) 편집 특성

잡지의 판형은 5×7판 크기로 국한문 혼용체를 기본으로 삼았으며, 본문 분량은 100쪽 내외였다. 정가는 우세(郵稅) 포함 30전이며, 6개월분은 1원 60전, 1년분은 3원으로 나타나 있다. 표지는 한자 표제 '新女性'이라는 표기 아래 한복을 입은 조선 여인, 아기를 입은 여인, 단발의 신여성 등 다양한 여인을 묘사한 채색화로 꾸밈으로써 새롭게 변화하는 현대성과 전통적 이미지를 아우르려는 편집진의 노력이 엿보인다.

5) 창간 의의

《신여성》은 먼저 생활 개선, 도덕과 미풍 조성, 자녀 교양, 취미 활동 등을 소개하면서 낙후한 한국 여성의 교양을 높이고 여성의 사회 진출과 여권 신장 및 의식 계발에 선도적 역할을 했다는 데 의의가 있다. 일제강점기 가장 장기간 발행된 여성잡지로, 발간된 양으로도 독보적인 위치를 차지한다. 또한 여성과 관련한 다양한 주제의 내용들이 게재되었고, 전체 글의 약 26%를 여성들이 집필하며 잡지 발간에 참여하였던 점, 독자들이 전국은 물론 해외에 걸쳐 있을 뿐만 아니라 신여성부터 일반 부인까지 구독하였던 일제강점 시기 대표적인 여성잡지였다는 점에서 자료적 가치가 높다. 아울러 신여성이란 개념 및 신여성 담론을 주도한 대중지로서의 성격이 여타의 잡지, 매체들에 비해 강한 잡지였다는 점에서 일제시기 '신여성'에 대한 다양한 측면을 분석하는 데 유익한 자료다.[112]

한편, 《신여성》은 1920년대에서 1930년대 초반까지 독보적인 위치를 차지했다. 《개벽》을 비롯한 다양한 잡지들이 창간과 폐간을 반복하던 그 시점에 1933년 동아일보사의 《신가정》이 창간될 때까지 《신여성》은 유일한 여성잡지였기 때문이다. 또한, 《신여성》은 일제강점기 근대화 과정에서 근대적 학교교육과 일본 유학을 통해 새로 습득한 자유로운 개성의 주체로서의 '신여성'이라는 이념과 신구(新舊)의 문화가 갈등 속에 공존하던 과도기적 상황에서 새로운 여성 주체이자 동시에 대중적 호기심의 대상이라는 모순적 상태에 놓여 있었다. 《신여성》은 1920~1930년대 새로 도입된 여성의 위상과 이미지를 둘러싼 담론의 장이었으며 신여자 · 모던걸 · 양처(良妻)라는 당대의 이념적 요구와 대중적 호기심, 그리고 여성의 주체성이 논의되었던 장이었다.[113]

〈참고〉 잡지 《신여성》에 나타난 '어린이' 이미지[114]

《신여성》을 발행한 방정환을 비롯한 천도교청년회의 주체들은 《신여성》을 통해 크게 두 가지 담론에 기초한 어린이 이미지를 표상하고 유통시켰다. 하나는 신여성의 '신가정' 모성 담론 속의 어린이 이미지였다. 여성 자신의 인격과 개성에 대한 존중, 자유연애와 자유결혼,

---

112 한국민족문화대백과사전 [신여성]
113 국립중앙도서관 편(2016), 앞의 자료, p.114.
114 이지원(2017), 「어린이 이미지의 문화사 : 잡지 『신여성』에 나타난 어린이 이미지」, 《현대문학의 연구》 제62호, 한국문학연구학회, p.119.

정조에 대한 도전, 남녀평등, 여성해방 등 신여성으로서 근대적 개인적 욕망을 사회적으로 실현하는 것이 제한된 상황에서, 현모양처라는 혼종된 모더니티 담론을 받아들였다. 신여성은 구여성과 달리 과학적이고 위생적으로 모성을 발휘하는 주체로서, 어린이는 신여성=전문적인 어머니의 임신, 출산, 육아를 발휘하는 대상으로 그려졌다. 신여성의 자유연애는 부부중심의 '신가정'을 이상적으로 생각하게 되었는데, 이때 어린이는 자유연애를 통해 원만한 가정을 꾸리는 '신가정'의 필수적인 요소였다. 이러한 신여성의 모성 · '신가정' 담론에서 기초한 어린이의 이미지는 가족의 구성원으로서 타자화된 존재로서 그려지고 있었다.

《신여성》에 나타난 또 다른 어린이 이미지는 동심시선(童心是仙) 담론의 어린이의 이미지였다. 그것은 방정환이 동심천사주의 어린이운동을 전개하면서 지향하였던 어린이의 이미지였다. 동심천사주의는 순진무구한 존재로서 어린이를 하나의 이상으로 삼았으나, 현실적으로는 민족의 미래를 직접 책임지고 만들어 갈 계몽적이고 적극적인 주체로서 '어린이'를 추구하고 있었다. 또한 활달하게 주체적으로 놀이하면서 성장하는 어린이를 강조하였다. 그리고 여성성과 아동성이 결합한 독립된 주체로서 여자 어린이의 이미지화도 나타나고 있었다. 그러나 《신여성》에 나타난 여자 어린이의 이미지는 근대적 소비와 놀이 문화에 노출되고 위생적인 생활환경에서 혜택 받은 여자 어린이, 공주님의 이미지였다. 식민지시기 대부분의 여자 어린이의 현실과는 거리가 있는 이미지였지만, 여자 어린이의 이미지를 분리해냈다는 것은 어린이의 성별적 차이를 인정하면서, 미래의 신여성 · 여학생으로의 성장을 예비하는 시선이 담겨 있었다고 본다.

이와 같이 《신여성》을 발행한 방정환을 비롯한 천도교청년회의 주체들은 《신여성》을 통해 신여성 담론과 어린이 담론에 기초한 어린이 이미지를 만들고 유통시켰다. 그것은 어린이에 대한 이미지가 신여성을 매개체(agent)로 하였기에 신여성의 욕망과 좌절이 투영된 대상으로서 어린이 이미지였다. 그리하여 신여성의 '신가정' 모성 담론 속에서 어린이를 대상화하기도 하고, 동심 천사적인 낭만적 어린이와 여자 어린이를 독립된 주체로 그리는 복합적인 이미지였다.

1) 창간 배경

1923년 11월에 손진태(孫晉泰)·양주동(梁柱東)·백기만(白基萬)·유엽(柳葉, 또는 柳春燮) 등이 창간한 시 중심의 문예 동인지이다. 1924년 5월 통권 제3호로 종간되었다. 당시 일본 와세다대학(早稻田大學) 문과에 다니던 문예동인들이 여름방학을 맞아 귀국하였는데, 마침 관동대지진이 발생하여 험악해진 일본 국내 사정 때문에 일본으로 건너가지 못하고 서울에 모여 《금성》을 발행하게 되었다.

2) 관련 인물

창간호 간기면을 보면 편집인 겸 인쇄에 유엽, 발행인에 일본인 야나기사와미코(柳美澤美子), 장정은 안석주(安碩柱)가 맡았다. 1923년 11월 9일 대동인쇄주식회사(大東印刷株式會社)에서 인쇄하여 그 해 11월 10일 금성사에서 발행하였다. 제2호(신년 특대호, 전 118면)는 1924년 1월 25일 발행되었는데, 이때의 인쇄소는 한성도서주식회사로 바뀌었고, 다른 사항은 창간호와 같았다. 제3호는 1924년 5월 24일 발행되었다. 이때의 편집인은 양주동, 저작 겸 발행인은 일본인 야마구치세이코(山口誠子)였는데, 이상백(李相佰)과 이장희(李章熙)가 새로 동인으로 가담했다. 창간 이래로 실무는 거의 유엽이 처리했는데, 제3호에 와서 양주동이 편집 책임을 맡았다. 발행인을 일본인으로 내세운 것은 허가 절차를 수월하게 하는 동시에 원고의 사전 검열을 피하기 위한 방편이었다.

3) 주요 내용

'금성'이라는 제호는 여명을 상징하는 샛별의 뜻과 사랑의 여신 비너스(Venus)의 뜻을 합친 것이다. 여기서 《금성》 동인들의 청년다운 낭만적 취향과 분위기를 짐작할 수 있다. 아울러 창간호에 실린 다음과 같은 양주동의 글에서 이 잡지는 시(詩)를 중심으로 구성된 잡지임을 알 수 있다.

> 그리고 내용으로 말하면, 문예일반으로 하자는 논의도 잇섯지만, 멧페-지 안 되는 잡지에 이것저것 느러놋는 것보다는, 차라리 한 가지 길을 꾸준히 것는 것이 낫겠다는 의미로, 시가 중심이라는 제한을 둔 것이올시다. 여기 대하여는 물론 동인들이 시가에 취를 만히 가진 것도 일인이 되겠지오.

또, 창간호의 편집후기에 해당하는 「육호잡기(六號雜記)」에는 《금성》이 "시가요조(詩歌謠調)의 창작과 특히 외국시인의 작품 소개와 번역, 기타 소품을 중심으로 엮어진다."고 밝히고 있다. 이처럼 이 잡지는 시가(詩歌) 중심의 잡지이면서 유파 초월의 성격을 지닌 잡지였다.[115]

주요 내용은 청소년적인 낭만을 읊은 시작품들이 대부분의 지면을 차지하였으며, 양주동의 처녀작인 「기몽(記夢)」・「꿈노래」를 비롯하여 「영원의 비밀」 등이 창간호에 실렸다. 양주동의 작품은 이후에도 「악도 惡禱」(제2호)・「풍경」(제3호) 등이 실렸으며, 백기만의 「꿈의 예찬」(창간호)・「거화(炬火)」(제2호)・「은행나무 그늘」(제3호)등이 게재되었다. 또한, 유엽의 「낙엽」(창간호)・「감상(感傷)의 단편」・「소녀의 죽음」(제2호), 손진태의 「만수산(萬壽山)에서」(창간호)・「처녀의 비밀」(제2호), 이장희의 「실바람 지나간 뒤」(제3호), 이상백의 「내 무덤」(제3호) 등이 실렸는데, 모두 낭만적 기질과 감정을 표현한 것들이다.

표현상의 특징으로서는 시적 감흥의 직설적 토로나 서술로 인하여 탄력성이 결여된 점이 눈에 띈다. 한편, 백기만의 「청개구리」(창간호)와 손진태의 「별똥」(제2호)・「키쓰와 포옹」(제3호) 등은 동시(童詩)의 분위기를 자아내고 있다는 점에서 흥미를 끈다.

---

115 국립중앙도서관 편(2016), 『한국근대문학해제집Ⅱ-문학잡지(1896~1929)』, p.115.

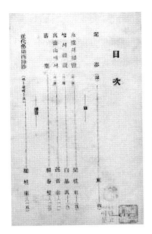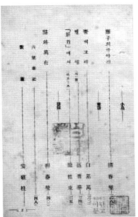

4) 편집 특성

창간호는 5×7판 크기에 50쪽으로 발행되었다. 창간호 표지에는 'LA VENUS'와 '금성(金星)'이라는 제호가 표기되어 있고 안석주의 그림이 실려 있다.

5) 창간 의의

《금성》을 중심으로 상징파와 타고르의 작품을 주로 번역한 양주동은 1920년대 초기, 외국시 번역을 주로 담당한 김억과 이견을 펼치게 된다. 특히 양주동은 이 잡지 제3호의 「《개벽》 사월호의 《금성》 평을 보고」라는 글에서 김억이 자신의 창작시 「기몽」과 번역시를 읽고 비판한 것에 대해 김억의 시 번역에 대해 구체적으로 비판하며, 자신의 글 「시와 운율」에서 한시, 영시, 일본 현대시, 시조, 한국 현대시를 두루 살피며 시의 운율에 대해 심도 있게 고찰하였다. 양주동의 이러한 글들은 《금성》의 위상을 높이는 데 기여했다고 평가받았다.

또, 이 잡지를 발행함에 있어 경제적 문제를 해결한 인물은 주로 양주동과 유춘섭이었지만 동인 구성이나 편집 체제를 볼 때 백기만의 역할도 컸다. 이장희와 이상백은 백기만의 추천으로 《금성》 3호 동인에 참가하게 되었는데, 이때 이장희는 「봄은 고양이로다」 외 4편을 발표하며 《금성》이 시 전문지로서의 특성을 드러내는 데 기여했다.

《금성》은 동인지 문단의 열정, 선구적 의식, 동지의식을 '문인'의 '전문성'과 '세련된 자의식'으로 대체해 간 첫 번째 그룹으로 평가받았다. 1920년대의 조선 시단에 새로운 문학 풍토를 조성하는 원천이 되었다고 할 수 있다. 그리고 현상문예모집을 통하여 김동환의 「적성을 손가락질하며」를 발굴한 것도 큰 수확으로 평가된다. 이처럼 《금성》에 드러나는 시 전

문성과 동인 의식, 그리고 외국시 번역과 소개는 근대시의 형성에 크게 기여했다.[116] 나아가
《금성》은 《창조》·《폐허》·《백조》에 이어 다음 세대의 문학적 관심을 집약하고 창작과 번역
을 겸한 동인지였다고 볼 수 있다.[117]

---

116 국립중앙도서관 편(2016), 앞의 자료, pp.116~117.
117 한국민족문화대백과사전 [금성]

1) 창간 배경

《조선문단》은 1924년 10월에 창간된 순문예지로 조선문단사에서 발행했다. 방인근(方仁根, 1899~1975)[118]이 사재(私財)를 털어 창간했다. 당시 전성기를 맞이했던 문예지들은 동인을 중심으로 몇몇 문인들의 작품을 싣는 것이 대부분이었으나, 《조선문단》은 문단 전체에 문호를 개방했으며, 또한 당시 돌풍을 일으켰던 계급주의 문학에 맞서 순수문학 또는 민족문학을 추구했다. 이 같은 창간 취지는 이광수가 창간호에 게재한 '창간사'의 몇 대목을 살펴보면 잘 드러난다.(현대어 표기로 고침)

사람은 하나가 되어야 하겠다. 언제까지나 서로 미워하고 다툴 수는 없는 것이 아닌가.

---

118   호는 벽파(碧波)·춘해(春海)이다. 1917년 배재고등보통학교(培材高等普通學校)를 마치고, 일본으로 건너가 아오야마학원[青山學院] 중학부 5학년에 편입한 후 이듬해 졸업하였다. 잡지 《창조》 제 6호에 「눈 오는 밤」을 투고하며 등단하였다. 1919년 3·1운동 후 귀국하였고, 1920년 평안북도 영변에 있는 숭덕중학교(崇德中學校) 교감으로 근무하였다. 1922년 일본으로 재차 건너가 주오대학[中央大學] 독문과에서 수학하였으며, 1923년 8월 《신생명》에 시 「하늘과 바다」를 발표하였다. 1924년 10월 귀국해 종합 월간 문예지 《조선문단(朝鮮文壇)》을 창간하고, 1925년 9월 「마지막 편지」를 발표하였다. 한국민족문화대백과사전 [방인근]

〈중략〉 우리는 땅 위에 천국이 오게 하는 길이 사랑인 줄을 모른다. 모든 사람들이 다 각기 제 권리를 주장하기를 버리고, 오직 어머니가 그 아들 딸에게 대하는 듯한 '사랑의 의무'를 잡을 때에 사람들은 진실로 형제가 되고 자매가 되어 서로 귀애해 주고 서로 붙들어주고 서로 안아주게 될 것이다. 〈중략〉

이제부터 예술은 배부르고 한가한 계급의 소일거리도 아니요, 청년 남녀의 하염없는 공상의 양식도 아니요, 이상하고 신기한 것을 좋아하는 자들의 장난감도 아니다. 〈중략〉 '인생을 위한 예술'. '거룩한 사랑의 예술', 우리는 오직 이것을 믿고 이것만을 믿는다. 지극히 슬픈 처지에 있어, 지극히 피와 눈물을 가진 우리 조선의 어린 아들과 딸들은 반드시 이 소리를 들을 줄 믿는다.

2) 관련 인물

창간호 간기면을 보면 편집 겸 발행인 방인근, 인쇄인 노기정, 인쇄소 한성도서주식회사, 발행소 조선문단사로 각각 표기되어 있다. 하지만 실질적으로 이 잡지의 창간 및 발행을 주재한 사람은 춘원(春園) 이광수(李光洙, 1892~?)였다.

이 잡지는 창간호부터 4호까지는 방인근을 발행인으로 하여 이광수가 주재하였고, 5호부터 17호(1926년 6월)까지는 방인근이 직접 편집 겸 발행을 맡았다가 휴간되었다. 1927년 1월에 나온 18호부터 3월 20호까지 남진우(南進祐)에 의해 속간되었으나 다시 휴간되었고, 1935년 2월에 학인(學仁) 이성로(李城路)가 통권 21호를 속간 1호로 다시 발간하여 26호까지 발행했다.

3) 주요 내용

《조선문단》은 창간초기부터 다양한 특집물을 기획했는데 그중 대표적인 것이 시, 소설, 문학 등에 대한 개론을 기획하여 연재한 것이다. 1924년 창간호부터 이광수의 「문학강화」(1호~5호)와 주요한의 「노래를 지으시려는 이에게(시작법)」(1호~3호)가 연재되었고 김억의 「작시법」(7호~12호), 김동인의 「소설작법」(7호~10호)등 일종의 문학교과서에 해당되는 문학개론적 기획물이 집중적으로 연재되었다.

또한 거의 매호마다 각국의 문학 개관, 명저 소개 등과 같은 고정란을 통해 해외문학을 소개하고 있다. 그리고 '문사들의 이모양 저모양-문사들의 동정소개'(1호~5호), '국내외 유명 문사들의 초상화 게재'(4호/6호), '작가론' 시리즈 (최남선론-6호/김동인론-9호), '문사방문기' 시리즈

(김기진과 주요한-19호/박영희와 김동환-20호), '문사들의 얼굴'(16호), '처녀작 발표 당시의 감상'(6호), '제작가의 쓸 때의 기분과 태도'(8호), '조선문사의 연애관' 기획(10호) 등 문예에 대한 독자들의 관심을 이끌어낼 수 있는 다양한 기획들을 선보임으로써 문단의 참모습을 드러내는 한편, 근대기 우리 문단의 위상을 공론화함으로써 독자와 작가의 소통 기반을 구축하는 데 기여했다.

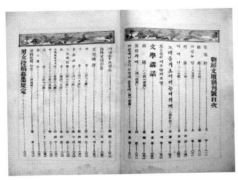

4) 편집 특성

창간호는 5×7판 크기에 모두 96쪽으로 구성되었고, 정가 30전에 1,500부를 발행했다. 본문 96쪽 중 20쪽을 광고지면이 차지하고 있는 것으로 보아 당시 이 잡지의 등장이 독자 대중으로부터 큰 관심사였음을 알 수 있다.

또한, 표지 중앙에 본문 기사와 관련 있는 '아나톨 프랑스(Anatole France, 1844~1924)'의 초상을 실었다는 점이 눈에 띈다. 그리고 잡지 표제 위에, '이광수 주재'라는 문구를 두드러지게 내세웠다는 점도 특이하다. 이는 당대 인기와 권위를 가진 이광수의 명성과 《조선문단》이

가진 범문단적 종합성, 교과서적 기획을 상징적으로 결합시키려는 의도로 보인다. 또한 아나톨 프랑스 등 외국 거장의 초상을 표지에 사용한 것은 잡지 본문 기획에서도 드러난, 해외 문예 거장과 조선 문인을 등가로 대비하는 기획과 연관된 것으로 보인다.[119]

5) 창간 의의

처음부터 우리 민족문학의 옹호를 표방한 《조선문단》은 자연주의문학을 성장시켰으며, 당시 문단을 휩쓸던 《개벽》이나 《조선지광》의 계급주의적 경향문학을 배격했다. 또한, 《조선문단》은 문학지망생의 등용문인 '현상모집 추천제'를 두어 많은 작가를 배출했다. 한국 근대 언론매체사에서 '문예작품'을 현상모집한 사례로, 최남선의 《청춘》(1914~1918)에서 방정환(方定煥), 유광렬(柳光烈), 이상춘(李常春), 김명순(金明淳), 주요한 등이 발굴된 바 있다. 이후 1920년대 들어 《조선문단》이 본격적으로 '현상모집 추천제'를 실시하여, 1924년 10월 창간호를 통해 서해 최학송의 소설 「고국(故國)」이 이광수의 추천을 받았다. 이후 《조선문단》 통권 26호가 나오는 동안 소설이 당선되어 추천받은 사람은 총 19명으로 최학송, 채만식, 박화성, 임영빈, 한병도(한설야), 계용묵, 안수길 등이 대표적인 존재다. 이는 1925년부터 시작한 '동아일보 신춘문예'와 1928년 시작한 '조선일보 신춘문예'보다도 앞선 일이다. 한국 근대 문학사에서 고전적 작품으로 잘 알려진 김동인의 「감자」, 전영택의 「화수분」, 현진건의 「B사감과 러브레터」, 최학송의 「탈출기」, 나도향의 「물레방아」, 계용묵의 「백치 아다다」, 그리고 최남선의 기행문 「금강예찬」, 유치환의 시 「깃발」, 나도향의 수필 「그믐날」 등이 《조선문단》에 게재되었다.[120]

또한, 우리나라 최초의 종합문예지라고 할 수 있는 《조선문단》은 《개벽》이나 《조선지광》의 사회주의적 경향에 대항하여 민족주의 문학을 전개했다고 알려져 있다. 그러나 위의 추천 작가 면면을 살펴보면 《조선문단》에 대한 이러한 주장에는 무리가 있음을 알 수 있다. 이광수의 인도주의 혹은 이상주의문학으로 출발했으니 당시 문단을 휩쓸고 있었던 경향파문학과는 다른 길을 갈 수밖에 없었고 그러다 보니 순문학의 방향을 택하게 된 것이다. 그것은 《조선문단》에 실린 '작품합평회'를 보아도 알 수 있다. 합평에 참가했던 대부분의 문인들은 작품의 이념면보다 기술면을 더 중요시했다. 그럼에도 《조선문단》을 민족주의문학 계열이라고

---

119 국립중앙도서관 편(2016), 앞의 자료, 121~122.
120 국립중앙도서관 편(2016), 앞의 자료, p.122.

202　한국 근대 잡지 창간호 연구

한다면 그 성향이나 정도는 매우 소극적이었다고 평가할 수 있다. 더불어 위에 언급한 '작품 합평회'는 《조선문단》이 최초로 시도한 문학좌담회였다. 제2호의 편집후기에 의하면 창간호를 1,500부 발행했는데 1주일 만에 매진되어 재쇄를 찍었다고 하니 창간호를 다시 찍은 잡지는 《조선문단》이 처음인 것으로 보인다.[121]

---

121 문화재청(2010), 『근대문화유산 신문잡지분야 목록화 조사연구보고서』, p.274.

1) 창간 배경

1925년 조선농민사에서 이돈화(李敦化)가 농민의 계몽을 위해 창간한 잡지이다. 1925년 12월 창간되어 1930년 6월까지 총 45호가 발행되었다. 처음에는 천도교 산하에 있다가 내부의 분규 때문에 천도교 측에 반대하는 비교인들이 임시대회를 열어 발행 주체를 '전조선농민사'로 바꾸었고, 1930년 5월에는 제호를 《농민(農民)》으로 다시 바꾸어 새로운 잡지로 발행하다가 다음 달을 끝으로 발행이 중단되었다.

잡지를 발행했던 조선농민사의 주축들이 천도교 청년당 조직에 있었지만, 초창기의 《조선농민》은 천도교적 색채보다는 농촌과 농민 문제를 중심에 두면서 대중성과 계몽성을 두루 갖춘 종합지였다. 특히 동경 유학생 출신의 이성환이 편집을 맡으면서, 《조선농민》은 '농업대중의 인격적 해방과 경제적 현상을 구제, 지식적 각성을 재촉'하기 위해서, 문맹 타파 등 농촌 현실을 타개할 실질적인 해결 방안을 모색했다.

그러나 1928년 12월 이후, 조선농민사가 천도교 청년당 소속이 되면서 종교적 색채가 강화되고 잡지의 내용도 변했다. 이후 《조선농민》은 학술과 문예 중심의 잡지로 변모하면서, 이론적 지식을 보급하거나 새로운 농사법 등 실용적인 지식을 전파하는 종합지의 성격을 띤다. 그리고 1929년 이후 《조선농민》은 취미로서의 읽을거리 위주의 편집 체제로 전환한다.[122]

2) 관련 인물

간기면에 따르면 창간 당시 주간은 이성환(李晟煥), 편집국장 겸 발행인 이돈화, 인쇄소는 해영사인쇄소(海英舍印刷所), 인쇄인은 민영순(閔泳純)이었다. 이후 1926년 6월부터 이성환이 편집인 겸 발행인을 맡는다. 곧 편집인 겸 발행인은 이돈화(1호~2권 5월호)·이성환(2권 6월호~5권 7호)으로서 발행처는 조선농민사(朝鮮農民社)였다.

3) 주요 내용

창간사에서 《조선농민》 발행 취지를 살펴보면 다음과 같다.(현대어 표기로 고침)

반만년 동안 짓밟히고 주물리고 속고 빨리어서 항상 큰 불안과 공포와 빈천에 결박되어 살아오던 전 조선인구의 그 9할이나 되는 농민대중의 인격적 해방을 위하여 급전직하로 막달음질하여 황폐·파멸의 맨 밑바닥 구렁텅이에로 쏠려들어가는 조선 농촌의 그 참담한 경제적 현상을 구제하기 위하여 더욱 이 중대한 사명을 다하는 데 그 주춧돌이 되며, 또 기둥이 되는 전 조선 절대다수의 농민대중의 지식적 각성을 재촉하기 위하여……〈후략〉

이 같은 취지 덕분이었는지 《조선농민》은 일제의 꾸준한 압박을 받으면서도 계속 발행하여 많은 농민대중으로부터 호응을 받았다. 《조선농민》의 편집 체제는 논설, 시사 및 소식, 문예 등 크게 세 부분으로 나뉜다. 논설은 농촌 및 농민 문제에 관한 의제를 설정하는 부분으로 문맹 타파, 위생담론, 근대지식 보급의 필요성 등을 역설했다. 시사 및 소식 부분에서는 연구와 강좌, 영농기술, 토양 지식, 흉년 대비책 등을 다루었다. 문예 부분에서는 시와 감상, 기행, 창작은 물론 만화, 만담, 유머 등을 실었다.

《조선농민》의 특집 제목을 대강 살펴보면 당대 현실에 대한 조선농민사의 인식과 고민을 이해할수 있다. 「농촌청년호」, 「미신타파호」, 「농작준비호」, 「농촌기근타파호」, 「현대지식강좌특집호」, 「농민문예특집호」, 「기근문제호」, 「전원노동문제호」, 「유령퇴치호」, 「여성문제호」 등이 그것이다.

---

122 국립중앙도서관 편(2016), 앞의 자료, p.129.

4) 편집 특성

창간호의 판형은 5×7판이었으며, 한 권의 값은 15전이었다. 창간호 표지는 건장한 몸의 농민이 양손에 농기구를 들고 서 있는 모습이 붉은색으로 채색되어 있는데, 이는 검은색의 배경과 대조를 이루면서 강렬한 인상을 자아낸다.

5) 창간 의의

《조선농민》은 창간호부터 '농민문예'를 두어 시와 소설을 실었고, 농민 문예와 독자 투고를 개설하여 농민들의 문예적 취미를 형성하고자 했다. 그러나 시, 소설, 수필 등 전문화된 근대문학 갈래보다는 야담이나 잡문 형식으로 농민 독자대중을 사로잡으려는 의도가 더 강했던 것으로 보인다. 그리고 이런 경향은 천도교 청년당이 조선농민사의 주도권을 잡았던 시기를 기점으로 강화된다. 지상구락부, 만화, 야담, 유머, 뚱딴지, 깔깔대회, 사랑방이야기, 온돌야화 등의 제목들은 《조선농민》 문예란의 성격을 잘 보여준다.

그러나 이성환을 중심으로 제창된 농민문학론이나 구체적인 작품들은 이러한 경향에서 상당히 벗어나 있다. 「농민문예운동의 제창」이란 글에서 이성환은 농민 생활의 비참한 현실을 직시해야 한다고 하면서, 봉건적 · 인습적 농민혼이 아니라 "신농민 의식 내지 흙의 관념의 표현인 농민문예"가 되어야 한다고 주장했다. 비록 이성환을 중심으로 한 《조선농민》의 농민문학론이 농촌을 전원(田園)으로 취급했다는 비판도 있었지만, 문학론의 이면으로 반도시적이고 반근대의식이 흐르고 있다는 점은 재평가 할 필요가 있다. 게다가 《조선농민》의 농민문학론은 방법은 달랐지만 카프의 농민문학론과 함께 농촌과 농민 문제를 해결하고자 했

다. 이들의 문제의식은 1930년대 동아일보사의 브나로드 운동과도 연결된다.[123]

〈참고〉 브나로드 운동[124]

동아일보사가 일제의 식민통치에 저항하기 위해 일으킨 농촌계몽운동의 하나. 동아일보사는 1931년부터 1934년까지 4회에 걸쳐 전국 규모의 문맹퇴치운동을 전개하였는데, 제3회까지 이 운동을 '브나로드'로 부르다가 민중이 이해하기 어려운 이름이라 하여 제4회부터 '계몽운동'으로 바꾸었다. 그러나 조선총독부의 금지 조처로 계속하지 못하였다. 원래 '브나로드(v narod)'는 제정(帝政) 러시아 말기에 소련의 지식인들이, 이상사회를 건설하기 위해서는 민중을 깨우쳐야 한다는 취지로 만든 '민중 속으로 가자.'는 뜻의 러시아말 구호이다. 이 구호를 내세우고 1874년 수백 명의 러시아 청년학생들이 농촌으로 들어가 계몽운동을 전개하였다. 그 뒤부터 이 말은 계몽운동의 별칭으로 사용되었는데, 동아일보사는 뒤에 명칭만을 빌려 쓴 것이라고 밝혔다. 그러나 그 뒤에도 계속하여 우리나라에서도 계몽운동의 애칭으로 사용되었다. '브나로드'로 애칭되었던 계몽운동은 1920년대 초부터 서울의 학생과 지식청년, 문화단체 그리고 동경 유학생들에 의해서 실시되기 시작하였다. 특히, 유학생이 방학 때 실시한 귀향계몽운동은 큰 주목을 받았다. 천도교 조선농민사(朝鮮農民社)에서도 1926년 여름방학 때 귀농운동(歸農運動)을 폈는데, 이것 역시 학생에 의한 농촌계몽운동이었다.

---

123 국립중앙도서관 편(2016), 앞의 자료, pp.130~131.
124 한국민족문화대백과사전 [브나로드 운동]

1) 창간 배경

안창호(安昌浩)가 1913년 미국에서 조직한 독립운동단체 흥사단(興士團)의 정신을 승계하여 1926년 1월에 조직한 수양동우회(修養同友會)의 기관지로 1926년 5월 20일에 창간되었다. 1927년 8월 5일 통권 16호를 내고는 일시 휴간했다가 이광수가 중심이 되어 1931년 1월 1일에 속간되어 1933년 1월 13일 통권 40호로 종간되었다. 하지만 1933년 6월에는 《동광 총서》로, 1954년 9월에는 《새벽》으로 제호를 바꾸어 그 명맥을 유지하였다. 이 잡지도 일제의 검열을 피할 수 없어 제3호의 경우는 아예 원고를 압수당해 발행되지 못했으며, 이후로도 일부기사가 삭제당하는 것은 예사였다. 특히 출판법에 따라 발행되는 잡지도 1931년부터는 정치·시사평론 게재가 묵인됨에 따라 정치·시사 관련 논설과 기사를 싣게 된 속간호부터는 더욱 자주 삭제당하는 수난을 겪어야 했다.[125]

---

[125] 1933년 1월 통권 40호로 종간되었는데, 원고 압수로 제3호를 발행하지 못했기에 실제의 통권은 39호가 된다. 제16호까지는 안창호(필명 山翁)의 글이 빠지지 않았으며, 수양동우회 회원의 글이 많았다. 속간 이후로는 정치시사도 싣게 되었고 민족주의적 입장을 대변하였다. 1954년 9월 《동광》의 후신으로 《새벽》을 창간했는데, 그때 '새벽'이란 제호는 '동광'의 우리말이라고 밝혔으며, 1961년 1월까지 통권 52호를 냈다. 한국민족문화대백과사전 [동광]

2) 관련 인물

간기면을 보면 편집 겸 발행인 주요한(朱耀翰), 인쇄인 노기정(魯基禎), 인쇄소 한성도서(주), 발행소 동광사(서울 서대문동 1가 9)로 표기되어 있다. 이 잡지를 기관지로 삼은 수양동우회는 1926년 1월 8일 수양동맹회(修養同盟會)와 동우구락부(同友俱樂部)가 통합하면서 결성한 수양 계몽 단체였다. 이광수 주도로 1922년 2월에 결성된 수양동맹회는 안창호가 이끄는 흥사단 의 국내지부 같은 단체였다. 수양동맹회는 자기수양과 문화사업으로 조선인에게 고상한 덕 과 필요한 지식과 건강과 부를 향수시키는 것을 목적으로 하였다. 절대로 시사 또는 정치에 간여하지 않을 것을 천명한 단체였다. 동우구락부는 1922년 7월 평양에서 한말 안창호가 세 운 대성학교(大成學校) 관련자와 조만식과 함께 평양에서 물산장려운동을 주도했던 김동원, 김성업, 김병연, 조명식 등 8명이 조직한 친목단체였다. 이 두 단체가 세력 확대를 위해 수양 동우회를 결성했던 것이다. 수양동우회에는 수양동맹회와 동우구락부 및 흥사단의 실력자들 이 모두 포함되었는데 대부분이 서북지역 출신의 지식인 또는 자산가였다. 그러므로 수양동 우회의 기관지인 《동광》에는 안창호와 이광수는 물론 주요한, 박현환(朴賢煥), 김윤경(金允經), 이윤재(李允宰) 등 수양동우회 간부들이 주요 필진으로 참여하여 수양동우회의 사상을 널리 알리는 데 주력하였다. 안창호는 '산옹(山翁)'과 '섬메'라는 필명을 사용하여 수양동우회의 활 동 초기에 그 이론적 기반을 제공하는 논설을 주로 실었다. 그 외에도 김창세(金昌世), 주요한 등이 글을 게재하여 수양동우회를 통한 계몽운동에 앞장섰다.

3) 주요 내용

이 시기 사회주의운동을 표방하던 잡지들에 맞서 《동광》은 민족운동을 목표로 하는 잡지 임을 분명히 내세웠다. 창간호에서는 '사상과 학술의 연구·선전, 문예의 창작·번역 소개에 비중을 두고, 역사·지리·전기·전설·풍습' 등을 고루 다루며, 건전한 흥미기사, 과학의 통속화, 풍부한 사진·삽화 제시, 국문 용법의 통일 등에 노력하겠다고 밝혔다. 필진 중 상당 수가 미국 등의 서구 유학파 지식인들로서, 주로 미국 기독교 계통의 자유주의적 성향과 강 렬한 민족주의적 경향이 결합된 논조를 보여준다. 초기에는 수양운동에 대한 관심의 표명으 로, 「합동과 분리」, 「당신은 주인입니까」, 「사람마다 가슴에 참을 모시어 공통적 신용을 세 우자」, 「합동의 요건-지도자」, 「부허(浮虛)에서 떠나 착실(着實)로 가자」, 「오늘의 할 일은 오늘 에」, 「오늘의 조선학생」, 「조선청년의 용단력과 인내력」, 「자조의 정신과 호조의 정신」, 「낙 관과 비관」 등과 같은 도산 안창호의 글이 집중적으로 소개되었다. 제5호에는 '조선말과 글의 연구', 제9호에는 '우리글 표기례의 몇몇'이라는 특집으로 김윤경·이병기·권덕규·어윤적·장지영·최현배 등의 한글론이 실렸다.

4) 편집 특성

창간호는 4×6배판 크기의 판형으로 발행되었다. 창간호의 표지는 주요 목차를 제시한 단순한 디자인을 사용했지만, 이 목차 내에 안창호의 글 제목 「합동과 분리」만을 도드라지게 표현한 것이 눈에 띈다.

편집 내용은 사상·학설의 연구·선전, 문예의 창작·번역소개, 역사·지리와 전기·전설·풍속·습관 등을 주로 다루었으며, 편집 방침은 ① 건전한 흥미기사, ② 과학의 통속화, ③ 풍부한 삽화, ④ 국문 용법의 통일, ⑤ 간결·평명(平明), 실제적으로 한다는 것이었다. 문학작품도 많이 발표하였는데, 문예면에 활약한 작가로는 주요한·이광수·김억(金億)·주요섭(朱耀燮)·김동환(金東煥)·김동인(金東仁)·양주동(梁柱東) 등으로, 민족주의적인 필자가 많이 동원되었다.[126]

5) 창간 의의

《동광》은 수양동우회 기관지였다. 수양동우회가 《동광》을 통해 강조한 그 중심내용은 무실(務實)·역행(力行)·신의(信義)·용기(勇氣)의 4대 정신으로 무장하고 덕육(德育)·체육(體育)·지육(智育)을 수련하여 건전한 인격을 함양하는 것이 우리 민족 재생의 근본 요의(要義)라는

---

126 한국민족문화대백과사전 [동광]

것이었다. 물론 수양동우회의 이러한 중심사상은 이광수의 '민족개조론'과 일맥상통하는 것이었다. 수양동우회의 이념을 전파하는 글 외에 시사적인 글을 실을 수 없었던 속간호 이전의 《동광》은 기본적인 편집방침으로 건전한 흥미기사·과학의 통속화·풍부한 삽화·국문용법의 통일 등을 내세우면서 다양한 논설과 문예물들을 싣고 있다. 그 중에서 주목되는 것은 우선 우리나라의 역사와 관련된 논설들이다. 당시 활약하던 최남선(崔南善), 안확(安廓), 황의돈(黃義敦), 장도빈(張道斌), 권덕규(權悳奎), 손진태(孫晉泰), 이능화(李能和) 등의 역사가들이 여러 편의 글을 발표하고 있다. 주목할 것은 이들이 조선시기의 역사와 관련된 글보다는 대부분이 고대사 관련, 특히 단군과 고조선 관련 글들을 다수 발표했다는 점이다.

이처럼 《동광》은 흥사단의 국내 조직인 수양동우회의 이념과 운동론을 충실히 전파하는 교양잡지의 성격을 띠면서도, 부르주아 민족주의 우파의 입장에서 현실 문제, 농촌문제를 다루었다는 점에서 의미가 큰 잡지였다.[127]

---

127 국립중앙도서관 편(2016), 앞의 자료, pp.135~136 참조.

1) 창간 배경

《별건곤》은 1926년 11월 1일 창간된 잡지로 1934년 8월 통권 74호로 종간되었다. 이 잡지는 1926년 8월 일제의 탄압으로 강제 폐간된 《개벽》의 명맥을 이은 잡지이기는 하지만, 시사종합지 성격을 띠면서 중량감 있는 사상잡지를 표방했던 《개벽》과 달리, 취미와 실익을 위주로 다룬 대중적 성격을 띠고 있었다.

2) 관련 인물

창간호 간기면을 보면, 편집 겸 발행인 이을(李乙), 인쇄인 민영순(閔泳純), 인쇄소는 대동인쇄(주), 발행소는 개벽사 등으로 표기되어 있다. 발행인 이을(李乙)은 당시 개벽사 광고부 책임자였고, 1년 뒤에 발행인이 차상찬으로 바뀌었다.

3) 주요 내용

창간호의 목차를 보면 전체 내용은 창작(소설, 시), 수필, 상화(想華), 풍자, 논설, 방문기, 번역, 전기(傳記), 상식, 잡조 등으로 구성되었다. 《별건곤》은 목차에 넣기 어려운 다양한 종류의 글쓰기 양식도 많이 보여주었다. 특히 경험담과 탐기(르포), 대화, 풍자, 애화(哀話), 실화(實

話), 사화(史話), 야담, 수기, 만화, 기담, 괴담, 만담(코믹), 민화풍의 이야기, 대담, 방문기, 해설, 지상논쟁, 설문(앙케이트), 품평 등이 그것인데, 이러한 양식들은 《별건곤》에 등장해 1920년대의 여러 잡지와 신문에 두루 쓰이게 되었다.

이처럼 종류를 가리지 않는 다양한 기사들이 실렸고, 이것들이 대부분 몇 년 후 《조광》이나 《삼천리》 같은 잡지로 확장되지만, 《별건곤》에서만 볼 수 있는 가장 특색있는 기사는 아마도 「대경성 백주 암행기」와 「대경성 암야 탐사기」란 글일 것이다. 이 글은 편집장의 명령으로 서울의 불특정 지역을 정해진 시간 동안 탐방하여 그 즉시 작성한 기사들이었다. 「암야 탐사기」는 서울의 한밤중의 세태 풍경을, 「백주 암행기」는 서울의 한낮 풍경을 생생하게 기록했는데, 이 기사들은 1927년 2월부터 1929년 2월까지 연재되기도 했다.[128]

4) 편집 특성

창간호를 포함하여 잡지 발행 초기에는 5×7판 크기에 150쪽 분량 내외였으나, 6권 3호 (1931.3.1.)부터 4×6배판 30여 쪽의 분량으로 변하였다. 창간호 표지는 성벽 밑에서 말을 타고 가는 조선인을 그린 동양화 풍의 채색화로 장식하고 있다. 《별건곤》이 한동안 지속적으로 연재한 대중적 '역사 이야기'를 의미하는 것으로 보인다.[129]

《별건곤》은 거의 8년이라는, 비교적 장기간 발간되었다. 1932년 2월까지 200쪽가량의 분량으로 한 권에 50전에 판매되다가, 1931년 1월 《신여성》이 속간되고 1931년 3월 《개

---

128   국립중앙도서관 편(2016), 『한국근대문학해제집Ⅱ-문학잡지(1896~1929)』, 국립중앙도서관, p.139.
129   국립중앙도서관 편(2016), 위의 자료, p.138.

벽》의 후신인 《혜성》이 창간되면서, 1931년 3월부터 60쪽 정도 분량의 5전 잡지로 발행되다가 결국 1934년 8월에 종간되고 말았다.

5) 창간 의의

비록 취미와 가벼운 읽을거리를 위해 창간한 잡지라고는 하지만 창간호 '여언(餘言)'에 밝힌 것처럼 취미라고 무책임한 독물(讀物)만을 늘어놓는다든지, 혹은 방탕한 오락물만을 기사로 쓴다든지 하는 등 비열한 정서를 조장해서는 안 될 뿐만 아니라, 그러한 취미는 할 수 있는 대로 박멸하기 위해서 "우리는 이 취미잡지를 시작하였다."라고 함으로써 좀더 원대한 발간 취지를 밝히고 있다. 그 증거로 「조선 자랑호」(3권 2호), 한용운(韓龍雲)·이상협(李相協) 등의 「생활개선안」(통권 16·17호)·「교육계·독서계·문단·공업계·종교계 등의 최근 10년간의 변천」(5권 1호), 언론계 등 각계의 인사들의 「조선은 어디로 가나?」라는 글 등이 실렸는데, 이러한 글로 보아 이 잡지가 단순한 취미잡지가 아님을 알 수 있다.[130]

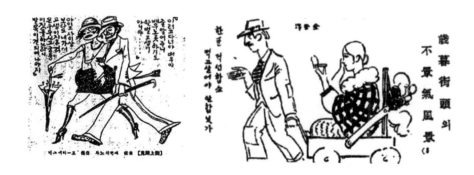

---

130 한국민족문화대백과사전 [별건곤]

<참고> 대중잡지 《별건곤》의 별난 세상 이야기[131]

<전략>

'별건곤'은 1926년 11월부터 1934년 3월까지 '취미와 실익(實益)'을 내걸고 발행된 대중잡지이다. '별건곤' 즉, '별난 세상'이라는 제명처럼 이 잡지가 보여주는 세상은 상당히 통속적이며 흥미진진하다. 당대 사회의 히로인이었던 단발머리 모던걸이나 이름 모를 양장미인을 미행하고, 신식 결혼식장에 잠입하여 그 이면을 포착하여 기록한다. 또 다른 장에서는 누구에게도 말한 적 없는 은밀한 비밀고백을 모은 글이 등장한다. 그렇다고 '별건곤'이 타인의 은밀한 내적 생활을 들여다보는 것과 같은 대중의 통속적 '취미' 맞추기에만 급급했던 것은 아니다.

소매치기당하지 않는 법에서부터, 경성을 골고루 구경하는 법, 조선 팔도 맛있는 음식 소개 등 생활에 실제로 도움이 되는 '실익' 기사도 양념처럼 섞여 있었다. 미용실에서 여자들 간에 오가는 시시콜콜하고도 잡스러운 이야기를 담은 여성잡지의 일면이 '별건곤'에서 그대로 수용된 것이다. 죽은 여자를 면도시킨 이야기와 같은 '별건곤'에 단골로 실린 섬뜩한 서구 괴담 역시 이 점에서 예외는 아니었다. 미용실 잡담 수준의 일반 대중으로서 정통 추리물의 지적 추론과정을 따라가기란 다소 힘에 부치는 일이었다. 그런 그들에게 '별건곤'의 괴기물은 추리물의 공포와 스릴은 스릴대로 느끼면서, 머리 아픈 추론 과정은 비켜갈 수 있는 최적의 이야기 형태였다.

그러나 식민지 조선의 고단한 현실 탓일까. '별건곤'은 대중잡지의 가벼움을 그대로 유지하지 못하고 있다. 시시콜콜한 이야기를 다룬 기사 사이로 독립협회나, 항일운동단체 공명당, 조선의 농업 경제와 같은 난해하고 지겨운 주제의 기사가 함께 게재되었다. 대중의 '니즈'(needs)에 들어맞는 가벼운 읽을거리와 식민지 현실을 일깨우는 무거운 이야기가 함께 공존한 이 구성이야말로 '별난 세상'이었다. 가벼운 대중잡지에서조차 민족 현실을 위한 '계몽'을 도모해야 할 정도로 식민지 조선의 현실이 무거웠던 것이다.

<이하 생략>

---

131 [정혜영의 근대문학을 읽다] 대중잡지 '별건곤'의 별난 세상 이야기 [《매일신문》 (2017.11.18.)]

1) 창간 배경

1927년 1월 10일 창간호가 발행된 《장한》은 당시 경성의 권번(券番)[132] 기생들이 만든 잡

---

132 민족항일기에 만들어진 기생조합. 조선시대의 기생제도는 관기로서 궁중의 약방이나 상방(尙房) 등에 소속되어서 약을 달이거나 바느질하는 일을 하다가, 궁중의 연향(宴饗)이 있을 때에는 노래나 춤을 추었다. 국권을 상실한 뒤 관기제도가 없어지면서 기생들이 최초로 모인 조합이 서울의 광교조합(廣橋組合)이었다. 광교조합은 남편이 있는 기생, 즉 유부기(有夫妓)들로 된 조합으로, 뒤에 한성권번(漢城券番)으로 개칭하였다. 기생에게는 본래 시문(詩文)·음곡(音曲)·습자(習字)·가무(歌舞)·예의(禮儀)를 가르쳤는데, 음곡은 가곡(歌曲)과 가사를 가르치고 춤은 정재(呈才)를 가르쳤다. 그 뒤 권번에서는 시조와 경기잡가·서도잡가·민요 등을 추가하여 이습시켰다. 권번은 주식회사 제도로 운영되었는데, 주된 기능은 모든 교육과정을 수료한 기생들이 요정에 나가는 것을 지휘하고 감독하는 것이었다. 그 뒤 계속 권번이 번창했는데 대표적인 것으로는 정악원학감(正樂院學監) 하규일(河圭一)이 무부기(無夫妓)들을 모집하여 서울 다동에 세운 조선권번(朝鮮券番)이었다. 한성권번과 조선권번에 이어 전성욱(全聖旭)이 서울 낙원동에 종로권번을 설립하여 세 조합이 경쟁하여 서로 명창들을 배출하였다. 그 뒤 세 권번이 병합하여 삼화권번(三和券番)이라는 이름으로 발족했다. 한편, 지방에서도 권번이 설립되어 기성권번(箕城券番)을 비롯하여 광주(光州)·남원·달성(達城)·경주·개성·함흥 등의 권번이 있었는데, 그 중에서 평양에 있던 기성권번이 널리 알려졌다. 권번은 제2차 세계대전이 치열해질 무렵 일제의 강압정책으로 폐쇄되었다. 한국민족문화대백과사전 [권번]

지이다. 서해(曙海) 최학송(崔鶴松, 1901~1932)이 편집한 권번 기생들의 동인지 형식을 띠고 있었다. 최서해는 초기 프롤레타리아 문학을 대표하는 작가로 알려져 있다. 그의 문학은 계급 착취와 그로 말미암은 갈등에 주목한 것은 사실이지만, 그에 못지않게 민족문제에도 깊은 관심을 기울였다. 봉건적 유물로 배척당하는 타자화의 대상으로서 당시 권번 기생에 관심을 두었던 것이다. 하지만 가난한 소설가였던 최서해는 이로 인하여 지식인들에게 조롱거리가 되었다고 한다.[133] 원래 《장한》은 월간지로 발간되었는데 현재 확인된 바로는 1927년 1월호와 2월호가 남아 있다.

2) 관련 인물

간기면을 보면 편집 겸 발행인은 김보패(金寶貝)로 되어 있고, 인쇄인은 노기정(魯基貞), 발행지는 경성이었다. 편집 발행인 '김보패'도 최서해가 편집을 의뢰한 기생의 중심인물이 아닌가 짐작해 볼 수 있다.[134] 물론 실제 편집은 최서해가 맡아서 진행했다.

3) 주요 내용

'장한(長恨)'은 말 그대로 '오래 묵은 한'이라는 뜻이다. 스스로 신세를 한탄하며 지난 세월 동안 한(恨)에 찌들었던 기생들의 모습이 저절로 떠오를 것 같은 제호이다. 김월선(金月仙)이 《장한》 창간호에 쓴 「창간에 제(際)하야」라는 글을 보면 다음과 같다.(현대어 표기로 고침)

본래 사람은 다 같은 운명을 타고날 것이오. 다 같은 의무를 가지고 났을 것이다. 그리고 착한 것을 좋아하고 악한 것을 슬퍼하는 것은 사람의 떳떳한 정이다. 그러나 사람들에게는 조석으로 측량하지 못할 화복(禍福)이 있고 하늘에는 시각으로 측량하지 못할 풍우가 있는 것이다. 슬픈 일, 좋은 일을 당하게도 되며 착한 것, 악한 것을 보게도 되는 것이다. 그러나 사람에게는 그만한 변화가 있다고 모든 것을 내버려 둘 수는 없는 것이다. 자신이나 사회에 불행하며 불리할 줄을 알면 없애 버려야 하며 아니 하여야 할 것이다. 이 점에 있어서 조선의 기생은 하루바삐 없애야 하겠으며 아니해야 하겠다. 그것은 기생 자신에 참담한 말로를

---

133 朴祥燁, 「感傷의 七月-曙海靈前에」, 《매일신보》(1933.7.14.) 29면. "더 지저분한 잡지에까지 손을 대었는데 하다못해 기생들이 하던 잡지에까지 손을 대어 보았다. 다 먹기 위함이었다.", 신현규 (2010), 「기생 잡지 『장한(長恨)』 서지 고찰」, 《근대서지》 제1호, 근대서지학회, p.244 재인용.

134 신현규(2010), 앞의 논문, p.244.

짓게 되며 일반사회에 많은 해독을 끼치는 까닭이다. 될 수만 있으면 기생 자신을 위하여 또는 일반사회를 위하여 기생이란 부자연한 제도가 어서 폐지되어야 하겠다. 그러나 현재 사회제도가 아직 이것을 허락지 않는 것은 부인하지 못할 사실이니, 그대로 계속하여 있기로 말하면 모든 점에 있어서 향상되고 진보되어야 하겠다. 그리하여 사회에 끼쳐지는 해독이 없도록 자신에 돌아오는 참담을 면하도록 하여야 하겠다. 이와 같은 취지에 있어서 문화시설의 하나이며 항상 진보기관의 하나로 잡지 《장한》을 발행하는 것이다.

여기서 언급하고 있는 것처럼 사회제도는 향상되고 진보되어야 하기에, 기생 제도의 폐지에 기여하기 위함이 이 잡지의 발간 취지라고 밝힌다. 또한 《장한》은 진보기관 잡지라고 일컫는다. 이처럼 《장한》의 발견은 우리가 알고 있었던 기생의 화려한 이면에 어떤 아픔이 있었고, 또 그 설움을 잊기 위해 어떤 노력을 하였는지를 알려준다. 비록 가면을 쓰고 남성들에게 시중을 들어야 하는 처지이지만 과거의 억울함이나 미래에 대한 희망을 서로 나누는 모습들은 단단하게 여문 한국 여성의 진보적 모습마저 볼 수 있게 한다.[135]

《장한》에 글을 올린 기생 필자로는 김월선(金月仙, 대정권번)을 비롯하여 전난홍(全蘭紅, 대정권번), 김녹주(金綠珠, 한남권번), 전산옥(全山玉, 한성권번), 이월향(李月香, 대정권번), 박녹주(朴綠株, 한남권번), 김계화(金桂花, 광주기생조합 출신), 윤옥향(尹玉香, 한남권번) 등으로 당시 경성에서 활동한 일급기생들이었다. 또 그 내용을 보면 기생 신세의 한탄부터 기생제도의 철폐 주장, 사회비판에 대한 의견, 의학상식, 기생이 갖추어야 할 소양에 대한 내용 등이 담겨 있다. 기생의 예술적 소양을 높이기 위해 시조, 소설, 중국 고전, 이태리 가극도 실었다. 문화의 향상과 풍속의 개선을 위해 기여하자는 의견도 있고, 사회변혁을 위해 계급 모순과 차별 타파를 결의하는 내용도 있다.

한편, 《장한》 창간호에는 모두 51개의 글이 실려 있다. 기사 형식을 분류해보면, 기생 필자의 글 26편이 수록되어 있으며, 세부적으로는 논설류 20편, 수필(수기)과 애화 3편, 시 5편, 동화 1편, 기타 20여 편 등으로 나눌 수 있다. 이 중에서 논설류로 분류할 수 있는 20편은 자기 자신에 대한 비판, 즉 자기 정체성의 불합리성과 사회에 대한 비판을 포함하고 있다.

---

135 신현규(2010), 앞의 논문, p.245.

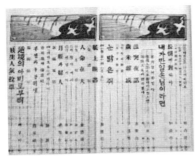

4) 편집 특성

창간호 판형은 5×7판이며, 제1권 제1호(1927년 1월)로 명기되어 있다. 창간호의 전체 면수는 125쪽으로, 광고 등을 제외하고 본문은 111쪽이며, 제2호는 108쪽으로 발행되었다. 창간호에 비하여 1927년 2월호에는 발간일이 2월 12일이라는 것 이외에 다른 점은 없다. 창간호 표지 그림은 새장 속에 갇혀 앉아 있는 여인의 모습을 보여줌과 동시에 그 둘레를 따라 '동무여 생각하라, 조롱 속의 이 몸을'이라는 문구를 배치함으로써 기생이라는 신분으로 사회에 속박된 자신들의 모습을 한 걸음 물러나 제3자의 시선으로 바라보도록 처리하고 있다. 《장한》의 필자가 곧 기생들 자신이며 장한의 제일 첫 번째 독자 또한 기생들이 될 것임을 감안하여 그들의 한과 의식변화에 대한 촉구 의지를 피력하고 있는 것으로 보인다. 하지만 제2호의 표지 그림은 한복을 입은 기생과 양장에 단발을 한 여성이 손을 맞잡고 있고, 배경에 해가 떠오르고 있는 모습을 담고 있다. 이로써 기생들은 더 이상 음지에서 한탄하지 않고, 자신들의 의견을 당당하게 펼치겠다는 의지를 표현한 것으로 보인다.

5) 창간 의의

우선 《장한》은 사회적으로나 신분적으로 당대의 가장 어려운 처지에 있었던 기생들이 만든 잡지라는 점에서 가치를 지닌다. 당시 《매일신보》에 실린 신간소개에 따르면 '경성에 있는 네 권번 기생들의 기관지'라고 하였다. 필자와 독자 대상이 기생이기 때문에 선입견을 갖는 경우가 적지 않은데, 《장한》은 특수직종에 종사하는 사람들이 발간한 동인지 성격의 잡지라는 점에서 주목할 만한 의미를 지닌다. 나아가 소수에 속하는 사회적 소외계층의 사람들이 잡지라는 매체를 통해 하나의 목소리를 내게 되었다는 사실 하나만으로도 당시 문화적 현실이 매우 성숙되었음을 보여주는 좋은 예가 아닐 수 없다. 이러한 현상은 1920년대의 상황으로 미루어

보건대 사회주의 사상이 사회 전반에 깔리면서 가능한 일이었을 것으로 추측된다.[136]

나아가 "〈전략〉소리를 지르기로 얼마나 힘이 있으며, 얼마나 보람이 있으랴만 안 지르기보다는 나을까 한다. 웃고 살아도 부족이 많은 세상을 어찌하여 한탄으로 살까보냐. 그러나 우리의 이 '장한'은 앞으로는 장한이 없게 하자는 장한이다.〈후략〉"는 외침이야 말로 이 잡지가 품고 있는 진정한 의미일 것이다.

〈참고〉 잡지 《장한》의 가치[137]

1920년대를 특징짓는 키워드 가운데 빼놓을 수 없는 것이 '사회주의'다. 1920년대 초반 소개되기 시작한 사회주의 사상은 1920년대 중반을 지나면서 1930년대까지 한 시대를 풍미했다. 러시아 볼셰비키혁명의 성공 이후 세계로 뻗어나가고 있던 '새로운 사상'이 조선 땅에서도 만개한 것이다. 《장한》 창간호에 수록된 「영춘사(迎春辭)」를 보면 기생 잡지에도 그 영향을 끼쳤다.

철판에 붉은 피 흐르고 가슴에 심장이 살아 뛰는 사람으로서 사람의 대접을 받지 못하고 짐승으로 더불어 변하게 되는 때에 어찌 탄식인들 없으며 눈물인들 없으오리마는 탄식과 눈물만으로는 모든 것이 해결되지 못하나니라. 때로 흐르는도다. 벗이여 한숨을 거두라. 눈물을 씻으라. 눈물과 한숨을 익히고 서서 우리는 우리의 밟은 길을 돌아보는 동시에 우리의 존재를 찾아야 할 것이요. 동시에 우리와 사회와의 관계를 생각하여야 할 것이로다. 만물이 다 자기가 있는지라. 자기가 산 것이니 자기가 없으면 자기는 죽은 것이라. 어찌 우리는 살아 뛰는 자기를 가지고 죽은 자기와 바꾸리오. 벗이여 일어나라. 자유와 평등을 위하여 새해의 새봄 맞이를 나가려 하노라.

조선시대의 기생을 이어 계급적 차별을 받아온 일제강점기 기생은 이제 자유와 평등을 위하여 일어나자는 주장이다. 이처럼 단순히 넋두리로는 이것이 해결되지 않기에 더욱 사회의 관계를 개선하고자하는 힘이 필요하다고 역설한다. 당시 조선 전체에는 이미 수천여 명

---

136 문화재청(2010), 『근대문화유산 신문잡지분야 목록화 조사연구보고서』, 문화재청, p.276.
137 신현규(2010), 「기생 잡지 『장한(長恨)』 서지 고찰」, 《근대서지》 제1호, 근대서지학회, p.253.

의 기생이 분포하고 있었다. 그들이 생활고에 쫓겨 그 길을 택하였고 개개인의 '끼'를 분출할 방법을 찾기 위해 선택하기도 하였다. 시간이 흐르면서 기생들은 그들만의 문화적인 고유 영역을 확보하고 싶어 했고, 거기에 뜻을 함께 한 기생들이 적극적인 사업을 펼치기 시작했다. 그 일환으로 시작된 것이 《장한》이라는 월간잡지의 발행이다. 기생 스스로 자신들의 정체성 혼란을 사회운동으로 극복해보자는 의도였다고 볼 수 있다. 하지만 발간 초반의 의욕을 채우지 못한 인상도 지울 수 없다. 그러나 이러한 담론들이 있었기에 지금의 현대적 여성상으로 그 명맥이 이어지게 되었음을 부인할 수 없다.

1) 창간 배경

1927년 1월에 창간호를 낸《해외문학》은 외국문학을 소개한 우리나라 최초의 번역문학 잡지이자 외국문학연구회(해외문학연구회) 기관지이다. 창간호는 편집 겸 발행인을 이은송(李殷松)으로 하여 서울(경성)에서 해외문학사를 발행소로 삼아 간행되었고, 제2호는 편집 겸 발행인이 정인섭(鄭寅燮)으로 일본 동경의 외국문학연구회에서 발행되었다. 제2호를 서울이 아닌 동경에서 간행한 것은 편집부와 발행소, 인쇄소가 떨어져 있어서 여러 가지로 불편했기 때문이다. 창간호를 발행한 뒤 자금난에 시달리던 중 동인들이 자금을 모아 겨우 제2호를 낼 수

▲ 외국문학연구회 송년회 (1930) 뒷줄 왼쪽부터 정인섭, 한사람 건너 김진섭, 한사람 건너 장기제, 앞줄 왼쪽 두번째부터 김상용 김온 정규창 이선근 이하윤, 그 옆은 미상

있었지만, 창간호에 비해 규모가 대폭 축소되었다.

2) 관련 인물

간기면을 보면 창간호 편집 겸 발행인 이은송(李殷松), 인쇄인 노기정(魯基禎), 인쇄소 한성도서(주), 발행소 해외문학사(서울 냉동 112)로 표기되어 있다. 창간호는 이하윤(異河潤)이 편집했고, 제2호는 같은 해 7월 4일에 간행되었으며, 편집 겸 발행인은 정인섭, 발행소는 외국문학연구회, 인쇄소는 동경 동성사(同聲社)이다.

《해외문학》의 주요 동인은 이하윤, 정인섭, 김진섭(金晉燮), 손우성, 김명엽, 김온(金韞), 정규창, 이헌구, 함대훈 등이었다. 1926년 동경 유학생 중 외국문학 전공자를 주축으로 결성된 '외국문학연구회'는 이듬해 '해외문학연구회'로 개편되었다. 이 같은 《해외문학》 동인들의 활동에 대해 김욱동 교수는 다음과 같이 분석하고 있다.[138]

일제 강점기 식민지 종주국의 수도요 서구 문물의 교두보라고 할 도쿄에서 외국문학을 전공하던 조선인 유학생들도 외국문학 연구가 어디까지나 국문학 연구를 위한 것이라고 생각했다. 그래서 1920년대 중반 그들은 '외국문학연구회'라는 모임을 설립하고 그 기관지로 《해외문학》을 간행했다. 연구회 회원들은 이 잡지의 창간호 권두사에서 "무릇 신문학의 창설은 외국문학 수입으로 그 기록을 비롯한다. 우리가 외국문학을 연구하는 것은 결코 외국문학 연구 그것만이 목적이 아니요, 첫째에 우리 문학의 건설, 둘째로 세계문학의 호상 범위를 넓히는 데 있다"고 천명했다. 실제로 일본에서 메이지(明治)유신 이후 일본 근대문학의 집을 짓는 데 이바지한 사람들은 거의 대부분 외국문학 전공자였다. 한국의 경우도 크게 예외가 아니어서 근대적 의미의 학문과 문학의 기초를 닦은 사람들 중에는 무애 양주동(梁柱東)과 황순원(黃順元) 또는 최재서(崔載瑞)처럼 외국문학 전공자들이 많았다.

3) 주요 내용

창간호에는 '권두언'을 시작으로 평론, 창작, 시가, 희곡 등 문예 작품이 수록되었다. 창간사의 주요 내용을 살펴보면 다음과 같다.(현대어 표기로 고침)

---

138 김욱동(2020), 「'외국문학연구회'에 관한 최초의 연구서…그들의 의의와 행적을 재평가하다」[대학지성 In&Out(http://www.unipress.co.kr)](2020.08.09.)

무릇 신문학의 창설은 외국문학의 수입으로 그 기록을 비롯한다. 우리가 외국문학을 연구하는 것은 결코 외국문학 연구 그것만이 목적이 아니오, 첫째 우리 문학의 건설, 둘째로 세계문학의 호상(互相) 범위를 넓히는 데 있다.

즉, 우리가 가장 경건한 태도로 먼저 위대한 외국작가를 대하며, 작품을 연구하여 써 우리 문학을 위대히 충실히 세워놓으며 그 광채를 돋구어보자는 것이다. 이에 우리는 우리 신문학 건설에 앞서 우리 황무(荒蕪)한 문단에 외국문학을 받아들이는 바이다.

〈중략〉

이 잡지는 세상에 흔히 보는 어떠한 문학적 주의 하(主義下)에 모인 그것과 다르다. 제한된 일부인의 발표를 위주로 하는 문예잡지, 동인지 그것도 아니다. 이 잡지는 어떤 시대를 획(劃)하여, 우리 문단에 큰 파동을 일으키는 뜻있는 운동전체의 기관이다. 동시에 주의나 분파를 초월한 광범한 그것이 아니면 아니 된다.

또한, 200쪽이 넘는 《해외문학》 창간특대호에 실린 글들을 목차별, 장르별로 나누어 살펴보면 다음과 같다.

- 창간 권두사 … 편집인
- 레이몬드 반토크 씨의 창간 축하편지'(영문 및 번역)
〈평론〉(5편)
- 표현주의문학론(表現主義文學論) … 김진섭
- 포오를 논(論)하여 외국연구(外國研究)의 필요(必要)에 급(及)하고 〈해외문학(海外文學)〉창간(創刊)을 축(祝)함 … 화장산인(花藏山人)
- 최근(最近) 영시단(英詩壇)의 추세(趨勢)' … 김석향(金石香)
- 노서아문학(露西亞文學)의 창시자(創始者) 푸시킨의 생애(生涯)와 그의 예술(藝術) … 이선근(李瑄根),
〈소설〉(7편)
- 역사(亦死)의 가면(假面)[미(美) 에드가 알란 포오] … 정인섭(鄭寅燮) 역
- 크렝크비이으[불(佛) 아나톨 프랑스] … 여재비(驢再鼻) 역
- 신부(神父)의 목서초(木犀草)[불(佛) 아나톨 프랑스] … 이하윤(異河潤) 역
- 제스타스[불(佛) 아나톨 프랑스] … 이하윤(異河潤) 역

- 문전(門前)의 일보(一步)[독(獨) 하인릿히 만] … 김진섭(金晉燮) 역

- 고기의 설음[노(露) 와시리 에르센코] … 이은송(李殷松) 역

- 빌지니와 포올[불(佛) 빌리에 드 릴라당] … 이하윤(異河潤) 역

〈시가〉(26편)

- Two poems in prose['애(愛)와 사(死)' 외 1편 … Raymond Bantock

- '악마(惡魔)' 외 5편[노(露) 프시킨] … 이선근(李瑄根) 역

- '나이팅겔' 외 2편[영(英) 로버트 브릿지스 등] … 김석향(金石香) 역

- 추억(追憶)[불(佛) 알프레 드 뮷세] … 여재비(驢再鼻) 역

- '모든 것은 유희(遊戲)였다' 외 10편[독(獨) 케 에프 메이야 등] … 여재비(驢再鼻) 역

- 노래 삼곡(三曲)[백(白) 모리스 마텔링크] … 이하윤(異河潤) 역

- '애련가(哀戀歌)' 외 5편(알베엘 사맹) … 여재비(驢再鼻) 역

- 십일월이십사야(十一月二十四夜)[중국(中國) 자유시(自由詩)] … 호적(胡適) 역

〈희곡〉(2편)

- '구혼(求婚)' 희극 1막[노(露) 안톤 체흡] … 김온(金韞) 역

- '월광(月光)' 미래파 종합극 1막[이(伊) 에훼 테 마리넷치]

〈기타〉

- 포오 소전(小傳)/벨레느 소전(小傳)/문예한담(文藝閑談)/독서여록(讀書餘錄)/번역(飜譯) 가
  십/편집여언(編輯餘言)

《해외문학》 제2호에는 '두언(頭言)'을 시작으로 「버나드 쇼 인상기」(레이몬드 반토크), 「여명기 로서아 문단 회고」(이선근), 「명치문학의 사적 고찰」(성일돈) 등과 같은 평론, 「알르의 여자」(알퐁스 도데)와 같은 소설, 「백조의 노래」(체흡)과 같은 희곡, 「한글 사용에 대한 외국문학 견지의 고찰」과 같은 좌담회 내용이 게재되었다.

4) 편집 특성

창간호 판형은 5×7판에 본문 202쪽(제2호 68쪽) 분량으로 발행되었으며, 정가는 30전이었다. 1927년 1월 17일에 창간되어 7월 4일 통권 제2호로 발행을 멈추었다. 창간호 표지에는 다소 난해한 느낌의 추상화(고판화 형식을 현대적으로 수용한 김온의 목판화)가 실렸고, 상단에는 '해외문학'을 뜻하는 에스페란토어인 'Cpammata Eswtika', 하단에는 '동경 해외문학연구회

편'이라고 표기되어 있다. 제2호의 상단에 표기된 문구는 라틴어로 역시 '해외문학'을 뜻하는 'LITTERAE EXOTICAE'이다.

5) 창간 의의

《해외문학》은 우선 제2호를 발간한 데 지나지 않았으나, 그 동인들은 이른바 '해외문학파'로서 외국문학의 국내 이식(移植)과 평론·시·소설·수필·희곡 등의 창작을 통하여 반프로문학적 입장에 서서 순수문학을 옹호하여 우리 문단에 큰 파문과 영향을 끼쳤다. 그 업적과 특색을 요약 정리하면, 첫째 외국문학을 본격적으로 번역, 소개한 최초의 잡지였다는 점, 둘째 어느 한 나라 문학에만 치우치지 않고 영국·프랑스·독일·러시아·미국 등 여러 나라의 문학을 직접 번역하여 소개한 점, 셋째 주의나 분파를 초월하였다는 점, 넷째 게재된 평론과 시·소설·희곡 등의 작품이 대체로 19세기 후반기 이후의 구미문학에 치중되어 있다는 점 등이다.[139]

또, 《해외문학》은 당대 문단의 주류를 이루었던 프로문학이나 민족주의 문학과는 거리를 둔 미학주의적 태도를 견지하였다. 이들은 영국, 프랑스, 독일, 이탈리아, 미국, 러시아 등의 외국문학 작품을 직접 읽고 번역해서 수록하였다. 이는 당시 조선의 문학이 일본 문학의 절대적인 영향 아래 있다 보니 일본어 중역(重譯) 수준에서 벗어나지 못했던 현실에 대한 반성을 전제로 했다. 《해외문학》이 소개한 글은 대체로 19세기 유럽과 미국 문학에 치우쳐 있지만 한국 잡지역사상 최초로 외국문학을 본격 소개했다는 데서 의의를 찾을 수 있다. 이들의 활동은 이후 시문학파와 구인회(九人會)로 이어져 문학에서 정치성이나 사상성을 배제한 순수문학의 흐름을 형성하는 데 큰 역할을 하게 된다.[140]

특히, 영(英)·불(佛)·독(獨)·이(伊)·노(露)·미(美) 등 선진국의 작품을 원전(原典)에 입각해서 전문적으로 본격적으로 직접 번역하여 소개했다는 점에서 그 의미가 더욱 크다. 그때까지의 번역작품이란 일본어로 번역된 것을 중역하는 것으로만 알았는데, 이처럼 원전을 바탕으로 번역했다는 것은 우리 문학사에 보기 좋은 쾌거(快擧)라 할 수 있다.[141]

---

139 한국민족문화대백과사전 [해외문학]

140 국립중앙도서관 편(2016), 앞의 자료, p.144.

141 최덕교(2004), 『한국잡지백년2』, 현암사, pp.107~108.

〈참고〉외국문학연구회 설립 배경과 의미[142]

식민지 한반도에서 일어난 1919년의 독립만세운동과 1923년 일본을 강타한 간토(關東) 대지진은 젊은 조선 지식인들의 의식을 일깨우는 데 촉매 역할을 했다. 와세다(早稲田) 대학에서 정치경제학을 전공하던 우촌(牛村) 전진한(錢鎭漢)을 중심으로 그들은 '한빛회'라는 비밀결사단체를 결성했다. 뒷날 '노동자의 대변인' 또는 '노동자의 아버지'로 불리는 그는 정부 수립 때 초대 사회부장관을 역임했다. 한빛회는 도쿄와 그 근처 조선인 유학생들을 규합하여 ① 정치와 경제, ② 과학과 기술, ③ 어학과 문학 등 세 분야의 하부 조직을 만들었다.

외국문학연구회는 바로 어학과 문학을 담당하는 한빛회의 세 번째 하부 조직으로 결성됐다. 이 연구회 회원들은 주로 와세다 대학과 호세이(法政) 대학에 재학 중인 유학생들이 주축이 됐다. 와세다대학에서 영문학을 전공하던 정인섭(鄭寅燮), 같은 대학에서 러시아문학을 전공하다 사학과로 전과한 이선근(李瑄根), 호세이 대학에서 영문학과 불문학을 전공하던 이하윤(異河潤) 세 사람이 핵심적 역할을 맡았다. 이 세 사람 외에 창립에 적극 가담한 유학생으로는 호세이 대학 독문과의 김진섭(金晋燮), 같은 대학 불문과의 손우성(孫宇聲), 와세다 대학 불문과의 이헌구(李軒求), 도쿄고등사범학교 영문과의 김명엽(金明燁), 도쿄외국어대학 러시아 문학과의 김준엽(金俊燁) 등이 있었다.

외국문학연구회 회원들은 딜레탕트[143]적인 외국문학 전공에서 벗어나 명실공히 자국문학을 위한 실천적인 운동을 모색하기 시작했다.

첫째, 그들은 외국문학 작품을 번역하되 일본어나 중국어로 번역된 것을 다시 한국어로 옮기는 중역 방식을 배제하고 원문에서 직접 번역하는 직역 방식을 채택했다. 그들은 중역을 '유령(幽靈) 번역'이라고 매도하면서 자국문학의 발전에 적잖이 저해가 된다고 판단했다.

둘째, 연구회 회원들은 외국문학을 국내에 소개하되 어디까지나 일본 학자들의 손을 거치지 않고 직접 이해하여 소개하려고 했다. 다시 말해서 그들은 외국문학을 어떤 매개나 간섭 없이 주체적으로 직접 받아들이려고 했다.

---

142 김욱동(2020), 앞의 글.
143 딜레탕트(dilettante):예술이나 학문 등 어떤 분야에 대해 전문적으로 하지 않고 취미로 즐기는 사람.

셋째, 연구회 회원들은 외국문학 연구를 발판 삼아 문예 창작에도 눈을 돌렸다. 예를 들어 김진섭은 이양하(李陽河)와 피천득(皮千得)과 함께 한국 수필문학의 세 봉우리 중 하나를 차지할 만큼 이 분야에서 크게 활약했다. 이하윤과 김광섭(金珖燮) 등이 시인으로 활약했는가 하면, 정인섭과 이헌구 등은 비평가로 활약했다.

1) 창간 배경

《현대평론》은 1927년 1월 20일 창간된 이래 1928년 1월 제11호까지 발행하면서 정치 · 경제 · 사회평론 등을 다룬 종합잡지이다. 이관용(李灌鎔) · 이긍종(李肯種) · 하준석(河駿錫) 등이 중심이 되었으며, 신문지법(新聞紙法)에 의한 일제의 탄압을 받다가 통권 제11호로 폐간되었다.

《현대평론》은 허가를 받자마자 1927년 1월 20일자로 창간호를 발행했지만, 게재된 글 중 일부 내용이 불온하다는 이유로 1월 26일 창간호가 압수되고 말았다. 결국 《현대평론》은 문제가 된 부분을 삭제한 형태로 창간호를 호외 형식으로 발간할 수밖에 없었다. 창간호 이후 3월에 제2호를 내고 10월의 제9호에 이르기까지 매월 순조롭게 발행된 것처럼 보이지만, 검열에 걸려 잡지에 실린 글 중에서 전체 삭제나 부분 삭제를 당하는 경우가 빈번하게 발생했다. 특히 제10호는 11월과 12월 합본호로 준비되었지만 아예 전체 원고를 압수당하는 바람에 독자들에게 공개되지 못했다. 그만큼 《현대평론》은 당대의 민감한 주제들을 다루고 있었다.[144]

---

144 《현대평론》은 8월호와 11/12월호가 압수 처분을 받았다. 8월호의 경우 동맹휴교에 대한 내용이 '계급투쟁 기타 쟁의를 선동하는 기사'로 분류되어 압수되었으며, 11/12월호의 경우 그 내용과

2) 관련 인물

창간호 간기면에 따르면 편집 겸 발행인 하준석, 인쇄인 이재간(李載侃), 인쇄소 대동인쇄 주식회사, 발행소 현대평론사로 표기되어 있다. 아울러 이 잡지에는 이관용, 이긍종, 하준석, 김준영, 이순탁, 백남운, 홍명희 등이 주요 필진으로 참여했다. 이관용(1894~1934)은 영국 에 딘버러대학 수학 후 스위스 취리히대학을 졸업한 철학박사이고, 3·1운동 후 파리에서 열린 강화회의(講和會議)에 김규식(金奎植)이 참가했을 때 '독립청원서'를 불역(佛譯)하여 프랑스 신문 에 싣기도 했고, 귀국 후 동아일보 소련 특파원을 지내기도 했다. 이긍종(1897~1951)은 미국 컬럼비아대학 경제학과를 졸업했고, 이순탁과 백남운 등 마르크스주의 경제학자들도 다수 포진하면서 식민지 조선에 대한 과학적 분석과 정치 담론을 이어나갔다. 이들 외에도 일본은 물론 영·미와 유럽권역에서 유학한 지식인들이 다수 포진한 것이 이 잡지의 특징이었다.[145]

3) 주요 내용

창간호의 서두에 실린 「권두언 대신에」라는 글을 보면 이 잡지의 창간 취지가 잘 드러난 다.(현대어 표기로 고침)

> 우리는 모든 문제를 대할 때, 그 정치적·경제적·문화적임을 물론하고 오직 우리 민중의 요구로 틀림없는 출발점을 삼는다. 민족흥망사에서 일찍이 보지 못하고 현대세계 어느 곳에 도 비할 수 없이 파멸상태에 빠진 조선민족을 대상으로 하고 〈중략〉
>
> 물론 외래적 개념이라도 민중의 요구와 합치한다면 우리는 조금도 서슴치 않고 이것을 흡수할 것이며, 만일 진정히 민중의 요구를 기초로 한 주의라면, 그것이 「레닌」주의와 합치되 거나 혹 「워싱턴」주의에 공명하거나 우리는 조금도 주저하지 않고 악수할 것이다. 다만 우리 민중의 요구에 대하여 '내적 모순'을 가진 주의는 이 나라에 씨를 뿌려도 싹이 날 리 없으며 설령 변상적(變常的) 수단으로 싹이 나도록 하였을지라도 꽃이 피고 열매가 열릴 수 없을 것은 너무도 평범한 진리이다. 우리에게는 최고가치가 민중의 요구 그것이다. 〈이하 생략〉

실체가 확인되지 않았다. 김영진(2019), 「『현대평론』의 정치적 위상과 그 주체들」, 《전북사학》 제 57호, 전북사학회, p.274.

145 국립중앙도서관 편(2016), 앞의 자료, p.145.

이처럼 《현대평론》은 당대 현실을 직시하면서 현실 극복방안을 다각도로 모색할 것임을 천명하고 있으며, 나아가 "우리는 이론적 공상보다 민족적 요구에 관한 모든 실제적 사실을 적발(摘發)하고 노력한다."고 선전하고 있다. 이와 같은 창간 취지 때문에 《현대평론》은 일제의 언론탄압에 시달리며 거의 매호마다 상당수 기사들이 삭제 조치를 당했던 것이다.

이처럼 《현대평론》은 《개벽》 폐간 이후 새롭게 신문지법에 의해 창간되어 시사문제를 다룰 수 있는 월간잡지로서 식민지 조선의 정치·경제·사회적 재건을 목적으로 창간되었다. 구체적 방법은 다음의 두 가지로 정리할 수 있다. 첫째, 조선을 현실 문제 해결의 기준으로 제시였고, 이는 '조선'의 특수화를 통해 식민지적 인식으로부터 벗어나고자 하는 시도였다. 둘째, 민족유일당 신간회를 지지하며, 조선민중을 위한 '강령' 생산 기관이 되고자 하였다.

《현대평론》의 경영진은 하준석을 비롯한 유학생 출신의 재력가와 언론계 및 학계에서 활동하던 이관용 등이었다. 이들은 촉탁(囑託)을 위촉하고, 조선사정연구회(朝鮮事情研究會)[146]의 네트워크를 이용하여 당시 학계의 수준 높은 연구들을 이 잡지에 게재하였다. 또한 《현대평론》에는 조선공산당의 핵심인물들이 조선의 사회운동에 대한 역사적 평가 등을 담은 글을 적극적으로 발표하였다. 《현대평론》 지사를 운영하는 주체들도 다양한 성향을 가지고 있었다. 우선, 기독교 사상에 근거하여 농촌자립이나 교육 사업에 관심이 있는 인물들이 있었으며, 또한 사회주의 운동과 관련을 맺고 지역에서 활동하는 인물들도 있었다. 이밖에도 청년회나 기타 단체 활동을 병행하지만 지역 언론인의 정체성을 더 강하게 가진 인물들도 있었다.[147]

---

146 일명 조선사정조사연구회라고도 한다. 1925년 9월 15일 서울 명월관에서 백남훈(白南薰)·백남운(白南雲)·박찬희(朴瓚熙)·백관수(白寬洙)·안재홍(安在鴻)·박승철(朴勝喆)·김준연(金俊淵)·홍성하(洪性夏)·김기전(金起纏)·최원순(崔元淳)·선우전(鮮于全)·한위건(韓偉健)·조정환(曺正煥)·김수학(金秀學)·최두선(崔斗善)·조병옥(趙炳玉)·이긍종(李肯鍾)·홍명희(洪命熹)·유억겸(兪億兼)·이재간(李載侃)·이순탁(李順鐸) 등이 조선의 사정과 현상에 대해 학술적으로 조사·연구하고 그에 관해 공개 강연회를 개최하며, 팜플렛도 발간할 목적으로 창립하였다. 조직 내에 교육·재정 금융·상업·농업·공업 분과 등을 두기로 하였다. 1920년대 전반기에 민족주의운동 내부에는 분화가 일어나 자치론을 내걸며 일제와 타협하려는 민족개량주의자들과 이를 거부하는 비타협민족주의자들로 나누어졌다. 1925년에 들어서 이미 민족해방운동전선에서 탈락한 민족개량주의자들을 제외한 세력들, 즉 비타협적 민족주의자들과 사회주의자들 간에는 민족협동전선론이 논의되었고, 이에 따라 각 세력은 자체 조직을 정비하였다. 이때 비타협민족주의자들이 결성한 조직이 바로 이 단체이다. 강연회도 여러 회 개최하였는데, 1925년 11월 세금제도에 대한 조사보고대회가 그 한 예이다. 1927년 신간회(新幹會)가 창립되자 연구회 회원들은 신간회에 참여하였다. 한국민족문화대백과사전 [조선사정연구회]

147 김영진(2019), 앞의 논문, p.307.

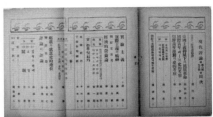

4) 편집 특성

창간호 판형은 5×7판 크기에 260여 쪽 분량으로, 정가 50전이었다. 표지디자인을 보면 맨 위에 제호의 영문표기(THE CONTEMPORARY REVIEW)가 있고 그 아래 한자 제호 '現代評論'을 배치했다. 그리고 하단에 목차를 보여주고 있다.

5) 창간 의의

《현대평론》은 우선 신문지법에 따라 허가를 받은 잡지라는 점에 주목할 필요가 있다. 1926년 8월을 끝으로 시사종합지 《개벽》이 강제 폐간된 이후 개벽사는 1926년 11월 이른바 '취미독물(趣味讀物)'을 표방한 대중잡지 《별건곤》을 창간하였다. 이 같은 변화는 개벽사가 시사문제를 다루는 잡지 발행을 포기한 것으로, 조선총독부의 《개벽》 강제 폐간을 통한 압력에 따라 잡지 발간 방향을 바꾼 것이라 할 수 있다. 이런 시점에서 시사문제를 다루겠다는 의지로 신문지법에 근거해 허가를 받은 시사 종합월간지 《현대평론》의 탄생은 시사하는 바가 크다고 할 수 있다.[148]

나아가 편집경향은 다소 보수적이면서 민족주의적 경향을 나타냈기 때문에 일제의 검열에 의하여 거의 매호마다 20~30면, 심할 때는 50여 면씩 삭제를 당하면서 간행되었다. 출판법에 의해 간행되는 잡지가 아니라 신문지법에 의해 간행되었기 때문에, 정치·경제·문화 등 시사문제를 논평할 수 있었고, 실제로는 조선사정연구회(조선민중의 사정을 과학적 태도로 조사, 연구함을 목적으로 1925년 9월에 창립된 단체)의 기관지적 성격을 띤 잡지였다. 문학방면에도 관심을 가져 문예란에 이병기(李秉岐)의 시조 「으스름 달밤」, 나도향(羅稻香)의 소설 「벙어리 삼룡」이 실리기도 하였다. 비록, 단명하기는 하였지만 한국잡지사상 《개벽》과 더불어 2대 언론잡지였다고 할 수 있다.[149]

---

148 김영진(2019), 앞의 논문, p.273.
149 한국민족문화대백과사전 [현대평론]

1) 창간 배경

《예술운동》은 1927년 조선프롤레타리아예술동맹(KAPF) 동경지부에서 발행한 기관지이다. 1927년 11월 김두용(金斗鎔)·조중곤(趙重滾)·이북만(李北滿) 등의 일본 유학생이 중심이 되어 발행하였다. 그 이전에 1926년 2월 백열사(白熱社)에서 양대종(梁大宗)이 발행한 준(準) 기관지라고 할 수 있는《문예운동(文藝運動)》[150]이 3호까지 발행된 바 있었지만, 공식적인 기관지는《예술운동》이 처음이었다.

조선프롤레타리아예술동맹 동경지부는 신간회 지지와 조선 총독부 폭압정치 반대운동을 전개했으며, 검열제도가 없었던 1927년 11월 일본 동경에서 조선프롤레타리아예술동맹의

---

[150] 1926년 백열사에서 양대종이 발행한 조선프로롤레타리아예술동맹(KAPF)의 준(準) 기관 잡지. 1926년 2월 1일 백열사(白熱社)에서 창간호가 발행되었다. 창간호는 국판 37쪽 분량으로 가격은 20전이었다. 발행 겸 편집인은 양대종(梁大宗)이었다. 1926년 6월 통권 3호로 종간되었다. 창간호에는 홍명희의 「신흥 문예의 운동」, 이상화의 「문예의 시대적 변위와 작가의 의식적 태도론」, 김복진의 「주관 강조의 현대 미술」 등의 비평과 이상화·조명희·이호의 시를 실었다. 소설로는 김기진의 「본능의 복수」, 이익상의 「위협의 채쭉」, 이기영의 「쥐 이야기」, 최서해의 「의사」 등을 실었다. 작품이 삭제되거나 복자가 사용된 경우가 많아 당시 출판 검열의 실상을 엿볼 수 있다. 한국민족문화대백과사전 [문예운동]

기관지《예술운동》을 발간함으로써 조직 내부에서의 발언권을 높여갔다. 하지만 창간호가 나오자마자 일제에 의해 동경에서 압수되었고, 1928년 통권 제2호를 펴낸 뒤 동경지부와 조선프롤레타리아예술동맹 중앙본부 맹원들 사이에 드러난 의견 차이로 인해 폐간되고 말았다.

2) 관련 인물

창간호 간기면을 보면 편집발행 겸 인쇄인은 김두용(金斗鎔), 발행처는 조선프롤레타리아예술동맹 동경지부, 인쇄소는 동성사(同聲社)였다.

  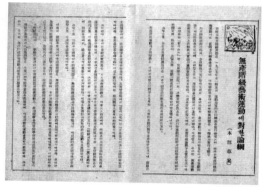

3) 주요 내용

창간호 내용을 보면 논문과 문학작품으로 구성되어 있다.

주요 내용으로는 본부초안(本部抄案) 「무산계급(無産階級)에 대한 논강(論綱)」을 비롯하여 박영희의 「무산계급문예운동(無産階級文藝運動)의 정치적 역할(政治的役割)」, 나카노 시게하루(中野重治)의 「일본(日本) 프롤레타리아예술연맹(藝術聯盟)에 대하여」, 이북만의 「예술운동의 방향전환론은 과연 진정한 것이었나」, 장준석(張準錫)의 「노농러시아공산십주년기념(勞農露西亞共産十週年紀念)」 등의 논문이 있으며, 시로는 임화(林和)의 「담(曇)」, 홍양명(洪陽明)의 「××처녀지(處女地)에 드리는 송가(頌歌)」, 소설로는 윤기정(尹基鼎)의 「앞날을 위하여」, 조중곤의 「×앗기고만 살가」가 있으며, 희곡으로 송영(宋影)의 「모기가 없어지는 까닭」 등이 수록되어 있다. 말미에는 검열제도개정기성동맹(檢閱制度改正期成同盟)이라는 단체의 '선언(宣言)·강령(綱領)·규약(規約)'이 실려 있어 눈길을 끈다.

특히, 비슷한 시기에 창간된 《조선문예(朝鮮文藝)》[151] 주간(主幹)을 맡고 있었던 박영희는 1925년 7월에 조선프롤레타리아예술동맹이 결성되고 각지에 지부를 설치하는 등 조직망을 견고하게 다졌는데, 그 과정에서 동경지부의 기관지로 《예술운동》을 발행했다고 밝혔다. 곧 일본 동경에서 발행한 《예술운동》과 서울(경성)에서 발행한 《조선문예》는 발행 장소만 다를 뿐 사실상 동일한 지향점을 지닌 잡지였던 것으로 보인다.[152] 하지만 창간호 발행 전에 이미 일제로부터 발행금지 조치를 당해서 동맹원들에게만 제한적으로 배부되었다.

4) 편집 특성

창간호는 5×7판 크기에 모두 86쪽으로 이루어졌으며, 정가는 30전이었다.

표지에는 지구본에서 조선을 표기한 그림을 실어 카프의 이념과 강령을 상징적으로 나타내었다.

5) 창간 의의

이 잡지에서 특별히 주목할 부분이 있으니 그것은 바로 '검열제도개정기성동맹'이란 단체 명의로 실린, 다음과 같은 「선언」의 내용이다.(현대어 표기로 고침)

최근에 있어 발매금지, 상영금지, 출판법 위반이란 명목하에 부당한 처분과 미술품의 불법한 철회 등의 빈발은 명확히 아국(我國)의 출판법·신문지법·흥행법(興行法)·취체규칙(取締規則) 등이 이미 현재 사회정세에 비추어 극단의 반동적(反動的)이요, 현 정우회(政友會) 내각의 전제적(專制的) 정책 및 그 적용이 검열제도의 불비(不備)를 이용하여 아등(我等)의 자유를 완전히 유린하려 함을 명시한 것이다.

---

151 1929년 5월 창간되어 같은해 6월 통권 2호로 종간되었다. 조선문예사에서 간행하였고, 편집 겸 발행인은 고병돈(高丙敦)이다. 창작의 결정, 문예적 취미 보급, 진리의 파지자(把持者), 해외문학 소개 등을 목표로 하였다. 필자를 보면 김기진(金基鎭)·윤기정(尹基鼎)·송순일(宋順鎰)·정순정 (鄭順貞)·민병휘(閔丙徽)·임화(林和)·엄흥섭(嚴興燮)·한설야(韓雪野)·김병호(金炳昊)·이종명(李 鍾鳴)·박팔양(朴八陽)·김대준(金大駿)·김영팔(金永八)·송영(宋影)·최승일(崔承一)·송현무(宋玄 武)·박영희(朴英熙)·유완희(柳完熙)·염상섭(廉想涉)·이효석(李孝石)·유진오(兪鎭午)·주요한(朱 耀翰)·이상화(李相和)·김해강(金海剛) 등이다. 실질적인 편집주간은 박영희가 맡았고, 주로 사회 주의 또는 경향적 성격을 띤 문인들이 편집에 가담하였다. 한국민족문화대백과사전 [조선문예]

152 국립중앙도서관 편(2016), 앞의 자료, p.149.

아등은 아등의 자유 옹호, 획득을 위하여 출판의 자유, 상연(上演)·상영(上映)의 자유를 요구하며, 다시 당해 법규의 개정에 그칠 것이 아니라, 검열제도 그것의 철저적 개혁을 향해 싸우고자 한다. 그래서 아등 저작자·문학가·극장인·영화관계자·미술가·잡지사·신문사·출판사 등은 대동단결하여 모든 압박과 싸워서 아등의 목적 관철에 노력할 것을 자(慈)에 선언한다.

당시로서는 감히 상상할 수 없는 일임에도 일제의 검열제도에 정면으로 문제를 제기한 것은 매우 놀라운 일이 아닐 수 없다. 물론 일본 동경에서 발행되었다는 점에서 검열 자체의 허술함을 노린 것이기는 하지만, 검열 당국에게 일격을 가했다는 점에서 그 의미가 매우 크다고 하겠다.

또한,《예술운동》은 1920년대 후반 카프 문예운동의 방향성 문제를 치열하게 다룬 논쟁의 장이 되었다. 비록 제2호를 끝으로 종간되었으나,《예술운동》은 이후 조선의 문학과 예술의 발전에 필요한 지침을 제시했다는 평가를 받는다.[153]

〈참고〉 프롤레타리아문학[154]

사회주의의 이념을 선전하거나 사회주의사회 건설을 위하여 투쟁하는 인간을 형상화한 문학. 사회주의적 현실 변혁이라는 실천운동 속에 위치하는 문학이다. 이것은 17, 18세기 서구

---

153   국립중앙도서관 편(2016), 앞의 자료, p.150.
154   한국민족문화대백과사전 [프롤레타리아문학]

리얼리즘 문학의 현실인식 방법과 19세기 혁명적 민주주의 문학의 유산을 계승하여 리얼리즘 문학계열의 한 축을 형성하였다. 그리고 1930년대 중반 이후 사회주의 리얼리즘 문학으로 정착하였다. 그러나 엄밀하게 말해서 프롤레타리아 문학은 역사적 개념이며, 1920~1930년대 중반에 코민테른(Comintern: 국제공산당)을 중심으로 고양된 프롤레타리아혁명의 열기에 영향받아 세계 각국에서 급격히 발전한 프롤레타리아적·혁명적 문학으로 한정된다. 한국 프롤레타리아 문학의 경우, 문학작품에서 실제로 프롤레타리아의 현실 변혁적 관점이 드러난 것은 조선프롤레타리아예술동맹(KAPF)의 목적의식적 방향전환의 근거가 되었던 조명희(趙明熙)의 「낙동강」(1927) 이후라고 하겠다. 물론 1919년 3·1운동 이후 이전의 문학 유산과 당대의 사회·역사적 상황이 빚어낸 '신경향파문학'(崔曙海·朴英熙·金基鎭으로 대표됨.)이 프롤레타리아 문학 형성에 결정적인 영향을 준 것은 사실이었다.

그러나 신경향파의 현실인식과 계급인식은 추상적인 차원에 머물러 있었다. 그러던 중 1925년 8월 KAPF가 결성됨으로써 당대 사회운동과 유기적 연관을 가지는 프롤레타리아 문학의 조직적 운동이 가능하게 되었고 프롤레타리아문학에 대한 인식이 확대될 수 있었다. KAPF를 중심으로 전개된 프롤레타리아 문학은 '내용-형식 논쟁'과 목적의식적 방향전환, 잇따른 볼셰비키적 방향전환과 대중화 노선을 통하여 조직적 운동은 물론, 문학에서 당파성이 중시되었다. 그러나 정치적 당파성을 미학적 범주로 포괄하지 못한 KAPF 프롤레타리아 문학의 추상적 당파성 강요는 작가를 마르크스주의의 철학적 세계관으로 무장시키려는 방향으로 나갔고 창작의 고정화·도식화 경향을 낳았다.

1934년 8월 전 소비에트연방 작가회의에서 '사회주의 리얼리즘'이 프롤레타리아 문학의 공식 창작방법으로 선언된 이후, 식민지 조선에서도 많은 논쟁을 거듭하면서 사회주의 리얼리즘을 정착시키고자 하였다. 사회주의 리얼리즘에 이르러서 프롤레타리아문학은 철학과 정치학으로부터 상대적인 독자성을 담보할 수 있었고 독자적인 미학체계를 완성할 수 있었다. 그러나 식민지 조선의 프롤레타리아 문학은 일제의 군국주의화와 정치적 탄압으로 그 성장을 정지당해야만 하였고(1935년 KAPF 해체), 10여 년의 잠복기를 거쳐 광복 직후 '진보적 리얼리즘'으로 다시 출현하였다.프롤레타리아 문학은 전쟁과 혁명이 인간 삶의 중심에 밀접히 연관되었던 정치적 공간 속에서 당대 문학의 주요 흐름으로 존재할 수 있었는데, 우리 문학사의 특징적인 한 줄기를 형성한 프롤레타리아 문학은 현재의 민족·민중문학에까지 그 명맥을 잇고 있다.

1) 창간 배경

《신생》은 종교·철학·문학·예술·교육·역사 등 각 분야의 글을 수록한 기독교 계통의 교양잡지로, 1928년 10월 1일 창간되었다. 이 잡지는 동경 아오야마 학원(靑山學院) 신학과를 마치고 미국으로 건너가 보스턴대학·하버드대학 등에서 종교철학을 전공한 류형기(柳瀅基, 1897~1989)[155]가 '종교적으로, 인격적으로, 학술적으로 신생함이 있어야 하겠다는 확신'을

---

155   평안북도 영변에서 출생했다. 배재학당을 거쳐서 평양의 숭실학교를 졸업하고, 일본에 유학하여 아오야마 학원에서 수학했다. 다시 미국으로 유학을 떠나 1923년 오하이오 웨슬리안 대학교 문학부를 졸업하였고, 1926년과 1927년에는 보스턴 대학교 대학원과 하버드 대학교 대학원을 각각 졸업했다. 미국 유학 중 이화학당 출신의 유명한 신여성으로 유관순의 스승이기도 했던 신준려와 만나 결혼했다. 1927년에 귀국하여 감리교총리원 교육국 청년부 간사에 취임했다. 1933년 교육국 총무가 된 뒤 주로 종교교육 사업에 매진했다. 교단의 커리큘럼과 교재 준비 및 제공, 프로그램 작성 등이 주업무였다. 1934년 선교 50주년을 기념하여《단권 성경주석》을 출판하는 등 출판 및 성서 연구에도 많은 공헌을 했다. 일제 강점기 말기에 감리교단이 정춘수를 필두로 전쟁 수행에 적극 협조했을 때 가담한 행적이 있다. 1939년 도쿄에서 조선과 일본의 감리교단 통합을 논의하는 회의가 개최되었을 때 정춘수, 신흥우, 양주삼, 김영섭 등과 함께 전권위원으로 참석했고, 시국대응전선사상보국연맹, 조선기독교연합회와 같은 단체에도 참여했다. 1940년 역시 정춘수가 이사장이 되어 결성한 국민정신총동원기독교조선감리회연맹과 국민총력기독교조선감리회연맹에서

가지고 국내외 학자들을 필자로 삼아 분야별로 비중 있는 글을 실어 많은 지식인들의 호응을 얻은 잡지였다. 1934년 1월 제7권 제1호(통권 60호)를 마지막으로 폐간되었다.

2) 관련 인물

간기면을 보면 창간호의 발행 겸 편집인 김소(金炤, J. F. Genso), 인쇄인 김재섭, 인쇄소 한성도서주식회사, 발행소 신생사(新生社), 총판은 창문당서점 등으로 표기되어 있다. 주간(主幹)은 류형기였는데, 그는 2호부터 편집 겸 발행인을 맡았다. 그러다 나중에는 기이부(奇怡富, E. M. Cable)로 발행인이 바뀌기도 했다. 이윤재(李允宰) · 이은상(李殷相) · 이태준 등이 편집을 맡았다.

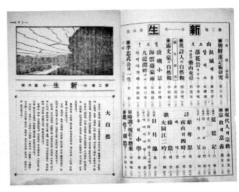

3) 주요 내용

《신생》 창간의 핵심 인물인 류형기는 동경 유학에 이어 미국의 주요 대학에서 신학(神學)을 공부한 후 귀국한 기독교 지도자였다. 당대의 지식인으로서 어려움에 처한 조국에 도움을 주어야 한다는 그의 신념이 구체화된 것이 곧 《신생》이었다. 창간사에 나타나 있는 것처럼 "우리는 먼저 종교적으로, 도덕적으로, 인격적으로, 학술적으로 신생함이 있어야 하겠다는 확신을 가지고 적은 힘을 모두어" 창간한 것이 바로 《신생》이었다. 이처럼 《신생》은 기독교를 바

는 간부를 맡았다. 광복 후 미군정 하에서 조선인쇄주식회사 관리책임을 맡아 운영하면서 출판사업에 전심했다. 이때 출판한 《신생영한사전》은 베스트셀러가 되기도 했다. 1948년에는 재건된 감리교신학대학교 제9대 교장에 취임해 1953년까지 재직했다. 1950년 한국 전쟁 직후 기독교대한감리회 총리원 운영위원장을 거쳐, 1951년 피난지에서 감리교회 수장인 감독으로 피선되어 7년간 재직했다. 유형기가 감독직에 재임하는 동안 반대파가 김응태를 중심으로 '호헌파'를 형성해 분열하는 일도 있었다. 1958년 은퇴한 뒤 미국으로 건너가 생활했다. 위키백과 [유형기]

탕에 둔 잡지였지만, 기독교적인 내용으로만 구성된 것은 아니었다. 잡지의 상당 부분을 일반적 교양물에 할애하였고, 필진의 상당수도 기독교와 관계없는 문인들이었다. 조윤제, 이병기, 이은상, 문일평, 이광수, 권덕규, 최현배, 이윤재, 안확, 전영택, 정인보 등이 《신생》에 글을 실었으며, 김동명, 박아지, 변영로, 유도순, 김동환, 양주동 등의 시가(詩歌)와 최서해, 염상섭, 이무영 등의 소설도 이 잡지에 실렸다. 나아가 한글운동과 절제운동, 청년운동에 관한 글도 실어 사회 계몽운동을 적극 지원하기도 했으며, 독자투고란을 운영하여 독자들의 적극적인 참여를 권장하기도 했다.

그러나 《신생》도 급변하는 시대 속에서 결국 그 운명의 마지막을 맞이할 수밖에 없었다. 1934년 2월 20일에 발행된 《감리회보》에서 류형기는 "5,6년간 기독교 정신 하에서 반도 교화운동에 적은 힘이나마 다하여 왔"던 《신생》 대신 '신생문고'를 발행하는 데 힘쓰겠다는 의사를 밝혔다. 또 다른 글에서 류형기는 《신생》의 마지막 무렵을 이렇게 회고한 적이 있었다.[156]

원고 얻기도 어렵고, 원고 검열도 귀찮은데다가 판매 부수 늘리기가 그렇게 어려웠다. 그러니까 재정난이었다. 《신생》은 류형기 일이라 하여 아무도 협조를 않는다. 먼저 이윤재 장로의 거의 무보수 도움을 받다가 노산 이은상, 그 다음 유도순, 그 다음 이태준 씨 도움을 받다가 약 4년 만에 폐간했다.

---

156 [네이버 지식백과] 신생 [한국근대문학해제집IV-문학잡지(1907~1944)]

4) 편집 특성

창간호의 판형은 25×17.5㎝ 크기에 30쪽이었으나 이후 19×14㎝ 크기에 65쪽으로 변경하여 발행되었다.

5) 창간 의의

우선 《신생》은 기독교계 잡지였지만, 잡지의 상당 부분이 기독교와 관계없는 문인들의 글로 채워졌으며, 사회 계몽운동을 지원하는 데에도 앞장섰다는 점에서 의미가 있다. 아울러 기독교 정신 구현에도 신경을 써서 문학을 비롯하여 종교, 역사, 문화, 철학, 사회, 세계정세에 이르기까지 다양한 내용을 기독교적 가치관에 입각하여 다루었다. 기독교 지도자들의 설교, 강연, 성경연구 등의 글도 지속적으로 수록했던 것이다. 결국 《신생》은 성(聖)과 속(俗), 즉 기독교와 일반사회와의 거리를 좁히려는 노력을 했던 기독교계 잡지였다.

나아가 《신생》은 기독교계 잡지의 명맥을 이어나가며 기독교의 사회운동을 보조했던 문예교양지로서 앞서 창간된 《청년》, 《반도지광(半島之光)》, 《활천(活泉)》, 《신생명》, 《시조(時兆)》, 《진생(眞生)》 등 기독교계 잡지들의 연장선에서 기독교와 사회를 잇는 다리 역할을 했던 잡지였다는 점에서 의미가 있다.[157]

---

157 [네이버 지식백과] 신생 [한국근대문학해제집IV-문학잡지(1907~1944)]

1) 창간 배경

1928년 11월 7일, 상아탑(象牙塔) 황석우(黃錫禹)가 시를 중심으로 창간한 문예잡지이다. 1934년 9월 폐간될 때까지 모두 8호가 발행되었다. 창간호는 일제에 압수된 끝에 임시호로, 2호와 3호는 합병호(1928년 12월)로, 제5호는 2 · 3 · 4월 합본호(1929년 4월)로 발행되기도 했다.[158]

2) 관련 인물

창간호 간기면을 보면 편집 겸 발행인 황석우, 인쇄인 김교찬(金教瓚), 인쇄소 신문관(新文館), 발행소 조선시단사, 그리고 총판은 창문당(彰文堂) 서점으로 표기되어 있다.

---

158 《조선시단》은 1928년 11월 7일자로 창간된 시 전문지인데, 1930년 1월까지 통권 6호를 내고 제7호부터는 《조선시인(朝鮮詩人)》으로 개제(改題)한다고 예고했으나 현재 《조선시인》은 전해지지 않고 있다. 또 1934년 9월에 '속간 제8호'를 내면서 '조선시단사 대표 황석우와 평양예술사 대표 김병권(金炳權)이 합작하여 《예술시대(藝術時代)》를 발행한다'는 선언서를 제8호 권두에 실었으나, 현재 〈한국잡지연표〉에 《예술시대》란 잡지는 없다. 황석우는 1921년 5월 우리 신문학 최초의 시 동인지 《장미촌》을 발행한 바 있다. 최덕교 편저(2004), 『한국잡지백년2』, 현암사, p.120.

3) 주요 내용

창간호 첫머리에는 동아일보사 이익상(李益相)·염상섭(廉想涉), 조선일보사 박팔양(朴八陽), 조선주보사 김영팔(金永八), 매일신보사 이서구(李瑞求)의 축사가 실려 있다. 이 중에서 염상섭의 축사를 보면 다음과 같다.(현대어 표기로 고침)

상아탑(象牙塔)의 시인, 장미촌(薔薇村)의 시인 황석우 군은 그동안 사상상(思想上) 전환에 의하여 상아탑을 무찌르고 장미촌을 불사르고 표연히 그 몸을 남북 만주에 던져버렸었다. 그는 그 황진몽몽(黃塵濛濛)한 이역(異域)의 넓은 벌판에서 방랑하는 나그네 생활을 진 지가 꽤 오래라 할 수 있다. 그로 인하여 군(君)의 시인으로서의 소식은 그 들을 길이 실로 묘연(杳然)하였었다. 전혀 그의 생사조차 알 수 없는 형편이었었다.

그런데 뜻밖에 군은 그 건재한 옛날과 다름없는 모습을 우리 시단(詩壇) 위에 나타내게 되었다. 곧 그는 그의 옛 고향되는 시단의 전당(殿堂)을 다시 찾아왔다. 반가운 일이라 아니할 수 없다. 나는 명부(冥府)에 보냈던 친구가 다시 찾아온 것같이 반갑다. 나는 참으로 잃었던 친구 하나를 다시 찾게 되었다. 아! 예원(藝苑)의 동무들아, 이 다시 찾은 벗을 위하여 술을 부어 맞고, 그 앞길을 위하여 축가(祝歌)를 높이 부르자.

그 뒤를 이어 시인들의 작품이 실렸는데, 정진호(鄭鎭浩)의 「호상(湖上)의 처녀」 외 2편, 김억(金億)의 「오다가다」 외 1편, 김동환(金東煥)의 「추야장(秋夜長)」 외 1편의 시를 비롯하여 각 지방 출신 시인들 29명의 작품, 황석우의 「가을시 및 6호잡곡(六號雜曲)」 등을 수록하였다. 특히, 정진호, 김억, 김동환, 황석우 등 4인의 기성시인의 작품을 제외하면 나머지 작품 모두 지방 신인들의 작품이라는 점이 눈에 띈다. 그밖에 말미의 '여언(餘言)'에서는 편자(編者)들의 부주의로 인한 원고 압수 및 임시호 발간에 대한 사과, 검열 조치에 따라 앞으로도 '과격한 작품'이 제외될 수 있다는 알림, 그리고 사상적 작품은 보류하고 자연시 중심으로 게재한다는 방향성에 대한 고지 등이 담겨 있다.

4) 편집 특성

찬간호는 4×6판(속간 제8호부터 5×7판) 크기로 발행되었다. 창간호와 2·3호 합병호의 표지를 보면 맨 위에 제호를 오른쪽에서 왼쪽으로 가로쓰기로 배치하고 있으며, 그 아래 자연 풍이 고스란히 드러난 그림을 배치함으로써 '자연시'를 지향하겠다는 발행인 황석우의 의지

를 드러내고 있다.

5) 창간 의의

《조선시단》의 가장 두드러지는 특색은 기성시인들의 작품보다 신진시인들의 작품이 더 많이 실렸다는 점이다. 나아가 일본 동경과 만주를 포함한 조선 경향 각지의 젊은 시인들, 특히 여성과 학생 시인들의 소개와 격려에 힘썼다. 이와 연관된 '조선 신시단'의 건설 욕망은 '조선신흥시가예술동맹(朝鮮新興詩歌藝術同盟)'의 결성[제6호 재사고(再社告)]으로 구체화된다. 그러나 아쉽게도 '동맹'의 결성 여부와 구체적 활동은 문학사에서 확인되지 않는다.[159]

또한, 창간호에서 김억의 「오다가다」 같은 작품이 실린 것을 비롯하여 《조선시단》 제5호에서 '조선시단 제5호 특대호'라는 제호 아래 '황석우 편 청년시인 100인집'을 통해 기성시인과 학생 작품 등을 망라한 문단사 초유의 기획을 선보였다는 점도 주목할 만하다.

〈참고〉 김억_오다가다

오다가다 길에서
만난 이라고
그저 보고 그대로
갈 줄 아는가.

---

159 국립중앙도서관 편(2016), 『한국근대문학해제집Ⅱ-문학잡지(1896~1929)』, p.153.

뒷산은 청청(靑靑)
풀 잎사귀 푸르고
앞바단 중중(重重)
흰 거품 밀려든다.

산새는 죄죄
제 흥(興)을 노래하고
바다엔 흰 돛
옛 길을 찾노란다.

자다 깨다 꿈에서
만난 이라고
그만 잊고 그대로
갈 줄 아는가.

십 리 포구(十里浦口) 산 너먼
그대 사는 곳
송이송이 살구꽃
바람과 논다.

수로 천 리(水路千里) 먼먼 길
왜 온 줄 아나.
예전 놀던 그대를
못 잊어 왔네.

1) 창간 배경

《문예공론》은 1929년 5월 3일 평양에서 창간된 문예잡지이다. 당시 숭실전문학교에서 교편을 잡고 있던 양주동(梁柱東, 1903~1977)이 "문단의 총체적 발표기관으로서 공기(公器)가 되려"는 목표로 주재했다. 하지만 1929년 7월에 통권 3호를 내고 종간되었다. 편집과 인쇄는 평양에서 이루어졌지만, 발행소는 편집인 겸 발행인으로 등재된 방인근의 자택인 서울(경성) 천연동 소재 문예공론사였다.

《문예공론》이 제3호를 내고 폐간할 수밖에 없었던 이유에 대하여 양주동은 당시 좌파의 문학이 정세에 의하여 '형식에의 재고려'를 운위하였고, 뒤에 이어 '카프'의 총검거가 있어 논쟁의 대상과 흥미를 잃었기 때문이었다고 한다. 그리고 간행비를 모두 양주동 자신의 월급으로 충당했지만 2,000명이 넘는 구독자에도 불구하고 수금이 제대로 되지 않아서 계속 간행할 수 없었다고 한다.[160]

---

160 국립중앙도서관 편(2016), 앞의 자료, p.156.

2) 관련 인물

창간호 간기면을 보면 편집 겸 발행인 방인근, 발행소 문예공론사(경성 천연동 132번지)로 표기되어 있으나, 인쇄인 김규형(金逵洞), 인쇄소 광문사(光文社, 평양 신양리 150번지)로 표기되어 있어 편집과 제작 및 영업은 평양에서 진행하고 법적인 허가요건은 서울에서 갖춘 것으로 보인다.

3) 주요 내용

양주동의 창간사를 보면 《문예공론》을 발행한 의도가 잘 드러나는데, 우선 "우리 문단의 총체적 발표기관으로서 공기가 되려함"과 함께 "문예상 모든 의견과 주장을 불편부당(不偏不黨)의 태도로써 포용하려 함"을 내세웠다. 또 편집후기에서는 "본지는 현 문단의 권위를 총망라하여 현대 조선문예의 일대 조감도를 전개코자 한다"는 포부도 밝히고 있다. 그러면서 권두(卷頭)에 이광수·최남선·홍명희·정인보·염상섭·김기진·박영희·주요한·김동인·현진건 등 좌·우·중도를 망라한 당대 최고 문인 44인의 명단을 내세우고 있다.

아울러 창간호는 이 같은 취지에 맞추어 그 첫 장부터 김기진의 「프롤레타리아 문예의 대중화」와 함께 염상섭의 「문학상의 집단의식과 개인의식」을 실어 좌우의 문학이론이 첨예하게 대립되는 형식을 취했지만, 김기진의 글은 출판 이전에 모두 삭제당했기 때문에 남아 있지 않다. 그밖에 이광수의 평론 「내가 속할 유형」, 양주동의 염상섭·이광수와의 일문일답식 인터뷰, 여러 문인들의 젊은 시절 일기, 주요한·최서해의 가정을 방문한 「문인 가정순례」와 방인근의 이광수 병문안 인터뷰, 문인들이 좋아하는 작가와 작품, 영화와 배우, 심훈의 「문예작품의 영화화 문제」 등의 글이 실렸다. 그리고 시조로 최남선과 정인보의 작품, 시 작품으로는 김억과 박종화, 김소월과 이장희의 작품이 실렸으며, 특히 양주동의 「조선의 맥박」이 발표되어 눈길을 끈다. 소설 작품으로는 염상섭과 방인근, 그리고 김명순의 작품이 실렸으며, 신진시인으로 한정동(韓晶東), 박아지(朴芽枝), 이응수(李應洙) 등이 글을 실었다.

4) 편집 특성

창간호는 5×7판 크기에 170여 쪽으로 구성되었으며, 책값은 33전이었다. 표지 제호는 예서체를 써서 가볍지 않은 느낌을 주고 있다. 아울러 세로글씨의 제호 오른편에 한자로 '조선문단의 권위총집필', '문예 취미 사상 종합잡지'라는 문구가 손글씨로 쓰여 있으며, 그 오른편에는 호랑이로 보이는 동물 그림이 실려 있다.

5) 창간 의의

《문예공론》은 우선 국민문학과 계급문학으로 나뉘어 있던 당시 문단의 현실을 극복하고자 발행되었다는 점에서 의미를 찾을 수 있다. 《문예공론》은 국민문학의 입장에서 계급문학을 인정하는 절충과 통합의 문학론을 전개하며 민족과 계급을 통합할 수 있는 새로운 민족문학의 건설을 주창했다. 그런 입장을 견지한 결과 좌파와 우파를 망라한 필진을 구성할 수 있었던 것이다. 곧 《문예공론》은 1920년대 말의 민족문학과 프로문학으로 양분된 문단에서 절충적 입장을 펴며 문단의 다양한 의견을 수용하고 한 단계 발전시키고자 했다는 점에서 의의를 찾을 수 있다.[161]

〈참고〉 양주동과 《문예공론》[162]

《문예공론》을 창간했을 때 양주동(1903~1977, 호 无涯)은 26세, 그는 1960년 《사상계》 1월호에서 이렇게 회상하고 있다.

"《문예공론》의 발간은……, 나의 문단 초년기에 낸 《金星》과는 15년이란 세월의 간격이 흘러 있다. …… 그러기에 '論' 지에는 저 '星' 지에서와 같은 낭만적인 문학정서 대신에 현실적 사상성을 띤 글들이 주요한 내용이었다. 내가 그때 대학을 졸업하고 평양 숭실전문 교수로

161　국립중앙도서관 편(2016), 앞의 자료, p.156.
162　최덕교 편저(2004), 『한국잡지백년2』, pp.123~124.

부임한 다음해, 당시에는 '白潮·金星' 시대의 소박한 결정적인 문학열은 완전히 가시어지고, 현실적 사상적으로 좌·우파로 완전히 갈리어 평론이나 작풍(作風)이 서로 대조를 이루었고, 양자 간의 논쟁 갈등이 심한 때였다. 우파는 춘원을 위시하여 상섭(想涉)·동인(東仁)·빙허(憑虛)·월탄(月灘) 등등, 좌파는 회월(懷月)·팔봉(八峰)·서해(曙海)·기영(箕永)·설야(雪野) 등등, 논객으로는 전자에 상섭, 후자에 팔봉·회월이 선봉이 되었다.

문제는 '민족을 위한 문학이냐? 계급을 위한 문학이냐?'를 이미 거쳐, 양파의 문학이론과 그 실천적 작품이 첨예한 대립상을 보였고, 문학의 자연발생론과 목적의식론, 내용과 형식에 관한 문제에 대한 쟁론 등 허다한 문제로 문단이 들끓는 중이었다. 〈중략〉

내가 그때 《문예공론》을 간행한 것은 첫째 그 제호대로 '公論'—그러한 정황 중에서 문단의 일종 공기(公器)를 삼으려는 생각, 둘째 나의 그때 파지(把持)하였던 생각인 좌·우 절충주의를 내세움에 있었던 것으로 기억된다. 그러기에 창간호 권두에는 좌·우·중 제(諸)문인들을 총망라한 '집필 제가(諸家)'의 이름이 나열된 동시에 그 발간 취지사에서, '우리는 여기서 불편부당의 중립적 견지에서 모든 주장과 의견을 그대로 수합하기에 힘쓰려 한다' 운운하여 중립적 내지 중간적 노선으로 나아갈 것을 성언(聲言)했다. 〈중략〉

《문예공론》은 3호를 낸 채 폐간하고 말았다. 첫째 이유는 당시 좌파의 문학이 정세에 의하여 '형식에의 재고려'를 운위하였고, 뒤에 이어 '카프'의 총검거가 있어 논쟁의 대상과 흥미를 잃어 나로서는 그만 허탈했기 때문이었다. 간비(刊費)는 모두 나의 월급으로 충당했었는데, 구독자는 모두 2천(당시 문예잡지로 무척 많은 수효)을 넘었으나 서점의 수금이 태반이 들어오지 않아 계속 간행할 능력이 없었다. 〈중략〉 《문예공론》을 폐간하고 나서, 나는 얼마 동안 그 '절충적 문학론'을 계속하다가, 이윽고 그 무위(無謂) 또 무위(無爲)한 평필(評筆)을 끊고 '고전 연구'로 전신(轉身)하였다."

1) 창간 배경

《조선문예》는 1929년 5월에 사회주의 또는 경향적 성격을 띤 문인들이 편집에 참여하여 창간한 문예잡지이다. 같은 해 6월 통권 2호로 종간되었다. 조선문예사에서 간행하였고, 창작의 결정, 문예적 취미 보급, 진리의 파지자(把持者), 해외문학 소개 등을 목표로 하였다.

2) 관련 인물

창간호 간기면을 보면 편집 겸 발행인 고병돈(高丙敦), 인쇄인 송무현(송영), 인쇄소 대동인쇄, 발행소 조선문예사로 표기되어 있다.

필자로 참여한 문인들은 김기진(金基鎭)·윤기정(尹基鼎)·송순일(宋順鎰)·정순정(鄭順貞)·민병휘(閔丙徽)·임화(林和)·엄흥섭(嚴興燮)·한설야(韓雪野)·김병호(金炳昊)·이종명(李鍾鳴)·박팔양(朴八陽)·김대준(金大駿)·김영팔(金永八)·송영(宋影)·최승일(崔承一)·송현무(宋玄武)·박영희(朴英熙)·유완희(柳完熙)·염상섭(廉想涉)·이효석(李孝石)·유진오(兪鎭午)·주요한(朱耀翰)·이상화(李相和)·김해강(金海剛) 등이다. 실질적인 편집주간은 박영희가 맡았다.

3) 주요 내용

창간호는 창작, 문예 시평, 시, 신진작가 소개, 해외 문학자 소개, 해외 문예, 특별 읽을거리 등으로 구성되었다.

창간특집호는 '창작'으로 희곡 「대학생」(김영팔), 소설 「조그만 희열」(이종명), 「조그만 복수」(염상섭) 등을, '신록 수필'로는 「봄의 서장대」(엄흥섭), 「벽성의 봄」(정순정), 「재지(災地)의 봄」(한설야), 「촉석루에 올라서」(김병호), 「만춘의 초당이화」(송양파), 「다단한 송도의 봄」(박재청) 등을 게재하였다. '문예 시평'으로 「단편 서사시의 길로」(김기진), 「문예 시감」(윤기정), 「문예 소감 편린」(송순일), 「나의 문예 잡감」(정순정), 「문단에 대한 희망과 증오」(민병휘) 등과 함께 '시' 「나를 부르는 소리가 있어 가로되」(김여수), 「봄이 오는구나」(임화), 「새 거리로」(엄흥섭) 등을 싣고 있다.

'신진작가 소개'란에 백신애, 이일광, 전춘호, 이석신 등을, '해외문학자 소개'란에 로망 로랑, 코론타이, 르네팟상, 카이저 등을 소개하고 있으며, '해외문예'란에는 「그 여자와 애인」(고리키)을 실었다. '특별 읽을거리'로 「대경성 파노라마」(최승일), 「고속도 대경성 레뷰」(주일수) 등을, 그리고 영화소설 「이 봄이 가기 전에」(송무현), 「문사 생활상」 등을 실었다. 창간호의 주요 필자로는 김기진, 윤기정, 임화, 한설야, 박팔양, 송영, 박영희 등과 같은 당시 카프 문인들 외에 이상화, 이효석, 염상섭, 주요한 등 중도 노선의 작가들도 다수 참여하였다.

4) 편집 특성

창간호는 122면에 정가 30전으로 발행되었다. 창간호 표지는 '예술일반잡지 조선문예'라는 제호 아래 다양한 옷차림을 한 사람들의 모습을 그린 만화로 구성하고 있다.

5) 창간 의의

《조선문예》주간 박영희는 다음과 같이 회고하고 있다.

> 좌익진영에서는 1926년 2월 기관지 《문예운동》을 내었고, 1927년에는 일본 동경에서 발행하던 《제삼전선》을 흡수하여 통합했었다. 그런데 그보다 더 실제적인 것은 1925년 7월에 '조선프롤레타리아예술가동맹'을 결성하고 각지에 지부를 설치하는 등, 조직망을 견고케 한 것이었으며, 그리하여 동경지부에서 《예술운동》이라는 기관지를 내게 했다. 그리고 조선에서는 내가 주간이 되어 《조선문예》를 발행했다. 그러나 검열이 너무 가혹하여 표면으로는 일체 이름을 내지 않았고 어물어물하면서 간접적인 방법으로 우리들의 임무를 수행하려고 했다.

이와 같은 회고에 따르면, 일본 동경에서 발행한 《예술운동》과 서울(경성)에서 발행한 《조선문예》는 그 발행 장소만 다를 뿐 사실상 동일한 지향을 가진 잡지였다. 양자 모두 카프(KAPF)의 이념적 방향성을 따르고 드러냈던 문예지이다. 그러나 《예술운동》뿐만 아니라 《조

선문예》역시 일제의 검열로 인해 오래 지속되지 못하고 폐간되었다. 이처럼《조선문예》는 제2호를 끝으로 종간되었으나 영화, 연극, 미술, 문학 등 다양한 장르를 통해 대중과 소통하고자 했고, 특히 카프를 중심으로 하는 기존의 이론 투쟁 방식을 벗어나 다양한 예술 장르를 도입함으로써 이념의 새로운 표현 방식을 고민하고 실험했다는 점에서 문학사적 의미를 찾을 수 있다.[163]

〈참고〉 또 다른《조선문예》[164]

　　1917년 조선문예사에서 최영년이 한시문(漢詩文)에 중점을 두고 창간한 잡지. 조선문예사에서 발행하였다. 국한문 또는 한문을 썼으며, 한시문(漢詩文)에 중점을 두었다. 1917년 4월 창간되어 1918년 10월 2호로 종간되었다. 편집인 겸 발행인은 최영년(崔永年)이고, 주요 필자는 정만년(鄭萬年)·여규형(呂圭亨)·김규진(金圭鎭)·최찬식(崔瓚植)·권상로(權相老)·오극선(吳克善) 등의 한학자였다. 주요 논문으로 여규형(呂圭亨)의「사론(史論)」, 김규진(金圭鎭)의「서화의 원류(源流)」, 태화산인(太華山人)의「고금 가요의 연혁」, 기당(幾堂)의「한문불가폐론(漢文不可廢論)」 등이 있고, 문예론으로「여자의 문예」·「언문(諺文)의 문예」·「찰한(札翰)의 개론」·「소설가의 작법」·「학시초정(學詩初程)」·「논서법(論書法)」·「논화법(論畵法)」 등과 단편소설「일선향(一線香)」이 있다.

163　[네이버 지식백과] 조선문예 [한국근대문학해제집IV-문학잡지(1907~1944)]

164　한국민족문화대백과사전 [조선문예]. 해방 후에는 1959년 12월 재일본조선인총연합회 산하 재일본조선문학예술가동맹 가나가와지부(神奈川支部)[1959년 10월 결성]가 발간한 기관지로서의 《조선문예》가 있었다. 재일본조선문학예술가동맹의 중앙 기관지 《문학예술》이 창간되기 한 달 전에 간행된 잡지였다.

1) 창간 배경

《신소설》은 1929년 12월 1일에 소설을 중심으로 창간한 문예잡지이다. 1930년 9월 통권 5호로 종간되었다. 처음에는 소설 중심의 잡지로 출발하였으나 제2호부터 시·수필도 게재하였으며,《해방》으로 제호를 바꾼 뒤에는 대중적으로 전환하여 야담(野談) 등도 싣고 있다.

2) 관련 인물

창간호 간기면을 보면 편집 겸 발행인은 김대식(金大植), 인쇄소는 창문사(彰文社), 발행소는 건설사(建設社)로 표기되어 있다.《해방》으로 제호를 바꾼 1930년 12월부터 1931년 6월까지 편집 겸 발행인은 신민우(申玟雨)였으며, 해방사(解放社)에서 발행하였다.[165]

《신소설》의 주요 작가와 작품은 현진건(玄鎭健)의 「정조(貞操)와 약가(藥價)」·「웃는 포사(褒

---

165 《해방》 창간호 첫 면에 '사고(社告)'로 1) 사명 건설사를 해방사로, 2) 제호 '신소설'을 '해방'으로 고치고, 3) 정가 30전을 20전으로 내린다고 했으며, 판형도 5×7판(A5판)에서 4×6배판(B5판)으로 바꾸었다. 「편집후기」에 "제호를 '해방'으로 고친 것은 '해방이 우리의 부르짖는 이상이요, 우리가 마땅히 해야 할 것'을 말하는 것이다"라고 하여, 일제치하에서는 보기 힘든 구절이 삽입되어 있다.

似)」, 최독견(崔獨鵑)의 「환원(還元)」·「연애시장(戀愛市場)」, 이성해(李星海)의 「유산(流産)」·「옛 보금자리로」, 최서해(崔曙海)의 「같은 길을 밟는 사람들」, 김동인(金東仁)의 「박사의 연구」·「화환(花環)」·「아라삿 버들」, 염상섭(廉想涉)의 「남편의 책임」, 윤백남(尹白南)의 「기광출세(碁光出世)」·「몽금(夢金)」·「이혼(離婚)」·「정조(貞操)」 등이 있다. 그리고 안석영(安夕影)의 「쌘쌔인 코」, 최인준(崔仁俊)의 「양돼지」·「하나님의 딸은」, 이광수(李光洙)의 「아들의 원수」(장편)·「처(妻)」, 조백추(趙白萩)의 「바다의 소품(小品)」, 이영철(李永哲)의 「순희(順姬)」·「억울한 사람」·「청개고리」, 이효석(李孝石)의 「추억」·「북국사신(北國私信)」, 이태준(李泰俊)의 「은희부처(恩姬夫妻)」·「어떤날 새벽」, 채만식(蔡萬植)의 「산동(山童)이」·「앙탈」, 최화수(崔華秀)의 「숙모의 고백」, 이원영(李元英)의 「분장사」, 최병화(崔秉和)의 「봉희(鳳姬)의 편지」 등이 있다. 희곡에 구소청(具素靑)의 「정사(情死)」 등이 있고, 콩트를 실은 작가로는 정인익(鄭寅翼)·이태준·이서구(李瑞求)·채만식, 평론을 실은 작가로는 이하윤(異河潤)·김달봉이 있다. 시로는 김소운(金素雲)·김동환(金東煥)·김석송(金石松)·박종화·정지용(鄭芝溶)·김억(金億)·이병기(李秉岐)·강병주(姜炳周)·주요한(朱耀翰)·이하윤 등의 작품이 실렸고, 민우보(閔牛步)·심훈(沈熏)·현진건 등의 수필도 있다.[166]

3) 주요 내용

《신소설》은 다음과 같이 홍명희가 쓴 창간사에서 드러나는 것처럼 소설 중심의 문예잡지를 표방하면서도 대중성을 염두에 두고 창간한 것으로 보인다.(현대어 표기로 고침)

조그만 집착과 오만을 버려라! 그리고 냉정히 세계 대세 아래 조선의 앞길을 전망하라. 지금의 조선 사람은 예술을 수요한다 하더라도 이백·두보가 아니요, 세익스피어도 아니요 괴테도 아니다. 〈중략〉 우리는 예술로 살기보다 사람으로 살아야겠다. 우리는 어디까지나 우리의 생활을 본위로 예술을 창조하여야겠다. 아니 예술은 구경 우리 생활의 한 도구이다. 우리는 이 도구를 가지고 우리 진영을 개척하자.

이처럼 이 잡지 창간의 주역들은 소설이 사회 발전에 도움이 되어야 한다는 신념을 바탕으로 생활문학과 생활예술을 제창했다.

---

[166] 한국민족문화대백과사전 [신소설]

창간호에는 '소설'로 「정조와 약가」(현진건), 「환원」(최독견), 「남편의 책임」(염상섭), 「이혼」(윤백남), 「아들의 원수」(이광수), 「추억」(이효석), 「은희 부처」(이태준), 「산동이」(채만식), 「광명을 앗기까지」(이기영) 등이 수록되었다. '수필'로는 「첨단어」(최상덕), 「의문의 그 여자」(최서해) 등이, '희곡'으로는 「정사」(구소청), '평론'으로는 이하윤, 김팔봉, 박영희 등의 평문이 있다. 그리고 '야담'과 '독자문단', '시'가 수록되었다.

4) 편집 특성

창간호는 5×7판 크기에 모두 126쪽 분량으로 발행되었다. 표지를 보면 제호 아래 '월간 문예잡지'임을 나타내고 있으며, 나뭇가지에 이파리가 돋아나는 그림을 오른쪽에 배치하여 신생 잡지로서 지속적으로 생명력을 유지해 나갈 것임을 상징하고 있다.

5) 창간 의의

《신소설》은 처음에는 소설 위주의 잡지로 시작했으나 다양한 장르와 내용을 포섭하여 문학의 실질적인 면을 부각하고, 생활과 동떨어지지 않는 사회 현실을 그린 문학세계를 추구하였으며, 지식인들을 일깨워 조선의 사회를 변혁하고자 했다는 데서 그 의의를 찾을 수 있다.[167] 곧 생활 속으로 들어온 문학과 예술을 제창함으로써 거창한 그 무엇이 아닌 생활도구로서의 문학과 예술을 추구했다는 점에서 의미가 남다른 잡지라고 하겠다.

---

167 [네이버 지식백과] 신소설 [한국근대문학해제집IV-문학잡지(1907~1944)]

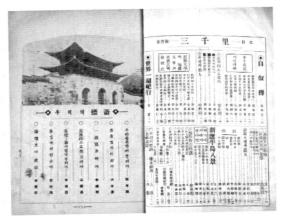

1) 창간 배경

《삼천리》는 취미와 시사 중심의 대중지 성격으로 발행한 잡지이다. 편집 겸 발행인은 김동환(金東煥, 1901~?)[168]이며, 삼천리사(三千里社)에서 발행하였다. 1929년 6월 창간되어 월

---

[168] 1901년 함경북도 경성에서 출생했다. 호는 파인(巴人), 필명으로는 강북인(江北人), 초병정(草兵丁), 창랑객(滄浪客), 백산청수(白山淸樹) 등을 썼다. 1908년 공립 경성보통학교에 입학해 1912년 졸업했으며, 1916년 중동중학교(中東中學校)에 입학했다. 1920년 10월 중동중학교 4학년 재학 당시 고학생 갈돕회 현상모집에서 그가 쓴 시 「이성규(異性叫)와 미(美)」가 김억(金億)의 추천으로 1등에 당선되어 《학생계》에 실렸다. 1921년 중동중학교를 졸업한 후 일본으로 건너가 도요대학[東洋大學] 문화학과에 입학했다. 1922년 도쿄유학생들이 창립한 재일조선노동총동맹의 중앙집행위원이 되었다. 1923년 9월 관동대지진(關東大地震)이 일어나자 학교를 중퇴하고 귀국했다. 1924년 5월 《금성》에 시 「적성(赤星)을 손가락질 하며」로 문단에 등단했다. 같은 해 9월부터 10월 함경북도 나남에 있는 북선일일보사(北鮮日日報社) 조선문판 기자로 복무했고, 같은 해 10월 동아일보 사회부 기자가 되어 1925년 5월까지 근무했다. 1925년 3월 첫 시집인 장편서사시 『국경의 밤』을 발간했다. 1925년 6월 시대일보 기자가 되었으며, 1925년 8월부터 카프(KARF: 조선프롤레타리아예술가동맹)에서 활동했다. 1926년 중외일보 사회부기자, 1927년부터 1929년까지 조선일보 사회부 차장을 지냈다. 1929년 6월 삼천리사를 운영하며 종합 잡지 《삼천리》를 간행했다. 1930년 신간회 중앙집행위원으로 선출되었고, 1931년 조선가요협회 회원으로 활동했다. 1938년에는 《삼천리》의 자매지로 문예지 《삼천리문학》을 발간했다. 〈중략〉 1950년 한국전쟁 때 납북된 뒤의 자세한 행적에 대해서는 알려져 있지 않다. 〈이하 생략〉 한국민족문화대백과

간·격주간 등으로 다양하게 간행되었다. 《삼천리》는 1929년 6월호부터 1942년 1월호까지 발행되었으며, 해방 직후인 1948년 6월에서 1949년 9월 사이 《속간 삼천리》란 제호로 속간되었다. 전체 통권 152권이 간행된 것으로 알려져 있으나 김동환의 아들 김영식에 의해 간행된 영인본(1995)에는 87권만 수합되어 있다. 한편, 1942년 5월에 김동환은 《대동아(大東亞)》(통권 3호)를 창간하였는데, 표지에 '《삼천리》 개제(改題)'라고 밝혀놓았다.[169]

2) 관련 인물

창간호 간기면을 보면 편집 겸 발행인 김동환, 인쇄인 심우택(沈禹澤), 인쇄소 대동인쇄(주), 발행사는 삼천리사이다.

3) 주요 내용

창간호 「사고(社告)」에 실린 내용을 보면 《삼천리》는 "1. 훨씬 값이 싼 잡지를 만들자. 2. 누구든지 볼 수 있고 또 버릴 기사가 없는 잡지를 만들자. 3. 민중에게 이익이 되는 좋은 잡지를 만들자."라는 취지 아래 발행된 대중잡지임을 알 수 있다.

한편, 《삼천리》 창간호는 김동환이 조선일보 기자로 근무하면서 발행했는데, 「편집후기」를 보면 잡지 발간과 관련된 당시 상황을 알 수 있다. 즉, "원고난, 경영난, 검열난의 삼난(三難) 때문에 《시대일보》와 《현대평론》, 《동광》, 《조선문단》 등 수십지(數十誌)가 넘어졌다. 《삼

사전 [김동환]

169 국립중앙도서관 편(2017), 『한국근대문학해제집III-문학잡지(1927~1943)』, p.11.

천리》는 이러한 역사적 참경(慘景)을 바라보면서 세상에 나왔다. 무모하다 할는지 〈중략〉 안될 일을 하는 것에서 발전이 있고 비로소 깊은 뜻이 있는 것이 아닐까."라는 내용만 보더라도 《삼천리》 창간 당시의 상황을 잘 알 수 있는 것이다.

《삼천리》는 국제정세나 사회문제 이외에 종합오락지로서 대중들의 흥미와 욕망을 충족시켜줄 수 있는 기사와 문예물을 많이 실었다. 국내외의 유명 인물들에 대한 평(評), 설문, 인상기 등은 물론이고 당시 인기인으로 떠오르고 있었던 최승희, 나운규, 문예봉 같은 연예인이나 박흥식, 방응모 같은 자본가들에 관한 기사까지 수록했다.

하지만 《삼천리》는 시류(時流)와 시국(時局)의 변화에 재빨리 대처해 가면서 일제의 검열을 피하는 과정에서 돌이킬 수 없는 길을 가고 말았다. 중일전쟁(1937) 이후 《삼천리》는 이전과는 달리 일제의 정책에 적극 협력하고 홍보하는 글들을 많이 싣기 시작했던 것이다.

4) 편집 특성

창간호는 4×6배판 크기에 50쪽 분량으로 발행되었다. 창간호는 채색화로 버드나무 아래 태극무늬 부채를 들고 있는 조선의 전통적 여인을 표지에 내세웠다. 이는 이 잡지가 문화와 대중을 바탕으로 하는 민족주의적 성향의 잡지임을 표상한 것이라고 할 수 있다.

5) 창간 의의

우선 《삼천리》는 1929년 6월 12일 시인 김동환이 창간한 대중 교양잡지로 우리나라 잡지 역사상 일반잡지로서는 최장수 잡지로 손꼽힌다. 자매지인 《삼천리문학》과 연속지인 《대동아》 등을 포함하여 총 150여 호에 달하는 '삼천리'는 그 자체가 하나의 역사라고 할 수 있다. 월간을 계획했지만 실제 발행은 들쭉날쭉하였고, 판형 또한 5×7판에서 타블로이드판에 이르기까지 다양한 형태로 1929년부터 1942년까지 발행되었다. 지나치게 통속적, 선정적이며 특히 후반으로 갈수록 친일적이었다는 비난에도 불구하고 파인 김동환 한 사람의 수완으로 이렇게 많은 호수의 잡지를 발행한 것은 매우 이례적인 일이라 할 수 있다.

또한, 창간호의 경우에는 필자들이 원고료 없이 글을 써주었다고 하는데, 우리 근현대사에서 이름을 떨쳤던 이들은 모두 들어 있어서 창간호의 구성은 지나칠 정도로 다양하다는 특징을 엿볼 수 있다. 발행을 맡은 김동환으로서는 독자들의 다양한 욕구를 충족시켜주려 했던 것 같다. 홍명희의 「자서전」, 특집기사인 「민족문학과 무산(無産)문학의 차이점과 합치점(合致點)」(박영희 외 9인) 그리고 「나체모델과 화가」(안석주, 이승만) 등 극과 극을 달리는 내용들로 구

성되어 있어 다양한 독자들을 염두에 둔 것이 분명해 보인다.[170]

나아가 우리 근대문학에 끼친 공로도 적지 않은 것으로 평가된다. 특히 문단의 중견작가 여럿이 집필한 「문예강좌」와 김동인(金東仁)의 「춘원연구(春園研究)」, 여러 중견작가들의 작품 연대표 등은 특기할 만한 내용들이다. 그러나 과장과 공상이 지나치고 제목에 비하여 내용이 빈약한 것이 커다란 흠이며, 무엇보다도 그 친일적인 성격 때문에 비난을 면하기 힘들다.[171] 초기에는 민족적 입장을 취하였으나 1937년 이후부터 점차 친일적인 경향으로 바뀌기 시작하여, 마침내는 친일파·민족반역자를 등장시켜서 반민족적 잡지로 전락하였고, 끝내는 친일잡지《대동아》로 개명까지 한 것은 큰 흠결이 아닐 수 없다.[172]

〈참고〉 삼천리문학[173]

《삼천리문학》은 삼천리사에서 펴낸, 문학만을 대상으로 한 통권 2호의 순문예 잡지이다. 삼천리사 창간 10년을 기념하기 위해 1938년 1월에 1집이, 동년 4월에 2집이 나왔다.

저작 겸 발행인은 김동환이고, 인쇄인은 김현도(金顯道), 인쇄소는 대동인쇄소, 발행소는 삼천리사이다. 1집은 5×7판 264면, 2집은 5×7판 280면이다. 《삼천리문학》 2집의 뒤표

170　문화재청(2010), 『근대문화유산 신문잡지분야 목록화 조사연구보고서』, 문화재청, p.278.
171　이 잡지의 발행인 김동환이 후에 대표적인 친일인사가 된 것은 틀림없으나 《삼천리》를 창간할 당시에는 항일민족단체인 신간회(新幹會)의 중앙집행위원으로 투옥되기도 했다.
172　한국민족문화대백과사전 [삼천리]
173　국립중앙도서관 편(2017), 앞의 자료, p.13.

지에서는, 삼천리사 창업 3대 잡지로 《삼천리》, 《삼천리문학》, 《삼천리영화》를 들면서, 《삼천리문학》을 "반도 유일의 권위 있는 순문예잡지"라 광고하고 있다. 김동환, 최정희, 모윤숙 등이 원고 수합 및 편집의 중심 역할을 하였다.

김동환은 창간사 「소설과 시의 길」에서 작가들에게 "조선적인 정조(情調)와 깊은 고행과 사색 위에서 우리가 보아야 할 생명의 작품"을 내놓을 것을 강조하고 있다. 실제 《삼천리문학》 1, 2집에는 김동인, 이태준, 이효석, 최정희, 이기영, 유진오, 장혁주, 박영희, 장덕조, 김남천 등의 소설, 이광수, 김안서, 이병기, 노천명, 김광섭, 박종화, 백석, 홍사용, 이은상, 정지용, 노자영, 박용철, 오일도 등의 시, 김진섭, 김상용, 이헌구, 이무영, 모윤숙, 조벽암, 김진섭, 김동환의 수필, 박영희, 김동인, 이병기, 박용철, 김환태, 김문집 등의 평론, 26명이 참가한 「작가단편자서전」, 9명이 쓴 「작가일기」 등이 수록되어 있다.

《삼천리문학》 1, 2집에도 '황국신민 서사(誓詞)'나 '총후미담집' 같은 대일협력의 편집 태도가 드러나 있다. 《삼천리문학》에 실린 글들을 살펴보면 일제 말 전시체제로 들어가기 직전 한글로 쓰인 조선 문단의 문예적 역량을 총집결시킨 문학매체로서 그 의의가 적지 않다고 할 수 있다.

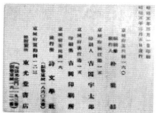

1) 창간 배경

《시문학》은 1930년 3월 5일 창간된 시 전문 순문예지이다. 김영랑(金永郎)·박용철(朴龍喆)·정지용(鄭芝溶)·정인보(鄭寅普)·이하윤(異河潤) 등이 창간에 참여하였으며, 1931년 10월 통권 3호로 종간되었다. 편집인 겸 발행인은 박용철이며, 시문학사에서 발행하였다.

2) 관련 인물

창간호의 간기면을 보면 편집 겸 발행인은 박용철, 인쇄인은 요시오카 타로(吉岡宇太郎), 인쇄소는 요시오카인쇄소, 발행소는 시문학사이며, 총판매소는 동광당서점이다. 박용철이 단독 출자한 잡지로 알려져 있다. 창간호에 필자 및 역자로 참여한 김영랑·정지용·이하윤·박용철·정인보와 제2호에 새로 합류한 변영로·김현구, 제3호에 창작시를 발표한 허보·신석정 등을 가리켜 '시문학파'라고 부른다. 제2호에서는 인쇄인이 이근택으로, 인쇄소도 선광인쇄주식회사로 바뀌게 되며, 제3호에 이르면 발행소가 문예월간사로 바뀌고, 인쇄인도 김창여, 인쇄소도 대성당인쇄합자회사로 바뀐다.

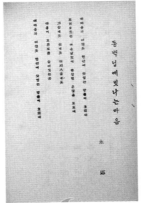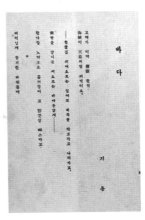

3) 주요 내용

《시문학》 창간호에는 영랑 김윤식, 정지용, 이하윤, 용아 박용철 등 네 시인의 창작시와 '외국 시집'이라는 이름으로 외국 시인의 번역시가 실려 있다. 그밖에 「편집후기」와 투고규정이 실려 있다. 김영랑의 창작시로는 「동백닙에 빗나는 마음」을 비롯해 「언덕에 바로누어」, 「누이의 마음아 나를 보아라」, 「사행소곡칠수」, 「제야」, 「쓸슬한뫼아페」, 「원망」 등이 실렸다. 정지용의 시로는 「일은봄아츰」, 「Dahlia」, 「경도압천」, 「선취」 등 네 편이 실렸다. 「경도압천」은 일본 교토 도시샤(同志社) 대학 유학시절에 쓴 시로, 이후 시집에 실리면서 「압천」으로 제목이 수정된다. 이하윤의 시로 「물네방아」와 「노구의 회상곡」 두 편, 박용철의 시로 대표작 「떠나가는 배」를 비롯해 「이대로 가랴만은」, 「싸늘한 이마」, 「비 나리는 날」, 「밤기차에 그대를 보내고」 등 다섯 편이 실려 있다. 번역시로는 정인보가 번역한 중국의 고시 「목란시」가 원문과 함께 실렸고, 프랑스 시인 폴 포르의 시 「원무(LA RONDE)」, 「새벽(CHANSON A L'AUBE)」이 이하윤의 번역으로 실렸으며, 독일 시인 실러의 「헥토르의 이별(HEKTORS ABSHIED)」, 괴테의 「미뇬의 노래(MIGNON)」가 박용철의 번역으로 소개되었다. 박용철은 '후기'에서 "우리의 시는 우리 살과 피의 매침"이며 "우리의 시는 외여지기를 구한다"고 주장하고, 문학의 성립은 그 민족의 언어를 완성시키는 일임을 분명히 하면서 시를 언어예술로 인식하는 '시문학파'의 관점을 분명히 드러내었다.[174]

제2호에는 정지용, 김윤식, 박용철과 함께 새로이 변영로와 김현구의 창작시가 실렸고, 정

---

[174] 국립중앙도서관 편(2017), 앞의 자료, pp.15~16.

지용과 김영랑 등이 번역한 윌리엄 블레이크와 예이츠의 시가 실렸다. 제3호에는 박용철, 김현구, 정지용, 김윤식, 허보, 신석정의 창작시와 이하윤, 박용철의 번역으로 잠, 구르몽, 하이네 등의 시가 셸리의 산문 「시인의 말」과 함께 실렸다. 아울러 제3호에 이하윤, 박용철이 함께 《문예월간》이라는, 문예 전반을 취급하는 잡지를 11월부터 창간할 예정이라는 사실을 광고하고 있는 점도 특기할 만하다.

4) 편집 특성

창간호는 5×7판 크기에 40쪽으로 발행되었으며, 창작시, 번역시, 편집후기, 투고규정 등으로 구성되어 있다. 창작시는 모두 24편이 실려 있는데, 김영랑의 시 13편, 박용철의 시 5편, 정지용의 시 4편, 이하윤의 시 2편 등이다. 그리고 번역시는 정인보 1편, 이하윤 2편, 박용철 2편 등 모두 5편이 수록되어 있으며, 이는 외국시집의 시를 번역한 것들이다.

5) 창간 의의

《시문학》은 비록 통권 3호로 종간되고 말았지만 창작시 76편, 번역시 31편이 발표되어 1930년대 우리 문학사, 그 중에서도 시문학사에 있어 큰 의미를 지닌다. 카프 중심의 경향문학이 이념을 앞세운 도식적인 문학을 추구하는 것에 반대하여 순수문학을 옹호하는 시인들이 주축이 되어 《시문학》을 중심으로 활동한 '시문학파'는 시를 언어예술로 자각함으로써 본격적인 현대시의 출발을 알리게 되었다.[175] 다만, 그 성격은 김영랑의 토착적이고 섬세한 정서와 음악성, 정지용의 감각적 이미지와 회화성 등의 서로 다른 두 양상으로 나누어진다.

---

175 국립중앙도서관 편(2017), 앞의 자료, p.17.

1) 창간 배경

《철필》은 1930년 7월 1일 창간된 신문평론 잡지이다. 1930년대에 들어서면서부터 《동아일보》와 《조선일보》를 중심으로 한 민간지(民間紙)들이 기업적 경영을 시작하고, 민족운동적 논조가 쇠퇴함에 따라 기자의 역량으로 보도 중심의 전문주의적 자질에 대한 필요성이 부각되었다. 이처럼 민족적 현실에 대한 기자들의 비판적 의식이나 정치적 목적보다는 신문 제작에 대한 전문지식에 기초한 직업적 전문성을 더욱 중요시하는 경향이 생겨났다.[176] 이러한 시대적 배경 아래 태어난 《철필》은 "조선의 신문인, 다시 말하면 조선의 저널리스트 제군을 위하여 세상에 나온 것"이라고 소개한 것에서 알 수 있듯이 주된 독자층은 기자들이었다. 따라서 세계 각국 신문업계 소식이나 저널리즘과 관련된 내용과 기자(저널리스트)로서의 자세, 그리고 업무와 관련하여 경계해야 할 일에 대한 글이 많이 실렸다. 1931년 1월까지 통권 4호를 내고 종간되었다.

---

176   김은규(2017), 「1930년대 신문비평 잡지 〈철필〉에 대한 연구: 발행 의도 및 주장 논지를 중심으로」, 《한국출판학연구》 통권 제79호, 한국출판학회, p.55.

2) 관련 인물

창간호 간기면을 보면 편집 겸 발행인 임인식(林仁植)[177], 인쇄인 정경덕(鄭敬德), 인쇄소 기독교창문사(基督敎彰文社), 발행소 철필사(鐵筆社), 그리고 총판은 이문당(以文堂)으로 표기되어 있다. 여기서 당대의 내로라하는 명성을 떨치고 있던 기자들[178]을 제치고 무명의 임인식을 발행인으로 내세운 까닭은 당시 일제 치하에서 기사가 문제될 경우 발행인이나 편집인은 신문지법 규정에 의해 집필자와 함께 사법 처분을 받았다. 이에 대비하여 1920년대 중반 이후부터 비교적 낮은 직급의 인물을 발행인이나 편집인으로 등록시키는 경우가 많았다. 이러한 당시 상황을 고려할 때 언론계 경력이 상대적으로 짧은 임인식을 편집인 겸 발행인으로 내세웠던 것은 일제 총독부에 의한 기사 검열 속에서 문제가 될 경우 책임 소재를 우회하기 위한 발행 전략이라고 볼 수 있다.[179]

창간호에는 모두 27개의 기명(記名) 기사가 실려 있는데, 그 중 22개의 기사가 현직 언론인들의 글이었으며, 외부인사의 글은 1개에 불과했다. 마지막 호인 제4호까지 모두 합쳐 보아도 전체 93개 기사 중 언론계 종사자의 글이 83개이고 언론계 밖의 외부인사가 쓴 글은 10개에 불과하다. 이로써 《철필》의 필진이 당시 언론계 현직 기자 중심으로 구성되었음을 알 수 있다. 아울러 현직 언론인들이 신문평론 잡지에 공동의 노력을 기울인 이유 또한 이 잡지의 발행 목적과 깊은 관련이 있을 것으로 보인다.[180]

---

177 임인식에 대한 인물 정보는 거의 없는 편이다. 일제강점기 언론인들을 정리한 『한국언론인물사화』(대한언론인회, 1992)와 『한국언론인물지』(한국신문연구소, 1981)에도 임인식에 대한 언급은 없다. 다만, 『신문100년 인물사전』(신문편집인협회, 1988)에 출신지와 학력, 중외일보 근무 경력만 간략히 언급되어 있을 뿐이다. 또한 1931년 6월 19일 중외일보가 폐간된 후 이어 발행된 중앙일보 및 조선중앙일보 그리고 동아일보, 조선일보, 매일신보 등 1931년 하반기 이후 발행된 여타 신문기자 명단에 임인식이라는 이름이 등장하지 않는다. 이로 보아 임인식은 1927년부터 1931년 중반까지 언론인으로 활동한 것으로 보인다. 김은규(2017), 앞의 논문, p.52.

178 당시에는 민간신문 3사(동아일보, 조선일보, 중외일보) 정립 구조 속에서 언론계에는 쟁쟁한 인사들이 포진하고 있었다. 대표적으로 동아일보에는 이광수, 주요한, 현진건 등이, 조선일보에는 김기림, 안재홍, 염상섭, 유광열, 박팔양 등이, 그리고 중외일보에는 민태원, 김형원, 신경순 등이 소속 기자로서 필봉을 휘두르고 있었다.

179 김은규(2017), 앞의 논문, p.53.

180 김은규(2017), 앞의 논문, pp.53~55 참조.

3) 주요 내용

《철필》은 표지 상단에 '신문평론(新聞評論)'이라고 명기한 것에서 그 성격을 분명히 알 수 있다. 창간호 「편집후기」에서 "독자로 하여금 신문인의 발표를 알리는 기자 독자 간의 친목 기관이 되며 따라서 매개가 되고자 하는 터"라고 하여 발행 목적이 곧 신문계(언론계)의 사정을 일반 대중에게 알리고자 하는 측면과 함께 본문 중 사고(社告)를 통해 "본지는 조선의 신문이 다시 말하면 조선의 저널리스트 제군을 위하여 세상에 나온 것"이라고 함으로써 신문계 종사자들도 그 대상임을 밝히고 있다.

구체적으로 살피면 《철필》에 실린 글들은 신문론, 기자론, 국제신문론, 신문제작실무론, 인물평, 회고 및 수기, 문예물 등으로 나뉜다. 결국 문예물을 제외하면 모두 현직 기자들을 위한 내용인 셈이어서 《철필》은 신문(언론)에 대한 이론서인 동시에 언론 종사자와 일반대중을 위한 교양서라고 할 수 있다.

특히 신문기자(언론인)로서의 자세를 강조하는 글이 많이 실렸는데, 창간호부터 《조선일보》 안재홍(安在鴻, 1891~1965)의 「기자도덕에 대하야」라는 글이 실린 것이 대표적이다. 이 글에서 안재홍은 "항상 독서하고 사고·관찰·비판을 게을리함이 없"어야 할 것, "문장에 있어 정확을 기하도록 부단의 노력"을 기울일 것과 함께, "3년의 노력 혹 성장으로 기자로 된 후 문득 권태태만에 흐르는 조숙적 과오"를 절대 경계하라고 주문하고 있다.

그밖에 예비 신문기자들을 위한 각 신문사 기자들의 조언도 주목할 만하다. 《철필》 편집진은 '신문기자 양성에 대하여'라는 주제로 원고를 모았는데, 여기서 《동아일보》 주요한(朱曜翰)은 "조선의 신문은 일종의 계급신문"이라며 "따라서 조선의 신문기자는 그 특수임무를 이해하고 그를 다하는 사람이 아니면 안 된다"고 조언한다. 아울러 "그러한 특수기술의 습득은 오직 재능과 실습에 의할밖에 없다"며 "실습은 조선의 기자를 양성하는 데 유일의 길일 뿐 아니라 어느 나라의 기자를 양성하는 데도 유일의 길"이라고 말한다. 《동아일보》 이광수(李光秀)는 천품(천성)의 중요성을 강조하면서 기자 양성에 필요한 13가지 자질을 거론한다. 곧 "첫째는 신문을 사랑하고 좋아하는 것, 둘째는 사건진상을 탐구하는 데 흥미를 가지는 것, 셋째는 보도욕이 있는 것, 넷째는 비평벽(습관)이 있는 것. 다섯째는 자기개인의 일보다도 매양 국가사회를 염두에 두는 성미"를 들고 있다. 아울러 "용모나 신어나 행동이 접하는 사람에게 호감을 주게 생긴 것도 중요한 천품"이라고 말한다. 그밖에 이광수는 '건강', '신용', '비밀', '문장', '주·색·금(金)' 등을 자질 혹은 경계해야 할 일로 꼽는다.

그밖에도 창간호에는 「대기자와 명예기자론」(민태원), 「신문법률 강석(講釋)」(양윤식), 「신문기자 양성에 대한 의견」, 「특종이란 무엇인가」 등의 글이 실려 있다.

제2호(1930년 8월)에서는 특집으로 「각 사 편집인의 필법 대 공개」를 마련하여 각 신문의 제작 방침을 다루었다. 제3호(1930년 9월)에서는 「신문제작과 조선문학」(주요한)을 비롯하여 「뉴육(紐育) 타임쓰 심방기」(이정섭), 「쏘휘엣트 로서아의 붉은 신문」(이세용) 등의 글이 실려 있다. 종간호가 된 제4호(1931년 2월)에서는 「신문도 상품, 이원론적 본질시의 오류」(설의식)라는

글과 함께 우리나라 최초로 독일에서 신문학을 연구하여 박사학위를 받은 김현준의 「독일급 영국 신문계 순방 인상기」가 이채롭다.[181]

4) 편집 특성

창간호 판형은 5×7판 크기에 앞뒤 광고면을 제외하고 본문만 90쪽 분량으로 발행되었으며, 1부의 가격은 25전이었다. 표지를 보면 모두 문자로만 구성되어 있는데, 맨 위에 붉은색 한자로 '신문평론'이란 표기와 함께 그 아래에 제호 '철필'이란 검정글자가 왼쪽에서 오른쪽으로 매우 크게 배치되어 있다. 그 아래쪽으로 '창간 7월호'라는 글자가 세로로 검정바탕에 백자(白字)로 처리되어 있고, 맨 아래에는 발행년도를 뜻하는 '1930'이 표기되어 있다. 신문평론지를 표방한 잡지답게 《조선일보》와 《중외일보》의 광고가 실려 있는데, 어떤 연유인지 《동아일보》의 광고는 보이지 않는다.

5) 창간 의의

《철필》은 일제강점기에 나온 언론 전문잡지로서는 가장 긴 발행실적을 보였고, 그 내용 또한 이론과 실무문제를 주로 취급한 수준 높은 전문지였다는 점에서 높이 평가할 수 있다.[182] 무엇보다도 당대 신문인(언론인)을 위한 이론서이자 교양서라는 점에서 그 의미가 크다. 나아가 "특수상황과 상품화의 모순에서 고뇌하는 유약한 지식인이자 현실 순응자인 기자 자신들에 대한 자기 비판서이기도 했다"[183]는 점에서도 주목할 만하다. 특히 신문론과 기자론에서 이러한 모습이 두드러진다. 신문론에서는 자본주의의 세계적 전개 속에서 조선의 신문들도 자본주의적 상품화가 가속화되고 있음을 비판한다. 하지만 신문의 영리성보다는 공공성이 더 강조되어야 하고, 신문의 상품화 속에서도 민중적 표현기관으로서 신문의 역할을 강조하기도 한다. 기자론에서는 식민지 시대상황 속에서 민족적 과제를 논하는 지사적 기자의 기풍과 선구적 직임(職任)이 강조되는 한편, 무관의 제왕도 아니고 사회의 목탁도 아닌 문필(文筆) 노동자로서의 자각이 요구되기도 한다. 그리고 민족적 의식을 억누르고 기능적 전문직화한 경향을 비판하지만, 이내 기자의 전문성을 요구하고 이를 위한 자질들을 제시하고 있다.

---

181 정진석(1992), 「〈철필〉에 대해서」, 『鐵筆(1930~1931)』(한국언론전문지 총서1), 관훈클럽신영연구기금, pp.v~vi.

182 정진석(1992), 앞의 글, p.vi.

183 김은규(2017), 앞의 논문, p.78.

이 같은 《철필》의 편집방침과 기사 내용은 오늘날의 언론계에도 시사하는 바가 크다는 점에서 근대 초창기 언론인들이 남긴 값진 성과라고 할 수 있다.[184]

〈참고〉《철필》에 실린 우리나라 최초의 기자시험 문제[185]

《조선일보》는 1930년 당시 조선 언론사 최초로 기자시험을 치렀다. 기자와 사원을 따로 뽑았고 총 9명을 채용하는 데 100명의 응시생이 모였다. 《철필》에 따르면 이전까지 기자는 언론사 간부나 기자들이 알음알음해서 뽑았다.

《철필》은 "금년에 일으러 조선일보에서 처음 대규모로 사원시험모집을 하얏습니다"라며 "이 문제에 잇서서는 지금 동업자간에 이와가티 시험채용을 하는 편이 낫겟느냐 종래대로 하는 편이 낫겟느냐하야 의론이 불일한 경향도 잇습니다만은 그것은 장차목견할 것임으로 긴말이 필요치 안다"고 말했다. 다만 "이 첫시험은 시험채용의 문제가 무엇이든가 함에는 누구나 궁금히 역일 것이며 더구나 우리 동직자나 또는 사직을 희망하는 미래의 동직자도 다 대한 흥미와 호기심으로 대할줄 밋습니다", "그래서 여긔에 그 문제를 실음니다"라며 《조선일보》의 시험문제는 싣는 이유를 말했다.

그때의 '언론고시'는 어땠을까? 당시 시험문제는 아래와 같다.(단어 열거 중 인쇄상태로 인해 해석할 수 없는 문제는 제외)

1. 기자시험 문제

(가) 나는 왜 신문기자가 되랴는가(논문)

(나) 종로종각에 불이낫다면 엇더케 무엇을 조사보도할가(기사문)

(다) 좌기단어를 간단히 해설하라

데몬스테레슌, 조광조, 린드빽, 벨사유, 불복종운동, 모라토리엄, 정당방위, 리오데자러로,

---

184 《철필》 이외에도 1928년 7월 조선신문연구협회에서 발행한 《신문연구》, 같은 해 9월 일반대중을 대상으로 발행된 《신문춘추》, 1933년 12월 발행된 《호외》, 1935년 9월 발행된 《쩌날리즘》 등의 신문평론 잡지가 있었다. 자세한 내용은 김은규(2019), 「1920/30년대 신문평론 잡지의 발행 배경과 지향점에 대한 고찰」, 《정치커뮤니케이션연구》 통권 54호, 한국정치커뮤니케이션학회 참조.

185 정상근 기자(2016), 1930년대 기자도 "월급이나 받겠다면 하기 힘든 일", [한국 언론비평의 기원을 찾아서(중)] '철필', 기자들을 위한 저널리즘 전문지…이광수 "기자에게는 천품(天稟)이 있다, 미디어오늘(http://www.mediatoday.co.kr), 2016.05.22.

푸리모, 리벨라, 청당운동, 완전보장, 상가부선운동, 장중정, 코스모폴리탄, 스튐손, 스탈린

2. 사원시험 문제

(가) 나는 왜 신문사원이 되랴는가(논문)

(나) 조선부와 한구의 명칭과 주요무역품을 표시하라

(다) 조선직물수입액과 미곡수출액의 개액이 얼마이냐

(라) 좌의 언어를 간단히 해설하라.

데몬스트레슌, 산업합리화, 텔레비전, 순위체, 락도겐, 모라토리엄, 리지날, 상업수형, 트러시트도가, 스노덴, 북포, 합명회사, 몰간, 크레딋트, 만제스트, 항커우, 코스모폴리탄

1) 창간 배경

《혜성》은 《개벽》의 강제 폐간 이후 개벽사가 발행한 두 번째 시사종합지로서 1931년 3월 1일에 창간되어 1932년 4월까지 통권 13호가 발행되었다. 그 이후 좀 더 대중적인 교양물을 추구하는 방향으로 잡지의 편집체제가 일신되어 《제일선》이란 제호 아래 발행이 이어졌다. 개벽사에서는 1920년대의 대표적 종합잡지였던 《개벽》의 뒤를 이어 오락적 성격이 강한 종합잡지 《별건곤(別乾坤)》을 발행하였고, 이어 《혜성》을 발행하였다. '혜성'이란 제호는 개벽사 사원회(社員會)에서 결정되었다고 한다. 창간호의 「권두언」에서 "선각적 인텔리겐챠의 동무가 되기를 기하며 그 기대에 어그러짐이 없을 것을 맹세한다"고 밝힘으로써 《개벽》의 독자층을 다시 확보할 수 있기를 기대한 것으로 보인다. 하지만 《혜성》의 경우도 일제의 검열을 피할 수 없었는데, 제5호의 경우는 상당수 원고가 삭제당하면서 부득이하게 합병호를 발행해야 했고, 제7호도 상당수가 삭제당하여 추가원고 마련에 어려움을 겪어야 했다.

이처럼 《혜성》은 《개벽》 폐간 후 5년 만에 등장한 개벽사의 두 번째 시사종합지로서 제2의 《개벽》 시대를 기대했지만 《혜성》은 개벽사의 기대만큼 시사종합지로서 제 역할을 다하지는 못했다. 통권 72호를 낸 후 조선총독부에 의해 강제 폐간되었던 《개벽》과 달리 《혜성》은 통권 13호 발행 후 개벽사 스스로 폐간하고 말았다.

2) 관련 인물

창간호 간기면을 보면 편집 겸 발행인은 차상찬(車相瓚). 인쇄인은 개벽사 동인이었던 이학중(李學仲), 발행소는 개벽사로 표기되어 있다. 잡지 말미에 나오는 「혜성여적(彗星餘滴)」을 살펴보면 실제 편집 작업에는 차상찬과 함께 박로아, 채만식(蔡萬植, 1902~1950) 등이 참여했으며, 특히 채만식의 참여도가 높았던 것으로 보인다.

3) 주요 내용

《혜성》 창간호에서 개벽사는 이 잡지가 "핼리 혜성과 같이 지구를 깨뜨리지는 않지마는 당당한 언론의 권위로 이 세상에 완고몽매하고 부패추악한 사람의 두뇌를 깨뜨려서 일신한 새 사람, 새 사회를 만드는 데는 핼리 혜성보다도 더 위대한 힘이 있을 줄로 믿는다."고 밝히고 있다. 곧 《혜성》이 제2의 《개벽》으로 거듭나기를 기대하면서 그 기대감을 창간사에서 다음과 같이 부연하고 있다.(현대어 표기로 고침)

현실에서 구형(俱形)된 대세가 다시 현실을 지배하며 배태기에 있는 의식을 선각자의 의식적 노력으로써 가속도적으로 환기할 수 있음은 역사에서 배운 바이다. 조선과 같은 예의 시대에 처한 선각적 인텔리겐치아의 임무가 이에서 유의하여지는 것이다. 오인(吾人)은 이 《혜성》지를 창간함에 있어 앞으로 이 선각적 인텔리겐치아의 동무가 되기를 기하며 그 기대에 어그러짐이 없을 것을 맹세한다.

이러한 취지 아래 개벽사는 《개벽》의 영광을 재현하기 위해 《혜성》의 정론적(政論的) 성격을 한껏 강화하고자 했다. 그 결과 《개벽》에서 문예물의 비중은 1/3 이상이었던 반면, 《혜성》에서 문예물의 비중은 그 절반 수준으로 떨어졌다. 개벽사는 그만큼 《혜성》에 시사·정치와 관련된 평론, 논설 등을 게재하는 데 치중했다. 예컨대 창간호에서 개벽사는 "민족적 협동조직의 필요와 가능 여하", "세계의 고민상", "여권 신장과 조선 내 실제"와 같은 주제 아래 박희도, 송진우, 이량, 김경재, 정칠성, 김원주 등과 같이 사회 각계각층을 대표하는 인사들의 평론을 전면에 배치하며 시사종합지로서의 앞날을 상징적으로 보여주고자 했다. 또한 개벽사는 "혜성논단"을 상시 운영하고, 정치·경제·시사와 관련된 특집논문을 지속적으로 수록했다.[186] 창간호에는 이광수(李光洙) · 김억(金億)의 시와 김동인(金東仁)의 소설, 그리고 박문희(朴文熹) · 김창식(金昌植) · 조영근(趙英根) · 이선근(李瑄根) · 함상훈(咸尚勳) 등의 논문이 실려 있다.

이처럼 《혜성》의 내용 구성에 있어 문예물의 비중은 줄어들었지만, 그렇다고 해서 문예물을 소홀하게 다룬 것은 아니었다. 「어머니와 딸」(강경애), 「추억의 더듬길」(김동인), 「결혼의 악마성」(이태준), 「창백한 얼굴들」(채만식) 등의 소설작품을 비롯하여 「기의(寄衣)」(김억), 「봄날의 농촌 스케치」(박로아), 「삼월의 노래」(이광수), 「밤의 카페」(이일) 등의 시작품, 그리고 「우는 아내와 웃는 남편」(김영팔), 「두부」(채만식) 등의 희곡작품이 실렸고, 문학평론에서는 김진섭과 백철 등이 두드러지게 활동함으로써 우리 근대문학 정착에도 기여했다.

4) 편집 특성

창간호는 5×7판 크기에 156쪽 분량으로 발행되었다. 표지를 보면 나침반의 형상이 표지 전체를 차지함으로써 이 잡지가 일종의 문화적 방향성을 제시하고자 한다는 점을 상징적으로 보여주고 있다.

5) 창간 의의

《혜성》의 집필진은 주로 부르주아 민족주의 우파 계열의 인사들로서 상당히 다양한 필진들이 활약하였다. 특히 《혜성》은 정세상 중요한 문제에 대해서는 우파의 주요인사를 총망라하여 그 의견을 개진할 수 있는 지면을 제공하였다. 예를 들어, 창간호에서는 "민족적 대협동기관의 필요의 유무와 그 가능성 여하"에 대한 우파 인사들의 다양한 의견을 살필 수 있는 기회를 제공하고 있다. 제4호에서는 "신간회 해소와 조선운동의 금후"에 대해, 제7호에서는 "언론 · 출판 · 집회 · 결사 자유획득운동의 구체안"에 대해, 제11호에서는 "내가 만일 일국의 전권으로 군축회의에 참석한다면"에 대해 여러 우파 인사들의 견해를 묻고 있다.

《혜성》의 또 하나 특징은 우파의 대표적 인물에 대한 다양한 정보를 제공하고 있다는 점이다. 천도교 신파를 대표하는 최린(崔麟)의 경우는 제1호와 제3호까지 총 3회에 걸쳐 그의 동정과 인물평이 실려 있다. 또한 송진우, 윤치호, 한용운, 조만식, 김찬, 신흥우 등에 대한 인물평이 매호에 실려 있다. 그리고 제6호에는 「조선각계인물총평」을 통해 당시 주요인사에

---

186 국립중앙도서관 편(2017), 『한국근대문학해제집Ⅲ-문학잡지(1927~1943)』, pp.21~22.

대한 인물평이 망라되어 있다. 또한 「내가 본 내 얼굴」(제3호), 「조선인물별명대사전」(제12호) 등을 통해서는 좀 더 친밀하게 지명도가 높은 인사에게 다가갈 수 있는 기회를 제공하고 있다. 이외에도 《혜성》은 한말의 정치사에 대해 많은 지면을 할애하였다. 「조선근대암살사」, 「근대조선정당사」 등의 제목으로 당시 정치사를 재조명한 연재물들이 꾸준히 실렸다.

또한, 《혜성》이 세인의 주목을 일제히 끌었던 사건이 있었는데, 당시 재판(再版)과 절판(絶版)을 거듭하던 좌파잡지인 《비판(批判)》과의 논쟁이었다. 진영철(陳榮喆)이 《혜성》 제7호에 실은 「조선운동의 신전망」이라는 글이 《비판》 필진에 의해 공격을 받게 되고 여기에 진영철이 반박문을 다시 《혜성》에 게재함으로써 비판과 반비판이 계속되었던 것이다. 해를 넘기면서 계속된 이 논쟁은 독자를 감소시키는 요인의 하나로 작용하면서 《혜성》의 운명에 적지 않은 영향을 미친 것으로 평가되고 있다.[187] 어쨌든 《혜성》은 《개벽》의 위상을 회복하고, 긴급한 국내의 정세 속에서 민족운동과 더불어 문화운동까지 추진하고자 했으나, 갑작스런 폐간으로 인해 모든 목표가 사그러들고 말았다.

187 한국사데이터베이스시스템 해제 [혜성]

1) 창간 배경

《비판》은 1931년 5월 1일에 창간되어 1940년 3월까지 통권 63호가 발행된 사회주의 계열의 시사종합지이다. 《비판》은 1920년대 후반기의 유력한 시사종합지이자 조선공산당의 기관지였던 《조선지광》 이후 가장 오랫동안 발행되었던 사회주의 경향의 시사종합지로서 발행인 송봉우(宋奉瑀, 생몰년대 미상)[188]는 1926년 제1차 조선공산당 사건에 연루되어 1928년 2

188　일제강점기 제1차 조선공산당검거사건, 군관학교학생파견사건 등과 관련된 사회주의운동가. 일명 송덕만(宋德滿). 경상남도 하동 출신. 초등학교를 졸업하고, 서울 중앙고등보통학교를 다니다 3학년 때 중퇴하였다. 경성기독교청년회에서 1년 동안 영어를 학습하였다. 동경에 있는 세이소쿠[正則] 영어학교, 니혼[日本] 대학 전문부 사회과를 다니며 법률, 경제 등을 배웠다. 1920년 1월에는 조선인고학생동우회 결성에 참여하였다. 1922년 일본노동총동맹 주최의 메이데이에 흑도회 간부로 참가, 백무(白武)와 함께 연설하여 청중의 갈채를 받았다. 1922년 12월 대판조선노동동맹회 창립 때 주도적인 역할을 하였다. 1923년 1월 북성회 집행위원이 되었고, 8월에는 북성회 순회강연단의 일원으로 국내로 들어와 각지에서 강연을 하였다. 이듬해 3월에는 신흥청년동맹이 주최한 '청년문제 대강연'에 연사로 참여하였다. 1924년 4월 조선청년총동맹 창립총회에 재일본 무산청년회 대표로 참석해 중앙집행위원으로 선출되었다. 북성회 기관지 《척후대》에 「조선 무산 청년운동의 방향 전환을 논함」(1924.6.), 「연령제한론-25세를 주창」(1924.7.)을 기고하였다. 11월 북풍회 결성에 참여하여 집행위원이 되었고, 12월에는 경성청년회를 조직, 집행위원으로 선출되었다. 1925년 4월 서울에서 개최된 전조선기자대회에 참석했으며, 조선공산당 창립대회에도 참석하여 중앙검사위원으로 선출되었다. 11월 당내에서 북풍회의 종파 활동에 가담했다는 이유

월에 2년 6개월의 징역형을 선고 받았던 인물로 출옥하자마자 창간한 잡지가 바로 《비판》이었다.

2) 관련 인물

창간호 간기면을 보면 편집 겸 발행인 송봉우, 인쇄인 이근택(李根澤), 인쇄소 평화당(平和堂), 발행소 비판사(批判社)로 표기되어 있다.

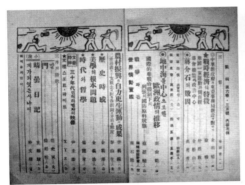

3) 주요 내용

《비판》은 먼저 창간사를 통해 다음과 같이 정론 지향적인 편집방침을 밝히고 있다.(현대어 표기로 고침)

로 정권 처분을 받기도 하였다. 1926년 1월 '제1차 조선공산당검거사건'에 연루되어 1928년 2월 경성지법에서 징역 2년 6월을 선고받았다. 출옥 후 잡지 『비판』 발행을 주관하였다. 1934년 7월 '군관학교학생파견사건'에 연루되어 한때 일본 경찰에 체포되었다. 한국민족문화대백과사전 [송봉우]

이론을 심화하며 그 모순을 제거하며 운동의 귀추를 확립하며 당면한 혼란을 숙청하는 것은 오직 자기 자신의 과거, 현재, 장래에 대한 통렬한, 가차 없는 비판만이 능히 할 수 있는 것이 아닐까. 비판에 의하여서만 우리는 세계의 추향(趨向)을 그의 현상 상태에 의하여서가 아니라 그의 본질적 발전과정에서 파악할 수 있고 비판에 의하여서만 우리는 우리의 진로를 또한 정당히 규정할 수 있는 것이다. 비판은 가장 급박한 정세 밑에서도 오히려 잊어서는 안 될 것이다.

이러한 《비판》의 편집방침은 창간호에서부터 상설되어 사회적 이슈에 관한 논평을 제공했던 "비판의 비판"이라는 고정란이 잘 보여준다. 이 같은 편집방침에 대해 독자들의 불만이 제기된 데 대해 편집진은 제8호 「편집후기」에서 "《비판》이 딱딱하고 쌀쌀하니 좀 부드럽고 야릇하게 하여 달라는 지사도 있고 독자도 있으나 야릇함과 부드러움으로써 비판의 생명을 창달시키고자 하는 것이 아니라 딱딱하고 쌀쌀한 것으로써 걸음걸음 나가려 합니다. 속된 활자는 우리는 배척합니다."라고 하여 편집방침을 수정할 의사가 없음을 분명하게 밝히고 있다.

하지만 비판사는 창간 5주년 기념호인 1937년 5월호 무렵부터 정론지향적인 편집방침에 근본적인 변화를 주려고 했다. "항상 말썽 많은 '딱딱함', '난해함'을 버리고 대중화의 편집을 단행"하고자 했다. 그 결과 《비판》에는 예술과 스포츠, 영화와 연극, 문학계의 이슈를 다루는 문화월보나 문화뉴스 등의 란이 신설되었다. 문예물의 비중도 더 증대되었다. 이런 변화 덕분인지 《비판》의 발행부수는 그 이전보다 늘어났다. 하지만 비판사는 《비판》의 그러한 변모가 사회주의자들의 전향과 다를 바 없다든가, 좌익 상업주의라고 몰아세웠던 여론의 질타를 감내해야 했다.[189]

4) 편집 특성

창간호 판형은 5×7판 크기에 156쪽 분량으로 발행되었다. 정가는 20전이었다. 표지 디자인을 보면 제호 '批判'이란 글자가 상단을 가득 채우고 있고, 그 아래 영문 표기 'THE CRITICISM'이 배치되어 있다.

---

189 국립중앙도서관 편(2017), 앞의 자료, p.25.

5) 창간 의의

《비판》은 우선 편집방침에서 밝히고 있는 것처럼 사회주의적인 비판 중심의 잡지로서 폭로 위주의 비판성 기사가 많이 실렸지만 문예물 게재에도 관심이 많았고, 일제 말엽이었음에도 친일적인 색채가 그리 많지 않은 점을 특징으로 들 수 있다.[190]

특히, 비슷한 시기에 발행되었던 《신동아》나 《삼천리》와 다르게 유독 《비판》에서만 '문예시평(文藝時評)'이 지속되었다는 점도 특기할 만하다. 물론 다른 종합잡지들에서도 문예시평과 같은 문학평론들이 없지 않았지만 그것들은 주로 신년호나 송년호의 일회적인 특집기사로 다루었을 뿐이다. 요컨대 《비판》은 정론지향적인 편집방침에 맞추어 비판적인 언어를 통해 당대의 문학을 계도하고자 했고, 그를 통해 대중으로부터 문학적 권위를 승인받고자 했다. 《비판》에서 활약한 주요 평론가는 안함광, 윤곤강, 임화, 한효, 홍효민 등이었다. 문학평론 이외에 이 잡지에 실린 주요 문학작품으로는 「회색에 물들여진 정서」(김해강), 「결빙기」(이찬), 「별들이 합창하는 밤」(임화) 등의 시작품과 함께 「총동원」(이적효), 「차용증서」(안회남), 「연돌남(煙突男)」(이북명), 「미담」(김남천) 등의 소설이 있다. 이처럼 《비판》은 1920년대에 정론(政論)을 주도했던 《개벽》과 《조선지광》을 계승하고자 했지만, 점점 강화되었던 일제의 검열과 대중문화의 분위기 속에서 그것들만큼 날카로운 필봉을 보여주지는 못했다.[191]

---

190 한국민족문화대백과사전 [비판]
191 국립중앙도서관 편(2017), 앞의 자료, p.26.

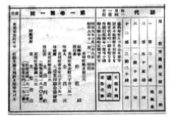

1) 창간 배경

《문예월간》은 1931년 11월 1일 창간된 종합문예지이다. 월간 발행으로 기획되어 1931년 12월 1일에 2호, 1932년 1월 1일에 3호가 발간되었으나 1932년 3월 1일에 발간된 통권 4호를 끝으로 종간되었다. 창간호 편집후기에 따르면 "내외 문예동향의 신속한 보도와 비판, 일상생활과 문예와의 접근, 고상한 취미의 함양"을 표방하고 있으며, 또 창간사에서 "어서 바삐 어깨를 세계 수준에 겨루어보지 않으려는가?…… 남 부끄럽지 않은 우리다운 문학을 가지기에 노력하자. 그리하여 세계문학의 조류 속에 들어가 서자."고 한 것으로 미루어, 우리 문학을 정리하여 세계문학의 수준에 올려놓겠다는 것이 편집의도임을 알 수 있다.[192]

2) 관련 인물

창간호 간기면을 보면 편집 겸 발행인은 박용철(朴龍喆)이고 인쇄인은 김창여(金,昌 呂), 인쇄소는 대성당인쇄합자회사(大成堂印刷合資會社), 발행소는 경성부 견지동 26으로 주소지가 나와 있는 문예월간사(文藝月刊社)이다. 편집 겸 발행인은 박용철이었지만, 실제로 편집은 이하윤

192　한국민족문화대백과사전 [문예월간]

(異河潤, 1906~1974)[193]이 담당했다. 창간사와 편집후기도 이하윤이 썼다. 창간호의 주요 필진
은 김진섭(金晉燮), 박용철, 이헌구(李軒求), 함대훈, 이하윤 등 해외문학파였으며, 그밖에《시문
학》에도 작품을 실었던 허보, 김현구 등과 이은상, 유진오 등이 필진으로 참여했다.

3) 주요 내용

창간호에는 김진섭의 「문학의 진보·퇴보」, 박용철의 「효과주의적 비평논강」, 함일돈의

---

193 호는 연포(蓮圃). 강원도 이천(伊川) 출신. 1918년 이천공립보통학교, 1923년 경성 제1고등보통
학교를 수료하고 일본에 유학하여 1926년 도쿄 호세이[法廷] 대학 예과, 1929년 법문학부 문학
과를 수료하였다. 전공은 영문학이나 대학 재학 중에 프랑스어·이탈리아어·독일어를 배우기도
하였다. 1929년 학업을 마치고 귀국한 뒤에는 경성여자미술학교(1929~1930)·동구여자상업학
교(1942~1945)에서 교편을 잡았고, 《중외일보》(1930~1932)·《동아일보》(1937~1940) 기자
생활을 하기도 하였다. 광복 직후에는 좌익의 프로문학에 대항하여 중앙문화협회를 창설하여 상
무위원을 역임하였다. 혜화전문학교(1945), 동국대학교·성균관대학교(1947~1950) 교수를 거쳐
1949년부터 서울대학교 교수로 재직하다가 1973년 정년퇴직하였다. 퇴직 후 덕성여자대학교 교
수 겸 교양학부장으로 있다가 작고하였다. 〈중략〉 문학 활동은 1926년 《시대일보》에 시 「잃어버
린 무덤」을 처음 발표하면서부터 시작되었고 1926년 《해외문학》 동인 및 1930년 《시문학》 동인
으로 참가하면서 본격적으로 전개되었다. 1931년 《극예술》 동인, 1932년 《문학》 동인으로도 활
약하였다. 그의 시는 대체로 애조를 띤 민요조의 서정시가 그 주류를 이루고 있다. 그러나 1939
년에 발간된 그의 첫 시집 『물레방아』는 시상이나 리듬의 단조로움으로 인하여 큰 반향을 불러
일으키지 못한 채 같은 서정시 계열의 시인인 김소월이나 김영랑의 그늘에 묻혀버린 느낌을 준
다. 따라서 그의 문학사적 공헌은 창작시보다는 외국시의 번역 소개에서 찾아야 할 것이니 역시
집 『실향(失香)의 화원(花園)』(1933)은 이 방면에서 1930년대 문학 활동을 대표하는 업적이라
할 수 있다. 그밖에도 『불란서시선』(1954) 등 역시집과 『현대서정시선』(1939)·『현대국문학정수』
(1946)·『현대한국시집』(1955) 등의 편저가 있다. 한국민족문화대백과사전 [이하윤]

「9월 창작평」 등의 평론이 실렸으며, 해외문학파가 중심이 된 문예지인 만큼 조희순의 「독일문단점묘」, 이헌구의 「불우의 여시인 데보르드·빨모-르」, 함대훈의 「로서아혁명과 여간첩」 등 세계문학의 동향을 알 수 있는 풍성한 읽을거리가 수록되었다. 창작으로는 박용철의 「고향」, 「어듸로」, 「시조육수」, 허보의 「표박의 제일일」, 「표박의 마음」, 김현구의 「풀우에 누어」 등의 창작시와 유진오의 「상해의 기억」, 홍일오의 「고우」 등의 단편소설이 실렸다. 그밖에 사로지니 나이두 원작을 이하윤이 번역한 「가을노래」, 딘세이니 원작을 장기제가 번역한 단막극 「황금운명」 등의 번역작품이 실렸다. 「투고규정」에는 평론, 취미, 연구, 소개, 수필, 취미, 잡문, 소설, 희곡, 실화, 시, 산문, 시조, 번역 등 광범위한 분야에서 원고를 받는다고 밝혀 놓았다.

제2호에서는 "시문학회 조직과 회원모집"이라는 제목 아래 《문예월간》이 "조선에서 순수 서정시의 정도를 발견"할 수 있는 본부임을 자부하며 시문학회를 만들어 1,000명 이내로 회원을 뽑을 계획임을 천명한 것이 눈에 띈다. 1차 회원인 정인보, 변영로, 김영랑, 김진섭, 정지용, 이하윤, 박용철, 장기제, 김현구, 허보, 신석정, 임춘길, 이선근, 함대훈, 서항석, 홍재범, 유치환, 유치진, 노진박, 이헌구 등은 《문예월간》이 시문학파와 해외문학파 중심이었음을 알게 해준다. 소설로는 홍일오의 「글공부」, 최독견의 「구흔」이 수록되었고, 희곡으로는 유치진의 대표작 「토막」 등이 실렸다. 시로는 정지용의 「아츰」, 유치환의 「정적」과 함께 이은상의 시조 「계룡산 까치」가 발표되었고, 박용철과 이하윤의 번역시가 실렸다. 그밖에 평론으로 유진오의 「문학과 성격」, 박용철의 「문예시평」이 실렸으며, 세계문학의 동향을 알 수 있는 글로 이헌구의 「불란서 문단종횡관」, 김진섭의 「오태리적 감정」, 조희순의 「슈니츨러-의 생애와 그 예술」이 게재되었다.

제3호에서는 「문예계에 대한 희망」이라는 설문이 실린 점이 특기할 만하다. 유진오, 정인섭, 박용철, 이하윤, 안석주, 홍종인, 심훈, 홍해성 등 문단, 화단, 음악, 영화, 연극계를 대표하는 예술인들이 설문에 답했다. 시로는 신석정의 「나의 꿈을 엿보시겟습니가?」, 정지용의 「소녀」, 「옵바가시고」, 황석우의 「소녀의 마음」, 「소녀의 혼」, 「꽃들의 눈물」, 박용철의 「시조오수」 등이 실렸으며, 소설로 홍일오의 「진맥」, 희곡으로 유치진의 「토막」 후편 등이 실렸다. 번역시와 외국문학 동향을 소개한 글, 「문인인상기」 같은 읽을거리도 수록되었다. 종합문예지에 걸맞게 부록으로 「문예가명록」과 「문예작품총람」을 실었다.

제4호는 괴테 특집호를 표방했다. 속표지에 「파우스트」 연극의 한 장면, 괴테의 사진 등을 실어놓았으며, 조희순의 「괴-테의 생애와 그 작품」, 김진섭의 「괴-테의 예술」, 서항석의

「괴-테의 시」 등의 평론과 「괴-테 격언집」 등이 실렸다. 또한 유진오, 김동환, 주요한, 이헌구, 김진섭, 이광수 등이 '괴-테와 나'라는 제목 아래 괴테 작품을 읽은 경험을 글로 썼다. 괴테의 시는 서항석과 박용철이 번역해 실었다.

4) 편집 특성

창간호는 5×7판 크기에 95쪽 분량으로 발행되었고, 정가는 20전이다.

한편, 이 잡지 창간호의 표지와 목차 그림은 1931년 동경미술학교 도안과를 졸업한 이순석(李順石, 1905~1986)이 그렸다. 이순석은 우리나라에서 최초로 응용미술 분야를 공부한 인물로서 북디자인을 미술의 한 분야로 정착시킨 공로가 크다. 1946년에는 서울대학교 미술대학 창설에 앞장서기도 했다.[194]

5) 창간 의의

《문예월간》은 1931년에 박용철이 우리 문학을 정리하여 세계문학 수준에 올려놓겠다는 포부로 창간한 잡지로서 구성원들이 이하윤·김진섭·이헌구를 비롯한 해외문학파들로 중심을 이루어서 그들의 역량이 주로 반영되었으며, 번역문학을 본격적으로 다루었다는 점이 특색이다. 또한, 시종일관 정치적 색채가 전혀 없는 순수문예지라는 점도 중요한 특징이다. 특히, 창간호의 창간사와 편집후기를 보면 세계문학의 일부로 우리 문학을 이해하는 시각이 드러나 있는데 "내외 문예동향의 신속한 보도와 비판"에 지면을 할애하고자 한 이유도 여기에 있었다. 그밖에 "일상생활과 문예와의 접근", "고상한 취미의 함양" 등을 추구하며 종합문예지의 위상에 어울리는 내용과 형식으로 잡지를 구성하고자 했다.

이처럼 《문예월간》은 《시문학》과 함께 박용철이 발행한 대표적인 잡지로 우리 문학사에서 중요한 역할을 한 것으로 평가된다. 특히 《문예월간》은 종합문예지를 표방한 만큼 《시문학》의 뒤를 이어 조선의 순수서정시의 본부를 자처한 데서 더 나아가 소설, 희곡, 평론, 번역물 등 다양한 문예작품을 싣고 해외문학의 동향을 알 수 있는 학술적 성격의 글도 실어 당대 문인들에게 많은 영향을 주었다.[195]

---

194 한국민족문화대백과사전[이순석]. 1931년 동경미술대학 도안과 졸업 후 귀국하여 가진 개인전은 우리나라 최초의 디자인전이며, 광복 후에는 석공예 창작에 전념하였다.
195 국립중앙도서관 편(2017), 앞의 자료, p.29.

1) 창간 배경

《신동아》는 동아일보사에서 발행한 시사종합지로서 1931년 11월 1일에 창간되어 1936년 9월까지 통권 59호가 발행되었다. 당시 사장이었던 송진우(宋鎭禹)의 창간사에 나타나 있는 것처럼 이 잡지는 "조선민족의 전도(前途)의 대경륜을 제시하는 전람회요, 토의장이요, 온양소(溫讓所)"임을 자처하였다. 또, 발행의 주지(主旨)는 "조선민중의 표현기관으로서의 자임, 민주주의의 지지, 문화주의의 제창"이었다. 이 잡지의 특색은 비교적 많은 지면(200~300면)에 다양한 집필진(500명 내외)을 동원하여 시의적절하게 특집호를 꾸며 내용이 풍부하다는 점에 있었다. 값도 30전에 불과하여 창간호는 2만 부가 매진되었고, 그 뒤에도 계속 1만 부 선을 유지하다가 1936년 9월 1일 이른바 '일장기말소사건'으로 인해 제6권 제6호(통권 59호)로 폐간되었다. 그 뒤 동아일보사에서는 1964년 8월에 창간 당시의 취지를 살려 9월호로 다시 복간한 바 있다.

2) 관련 인물

창간호 간기면을 보면 편집 겸 발행인은 당시 동아일보사의 영업국장이었던 양원모(梁源模), 인쇄인은 한동수(韓東洙), 주간은 주요섭(朱耀燮)이었다. 하지만 《신동아》의 잡지 편집을 실제로 주도했던 인물은 편집국장 대리였던 설의식(薛義植, 1900~1954)[196]과 주요섭이었다. 주요섭은 1933년 11월부터 1934년 8월까지 동아일보사에서 잡지부장으로 근무했다. 주요섭의 후임자인 최승만은 1934년 8월부터 1936년 9월까지 근무했다. 이들을 김자혜, 이은상, 고형곤, 최영수, 김원경, 황신덕 등의 기자들이 보조했다. 아울러 《신동아》는 1964년 9월호로 복간되어 오늘날까지 발행이 이어지고 있다. 1964년 8월 복간 당시의 발행인은 김상만(金相万), 편집인은 고재욱(高在旭), 주간은 천관우(千寬宇)였다.

3) 주요 내용

창간사를 통해 "조선민족 전도의 대경륜을 제시하는 전람회요, 토의장이요, 온양소를 자임했던 《신동아》는 1931년 11월부터 1936년 9월까지 만 5년간의 발행기간 동안 '망라주의'라는 편집방침 아래 간행되었다. 《신동아》의 편집진은 그와 같은 편집방침을 창간호 「편집후기」에서 다음과 같이 구체적으로 밝히고 있다.(현대어 표기로 고침)

우리는 이 잡지의 편집대강(編輯大綱)에 망라주의(網羅主義)를 취했습니다. 정치, 경제, 사회, 학술, 문예 등 각 방면을 통하여 시사, 평론으로부터 과학, 운동, 연예, 취미에 이르기까지 무엇이나 간에 우리의 지식과 문견(聞見)을 넓히고 실익과 취미를 도울 만한 것이면 모두 취하기로 하였습니다. 그래서 우리는 이 잡지 하나만으로도 방면이 각각 다른 여러 잡지를 대신할 수 있도록 하려고 합니다. 하나로써 여럿을 대신한다는 것이 완전할 까닭이 없겠습니다마는 노력 여하를 따라서는 어느 정도까지 가능할 일인 줄 생각합니다. 가난한 조선, 가난한 우리 독자층의 부담경감(負擔輕減)을 위하여 우리는 최선의 노력을 다하려는 것입니다.

---

196 호는 소오(小悟). 함경남도 단천 출신. 니혼대학(日本大學) 사학과를 졸업하고, 1922년 《동아일보》 사회부기자로 언론계에 들어가 주일특파원·편집국장 등을 지냈다. 1929년 주일특파원을 마치고 귀국하여 《동아일보》의 「횡설수설」 단평란을 집필했고, 1931년 잡지 《신동아》를 창간할 때에는 편집국장대리로 있으면서 제작을 총괄하였다. 그가 편집국장으로 있던 1936년 8월 《동아일보》와 그 자매지 《신동아》·《신가정》의 일장기 말소사건으로 신문사를 떠났다. 광복 후 《동아일보》가 복간되자 주필과 부사장을 지냈으며 1947년 순간(旬刊) 《새한민보》를 창간하였다. 저서로는 『해방이후』·『해방이전』·『화동시대(花洞時代)』·『금단(禁斷)의 자유』·『통일조국』·『치욕의 표정』·『역풍기(逆風期)의 진로』·『소오문장선(小悟文章選)』 등이 있다. 한국민족문화대백과사전 [설의식]

이러한 편집방침 아래 여러 종류의 기사들이 다른 잡지들에 비해 질서정연한 형식 속에서 《신동아》에 실렸다. 즉, 다양한 기사들이 시사, 스포츠, 연예, 문예 등 특정 주제별로 범주화되어 배치되었다는 점이 편집방식의 특징이다. 이러한 망라주의 편집방침은 기본적으로 잡지사들에 비해 자본 규모가 월등했던 동아일보사의 후원이 있었기 때문에 가능했다. 또한 신동아사는 동아일보사의 후원 덕분에 당시의 잡지사들이 흔히 겪었던 재정난도 없었고, 《동아일보》를 통해 광고도 자유롭게 할 수 있었다. 특히 동아일보사의 전국적 유통망을 그대로 활용할 수 있었던 이점도 갖고 있었다. 잡지의 콘텐츠 면에 있어서도 시의적인 정보의 수집에서부터 원고의 수합, 편집에 이르기까지 필요한 모든 것들을 동아일보사로부터 제공 받을 수 있었다. 그 결과 "전쟁시비특집"(통권 4호), "세계위기호"(30호), "극동문제특집"(38호), "입시문제특집"(54호) 등과 같은 특집호를 시의적절하게 발행할 수 있었다. 이 외에도 김억의 「눈 오는 밤」이나 김기림의 「봄은 전보도 안치고」, 「들은 우리를 부르오」와 같은 시나 이태준의 「아담의 후예」, 채만식의 「레디메이드 인생」, 한설야의 「임금(林檎)」 등의 소설처럼 한국문학사에서 중시하는 주요 작가들의 작품도 《신동아》에서 쉽게 찾아볼 수 있다.

4) 편집 특성

처음에는 4×6배판(B5판) 크기에 113쪽, 2호부터 200쪽 내외로 발행되다가 제6권 제4호 (통권 54호)부터 5×7판(A5판) 300쪽 내외로 증면하였다. 특별히 이 잡지에서 눈에 띄는 부분은 창간호 목차를 보면 확연해진다. '한눈'에 확인되는 목차 편제상의 특징은 다채로운 콘텐츠, 곧 '란(欄)'의 등장이다. '사진-만화, 과학란-연예란-스포츠란, 문예란-매호특별부록' 순으로 기사 제목들 위에 박스를 치고 항목명을 부기(付記)해 놓았다. 《신동아》 이전의 잡지들에서 '란'이나 '항목명'은 특집이나 문예 등에 한정되거나 시의적 필요에 따라 산발적으로 나

타나는 현상이었다. 따라서 이들의 동시 등장은 편집체계상 파격적인 일이었다.[197]

5) 창간 의의

《신동아》는 먼저 신문사에서 발행한 최초의 시사종합지이자 1930년대에 신문사의 본격적인 잡지시장 진출을 알린 잡지였다는 점에서 의미가 크다. 이 잡지가 출현한 직후부터 1930년대 내내 신문사의 잡지들이 잡지시장을 주도했는데, 당대의 그러한 현상은 가히 '신문잡지시대'라고 표현할 만했다. 곧 《신동아》는 신문잡지시대의 서막을 연 잡지였던 것이다. 이른바 '망라주의'를 선언하며 내용도 다양하게 꾸며 많은 독자를 확보함으로써 오늘날에도 국내 종합지로서는 최장의 발행 기록을 세우고 있는 중이다.

한편, 《신동아》에 관한 전문가들의 평가는 일면 엇갈리기도 한다. 예컨대, "이 잡지의 출현으로 이른바 '신문잡지시대'를 열게 되었는데, 정치 · 경제 · 사회 · 학술 · 문예 등 시사 · 평론에서부터 과학 · 운동 · 연예 · 취미에 이르기까지 지식과 견문을 넓히고 실익을 얻는 것이면 모두 취하였다. 시종일관된 이러한 방침은 장점인 동시에 때로는 불통일성 · 산만성 · 수박겉핥기식 천박성에 기울기도 한 결함도 있었다."[198]는 주장이 있는가 하면, "《신동아》는 한국잡지사에서 신문사의 잡지시대를 선도한 잡지로서 유의미한 시사종합지이다. 주로 정치와 문학에 무게중심이 쏠려 있었던 1920년대의 시사종합지와 다르게 신문사라는 거대한 자본력을 바탕으로 시사종합지의 종합성을 문자 그대로 구현해냈던 잡지이기도 했다. 요컨대 《신동아》는 한국 잡지사(雜誌史)에서 시사종합지의 수준을 한 단계 끌어올렸다는 점에서 주목되어야 할 잡지다."[199]라는 견해도 있다.

〈참고〉 일장기말소사건(日章旗抹消事件)[200]

1936년 8월 13일자 『조선중앙일보』 4면과 『동아일보』 지방판 조간 2면 및 1936년 8월 25일자 『동아일보』 2면에 베를린올림픽대회 마라톤 우승자 손기정(孫基禎)선수의 사진을 게

---

197 최수일(2016), 「1930년대 잡지 편집과 문학 독법-창간 『신동아』론」, 《민족문학사연구》 제60호, 민족문학사연구소, p.312.
198 한국민족문화대백과사전 [신동아]
199 국립중앙도서관 편(2017), 앞의 자료, p.32.
200 한국민족문화대백과사전 [일장기말소사건]

재하면서, 유니폼에 그려진 일장기를 없애버린 사건. 1936년 8월 독일 베를린에서 거행된 올림픽대회에 일본 대표단의 일원으로 소수의 우리 선수가 몇 개 종목에 참가하였다. 그리고 마라톤부문에서 손기정·남승룡(南昇龍) 두 선수가 우승후보로 지목되었다. 1935년 3월에 있었던 올림픽파견 마라톤예선대회에서 손기정은 2시간 26분 14초라는, 당시 세계기록 2시간 31분 37초보다 5분이나 앞서는 놀라운 기록을 세웠기 때문이다. 올림픽의 꽃이라는 마라톤 경기가 시작된 8월 9일 밤 11시(한국시간)에 한밤중임에도 불구하고 수많은 군중이 보도기관 앞에 모여들었다. 다음날 새벽에 손기정 선수가 우승하였다는 소식이 들려왔다. 손기정의 기록은 2시간 29분 19초 2로, 세계인류의 꿈인 2시간 30분의 벽을 깬 것이다. 당시의 민간지 『동아일보』·『조선일보』·『조선중앙일보』는 연일 대대적으로 손기정의 우승을 보도하였다. 그런데 『조선중앙일보』와 『동아일보』는 월계관을 쓴 손기정의 사진을 입수하여 각기 8월 13일자에 게재하면서 손기정의 유니폼 가슴에 그려져 있는 일장기를 지워서 실었는데, 이때까지는 큰 문제가 되지 않았다. 『동아일보』가 다시 8월 25일자 기사에서 손기정 유니폼의 일장기를 지워서 실었는데, 이것을 일본관헌이 발견하고 문제 삼는 사건이 발생하였다. 사진의 일부를 기술적으로 첨삭하는 일은 가끔 있어왔기 때문에, 눈에 거슬리는 일본 국기를 지워버리는 일에 『조선중앙일보』·『동아일보』 제작 당사자들은 서로서로 마음이 통한 것이었다.

일장기말소사건으로 『동아일보』는 8월 29일자로 무기정간 처분을 당하였고, 『조선중앙일보』는 9월 5일부로 자진해서 휴간하였다. 특히 1920년 4월 창간된 이래로 『동아일보』는 네 번째로 무기정간을 당한 것인데, 사진게재가 문제된 것은 처음이기도 하지만 세계언론사상 그 예가 드문 것이다. 이 사건으로 『동아일보』의 송진우(宋鎭禹) 사장·김준연(金俊淵) 주필·설의식(薛義植) 편집국장 등이 자리를 물러났다. 그리고 사회부의 현진건(玄鎭健) 부장과 이길용(李吉用)·장용서(張龍瑞), 조사부의 이상범(李象範) 화백, 사진부의 신낙균(申樂均)·백운선(白雲善)·서영호(徐永浩), 그리고 『동아일보』의 자매지인 월간 『신동아』에 전재한 책임으로 최승만(崔承萬) 잡지부장 등 8명의 사원이 구속되었다. 이들 구속자들은 40여 일의 고초를 겪은 끝에, ① 언론기관에 일절 참여하지 않을 것 ② 시말서를 쓸 것 ③ 다른 사건이 있을 때에는 가중처벌을 각오할 것 등의 서약서에 서명하고 풀려났다. 『동아일보』는 약 9개월간의 장기정간 후 1937년 6월 3일자로 속간되었다.

1) 창간 배경

《한글》은 1932년 5월 1일에 창간된 조선어학회 기관지이다. 1927년 2월에 나왔던 같은 이름의 잡지가 1928년 10월에 9호를 내고 종간했는데, 그로부터 4년 후 신명균(申明均, 1889~1941)[201]이 주선하여 중앙인서관(中央印書館) 주인인 이중건(李重乾)의 희생적 도움을 받아 다시 내게 된 것이다. 일제강점기 아래 우리말의 지킴이였던 《한글》은 1942년 5월에 93호를 내고 조선어학회사건으로 인하여 중단되었다가 해방 후에 속간되어 오늘날까지 발행되고 있다. 보다 자세한 배경을 살펴보면 다음과 같다.[202]

---

201 일제강점기 『조선어문법』, 『시조전집』, 『주시경집』, 『가사집』 등을 편찬한 교육자. 국어학자. 한성사범학교(漢城師範學校)를 졸업하였으며, 조선어강습원에서 김두봉(金斗奉)·이규영(李奎榮)·최현배(崔鉉培)·이병기(李秉岐) 등과 함께 주시경(周時經)으로부터 직접 가르침을 받았다. 동덕여학교(同德女學校)에서 오랫동안 교원으로 있었으며, 1921년 조선어연구회의 창립 동인으로 활동하였다. 동인지 『한글』의 편집 겸 발행인으로서 권덕규(權悳奎)·이병기·최현배·정열모(鄭烈模) 등과 함께 《한글》(1927.2.~1928.12.)을 펴내어 한글의 연구와 보급에 진력하였다. 1931년부터 조선어연구회를 모체로 하여 조선어학회가 발족되자 그 기간회원으로서 활약하였으며, 기관지인 《한글》(1932년 재창간) 등을 통하여 「한글맞춤법통일안」 제정사업에 앞장을 섰다. 한국민족문화대백과사전 [신명균]

202 국사편찬위원회 우리역사넷 [한글 보급운동-'한글' 창간사]

(오늘날의) 한글학회는 1908년 8월 '국어연구학회'에서 비롯되었다고 할 수 있다. 1911년 '배달말글몯음'으로, 1913년 '한글모'로 바뀌어 1917년까지 활동하다 중단되고 말았다. 4년 이 흐른 뒤에 1921년 12월 임경재(任璟宰, 1876~1955)·최두선(崔斗善, 1894~1974)·장지영 (張志暎, 1887~1976) 등이 서울의 휘문의숙에 모여 '조선어연구회'로 이름을 고쳐 재건하였다.

조선어연구회는 국어의 학문적 이론의 연구와 한글 보급을 위해 1927년 2월 동인지 형태 의《한글》잡지를 창간하였다. 당시 편집 겸 발행인은 신명균이며, 편집 동인은 권덕규(權悳 奎, 1890~1950)·김윤경(金允經, 1894~1969)·이병기(李秉岐, 1891~1968)· 이윤재(李允宰, 1888~1943)·정열모(鄭烈模, 1895~1968)·최현배(崔鉉培, 1894~1970) 등이었다.《한글》은 1928년 10월 통권 제9호로 일단 정간하였다가 1931년 1월 조선어연구회를 조선어학회로 개칭하면서 학술 기관지의 필요성을 느껴 1932년 5월 1일 다시 창간호로 출판한 이후 월간 또는 계간으로 발간하였다.

조선어학회는 단순한 학문 연구만 추구하지 않았다. 이를 주도한 인물들은 대개 주시경(周 時經, 1876~1914)의 제자로서 그의 정신과 학문을 이어받고자 한 것이다. 그들은 국어의 학 리를 연구하는 한편 말과 글을 통해 민족정신을 불러일으키고자 했다. 이는 조선어학회 주 관지《한글》창간호에 잘 드러나 있다. 이에 따르면 한글은 조선 민족의 글인 데다 쓰기 쉽 고 좋은 글자임에도 너무나 오랫동안 방치되어 왔기에 문법과 서법·글자가 정리되지 않아 이를 바로잡아야 할 필요가 있다고 밝히고 있다. 이후《한글》은 한글 보급 운동 및 한글 정 리 사업 등을 추진하였다.

그 뒤 1942년 10월 이른바 '조선어학회 사건'이 터져 학회 활동이 중단되고,《한글》역시 종간되었다. 해방 이후 조선어학회가 부활하고《한글》도 1946년 4월 속간되었지만, 6·25 전쟁으로 다시 중단되었다가 1954년 4월 속간되어 현재 계간으로 발행되고 있다.

2) 관련 인물

창간호 간기면에 따르면 편집 겸 발행인은 신명균, 발행소는 조선어학회(경성부 수표정 42), 총판 매소는 중앙인서관이다. 창간사「한글을 처음 내면서」는 조선어학회 이윤재(李允宰)[203]가 썼다.

---

203 일제강점기『성웅 이순신』,『문예독본』,『표준한글사전』등을 저술한 학자. 국어학자, 독립운동가, 사학가. 호는 환산(桓山)·한뫼. 경상남도 김해 출신. 김해공립보통학교를 졸업하고, 김해 합성학교 (合成學校)에서 교편을 잡은 뒤, 다시 대구 계성학교(啓聖學校)에서 수업하였다.1913년부터 마산 의 창신학교(昌信學校)·의신여학교(義信女學校)에서 교편을 잡다가 평안북도 영변의 숭덕학교(崇

3) 주요 내용

《한글》창간호 서두에 나오는 「한글을 처음 내면서」라는 글을 보면 당시로부터 4년 전 발간됐다 발행이 중단된, 주시경의 가르침을 받은 조선어강습원 출신이 주축이 된 동인지 《한글》(1927~1928)을 계승했다는 점과 함께 한글의 정리와 통일이라는 당면 목표 때문에 발행했음을 알 수 있다.

《한글》창간호에 실린 글과 글쓴이를 살펴보면 다음과 같다.

◇ 철자법에 대한 본지의 태도

- 「한글을 처음 내면서」(이윤재)

- 「조선어법의 초보」(최현배)

- 「철자법 통일문제를 앞에 놓고」(이당춘)

- 「우리 글씨는 한 끝으로 맞히자」(이만규)

- 「조선어 사전 편찬에 대하여」(이극로)

- 「피히테의 언어관(上)」(김선기)

- 「만일 신문 기사를 내가 쓴다면」(이갑)

- 「'傳言吐'와 日文 직역적 오류」(이호성)

德學校) 교사로 재직 중 3·1운동에 관련되어 평양 감옥에서 3년간 옥고를 치렀다. 1921년 중국에 건너가 북경대학 사학과에서 수학한 뒤 1924년 귀국하여 정주의 오산학교(五山學校)를 거쳐 협성(協成)·경신(儆新)·동덕(同德)·배재(培材)·중앙(中央) 등의 학교에서 교편을 잡았다. 1927년 계명구락부(啓明俱樂部)의 조선어사전 편찬위원이 되었고, 민족정신의 보전·계승을 위한 잡지 《한빛》을 편집, 발행하였다. 1929년 조선어연구회·조선어사전편찬위원회의 집행위원, 1930년 한글맞춤법통일안의 제정위원이 되어 국어통일운동의 중진으로 활동하기 시작하였다. 1931년 연희전문학교에서 강의를 맡았으며, 이해부터 4년간 여름마다 동아일보사·조선일보사 등에서 벌인 하기한글강습회 강연차 지방을 순회하였다. 1932년에는 조선어학회의 기관지 《한글》의 편집 및 발행 책임을 맡았으며, 1934년에는 진단학회(震檀學會)의 창립에 참여하였다. 이듬해 감리교신학교에서 강의를 맡았으며, 조선어표준어사정위원회의 사정위원이 되고, 1936년 조선어사전편찬위원회의 편찬전임집필위원이 되었다. 1937년 수양동우회사건(修養同友會事件)에 관련되어 서대문 감옥에서 약 1년반 옥고를 치른 뒤, 1939년 대동출판사(大同出版社)에 근무하였다. 1941년 기독신문사 주필로 일하면서 한글보급과 우리말사전 편찬에 주력하다가, 1942년 조선어학회사건으로 동지들과 함께 홍원경찰서에 붙잡혀 함흥형무소에서 복역 중 옥사하였다. 1947년 유고 『표준한글사전』(1953)이 간행되었다. 이는 조선어학회에서 발표한 「한글마춤법통일안」과 「사정한 조선어표준말모음」을 기준삼아 처음으로 엮은 것이다. 한국민족문화대백과사전 [이윤재]

- 「조선말의 새말」(한글쟁이)

- 「새 봄 (시조)」(가람)

- 「석가탑의 내력」(전설)

◇ 조선어학회 규칙

◇ 조선어학회 중요일지

◇ 회원 소식

이 중, 「조선말의 새말」(한글쟁이)은《한글》에 실린 글 중에서 최초의 말 다듬기(국어 순화) 관련 글이라는 의의가 있다. 잡지 뒷면 표지와 내지에는, 창간을 축하하는 기관 (《동아일보》, 《조선일보》, 《중앙일보》 등 일간지/《개벽》, 《삼천리》 등 잡지사/기독교조선감리회 총리원 교육국, 조선불교중앙교무원, 천도교회 정광조, 조선교육협회 등 종교 · 교육 단체) 명단이 소개되어 있다.

4) 편집 특성

창간호는 4×6배판 크기에 2단 가로짜기 편집 형식을 띠고 있으며, 모두 38쪽(표지 포함 40쪽) 분량으로 발행되었다. 제책방식은 당시 대부분의 잡지와 마찬가지로 철사매기이며, 가로짜기를 하였고 한글과 한자를 섞어 썼다. 표제 '한글'은 붓글씨인데 매헌(梅軒) 한충(韓沖)이 썼다. 한글 제호와 본문 가로짜기는 그 당시 파격적이며 진보적인 도서 편집방식이어서 눈길을 끈다.

5) 창간 의의

한글학회는 우리말의 보급과 연구 발전을 위해 기여한 중심 학술단체이다. 1908년 8월 31일 주시경 등이 창립한 국어연구학회를 모태로, 배달말글몯음(1911년 9월 3일 이름 변경), 한글모(이름 변경, 1913~1917), 조선어연구회(이름 교체, 1921년 재건), 조선어학회(1931년 총회 결의로 이름 변경)를 거쳐, 지금의 한글학회(1949년 정기총회 결의로 이름 변경)로 이어지고 있다. 특히 학회의 일제강점기의 활약은 그야말로 눈물겨운 것이었다. 바로 그 당시 조선어학회 동인들의 학회지가 바로 《한글》이었다는 점에서 그 의미는 매우 크다. 곧 《한글》 창간호의 제호 위에 '조선어학회잡지'라는 표기가 있으나 이는 잡지라기보다는 학회지라고 할 수 있겠다.

창간호에는 최현배, 이상춘, 이극로, 등 국어학 1세대라 할 수 있는 학자들의 연구논문이 즐비하다. 특히 1933년 조선어맞춤법 통일안을 앞두고 그 필요성과 중요성을 서로 주장하고 있다. 또한 이극로(李克魯, 1893~1978)[204]는 「조선어사전 편찬에 대하여」라는 글을 써서 사전 편찬의 중대성과 편찬 진행방식을 통해 조선어사전 편찬 작업이 진행 중임을 알렸는데 불행하게도 최초의 『조선어사전』은 문세영(文世榮)[205]이 먼저 내었고, 1942년 조선어학회 사건으

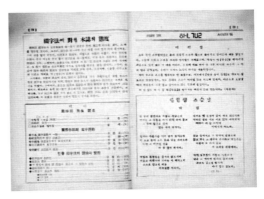

---

204 일제강점기 조선어사전 편찬 집행위원, 한글맞춤법 제정위원, 조선어 표준어 사정위원 등을 역임한 학자. 국어학자, 정치인. 경상남도 의령 출신. 호는 고루. 1920년 중국 상해 동제대학(同濟大學) 예과를 마치고 1927년 독일 베를린대학 철학부를 졸업하였다. 1929년 『조선어사전』(뒷날 조선어학회의 조선말큰사전) 편찬 집행위원, 1930년 한글맞춤법 제정위원, 1935년 조선어 표준어 사정위원, 1936년 조선어사전 편찬 전임위원 및 조선어학회 간사장을 지냈다. 1942년 10월 1일 '조선어학회사건'으로 검거되어 징역 6년을 선고받고 함흥형무소에서 복역하다가, 1945년 광복을 맞아 풀려났다. 1946년 건민회(建民會) 위원장을 지냈고, 1948년 4월 '남북 제정당·사회단체 연석회의' 참석차 평양에 갔다가 잔류하여 북한에서 활동하였다. 한국민족문화대백과사전 [이극로]
205 해방 이후 『최신판 표준국어사전』, 『중등조선어사전』, 『표준가나다사전』 등을 편찬한 사전편찬가. 호는 청람(靑嵐). 배재고등보통학교에서 교편을 잡았고, 6·25 때 행방불명되었다고 하나 자세한 생몰연대가 알려져 있지 않다. 1935년 조선어학회의 표준말 사정위원, 1936년 그 수정위원을 지냈다. 1938년 7월 최초의 뜻풀이(주석) 국어사전인 약 10만 어휘의 『조선어사전』을 이윤재(李允宰)의 지도와 한징(韓澄) 등의 도움으로 편찬하였다. 한국민족문화대백과사전 [문세영]

로 모두 투옥되어 무산되고 만다. 결국 해방 후 을유문화사에서 『조선어사전』세 책이 나왔다가 전쟁으로 인해 다시 중단된 후 1957년에야 전체 6권의 『조선어사전』이 간행되었다.[206]

〈참고〉《한글》 창간사 「한글을 처음 내면서」 원문

　오늘날 이 시대에 날로날로 진보발달하여가는 온갖 과학, 온갖 학술, 또 사회의 모든 문화로 우리의 일상생활에 이르러, 어느것 한가지 말과 글의 힘을 빌지 아니하고 된 것이 없다. 말과 글이 이러릇 우리 인생에게 잠시도 없지 못할 가장 귀중하고 요긴한 것이 된다 함은, 여기에서 새삼스리 떠들 필요가 없을 것이다. 그러므로, 어느 나라 사람이든지 각기 제 나라의 말과 글이 잇어, 모두 여기에 대하여 끔찍이 사랑을 주는 것이다.

　우리 조선민족에게는 좋은 말, 좋은 글이 잇다. 더욱이 우리 글 – 한글은 소리가 갖고, 모양이 곱고, 배우기 쉽고, 쓰기 편한 홀륭한 글이다. 우리는 여태까지 도리어 이것을 푸대접하고 진밟아버렷으므로, 매우 좋앗어야 할 한글이 지금에 이대도록 자저분하여, 아주 볼모양 없이 된 것이다. 한 사십여년 전에 우리 한힌샘 스승이 바른 길을 열어 주므로 부터, 그 뒤를 따르는 이가 적지 않았고, 또 이를 위하여 꾸준히 일하려는 이가 많이 일어나기에 이른 것은, 우리 한글의 앞 길을 위하여 크게 기뻐하는 바이다.

　우리가 우리 글을 잘 알자 하는 소리가 근년에 와서 더욱 높아간다. 우리는 하로바삐 묵정밭 같이 거칠은 우리 한글을 잘 다스리어, 옳고 바르고 깨끗하게 만들어놓지 아니하면 안될 것이다. 이 때문에 사년전에 몇분의 뜻 같은 이들끼리 '한글' 잡지를 내기 비롯하여 일년 남아나 하여오다가, 온갖 것이 다 침체되는 우리의 일인지라, 이것 마저 이어갈 힘이 모자라서, 지금까지 쉬게 된 것은 크게 유감되는 바이다. 우리는 이제 시대의 요구에 맞후며 본회의 사명을 다 하고저 하여 이 '한글' 잡지를 내게 된다. 이로써 우리 한글의 정리와 통일이 완성하는 지경에 이를 것을 믿는다. 무릇 조선 말을 하고, 조선 글을 쓰는 이로써. 누가 이에 공명하지 아니할 이 잇으랴. 오직 뜻을 같이하고 힘을 어우러 우리의 말과 글이 더욱 환한 빛을 내기로 하자. 이에 '한글'을 냄에 대하여 한 말을 하는 바이다.

《한글》, 1932年 5月 1日

206　문화재청(2010), 『근대문화유산 신문잡지분야 목록화 조사연구보고서』, 문화재청, p.280.

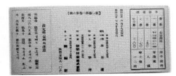

1) 창간 배경

1931년 5월 20일 개벽사에서 차상찬(車相瓚)이 종합지 《혜성》의 제호를 바꾸어 발행한 월간 종합잡지이다. 언론잡지 《개벽》이 일제의 탄압으로 폐간된 이후 개벽사는 그 뒤를 이어 취미잡지 《별건곤》과 종합지 《혜성》을 간행하였다. 그 중 《혜성》을 1931년 5월 《제일선》으로 이름을 바꾸어 펴낸 것이다.

《제일선》은 창간호 머리말에서 "《혜성》이라는 명칭은 너무도 막연하고 현실의 사람과의 가까운 느낌이 적었던 것이다. 〈중략〉 변경한 제호가 보이는 바와 같이 대중과 한가지로 제일선에 나서서 그 여론을 위하여, 문화의 계몽과 향상을 위하여, 그리고 특히 침체된 문예의 진흥을 위하여 전력을 다하려 하는 바이다."라고 약속하였으나, 지난날의 《개벽》과 같은 명성은 되찾지 못하고 말았다. 그 이유는 '출판법'에 따라 발행되는 잡지로서의 제약과 일본제국주의 언론탄압이 더욱 가중되어, 원고다운 원고는 검열에 걸려 햇볕을 보지 못한 데에 있었다. 집필진이나 그 내용에 있어서 수준 이하의 잡지는 아니었지만, 1933년 3월 15일 통권 11호로 종간되고 말았다.[207]

---

[207] 한국민족문화대백과사전 [제일선]

2) 관련 인물

창간호 간기면을 보면 편집 겸 발행인은 차상찬이었고, 인쇄인은 이학중(李學仲), 인쇄소는 조선인쇄주식회사, 발행소는 개벽사로 표기되어 있다.

3) 주요 내용

창간호를 보면 개벽사 편집진이 '혜성'에서 '제일선'으로 표제 및 잡지의 체재를 바꾼 까닭을 다음과 같이 밝히고 있다.(현대어 표기로 고침)

'혜성'이라는 명칭은 너무도 막연하고 현실의 사람과의 가까운 느낌이 적었던 것이다. 여기에 있어서 우리는 비로소 우리의 제일선에 나선바 사명을 명실(名實)과 한 가지로 다하게 된 것을 믿는다. 내용은 재래《혜성》의 내용이 나빴다든가 혹은 재래의 것보다 수준을 낮추기 위한 것은 결코 아니다. 도리어 변경한 제호가 보이는 바와 같이 대중과 한 가지로 제일선에 나서서 그 여론을 위하여 문화의 계몽과 향상을 위하여 그리고 특히 침체된 문예의 진흥을 위하여 전력을 다하려 하는 바이다.

이처럼 개벽사는《혜성》의 독자층을 지식층으로 삼았던 것과 달리《제일선》에서는 그 독자층을 일반 대중으로 넓히고 있다. 그에 대한 구체적 편집 방침으로 개벽사는 시사(時事)의 엄정 비판과 함께 지식의 통속화, 취미란의 충실, 문예란의 확장, 화보·구화(口畵)·삽화의 증가를 내세웠다. 시각적 효과를 극대화하기 위해 잡지의 판형도 5×7판에서 4×6배판으로 바꾸었다.

《혜성》과 대비되는《제일선》의 특징을 가장 잘 보여주는 기사는 김규택의 「모던 춘향전」이다.《제일선》6호(1932년 11월호)에서 10호(1933년 3월호)까지 모두 5회에 걸쳐 연재된 「모던 춘향전」은 당시에 가장 인기가 높았던 구소설 '춘향전'을 만화라는 형식을 빌려 근대적 시각 요소와 문체로 새롭게 각색한 것이었다. 개벽사가 강조했던 편집개혁안이 두루 반영된 「모던 춘향전」과 같은 기사는《제일선》의 전신이었던《혜성》은 말할 것도 없고 개벽사가 심혈을 기울여 만들었던 시사종합지《개벽》에서도 찾아볼 수 없는 것이었다.

이와 더불어《제일선》에서 문학의 비중도《혜성》보다 2배 가까이 증가했다. 주요 문학작품으로는,《혜성》에 이어《제일선》에서까지 연재가 이어졌던 강경애의 「어머니와 딸」을 비롯하여 김유정의 「산골 나그네」, 유치진의 「환영」 등의 소설과 김기림의 「황혼」, 김화산의

「화초분을 손에 들고」, 백철의 「날은 추워 오는데」, 박재륜의 「아내에게 주는 글」 등의 시, 유치진의 「칼 품은 월중선」, 이석훈의 「그들 형제」 등의 희곡, 백철의 「멸망하는 문학과 우월성 있는 문학」, 안회남의 「신인이 본 기성문단」, 이헌구의 「프로문단의 위기」 등의 문학평론이 있다.

4) 편집 특성

창간호 본문은 4×6배판 크기에 세로 3단으로 조판했으며, 모두 130여 쪽 분량으로 발행되었다. 표지를 보면 아라비아 숫자 '1'을 크기별로 나란히 배열하는 디자인을 통해 제호 '제일선'의 상징성을 부각시키고 있다.

5) 창간 의의

《제일선》은 대중 취향에 좀 더 충실한 방향으로 편집이 이루어진 시사종합지였다. 이 잡지를 그 전신이었던 《혜성》이나 개벽사 시사종합지의 원형으로 일컬어지는 《개벽》과 비교하면, 《제일선》에서는 시사와 정치, 요컨대 정론(政論)이 전면화되지 못하고 오히려 시사종합지라는 말이 무색하게 그 정론성이 상당히 축소되었다. 그만큼 정론 외의 기사들이 《제일선》을 장식하고 있었다. 《개벽》에서 《혜성》, 그리고 《제일선》으로 이어지는 개벽사 시사종합지의 변화상은 당시 시사종합지들의 변화상을 대변하는 것이라는 점에서 의미가 있다.[208]

---

208 국립중앙도서관 편(2017), 『한국근대문학해제집Ⅲ-문학잡지(1927~1943)』, pp.41~42.

〈참고〉 개벽사 잡지들의 매체 지형도[209]

1931년 발간된 《혜성》은 대중운동의 방향성을 고민한 시사 및 사회 문제 관련 기사가 많이 실렸던 반면, 상대적으로 문예면에 큰 역할을 부여하지 않았다. 백철(白鐵)이 개벽사에 입사한 1931년 12월부터 《혜성》에는 조선문단을 바라보는 시각이 명시적으로 드러나게 된다. 그 시각은 《혜성》에 함께 실렸던 여타의 사회 관련 글들과 유사한 문제의식을 공유하고 있다. 《혜성》의 여러 필자들은 자본주의 사회·문화의 일반적 모순과 조선 사회·문화의 특수성을 동시에 인식한 후 이를 극복하기 위한 전선을 구축하려 했던 것이다.

그러나 《혜성》은 지속되는 검열을 비롯한 다층적 요인으로 인해 1932년 5월 제호를 《제일선》으로 바꿨다. 《제일선》에는 농민이나 노동자와 같이 조선의 운동을 이끌 계급적 주체를 호명하는 어휘가 사라진 대신, 그 자리를 '문화'와 '문예'가 대체하고 있다. 그 결과 《혜성》에는 축소되었던 문예 지면이 《제일선》에서는 확충된다. 《혜성》에 실린 문예 관련 글들과 비교해보면 《제일선》은 조선문화의 후진성을 한층 더 강조했다. 이는 신진작가의 등용을 통해 조선문학 전반을 재편하려고 했던 《제일선》 문예면의 기획의도와 맞물려 있다. 위기 및 후진성을 부각시킬수록 그 위기와 맞설 수 있는 새로운 주체, 즉 신진작가를 등장시킬 필요성 또한 제기되는 것이다.

그러나 신진작가를 등용하여 조선문단을 재편하려고 한 《제일선》의 문제의식은 변화하는 매체 환경 속에서 제대로 구현될 수 없었고 《제일선》은 1933년 3월 이후 발간되지 못했다. 개벽사는 1934년 《개벽》을 속간하며 조선문화의 방향성을 변화시키려는 의도를 다시 표출했지만, 세계체제 및 조선의 급변하는 정세를 파악하여 조선의 사회·문화 전반을 변화시키려고 했던 《혜성》의 문제의식, 문화 영역을 중심으로 새로운 전선을 구축하려고 했던 《제일선》의 문제의식은 온전히 지속되지 못했다.

개벽사는 결과적으로는 1930년대 식민지 조선의 매체 지형 변화에 적응하지 못했고 1930년대 후반 조선사회의 공론장에 별다른 영향력을 발휘할 수 없게 되었다. 그러나 1930년대 중반까지 개벽사는 변화하는 매체 환경에 조응하며 이를 비판적으로 전유하려는 시도를 해나갔다.

---

209 강용훈(2018), 「1930년대 개벽사 발간 잡지의 문예 담론과 식민지 조선의 매체 지형: 『혜성』(1931~32), 『제일선』(1932~33), 속간 『개벽』(1934~35)을 중심으로」, 《비교문화연구》 제51집, 서울대학교 비교문화연구소, p.291.

1) 창간 배경

《신계단》은 조선지광사가 1932년 10월 8일 창간하여 1933년 9월까지 통권 11호를 발행한 종합잡지이다. 발행처가 조선지광사인 것에서 알 수 있는 것처럼 《신계단》은 1932년 2월에 종간된 《조선지광》의 후신(後身)으로 창간된 잡지이다. 창간호의 '편집후기'에 따르면 8월 중순부터 잡지 창간을 준비했으나 그 과정이 순탄치 않았으며, 5×7판 3백여 쪽에 이르는 원고가 제때에 검열을 통과하지 못했음을 밝혀놓았다. 창간호는 한성도서주식회사에서 인쇄하였으나, 이후 일본인이 운영하는 인쇄소로 옮긴 것도 이러한 정치적 배경 때문인 것으로 보인다.

2) 관련 인물

창간호 간기면을 보면 편집 겸 발행인 유진희(兪鎭熙, 1893~1949)[210], 인쇄인 김진호(金鎭浩), 인쇄소 한성도서주식회사, 발행소는 조선지광사로 표기되어 있다.

---

210 일제강점기 조선공산당 중앙집행위원, 한민당 중앙상무집행위원 등을 역임한 사회주의운동가. 언론인. 독립운동가. 한국민족문화대백과사전 [유진희]

3) 주요 내용

창간사는 찾아볼 수 없고, 잡지 말미에 있는 다음과 같은 「편집후기」를 보면 발행과정의 모습을 대략 살필 수 있다.(현대어 표기로 수정함)

〈전략〉 그대로 시들어버린 원고가 1,400~1500매(5×7판 약 300쪽 분량), 첩첩이 이르는 못 견딜 재난을 무릅쓰고 때로는 '한강투석(漢江投石)'과도 같은 우치(愚痴)를 스스로 조롱도 해가면서 허둥지둥 얽어놓은 것이 지금 겨우 형제들에게 보내는 이 책이다. 〈중략〉

'침통한 침묵!' 이것은 흔히 무능의 고백이기 쉽다. 그러나 우리들의 침묵은 결코 침묵으로써 능사(能事)를 삼는 침묵이 아닐 것을 형제들에게 맹세한다. 우리들은 '이기고' '넘어서서' 비록 최소한의 가능성이나마 우리들의 것이 되게 하기 위하여 노력할 것이니 〈중략〉 창간호부터 우리는 소설·희곡·시 등의 순문예물은 싣지 않기로 하였다. 여기는 다른 관계도 있을 것이나 지면을 좀더 절박한 필요에 충당시키자는 것이 첫째 이유다. 〈이하 생략〉

창간호 목차를 보면 전체 기사는 〈논설〉, 〈시평〉, 〈학술〉, 〈정경논설〉, 〈자료편〉, 〈토막이야기〉 등으로 구성되어 있다. 특히 눈에 띄는 부분은 〈시평〉에 실린 '잡지 총평'이다. 모두 7쪽에 걸쳐 게재된 이 글에서 '소홍(素虹)'이란 필명을 쓴 필자는 당시의 잡지를 3개 유형으로 나누어 비판하고 있다. 첫째는 민족주의, 민족개량주의 또는 크나 작으나 무슨 주의(主義)를 가진 여러 잡지, 두 번째 유형은 종교잡지, 그리고 세 번째는 잡색(雜色), 즉 유행 취미잡지로 나누었는데, 첫 번째 유형에서 《동광》과 《신동아》를 비롯하여 《제일선》 등을 다루고 있어 이채롭다.

한편, 초기 《신계단》은 학술논문, 국제 및 국내 정세 분석, 과학 정보, 사회과학 자료란 등을 규모 있게 운영하였다. 「이데오로기-와 사회파시즘」(신남철), 「스피노자 철학과 유물론」(박영희), 「스피노자와 록크」(신유인), 「경제주의 비판」(홍일우), 「농업공황과 과잉생산」(한설야) 등 진보적 사회과학 논문들이 다수 게재되었다. 질문응답란을 두어 정치, 경제, 철학 등 각종 분야에서 사용되는 개념 및 현상에 대한 해설을 제공하였다. 특히 종교시평란과 종교비판 논평 등을 통해 기독교, 천도교, 불교 등을 강한 논조로 비판했는데, 제4호는 아예 '천도교비판 특집호'로 기획하기도 했다[211]. 종교계 이외에, 《신계단》은 창간 초기부터 민족주의 계열 운동

---

211 1932년 11월에 발행된 《신계단》에 기자 남만희(南萬熙)가 쓴 「종교시평」이 빌미가 되어 천도교도

세력을 비판했다. 이에 잡지 《동광》의 논조를 공격하는 글은 물론 민족개량주의를 비판하는 논문도 꾸준히 게재하였다. 당초 창간호의 편집후기에는 문예란을 없애고 학술과학 논문을 실을 예정이라는 공지가 있었으나, 문예비평 및 창작란도 꾸준히 운영하였다. 임화, 한설야, 이기영, 이찬, 박세영 등 주로 사회주의 계열 작가들의 작품들이 실렸다. 그러나 이미 제3호, 제4호에 이르러 점차 검열이 강화되는 조짐이 나타나기 시작한다. 잡지의 목차 상에는 존재하지만 본문이 삭제된 논문들이 생겨나고, 이와 같은 정황에 대해 설명한 편집후기도 일부가 삭제되거나 복자로 처리되어 문맥을 알아볼 수 없게 되어 있다. 종간이 가까워지는 제10호, 제11호에 이르면 게재된 원고보다 삭제된 원고의 수가 더 많았고 편집후기마저도 전면 삭제되어 있다.

4) 편집 특성

창간호는 5×7판 크기에 132쪽 분량으로 발행되었으며, 정가는 20전이었다. 표지에서는 한자어와 함께 '신계단'의 에스페란토어인 'LA NOVA STUPO'를 병기하고 있다.

5) 창간 의의

《신계단》은 여타 운동 세력을 공격하는 데에만 집중하는, 즉 이념적으로 경직된 태도를 드러내기도 했다. 그러나 사회과학의 생산적인 논점을 다룬 논문들이 상당수 압수되거나 삭제 조치를 받는 환경에서, 잡지가 다룰 수 있는 논점이 상대적으로 제한되어 있었다는 조건

에게 폭행을 당하였다. 그 직후 「도교정체비판폭로회」 결성대회에 참여, 반천도교 운동을 전개하였다. 한국민족문화대백과사전 [유진희]

도 고려해야 할 것이다. 예컨대 「맑스·레닌주의와 종교문제」(정우진), 「유물론자 체르뉘셉스키와 레닌」(철부), 「무신론 연구를 위하야」(임수제) 등의 원고들은 모두 검열 과정에서 사라졌다. 이에 민족주의 세력이나 종교단체들을 대상으로 공격에 치중한 논문이나, 객관적인 자료 제시의 형태를 갖춘 논문들만이 살아남아 잡지의 성격을 형성하게 된 것이다. 《신계단》은 《조선지광》의 대를 이어 사회주의 운동 노선을 견지한 잡지로서, 언론 통제와 사상 검열의 가혹함을 드러내고 있다는 점에서 주목할 만한 가치가 있다.[212] 다만, 사회주의 철학사상과 경제사상에 높은 관심을 보인 반면 다른 이론이나 사상에 대해서는 극단적인 배타성을 보였다는 점에서 한계도 분명한 잡지였다.

---

212 국립중앙도서관 편(2017), 앞의 자료, p.45.

1) 창간 배경

《신가정》은 당시 신동아사에서 발행하던 월간 종합잡지 《신동아》의 자매지로 창간되었다. 내용 구성을 살펴보면 《신동아》의 여성란, 부인란, 가정란을 따로 모아 만든 잡지라고 볼 수 있다. 1933년 1월에 창간했는데 동아일보사가 1936년 8월 25일자 《동아일보》 2면에 베를린올림픽 마라톤 우승자 손기정의 사진을 게재하면서 유니폼에 그려진 일장기를 없애 버린, 이른바 '일장기 말소사건'이 빌미가 되어 1936년 9월에 통권 45호를 끝으로 강제 폐간되었다. 잡지의 체재 및 내용이 풍성하고 편집이 세련되어 《신여성》과 함께 일제강점기의 독보적인 여성잡지로 인기를 누렸다. 1967년 복간되어 현재에도 발행 중인 《여성동아》의 전신이다.

2) 관련 인물

창간호 간기면을 보면 《신동아》와 마찬가지로 편집 겸 발행인 양원모, 인쇄인 김진호, 인쇄소 한성도서주식회사, 발행소 신동아사로 표기되어 있다. 이후 인쇄소는 창문사(彰文社)로 변경되었지만 발행인은 같았다. 잡지의 초대 편집자는 시조시인 이은상(李殷相, 1903~1982)[213]

---

213 해방 이후 『노산시조선집』·『푸른 하늘의 뜻은』 등을 저술한 작가. 시조작가·사학자. 한국민족문화대백과사전 [이은상]

이었으며, 1935년 4월호부터는 변영로(卞榮魯)가 담당하였다. 주요섭, 최영수, 최승만 등과 같은 남성 기자들과 김자혜, 김원경, 황신덕 등의 여성 기자들이 잡지 발간에 참여했다.

3) 주요 내용

신동아사 사장 송진우는 잡지의 창간사에서 "우리는 진실한 의미에서 가정생활을 갖지 못한 사람들입니다. 〈중략〉 한 가정이 새롭고 광명하고 정돈되고 기름지다고 하면 그것은 그 개인, 그 가정만의 행복이 아니라 그대로 조선 사회, 조선 민족의 행복입니다."라고 함으로써 문명화를 위한 장소로서의 가정의 중요성과 함께 그 핵심적 역할을 여성 및 주부에게 있음을 강조하고 있다.

창간호에는 사진화보, 논설, 시사단평, 경제해설, 일반기사, 한국사, 좌담회, 여성동정, 여성단체 근황, 살림기사, 문예, 만화, 음악상식, 육아, 생활수기, 가정오락 등 다양한 기사가 실렸다. 또, 「새 힘을 주라」(금화여학교장 김미리사), 「실제적 교육을」(이화전문교장 아펜설라), 「가정의 지도자」(농촌사업가 황에스터), 「광명이 되라」(숙명여고 교장 이정숙), 「실제문제해결」(이화전문 학감 김활란), 「바른 길로 인도」(배화여고 교장 헬리부이) 등의 창간 축사도 실렸다.

4) 편집 특성

월간지로서 《신가정》 창간호는 5×7판 크기에 190쪽 분량으로 발행되었으며, 정가는 20전이었다. 표지에 새겨진 표제는 '新家庭'으로 한자 표기이지만, 본문은 한글 세로쓰기 형식을 취했다. 창간호의 인쇄 부수는 약 7,000부였으나, 이후에는 5,000부를 발행하였다. 잡지의 표지는 아름다운 여성들이나 자연의 평화로운 모습을 담은 삽화에 색을 입혔다. 《동아일보》의 연재소설 삽화를 맡아 그린 화가 이상범(李象範, 1897~1972)과 정현웅((鄭玄雄,

1911~1976)이 표지를 담당했다. 창간호는 중앙의 닭 한 마리를 중심으로 모자(母子)의 정겨운 모습을 그린 그림으로 구성되어 있다.

5) 창간 의의

《신가정》은 가정문제, 자녀교육 등 가정주부에게 필수적으로 요구되는 지식을 싣는 등 가정잡지로서의 구실을 했다는 점에서 의미가 있다. 주된 독자는 중산층 젊은 가정주부로, 잡지 발간의 목적은 사적 영역의 근대화를 위한 여성 및 주부의 계몽에 있었다. 남녀동등론에 입각하여 여성의 인간·시민의 권리를 주장하기보다는 여성에게 민족의식을 고취하고 가정의 근대화라는 사명을 일깨우기 위한 계몽잡지였다. 그러나 사진 화보, 논설, 시사 단평, 경제해설, 일반기사, 한국사, 좌담회, 여성 동정, 여성단체 근황, 국외 동정, 문예, 만화, 음악상식, 생활수기, 가정오락 등 잡지의 체재가 다양해서 여성 교양을 위한 종합지의 성격을 두루 갖추고 있었다.

예컨대, 「조선부인운동은 어떻게 지나왔나」(1933년 4월호) 등의 기사를 통해 민족 운동과는 별개로 여성의 권리 증진 운동과 그것을 주도해 갈 여성 단체의 필요성을 역설하거나, 「직업 여성 특집」 등을 통해 각 분야에서 일하는 여성들의 주체적인 삶을 모색하고, 여성이 중심이 된 좌담을 기획해 다양한 여성문제를 다루었다. 또, 순문예지는 아니었지만 여성 문인들에게 활동의 장을 마련해주기도 했다. 박화성, 강경애, 백신애, 이선희 등 여성 작가들이 쓴 여러 작품이 실렸다.[214]

---

214 국립중앙도서관 편(2017), 앞의 자료, pp.52~53.

1) 창간 배경

《가톨릭청년》은 1933년 천주교 서울교구에서 가톨리시즘의 보급을 위하여 창간한 잡지
이다. 1933년 6월 10일 창간되었고, 1936년 12월 통권 43호로 종간되었다. 광복 후 1947
년 4월에 제5권 제1호로 복간되었으나, 6·25전쟁으로 휴간되었다가 1955년 1월호부터 속
간되었다. 그 뒤 1971년 9월 서울 대교구에서 종합교양지《창조》를 창간함에 따라 다시 폐
간되었다.

　《가톨릭청년》은 1933년 3월에 서울·대구·원산·평양과 만주의 연길(延吉) 등 5개 교구
장 주교회의에서 그때까지 각 교구별로 발행하고 있던 각종 간행물을 통제하기 위해 5교구
연합 출판위원회를 설치하는 한편, 대구교구에서 발행하던《천주교회보》와 서울교구청년회
에서 발행해오던《별보》를 폐간하고, 새로 지식층 청년을 대상으로 한 잡지를 발행하기로 한
결정에 의해 발행한 잡지였다.[215]

215　한국민족문화대백과사전 [가톨릭청년]

2) 관련 인물

창간호 간기면을 보면 편집 겸 발행인은 원형근(元亨根)[216], 인쇄인 양수춘(楊秀春), 인쇄소 조선인쇄주식회사, 발행소 가톨릭청년사로 표기되어 있다. 그밖에 주간(主幹)은 신부 마태오 윤형중(尹亨重)이었고, 편찬위원은 장면(張勉)·장발(張勃)·이동구(李東九)·정지용(鄭芝溶) 등이 었다. 편집 실무는 주로 정지용이 담당한 것으로 알려져 있다. 장발[217]은 서양화가로 《가톨릭청년》 창간호의 표지 그림을 그렸다.

3) 주요 내용

라리보 주교가 쓴 창간사에는 5교구연합 출판위원회에서 여러 달 전부터 《가톨릭청년》을 간행하자는 논의가 있었으며 "우리 사랑스러운 조선에 가톨릭 정신을 더욱 펴기 위하여" 잡지를 발간하게 되었음을 밝히고 있다. 창간호 내용을 살펴보면 창간사에 이어 논문 4편, 화제 몇 편, 이병기의 「조선어강화」 연재분 1회, 가람 이병기, 허보, 정영수, 장서언, 정지용 등의 시와 신인식, 윤을수, 장데레시아의 수필, 정지용, 솅켸비치(이병기 역) 등의 소설, 과학, 의학 분야의 글 등으로 다채롭게 구성되어 있다.

'논문'과 '화제'는 대체로 가톨릭 종교와 관련된 글로 꾸려져 있지만 매호에 3~5편의 시와 2~3편의 수필이 게재되었고, 그 밖에도 장편(掌篇) 소설, 단편소설, 연재 장편소설, 희곡, 아동 연극론, 조선어 강좌 등 문학과 관련된 글이 높은 비중으로 실렸다. 《가톨릭청년》에 자주 작품을 발표한 문인으로는 정지용, 이병기, 이상, 김기림 등이 있으며, 이들 외에도 유치환,

---

216 주교 라리보(A.J. Larribeau)의 한국 이름이며, 잡지에는 '원주교'로 표기되어 있다.

217 1901년 가톨릭 신자이자 인천 해관(海關)에서 근무한 부친 장기빈(張箕彬)의 3남 1녀 중 차남으로 태어났다. 휘문고보 시절 고희동(高羲東)에게 미술을 지도받으며 고려화회 창립회원으로 활동하기도 했다. 1920년 일본의 동경미술학교에 입학해 도미하기 전까지 1년간의 짧은 기간 동안에도 「김대건 신부상」을 제작했을 만큼 성화에 대한 장발의 열정은 대단했다. 1925년 미국 유학을 마치고 바티칸의 '조선 79위 순교복자시복식(殉敎福者諡福式)'에 참석한 후 「순교복자」를 제작하기도 했다. 귀국 후 해방될 때까지 교단에서 후진을 양성함과 동시에 「성녀 김골롬바와 아녜스자매」(1925), 명동성당 제단벽화 「14사도」(1925~26), 「성인 김대건 안드레아」(1928), 「십자가에 못 박힌 그리스도」(1941), 가르멜수녀원의 제단화 「성모영보(聖母領報)」(1945) 제작 등 일반 화단에서의 활동보다 대형 벽화와 제단화 같은 가톨릭 성화 제작에 몰두했다. 해방 후에는 서울대학교 미술대학 초대학장, 중앙대 교수 등을 역임했으며, 2001년 100세의 나이로 세상을 떠날 때까지의 그는 '한국 최초의 가톨릭 성화가'로 평가되는 작가답게 주로 가톨릭 성화를 제작했다. 한국민족문화대백과사전 [장발]

박태원, 이태준, 신석정, 김소운, 김안서, 이하윤 등 1930년대를 대표하는 문인들의 작품이 게재되었다. 한 연구에 따르면 일제강점기에 통권 43호로 종간될 때까지 《가톨릭청년》에는 모두 148편의 시, 36편의 소설, 18편의 수필, 1편의 동화, 6편의 희곡이 수록되어 있다. 이 중 가톨릭 신앙과 연관된 작품들로는 43편의 창작시와 18편의 번역시 등 61편, 소설 20편, 수필 6편, 희곡의 경우 수록작품 전부가 가톨릭 신앙과 연관되어 있다.[218] 《가톨릭청년》에 실린 문학작품 중 잘 알려진 작품들로는 이상의 「거울」·「꽃나무」·「이런詩」, 정지용의 「시계의 죽음」·「홍역」·「다른 한울」, 김기림의 「바다의 서정시」, 유치환의 「영원의 편지」 등이 있다.

4) 편집 특성

창간호는 5×7판 크기에 본문 77쪽 분량으로 발행되었으며, 정가는 15전이었다. 1933년 12월 10일에 7호가 발간되고, 연이어 같은 해 12월 25일에 8호가 발간된 것을 제외하고는 매달 한 권씩 잡지가 발행되었으며, 발행일이 매달 10일에서 25일로 바뀐 것도 이때부터이다. 1933년 12월 25일에 발간된 잡지부터 2권 1호(통권 8호)로 쳐서 1934년 12월 25일 발간호가 3권 1호(통권 20호), 1935년 12월 25일 발간호가 4권 1호(통권 32호)가 되는 점이 특기할 만하다. 그러므로 1936년 11월 25일에 발간된 잡지가 제4권 12호이자 통권 43호가 되는 것이다.

---

218 김종수(2006), 「『가톨릭청년』의 문학 의식과 문학사적 가치 연구-1933년 6월 창간호부터 1936년 12월 폐간호를 중심으로」, 《교회사연구》 27, 한국교회사연구소, pp.177~178.

5) 창간 의의

《가톨릭청년》은 한국 천주교의 과거와 현재 및 신학적 제반 문제를 다룬 논설들을 주종으로 한 종교 잡지로서의 성격이 뚜렷하지만, 시, 소설, 수필, 희곡, 외국 작품의 번역물 등 문예작품을 비롯해 근대 조선 사회가 당면한 제반 문제들을 다룬 논설을 실음으로써 종합 교양잡지의 면모를 함께 지니고 있다는 점에서 의미가 크다. 이 분야 연구자들은 1930년대 문단에서 《가톨릭청년》이 주목을 받은 이유로 프로문학의 퇴조와 서구 근대문명의 위기의식의 타개책의 하나로 가톨리시즘이 유입되었고, 정지용·이상·김기림 등 한국 모더니즘 시 운동의 질적 온상이라고 할 만한 문인들이 작품을 발표한 지면이었다는 점을 들고 있으며, 《가톨릭청년》을 현대 문명 비판과 윤리적 문학관을 지향한 매체로 평가하며, 1930년대 폭압적인 식민지 현실에서 가톨릭 종교잡지로서의 역할을 넘어서 민족문화의 보급과 문학적 감수성의 확대라는 차원에까지 기여했다고 보았다.[219]

---

219 국립중앙도서관 편(2017), 앞의 자료, p.59.

1) 창간 배경

《과학조선》은 발명학회(發明學會)가 1933년 6월 창간한 국내 최초의 종합 과학기술 잡지이다. 1930년대 발명학회와 과학지식보급회(科學智識普及會)의 주도자들에 의해 두 기관의 기관지로 간행되었으며, 발명 및 과학기술의 중요성을 사회에 알리고, 과학기술 지식을 보급하는 데 앞장선 일제강점기의 대표적 대중 과학기술 잡지이다.

조선인 발명가들을 보호 육성하기 위해 김용관(金容瓘), 박길룡(朴吉龍), 이인(李仁) 등이 설립한 발명학회는 1933년 6월 학회의 기관지로 《과학조선》을 창간하였다. 창간 초기에는 발명가들에게 발명 활동을 돕기 위한 실용적 정보를 제공하고 사회 전반에 발명 정신을 고취하기 위한 내용이 기사의 주를 이루었지만, 1934년 발명학회 주도로 한 과학 대중화 사업이 대규모 대중운동으로 발전하게 되면서 《과학조선》의 성격도 점차 대중적 과학잡지로 변모하였다. 1934년 7월 과학 대중화 운동을 전담할 기관으로 과학지식보급회가 설립된 이후 《과학조선》의 간행 주체는 발명학회에서 과학지식보급회로 넘어가게 되었다.[220] 이처럼 《과학조선》은 발명학회의 기관지였지만, 내용 자체는 당시 과학기술을 총망라하는 종합지의 성격을

---

220 한국민족문화대백과사전 [과학조선]

갖고 있었다. 1934년 6월까지 발간되었다가 임시휴간 됐고, 1935년 2월 속간된 이후 일제의 탄압 속에서도 10여 년 동안 명맥을 유지하다가 광복을 1년 7개월 앞둔 1944년 1월 종간된 것으로 알려졌다. 하지만 모두 몇 호까지 발행됐는지에 대한 기록은 존재하지 않는다. 다만,《과학조선》기자로 활동했던 심승택이 보관했던 11권을 이용해 1986년 영인본을 제작했다는 사실[221]로 보아 최소 통권 11호 이상은 발간됐을 것으로 추정된다.

2) 관련 인물

《과학조선》의 편집진과 필진에는 당시 과학운동을 주도했던 기술자, 발명가들을 비롯해서 당시의 저명한 문인, 종교인, 정치가들이 포진해 있었다. 발명학회와 과학지식보급회의 주도자였던 김용관, 박길룡을 비롯하여 안동혁(安東赫), 윤주복(尹柱福)과 같은 과학기술자, 심승택과 같은 발명가, 현상윤(玄相允), 김동성(金東成), 이인, 김창제(金昶濟), 이춘호(李春昊)와 같은 사회 명사가 기사를 썼다.

3) 주요 내용

《과학조선》창간호의 권두에 나오는 창간사를 보면, 임진왜란 때 이순신 장군은 거북선을 창조하고, 진주성의 정평구는 비차(飛車)를 제작했으며, 이장손은 세계 최초의 박격포 비격진천뢰(飛擊震天雷)를 만들었고, 변이중은 화차(火車)를 만들었던 조선 과학의 역사가 언급되어 있다. 또한 조선 태종 3년(1403년) 주자소(鑄字所)가 설치되어 동활자를 주조한 것은 서양 활자보다 50년 앞섰으며, 세종 때 측우기(測雨器)를 만들어 강우량을 측정한 것도 서양보다 2세기나 앞섰다고 강조한다. 그런 조선이 일제 식민지로 전락한 것은 과학발전에 뒤처짐으로써 자주적으로 독립할 힘을 갖지 못했기 때문이라는 문제의식이 바로《과학조선》창간의 토대가 되었던 것이다.

나아가《과학조선》은 그 필진의 다양성을 반영하듯이 기사의 내용도 발명과 특허에 관한 전문적 기사를 비롯하여 화보, 과학상식, 생활과학, 공상과학소설과 같이 일반인들의 흥미를 끌

---

221 "우리나라 최초의 월간 종합 과학잡지인《과학조선》영인본이 외대사학연구소(소장 박성내 교수) 편찬으로 과학세기사에서 간행됐다.《과학조선》은 '민족의 살아 남을 길은 오직 과학진흥뿐'이라는 취지 아래 1933년 6월에 창간되었다. 이번의 영인본 간행은《과학조선》창간 당시 기자였던 원로 과학저술가 심승택 씨가 보관해오던 것을 제공, 실현된 것이다.",「최초의 월간과학잡지「과학조선」영인본간」,《중앙일보》(1986.05.21.)

기 위한 대중적 기사들, 민족의 근대화에 과학기술이 얼마나 중요한지를 일깨워주려는 계몽적 기사 등 다양한 내용을 포괄하고 있다. 하지만 1939년 속간 이후에는 당시의 군국주의적 시대 분위기를 반영하듯 일제의 정책에 편승하는 내용과 일본어로 된 기사들도 많이 실렸다.

4) 편집 특성

《과학조선》의 편집 체제는 4×6배판(B6판)으로, 매호 1,000부씩 발행하여 대부분 발명학회와 과학지식보급회 회원에게 배포되었다. 월간지로 간행되었지만, 발명학회와 과학지식보급회의 넉넉지 않은 자금 사정, 과학운동에 대한 조선총독부 당국의 탄압 등의 이유로 제때에 간행되지 못하거나 오랜 기간 휴간해야 하는 경우도 많았다. 특히 1936년 이후 1939년까지는 거의 간행되지 못했던 것으로 보인다. 『과학조선』은 일제의 군국주의가 본격화된 1939년부터 속간되기 시작하여 1941년까지 비교적 안정적으로 간행되었다.[222]

5) 창간 의의

일제강점기는 한국 사회에 현대과학의 지식이 보급되고, 과학기술 연구 및 교육기관이 설립되기 시작한 시기였지만, 이러한 움직임은 대부분 일제 당국 및 일본인들의 주도로 진행되었다. 이러한 상황에서 김용관, 박길룡이 주도한 과학기술 진흥운동과 그 대변지였던 『과학조선』은 한국인들의 주도하에 과학기술을 진흥하고 대중화하려 한 노력을 대표한다. 『과학조선』은 한국 지식사회에 과학기술 지식을 널리 보급했으며, 독립된 국가를 세우려는 한국의 민족주의 운동이 과학기술의 중요성에 주목할 수 있는 계기를 제공했다.[223]

발명학회는 1924년 10월 김용관을 필두로 설립됐지만, 본격적으로 활동하기 시작한 것은 8년 뒤인 1932년이었다. 《과학조선》 발간 이후 발명학회는 세력을 확장해 '과학지식보급회'로 이름을 바꿨으며, 이후 1934년에는 전국적인 과학 행사인 '과학데이'를 처음으로 진행하는 등 조선의 과학기술 보급과 계몽에 크게 이바지했다. 따라서 《과학조선》은 일반대중을 독자 대상으로 하는 국내 최초의 종합과학잡지라고 할 수 있으며, 10년이 넘는 기간 동안 우리 땅에 과학기술의 중요성을 전파했다는 점에서 특히 의미가 큰 잡지라고 할 수 있다.

---

222 한국민족문화대백과사전 [과학조선]
223 한국민족문화대백과사전 [과학조선]

과학지식보급회 간부들 모습. 1936년 〈과학조선〉 1월호에 실렸다. 서울SF아카이브 제공

4월21일 '과학의 날'의 원조는 '과학데이'였다. 1935년 '과학데이' 포스터.

〈참고〉 '과학의 날' 원조 '과학데이'[224]

4월 21일은 '과학의 날'이다. 1967년에 과학기술처가 발족한 날을 기념하며 시작되었다. 그런데 과학의 날은 원래 일제강점기였던 1934년이 원조다. 당시는 '과학데이'라고 했으며 찰스 다윈이 세상을 떠난 4월 19일을 기념일로 정했다.

그에 앞서 1933년에는 우리나라 최초의 대중과학잡지 《과학조선》이 창간되었다. 처음에 발명학회 출판부에서 냈다가 발명학회 내 과학조선사로 명의가 변경되었으며 나중에는 과학지식보급회로 다시 바뀌었다. 이렇듯 이 잡지의 발행 주체가 변하는 과정을 살펴보면 당시 과학대중화 운동이 어떤 모습으로 흘러갔는지 알 수 있는데, 그 중심에 바로 '과학데이' 가 있었다.

과학데이는 1934년 2월 28일에 각계 인사 31인이 모여 '전 사회적으로 자연과학 지식열을 고취 앙양함'을 내세운 '과학데이실행회'라는 임시단체에 의해 성사되었다. 그리고 4월 19일 제1회 과학데이 사흘 뒤인 4월 22일에 다시 각계 인사 18인이 모여서 '과학지식 보급 좌담회'를 열었다. 주제는 '현실에서 절대다수의 대중에게 과학지식을 보급하는 가장 좋은 방법이 무엇인가?'였다.(이 행사의 속기록은 〈과학조선〉 1934년 6월호에 발췌 수록되어 있다.) 이 자리에서 참석자들은 과학지식 보급기관을 설치해야 한다는 데 의견 일치를 보았고, 이에 따라 발명학회 이사진 및 서울(당시는 경성)의 중등학교 교사들을 중심으로 한 발기인단이 모여 마침내 '과학지식보급회'가 출범하게 된다. 이들의 목표는 '생활의 과학화! 과학의 생활화!'였다.

과학지식보급회는 당시의 사회적 명망가들이 다수 참여한 단체로서 상당한 영향력이 있

---

224 박상준(2017), 「'과학의 날' 원조 '과학데이'를 아시나요?」, [미래] 박상준의 과거창, 《한겨레신문》(2017.04.17.)

없음을 짐작할 수 있다. 1936년 1월호《과학조선》에 실린 과학지식보급회 간부진 소개에는 회장 윤치호와 함께 고문으로 몽양 여운형과 인촌 김성수가 나란히 제일 위에 나와 있다.

과학데이에는 자동차 퍼레이드와 대중강연, 과학관·연구소·기업 등 관련 시설 견학을 망라하는 다양한 행사가 잇달았고 홍난파가 과학의 노래를 작곡하기도 했다. 1935년 6월호《과학조선》은 제2회 과학데이 기념호로서 포스터 2종을 실었다. 그중 하나는 1934년의 제1회 과학데이 포스터 도안을 거의 그대로 쓴 것인데, 독일의 카를차이스사에서 만든 마르크스(Marks)II 모델로 추정되는 천체투영기가 그려져 있다. 아시아 최초의 천체투영관(플라네타륨)이 생긴 것은 1937년 일본 오사카 시립전기과학관이므로, 이 포스터의 천체투영기는 당시 한반도에서는 아직 실물을 접할 기회조차 없는 그야말로 최첨단 과학기술의 상징이었을 것이다.

포스터에 박힌 문구도 흥미롭다. "과학의 승리자는 모든 것의 승리자다. 한 개의 시험관은 전 세계를 뒤집는다." 이 구호에 담긴 강렬한 의지는 당대의 과학만능주의를 잘 드러낸다. 과학기술이 인류에게 낙원을 선사할 것이라는 믿음이 지배적이었던 시절이다. 올더스 헉슬리가 1932년에 발표한 소설「멋진 신세계」정도를 제외하면 당시엔 과학기술에 대해 의심과 불안을 느끼는 사람은 거의 없었다. 이러한 장밋빛 미래 전망은 그로부터 10년 뒤 히로시마와 나가사키에 원자폭탄이 떨어지면서 산산조각이 나는 듯했지만, 인류는 다시 원자력이라는 엄청난 가능성에 열광하게 된다.

1933년에 나온《과학조선》창간호에는 눈에 띄는 책 광고가 하나 실려 있다. "이십몇 년 전에 조선 청년 안중근이 총 한 방에 이등박문을 명중시켜 동양이 흔들리고 세계가 움직였던 것을 아느냐? 비밀로 감춰졌던 이 사실이 소설로 나왔으니 조선 청년들은 읽으라."는 내용이다. 처음부터《과학조선》과 과학데이 등 당시의 과학대중화 운동을 주시했던 일제는 결국 1938년에 핵심인물인 김용관을 체포, 수감했고 과학데이도 5회를 마지막으로 사라졌다. 과학지식보급회에 참여했던 인물들 상당수는 친일파로 변절했다.

1944년에 폐간되고 만《과학조선》은 우리 과학문화사에서 독보적인 위상을 차지하는 선구자로서 의의를 지닌다. 과학과 기술의 모든 분야에 걸친 지식은 물론이고 언어학처럼 인문사회과학까지도 아우르는 다양한 글에다 번역 및 창작 과학소설(SF)도 수록했다. 해방 이후 몇몇 과학잡지들이 선을 보였지만《과학조선》만큼의 수준을 회복한 것은 세월이 한참 더 흐른 뒤이다. 소년잡지를 제외하면 실질적인 성인용 대중과학잡지의 맥은 1964년에 창간된《과학세기》에 이르러서야 이어진다.《과학조선》창간으로부터 무려 31년 뒤의 일이다.

1) 창간 배경

《학등》은 한성도서주식회사(漢城圖書株式會社)에서 창립 제15주년을 기념하여 발행한 문예잡지이다. 1933년 10월에 창간되어 1936년 3월호까지 통권 23호를 발간하였다.

시·소설·수필 및 전설·야담의 문학작품 외에 고전해석·민속학·외국문학·예술·철학·체육 및 교육에서 군사제도·지리·시사에 이르기까지 광범위한 분야를 대상으로 하였다. 필진으로는 심훈(沈薰)·김억(金億)·김기림(金起林)·장만영(張萬榮)·이병기(李秉岐) 등의 문인들과 김태준(金台俊)·유치진(柳致眞)·송석하(宋錫夏)·김진섭(金晉燮)·임화(林和)·최현배(崔鉉培)·박영희(朴英熙)·오천석(吳天錫)·이선근(李瑄根) 등이 활약하였다. 비교적 활발하게 발행되었던 《학등》은 1936년 2·3월 합병호(제23호)로 '졸업생 특집'을 크게 내놓고는 발행을 멈추었다.

2) 관련 인물

창간호 간기면을 보면 편집 겸 발행인 한규상(韓奎相), 인쇄인 김진호(金鎭浩), 인쇄소와 발행소 한성도서주식회사로 표기되어 있다. 비록 발행 및 편집인은 한성도서주식회사의 임원이었던 한규상으로 되어 있으나, 편집 실무는 안서(岸曙) 김억(金億)이 맡았던 것으로 알려져 있다.

3) 주요 내용

창간호를 열면 먼저 이은상(李殷相)의 「학등(學燈)」이라는 시조가 권두시로 실려 있다. 창간
사에서는 오늘날 현대 사회의 문명을 이룩한 힘은 오직 책에서 나온 것이라며, "글을 읽자,
글을 읽자, 얼마든지 읽자! 만권을 독파하여도 오히려 부족하다고 느끼도록 글을 읽자."고
권유하고 있다. 「편집후기」에서도 "학등(學燈)은 현금(現今) 조선(朝鮮)의 독서계(讀書界)를 위하
여 이제 첫 걸음을 뗀 것"이라고 함으로써 창간 의도가 무엇인지 명백하게 밝히고 있다. 이
처럼 학생들에게 독서를 권장하고 읽을거리를 제공하는 데 창간 목적이 있었던 만큼 창간호
는 '독서호(讀書號)' 특집으로 구성하였다. 백낙준, 김윤경, 오천석, 주요한, 유형기 등 학계 및
언론계 인사들로부터 독서 권장에 관한 내용의 글을 실었다. 매호마다 약간의 차이는 있으나
창간호부터 대체로 특집기획, 강좌, 연구논문, 문예 등의 체재를 유지하였다.

한편, 초창기 《학등》의 필진은 그 창간호가 발간되던 해에 폐간된 《동광》의 주요 필진이
옮겨왔다고 봐도 좋을 정도이다. 이에 따라 초기 《학등》의 논조는 배움과 실천을 통한 인격
의 수양을 강조했던 점진적인 발전론이 주를 이루지만, 발간을 거듭할수록 점차 기획의 밀도
가 떨어지면서 문예면의 비중이 늘어나게 된다. 《학등》에 꾸준히 문예작품을 발표한 작가는
전영택, 김안서, 함대훈 정도라고 할 수 있다.

《학등》은 제20호(1935년 11월)에 이르러 판형뿐만 아니라 기획의 방향 또한 크게 바꾸었
다. 창간 이후 학술적 연구논문과 문예작품 위주로 읽을거리를 제공하면서 독서와 수양을 강
조하던 정적인 분위기를 벗어나, 생활체육 및 학교 방문기, 시사 뉴스 등을 중심적으로 배치
하여 활력을 더하고자 노력하였다. 물론 '강좌'란 및 '연구'란을 통해서 꾸준히 조선의 철학

과 지리, 역사와 민속학 등에 대한 연구논문을 학생들에게 소개하였다. 서항석의 「표현주의 문학연구」, 김도태의 「조선지리」, 송진우의 「민속학 강의」, 이재훈의 「철학 강의」 등은 대표적인 연재물이라 할 수 있고, 조윤제와 김태준도 《학등》의 지면을 통해 학술논문을 발표했다. 그뿐 아니라 시험공부를 잘 하는 방법이라든가 미국 및 중국 유학에 관한 정보 등 학생들에게 실제적으로 유용한 정보를 싣기도 하였다. 학생 교육을 목적으로 한 잡지였던 만큼 당대에 확정된 조선어학회의 신철자법에 의거하여 철자 표기를 통일했던 것도 특기할 만한 사항이다.[225]

4) 편집 특성

창간호는 5×7판 크기에 40쪽 분량으로 발행되었다. 정가는 10전이었다. 잡지 표지에 인쇄된 표제는 추사(秋史) 김정희(金正喜)의 글씨를 집자(集字)한 것이며, 창간호의 표지에는 '학등(學燈)'이 환하게 방을 밝힌 가운데, 학생들이 책을 읽고 글을 쓰는 데 몰두하고 있는 삽화를 그려 넣었다. 표지 그림은 당시 중앙고보 교사였던 서양화가 이종우(李鍾禹, 1899~1979)의 작품이다.

5) 창간 의의

한성도서주식회사의 창립 15주년 기념을 위한 출판사업의 일환으로 발행되기 시작한 《학등》은 지식인 계층의 국민계도적 성격을 지니고 있으며, 오늘날의 사보(社報) 기능을 수행하기도 했다는 점에서, 그리고 창간호의 공고에 의하면 창간호는 독자에게 무료로 배포했다는 점에서 의미가 있다.[226] 창립 당시에 이미 학생 잡지 《학생계》를 발간했던 한성도서주식회사는 창립 기념사업의 일환으로 《학등》을 창간하면서 한성도서의 주요 고객에게 무료로 증정하려는 의도를 갖고 있었다.(하지만 이후 자사의 책을 구입하는 고객에게만 한정적으로 무료 증정하는 것으로 방침을 바꾸었다.) 또한, 잡지에는 한성도서에서 발간한 책들의 광고 및 목록을 수록하여 홍보를 겸하도록 함으로써 홍보지로서의 역할도 수행했다.

결론적으로, 《학등》은 학생 교육을 목표로 당대의 유력출판사에 의해 창간된 교양잡지라는 점에서, 한편으로는 청년 교육이 곧 조선의 힘이 된다는 계몽운동 세대의 신념을 드러내

225 국립중앙도서관 편(2017), 앞의 자료, p.61.
226 한국민족문화대백과사전 [학등]

는 동시에, 다른 한편으로는 문화적 기여와 독자 확보를 동시에 겨냥했던 출판사의 홍보 전략을 보여주는 잡지라는 점에서 의미가 크다. 나아가 일제강점기의 중등교육 과정에서는 제한될 수밖에 없었던 조선의 언어 및 역사에 대한 지식과 보편적인 교양 지식을 학생들에게 제공하는 역할을 담당하였다.[227]

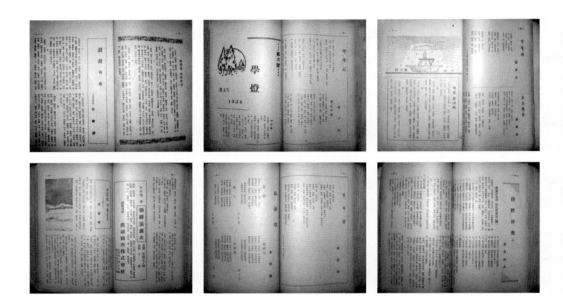

227 국립중앙도서관 편(2017), 앞의 자료, pp.61~62.

1) 창간 배경

《중앙》은 1933년 11월 1일자로 조선중앙일보사가 창간한 종합지이다. 이 잡지의 창간은 《조선중앙일보》 속간 1주년 기념사업의 일환으로 기획된 것이었고, 이 신문이 무기 휴간에 들어갔던 1936년 9월호를 끝으로 발행이 중단되었다. 《중앙》의 편집방침은 망라적이고 좌익적 색채가 눈에 띄지 않는 것이 그 특색이라 할 수 있지만, 무게 있는 글들은 거의 없었다. 그러나 일장기말소사건으로 《조선중앙일보》가 발행을 정지하자 이 잡지도 1936년 9월 1일 통권 35호를 끝으로 폐간되고 말았다. 한때 '사회주의적 색채'를 띄고 국내와 정세와 제반 사안에 대해 진보적인 의견을 내놓는다고 평가받던 《중앙》은 속간 이후 다른 신문사의 종합 잡지와 구분이 되지 않는 잡지로 발간된 것도 종간을 앞당긴 요인이었을 것으로 보인다.

2) 관련 인물

창간호 간기면을 보면 편집 겸 발행인은 김동성(金東成, 1890~?)[228]이었다. 창간호의 집필진

---

228   1908년 미국 오하이오주립대학 유학 후 《매일신보》에서 근무하다가 1920년 창간한 《동아일보》 일선기자를 거쳐 일제강점기 대표적 민간신문이었던 《조선일보》, 《조선중앙일보》 등에서 요직을 맡아 활동했다. 우리나라 최초의 기자실무지침서이자 언론관련 전문서라고 할 수 있는 저서 『신문학(新文學)』을 펴내기도 했다.

으로는 주필 이관구(李寬求), 정치부장 배성룡(裵成龍), 학예부장 이태준(李泰俊) 등이 참여했다.

3) 주요 내용

당시 조선중앙일보사의 사장이었던 여운형(呂運亨)은 《중앙》 창간호의 「창간사」에서 신문에 비해 잡지가 사상을 종합하고 구체적 지식을 파악하는 데 적절한 매체라고 밝히면서, "만근(輓近) 민중의 독서력은 계몽운동의 치성(熾盛)에 따라 놀랄 만치 향상되어 왔습니다. 이에 적응하기 위하여 우리는 민중에게 그의 요구하는바 지식을 제공하려 합니다. '지식은 힘이다'라는 말은 우리에게 있어서 더욱 적절합니다."라고 적었다.

《중앙》 창간호에 실린 글을 보면, 사장 여운형의 창간사를 필두로 주필 이관구(李寬求)의 「모순당착의 미곡정책」, 정치부장 배성룡(裵成龍)의 「국제정국의 동향」, 학예부장 이태준(李泰俊)의 소설 「달밤」과 함께 홍상하의 「산업부흥법과 미국경제의 장래」, 그리고 목상생(木床生)의 「중국문제 관견(管見)」 등의 논설이 실렸다. 또한 '근대 가정의 과학적 운영'이란 모토로 기획된 가정위생학 분야의 글로 「가정부인의 가계부」, 「초동(初冬)과 가정위생」, 「쥐잡는 법 몇 가지」, 「육아지도법」, 「초동안산법(初冬安産法)」 등이 실려 있다. 이러한 주제 이외에도 '결혼특집'란을 마련하여 「결혼하려는 여성에게 보내는 글」, 「결혼반지 이야기」, 「혼담이 들어오게 하는 비결」, 「혼담의 처리비결」, 「구혼자 채점(採點)법」 등 흥미 있는 읽을거리를 실었다. 그밖에 보성전문학교를 비롯한 연희전문학교·이화여자전문학교·경성치과전문학교 등의 각 교수들을 동원하여 문제제기와 그 해결책을 제시하였고, 수필가와 시인의 작품을 소개

하고 있어 광범위한 독자층을 대상으로 편집한 흔적을 엿볼 수가 있다.[229]

《중앙》은 당시의 종합잡지들 중에서는 문학 지면의 비중이 큰 편이었다. 특히 '기획소설'이라는 코너를 마련하여 특정한 주제에 대한 소설들을 실은 것이 주목할 만하다. 1934년 12월 호에는 '여류작가 5인집'이라는 기획 아래 이선희의 「가등」, 노천명의 「결혼전야」, 백신애의 「낙오」, 장덕조의 「어떤 여자」, 최정희의 「여인」이 수록되었다. 1936년 2월호에는 '특선 고대소설집'이라는 기획 아래 「김진옥전」, 「배비장전」, 「숙영낭자전」, 「양산박전」이 게재되었다. 또한, 중편 이상의 분량을 지닌 작품을 한 번에 게재하는 '전재소설'을 싣기도 하였다. 이를 통해 발표된 작품은 염상섭의 「그 여자의 운명」(1935년 2월호), 이태준의 「애욕의 금렵구」(1935년 3월호), 이북명의 「공장가」(1935년 4월호), 안회남의 「황금과 장미」(1935년 5월호) 등 4편이었다. 이외에 소설에서는 이서구・박노갑・김유정・이기영・이무영・염상섭 등이, 시에서는 박팔양・김기림・유엽・박재윤 등이, 평론에서는 백철・유치진 등이 주요 필자로 활동했다. 문학 이외의 지면에서는 당대의 국제정세와 과학기술, 가정위생학, 스포츠학 등을 폭넓게 다루었다.

《중앙》은 신문사의 자금 사정으로 일시 휴간하였다가 1936년 1월 신년호로 속간하면서부터 이전과는 다른 편집 체제를 보이는데, 우선 '가정란'이 폐지되고 시사 문제를 다루는 흥미 위주의 글들이 주요 지면을 차지했다. 그리고 이전에 비해 문학의 비중이 더욱 늘어났다. 이는 재정의 문제로 휴간되었던 것을 답습하지 않기 위해 독자들에게 더욱 흥미를 줄 수 있는 방식으로 지면을 구성한 결과라고 할 수 있다. 이런 내용은 속간호의 편집후기를 보면 알 수 있다. 편집을 담당했던 아동문학가 윤석중(尹石重, 1911~2003)은 "이제 우리는 체재, 내용, 편집을 일신해 가지고 밥만 말고 반찬과 양념도 함께 제공하기로 하였습니다. 밥도, 몸에 유조하다는 조강밥을 해드리기로 하였습니다. '쿡'노릇이 아직 서툴기는 하나 여하튼 여러분 식성에 맞는 《중앙》을 꾸며드리려고 가진 애를 다 쓰고 있습니다."와 같이 잡지의 면모일신을 약속하기도 했다.[230]

4) 편집 특성

창간호는 4×6배판 크기의 판형에 150쪽 분량으로 발행되었으며, 1권의 정가는 20전이

---

229 한국민족문화대백과사전 [중앙]
230 국립중앙도서관 편(2017), 『한국근대문학해제집Ⅲ-문학잡지(1927~1943)』, pp.64~65.

었다. 표지는 전체에 곡식을 수확하는 건장한 남성들의 모습을 담은 그림이 담겨 있으며, 왼쪽 상단에 세로쓰기로 '中央'이라는 제목이 나오고, 아래에 '창간호'라는 글자가 들어가 있다. 이후로도 매호마다 다른 그림이 배치되었을 뿐 전체적인 디자인은 비슷했다.

5) 창간 의의

신문사에서 각종 잡지를 발간하기 시작한 시발점은 1931년 1월 동아일보사가 《신동아》를 창간한 것이었다. 이러한 현상은 그대로 중앙일보사 및 조선일보사에도 파급되어 마침내 신문사 경영의 잡지시대를 가져왔다. 또한 영세한 자본력과 몇 안 되는 기자로 구성된 기존의 잡지사를 압도하거나 위축시키는 결과를 가져왔다. 신문사라는 커다란 기구와 조직 및 인원을 가지고 있다는 장점은 확실히 각종 잡지를 대량으로 만들어 내는 데 유리하였다. 《중앙》은 여운형이 조선중앙일보사에 사장으로 취임하여 지면쇄신과 더불어 새로운 문화사업을 펼치면서 나타난 산물이었기에 순조로운 출발과 더불어 호를 거듭함에 따라 발전을 거듭했다. 이에 자극받은 듯 총독부 기관지 《매일신보》를 발행하고 있었던 매일신보사에서는 1934년 11월 《월간 매신(月刊每申)》을, 이어서 1935년 11월에는 조선일보사에서도 《조광》을 각각 창간하기에 이르렀다. 그리하여 이들 신문사는 매일신보사만 빼놓고 모두 여러 가지 월간잡지를 발행하게 되었다.

〈참고〉 《조선중앙일보》[231]

여운형(呂運亨)이 《중앙일보》의 제호를 바꾸어 1933년 3월 7일 발행하였다. 편집인 겸 발행인은 최선익(崔善益), 사장은 여운형이었으나 1935년 5월 31일부터는 출자자인 최선익이 물러가고 새 출자자인 윤희중(尹希重)과 함께 경영을 담당하였다. 증자와 함께 취체역 사장에 여운형, 전무에 윤희중, 고문에 권동진(權東鎭)·윤치호(尹致昊), 편집국장에 이관구(李寬求) 등으로 진영을 갖추었다. 체재는 대형판 13단제로, 조간 4면, 석간 4면의 8면을 발행하였다.

원래 이 신문의 계보는 《중외일보(中外日報)》(1~1492호) → 《중앙일보》(1493~1871호) → 《조선중앙일보》(1872~3059호)로서 모두 제호를 바꾸어 인수하기 전의 호수를 그대로 계승

---

231 한국민족문화대백과사전 [조선중앙일보]

하였다. 《중외일보》는 1926년 11월 15일 창간되었는데 이상협(李相協)이 발행인 겸 편집인을 맡아 경영하다가 1929년 9월에는 안희제(安熙濟)가 출자하여 사장에 안희제, 부사장에 이상협으로 개편하였으나 경영난으로 1931년 9월 2일 해산을 결의하여 자진 폐간하였다.

《중앙일보》는 《중외일보》의 판권과 신문호수를 그대로 이어받아 1931년 11월 27일 속간한 일간신문으로, 발행인 겸 편집인에 김찬성(金贊成)·노정일(盧正一)·최선익 등이 계승하여 주간(主幹) 중심체제로 운영하였다. '여론의 대표기관, 정의의 옹호기관, 엄정한 비판기관'이라는 3대 신조를 내세우면서 민중의 공기로서의 소임을 다짐한 신문으로 다른 신문들과 달리 일요부록으로 2면을 발행하여 학예·가정·운동·아동·산업 등을 다루고, 독자의 교양과 취미를 넓히고 값싸고 가장 좋은 신문이 되고자 노력하였다. 다른 신문들과 같이 총독부의 탄압과 재정적 운영난으로 1932년 5월 5일에 60일간의 휴간계를 내는 등 사원의 월급을 지급하지 못하여 분규가 일어나는 현상까지 초래하기도 하였다. 그 뒤 1933년 2월 16일에 여운형을 사장으로 하여 새 출발을 하였으나 1933년 3월 6일에 마지막 호를 내고 폐간하였다.

《조선중앙일보》는 《중앙일보》의 제호와 호수를 이어받아 발행한 일간신문이다. 자본금 50만 원으로 증자하여 사업확장을 위하여 경비행기를 도입, 백두산탐험비행을 단행하기도 하였다. 그러나 8월 13일자 조간 4면에 제11회 베를린올림픽대회 마라톤에서 우승한 손기정(孫基禎)의 가슴에 단 일장기(日章旗)를 말소한 사진을 보도하여 9월 5일부터 무기정간 당하였다. 그 뒤 성낙헌(成樂憲) 등과의 재정적인 물의와 사장 여운형의 총독부에 의한 강제적인 사장 사임 등으로 곤경에 빠져 1937년 11월 5일 발행허가 효력의 자연상실로 폐간되고 말았다.

이 신문이 《조선중앙일보》로 제호를 고친 것은 중국에서도 《중앙일보》가 발행되고 있다는 이유도 있지만, '조선'을 붙여 민족적 정신을 부각시키고 독립의 의지를 불어넣으려는 뜻도 함축되어 있었다. 그리하여 민족반역자의 행태를 폭로 보도하여 사회적으로 경각심을 일으키기도 하고, '조선민란사화(朝鮮民亂史話)'를 연재하는 등 민중의 지지와 여론의 대변에 매진하였다. 그러나 그만큼 총독부의 탄압을 받아 수없이 차압을 당하고 기사삭제의 고난을 겪었던 신문이다.

1) 창간 배경

《문학》은 1933년 12월 25일에 박용철(朴龍徹)에 의해 창간되어 1934년 2월 1일에 제2호, 1934년 4월 1일에 제3호를 발간하고 종간된 순수 문예지이다. 제3호의 편집은 이헌구(李憲球)가 맡았는데 종간호가 되었다. 박용철은 짧은 생애 동안 네 종의 문학 예술잡지를 발행했는데, 《문학》은 《시문학》, 《문예월간》에 이어 세 번째로 발행된 잡지였다. 이후 1934년 4월에 《극예술》을 발행하였다.

2) 관련 인물

창간호 간기면을 보면 편집 겸 발행인은 박용철, 인쇄인은 김진호, 인쇄소는 한성도서주식회사, 발행소는 시문학사(詩文學社)이며, 시문학사의 주소는 경성부 적선동 169로 표기되어 있다.

3) 주요 내용

창간호를 보면 수필, 시, 논문, 해외문학 등으로 꾸려져 있고, 김진섭의 수필 「창」과 김광섭(金珖燮)의 「수필문학소고(隨筆文學小考)」가 앞쪽에 배치되어 있다. 시로는 김영랑의 「사행소

곡육수(四行小曲六首)」, 조운의 「만월대에서」, 유치환의 「수선화」, 김기림(金起林)의 「산보로(散步路)」, 허보(許保)의 「나의일생」, 김현구((金玄鳩))의 「내마음사는곧」, 신석정(辛夕汀)의 「너는비들기를부러워하드구나」, 브라이안 후커의 시를 박용철이 번역한 「꿈나라장미의노래」 등이 실려 있다. 논문으로는 롯테 아담의 글을 독문학자 조희순이 번역한 「문학에잇서서의체험과세계관」, 알랭의 글을 불문학자 이헌구가 번역한 「회화론」, 영문학자 이하윤의 논문 「시인더·라메-어연구(1)」 등이 수록되었다. 해외문학으로는 러시아 작가 조쉬첸코의 작품 「모(姆)」(원제 냐냐)를 함대훈 번역으로 실었고, 그밖에도 영국 작가 워드하우스의 「애독자」를 김진섭 번역으로, 알버트 브로드베크의 「독일민중무대종간사」를 조희순 번역으로 게재했다. 《문학》의 필진은 박용철이 앞서 발행한 《시문학》, 《문예월간》의 필진과 대부분 겹친다.

　　제2호에는 이하윤(異河潤)의 「더·라·메-어의시경」, 빌헬름 빈델반드의 글을 조희순(曺希醇)이 번역한 「괴-테의 「파우스트」와 문예부흥의 철학」, 김상용(金尙鎔)의 시 「우리 길을가고 또갈까」·「자살풍경스켓취」·「남으로 창을 내겟소」, 임학수의 시 「먼곡조」·「항해」, 허보의 「처」 등이 실려 있다. 그밖에 러시아 시인 데미안 베드느이의 작품을 함대훈(咸大勳)이 번역한 「거미와 파리」, 체스터튼의 글을 김광섭이 번역한 「풍자론」, 릴리안·리온의 소설을 박용철이 번역한 「거울」 등이 실려 있다. '후기'에서 편집자는 《문학》이 독자에 대한 서비스 정신이 부족하고 조선 문단에 대한 관심이 부족하다는 비판을 받고 있지만 지금 우리에게 절실하게 필요한 것은 '문학에 대한 진실한 열의'임을 강조하고 있다. '편집여언'에서도 잡지의 내용은 사색의 실마리를 제공하는 것이지 오락과 소일거리를 제공하는 것이 아니라고 덧붙임으로써 《문학》을 향한 독자의 비판에 맞서고 있다. 제2호에서 가장 눈에 띄는 작품은 김상용의 대표시라고 할 수 있는 「남으로 창을 내겟소」가 아닐까 싶다.

　　제3호는 엘리너 파견(Eleanor Farjeon)의 「The night will never stay」의 원문을 소개하면서 시작된다. A.E. 하우스만의 강연을 박용철이 번역한 「시의명칭과성질」과 함께, 김영랑의 「모란이 피기까지는」, 유치환의 「눈」, 신석정의 「산으로가는마음」, 「바람」, 김현구의 「산비달기같은」, 임학수의 「달에빛외인정자」 등의 창작시가 실렸다. 그밖에 김영랑의 기행시 「불지암서정」, 신석정의 「고요한 골에는 물도 흘러가겟지」, 유치환의 「포푸라」, 최재서의 「굼주린쫀슨박사」 등이 실렸으며, '편집여언'에서는 프로문학에 대한 생각을 밝혀 놓았다. 제3호에서 가장 눈에 띄는 작품은 김영랑의 대표시 「모란이 피기까지는」이다.[232]

---

232 국립중앙도서관 편(2017), 앞의 자료, pp.66~68.

일본 유학시절의 김영랑(左측)과 용아 박용철이다.

4) 편집 특성

《문학》은 모든 호에 걸쳐 5×7판 크기에 37~41쪽 정도에 불과한 비교적 얇은 잡지로 발행되었으며, 1권당 정가는 20전이었다. 표지 디자인은 '文學'이라는 제호를 크게 넣고 그 아래 목차를 세로로 배열해 실어놓는 형식을 취했다. 창간호 첫 면에 실린 에미 로웰(Amy Lowell)의 시 「Obligation」은 제2호 '편집여언'에 「사의」라는 제목으로 번역, 소개된 시의 원문이다.

5) 창간 의의

《문학》에 수록된 작품들은 모두 명편(名篇)으로, 우리 국문학사에 길이 빛날 작품들이 적지 않으며, 동인들이 대체로 순수문학을 지향하는 작가들과 해외문학파들로 구성되어 있는 점이 특색이다. 수록된 작품들의 면면으로는 수필에 김진섭의 「창」(제1호), 논문에 김광섭의 「수필문학소고」(제1호)가 있으며, 시에 김영랑의 「모란이 피기까지는」(제3호)·「사행소곡 육수」(제1호), 김상용의 「남으로 창을 내겠소」(제2호), 유치환의 「수선화」(제1호), 김기림의 「산보로」(제1호) 등과 시조에 조운(曺雲)의 「만월대(滿月臺)에서」(제1호)가 있다. 그밖에 허보·김현구·신석정 등의 시, 이하윤의 평론, 박용철의 번역시, 조희순·이헌구의 번역평론, 함대훈·김진섭의 번역소설 등이 수록되어 있다.

이처럼 《문학》은 전체 분량이 40쪽 내외의 얇은 잡지였던 만큼 뚜렷한 문학적 색채나 지향을 드러낸 것은 아니었지만 김상용과 김영랑 등의 대표시가 수록된 점이 눈에 띄고 시문학파와 해외문학파 등 필진이 박용철이 앞서 간행한 문예지들과 겹치며, 프로문학에 대해 거리를 두고자 한 지향점이 드러난다는 점에서 그 의미를 찾을 수 있다.[233]

---

233 국립중앙도서관 편(2017), 앞의 자료, p.68.

▲ 1930년대 시단을 평정한단 시문학파 동인들. 앞줄 왼쪽부터 김영랑, 정인보, 변영로, 뒷줄 왼쪽부터 이하윤, 박용철, 정지용

〈참고〉 박용철(朴龍喆, 1904~1938)[234]

일제강점기 「떠나가는 배」, 「밤기차에 그대를 보내고」, 「싸늘한 이마」 등을 저술한 시인. 아호는 용아(龍兒). 전라남도 광산(지금의 광주광역시 광산구) 출신. 1916년 광주공립보통학교를 졸업하고 이듬해 휘문의숙(徽文義塾)에 입학하였다가 바로 배재학당(培材學堂)으로 전학하였다. 그러나 1920년 배재학당 졸업을 몇 달 앞두고 자퇴, 귀향하였다. 그 뒤 일본 동경의 아오야마학원[靑山學院] 중학부를 거쳐 1923년 도쿄외국어학교 독문학과에 입학하였으나, 관동대지진으로 학업을 중단하고 귀국하였다. 이어서, 연희전문학교(延禧專門學校)에 입학하였으나 몇 달 만에 자퇴하였다. 재학 중 수리과목에 재능을 보였는데, 문학에 관심을 가지게 된 것은 아오야마학원 재학 때에 사귄 김영랑(金永郎)과 교우로 관계하면서 비롯되었다. 문단 활동 이외의 경력은 전혀 없다. 1930년대에는 사재를 털어 문예잡지 《시문학》 3권, 1931년에는 《문예월간》 4권, 1934년에는 《문학》 3권 등 도합 10권을 간행하였다. 또한 그가 주재하였던 시문학사에서 1935년 같은 시문학동인이었던 정지용(鄭芝溶)의 『정지용시집』과 김영랑의 『영랑시집』을 간행하였다. 문단 활동으로는 자신이 주축이 된 시문학동인 활동과 '해외문학파', '극예술연구회' 회원으로 참여하여 입센(Ibsen,H.) 원작의 『인형의 집』 등 연극공연을 위한 몇 편의 희곡을 번역하였다. 정지용 등과 시집과 문예지를 간행하는 등 문학 활동에 전념하면서도 자신의 작품집은 내지 못하고 1938년 서울에서 후두결핵으로 사망하였다. 그의 시작 활동은 1930년 3월 《시문학》 창간호에 「떠나가는 배」·「밤기

---

234 한국민족문화대백과사전 [박용철]

차에 그대를 보내고」·「싸늘한 이마」·「비내리는 날」 등 5편의 시를 발표하면서부터 본격적으로 전개되었는데, 그 뒤로 《문예월간》·《문학》 및 기타의 잡지에 많은 시작품을 발표하고 있다. 그러나 발표되지 않고 유고로 전하여지다가 뒤에 전집에 수록된 작품도 상당수에 달한다. "나 두 야 간다/나의 이 젊은 나이를/눈물로야 보낼거냐/나 두 야 간다"로 시작되는 대표작 「떠나가는 배」는 어딘가 정박지를 찾아 떠나가는 '배'에다 인생을 비유한 작품이다. 즉, 인정과 고향을 되돌아보는 현실과 '삶'의 행정(行程) 속에서 아무런 마련도 없이 또 다른 정박지를 향하여 떠나가는 이상과의 내적 갈등을 그리고 있다. 그리고 1938년 《삼천리문학》에 발표된 「시적 변용에 대해서」는 지금도 널리 읽혀지는 그의 대표적인 평론으로서 그의 시작이론(詩作理論)을 잘 드러내고 있다. 그의 시는 같은 시문학동인인 정지용이나 김영랑의 시를 못 따르지만, 《시문학》·《문예월간》·《문학》 등 문예지를 간행하였고, 방대한 역시편(譯詩篇) 등을 통하여 해외문학을 소개하는 역할을 하였다는 점은 한국 근대문학사에서 큰 공적이 되고 있다. 지나치게 서구문학사조에 편향되어 혼류를 이루었던 1920년대 문단을 크게 전환시켜 '살'과 '피'의 결정으로 이루어진 보다 높은 차원의 시창작, 즉 '민족언어의 완성'이라는 커다란 과제를 제시하였던 것이다. 유해는 고향 광주광역시 광산구 송정동 우산리에 안장되었고, 광주공원에 영랑의 시비와 함께 그의 시비도 건립되어 있다. 시비에는 대표작 「떠나가는 배」의 한 절이 새겨져 있다. 유작집으로 《박용철전집》 2권이 각각 1939·1940년 동광당서점에서 간행되었고, 대표적 평론으로 「효과주의비평론강(效果主義批評論綱)」(1931)·「문예시평(文藝時評)」(1931) 등이 있다.

1) 창간 배경

《형상》은 1934년 2월 창간되어 1934년 3월까지 카프 문인 중심으로 통권 2호가 발행된 순문예 잡지이다. 창간호 내용을 살펴보면 별도의 창간사는 없으며, 발행인 이동야가 쓴 창간호 편집후기에 의하면, 《형상》은 "우리들의 문학 건설에 있어서 새로운 역할을 하겠다는 희망"을 가지고 출발했다고 한다. 문예지답게 시, 소설, 희곡, 번역, 창작평의 편집 체제로 되어있다. 그러나 이기영, 한설야, 김남천, 박세영, 임화, 안함광 등 카프 계열 문인들이 주요 필진을 이루며, 특히 이기영의 「돌쇠」를 창간호의 대표작으로 내세우면서, "중국 프로문학의 「아큐정전(阿Q正傳)」에 비견"할 만한 작품으로서 노신(魯迅)의 「공을기(孔乙己)」를 특별히 소개하는 점 등으로 볼 때, 《형상》이 프로문학 잡지의 성격을 갖고 있음을 알 수 있다.[235]

2) 관련 인물

창간호 간기면을 보면 편집 겸 발행인 이동야(李東冶), 인쇄인 최봉섭(崔奉燮), 인쇄소 하시모도(橋本) 인쇄소, 발행소는 경성부 인의동(仁義洞) 119-1에 있는 신흥문화사(新興文化社)로 표기되어 있는데, 이곳은 발행인 이동야의 자택이다.

---

[235] 국립중앙도서관 편(2017), 앞의 자료, p.69.

3) 주요 내용

《형상》에 실린 작품들을 살펴보면 먼저 소설 작품으로는 이기영(李箕永)의 「돌쇠(乭釗)-서화(鼠火)의 속편-」, 최정희(崔貞熙)의 「성좌(星座)」, 홍구(洪九)의 「젊은이의 고민」, 이동(李棟)의 「산운(山雲)이란 곳」, 윤곤강(尹崑崗)의 「이순신(李舜臣)」, 김대봉(金大鳳)의 「탕아(蕩兒)」, 조벽암(趙碧巖)의 「실직(失職)과 강아지」, 김대형(金大荊)의 「담판(談判)」, 희곡에 송영(宋影)의 「신임이사장(新任理事長)」이 있다.

시 작품으로는 박세영(朴世永)·김기림(金起林)·박아지(朴牙枝)·김조규(金朝奎)·조영출(趙靈出)·민고영(閔孤影)·유치환(柳致環) 등의 작품이 실려 있으며, 평론에는 백철(白鐵)의 「조이스에 관한 노오트」, 임화(林和)의 「현대의 문학에 관한 단상」, 한설야(韓雪野)의 「투고작품(投稿作品)의 일반적 경향」, 이형림(李荊林)의 「2월 창작의 별견(瞥見)-삔트를 상실한 불감성문학(不感性文學)의 진열이다-」, 김남천(金南天)의 「창작방법에 있어서의 전환(轉換)의 문제」, 안함광(安含光)의 「시사문학의 옹호와 타합(打合) 나이브리아리즘」, 이정구(李貞求)의 「시에 나타난 우연성(偶然性)의 해석(解釋)」, 이찬(李燦)의 「예술시감(藝術時感)」 등이 있으며, 수필에는 이무영(李無影)의 「도시를 향하여」 등이 수록되어 있다.[236]

4) 편집 특성

《형상》은 5×7판 크기의 판형에 창간호의 본문은 62쪽으로 발행되었고, 제2호는 71쪽 분량이었으며, 1권당 정가는 10전이었다.

---

236 한국민족문화대백과사전 [형상]

5) 창간 의의

《형상》에 수록된 작품 중에서 주목할 만한 것으로 먼저 시 작품 중에서는 박아지의 「숙아」 (1호)·「나는 떠날 수 없소」(2호)[237], 김기림의 「거지들의 크리스마쓰 쏭」(1호) 등을, 소설로는 이기영의 「돌쇠(乭釗)-서화(鼠火)의 속편-」(1~2호)[238], 최정희의 「성좌(星座)」(1호), 조벽암의 「실직(失職)과 강아지」(2호) 등을 꼽을 수 있다.

희곡으로는 송영의 「신임이사장」(1호)[239]을, 평론으로는 백철의 「조이스에 관한 노오트」 (1호), 임화의 「현대의 문학에 관한 단상」(1호), 김남천의 「창작방법에 있어서의 전환(轉換)의 문제」[240], 안함광의 「시사문학의 옹호와 타합(打合) 나이브리아리즘」(2호)[241] 등을 주목할 만

---

237 노동자, 농촌, 빈곤을 제재로 시를 써온 박아지는 「숙아」에서 노동자 남편을 잃은 숙이에게 다시 삶의 의지를 주고자 하지만, 「나는 떠날 수 없소」에서는 먹고살기 힘들어 고향에 돌아왔으나 고향 역시 살 곳이 못 되어 절망하는 이들의 모습을 형상화하고 있다. 노동자·농민의 궁핍한 삶에 얽힌 정조(情調)를 드러내는 박아지의 시에 비해 김기림의 시 「거지들의 크리스마쓰 쏭」은 겨울의 추위와 가난을 다양한 시청각적 이미지를 통해 묘사하고 있다. 이 시는 어머니로의 인화된 '대지'를 봄과 겨울로 대조함으로써 겨울에 고통 받는 이들을 더욱 부각시키는 방법을 쓰고 있다. 특히 "우리들의 '싼타 크로스' 늙은이는 심술구저서 그가 퍼주고 간 흰눈은 어름보다도 차단다/교회당에서는 붉게 다른 난로에 녹은 찬미가가 흘러오오/시장의 집에는 연회가 있다나/그러나 우리는 어둠의 벗"이라는 구절을 통해, 오늘·여기의 고통이 종교와 정치로도 구원되지 못함을 고백하고 있다.

238 이기영의 소설 「돌쇠」는 "사백팔십자원고지로 백오십매의 장편"으로서 「서화」의 속편으로 연재되었지만, 《형상》의 종간과 함께 연재도 중단되었다. 프로소설의 이른바 '목적 의식기'에 쓰인 「서화」와 마찬가지로 「돌쇠」에서도 본격적인 계급투쟁은 나타나지 않는다. 다만 주인공 '돌쇠'가 부익부 빈익빈의 현실을 절감하며 참다운 문명개화에 대해 이야기하는 한편, 지식인 '광조'에 대해 더욱 호감을 갖게 되는 과정이 나타난다. 이기영은 「서화」, 「돌쇠」를 거쳐 이후 프로소설의 대표작이자 한국소설사의 큰 봉우리 중 하나인 장편소설 『고향』을 발표하게 된다.

239 송영의 희곡 「신임이사장」은 극단 '신건설'의 2회 공연 대본으로, 자본주의 악덕 기업가의 정체를 폭로하는 작품이다. 삼림회사 신임 이사장 '이성환'은 참모인 '박삼천'이 써준 연설문을 제대로 읽지도 못하고 중언부언한다. 그 사이 지난 해 삼림회사 직원의 폭행으로 아내가 죽은 것에 울분을 참지 못해 오던 '용진'은 연설장에서 소란을 피운다. 그러나 이사장은 직원들을 시켜 그를 끌어내고 계속 회의를 진행하는 비정한 모습을 보인다. 「신임이사장」은 계몽적 설교가 아닌, 인물의 대화와 상황 설정을 통해 악덕 자본가를 고발하고 있는 점에서 리얼리즘극의 모델이 되고 있다.

240 김남천의 「창작방법에 있어서의 전환의 문제」는 러시아의 라프와 일본의 나프를 예로 들면서, 창작방법의 새로운 방향으로 조직과 전 대중의 실천문제를 연결시킬 것을 주장하고 있다.

241 안함광은 「시사문학의 옹호와 타합 나이브리아리즘」을 통해, 문학을 포스터문학, 시사문학, 부르주아 형식주의 문학으로 나누고, 그 중 부르주아 형식주의 문학을 '나이브리아리즘'으로 명명하

하다.[242]

이처럼 《형상》은 1930년대 중반 프로문인들 중심의 작품을 싣는 한편, 신인 작가들에게도 문호를 개방했다. 편집체재에 있어서는 소설의 경우 삽화를 활용한 것이나, 편집인의 말처럼 많은 글을 싣기 위해 글자 크기를 작게 하는 등의 노력도 기울였다.[243]

며 타도할 것을 주장한다.

242 국립중앙도서관 편(2017), 앞의 자료, pp.69~71 참조.
243 국립중앙도서관 편(2017), 앞의 자료, p.71.

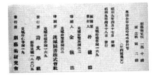

1) 창간 배경

1934년 극예술연구회에서 근대적인 정통연극의 도입과 정착을 목적으로 창간한 잡지이다. 본래 극예술연구회는 1930년대에 등장한 신극(新劇) 운동의 대표적 단체로서 연극의 상업주의를 배격하고, 서구의 근대적 정통연극을 도입하여 정착시키려는 의도로 결성되었다. 창간사에서 밝힌 "조선에 진정한 극문화(劇文化)를 수립하자."라는 구호가 이러한 의도를 잘 보여주고 있다. 그들의 기관지라고 할 수 있는《극예술》도 이들의 실천노선을 펴기 위한 장소를 제공하려는 취지에서 탄생한 것으로 볼 수 있다.[244] 1934년 4월에 창간호가 발행되었고, 제2호는 1934년 12월에, 제3호는 1935년 11월에, 제4호는 1936년 5월에 각각 발행되었으며, 1936년 9월 제5호를 마지막으로 잡지 발간이 중단되었다.

2) 관련 인물

창간호 간기면을 보면 편집 겸 발행인은 박용철, 인쇄인 김진호, 인쇄소 한성도서주식회사, 발행소는 시문학사와 극예술연구회로 표기되어 있다. 또한, "본지는 매(每) 공연시마다 발행함(연 4회 예정)"이라고 밝힌 것으로 보아 계간지를 계획했던 것으로 보인다. 편집 겸 발행인 박

---

244 한국민족문화대백과사전 [극예술]

용철은 《극예술》 창간 이전에도 이미 《시문학》과 《문예월간》 등을 발행하기도 했다. 박용철은 극예술연구회 회원이면서 해외문학파의 동인이자 문학잡지 발행인이었으므로 자연스럽게 《극예술》의 편집 겸 발행인 역할을 맡게 된 것으로 보인다. 실제로 편집책임은 극예술연구회의 창립동인인 함대훈(咸大勳)·김광섭(金珖燮)·조희순(曹喜淳)·이헌구(李軒求) 등 4명이 맡았다.

3) 주요 내용

권두에 나오는 창간사의 일부를 보면 다음과 같다.[245] (현대어 표기로 고침)

> '조선에 진정한 극문화를 수립하자.' 이 일언이 《극예술》이 가지는 전 의도(全意圖)요 지표다. 우리는 이 의도와 지표의 달성을 위하여, 가장 진지하고도 꾸준한 열의로써 조선의 극예술의 기본적 공작을 위한, 세계적 관심과 조선적 직관(直觀)을 통한 새로운 창조적 노력을 아끼지 아니할 것이다.
>
> 극예술은 항상 그 민족 그 사회의 모든 운명과 현실을 총체적으로 또는 종합적으로 구현하는 유일의 산 기록이다. 그러므로 극은 단순한 민중의 교화를 의미하지 않는다. 그러나 왕왕 위대한 교화는 진정한 극예술에서 발현된다. 여기에 극이 가지는 생명의 신비와 항원(恒遠)한 위대성이 있다. 〈이하 생략〉

이 잡지에 실린 주요 논문 및 기사로는 「조선연극사상의 극연(劇研)의 지위」(이헌구)·「입센의 예술과 사상」(김광섭)·「신극과 흥행극」(서항석)·「조선연극운동의 20년을 회고함」(윤백남)·「연출법에 대하야」(홍해성)·「극예술연구회의 경과보고」(연구부 편)·「관중시론(觀衆試論)」(김광섭)·「체호프의 앵화원(櫻花園)에 대하야」(함대훈), 「극연의 방송기록」(연구부 편), 「연극시감(演劇時感)」(이헌구), 「조선연극운동에 대한 소론」(이헌구), 「번역극의 생명」(김광섭), 「극연 경리(經理)의 이면사(裏面史)」(서항석) 등이 있다.

4) 편집 특성

《극예술》은 5×7판 크기에 모두 60쪽으로 발행되었으며, 정가는 10전이었다.

창간호의 표지에는 '근대극의 아버지'로 불리는 노르웨이 출신의 극작가 헨릭 입센(Henrik

---

245 최덕교 편저(2004), 『한국잡지백년2』, 현암사, p.536.

Ibsen, 1828~1906)의 사진이 실려 있다. 이는 극예술연구회가 근대극의 확립을 표방한 단체라는 사실을 상징적으로 보여준다. 또 1934년 4월 18~19일에 극예술연구회가 제6회 정기공연작품으로 경성 공회당에서 상연한 입센 작, 박용철 역 「인형의 집」 공연에 맞춰 잡지를 발간했기 때문에 창간호를 입센 특집호로 꾸미게 된 것으로 보인다.

5) 창간 의의

창간호에 수록된 글 중에 이헌구의 「조선연극사상의 극연의 지위」, 윤백남의 「조선 연극운동의 20년을 회고함」, 서항석의 「신극과 흥행극」 등의 논문이 주목할 만하다. 극예술연구회가 지향하는 신극운동의 노선을 분명하게 제시했다는 점에서 그러하다. 특히 대중극(흥행극)에 대한 대타의식을 뚜렷하게 드러냄으로써 신극운동이 나가야 할 방향성을 보여주었다. 그리고 김광섭의 「입센의 예술과 사상」, 「헨릭 입센의 생애」는 입센 특집호로서 창간호가 갖는 의미를 부각시키는 논문이다. 그밖에 홍해성의 「연출법에 대하여」, 이용규의 「연출의 개성과 통일」, 이웅의 「무대예술가의 사회적 지위」 등과 같이 연극 실무에 관한 글도 나란히 게재되었다. 극예술연구회 연구부가 작성한 「극연 조사 특집」은 극예술연구회의 조직, 구성원, 공연활동 등을 살펴볼 수 있어서 자료적 가치가 매우 크다.

이처럼 《극예술》 일제강점기 대표적인 신극운동 단체인 극예술연구회의 이념과 노선, 조직, 공연 활동 등을 파악하는 데 중요한 자료적 가치를 제공하는 잡지라는 점에서 그 의미가 크다. 나아가 이 잡지는 일제의 민족문화운동 탄압정책에 의해 정간 처분을 받아 더 이상 나오지 못하게 되었지만, 동인지 성격의 연극단체 기관지인 동시에 정기적 성격을 띤 연극 전

극예술연구회 단체사진
1931년부터 1938년까지 활동한 극단. (ⓒ이두현)

문지로서 당시 새로 등장한 신극의 정립을 위해 여러 가지 실천적인 소임도 수행하였다.[246]

〈참고〉 극예술연구회(劇藝術硏究會)[247]

1931년 진정한 의미의 신극 수립을 목표로 서울에서 창단되었던 극단.

극예술연구회(劇藝術硏究會)는 극연좌(劇研座)의 전신으로, 1931년 7월에 발족하여 1938년 3월 일제에 의해 강제해산된 연극 단체이다. 약칭 '극연(劇研)'이라도고 한다. 창립동기는 극영동우회(劇映同友會)에 의한 연극영화전람회로 되어 있으나 동우회는 형식에 불과하고, 그 이전의 동인모임인 막우회(莫友會)가 그 모태이다. 외국문학을 전공한 동경 유학생들인 김진섭(金晉燮)·서항석(徐恒錫)·유치진(柳致眞)·이하윤(異河潤)·이헌구(李軒求)·장기제(張起悌)·정인섭(鄭寅燮)·조희순(曹喜淳)·최정우(崔珽宇)·함대훈(咸大勳) 등 10명이 주동하여 연극계 선배 윤백남(尹白南)과 홍해성(洪海星)을 영입한 12명의 동인으로 구성했다. 이들은 7월 4일 당시 전동식당(典洞食堂)이라는 음식점 2층을 빌려 극예술연구회 창립총회를 열고 창단하였다.

창립 취지는 '극예술에 대한 일반의 이해를 넓히고, 기성극단의 사도(邪道)에 흐름을 구제하는 동시에 나아가서는 진정한 의미의 우리나라에 신극(新劇)을 수립'하는 데 있었고, 상업주의에 의거한 신파극(新派劇) 위주의 연극풍토를 개혁하려는 강한 의지를 표방하여 우리나라 신극의 확립 방향을 뚜렷이 하였다.

극예술연구회는 전기·후기로 나누어볼 때, 전기는 1931년부터 1934년 말까지이다. 1931년 8월 기반구축 작업에 착수하여 하계강좌를 열고 연구생을 모집한 후 1931년 11월 직속극단인 '실험무대'를 조직하고 신인연기자를 확보했다. 이러한 준비과정은 동인들이 거의 무대경험이 없고 기성배우는 기용하지 않겠다는 당초의 방침을 고수했기 때문이다. 1932년 5월 제1회 시연회로 니콜라이 고골리(Nikolay Gogol) 작·홍해성 연출 「검찰관(Revizor)」을 무대에 올렸다. 당시 언론은 1923년 토월회(土月會)의 제2회 공연 이후 '10년 만에 보는 최대의 수확'이라는 호평을 하였다.이후 7회까지 공연된 작품은 1932년 6월 제2회 라인하르트 괴링(Reinhard Goering) 작 「해전(海戰)」, 1933년 2월 제3회 유치진 작 「토

---

246   한국민족문화대백과사전 [극예술]
247   한국민족문화대백과사전 [극예술연구회]

막(土幕)」, 1933년 7월 제4회 조지 버나드쇼(George B. Shaw) 작 「무기와 인간」, 1934년 4월 제6회 헨릭 입센(Henrik Ibsen) 작 「인형의 집」, 1934년 12월 제7회 안톤 체호프(Anton Chekhov) 작 「앵화원」 등이 있다. 주로 홍해성과 유치진이 연출하고, 동인(同人)들이 번역을 맡았다. 이 기간의 공연은 장·단막극을 합쳐 14편인데 그 가운데 유치진의 창작극 2편을 제외한 12편이 번역극이고, 번역극 중에서도 절대다수가 북유럽 중심의 근대연극이었다. 서구 근대사실주의를 도입하여 우리나라 신극의 기틀을 마련한 최초의 성공적 기도였던 반면 창작극의 토착화라는 극연 고유의 목표에는 미치지 못했다. 한편 동인들에 의한 비평활동과 1934년 기관지 《극예술》을 창간·간행하였다.

극예술연구회의 후기는 1935년 이후부터 1938년 3월 해산되기까지로, 그 성격은 두 가지로 요약할 수 있다. 창작극의 개발과 직업적 전문화로의 전환이 그것이다. 극단 초기에 주로 번역극을 공연했으나, '고답적 입장에서 대중을 멀리하고' 있으며 '조선의 감정에 맞지 않는다'는 동인들의 비판이 일어나자 창작극에 더 애정을 쏟았다. 이 때문에 유치진을 필두로 이무영(李無影)·이광래(李光來)·이서향(李曙鄕) 등의 신인극작가가 배출되어 창작극의 새 가능성을 보여주었다. 이 기간의 주요 공연작품은 1935년 1월 제8회 이무영 작 「한낮에 꿈꾸는 사람들」, 1936년 2월 제9회 톨스토이(Tolstoi) 작 「어둠의 힘」, 1936년 4월 제10회 이광래 작 「촌선생」, 1936년 5월 제11회 유치진 작 「자매(姉妹)」, 1936년 9월 제12회 유치진 각색 「춘향전」, 1936년 12월 제13회 칼 쇤헤르(Karl Schonherr) 작 「신앙과 고향」, 1937년 1월 제14회 헤이워드(DuBose Heyward) 부처(夫妻) 작 「포기(Porgy)」, 1937년 2월 제15회 유치진 작 「풍년기(豊年期)」(원작 「소」의 개제), 1937년 4월 제16회 톨스토이 원작 「부활」 등이다. 1935년 11월부터 1937년 4월까지의 18개월 동안 9회를 공연한 것도 이례적이며, 총 18편의 작품 중 8편이 창작극임은 주목할 만하다. 그리고 극단 전기와 달리 연극전문극장으로 공연장소가 옮겨졌다는 점도 눈여겨볼 만하다. 홍해성이 1934년 말 「앵화원」 연출을 끝으로 극단을 떠난 이후, 유치진과 서항석이 사실상 극단 운영을 맡았다. 이 시기의 번역극은 '난삽(難澁)하고 침통한' 북구계통 희곡에서 탈피해 「부활」 같은 상업주의적 성향이 뚜렷한 작품을 공연하였다. 그러나 이 시기의 가장 큰 변화는 일제의 가혹한 작품검열이었다. 이미 6회 공연 때 존 골즈워디(John Galsworthy) 작 「은연상(銀煙箱)」이 검열에 저촉되어 공연이 좌절된 데 이어 8회 공연으로 예정된 유치진 작 「소」가 검열에서 통과되지 못하였고, 대신 선정된 심재순(沈載淳) 작 「줄행랑에 사는 사람들」, 한태천(韓泰泉) 작 「토성낭」, 오케이시(O'Casey) 작 「쥬노와 공작(孔雀)」 등도 모두 검열을 통과하지 못했다. 뿐만 아니라 연극동인에 대한 잦은 일경(日警)의 소환(召喚)과 더불어 심문(審問)·투옥(投獄)이 잇달았고 극단은 일종의 사상단체로 지목받았다. 따라서 1938년 3월 해체가 불가피하게 되었으며, 동인 중 서항석·유치진만이 남아 극연좌로 재출발하기에 이르렀다.

극예술연구회의 신극사적 의미는 근대 서구 사실주의의 도입·정착을 통한 본격적 신극 수립이었다. 이 극단은 1920년대의 토월회가 신파극의 극복을 위해 앞장서서 이룩한 공적을 이어받아 신극운동을 본격화시켰으며, 시대 배경, 창립동인의 인적 구성 및 자질, 운동목표의 명확한 인식, 상업주의의 비타협적 배격, 범문화계적 호응 등 여러 요인으로 해서 토월회식 좌절과 변질을 극복할 수 있었다.

극연좌 시기를 포함한 8년이라는 장기간 활동을 지속했던 것은, 그간 큰 변질 없이 운동을 지속해나갔으며, 극단 내부의 중대한 의견대립 또는 분파작용도 나타나지 않았다는 것이 크게 작용한 것이다. 또한 재정적 안정 기반 없이도 극단을 운영하는 노력이 계속되었으며, 다각적으로 연극운동을 펼쳐나갔다는 데 그 요인을 찾아볼 수 있다. 그러나 민족항일기 말기의 가혹한 문화탄압의 일환으로 연극계의 여러 숙제를 미처 풀지 못한 채 활동을 중단해야 했던 것은 우리나라 신극의 발전을 위해 적지 않은 불행을 낳았다.

1) 창간 배경

1934년 노자영(盧子泳, 1898~1940)[248]이 신인 발굴을 목적으로 창간한 문예잡지로, 1936년 10월 통권 21호로 종간되었다. 노자영 개인의 주도로 발행했기 때문에 그 개성과 취향이 그대로 반영되었다. 그러나 미문가(美文家)였던 그가 어떤 주의나 경향을 좇은 것은 아니다.

---

[248] 호는 춘성(春城). 평양 숭실중학교를 졸업하고 고향의 양재학교에서 교편생활을 한 적이 있으며, 1919년 상경하여 한성도서주식회사에 입사하였다. 이때 《서울》·《학생》지의 기자로 있으면서 감상문 등을 발표하기도 하였다. 1925년경 도일하여 니혼대학[日本大學]에서 수학하고 귀국하였으나 폐질환으로 5년간을 병석에서 보냈다. 오랜 병상에서 일어나 1934년 《신인문학》을 간행했으나 자본부족으로 중단하였다. 1935년에는 조선일보사 출판부에 입사하여 《조광(朝光)》지를 맡아 편집하였다. 1938년에는 기자생활을 청산하고 청조사(靑鳥社)를 직접 경영한 바 있다. 작품활동은 1919년 8월 《매일신보》에 「월하(月下)의 몽(夢)」이, 같은 해 11월에 「파몽(破夢)」·「낙목(落木)」 등이 계속 2등으로 당선되면서부터 본격적으로 전개되었다. 그 뒤 1921년 《장미촌》, 1922년 《백조》 창간 동인으로 가담하여 《백조》 창간호에 시 「객(客)」·「하늘의 향연(饗宴)」·「이별한 후에」를 발표하였고, 이어 2호에 「우연애형(牛涎愛兄)에게」라는 수필을 발표하였다. 시·수필뿐만 아니라 1923년에는 소설 「반항(反抗)」을 출간하기도 하였다. 1924년에는 첫 시집 『처녀(處女)의 화환(花環)』을, 1928년에는 제2시집 『내 혼(魂)이 불탈 때』, 1938년에는 제3시집 『백공작(白孔雀)』을 간행하였다. 그의 시는 낭만적 감상주의로 일관되고 있으나 때로는 신선한 감각을 보여주기도 한다. 산문에서도 소녀 취향의 문장으로 명성을 떨쳤다. 기타 저서로는 3권의 시집 외에 시극·감상문·기행문 등을 모은 『표박(漂泊)의 비탄(悲嘆)』(1925), 소설집 『무한애(無限愛)의 금상(金像)』(1929)·『영원(永遠)의 몽상(夢想)』(1929), 수필집 『인생안내(人生案內)』(1938) 등이 있다. 한국민족문화대백과사전 [노자영]

영업상 순 문예지를 지양(止揚)하되 그러한 신비를 바탕으로 대중오락용 잡지를 지향(志向)한 요소도 다분히 있었다. 《신인문학》은 '신인'이라는 말을 제호로 내세우면서 어떤 경향이나 이념을 앞세우지는 않았다.

창간호에서 발간사를 붙이지 않고 대신 마지막 면에서 "본사는 근 7, 8년간이나 노자영 씨의 신병으로 정체상태에 있아옵든 바 금번 동씨의 병이 쾌차함을 기회로 사무를 일신하고 도서잡지를 간행"한다는 사고(社告)를 실었다. 당시 노자영은 시인이자 소설가, 수필가, 극작가로 활동할 정도로 다방면에 걸쳐 재능을 보였는데, 잡지 역시 그런 개인적 재능과 연관되어 있었던 것으로 보인다.[249]

2) 관련 인물

창간호 간기면에 따르면 편집 겸 발행인 노자영, 인쇄인 김진호, 인쇄소 한성도서주식회사, 발행소는 청조사(青鳥社)로 표기되어 있다. 노자영과 함께 변서봉(卞曙峰)·유춘정(柳春汀)·박귀송(朴貴松)·이준숙(李俊淑)·황백영(黃白影)·정규창(丁奎彰) 등이 창간에 참여했다.

3) 주요 내용

창간호를 보면 소설에 이무영(李無影)의 「당기 삽화(揷話)」, 정은성(鄭銀城)의 「청춘 애화(青春哀話)」, 노자영의 「청묘(青猫)」, 시에 박종화(朴鍾和)의 「아춘(餓春)」, 김안서(金岸曙)의 「바다」 외 3편, 신석정(辛夕汀)의 「오월(五月)의 아침」 등이 있으며, 수필에 이광수(李光洙)의 「나의 문단 생활(文壇生活) 30년」, 논문에 망운루인(望雲樓人)의 「장개석(蔣介石)과 그의 고원(高遠)한 이상(理想)」, 노자영의 「구주(歐洲)의 멸망(滅亡)과 신사회연방(新社會聯邦)」, 우몽산인(又夢山人)의 「작가 박식론(作家博識論)」 등이 있다. 특히, 창간호에는 서평 「장차올 세계 구주의 멸망과 '신세계연방'」, 수필 「석왕사의 은야월」, 서사시 「은하월의 화금보」, 기행문 「반월성반의 묵례」, 소설 「청묘」 등 여러 장르에 걸쳐 발행인 노자영의 글 5편이 수록되어 있어 눈길을 끈다.

그리고 「잡록(雜錄)」에서 문인들의 별명, 외국어, 학력, 신문 잡지 원고료, 잡지 발행부수 등을 실었고, 「문인들의 월수입 조사」에서는 유명 문인들의 수입 현황을 제시하기도 했다. 가령, "이광수 《조선일보》 부사장 때는 180원씩의 월급을 받았으나 지금은 판권과 고료에서 수입이 있을 뿐. 이은상 《신가정》 주간으로 월급 70원과 고료 등을 합쳐 약 80원. (…) 현진건

---

249 국립중앙도서관 편(2017), 『한국근대문학해제집Ⅲ-문학잡지(1927~1943)』, p.75.

《동아일보》 사회부장으로 월급 80원과 양계 수입을 합쳐 월 100원을 초과. 주요섭 《신동아》 주간으로 월급 80원. 김기림 《조선일보》 기자로 월급 60원" 등과 같이 작가들의 구체적인 수입 내역을 밝혀 놓았다. 이처럼 《신인문학》은 어떤 주의나 경향보다도 일반 대중의 관심과 흥미에 부응하는 식의 편집 방향을 보여주었다.[250]

  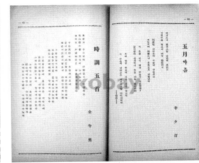

4) 편집 특성

《신인문학》 창간호는 5×7판 크기에 125쪽 분량으로 발행되었으며, 1부당 정가는 20전이었다. 창간호는 표지에서 '춘성(春城, 노자영의 호) 편집'과 '여름꽃'을 내세우고, '푸른 물결'과 '꼬비사막'을 내지로 장식하였다. 목차는 4면으로 구성되었으며, 문학작품보다는 다양한 읽을거리를 수록하였다.

5) 창간 의의

《신인문학》은 제호에서부터 '신인'을 발굴하려는 목적을 내걸었다. 창간호에서부터 '투고 환영'이라는 제목과 함께 장르를 불문하고 "역량 있는 작품이면 상당한 난에 게재해 드리겠습니다."라며 신인을 적극 발굴하겠다는 의지를 보였다. 실제로 《신인문학》은 「사고(社告)」를 내건 바로 다음 호부터 「신인자유시단」이라는 코너를 개설하여 '신인' 발굴을 적극적으로 추진하였다. 호를 거듭할수록 산적한 원고를 모두 수록할 수 없어 다음 호에 실을 수밖에 없다는 알림글이 있는 것으로 보아 독자들의 적극적인 호응을 엿볼 수 있고, 실제로 「신인자유시단」에 50인의 신인 작품이 수록된 적도 있었다.

---

250 국립중앙도서관 편(2017), 앞의 자료, p.76.

노자영은 자금난으로 당초의 계획과는 달리 격월간으로 발행하다가 종간 무렵에야 몇몇 호를 월간으로 간행하였다. 종간호 「사고」에는 "종래의 편집방법을 포기하고 내용과 체재를 일신하여 중견작가의 작품을 망라하고 또 신인의 문단 등용문이 될 만한 권위 있는 순문예 잡지로 변경하겠습니다."라고 밝혀 갱신의 의지를 보였으나 속간되지 못했다. 《신인문학》은 1930년대 중반기의 종합 문예지로 신인 발굴과 창작의 활성화를 도모하였다는 점에서 큰 의미를 지닌다.[251]

---

251 국립중앙도서관 편(2017), 앞의 자료, p.77.

1) 창간 배경

1934년 9월 창간된 문예 동인지이다. 시·소설·시평·미술평론 등의 내용으로 구성되었으며, 발행인 신백수(申百秀, ?~1946)를 중심으로 이시우(李時雨)·정현웅(鄭玄雄)·조풍연(趙豊衍) 등이 동인으로 참여했다. 1935년 12월 통권 제6호로 종간되었다. 창간호부터 제4호까지는 모두 서울 삼사문학사에서, 제5·6호는 동경에서 신백수가 발행하였다. 1934년에 창간했다고 하여 '삼사문학'라는 제목을 붙였다고 한다.

2) 관련 인물

창간호 간기면을 보면 편집·발행 겸 인쇄인 신백수, 인쇄 겸 발행소 삼사문학사(경성부 수송동 45)로 표기되어 있다. 창간 동인은 김영기(金永基), 김원호(金元浩), 신백수, 유연옥(劉演玉), 이시우, 이종화(李琮和), 정현웅, 정희준(鄭熙俊), 조풍연, 한상직(韓相稷), 한탁근(韓鐸瑾) 등 11명이다. 제2호에는 장서언(張瑞彦)·최영해(崔暎海)·홍이섭(洪以燮), 제3호 이후에 황순원(黃順元)·한적선(韓笛仙) 등이 참가하였다. 제5호까지는 조풍연·정현웅이 편집을 담당하였고, 임옥인, 목일신, 정영수, 김진섭 등이 필자로 참여하였다.

또한 이상(李箱)의 시 「I WED A TOY BRIDE」가 수록되어 있으며, 제6호는 김환기(金煥基),

길진섭(吉鎭燮), 김병기(金秉騏) 등 젊은 화가들이 삽화와 컷을 그렸고, 황순원, 한적선(韓笛仙) 등의 시와 함께 이상의 산문이 실렸다.

3) 주요 내용

《삼사문학》 창간호에 「3·4의 선언」을 쓴 신백수는 '새로운 예술로의 힘찬 추구'를 내세웠다. 여기서 "개개의 예술적 창조 행위의 방법 통일을 말치 않는다.", "끓는 의지와 섞임의 사랑과 상호 비판적 분야에서 결성될 것"이라고 하여 새롭게 출발한 동인지의 방향과 포부를 밝혔다. 창간호에 실린 주요작품으로는 조풍연의 소설 「유희궤도(遊戲軌道)」를 제외하면 전부 시(詩)들인데, 이시우의 「제일칭시, 속(第一稱詩, 續)」, 장서언의 「풍경(風景)」, 한천(韓泉)의 「프리마돈나에게」, 홍이섭의 「가을의 마음」, 김해강(金海剛)의 「아름다운 술을 허공(虛空)에 뿌리노니」 등이 있다. 그밖에 창간호에는 한천의 「잃어버린 진주」, 이시우의 「아르(アール)의 비극」, 신백수의 「얼빠진」(외 1편), 유연옥의 「이중성」, 이종화의 「흐린 날의 고민」, 정현웅의

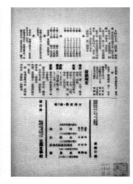

「생활의 파편」, 김영기의 「걸인」, 김원호의 「없는 사람들」, 조풍연의 「대각선상의 여자」, 한상직의 「풍랑」 등이 수록되었다.

4) 편집 특성

창간호의 판형은 4×6배판이며, 전체 64쪽 분량으로 발행되었다. 정가는 15전이며, 창간호는 활판이 아닌 등사판으로 200부를 발행했다. 제2호 또한 4×6배판 크기에 43쪽 분량으로 발행되었고, 제3호부터는 5×7판 크기로 발행되었다.

5) 창간 의의

《삼사문학》 동인들은 잡지 발행을 목적으로 모인 스무 살 전후의 신인들이지만 점차 신백수[252]를 중심으로 경향을 같이 하는 작품을 발표하게 된다. 《삼사문학》은 제1호에서 제3호까지는 시, 시조, 소설, 시평, 미술평론 등 다양한 종류의 글들이 수록된 종합문예지의 성격을 띠었지만, 제4호부터는 주로 초현실주의 경향의 시들이 수록됨으로써 유파를 짐작할 수 있게 되었다. 또한, 《삼사문학》에 수록된 시 작품들은 일반 서정시, 현실의식이 강하게 드러난 시, 지적인 이미지의 시, 다다이즘과 초현실주의 계통의 시로 나눌 수 있다.

첫째 계열로는 신백수의 「얼빠진」과 「구름이 매혹하더라도」를 들 수 있고, 둘째 계열로는 정희준의 「찾는 밤」과 유연옥의 「미-라제(祭)」가 대표적이며, 셋째 계열에는 정현웅의 연작시 「CROQUIS의 일기장」과 「길」이 속하며, 넷째 계열에는 이시우의 「아르의 비극」·「제일인칭 시」·「방」, 한천의 「프리마돈나에게」·「성」, 신백수의 「어느 혀의 재간」·「12월의 종기」 등 가장 많은 편수의 시들이 속한다. 이 네 번째 부류의 시는 띄어쓰기를 의도적으로 무

---

252 연희전문학교(延禧專門學校)를 중퇴하였다. 이시우·정현웅·조풍연 등과 함께 초현실주의 경향의 동인지 《삼사문학》을 간행하였다. 《삼사문학》 창간호의 「3·4선언」은 그가 썼으며, 이 책에 「얼빠진」·「무게 없는 갈쿠리를 차고」 등의 시를 발표하였다. 또한, 시 「떠도는」(2호, 1934.12.)·「어느 혀의 재간」(2호)·「12월의 종기(腫氣)」(3호, 1935.3.) 등을 발표하였다. 일반적으로 초현실주의 시인으로 알려져 있으나, 그의 초기 시들은 전통적 율조를 지닌 차분한 서정시들이며, 「12월의 종기」에는 모더니즘적 수법이 보인다. 1935년 일본으로 건너가서 5호(1935.9.), 6호(1935.11.)에 작품을 계속 발표하였으며, 그의 소설 또한 모더니즘적 수법이 돋보인다. 잡지 《상아탑》에 단편소설을, 《탐구》에 단편 「무대장치」(1930.6.5.)를 각각 발표하였다. 《삼사문학》은 그의 출자로 발간하였고, 황순원의 제2시집 『골동품(骨董品)』(1936)도 그가 도쿄에서 발간한 것이다. 한국민족문화대백과사전 [신백수]

시하거나 수치나 숫자를 삽입하고, 외국어 표기를 그대로 노출하는 등 초현실주의적 기법을 적극적으로 활용하였다. "アールは거울안의ア丨ル와같이슬프오"(「アール의 비극」에서) 이런 경향은 언어의 현실 재현 기능을 부정하여 전통적인 서정시 형식에 충격을 주었다. 언어 및 형태 실험에 골몰하는 이러한 시적 전략은 근대의 이성 중심적 사유 방식을 해체하고 탈(脫) 근대적 상상력을 펼쳐 보이기 위한 것이었다.

《삼사문학》에 일반 서정시와 현실 비판적인 시도 다수 수록되었지만, 네 번째 경향이 상대적으로 많기 때문에 새로운 시적 실험을 의욕적으로 시도한 동인으로 평가된다. 《삼사문학》은 이런 일련의 활동으로 시인 군(群)의 폭넓은 교체와 창작 계층의 확대에 기여했고, 1930년대 중반의 문단에 새로운 초현실주의의 바람을 불러일으켜 시단을 풍성하게 했다는 의미를 지닌다.[253]

---

253 국립중앙도서관 편(2017), 앞의 자료, pp.78~80.

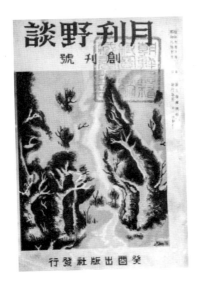

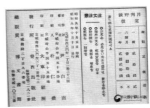

1) 창간 배경

《월간야담》은 1934년 계유출판사(癸酉出版社)에서 야담·시·잡조(雜俎) 등의 내용으로 구성하여 창간한 대중잡지이다. 1934년 10월 10일 창간호를 발행했고 1939년 11월 통권 제56호로 종간되었다. 1935년 12월 김동인(金東仁)이 발행하기 시작한 《야담》과 비슷한 성격의 잡지였고, 참여 필자 역시 비슷한 인물들이었다. 잡지에 실린 글들은 주로 야담류(野談類)를 비롯해서 시와 잡조로 나뉘었는데, 간혹 전설·소설·희곡·논문 등이 실리기도 했지만, 가장 중요한 기준은 흥미 여부였다. 이처럼 흥미 위주의 편집 특성은 발행을 맡은 윤백남(尹白南)의 창간호 권두언에 잘 나타나 있는 "얄팍한 현대문명으로써 두툼한 조선 재래의 정서에 잠겨보자. 그리하여 우리의 잊어진 아름다운 애인을 그 속에서 찾아보자"라는 말 속에 그대로 녹아 있다. 하지만 『조선야담집』 발간으로 큰 빚을 안게 된 윤백남이 1937년 만주로 이주하면서, 《월간야담》은 1939년 1월(통권 제47호) 박희도(朴熙道)로 발행인이 바뀐 뒤 얼마 되지 않은 1939년 11월에 마침내 종간되고 말았다.

2) 관련 인물

창간호 간기면을 보면 저작 겸 발행자 윤백남, 인쇄인 박인환(朴仁煥), 인쇄소 대동인쇄소, 발행소 계유출판사, 그리고 총판매(總販賣) 박문서관(博文書館)으로 표기되어 있다. 야담란을 보면, 윤백남·김동인·신정언(申鼎言)·방인근(方仁根)·양백화(梁白華)·홍효민(洪曉民)·장덕조(張德祚)·신가일(愼可一)·윤효정(尹孝定) 등이 필자로 참여하고 있고, 연호당(延皓堂)·만년청(萬年靑)·김초(金草)·구송(丘松)·일파(一派) 등 익명의 아호도 보인다.

한편, 100쪽 내외의 분량으로 발행된 《월간야담》은 윤백남이 편집 겸 발행을 도맡았는데, 그는 연극, 영화, 방송, 소설, 야담, 출판을 두루 섭렵한 인물이다. 1933년 우리나라 최초의 라디오방송국인 JODK의 초대 제2방송과장에 취임하기도 했던 그는 연예와 아동 중심의 오락 방송을 확충하고, 야담 구연가로 직접 출연하여 낙양의 지가를 올리기도 했다. "윤 선생이 제일"이라는 상찬 속에서, "항상 들어도 또 듣고 싶고 듣지 못한 분은 한 번만 들었으면 원이" 없다고 하는 수백 명 팬들을 거느린 인기 야담가였다. 한번 마이크를 잡으면 옛이야기를 자유자재로 풀어놓을 정도로 그는 입담이 대단했다. 방송과 공연을 종횡무진 누빈 야담 대가의 손에 의해 탄생한 《월간야담》은 발매 전부터 세간의 눈길을 사로잡으며, 동종업계의 출판인들을 바짝 긴장시켰다.

이처럼 윤백남의 사전 기획력 때문인지 잡지계의 불황에도 《월간야담》은 큰 성공을 거두었다. 당시 잡지가 "대개 3호를 간신히 내고 자빠지는 현황"에서 《월간야담》은 "조선 출판계에 있어 그만하면 기초가 확립된 것이라는 보장을 내릴 수 있는" 독자대중의 열띤 지지와 성원을 받았던 것이다.[254]

254　국립중앙도서관 편(2018), 『한국근대문학해제집Ⅳ-문학잡지(1907~1944)』, pp.156~157.

3) 주요 내용

발행인 윤백남은 창간사에서 다음과 같이 포부를 밝히고 있다.(현대어 표기로 고침)

가을이다. 하늘은 높고 물은 길이 맑다. 그리고 벗을 등하(燈下)에 짝할 만한 때가 왔다. 이 작은 《월간야담》은 때의 정기(精氣)와 때의 이(利)를 얻어 분마치공(奔馬馳空)의 세(勢)로 여러 분의 품에 안기려 한다. 우리의 기도(企圖)는 크다. 얄팍한 현대 문명으로써 두툼한 조선 재래의 정서(情緖)에 잠겨보자. 그리하여 우리의 잊혀진 애인을 그 속에서 찾아보자.

창간호는 이 같은 「권두언」을 필두로 "건실한 독물, 재미있는 이야기, 하나도 휴지통에 버리지 못할 기사"의 세 가지 모토를 내걸고, 《월간야담》은 옛이야기의 현대적 오락물로 자리매김했다. 사화(史話)를 창작한 경우가 50%, 야담을 개작한 경우가 15%, 기타 35%의 비율로 《월간야담》은 옛이야기를 현대적으로 각색하고 재구성하여 '귀로 듣는 활자', '눈으로 보는 구연'의 시청각을 모두 만족시키고자 했다. 곧 이 잡지는 『한문야담집』·『삼국유사』, 역사서 소재의 이야기, 중국의 야담·사담(史談) 등이 대부분이어서 흥미 위주의 읽을거리들로 채워져 있다. 그리고 시란(詩欄)에는 창작시보다는 한시·시조·가사 등이 실려 있다. 때로 전설란을 마련하여 역사인물이 주가 된 야담과 구별을 꾀하되 '꽃 속에 숨은 전설'이라 하여 꽃에 얽힌 이야기를 주로 싣고 있어서, '전설'에 대한 편집자의 인식을 짐작할 수 있다. 기타 소설도 몇 편 실려 있는데, 역사 일화나 야담을 소재로 한 통속적인 것이며, 중국 소설의 번역물도 있다.[255]

 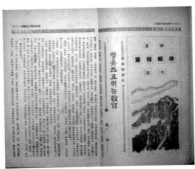 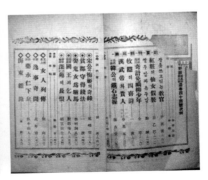

---

255 한국민족문화대백과사전 [월간야담]

4) 편집 특성

창간호는 96쪽으로 발행되었는데, 이처럼 《월간야담》은 창간호부터 5×7판 크기에 매호 100쪽 내외의 분량으로 발행되었으며, 정가는 20전이었다.

5) 창간 의의

《월간야담》은 우선 우리나라 최초의 야담 전문잡지라는 점에서 의미가 있다. 원래 1934년 9월에 창간될 예정이었지만 "준비의 부족도 있었고 출판의 차지(差遲)"로 인해 1934년 10월에서야 창간호를 낼 수 있었다. 이 잡지의 창간에 대해 《조선일보》는 "야담전집을 발간하여 수많은 독자를 포섭하고" 있던 계유출판사에서 "《월간야담》을 발행하기로 되어 이미 8월 창간호가 나왔"다는 오보를 내기도 했는데, 이는 계유출판사가 《월간야담》 창간을 8월 신문광고를 통해 미리 홍보한 데서 빚어진 착오였다. 계유출판사는 이 잡지의 창간 전인 1934년 3월 '조선야사전집' 12권을 발간하겠다는 야심찬 선언(계획과 달리 1권 발행은 6월, 총 5권으로 마무리)으로 누구보다 발 빠르게 야담 시장에 뛰어들었다. 《월간야담》 창간도 이 작업의 일환으로 볼 수 있다.[256]

나아가 5년여 동안 통권 56호 발행이라는 이례적인 기록의 배경에는 윤백남이 주도한 흥미 위주의 편집 방침이 있었던바, 조선의 대표적인 야담집인 『청구야담』, 『어우야담』, 『계서야담』, 『천예록』, 『동패낙송』, 『동야휘집』과 중국의 야담집, 풍물기, 심지어 제임스 조이스의 소설까지 《월간야담》은 다양한 야담, 일화, 사화 등을 각색해 실었다. 전문 야담가가 부족한 현실에서 발행인 겸 편집자인 윤백남의 활동은 두드러진 것이었다. 그리하여 1935년 7월 통권 10호 첫 페이지에 "창간호 이하 우금(于今)까지의 것을 요구하시는 주문이 쇄도하므로 금번에 지형이 유(有)하온 제2호로 9호까지를 5백 부 한정판으로 재판"한다는 안내문이 실리는 등 《월간야담》은 잡지계의 판도 변화를 주도했다. "야담잡지의 발행부수가 정확히 얼마나 되는지 알 수 없으나" "어느 지방의 일례만 보더라도 문예잡지의 열 배, 《조광》이나 《신동아》의 약 삼사 배가 팔"린다는 신문보도는 "경성, 평양 등의 대도시보다는 지방 소도시가 또한 촌읍으로 갈수록 비례는 보다 더 야담에게 유리"하다는 방방곡곡에 스며든 야담 잡지의 인기를 주도했던 잡지가 바로 《월간야담》이었다.[257] 또한, "당시 우리는 빛나는 역사가 있었건

---

256 국립중앙도서관 편(2018), 앞의 자료, p.156.
257 국립중앙도서관 편(2018), 앞의 자료, p.157.

만 배우지 못하고 입밖에 내지도 못했다. 정사(正史)가 있는지도 모르는 식민지 백성에게 이와 같이 야사(野史)를 빌려 역사를 전했으니, 이 야담 잡지는 어느 문화운동 못지 않은 큰 일을 했다고 생각한다."[258]는 평가를 받기도 했다.

〈참고〉 윤백남(尹白南, 1888~1954)[259]

1888년(고종 25) 충청남도 공주 출생으로, 본명은 교중(敎重)이다. 서울 명동의 경성학당 중학부를 마치고 도일해 후쿠시마현[福島縣] 반조중학교[盤城中學校] 3학년에 편입했고, 이 듬해 와세다대학[早稻田大學] 고등예과를 거쳐 정경과(政經科)로 진학했다. 이때 조선황실의 관비유학생으로 선발되었으나 정경과생에게는 지원이 중단되는 조선통감의 조치 때문에 도쿄고등상업학교로 전학해 졸업했다.

졸업 후 귀국해 도쿄고등상업학교 시절 친구였던 일본인 모리 고야치가 이사로 있던 관립 한성수형조합(漢城手形組合)에 근무하면서 보성전문학교(普成專門學校) 강사로 활동했다. 한일 강제병합 이후에는 『매일신보』 기자로 활동하며 문필생활을 시작했고, 1912년에는 작가 조일재(趙一齋)와 함께 신파극단 문수성(文秀星)을 창단해 배우로도 활약하는 등 연극활동을 겸했다. 1913년 《매일신보》 편집국장을 거쳐 잡지사인 반도문예사(半島文藝社)를 세우고 월간 잡지 《예원(藝苑)》을 발간했다. 1916년 이기세(李基世)와 함께 신파극단 예성좌(藝星座)를 조직했으며, 1917년 백남프로덕션을 창립해 몇 편의 영화를 제작, 감독하기도 했다. 1918년 김해 합성학교(合成學校) 교장을 거쳐, 동아일보사에 입사했다. 이 시기에 단편소설 「몽금(夢金)」을 발표하고 「수호지(水滸誌)」를 번역했으며, 1919년 한국 최초의 대중소설인 「대도전(大盜傳)」을 연재했다. 이어 1920년 《동아일보》에 신극사(新劇史) 최초의 연극론인 논문 「연극과 사회」를 발표했다. 그는 소설창작에 이어 희곡 「국경」과 「운명」을 발표했다. 「운명」은 1921년 이기세가 주재하는 예술협회의 제1회 공연으로 상연되었다. 1922년 민중극단(民衆劇團)을 조직해 자신의 희곡 「등대지기」 · 「기연(奇緣)」 · 「제야의 종소리」 등과 번안 · 번역극 등을 상연했다.

1923년 한국 최초의 극영화인 「월하(月下)의 맹서」의 각본과 감독을 맡았다. 이후 조선키

---

258 최덕교 편저(2004), 『한국잡지백년3』, 현암사, p.196.
259 한국민족문화대백과사전 [윤백남]

네마에 입사해 「운영전(雲英傳)」을 감독했고, 1925년 윤백남프로덕션을 만들어 「심청전」을 제작했다. 1930년 연극으로 눈을 돌려 박승희(朴勝喜)·홍해성(洪海星)과 경성소극장(京城小劇場)의 창립동인이 되었으나 곧 유산되었다. 1931년 창립된 신극단체 극예술연구회의 창립동인이었으나 1920년대 중엽 이후로는 실제로 연극일선에는 거의 나서지 않았다. 1934년 만주로 건너가 역사소설 「낙조의 노래」와 「미수(眉愁)」 등을 집필했고, 해방 후 귀국해 1953년 서라벌예술대학 학장, 1954년 초대예술원회원을 역임했다. 주요 소설로는 「사변 전후」·「추풍령」 등이 있고, 희곡집으로는 『운명』이 있다. 그의 작품은 초기 계몽주의적·인도주의적 경향을 띠었다. 예컨대 「대도전」·「흑두건」 등과 같은 소설은 도둑의 이야기로 혼란된 사회상황 하에서의 집단적 폭력의 문제를 서술했으며, 또 경향소설적 면모를 보이고 있다. 그러나 그의 경향은 점차 현실패배적인 역사소설이나 야담류로 흐르게 되었고, 1933년 무렵에는 본격적인 야담가로 나서기도 했다.

그의 희곡은 신여성에 대한 매도와 구식 결혼제도 비판이라는 주제를 통해 보수와 진보사상을 동시에 드러냈는데, 이는 개화시대 지식인들의 과도기적 복합성을 나타낸다고 볼 수 있다. 그의 논문 「연극과 사회」는 크레이그(Craig,G.)의 「극예술론」에 바탕을 두고 우리의 관점에 입각해 쓰였는데, 소박한 논조이기는 하나 당시 연극계에 큰 충격을 던져주었다. 그는 개화기의 선구적인 인물로서 금융인으로 출발해 언론인·연극인·교육자·문인·영화인·만담가에 이르기까지 폭넓은 활동을 펼쳤다. 특히 그는 영화계에 선구적 공적을 남겼고 연극인으로서도 초창기에 극단을 주재하고 희곡을 쓰는 등 신파극을 정화하고자 노력했다.

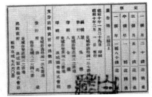

1) 창간 배경

《시원》은 1935년 시가(詩歌) 작품을 중심으로 창간된 문예잡지이다. 1935년 2월 김광섭(金珖燮)·김상용(金尙鎔)·모윤숙(毛允淑)·노천명(盧天命)·오희병(吳熙秉) 등이 참여하여 창간호를 발행했으며, 1935년 12월 통권 제5호로 종간되었다. 편집 겸 발행인은 오희병이며, 시원사(詩苑社)에서 발행하였다. 제2호는 1935년 4월 1일, 3호는 1935년 5월 3일, 4호는 1935년 8월 3일, 5호는 1935년 12월 3일에 발간되었는데, 발행 간격이 일정하지 않고 발행일도 자주 바뀐 것으로 보아 정기적으로 잡지를 내기 어려웠던 것으로 보인다. 《시원》 창간호부터 종간호까지 실린 작품을 보면 창작시는 대략 275편이고, 필자는 35명에 달한다. 그 밖에도 10편의 번역시, 10여 편의 논문이 수록되어 있다.

2) 관련 인물

창간호 간기면을 보면 편집 겸 발행인 오희병, 인쇄인 김진호, 인쇄소 한성도서주식회사, 발행소 시원사(경성부 수송동 137번지 2호)로 표기되어 있다. 발행인 오희병은 필명 '오일도(吳一島)'로 더 많이 알려져 있는 시인이다.

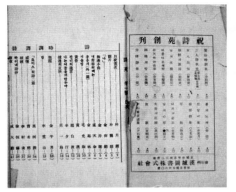

3) 주요 내용[260]

발행인 오일도는 창간호의 「편집후기」에서 "문학이 그 시대의 반영이라면 문학의 골수(骨髓)인 시는 그 시대의 대표적 울음일 것이다. 그러면 현재의 조선의 시인이 무엇을 노래하는가? 이것을 우리는 우리 여러 독자에게 그대로 전하여 주고자 한다. 여기 본지《시원》출생의 의의(意義)가 있다."라고 함으로써 현재의 조선 시인이 무엇을 보고 느끼고 노래하는지 여러 독자에게 그대로 전해 주고자 하는 의도에서《시원》을 창간했음을 밝히고 있다. 창간호의 지면은 시, 시조, 역시, 연구, 3대신문 신춘현상 당선시가초, 편집후기로 구성되어 있다.

시 작품으로는 박종화의 「월야자명(月夜煮茗)」, 박용철의 「단편」, 김상용의 「나」, 김안서의 「해변소곡」, 노천명의 「내 청춘의 배는」, 김기림의 「층층계」 외 1편, 모윤숙의 「겨울밤」, 신석정의 「나는 어둠을 껴안는다」, 오일도의 「노변의 애가」 등이 실렸고, 김오남과 노산 이은상의 시조, 이하윤이 번역한 조이스 시 2편, 서항석이 번역한 하이네 시초를 비롯해 조희순, 이헌구, 함대훈 등의 번역시가 수록되었다. 연구 및 평론으로는 이은상의 「한산의 삼언시」, 김상용의 「오마 카이얌의 루바이얕 연구」, 김기림의 「현대시의 기술」 등이 실렸다. 그 밖에 《동아일보》, 《조선일보》, 《조선중앙일보》의 신춘현상모집 당선시가를 별도의 지면을 할애해 실었다.

제2호도 창작시, 번역시, 시 연구와 시론 등으로 구성되어 있고 편집후기가 붙어 있다. 2호의 편집후기에는 고답시의 경향과 저널리스트의 본을 받은 선전시의 경향을 모두 부정하면서 양과 질을 동시에 갖춰 우리 시가 운동에 일조하기를 바라는 마음이 담겨 있다. 2호에

---

260 국립중앙도서관 편(2017), 『한국근대문학해제집Ⅲ-문학잡지(1927~1943)』, pp.84~86.

수록된 창작시는 시조 2편을 포함해 20편이다. 이상화, 김광섭, 박용철, 정지용, 이일송, 김상용, 조백파, 김달진, 김기림, 임린, 오일도, 이은상 등이 시를 발표했고, 김오남이 시조 두 편을 발표했다. 이상화의 「역천」, 김광섭의 「고독」, 정지용의 「다른한울」과 「또 하나 다른태양」 등이 눈에 띈다. 시론으로 김기림의 「현대시의 육체」가 실렸으며, 연구논문으로 김상용의 「오마 카이얌의 루바이얕 연구」 2회분과 「'밀톤실락원연구'에 대하야」가 게재되었다. '세계각국시단소식'을 실은 점도 눈에 띈다.

제3호는 프랑스의 문호이자 『레 미제라블』의 작가 빅토르 위고의 사후 50주기를 기념하여 빅토르 위고 특집호로 구성되었다. 빅토르 위고의 초상이 속표지에 실렸고, 빅토르 위고의 시인으로서의 생애, 시 정신을 소개하고 네 편의 시를 번역·소개한 이헌구의 「톨·유고 오십주를 기념하야」가 실렸다. 김상용, 김달진, 일석 이희승, 신석정, 임연, 장기제 등의 시가 실렸는데 시 편수가 좀 줄었다. 그 밖에 김기림의 시론 「현대시의 난해성」과 김상용의 연구 논문 「오마 카이얌의 루바이얕 연구」 3회분, 편집후기로 구성되었다.

제4호에 오면 창작시가 20편 정도로 늘어나긴 했지만 무명시인의 비중이 높아지면서 시의 수준은 다소 낮아진다. 정인섭, 모윤숙, 김광섭, 김여수, 박용철, 허준, 이은상, 오일도 등의 시가 발표되었으며 그 밖에 T.S. 엘리엇의 시론을 소개한 김환태의 「표현과 기술」 등이 실렸다.

제5호는 시론, 창작시, 시조, 연구 등으로 구성되어 있다. 정지용의 「바다」, 김광섭의 「고뇌」 등을 비롯해 정인섭, 신석정, 박용철, 오일도 등의 창작시와 이광수, 김오남의 시조가 실렸다. 시론으로는 김환태의 「시와 사상」이 수록되었다.

4) 편집 특성

창간호는 5×7판 크기에 54쪽으로 발행되었으며, 정가는 20전이었다. 제호가 뜻하는 '시의 나라' 또는 '시의 동산'을 상징하듯이 표지에는 난초가 피어있는 그림이 중앙에 배치되어 있다.

5) 창간 의의

《시원》은 우선 《시문학》(1930~1931)과 더불어 순수시의 길을 걸었고, 특히 시어(詩語)의 옥토 개간에 힘을 기울이고 표현에 뛰어난 솜씨를 보인 점에 있어서 우리 시사상(詩史上) 높이

평가받을 만한 잡지 중의 하나이다.[261]

또한, 별도의 동인(同人)을 형성한 것은 아니지만 《시문학》 폐간 이후 거기에 글을 싣던 시문학파와 해외문학파들이 주축이 되어 필진을 구성하면서 시문학파 이후 문단의 흐름을 연결하는 역할을 한 것으로 보인다. 그런 점에서 《시원》은 《시문학》 종간 이후 순수시를 주도적으로 발표하는 매체로서 기능했다는 의미를 갖는 잡지라고 할 수 있다.[262]

---

261 한국민족문화대백과사전 [시원]
262 국립중앙도서관 편(2017), 앞의 자료, p.86.

1) 창간 배경

《사해공론》은 시 · 소설 · 창작번역 · 논문 등을 수록한 종합잡지로, 1935년 5월 김해진(金海鎭)이 창간하였으며, 1939년 11월 통권 제55호로 종간된 것으로 알려져 왔으나 1940년 2월호까지 발행된 사실이 최근 확인되었다.[263] 사해공론사의 사주(社主)였던 김해진은《경성일보》경제부 기자를 그만두고 제약(製藥) 사업에 뛰어들어 성공한 사업가였다. 그는 창간사에서 당시의 문화계와 언론계를 신랄하게 비판한 후 "가장 긴장한 분위기 속에서 창조적인 공헌을 하고자 건실한 진보 발달을 기하고자《사해공론》을 발간한다"는 뜻을 밝혔고, 2호의 '사고(社告)'에서 "문화를 촉진하고, 언론에 공정을 기하며, 사회를 깨끗하게 하는[廓淸]" 것을 잡지의 강령으로 내세웠다.

2) 관련 인물

창간호 간기면을 보면 편집 겸 발행인에 김해진, 인쇄인에 한동수(韓東秀), 인쇄소 수영사 인쇄소(秀英社印刷所), 발행소 사해공론사(四海公論社)로 각각 표기되어 있다. 표지 디자인은 화

---

263 국립중앙도서관 편(2017), 앞의 자료, p.87.

가 현충섭(玄忠燮, 1915~1969)이 맡았다. 편집은 초기에는 전원배(田元培)와 김정혁(金正革)이, 1937년 6월호부터는 최일(崔逸)이 맡았고, 시인·평론가이자 카프 중앙위원회 서기장 출신의 임화(林和)가 편집주간을 맡은 일도 있다.

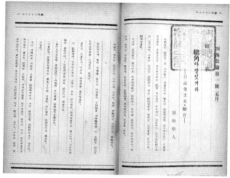

3) 주요 내용

창간사에서는 당대 언론계의 위축되고 부진한 상황을 지적하면서 사회는 언론의 여하한 불순과 부도덕을 허용하지 않는다고 주장하며, 오직 우리는 가장 긴장한 분위기 속에서 신성하고도 엄정한 태도와 창조적인 공헌으로 건실한 진보 발달을 기할 각오가 되어 있다고 밝히고 있다. 내용으로는 시·소설·창작번역·논문 등이 다양하게 수록되어 있다. 대표적인 작품으로는 소설에 현상윤(玄相允)의 「새벽」, 나도향(羅稻香)의 「그믐달」, 현진건(玄鎭健)의 「할머니의 죽음」(이상 창간호), 이효석(李孝石)의 「노령근해(露嶺近海)」(제22호, 1937.2.), 백신애(白信愛)의 「일여인(一女人)」(제41호, 1938.9.) 등이 있다. 시는 오장환(吳章煥)의 「영회(咏懷)」(제41호), 서정주(徐廷柱)의 「바다」(제42호) 등이 있다. 번역으로는 심훈(沈熏)이 번역한 펄벅의 「대지(大地)」가 있으며, 그밖에 이광수(李光洙)의 「조선소설사(朝鮮小說史)」(창간호) 등 여러 논문들이 있다. 무게 있는 논고나 작품들이 여럿 실려 있어 당시 손꼽을 수 있는 잡지 중 하나이다.[264]

4) 편집 특성

창간호는 5×7판 크기에 195쪽 분량으로 발행되었으며, 정가는 10전으로써 당시로서는 매우 싼 값이었다. 다만, 본문 편집은 별로 공을 들이지 않은 듯하다. "195면이나 되는 큰 잡

---

[264] 한국민족문화대백과사전 [사해공론]

지를 창간하는 데 기획성이 부족하고 참신하지가 못하다. 5×7판(A5판) 잡지는 대개 기사 내용에 따라 2단, 3단으로 변화 있게 짜는 것이 상식인데, 이것은 단행본처럼 거의 세로 1단으로 짜놓았으니 엉성하고 볼품이 없다."[265]는 평가가 이를 반증한다. 그럼에도 독자들에게 큰 인기를 끌면서 한때 280쪽까지 발행하기도 했으나 1937년 이후 물자 부족 사태와 판매 부진으로 발행 면수가 100쪽 아래로 떨어졌다. 1938년 6월과 7월 혁신 준비호와 혁신호를 내면서 지면을 다시 늘렸고, 이후 120쪽에서 150쪽 내외를 오가다 1940년 전후로 지면이 대폭으로 줄어든 끝에 종간에 이르게 된다.

5) 창간 의의

《사해공론》은 정치·경제·문학·예술 시평, 소설·희곡·시·수필·만화 등의 창작 외에 동요·동화·민요·전설·기타 잡문 등을 두루 싣고 있다. 언론계의 현실을 비판하면서 나온 잡지인 만큼 시사 문제를 다룬 정론적 성격의 글이 많지만, 문학에도 많은 지면을 할애하고 있다. 그 가운데 1936년 2월호에 '해외문학의 동향'이라는 특집 아래 김광섭의 「최근 영문학의 측면관」, 유치진의 「최근 일본문단 편신」, 함대훈의 「싸베-트 문학 1년의 업적과 금후의 동향」, 한흑구의 「미국문학 개관」, 이헌구의 「파란 많은 작금의 불문단」 등을 수록한 것이 눈에 띈다. 평론가 김문집이 쓴 「문단 인물지」는 이광수, 최재서, 박태원, 김남천, 유진오, 이무영, 김상용, 박영희, 이태준, 이은상, 정지용, 주요한, 박팔양, 홍명희 등에 관한 인상을 기록해 놓아 그 무렵의 문단 사정을 떠올릴 수 있게 해주는 좋은 자료가 된다.

창작이 전체 지면 가운데 1/3 이상을 차지하고 있는 것도 특기해 둘 만하다. 다만, 양에 비

---

265 최덕교 편저(2004), 『한국잡지백년3』, 현암사, p.211.

해 질적인 수준은 높지 않은 편이다. 이태준, 이기영, 최서해, 김유정, 채만식 등 문단을 대표하는 작가들의 작품이 실린 경우도 있지만 기존 작품을 재수록한 것들이 많다. 장혁주, 엄흥섭, 이주홍, 최인준, 방인근 등이 장편을 연재했고, 심훈이 펄벅의 소설 『대지』를 번역하여 연재했다. 「춘향전」과 「문장 채봉」(「채봉감별곡」의 개작) 등 고소설을 수록한 것도 눈길을 끈다. 이런 사실들은 《사해공론》이 고급문학 작품 발표의 무대 역할을 하기보다 흥미 위주의 작품을 통해 독자들을 유인하려는 의도로 문학을 활용했음을 짐작하게 해 준다. 《사해공론》은 문학을 중심에 둔 잡지는 아니지만, 양적인 면에서 문학이 큰 비중을 차지하고 있다. 이는 1930년대의 대중지가 문학을 어떤 방식으로 소비했는지 알려 주는 한편, 문학이 대중적인 관심을 끄는 주요한 도구였음을 확인시켜 준다.[266]

---

266   국립중앙도서관 편(2017), 앞의 자료, pp.87~89.

1) 창간 배경

《조광》은 1935년 정치 · 경제 · 시사 · 문예 · 철학 · 종교 등 각 부문을 망라하는 내용을 담아 창간된 월간 종합잡지이다. 조선일보사 출판부에서 발행되었으며, 1945년 6월까지 통권 113호가 발간되었다. 1946년 3월에 복간되어 1948년 초에 종간된 후 1948년 6월에 다시 복간되어 적어도 1949년 5월까지 발행이 이어졌던 것으로 알려져 있다. 이 두 차례의 복간 기간 동안 통권 몇 호가 발행되었는지는 현재로서는 알 수 없다.[267]

이른바 신문 잡지의 하나로 편집과 내용 · 부피(초기에 400여 면)에 있어서 《신동아》와 더불어 쌍벽을 이루던 잡지였으나, 1940년대를 전후하여 일제의 탄압과 강요로 일문(日文)과 일제의 침략전을 지지, 찬양하는 작품 · 논문 등을 실어 친일잡지로 변하고 말았다. 면수도 400여 면에서 200면, 100면 이하로 줄어들다가 끝내 종간되었다.[268]

---

267 국립중앙도서관 편(2017), 앞의 자료, p.90.
268 한국민족문화대백과사전 [조광]

2) 관련 인물

창간호 간기면을 보면 저작 겸 발행인 방응모(方應謨), 인쇄인 김진호, 인쇄소 한성도서주식회사, 발행소 조선일보사 출판부로 표기되어 있다. 그리고 편집인은 함대훈(咸大勳)·김내성(金來成)이 맡았다. 주요 필진은 이광수(李光洙)·최현배(崔鉉培)·채만식(蔡萬植)·주요섭(朱耀燮)·차상찬(車相瓚)·홍난파(洪蘭坡)·김영수(金永壽)·이헌구(李軒求)·김도태(金道泰)·윤석중(尹石重) 등이었다.

3) 주요 내용

창간호에 실린 창간사의 내용을 살펴보면 다음과 같다.(현대어 표기로 고침)

현대에 있어서는 소위 잡지문화의 발전이 그 극도(極度)를 정(呈)하여, 일 개인의 것으로부터 일 부락 일 국민, 그리하여 전세계적인 자(者)에 이르기까지 휘황찬란한 보조(步調)를 취하고 있습니다. 또한 그것을 통하여 한 개의 심경(心境)이 피력되고 한 개의 학설이 창도(唱導)되고 한 개의 현상이 시비(施肥)되고 한 개의 사조(思潮)가 천용(泉涌)하여, 마침내 혼요(掍搖)하고 파급(波及)함이 얼마나 강대한 줄을 알 수가 있습니다.

조선에 있어서도 잡지 명색(名色)의 출판물이 발행된 이후 애오라지 30년간에 누(累)백종으로 헤아릴 만큼 적지 않게 생멸(生滅)한 자취를 볼 수 있거니와 〈중략〉 그러나 기중(幾重) 난관(難關)의 조선사정은 잡지출판의 발전을 용이히 허락지 않을뿐더러 이제 굴지(屈指)한 자—겨우 수종에 그치는 현상이므로, 우리는 분연히 신성(新聲)을 발하여 사회민중의 문화 행정(行程)에 일조가 되기를 자부하는 바입니다.

조선사람은 무엇보다도 상식으로써 남을 따르지 못합니다. 상식의 결핍이 얼마나 큰 비애와 암흑을 가져오는지 여기 노노(呶呶)할 것까지도 없을 줄 알거니와, 우리는 이것으로써 상식 조선의 '아침 햇빛(朝光)'이 되기를 자기(自期)함과 아울러 동포 앞에 우리의 출발을 고하는 바입니다.

먼저 독자의 눈길을 끌기에 충분할 만큼 본문 맨 앞쪽부터 10여 쪽에 걸쳐 사진 화보를 싣고 있다.[269] '우리 춤'을 주제로 '검무(劍舞)'와 '승무(僧舞)' 그리고 최승희(崔承喜)의 새로운 춤

---

[269] 춤을 춘 모델은 김옥향(金玉香)과 이산홍(李山紅)이고 촬영은 박필호(朴弼浩)가 맡았다. 또한 사

사위도 소개되어 있다. 그 다음으로는 당시 상영 예정이었던 우리 영화의 주요 장면을 소개하고 있는데, 안석영(安夕影) 원작·박기채(朴基采) 감독의 문예영화 〈춘풍(春風)〉, 이명우(李明雨) 감독·촬영의 〈춘향전〉, 안종화(安種和) 감독의 〈은하에 흐르는 정열〉, 그리고 나운규(羅雲奎) 감독의 〈강 건너 마을〉 등이다.

다음으로, 목차를 보면 120개가 넘는 제목이 방대한 분량을 짐작케 한다. 그만큼 필자의 수도 많지만, 특집 중심으로 살펴보면 가장 먼저 등장하는 '신라멸후(新羅滅後) 1천년 회고(回顧) 특집'이 눈에 띈다. 여기에는 문일평(文一平)의 「장편(掌篇) 신라사(新羅史)」를 필두로 이병도(李丙燾)의 「신라 사회제도」, 권덕규(權悳奎)의 「신라의 불교문화」, 권상로(權相老)의 「신라의 문자와 향가(鄕歌)」 등의 연구논문과 함께 이태준(李泰俊)의 「불국사의 돌층계」 같은 수필도 실려 있다. 그밖에 '톨스토이 몰후(歿後) 25주년'을 기념하는 특집과 함께 '내가 애호하는 동식물'을 다룬 '신박물지(新博物誌)도 있다. 또한, 문학작품도 여럿 실려 있는데, 그 중에는 백석(白石)의 「주막(酒幕)」 그리고 주요섭의 「사랑손님과 어머니」가 있어 주목된다.

이처럼 《조광》은 문예지는 아니었지만 문학에도 적지 않은 관심을 보였다. 더구나 장기간 동안 결호 없이 안정적으로 발행되어 작가들의 든든한 발표무대로서의 역할을 다했다. 그 결과 210편의 단편소설과 47편의 중·장편소설, 840여 편의 시가, 30편의 희곡, 170편의 문학평론 등이 《조광》에 수록되었다. 게다가 1939년 7월호에서는 '오백 원 현상 장편소설 모집'도 추진되었다. 잡지의 현상문예는 어제오늘의 일이 아니었지만 상금의 규모만큼은 획기

진에는 노산(鷺汕) 이은상(李殷相, 1903~1982)이 쓴 시가 곁들여져 있다. 최덕교 편저(2004), 『한국잡지백년3』, p.147.

적이었다. 《조광》의 현상 장편소설 모집은 문학에 대한 지원 의지와 조선일보사의 자본력이 결합된 결과였다. 그 현상 장편소설의 심사위원은 유진오, 임화, 이헌구, 함대훈, 김내성이었다. 당시에 응모한 53편의 작품 중 《애생금(哀生琴)》이 1등작으로 선정되었다. 하지만 《조광》의 편집진은 《애생금》을 《조광》 지면에 발표할 수 없다는 피치 못할 사정을 내세우며 장편소설의 재모집을 결의했지만 《조선일보》의 강제 폐간과 맞물리면서 현상 장편소설 모집은 흐지부지되었다. 비록 현상 장편소설 모집은 용두사미로 끝나버렸지만, 문예지 못지않게 《조광》이 문예에 큰 관심을 기울이고 있다는 사실을 알리는 데는 부족함이 없었다.[270]

4) 편집 특성

창간호는 5×7판 크기에 408쪽 분량으로 발행되었는데, 당시로서는 400쪽이 넘는 잡지 발행은 처음이었다. 한 권당 정가는 30전이었다. 특히, 표지의 경우 호화로운 칼라 인쇄에다 본문에서도 화보 특집을 통해 화려한 편집을 자랑했다. 창간사에서 강조한 대로 《조광》은 "상식 조선의 형성"이라는 슬로건 아래 "상식 조선의 '아침 햇빛'(朝光)이 되기를" 스스로 기약했는데, 이 목표의 구체적인 실현방식을 《조광》의 편집주임이었던 함대훈은 창간 3주년 기념호(1938년 11월호)에서 다음과 같이 밝혔다.(현대어 표기로 고침)

> 내용과 외모에 있어서 정치, 경제, 시사, 문예, 철학, 민속, 과학, 종교 등 각 부문을 망라한 국판 4백 혈(頁)의 대책(大冊)이요, 표지도 조선 초유의 프로세스 6색쇄, 화보도 프로세스 인쇄에 아트지를 사용하였으니만큼 그 호화찬란한 것이 조선 초유의 대호화판이었다.

사주 방응모 역시 《조광》 1940년 10월호를 통해 "지도적 논설과 문화평론, 중량 잇는 창작, 친절한 시사해설, 고상한 취미와 실생활에 필요한 뉴스"를 자신한 적이 있었다. 한 마디로 《조광》은 막강한 자본력을 바탕으로 종합지가 무엇인지를 문자 그대로 보여주려 했다.

5) 창간 의의

《조선일보》의 자매지의 하나로서 창간된 《조광》의 위상이 보다 강화되었던 때는 《조선일보》가 폐간되었던 때부터였다. 조선총독부에 의해 《조선일보》가 1940년 8월 10일부로 폐

---

270 국립중앙도서관 편(2017), 앞의 자료, p.92.

간되면서 조선일보사는 '조광사(朝光社)'로 체제를 전면 전환하게 되었고, 회사의 모든 역량은 《조광》에 집중되었다. 결국 《조광》은 1930년대 중반에 창간된 시사종합지들 중 일제강점기가 끝날 때까지 발행을 이어나갔던 유일한 시사종합지가 되었다.

또한, 《조광》에 수록된 주요 문학작품으로는 백석의 「주막」, 김광섭의 「푸른 하늘의 전락」, 김억의 「광화문 네거리」 등의 시와, 주요섭의 「사랑손님과 어머니」, 김남천의 「소년행」, 이기영의 「귀농」 등의 소설, 유치진의 「자매」, 함세덕의 「낙화암」 등의 희곡이 있다. 이외에도 박태원의 「투도(偸盜)」·「아세아의 여명」, 정인택의 「구역지」, 김남천의 「개화풍경」, 조용만의 「매부」와 같은 전재소설(全載小說)도 찾아볼 수 있다.

이처럼 《신동아》가 신문사의 잡지시대를 연 시사종합지라면, 《조광》은 신문사의 잡지가 어느 정도의 수준으로까지 제작될 수 있는지, 말하자면 그 극한을 추구했던 시사종합지였다. 확실히 《조광》은 당시에 전성기를 구가하고 있었던 조선일보사의 자본력을 바탕으로 당대 문화의 중심에 위치하여 문화를 주도했던 주요 매체 중 하나였다. 일제강점기 동안 자본주의적 대중문화의 실상을 《조광》만큼 잘 구현해냈던 잡지는 찾아보기 어렵다.[271] 하지만 《조광》의 후반기 행보에 대해서는 비판적인 평가도 뒤따른다. 《조광》은 창간호부터 '신라 특집'을 게재할 만큼 민족의식을 강조하는 편집정신으로 일관했지만, 제2차 세계대전이 일어난 1939년부터는 일제의 탄압과 강요에 굴복하여 친일 색채가 짙어져 갔다. 전쟁이 깊어지면서 조선청년의 징병(徵兵)과 징용(徵用)을 권장하는 글이 많이 실렸던 것이다.

---

271 국립중앙도서관 편(2017), 앞의 자료, pp.92~93.

1) 창간 배경

1935년 김동인(金東仁)이 역사서의 번역과 역사를 개작한 소설 및 야담·한시 등을 수록하여 창간한 잡지이다. 1935년 12월부터 1945년 3월까지 김동인의 사재(私財)로 발행하였다. 역사서의 번역과 역사를 개작한 소설 및 야담, 그리고 역대 한시 및 시조 외에 잡조(雜俎)라고 하여 여러 잡다한 내용도 실었다. 1935년 12월 1일에 창간되어 1945년 3월 5일 통권 110호로 종간된 야담 전문잡지로, 비슷한 잡지들에 비해서 비교적 오랜 기간 발행되었다.

이 잡지의 창간에 대해 김동인은 훗날 "윤백남의 ≪월간야담≫ 경영 상태를 보니 수지는 제법 맞는 모양이었다. ≪월간야담≫은 거진 내 글로 꾸며진다. 그럴진대 그 내 글로써 내가 잡지를 간행하면 매번 구구하게 원고료 받지 않고도 내 살림은 영위가 될 것이다. 이리하여 나는 창간비(創刊費) 약간을 마련해 가지고 ≪야담≫ 잡지를 간행하였다."라고 회고했다. 실제로 매번 9,000부 정도가 나갔다는 김동인의 주장에서 드러나듯이, 1935년 12월 1일 창간호 초판은 12월 4일 재판(再版)을 찍을 정도로 순조로운 판매를 보였다. "문예창작, 옛말, 사화, 일화 등등에서 순전히 취미 있고 이야기로 될 만한 것만을 편집하였으니 장래의 방침도 그러"할 것임을 창간호의 주지로 삼으며, "이즈음 흔히 건전치 못한 취미가 많음을 통탄하여 건전한 이야기 잡지"를 만들고자 했음을 강조했다. ≪조선중앙일보≫는 "취미 잡지 ≪야담≫ 금월 창간"이

라는 제목으로 《야담》을 "문예, 야담, 역사, 취미의 종합잡지"라고 소개하기도 했다.[272]

2) 관련 인물

창간호 간기면을 보면 편집 겸 발행인 김동인, 인쇄인 박충식(朴忠植), 인쇄소 선광(鮮光)인쇄주식회사, 발행소 야담사(野談社)로 표기되어 있다. 주요필자로는 김동인 외에 만담가로 소문난 신정언(申鼎言)·임영빈(任英彬)·방인근(方仁根)·연성흠(延星欽)·윤효정(尹孝定) 등이 참여하였다. 1937년 6월 임경일(林耕一)에게 운영권이 넘어가게 되었는데 임경일은 야담은 누구나 필자가 될 수 있다고 믿어 단행본 야담의 저술을 구상하였으며, 그뒤 1945년 2월 통권 110호까지 발행되면서 판매를 위하여 질을 매우 낮추고 일본의 야사·야담류까지도 마구 싣는 등 상업주의로 기울어졌다.[273]

3) 주요 내용

창간호에는 『삼국유사』의 번역도 싣고 역사의 내막을 밝힌 글도 선보였으며, 김동인의 작품 「광화사」·「왕자의 최후」 등 소설도 수록하였으나 대부분 문학적 가치를 고려하지 않고 흥미를 줄 만한 이야기들을 선택하였다. 수록된 야담들은 전대의 야담집에 전해오는 내용에 필자들이 윤색을 가하고 묘사와 대화를 삽입하여 원래의 모습을 찾아보기는 어렵고 흥미위주로 되어 있다. 이처럼 건전한 취미 잡지이자 누구나 어디서나 읽을 수 있는 이야기 잡지임을 자임한 《야담》은 후발주자가 지닌 제약을 문단과 야담계 중진들의 적극적인 지원 약속과 "다른 것보다도 가장 여러분께 자랑"하고 싶은 "『삼국유사』의 현대어 번역"으로 돌파하고자 했다. 실제로 『삼국유사』가 희서(稀書) 중 희서로 "값이 비싸며 그 위에 또한 순한문으로 되었기 때문에 일반에 보급이 되지 않은" 상황에서, 『삼국유사』의 전역 게재는 "근래에 있지 않은 대사업인 동시에 또한 본지의 자랑의 하나"로 《월간야담》과의 차별화를 꾀했던 것이다. "온갖 기담, 로맨스, 일화 등으로 본시 역사적 가치보다 문학(취미문학)적 가치가 높"은 『삼국유사』는 "실지식과 취미"를 표방한 《야담》 간행의 취지와도 맞아떨어진다는 것, 나아가 "창간호에 있어서도 가장 자랑하고자 하는 것은 『삼국유사』의 번역"이라는 것이 창간호의 주장이었다.

---

272 국립중앙도서관 편(2018), 『한국근대문학해제집Ⅳ-문학잡지(1907~1944)』, p.165.
273 한국민족문화대백과사전 [야담]

《야담》은 『삼국유사』를 1937년 12월까지 전문 번역해 실었고, 이 외에도 「최근 60년의 비록(祕錄)」, 「한말비화」, 「용재총화」, 「고려사절요」, 「개화 전후 신문논설집」, 「이조오백년사가」, 「만복사저포기」, 「유응부선생 실기」 등과 같이 학문적으로 가치가 있지만 한글 번역이 되지 않은 귀중본들을 발췌 내지 전문 번역하여 게재했다. "파묻혔던 희구(稀覯) 작품을 발굴하여 매호 양심적 편집을 해" 왔다는 1938년 10월 「편집실 통신」의 고전 소개와 해제에 대한 자부심은 《월간야담》과 경쟁 구도를 형성했던 《야담》의 생존전략이기도 했다.[274]

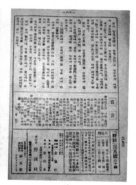

4) 편집 특성

창간호는 5×7판 크기에 160쪽 분량으로 발행되었으며, 정가는 20전이었다. 창간호 표지에 실린 그림은 고대의 복장을 한 여인이 혼자 배를 타고 노를 젓는 모습인데, 이 그림이 무엇을 상징하는 것인지는 분명하지 않다. 다만, 《야담》 창간호에 실린 김동인의 소설 「광화사」와 관계가 있을 것으로 짐작된다.

5) 창간 의의

이미 《월간야담》이 존재하는 상황에서 창간한 잡지이며, 문단과 야담계의 권위 있는 필진들로부터 도움을 받았다고는 해도, 《야담》은 기본적으로 김동인이 아니면 발행될 수 없었다. 수많은 필자들이 지면을 다채롭게 꾸몄지만, 매월 발간되는 《야담》의 "편집, 영업의 일체를 직접 감독"하기에 김동인은 늘 손이 부족했다. 게다가 "잡지 전권의 원고를 일자일구(一字一句)도 편집 책임자가 검열하고 수정하지 않으면" 안 되는 실증(고증)에 대한 압박감도 적지

---

274 국립중앙도서관 편(2018), 앞의 자료, pp.165~166.

않았다. 이러한 야담 전문잡지의 특수성과 맞물리는 과도한 작업 부담은 "본지를 창간하시고 기초를 튼튼히 공사(工事)하신 김동인 선생은 병마 때문에 거(去) 오월부터 본사를 사임하시고 방금 산중에서 전심 요양 중"이라는 「사고(社告)」와 함께 1937년 7월 발행권을 임상호(임경일)에게로 넘기게 된다.

잡지 창간의 주역인 김동인은 1945년 3월 종간까지 몇 편의 야담만을 남겼을 뿐이다. 임상호(임경일)에 이어 1942년부터는 김송(金松)이 《야담》을 주도했다. 1937년 중일전쟁 발발과 함께 일제는 조선어 금지와 국어(일본어) 상용 방침을 내세워 한글(조선어) 잡지 발간을 규제하게 된다. 《야담》은 이 억압적 현실 속에서도 한글(조선어) 잡지의 명맥을 유지했다는 나름의 성과에도 불구하고, 국책 선전용 시국 기사와 근로 야담, 충렬 야담과 같은 전시 잡지의 성격을 피할 수 없었다. '일본 내지(內地) 야담'이나 '전선 미담' 등은 야담을 활용한 시국 선전의 장으로 기능했던 것이다.

시사는 되도록 피하고 건전한 이야기 잡지를 표방했던 《야담》은 한편으로 「실화 박어사」, 「함흥차사」 등의 옛이야기를 싣는가 하면, 다른 한편으로 「열렸다 광영의 군문(軍門)」, 「방공(防空)에는 필승 신념이 제일」, 「결전의 진군보(進軍譜)」와 같은 지원병제도 나아가 징병제도에 그 보조를 맞추었다. 이러한 대일 협력의 태도가 《야담》을 최장수 잡지로 존속케 한 토대였음을 부정할 수 없을 것이다.[275]

---

275 국립중앙도서관 편(2018), 앞의 자료, p.167.

1) 창간 배경

《여성》은 조선일보사 출판부에서 발행한 월간지로, 1930년대에 신문사가 발행하는 잡지가 여럿 출현하면서 월간종합지 《조광》의 자매지로 발행되었다. 1936년 4월에 창간되어 《조선일보》가 폐간된 1940년 12월까지 통권 57호를 발행했다. 가장 많은 호수를 발행한 1930년대 대표적인 여성잡지로 알려져 있다. 《조광》과 마찬가지로 조선일보사의 풍부한 물적·인적 자원을 바탕으로 제작되어 당대 사회와 문화에 기여한 공이 있지만, 여성이 발간의 핵심 주체가 아닌 때문인지 규범적이며 보수적인 여성성을 여성 독자에게 설득하는 차원에 머물렀다는 평가를 받는다.[276]

2) 관련 인물

창간호 간기면을 보면 저작 겸 발행인 방응모(方應謨), 인쇄인 고응민(高應敏), 인쇄소 창문사(彰文社), 발행소 조선일보사 출판부로 표기되어 있다. 함대훈, 이현구, 계용묵, 윤석중, 노자영, 노천명 등 주로 문인들이 잡지 편집에 참여했다.

---

276 국립중앙도서관 편(2017), 『한국근대문학해제집Ⅲ-문학잡지(1927~1943)』, p.102.

3) 주요 내용

특이하게도 《여성》 창간호에는 창간사가 없다. 대신에 다음과 같은 김기림의 시 「파란 항구」가 실려 있어 권두시처럼 보인다.(현대어 표기로 고침)

아무도 사랑할 수 있는 소녀처럼
파랑 치마를 두루고
4월을 고대하는 항구에는

국기에 향하여 그다지 경의를 표하지두 않는
게으른 윤선들이 지금쯤 바다로부터 돌아왔겠지.
그리고 무례하게두 퍼억퍼억 담배를 피우겠지.

나는 3국말을 함부로 지껄이는
해관관리와 마주서서
[보로딘]과 꼭같은 한 [러시아] 사람과
항용 목례를 바꾸었다.

그 슬픈 기적에는 아무두 마음이 강하지 못한가 보아서
주민들은 항용 걸핏하면 가장이며 장사며 연애를 황망히 정리해 가지고
다음날은 벌써 정기선 배표를 사군했다.

항구는 국적을 자랑하지 않았다.
항구는 범죄를 무서워하지 않았다.
항구는 바다의 국경을 믿지 않는다.
그러므로 아무도 오고 아무도 돌아갔다.

본문을 보면 이광수의 「결혼론」을 비롯한 '논설'을 필두로 '생활' 관련 기사, '영화 해설', '실화(實話)', '수필', '꽁트', '연재소설', '시' 등의 순서로 글이 실려 있다. 특히 《여성》 창간호에 실린 글 중에는 오늘날에도 널리 읽히고 있는 모윤숙(毛允淑)의 산문 「렌의 애가(哀歌)—시

몬에게 보내는 편지」[277]가 실려 있어 눈길을 사로잡는다.

좌측부터 이광수, 이선희, 모윤숙, 최정희, 김동환

4) 편집 특성

창간호는 4×6배판(B5판)으로 다른 여성 잡지에 비해 크기가 컸으며, 48쪽 분량으로 발행되었다. 1부당 정가는 10전이었다. 1936년 12월호부터 약 100쪽으로 지면이 늘어나면서 정가는 20전이 되었으며, 1940년 1월호에 한해 30전으로 가격을 올리기도 했다. 표지는 서구적 외양의 젊은 조선여성을 대상으로 한 채색화로 장식했으며, 국한문 혼용의 세로쓰기 형식을 취했다. 창간호 표지에는 안석영(安夕影)이 그린 젊은 여성의 얼굴이 거의 전체 지면을 차지할 정도로 크게 배치해 놓았다.

---

277 '렌(ren)'이란 아프리카 밀림지대에서 홀로 우는 새의 이름이다. 작가는 이룰 수 없는 사랑의 애타는 내면을 이 렌이라는 새를 빌려서 토로하였다. 손쉽게 사랑할 수도, 혼인할 수도 없는, 손이 닿지 않는 절대 거리 밖에 위치하는 중년남성인 대상 '시몬'과 시적 자아 사이의 거리는 렌이라는 새의 고독감에서 비유적으로 묘사된다. 애상적 비애감이 일본 식민지 체제의 시대를 거쳐 전쟁을 배경으로 하면서 관심이 고조되어갔다는 점이 시사하는 바는 이 작품의 주제의 통속성과도 맥락이 닿아 있다. 개인이 사회로부터 소외될 때의 좌절과 장애가 자아 내면으로의 시각으로 전환된다는 시점으로 보면, 현실을 거부하는 이 작품의 서정적 자아는 여성적 시각을 선택할 수밖에 없다. 한국 근대문학에서 일련의 여성적 시각의 편향성(偏向性)과 일치된 문학적 특성이다. 전쟁과 같은 남성적 세계의 중화도 바로 이러한 지속성을 가지는 여성적 세계의 저력과 맞닿아 이루어진 것으로 풀이된다. 진리를 찾는 데 있어서는 누구보다도 열렬하면서 칼 앞에서는 진리의 '예수'를 배반하지 않을 수 없었던 시몬 베드로의 행적과 관련시켜 '시몬'을 설정하게 된 것도 현실을 거부하지 않을 수 없는 시대적 국면의 표현이기도 하다. 식민지 시대의 우리나라의 남성상의 한계를 비유한 것이다. 한국민족문화대백과사전 [렌의 애가]

5) 창간 의의

우선 《여성》은 개벽사의 《신여성》(1923), 동아일보사의 《신가정》(1933)과 함께 일제강점기에 나온 3대 여성잡지로 불린다. 아울러 주된 독자층이 가정부인이나 혼기(婚期)를 맞이한 중산층 여성이라는 점에서 다른 잡지와 유사하지만, 1920년대에 자유연애론이나 신정조론(新貞操論)을 중심으로 한 세계적 풍조로서 여성해방론을 이야기하던 《신여성》과는 구별된다. 창간호에 실린 이광수의 논설이 보여주듯이 《여성》은 가정을 신성한 삶의 장소로 추상화하고, 여성에게 주어진 사명이 모성성의 실현과 현명한 아내노릇에 있음을 강조하였다. 나아가 여성이 근대적 교육을 받는 데는 찬성하지만 가부장적 규범을 벗어나지 말 것을 강조하면서 자녀 교육, 위생, 살림, 의복 등 합리적이고 이상적인 중산층 생활에 적합한 기사들을 다수 실었다.

또한, 창간호에 실린 모윤숙의 「렌의 애가」, 1938년 3월호에 실린 백석(白石)[278]의 「나와 나타샤와 흰당나귀」[279] 등 우리 문학사에 길이 남을 명작이 실렸다는 점도 간과해서는 안 되는 《여성》의 매체적 의미일 것이다.

이처럼 《여성》은 영화, 연구, 음악, 스포츠, 문학 등에 관한 기사를 통해 여성들이 건전하고 세련된 취미·여가 활동을 하도록 권장하고 있다. 이 중 독서·문예가 여성에게 가장 적합한 문화교양으로 강조되면서 「여학생 문예」 코너가 신설되고 문예면을 확장하겠다는 계획이 발표되었다. 강경애, 이선희, 장덕조, 노천명 등의 작품들과 최초의 여성 비평가 임순득의

---

278 백석(1912~?)은 평북 정주(定州) 출신으로 1929년 오산고보(五山高普)를 졸업하고 조선일보사 후원 장학생에 뽑혀 일본 아오야마학원(靑山學院)에서 영문학을 공부한 후 귀국하여 조선일보사에 입사, 1935년 8월 시 「정주성」을 《조선일보》에 발표하면서 문단에 나왔으며, 1936년 1월 시집 『사슴』을 냈다. 그해 4월 《조선일보》 기자를 그만두고 함흥 영생고보(永生高普) 교사로 자리를 옮긴다. 이 무렵 함흥에 와 있던 조선권번 출신의 기생 김진향(金眞香)을 만나 사랑에 빠진다. 백석은 그 연인을 '자야(子夜)'로 부른다. 그러다가 다시 서울로 와서 자야와 함께 청진동에 보금자리를 만들고 조선일보사에 복직하여 《여성》 편집장을 맡는다. 그때가 언제였는지 확실한 기록을 찾을 수가 없다. 최덕교 편저(2004), 『한국잡지백년1』, p.347.

279 가난한 내가/아름다운 나타샤를 사랑해서/오늘밤은 푹푹 눈이 나린다//나타샤를 사랑은 하고/눈은 푹푹 날리고/나는 혼자 쓸쓸히 앉아 소주를 마신다/소주를 마시며 생각한다/나타샤와 나는/눈이 푹푹 쌓이는 밤 흰 당나귀 타고/산골로 가자 출출이 우는 깊은 산골로 가 마가리에 살자//눈은 푹푹 나리고/나는 나타샤를 생각하고/나타샤가 아니 올 리 없다/언제 벌써 내 속에 고조곤히 와 이야기한다/산골로 가는 것은 세상한테 지는 것이 아니다/세상 같은 건 더러워 버리는 것이다//눈은 푹푹 나리고/아름다운 나타샤는 나를 사랑하고/어데서 흰 당나귀도 오늘밤이 좋아서 응앙응앙 울 것이다

「불효기에 처한 조선 여류 작가」라는 문제적인 글이 실리고, 여성작가들의 좌담도 이루어졌다. 그러나 이광수, 김남천, 유진오, 계용묵, 안회남, 정비석, 김광섭, 채만식 등 남성 문사들로 필진이 채워져 있어 《여성》이 여성문학의 독자적인 장이 되었다고 하기는 어려운 것으로 보인다.[280]

〈참고〉일제강점기 여성잡지의 사회적 영향과 의미[281]

일제강점기에 여성잡지가 여럿 발행되면서 그 사회적 영향은 매우 컸다. 당시 여성잡지들의 사회적 역할과 그 영향에 대하 정리하면 다음과 같다.

첫째, 여성잡지는 여성의 계몽과 근대화에 기여했다. 조선시대까지 여성들은 순종과 예속의 생활을 했다. 여성잡지의 출현은 이에 대한 강한 비판과 저항을 대표하였다. 1906년 발간된 《가정잡지》를 비롯하여 여자교육을 목적으로 한 《여자지남》, 《자선부인회잡지》 등은 초기의 여성잡지로 계몽적 성격을 뚜렷하게 보여준다. 이시기에 발간된 잡지들은 당시의 시대적 과제였던 국가의 부강을 위해 여성들도 남성들과 같이 교육을 받고 구습을 타파하여 생활개선을 해야 한다는 것이 그 목표였다. 이러한 내용은 여성들로 하여금 근대화로의 첫발을 내딛도록 하는 역할을 담당하였다.

둘째, 여성의 주체성을 확립시키는 데 기여했다. 여성잡지는 여성이 주체가 되어 역사의 전면에 나설 수 있는 논리기반을 제공하였고 전문의식을 가지고 여성문제에 대해 적극적, 진취적으로 갈등해결방안을 찾아 나섬으로써 사회에 적지 않은 영향을 미쳤다.

셋째, 여성의 사회화에 일조하였다. 여성잡지를 통해 근대화되고 주체성을 확립해 나아가며, 변화해 가는 사회의 요구에 부응해 나가던 여성들은, 적극적인 사회진출을 시도하였다. 이것은 직업의 진출, 여성단체의 조직 등으로 나타나게 된다.

넷째, 여성의 시야를 넓혀 세상을 보는 눈을 뜨게 하였다. 즉, 여성잡지들은 가정 내에만 국한되어 있던 여성의 존재와 역할을 사회로까지 확대시켜준 중요한 계기가 되었다.

---

280 국립중앙도서관 편(2017), 앞의 자료, p.104.
281 이소연(2002), 「일제강점기 여성잡지 연구: 1920~30년대를 중심으로」, 《이화사학연구》 제29집, 이화여자대학교 이화사학연구소, pp.231~233.

다섯째, 도시와 농촌 간의 괴리를 좁히는 데 기여하였다. 농촌여성 상호간의 거리를 좁히고 서로에 대한 이해를 넓혀주었다.

여섯째, 신구여성간의 갈등, 전통과 근대의 갈등, 남녀간의 갈등 해소에 주력하였다. 여성잡지들은 새로운 여성상을 창출하여 여성의 각성을 촉구하고, 여성들에게 전통으로부터 과감히 탈피할 것을 주장하였다. 또한, 여성의 지위를 높이는 데에도 주력하여 남녀의 동등권 내지는 평등권을 주장하기도 했다. 그러나 이것은 여전히 봉건적인 사상이 존재하고 있던 남성 중심의 사회구조 속에서 필연적으로 심각한 현실적인 벽에 부딪칠 수밖에 없었다.

일곱째, 여성잡지는 실생활 개선과 여성계몽에도 앞장섬과 동시에 여성교육의 중요성을 강조하고 체계적인 여성교육의 필요성, 그리고 능력에 따른 여성의 역할을 강조하였다. 여성잡지에 나타난 여성교육에 관한 논의는 다음과 같았다. 조선이라는 현실사회에 입각한 신여성 교육은 인격수양에 힘써 먼저 사람이 되게 하여야 하며, 여성교육은 현실에 이용가능한 교육이어야 하고, 조선의 과도기적 상황에 부합한 여성교육이어야 할 뿐 아니라 나아가 교육받는 여성들은 책임과 사명감을 가지고 근대적 여성능력을 함양하며 교육받지 못한 여성들을 계몽시켜야 한다는 등의 의견이 대부분이었다. 이러한 여성교육으로 인하여 신여성이 배출되고 직업여성의 활동도 일반화되었으며 남녀평등사상의 보급, 여성해방운동과 민족운동에의 적극적 참여 등도 여성교육의 보급과 절대 불가분의 관계였다 해도 과언이 아니다.

이상과 같이 여성잡지는 직업과 사회진출에서의 갈등을 극복하고 새로운 사회와 시대를 알게 함으로써 시야를 넓혀 여성의 눈을 뜨고 자아를 발견할 수 있는 근대적 여성의식 각성의 책임과 사명을 띤 선구자의 역할을 하였다.

1) 창간 배경

《음악평론》은 1936년 창간된 음악평론 잡지이다. 음악평론 잡지로는 우리나라 최초의 월간지이며 당시 음악평론가로 활동했던 김관(金管, 1910~1946)[282]이 1936년 4월 10일에 창간

---

282 일제강점기에 활동한 음악평론가로, 본명은 김복원(金福源)이다. 경기도 개성 출신이다. 송도고등보통학교와 연희전문학교를 졸업하고 니혼(日本) 대학에서 수학하여, 지역 명문고와 경성부의 전문학교, 일본 유학을 거치는 당시의 일반적인 엘리트 코스를 밟았다. 귀국한 뒤 음악평론가로 활동하며 잡지 《음악평론》을 발행하는 등 이 분야에서 선구적인 역할을 했다. 초기에는 카프 계열의 경향파 음악운동에 동참했으며, 곧 민족음악에 대한 관심을 보였다. 1933년 「외국음악의 소화와 조선음악의 창조」라는 글을 통해 처음 민족음악에 대한 문제 제기를 한 이후, 서양음악의 완전한 소화와 이를 바탕으로 한 조선음악의 창조를 주장했다. 민족음악 성립을 위한 방법론으로 민요에 대한 관심을 나타냈고, 대중가요에 대해서는 음악적인 면에서 퇴폐적인 것이 사실이나 대중생활의 거울이고 정신적인 위무제 역할을 한다는 견해를 보이기도 했다. 일제강점기 말기에는 전쟁 시국과 관련된 친일 음악평론을 썼다. 《매일신보》에 발표한 「동아의 신정세와 음악문화의 재출발」(1940), 「국가의 신체제와 신음악의 건설」(1940), 「음악획기의 년」(1940), 「국민·문화·음악」(1941) 등이 그 예이다. 서울 명동에서 다방 에리사를 운영했다. '엘리사'로도 불리는 이 다방은 일종의 음악다방으로, 당시 서울의 문화계 인사들이 모여드는 장소였다. 김관은 1930년부터 1941년까지 왕성하게 발표한 평론글로 음악적 자취는 남겼지만 생몰 연대조차 분명치 않을 만큼 개인사에 대한 내용은 잘 알려져 있지 않다. 1903년에 태어나 1950년에 사망했다

하여 다음 달인 5월까지 제2호를 내고 종간되었다. 제호는 '음악평론'이지만 원고모집을 알리는 '사고(社告)'를 통해 '음악 무용에 관한 평론 연구, 음악 무용회의 비평, 음악 무용에 관한 잡문, 지방통신(음악계), 영화에 관한 평론 연구' 등을 나열한 것으로 보아 예술 전반에 걸친 내용을 실을 예정이었던 것으로 보인다.

2) 관련 인물

창간호 간기면을 보면 편집 겸 발행인 김복원(金福源)[283], 인쇄인 고응민(高應敏), 인쇄소 주식회사 창문사(彰文社)이며 주소는 '경성부 다옥정 5'로 표기되어 있다.

《음악평론》을 발행한 평론가로서의 김관을 주목할 때 우선 음악평론에 대한 그의 열정을 빼놓을 수 없다. 그는 1933년 7월《조선일보》에 기고한 글[284]에서 "음악이 무엇인지도 이해 못하는 음악가, 기술이 부족한 연주가, 음의 무의미한 무질서한 나열을 작곡이라고 생각하는 작곡가" 등이 음악가로 행세하는 세태를 비판하고, 그러한 음악가들을 지도할 "지도이론이나 비평이 전혀 존재치 못함"을 지적함으로써 비평의 필요성을 제기했다. 그는 또한 음악비평을 실을 수 있는 음악 전문잡지의 필요성을 역설하기도 했다. 곧 당시 조선악단이 처한 문제의 타개책으로 "악단적(樂壇的)으로 권위 있는 음악잡지"의 발간이 필요하다고 주장한 것이다.[285]

이처럼 전문적인 음악잡지의 필요성을 주장한 김관은 1935년 동경 유학생활을 마치고 귀국하여 서울 명동에 '엘리자'라는 음악다방을 차리게 된다. 이곳을 중심으로 문인들과 활발히 교류하였고, 그 과정에서 뜻을 같이 한 김수향(金水鄕, 1907~1991)[286] 등과 함께 마침내

는 설이 오랫동안 굳어져 있었으나, 신설령은《중앙신문》당시 기사와 동향 출신 인사들과의 인터뷰를 근거로 1909년 또는 1910년 개성에서 태어나 1945년 말에서 1946년 초 사이에 30대 중반의 나이로 사망한 것으로 보고 있다. 위키백과 [김관]

283 김관의 본명이다.

284 김관, 「외국음악에의 소화와 조선음악의 창조-조선악단에 寄함」(《조선일보》1933.7.27.). 신설령(2005), 「김관의 음악평론과 식민지 근대」, 동아대학교 박사학위 논문, pp.26~27 재인용.

285 김관, 「明日의 樂壇과 그 지도문제」(《동아일보》1935.2.1.). "잡지는 사실 어떠한 영향력을 가지고 있는 만큼 민중에게는 저널리즘으로서의 정보적 역할을 하게 될 것이고, 동시에 악단에 끼치는 영향은 물론 클 것이고, 실제상 악단을 지도하는 목적이 될 것이다. 단 음악잡지 하나에다가 이와 같은 과다한 책무와 ○○를 부여하는 것을 기이하게 백안시하는 자 있을지 모르겠으나 이는 그 음악잡지에 참가하는 음악인의 악단적 지위와 활동범위로서 일소될 수 있는 것이다. …… 우리가 바라는 것은 '樂壇의 公器'로서의 음악잡지의 간행이다.", 신설령(2005), 앞의 논문, p.27 재인용.

286 일제강점기 「기차가 달려오네」, 「발자욱」, 「아기참새」 등을 저술한 아동문학가. 필명으로 김수향

1936년 4월《음악평론》을 창간하게 된 것이다.

3) 주요 내용

창간호에 창간사가 별도로 없는 대신에 권말의 「편집후기」에서 잡지 창간의 소회를 다음과 같이 밝히고 있다.(현대어 표기로 고침)

순수한 음악 전문잡지로서 발간되는 이번으로서 효시(嚆矢)라 할 수 있다. 조선의 지식계급은 음악부분에 관해서 너무나 소극적인 줄 느끼는 것은 비단 편집자의 그른 관찰이 아닐 줄 안다.

오늘날 악단(樂壇)은 물론이겠지만 음악잡지가 다른 문화기술 방면의 일부분으로서 사회적으로도 적극적 임을 가졌다고 생각된다. 우리는 편집자가 그 독자의 음악적 입장에서 또는 집필자가 그 원고를 집필하는 데 있어서 음악의 일반화(문화의 일반화)라는 것에 대해서 인식할 것이 가장 중요한 것으로 믿는다. 〈중략〉

「음악평론」이라서 그 제목에 기준해서만 편집하려는 것은 아니다. 그것은 앞으로 잡지의 내용이 실제로 증명해 줄 것으로 믿는다.

표지를 열면 목차와 광고 지면을 지나 맨 처음 나오는 글은 발행인 김관의 「음악미학(音樂美學)의 개념과 본질」이다. 목차에는 '음악미의 개념과 본질'로 되어 있어 원고 교정(校正)이 미흡했음을 알 수 있다. 그 다음으로 홍종인(洪鍾仁)의 「악단은 어디로 가는가」라는 글이 실려 있고 '중구(中區) 음악특집' 곧 '중세기 음악특집'이 이어진다. 이 코너는 김수향(金水鄕)의 「헝가리음악과 작곡가(作曲家)」[287], 김관의 「보헤미아음악과 스메타나 · 드보르작」이란 글로 이루어져 있다. 그 밖에 김중원(金仲遠)의 「노동(勞動) · 운율(韻律) · 음악(音樂)」, 박민희(朴民喜)의 「음악평론」, 방정미(邦正美)의 「무용과 예술과 대중성」, 이정순(李貞淳)의 「첼리스트가 본 악단」, 장비(張飛)의 「발성법 개설」, 이종태(李鍾泰)의 「음악교육소고(音樂敎育小考)」 등이 실려 있다.

(金水鄕) 혹은 김귀환(金貴環)을 사용하였다. 이원수(李元壽), 윤석중(尹石重)과 함께 일제시대를 대표하는 동요시인이다. 10세 이하의 유년층을 상대로 하는 짤막한 동요시를 많이 썼다. 한국민족문화대백과사전 [윤복진]

287 목차에는 '헝가리음악과 작곡가군(作曲家群)'으로 되어 있다.

한편, 특집으로 실린 '사상가·문예가의 음악관'은 "금후(今後)의 사회생활과 음악, 금일(今日)의 악단(樂壇)에 대한 불만, 귀하의 가정음악" 등 세 가지 설문(設問)을 바탕으로 이루어졌는데, 최재서·김안서·안재홍·서항석 등 당대의 각계 명사들 13인이 참여하고 있다.

또한, 잡지 말미에는 '음악평론 관계 인명주소록(人名住所錄)'이 실려 있어 눈길을 끈다. 분류 항목을 보면 '평론·신문잡지관계'에 조선일보 홍종인, 음악평론 김관, 김수향, 중앙일보 이정순, 조선일보 김규택(金奎澤) 등 5인이 올라 있는 것을 비롯하여 '작곡자·지휘자' 4인, '바이올리니스트[提琴家]'로 홍난파 등 20인, '피아니스트[洋琴家]' 18인, '첼리스트[첼노家]'로 안익태(安益泰) 등 6인, '성악가(聲樂家)' 24인, '방송, 레코드, 매니지먼트, 영화관계' 18인, '음악교육관계' 3인, '무용'에 최승희 등 3인, 그리고 특이하게도 '모든 악기 연주자[諸樂器奏者]'로 5인의 이름과 주소가 실려 있어 이채롭다.

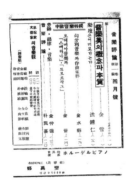

4) 편집 특성

창간호는 5×7판 크기에 본문 44쪽 분량으로 발행되었으며, 1권당 정가는 20전이었다. 표지를 보면 한자 가로쓰기로 크게 배치한 제호의 왼쪽 아래에 창간특집으로 '중구음악(中區音樂)', '사상가(思想家)·문예가(文藝家)의 음악관(音樂觀)'이 실려 있음을 알리고 있다.

5) 창간 의의

우선 《음악평론》을 발행한 김관은 우리나라 최초의 음악평론가로 식민지 근대 악단(樂壇)을 형성하는 데 결정적인 역할을 했으며, 당시 연주 중심의 악단을 비판하고 전문적인 비평의 필요성을 역설하면서 '음악평론' 분야를 개척한 인물로 평가할 수 있다. 그는 당시로서는 드물게 음악에 대한 전문적인 비평관을 바탕으로 다수의 음악평론을 발표했으며, 음악연구소를 설립하는 등 음악교육에도 앞장섰던 음악 전문인이었다. 또한, 김관은 음악뿐만 아니라 문학, 연극, 영화, 방송 등 다양한 분야에서 활발히 활동하면서 상당한 양의 글을 발표한 선구적인 지식인이었다고 할 수 있다.[288]

이처럼 발행인 김관의 영향을 받아 《음악평론》은 순수음악의 영역뿐만 아니라, 음악 시평적(時評的)인 성격으로 방송음악, 음악교육의 문제, 음악과 시의 세계 등 음악사회학적인 관심을 표명하였다. 특히, 논조 중에서 후진국의 문화 내용의 모방성을 경고하는 한편, 현실 생활과 음악의 관계, 음악의 지적 표현 등에 기여하였다. 김관의 음악논평은 이폴리트 텐 (H.Taine)[289]의 환경철학에 많은 영향을 받았으며, 민족음악창조에 관한 최초의 이론적 비평이 게재되었다.[290]

---

288 이미나(2020), 「음악평론가 김관과 식민지 근대 '음악'의 의미(1)」, 《구보학보》 24집, 구보학회, p.265.

289 이폴리트 아돌프 텐(Hippolyte Adolphe Taine, 1828~1893)는 프랑스의 철학자, 사상가, 비평가, 역사가다. 실증주의 철학을 바탕으로 과학적 비평론을 수립했을 뿐만 아니라 객관적, 과학적 시각에서 예술작품을 분석하는 실증주의 미학의 기반을 다짐으로써 근대적 비평의 새로운 지평을 열었다. 주요저서로는 『예술철학』 등이 있다.

290 한국민족문화대백과사전 [김관]

1) 창간 배경

《시건설》은 특이하게도 1936년 평안북도 개마고원 북부에 위치한 중강진(中江津)에서 창간된, 시를 중심으로 한 문예잡지이다. 1936년 11월에 김익부(金益富)가 창간했으며, 1940년 6월 통권 8호로 종간되었다. "시가 결핍한 오늘에 있어서 시의 왕성화를 꾀하는 혼성시단(混成詩團)을 이루어 그 꿈에서 진실하고 강력한 하나의 대오가 생기는 날 시의 신영토를 개척하여보려는 의진(意盡)"을 《시건설》만이 가진다고 주장하여, 될 수 있는 대로 조선 시인이란 시인의 작품을 총망라하여 우리 시인 총보(總報)인 대시집도 내보겠다는 방침에서 나왔다.[291] 아울러 "침체한 우리 시문학의 새로운 출발을 짓기 위하여 본지를 시가부흥운동의 깃발로 널리 신진·무명작가의 역작(力作)"을 발표하는 것에 창간 목적을 두었다. 김창술(金昌述), 정강서(鄭江西), 김병호(金炳昊), 김해강(金海剛), 김남인(金嵐人)이 동인으로 참여했다.

2) 관련 인물

창간호 간기면을 보면 편집 겸 발행인 김익부(金益富, 평북 자성군 중강면 중평동 489번지), 인쇄인 편계옥(片啓鈺), 인쇄소 중강인쇄소(中江印刷所), 발행소 시건설사(詩建設社)로 표기되어 있다.

---

[291]　한국민족문화대백과사전 [시건설]

종간호에서는 인쇄소가 대동출판사(경성)로 바뀌어 있다. 발행인 김익부는 동인으로 이름을 올린 김남인의 본명이다. 그는 평북 자성군 장토면의 빈농가 출신으로, 중강보통학교에서 퇴학당한 후 평양, 경성, 북경 등지를 떠돌며 고학을 한 것으로 알려져 있으며, 1930년에 귀향하여 인쇄노동자로 근무하며 시를 쓰는 한편 《시건설》도 발행하였다.

3) 주요 내용

발행인이면서 동시에 편집을 맡은 김남인은 창간호 편집후기에 해당하는 「편집을 끝내고」에서 다음과 같이 소회를 밝히고 있다.(현대어 표기로 고침)

> 우리 시단(詩壇)에 조그만 도움이라도 보태려고 서툰 솜씨에 있는 힘을 다하여 빚어놓았다. 산뜻하고 무게 있는 것으로 하려 애를 써 보았으나 이 모양이다.
>
> 편집, 인쇄, 발행을 모두 시골에서 하지만 우리 시문학 건설의 보람 있는 역할을 다하려 권위와 역량 있는 보조(步調)로 지구전(持久戰)을 해가련다.
>
> 이만한 작품으로서 「시건설」이 빚어지는 날 기쁨이 한없지만 앞으로 우리 시인들의 돕는 힘이 얼마나 모아질까? 하는데 가슴 졸이는 염려가 있다. 이 졸이는 가슴을 부둥켜주는 데 「시건설」의 꿋꿋한 발전이 있을 것이다.
>
> 오랫동안 침묵해 있던 야인(野人) 김창술(金昌述) 씨의 시를 얻은 것이 반갑다. 집필을 하려면 독서(讀書) 사색(思索) 등으로 반년 이상의 준비가 필요하다는 소식이 있다. 우리 시단은 씨에게 큰 기대를 가진다.

위의 글에 등장하는 김창술(1903~1950)은 1920년경부터 활발하게 시를 발표한 것으로 추정하나 그의 전기적(傳記的) 생애와 문단활동은 거의 알려져 있지 않다. 1920년대 시집 『열과 광(熱과光)』을 발간했다고 하나 당시 《조선일보》(1926.12.5.)에 출판불허(出版不許) 내용이 게재되어 있다.[292]

《시건설》 창간호에 실린 작품들을 목차 순서대로 살펴보면 다음과 같다.

    헐리는 순정(純情)의 왕도(王都)……김해강(金海剛)

---

292 한국민족문화대백과사전 [김창술]

지평(地平)의 착각(錯覺)······김창술(金昌述)

은행나무 선 정원도(庭園圖)······신석정(辛夕汀)

오— 대륙은 갓가워온다······정강서(鄭江西)

기원(祈願)······이찬(李燦)

귀향한(歸鄕限)[293]······송순일(宋順鎰)

한 덩이 마눌······윤곤강(尹昆崗)

산(山)······유치환(柳致環)

고립(孤立)······한흑구(韓黑鷗)

갯벌······진우촌(秦雨村)

절망(絶望)의 노래······서정주(徐廷柱)

장림(長霖)······김병호(金炳昊)

여름구름······김남인(金嵐人)

이처럼 《시건설》은 시론(詩論)이나 비평보다는 창작시 게재에 집중했다. 우선 김남인은 발행자답게 매호 새로운 시편을 실었다. 임화의 「밤의 찬가」(5호), 이찬의 「기원」(1호)외 4편, 박세영의 「도라오라 내 아들」(2호), 장만영의 「호수로 가는 집」(4호) 외 3편, 윤곤강의 「한 덩이 마눌」(1집) 외 2편 등 그 면면이 화려한 기성시인들의 작품들이 눈에 띤다. 특정 이념과 사상에 편중되지 않고, 다양한 경향의 시인들을 선택하여 수록한 편집자의 노고가 엿보인다.

하지만 시적 다양성이라면 신진시인들의 면면도 만만찮다. 서정주의 「수대동시」(4호), 「자화상」(7호) 외 5편, 유치환의 「산」(1호), 「산·바다」(3호) 외 3편, 김동리의 「무제」외 2편(2호), 이용악의 「밀림」(3호), 김광섭의 「황혼의 가두」2호), 「기차」(3호) 외 4편, 박남수의 「귀로·해변」(3호) 외 3편, 신석정의 「수선화」(2호), 「참회」(3집) 외 4편, 모윤숙의 「눈 오는 날」(7호), 조연현의 「과제」(7호) 외 1편, 안용만의 「꽃 수 놓든 요람」(7호), 을파소(김종한)의 「백두산타령」(2호) 외 1편 등이 대표적인 예이다. 백석, 오장환, 함형수, 노천명 정도를 제외한 신진시인들이 거의 확인되는데, 1930년대 중·후반 조선시의 새로운 경향과 지형도가 손에 잡힐 듯하다.

《시건설》은 당대 시단(詩壇)을 엿보게 하는 시평(詩評)과 설문, 시론을 1편씩 실었다. 먼저 시평으로 김용제의 「시단시감(詩壇時感)」(3호)은 제2호 작품을 대상으로 '시에 있어서의 리얼

---

293 목차에는 '귀향(歸鄕)'으로 되어 있다.

리즘 문제'를 살펴보았다. 다음은 설문(4호)으로. '시단동정'이라는 제목 아래 '1. 조선문단의 긴급한 문제, 2. 최근의 좋은 시와 그것의 작가, 3. 구독 중인 시 잡지나 시서(詩書)'를 묻는 질문에 대한 답을 싣고 있다. 박종화, 안함광, 윤곤강, 신석정, 김상용, 김광섭, 임화, 김기림, 김창술 등의 답변이 실렸다. 한편 윤곤강의 시론 「시인부정론」(6호)은 '전통에 대한 반항'과 '새로운 세계(우주)를 돌파하는 기쁨'이라는 관점 아래 시인의 역할과 윤리에 대해 논했다.[294]

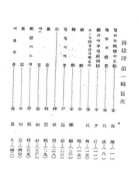  

4) 편집 특성

창간호는 5×7판 크기에 표지 포함 50쪽 분량으로 발행되었으며, 정가는 25전이었다. 《시건설》은 표지와 본문 편집에 있어서 매우 파격적이며 이채로운 모습을 보여주고 있다.

첫째, 《시건설》은 세로짜기 판형을 취했던 당시의 잡지·서책들과 달리 가로짜기 판형을 취하고 있다. 그럼으로써 한글 가로쓰기의 우수함과 편리함을 앞장서서 구현했다. 이는 진보적 의식 아래 인쇄노동자로 시를 썼으며, 그런 만큼 대중(독자)의 리터러시(literacy)에도 관심이 깊었을 시인(발행인) 자신을 둘러싼 복합적 환경의 소산물일 것이다.

둘째, 《시건설》은 매호 표지를 달리함으로써 잡지 자체의 미감을 더욱 높여갔음은 물론 독자들의 독물(讀物)에 대한 호기심과 호응도도 더욱 넓혀갔다. 예컨대, 제호는 굵직한 판화체로 우측에서 좌측으로의 가로쓰기 '詩建設'을 취하되 매호마다 글씨체를 달리했다. 하지만 제2호의 제호만은 세로쓰기를 취했다. 또한 붉은색 혹은 붉은 바탕의 발행호수를 주로 취하면서, 이와 대비되는 녹색, 청색을 제호의 색상으로 사용하는 등 표지의 조형과 디자인에 공을 들였다. 그러나 7호~8호는 정형화된 글씨체를 택하여 제호와 발행호수를 좌측에

---

294 국립중앙도서관 편(2017), 『한국근대문학해제집Ⅲ-문학잡지(1927~1943)』, pp.106~107.

서 우측으로 써나갔으며, 표지에 "시건설사 · 발행"을 명기했다. 또한 턱을 괸 채 의자에 앉아 명상에 잠긴 신여성(7호), 나비와 벌이 붕붕대는 활짝 꽃핀 식물(8호)을 표지화로 그려 넣기도 했다.[295]

5) 창간 의의

일제강점기 때 지방에서 나온 문예지는 여러 가지가 있지만 거의 그 지역사회 문인들이 중심이 되어 만들어졌다. 그러나 《시건설》은 서울로부터 멀리 떨어진 중강진에서 창간되었음에도 전국의 시인이 망라되어 있다는 점에서 특색을 지닌다. 더구나 종간까지 5년에 걸쳐 통권 8호를 발행했으니 발행인의 남다른 의지도 스며 있는 잡지라고 할 수 있다.

또한, 《시건설》의 시사적(詩史的) 가치를 따진다면, 첫째는 인쇄노동자이자 시인이었던 남인(嵐人) 김익부의 숨겨진 면모를 확인하게 되었다는 것, 둘째는 군국주의 파시즘 강화에 따라 그 진로가 점차 불확실해지던 현대 조선시의 현황과 출구 모색에 대한 객관적 상황과 정보를 얼마간 엿볼 수 있게 되었다는 것 등으로 정리할 수 있다.[296]

---

295 국립중앙도서관 편(2017), 앞의 자료, pp.105~106.
296 국립중앙도서관 편(2017), 앞의 자료, p.107.

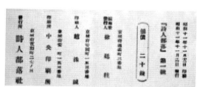

1) 창간 배경

《시인부락》은 1936년 시가(詩歌)를 중심으로 창간된 문예지이다. 1936년 11월 서정주(徐廷柱)가 중심이 되어 창간한 문예동인지로, 1936년 12월 제2집으로 종간되었다. 편집 겸 발행인은 제1집이 서정주, 제2집은 오장환이 맡았다. 동인지(同人誌)라고는 하지만, 편집인의 후기(後記)에서 "벌써 여기다가 꼭 무슨 빛깔 있는 기치(旗幟)를 달아야 멋인가? 피리를 가졌건 나팔을 가졌건 또 무엇을 가졌건 마음놓고 그는 그의 최선의 진실을 보일 수 있는 것이다." 라고 한 것처럼 무슨 주의(主義)를 내걸고 모인 동인은 아니었다. 그러나 인간주의적 순수문학으로 심화시켰고 생명적 절실성과 인간 생명의 구경적(究竟的) 경지까지를 탐구하여 '생명파'라는 새로운 명칭을 얻게 된다.[297]

2) 관련 인물

창간호의 편집 겸 발행인은 당시 혜화전문학교 학생이었던 서정주(경성부 통의정 3번지, 현 보안여관)가 맡았으며, 인쇄인은 조수성(趙洙誠), 인쇄소는 중앙인쇄소, 발행소는 시인부락사(경성부 관훈정 27의 3)이다. 발행소는 제2집에서 운니정 24번지로 바뀐다. 창간호 본문에서 밝히고 있는 동인 명단을 보면 김달진(金達鎭), 김동리(金東里), 김상원(金相瑗), 김진세(金軫世), 여상현(呂

---

297 한국민족문화대백과사전 [시인부락]

尙玄), 이성범(李成範), 임대섭(林大燮), 박종식(朴宗軾), 서정주(徐廷柱), 오장환(吳章煥), 정복규(鄭復圭), 함형수(咸亨洙) 등 12인이다. 제2호에서는 오화룡, 이시복, 이용희(李用熙), 이해관 등이 추가되었다. 창간호의 경우 200부를 발행한 것으로 알려져 있는데, 출판 비용은 동인들이 각자 10원씩 내어서 충당했다고 한다.

3) 주요 내용

서정주가 창간호의 편집후기에 이렇게 썼다.(현대어 표기로 고침)

> 될 수 있는 대로 우리의 햇볕이 바로 쪼이는 위치에서 생생하고 젊은 한 개의 시인부락을 건설하기로 한다. 〈중략〉 이미 병들은 벗들에게는 좋은 요양소, 오히려 건강한 벗들에게는 명일의 출발을 위한 충분한 자양이 될 수 있도록… 〈중략〉 …준비 공작에 착수하였다. 벌써 여기다가 꼭 무슨 빛깔 있는 旗幟기치를 달아야만 멋인가?… 〈중략〉 …피리를 가졌건 나팔을 가졌건 또 무엇을 가졌건 마음 놓고 그는 그의 최선의 진실을 보일 수 있는 것이다.

창간호에는 시 34편이 실렸다. 어느 '청년화가'를 애도하며 지은, 그래서 그의 비유체인 "노오란 해바라기"가 더욱 강렬한 함형수의 「해바래기의 비명(碑銘)」이 첫 시로 올랐다. '소년시초' 3편(「형화(螢火)」, 「홍도(紅桃)」, 「그 애」)도 함께 실렸다. 다음으로 서정주의 「문둥이」, 「옥야(獄夜)」, 「대낮(正午)」이 보인다. 성애로 들끓는 육체적 욕망을 '문둥이' 종신 금고(禁錮)의 '페닉스' 등 불구적이며 추악한 존재 내부로 자아를 넣었다. 존재의 고독과 갈 길 없음을 아프게 토로한 김동리의 「호올로 무어라 중얼거리며 가느뇨」, 「간 이는 간 이는 다시 없네」, 「행로음(行路吟)」도 흥미롭다. 오장환은 낡은 봉건유습과 가난한 삶에 찌든 전근대적 조선을 음울하게 노래한 「성벽」, 「모촌(暮村)」, 「정문(旌門)」과 식민지 근대의 불모성을 묘파한 「온천지」, 「경(鯨)」, 「어족(魚族)」을 함께 제출함으로써 날카롭고 유려한 댄디즘을 한껏 발산했다. 김달진은 「황혼」과 「밤」을 통해 조선 자연의 그윽함을 차분하게 환기시켰다.

제2집에는 시 35편이 실렸다. 여상현은 '법원'과 '가마귀'(「법원과 가마귀」), '얼어붙은 세월'과 "살아나는 기계들의 세찬 숨소리"(「호흡」)를 조합하여 낯선 일상과 비관적 청년상을 새로 그려냈다. 함형수는 「소년행」 속 7편의 시로 어둠과 무, 공포와 불안에 사로잡힌 소년의 무의식을 우울한 목소리로 끄집어냈다. 오장환은 매음굴과 술집, 방황하는 선원들로 시끄러운 항구와 도시를 감각적으로 조감한 「항해도」, 「매음부」, 「야가(夜街)」, 안개 자욱한 가난한 포구의 투전판을 날카롭게 응시하는 「어포(漁浦)」를 통해 식민지 조선의 황량한 풍경을 비판적으로 그려냈다. 서정주는 인간의 원죄의식과 욕망의 양면성을 '꽃뱀'에 비긴 「화사」, 일상에서 유폐된 불구적 자아의 좌절과 소외를 입체화한 「달밤」과 「방」을 발표했다. 한편 '상해(象海, 본명 이용희)'의 시론 「현대시의 주지(主智)와 주정(主情)」도 실렸다. 김기림, 이상, 임화, 오장환 시를 중심으로 점차 강화되던 조선시의 주지적 성격을 논한 글이다.[298]

4) 편집 특성

창간호는 5×7판 크기에 32쪽 분량으로 발행되었으며, 정가는 20전이었다. 표지를 보면 오른쪽에서 왼쪽으로 쓰여 있는 제호 '詩人部落'이 눈길을 끈다. 그 뜻은 매우 도발적인데, 원래 '부락'이란 말은 일본에서 쓰이는 말로 '천민들이 사는 마을'을 가리킨다. 이를 감안하면, '시인부락'은 진선미(眞善美)에 고착된 시의 영토와 시인의 존재론을 '추(醜)'와 '악(惡)'의 세계로까지 확장·심화하겠다는 의지의 표현이 된다. 실제로 핵심 동인 서정주와 오장환은 서구 상징주의에 깊이 매혹되었으며, 추의 세계를 열어젖힌 보들레르의 『악의 꽃』을 탐독했던 것으로 알려졌다. 한편 동인들은 《시인부락》의 미학관에 입각해서 표지화를 정성껏 고른

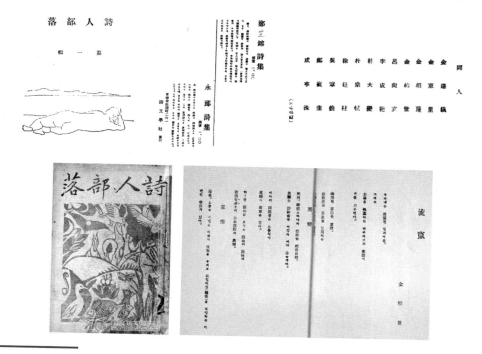

---

298 국립중앙도서관 편(2017), 앞의 자료, pp.109~110.

듯하다. 창간호 표지화는 폴 고갱의 「TE ATUA」(THE GODS)로 예수 탄생을 묘사한 그림인데, 고귀한 신분의 동방박사가 아닌, 하층 여인과 뱀, 공작 들이 경배를 올리고 있는 모습이어서 의외라는 느낌이 든다. 제2호 표지화는 밀림 같은 자연 속에서 활발히 움직이는 나비, 말, 물고기, 새들을 그렸다. 이를 종합하면, 두 그림은 진정한 시란 다양하고 낮으며 추악한 것들 속에서 탄생하는 숭고한 무엇임을 말하려는 상징물로 이해된다. 내지화도 흥미로운데, 창간호는 바닷가에 누워 먼 산을 바라보는 남성의 뒷모습 누드화를, 제2호에서는 거센 파도 위를 날아가는 천사를 묘사한 그림을 실었다.[299]

5) 창간 의의

김달진을 제외하고는 모두 20대의 문단 신인들로 구성된 《시인부락》 동인들은 당시에는 문단의 주목을 받지 못했으며, 스스로도 무슨 특별한 이념을 내세우지 않았다. 그럼에도 《시인부락》이 우리 시문학 역사상 큰 의미를 갖게 된 것은 우선 시문학파에서 시작되어 구인회(九人會)[300]를 거치면서 성숙된 순수문학의 경향을 계승했다는 점이다. 또한, 당시에는 신인에 불과했지만 나중에 서정주, 김동리, 오장환 등이 문단의 주요인물로 부상하면서 우리 문학사(文學史)의 전면에 나섰기 때문이다. 아울러 스스로 의도하지 않았더라도 시문학사에 '인생파' 또는 '생명파'라고 불리는 하나의 유파를 형성했다는 점도 간과해서는 안 된다. 이러한 여러 성과 때문에 매체로서의 《시인부락》은 수없이 많았던 1930년대 시 동인지들 가운데 특별한 것이 아닐 수 없다.[301]

결국 《시인부락》은 1930년대 후반 신진시인들의 다양성을 추구하는 한편, 선배세대에 의한 '영향에 대한 불안'을 넘어서려는 주제 선택과 형식 실험이 돋보인 동인지였다. 그 결과 인간의 생명과 허무 탐구에 집중한 서정주, 오장환, 유치환 등의 '인생파' 혹은 '생명파'로 영글었던 것이다. 이것은 "이념성과 형식미에 치중된 자유시의 편폭을 넓히는 한편 한국적 '순라(純裸)의 미'(서정주)를 새로 건축하는 미학적 사건의 일환"[302]으로 이해할 수 있을 것이다.

---

299 국립중앙도서관 편(2017), 앞의 자료, pp.108~109.
300 1933년 8월 이종명(李鍾鳴)·김유영(金幽影)의 발기로 이효석(李孝石)·이무영(李無影)·유치진(柳致眞)·이태준(李泰俊)·조용만(趙容萬)·김기림(金起林)·정지용(鄭芝溶) 등 9인이 결성하였다. 그러나 발족한 지 얼마 안 되어 발기인인 이종명·김유영과 이효석이 탈퇴하고 그 대신 박태원(朴泰遠)·이상(李箱)·박팔양(朴八陽)이 가입하였으며, 그 뒤 또 유치진·조용만 대신에 김유정(金裕貞)·김환태(金煥泰)가 보충되어 언제나 인원수는 9명이었다. 한국민족문화대백과사전 [구인회]
301 문화재청(2010), 『근대문화유산 신문잡지분야 목록화 조사연구보고서』, p.284.
302 국립중앙도서관 편(2017), 앞의 자료, p.110.

1) 창간 배경

《막》은 1936년 일본 동경 유학생들의 연극운동단체인 동경학생예술좌(東京學生藝術座)에서 창간한 회보 겸 기관지 성격의 잡지이다. 1936년 12월 창간호를 발행했으며, 이후 1938년 3월에 2호가 발간되었고, 1939년 6월에 제3호를 끝으로 발행이 중단되었다. 발간목적은 우리나라 신극의 전초병 구실을 담당하고 나섰던 동경학생예술좌가 인재의 '저수지'를 표방하면서 각 부문 연극 기술자를 집결하기 위한 것이었다. 동인으로는 박동근(朴東根)·주영섭(朱永涉)·이해랑(李海浪)·마완영(馬完英) 등이었다. 동경학생예술좌는 1940년에 해산됨으로써 기관지 발간도 끝났다. 이 잡지는 동인들이 주로 집필하는 동인지적인 성격이 강하였고, 언제든지 시기가 성숙하면 귀국하여 연극운동을 펼쳐보려는 학생극 단체의 아마추어적인 자기주장이 실려 있으며, 극예술 전반에 대한 연구적 소론(小論)이 주로 실려 있다.[303]

2) 관련 인물

창간호 간기면을 보면 발행 겸 편집인 박동근, 인쇄인 최낙종(崔洛鍾), 인쇄소 삼문사(三文社), 발행소 동경학생예술좌, 총판매 세기사(世紀肆)로 표기되어 있다. 창간호 권두에 실린 「학

---

303 한국민족문화대백과사전 [막]

생예술좌부감도」라는 글에서 설명하고 있는 '학생예술좌'란 다음과 같다.(현대어 표기로 고침)

　1934년 6월 24일, 동경에서 연극을 공부하려는 열다섯 사람의 동무가 모여 '동경학생예술좌'라는 연극 연구단체를 만들었다. 세계 연극 수준에 도달한 동경극단(東京劇壇)에서 이런 클럽을 통하여 적극적으로 연극을 배워가지고 장차 조선에 가서 같이 일하자는 의도이다. 좌에는 조선에서 학생극을 통해 알던 이, 작품을 통해서 알던 동무들이 모였다. 1934년 가을부터 연구는 착착 진행되었다. 〈이하 생략〉

여기서 말하고 있는 15인의 창립 동인은 박동근, 주영섭, 마완영, 이진순, 이해랑, 허남실, 김동혁, 한적선, 임호권, 김영화, 김용하, 유종열, 황순원, 주경은, 김영수 등이었다.

3) 주요 내용

　창간호에는 「학생예술좌부감도(學生藝術座府瞰圖)」, 주영섭의 「연출론점묘(演出論點描)」, 마완영의 「연기 노트의 대략」, 최규홍의 「언어의 극예술적 지위」, 한적선의 「사투리의 매력」, 박동근의 「생활무대」, 문예부의 「연극어 정리 초안」, 연출부의 「연출부의 일」, 연기부의 「연기론」 등이 실려 있다. 전반적으로 잡지의 편집체계가 일목요연하지 않지만 내용이 학구적이고 연극 실제에 대한 관심과 이해가 높다는 것을 알 수 있다. 권두언의 성격을 갖는 「학생예술좌부감도」는 2년간 동경학생예술좌의 조직과 활동사항에 대해 정리한 글이다. 주영섭, 마완영, 최규홍, 한적선의 글은 연출, 연기, 극언어 등 연극 실무와 기술에 관한 학구적 관심과 열의를 보여준다. 문예부, 연출부, 연기부의 글도 마찬가지다. 이는 동경학생예술좌의 회원들이 대개 호세이대(法政大)와 니혼대(日本大) 예술과 출신이 다수를 이루고 있어서 연극에 대한 인문학적 관심이외에 예술 실무와 기술에 대한 관심도 매우 높았다는 사실을 반증한다. 동경학생예술좌 제1회 공연으로 무대에 올렸던 유치진 작 「소」와 주영섭 작 「나루」의 공연 사진도 실려 있다.

제2호는 동경학생예술좌 제2회 공연으로 무대에 올린 유치진 작 「춘향전」 상연 이후에 발행되었다. 주영섭의 「낭만주의 연출체계」, 김영화의 「예술가와 세계관」, 이해랑의 「신희극(新喜劇)」, 주경은의 「딜레탕트의 의식」, 조우식의 「무대장치가의 태도」, 유종렬의 「방자와 나」, 서진의 「음악잡상」 등이 실려 있다. 임호권의 「좌원인물묘사실(座員人物描寫室)」에는 동경학생예술좌 구성원에 대한 인물평이 실려 있어서 흥미롭다. 문예부의 「1937년도 신극단체 상연목록」은 당시 일본의 신극 상연 목록을 정리한 것으로 연극사적 자료 가치가 크다.

제3호(1939.6)는 제3회 공연으로 무대에 올린 유진 오닐 작 「지평선」, 주영섭 작 「벌판」 상연 이후에 발간되었다. 권두언 「우리들의 극장」을 비롯해 박의원의 「무대조명이란」, 주영섭의 「시, 연극, 영화」, 홍성인의 「화가와 무대미술」, 박동근의 「연출론」, 박용구의 「서론적인 음악극론」, 신영의 「음향효과 소론」, 이해랑의 「연극의 본질」, 장계원의 「여배우의 지위에 관한 수상」, 이철혁의 「조선연극개괄」, 유종렬의 「무대연기자에 대한 사론」, 임호권의 「속·좌원인물묘사실」 등이 게재되었다. 연기, 무대미술, 조명, 음악, 음향효과 등 연극 실기에 대한 글의 비중이 크다는 점이 특징이다.

4) 편집 특성

창간호는 5×7판 크기에 56쪽 분량으로 발행되었으며, 정가는 10전이었다. 동경학생예술좌의 공연작품에 대한 소개를 포함하여 연출과 연기뿐만 아니라, 무대·조명·음악 등 연극과 관련된 모든 분야에 대한 회원들의 글이 실려 있어 마치 공연 안내지를 떠올리게 하는 것이 특징이다.

5) 창간 의의

《막》을 발행한 동경학생예술좌는 1934년 6월 일본 동경에서 연극운동에 뜻을 둔 15명의 조선 유학생들이 구성한 연구단체로, 산하에 문예부, 연출부, 연기부, 서무부 등의 조직을 두고 연극공연 활동과 더불어 이론 활동의 일환으로 연극전문잡지를 발간하였다. 이처럼 《막》은 신극운동단체 극예술연구회의 기관지 《극예술》의 맥을 잇는 신극운동 잡지라는 점에서 매체적 의미가 크다.

당시 《연극운동》, 《극예술》 등 다른 연극전문잡지들에서는 이론(理論) 지향적 연극론의 비중이 컸음에 비해 《막》은 연극 실무와 기술에 대한 각별한 관심을 갖고 있었다는 점에서 차별화된다. 잡지를 분석해 보면 호세이대학 출신의 주영섭, 박동근, 마완영 등이 연극운동의 이론과 이념 및 방향을 제시하는 역할을 하고, 그밖에 다른 회원들이 연극의 실무에 대한 구체적 관심을 표명하면서 연극전문잡지로서의 균형을 잡아나갔다는 사실을 알 수 있다. 이들은 이후 국내로 돌아와 극예술연구회와 대중극, 영화계 등에서 활동하면서 한국 연극·영화계를 이끄는 역할을 했다. 《막》은 그 정신적 구심점이 되었다.[304]

한편, 동경학생예술좌는 일제의 탄압 때문에 큰 어려움을 겪어야 했는데, 결국 동경학생예술좌가 해산된 후 우리 연극계는 암흑기로 접어든다. 1939년 5월에는 '극연좌'가 해산당하고, 1940년 8월에는 '신협(新協)'과 '신축지(新築地)'도 막을 내리며, 12월에는 어용단체 '조선연극협회'가 강제로 결성된다.[305]

〈참고〉 동경학생예술좌(東京學生藝術座)[306]

1934년 동경에 설립되었던 학생극단. 동경학생예술좌(東京學生藝術座)는 1934년 6월 24일에 동경 유학생들이 신극운동을 위하여 동경에서 창단한 학생 연극단체로서, '건전한 연극발전과 민족의식 고취'를 목표로 하였다. 단원은 와세다대학[早稻田大學]·니혼대학[日本大學]·호세이대학[法政大學] 등에서 문학·연극·영화 등 예술을 전공하는 대학생 박동근(朴東根)·주영섭(朱永涉)·마완영(馬完英)·이진순(李眞淳)·이해랑(李海浪)·허남실(許南實)·김동원(金東園)·한적선(韓笛仙)·임호권(林虎權)·김영화(金永華)·김용하(金龍河)·유종렬(柳宗烈)·황순원(黃順元)·주경은(朱敬恩)·김영수(金永壽) 등 15인이었다.

이 극단은 라디오방송극에서 공연을 시작하였다. 제1회는 1934년 9월 존 골스워디(John Galsworthy) 작 「태양」, 제2회는 주영섭 작 「날이 밝으면 비가 오십니까」, 제3회는 박동근 작 「생활도」, 마지막인 제4회 방송은 주영섭 작 「평행선」이었다. 이 극단은 1935년 6월 창립 1년 만에 '조선의 신극수립을 창작극에서'라는 표어 아래 유치진(柳致眞) 작 「소」와 주영섭 작 「나루」를 스키지[築地] 소극장(小劇場)에서 공연하였다. 1937년 6월에는 유치진 작품인 「춘향전(春香傳)」으로 제2회 공연을 하였다. 작품 「춘향전」은 유치진이 특유의 극작술로

---

304 국립중앙도서관 편(2017), 앞의 자료, pp.112~113.
305 최덕교 편저(2004), 『한국잡지백년2』, 현암사, p.546.
306 한국민족문화대백과사전 [동경학생예술좌]

고전극을 현대적 감각으로 재해석하였고, 리얼리즘에 입각한 로멘티시즘 극으로 재창조시킨 것이었다. 1938년 6월, 이 극단은 극단 창립 5주년 기념으로, 유진 오닐(Eugene O'Neill)작 「지평선너머」와 주영섭 작 「벌판」을 스키지소극장에서 제3회 공연으로 올렸다. 당시 번역극을 공연한 것은 유진 오닐이 1936년에 노벨문학상을 수상한 작품으로 이미 문학적 측면에서 검증된 작품이란 점과 학생들에게 서양연극을 배울 수 있는 좋은 기회라 여겼기 때문이다. 1939년 6월 제4회 공연으로 이서향(李曙鄕) 작 「문」과 함세덕(咸世德) 작 「유명(幽明)」을 계획하였으나, 이 작품들은 일본의 '조선어연극 금지령'으로 끝내 무대에 공연되지 못했다. 이후 동경학생예술좌의 연극활동은 점차 미미(微微)해졌다. 한편, 이들은 대학극사상 최초로 기관지 《막(幕)》을 창간하였다. 그러나 주로 단원들의 연극에 관한 글을 실었던 이 잡지는 3호로 끝났다. 1939년 8월에 귀국한 박동근·주영섭·마완영·이서향 등이 연극을 통하여 좌익사상을 고취하였다는 죄목으로 일본 경찰에 구속되었다. 이후 1940년 극단 대표 박동근이 약 6개월간 복역 생활에서 풀려난 후, 그해 9월 동경으로 건너가 사실상 동경학생예술좌는 해체되었다.

극단 동경학생예술좌는 민족항일기에 민족운동의 일환으로 신극운동을 전개하기 위해서 조직된 단체로서, 연극단체 중에 가장 뚜렷한 목적의식을 가지고 조직적이고 지속적으로 활동하였다는 점에서 높이 평가된다. 대학극, 더 나아가 아마추어극단체가 지향해야 할 방향을 제시하였다는 점에서 의의가 크다.

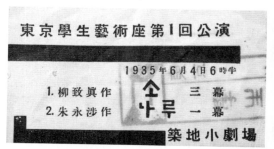

1) 창간 배경

《백광》은 1937년 당시 평양 지역의 저명한 독지가였던 백선행(白善行)의 뜻을 기리기 위해 설립된 '백선행기념관 재단'의 후원으로 창간된 문예 중심의 종합잡지이다. 1937년 1월부터 6월까지 통권 6호를 발행하였다. 평양 출신의 작가로 잡지 편집 경험이 많았던 늘봄 전영택(田榮澤, 1894~1968)[307]이 창간호의 발행을 맡았다.

---

307 일제강점기「독약을 마시는 여인」,「K와 그 어머니의 죽음」,「화수분」등을 저술한 소설가. 호는 늘봄·추호(秋湖)·불수레·장춘(長春). 평양 출생. 1910년 평양 대성중학(大成中學) 3년을 중퇴하고 1918년 아오야마학원[青山學院] 문학부를 졸업하였으며, 이 학교 신학부에 다시 입학하였다. 김동인(金東仁)·주요한(朱耀翰)·김환(金煥) 등과 문예지《창조》의 동인이 되어 문단 활동을 시작하였다. 1919년 단편「혜선(惠善)의 사(死)」를《창조》창간호에 발표함으로써 작품 활동을 시작하였다. 대표작으로「천치(天痴)? 천재(天才)?」(1919)·「독약을 마시는 여인」(1921)·「K와 그 어머니의 죽음」(1921)·「흰닭」(1924)·「화수분」(1925)·「소」(1950)·「새벽종」(1955)·「쥐 이야기」(1956)·「집」(1957)·「아버지와 아들」(1957) 등의 단편이 있다. 또한「하늘을 바라보는 여인」(1958)·「한마리 양(羊)」(1959)·「해바라기」(1959)·「금붕어」(1959)·「크리스마스 전야(前夜)의 풍경(風景)」(1960)·「거꾸로 맨 성경」(1961)·「모든 것을 바치고」(1961)·「생일파티」(1964)·「말 없는 사람」(1964) 등의 단편과「생명의 봄」(1920) 등의 중편,「청춘곡(靑春曲)」(1938) 등의 장편, 성극(聖劇)「순교자(殉教者)」(1938), 설교수필집인『인격주의(人格主義)』(1959) 등이 있다. 그의 문학은 식민지시대의 사회 문제와 개인의 삶이 무너지는 것을 다루는 것으로 출발하여 광복이 되기까지 민족적 수난이나 가난을 동포애로 감싸는 인간 의식을 그렸다. 광복 이후에는 주로 기

2) 관련 인물

창간호 간기면을 보면 편집 겸 발행인 전영택, 인쇄인 김진호, 인쇄소 한성도서주식회사, 발행소 백광사[白光社, 평양부 전구리 122, 고백선행여사가(故白善行女史家)], 주간 안일성(安日成) 등으로 표기되어 있다. 한흑구(韓黑鷗)라는 필명으로 작품활동을 했던 한세광(韓世光, 1909~1979)과 함께 편집 실무를 담당했던 주간 안일성은 백선행의 양아들이며, 백선행은 어린 나이에 남편을 잃었으나 남다른 사업 능력으로 재산을 축적한 여장부로 유명했다고 한다. 만년에는 재산을 모두 평양 지역의 학교와 사회 시설에 희사하여 평양의 교육과 문화 활동을 지원하는 대모(代母) 역할을 하였다. 공회당 및 도서관 시설이 필요하다는 고당(古堂) 조만식(曺晩植, 1883~1950)의 요청에 따라 건축 공사비를 부담하여 대동강변에 '평양공회당(백선행기념관)'을 설립하였고, 이밖에 광성(光成) 보통학교, 숭현(崇賢) 여학교, 숭인(崇仁) 상업학교 등 평양의 기독교계열 사립학교에 토지와 기금을 기부한 것으로 알려져 있다.[308]

3) 주요 내용

주간 명의로 창간호에 실린 「발간사」의 내용은 다음과 같다.(현대어 표기로 고침)

고 백선행 여사께서 우리 조선사회에 끼친바 공헌이 얼마나 다대(多大)하다는 것은 여기에서 중언(重言)을 불허(不許)한다. 평양에 광성보통학교, 숭현여학교, 지방에 창덕학교(彰德學校)를 튼튼한 지반 위에 세워놓아 재단법인(財團法人)까지 만드셨고, 숭인상업학교에도 수만 원에 가까운 토지를 기부하여 재정(財政)의 곤란을 면케 하였다. 더구나 대동강 언덕에 늠름한 웅자(雄姿)로 건립한 백선행기념관이 무엇보다도 여사의 위대함을 웅변으로 말하지 않는가?

평양에는 무엇보다도 언론기관이 결핍(缺乏)하다. 만일 여사께서 앞으로 좀더 살아계셨더라면 평양은 이렇게까지 언론계의 적막을 느끼지 않았을 것이다. 이에 본사는 여사의 독지(篤志;

독교적 신앙으로 삶의 어려움을 극복하려는 의지를 보여 민족과 개인의 미래에 대한 전망을 사실주의적 수법으로 그려 종교인이자 작가로서의 정신세계를 구현하였다. 「화수분」은 당시 신경향파 작가들이 즐겨 다루는 소재였음에도 도식적인 사건 처리가 아닌 인간의 원시적 온정과 생명에 대한 외경(畏敬)을 사실적·상징적으로 그려낸 그의 대표작이다. 「소」는 특히 광복 후 두드러지기 시작한 그의 박애 정신을 구현한 농촌소설로, 「크리스마스 전야의 풍경」은 허위와 가식에 찬 교회의 한 모습을 비판한 것으로 각각 그의 대표작으로 꼽힌다. 한국민족문화대백과사전 [전영택]

308 국립중앙도서관 편(2017), 『한국근대문학해제집Ⅲ-문학잡지(1927~1943)』, p.117.

도탑고 친절한 마음)를 계승하여 본 책(本冊)을 이 사회에 내보낸다. 물론 조선의 출판사업이 그런 것과 같이 본책도 이 앞으로 중첩한 난관이 있을 줄 안다. 그러나 고 백선행 여사의 돈독한 뜻과 희생심을 알아보지 않는 한 이런 난관쯤은 돌파할 결심이며, 또 자신이 있다.

본 책은 조선사회를 위하여 희생하려고 나왔으며, 사회의 공정한 그릇이 되려고 나왔다. 《백광》은 가장 엄숙하고 가장 정확한 비판자가 되려 하며, 정의와 인도(人道)를 위하여는 어떤 일이 있더라도 상대 때문에 붓대를 휘어지게 하지 않으려 한다. 이것이 곧 본 책의 생명이요 주장이다. 그리하여 이 사회에 지남침(指南針)이 되려 하며 빛이 되려 한다. 빛 중에도 가장 깨끗한 흰 빛— 즉, 백광(白光)이 되려 한다. 만천하 사람아, 다 같이 두 손을 힘 있게 높이 들어 이 《백광》을 맞으라!

창간호에는 그밖에 「고(故) 백선행 여사 약력」, 「조만식씨 방문기」, 「평양문인좌담회」, 조만식·김동원·이광수·주요한의 축사 등 지역색을 담은 기사들이 다수 실렸으나, 이후 지역적 소재를 탈피하여 다양한 기획과 기사를 싣기 위해 노력하였다. 잡지 간행 초반에는 문화계 동향 및 문예면에 대한 관심이 높았으나, 제5호(1937.5)부터는 면모를 일신하여 언론 및 학술계의 동향, 국제 뉴스, 사회 논평, 문단 및 예술계 소식 등을 고루 다루면서 세간의 화젯거리나 세태평 등 흥밋거리도 늘렸다. 소설 및 시가 등을 수록한 문예란도 운영하였고, 비단 평양 지역의 작가뿐만 아니라 박태원, 양주동, 채만식, 한설야, 이기영 등 지역 및 정치적 이념에 구애 받지 않고 다양한 작가들의 작품을 소개하였다. 현역 정치인에 대한 인물평인 「여운형론」(창간호)과 「장덕수론」(제3·4 합본호), 박영희의 문학평론인 「문학연구의 소재에 관한 재음미」(제2호), 고인이 된 소설가 김유정을 추모한 글들을 묶어 기획한 「곡(哭) 유정」(제5호)

등은 그 자체로 학술적인 가치를 지닌다.[309]

4) 편집 특성

창간호는 5×7판 크기에 182쪽 분량으로 발행되었으며, 정가는 20전이었다. 관련 교육기관들의 광고가 실려 있으며, 백선행 여사의 초상과 함께 백선행 여사 동상 제막식 사진이 화보로 실려 있어 눈길을 끈다.

5) 창간 의의

일제강점기에 발간된 잡지 대부분이 경성(서울)에 근거를 두었던 데 비하여, 《백광》은 평양 지역의 문화자본과 인력을 토대로 발간된 잡지라는 특수성이 있다. 창간호의 「편집후기」에서 주간 안일성은 "평양에서 전체조선[全鮮]을 상대로 하는 책이 발간되기는 이 《백광》이 효시다. 더구나 잡지 한 권 신문 한 장 없는 평양에서 이 《白光》의 출현이야말로 커다란 경이"라고 소감을 밝혔다. 종합지 《대평양(大平壤)》(1934)이나 순문예지 《창조》(1919), 《단층》(1937)처럼 평양 지역을 근거로 창간되어 읽힌 잡지들이 있었으나, 《백광》은 평양 지역에서 조선 전역을 상대로 하여 최초로 발행된 종합지였다. 편집주간의 언급에서는 '전체조선을 상대하는 지역 잡지'를 발간한다는 자의식과 함께 자긍심도 묻어난다.[310]

또한, 「편집후기」를 보면, 창간호 및 제2호는 품절되었고 출판을 거듭할수록 발행부수가 증가하고 주문도 많아졌음을 알 수 있다. 이에 편집자 한세광은 "《백광》의 앞길은 실로 탄탄하다"고 자랑하기도 했으나, 제6호에 이르러 종간되고 말았다. 종간의 이유는 분명하지 않으나, 경성 중심의 근대 한국문화계에 도전장을 내밀었던 지역 잡지였다는 점에서 그 존재 의의만큼은 변하지 않을 것이다.

---

309   국립중앙도서관 편(2017), 앞의 자료, pp.118~119.
310   국립중앙도서관 편(2017), 앞의 자료, pp.117~118.

1) 창간 배경

《소년》은 조선일보사 출판부에서 발행한 월간 아동잡지로,1937년4월부터1940년12월까지 모두 45호가 발행되었다. 중도에 조선일보사 출판부가 조광사로 개편됨에 따라 1940년 5월부터는 발행처가 '조광사'로 바뀌게 된다. 매호 80면 내외의 분량으로 편찬되었으며, 유년 독자를 대상으로 한 작품도 수록되었으나, 주요 독자층은10대의 초·중등 학생이었던 것으로 판단된다. 아동문학가 윤석중(尹石重, 1911~2003)이 초대 편집주간을 맡았으며, 1939년 7월호부터는 이석훈이, 1940년 11월호부터 종간호까지는 김영수(金永壽)가 편집을 담당했다.

《소년》은 동요, 동화, 소년소설, 아동극 등 아동문학 장르는 물론이고, 뉴스, 상식, 유머, 만화, 퀴즈 등 다양한 종류의 읽을거리를 독자의 연령, 성별을 고려하여 안배하였다. 장편동화나 탐정소설을 연재하여 독자의 흥미를 끄는 한편, '소년담화실', '독자사진첩', '독자현상공모'를 통해 독자들의 직접 참여를 유도하기도 했다. 특히 독자들의 투고작을 싣는 '소년작품란'은 많은 관심을 끌었을 것으로 짐작된다.

2) 관련 인물

창간호 간기면을 보면 편집 겸 발행인 방응모(方應謨), 인쇄인 김현도(金顯道), 인쇄소 대동인쇄소, 발행소 조선일보사 출판부로 표기되어 있다. 편집주간을 맡았던 윤석중을 비롯하여, 강소천, 박영종(박목월), 이원수, 윤복진, 윤동주, 최순애, 김영일 등의 동요가 자주 실렸으며, 이들 동요에 홍난파, 윤극영, 이일래, 정순철 등이 곡조를 얹은 악보가 함께 소개되기도 했다. 윤석중은 정형적인 틀에서 벗어난 형식에 밝고 긍정적인 생활감정을 담는 새로운 창작 방법을 이끌었으며, 박영종은 「토끼길」을 비롯하여 많은 작품을 발표했다.[311]

3) 주요 내용

창간사는 조선일보사 출판부 주간을 맡고 있었던 노산 이은상이 썼는데, 그 내용은 다음과 같다.(현대어 표기로 고침)

우리는 잡지 《소년》을 내보냅니다. 조선의 여러 백만 어린이들을 위하여 보내 드립니다. 여러분의 가장 든든한 스승이 되라고, 여러분의 가장 정다운 동무가 되라고 우리는 잡지 《소년》을 여러분에게 보내는 것입니다. 〈중략〉 우리가 여러분에게 잡지 《소년》을 보내드리는 뜻이 어디 있는지를 깊이 생각하십시오. 그리하여 달마다 이 잡지가 나오기를 손꼽아 기다리셨다가 한 달도 거르지 말고 꼭 읽어주셔서, 저 뒷날 훌륭한 이들이 되어 주시기를 바라는 것입니다.

또, 《소년》 편집주간 윤석중은 「편집후기」를 통해 다음과 같이 소감을 밝히고 있다.(현대어 표기로 고침)

나는 이 잡지를 꾸미는 동안에 아주 욕심쟁이가 되어버렸습니다. 좋은 그림을 재미나는 이야기를, 한 장이라도 더 한 마디라도 더 보여드리고 들려드리고 싶은 생각에, 두 책 모가치나 되는 것을 한꺼번에 넣으려고 애를 쓴 것입니다.

그것은 사발 하나에다가 밥 두 사발을 담으려는 것이나 마찬가지 욕심이었습니다. 그러나 밥은 많이 먹으면 배탈이 나기 쉽지만, 아무리 많이 알더라도 우리 머리는 체하는 법이 없습니다.

보시면 아시겠지만, 참말 조선에서 처음 보는 아름다운 잡지가 되어 나왔습니다. 돈 주고

---

311 국립중앙도서관 편 (2017), 『한국근대문학해제집Ⅲ-문학잡지(1927~1943)』, p.120.

도 못 살 〈세계일주 대말판〉까지 포함해서 겨우 10전, 열 권을 한데 본사로 주문하시면 단 7전 꼴입니다. 〈이하 생략〉

한편, 《소년》에 실린 주요작품으로는 강소천의 대표작 「닭」[312]도 이 잡지에서 처음 발표된 것이다. 이원수는 「보-야, 넨네요」, 「나무간 언니」와 같이 일하는 아이들의 모습을 포착했다. 동화와 (소년)소설 장르명에는 작품의 유형이나 독자 정보를 담은 용어가 덧붙는 경우가 많았다. 유년동화, 그림동화, 동물동화, 조선동화, 전래동화, 모험소설, 탐정소설, 역사소설, 학교소설, 가정소설, 소녀소설 등이 그 예다. 고전서사가 바탕이 된 작품은 소년야담, 소년사화와 같은 명칭으로 소개되기도 했다. 《소년》을 통해 발표된 대표 작품으로 주요섭의 장편동화 「웅철이의 모험」을 꼽을 수 있다. 「앨리스의 모험」을 모티브로 한 이 동화는 웅철이라는 소년이 땅속나라, 달나라, 해나라, 꿈나라 등을 차례로 여행하고 돌아온다는 이야기로, 한국 아동문학사에서 본격적인 판타지 장르의 출발을 보여주는 작품으로 평가된다. 김내성의 「백가면」과 박태원의 「소년탐정단」은 독자들의 인기를 얻었던 탐정소설로 1930년대 소년탐정물의 특징을 잘 보여준다. 현덕(玄德)은 동화 「삼형제 토끼」, 소년소설 「하늘은 맑건만」과 같이 문학성을 높게 평가받은 작품을 연이어 발표하였다. 이외에 채만식, 김영수, 김복진, 박계주, 이헌구, 이석훈, 조풍연, 송창일, 노양근, 이구조, 박영만 등도 필자로 나섰다. 아동극으

---

312 "물 한 모금 입에 물고 / 하늘 한 번 쳐다보고 // 또 한 모금 입에 물고 / 구름 한 번 쳐다보고" 이 작품은 소천(小泉) 강용률(姜龍律, 1915~1963)이 북간도(北間島) 용정(龍井)에서 지어 보낸 것으로 "아득한 내 나라 하늘을 바라보는 소천의 자화상이었다"고 윤석중은 회고한다. 최덕교 편저 (2004), 『한국잡지백년2』, 현암사, pp.280~281.

로는 신고송의 「요술모자」, 함세덕의 「오월의 아침」 등이 발표되었다.[313]

4) 편집 특성

창간호는 5×7판 크기에 80쪽 분량으로 발행되었으며, 정가는 10전이었다. 또한, 《소년》은 표지와 화보가 화려하고, 삽화가 풍성했다. 표지는 도회적이고 활동적인 분위기의 남학생을 그린 것이 가장 많았는데, 주로 정현웅과 김규택 등이 그림을 그렸다. 만화도 비중 있게 수록되었는데, 임홍은, 김용환, 현재덕, 박인수, 오택기, 정청익, 김상욱, 전용호 등이 주로 활동했다.

5) 창간 의의

《소년》은 무엇보다도 1930년대 후반을 대표하는 아동잡지로, 아동문학가뿐만 아니라 기성문인까지 폭 넓게 필자로 참여하였으며, 아동문학사에 길이 남을 작품들이 다수 발표되었다. 윤석중의 뛰어난 편집 역량이 발휘되어 지면이 다채롭고 짜임새 있게 구성되었으며, 독자 대중의 요구와 취향에 적극적으로 맞추어가는 기획 방향을 보여주었다. 나아가 《소년》은 독자의 연령과 성별에 따른 장르의 분화와 전개 과정을 구체적으로 살펴볼 수 있는 중요 매체이다.[314]

---

313 국립중앙도서관 편(2017), 앞의 자료, pp.120~122.
314 국립중앙도서관 편(2017), 앞의 자료, p.122.

1) 창간 배경

《단층》은 1937년 4월에 창간된 소설 중심의 문예잡지이다. 1937년 4월 22일 평양에서 창간호를 간행했고, 이후 1937년 9월 7일에 제2호, 1938년 3월 3일에 제3호, 1940년 6월 25일에 제4호를 낸 뒤 종간되었다. 제1호~제3호의 발행처는 경성 단층사이고, 제4호는 경성 박문서관(博文書館)이다.

2) 관련 인물

창간호의 간기면을 보면 편집 겸 발행인은 박용덕(朴容德), 인쇄인은 김병룡(金秉龍), 인쇄소는 기신사(紀新社, 평양부 신양리 150), 발행소는 단층사(경성부 인의동 17)로 표기되어 있다. 곧 허가는 서울에서 얻고 편집과 인쇄는 평양에서 한 것이다.

아울러 《단층》 동인은 김이석(金利錫), 김화청(金化淸), 이휘창(李彙昌), 김여창(金礪昶), 유항림(兪恒林), 양운한(楊雲閒), 김환민(金煥民), 최정익(崔正翊), 구연묵(具然黙), 김조규(金朝奎), 김성집(金聖集), 최규원, 한주현 등이다. 이들 중에서 《단층》 발행을 주도한 인물은 평양 출신의 김이석[315]

---

315 김이석(1914~1964)은 평양 출생으로 부유한 가정에서 자랐다. 그의 아버지는 교회 장로였고, 평

이다. 김이석은 유항림, 최정익, 김화청, 김매창 등 평양 광성중학 출신의 동문들을 중심으로 동인을 구성해서 지역적 차별성을 뚜렷이 드러내었다. 김이석, 김화청, 유항림, 구연묵 등이 소설을 발표했고, 양운한, 김조규 등이 시를 발표했다. 《단층》에 발표된 작품을 분류해 보면 시 29편, 소설 17편, 평론 4편이 실려 있는 것으로 보아 소설의 비중이 비교적 높은 문예 동인지였다.

3) 주요 내용

창간호에는 김이석의 「감정세포(感情細胞)의 전복(顚覆)」, 김화청의 「별」, 이휘창의 「기사창(騎士唱)」, 김여창의 「육체」, 유항림의 「마권(馬券)」 등의 소설과 양운한의 「계절 판도」, 김환민의 「청춘」, 「시골길을 자동차로」 등의 시, 그리고 최정익의 「D. H. 로렌스의 성(性)과 자의식(自意識)」 등의 평론이 실려 있다.

《단층》의 작품 경향은 심리주의적·실험적 색채가 강한 모더니즘이라고 평가된다. 최재서가 "사회적 양심과 이론을 가지면서도 그것을 신념에까지 윤리화시킬 수 없는 인테리의 회의와 고민을 심리분석적으로 그리려는 것"이라고 《단층》 동인들의 작품 경향을 지적한 것이 거의 정설이 되었다. 유항림의 「마권」과 「구구(區區)」에서 알 수 있듯이, 이들은 사회적 의식을 갖고 있으면서도 표출할 수 없었던 당대 인텔리의 고뇌와 자의식을 모더니즘의 방식으로 드러내었다. 「마권」의 종서는 과거와 함께 이념을 청산하는 일, 그리고 새로운 출발점을 모

양 번화가에 있는 '미카도빌딩'의 주인이었다. 김이석은 연희전문 재학 때부터 소설을 썼으며, 중퇴한 후에는 평양에서 김조규, 양운한, 최정익, 김화청, 구연묵, 유항림 등과 함께 동인지 《단층》을 발간했다. 최덕교 편저(2004), 『한국잡지백년3』, 현암사, p.97.

색하는 것마저도 "한 쩨너레이숀 전의 일"이라고 말한다. 그는 지금의 공허한 현실을 지탱할 수 있는 최소한의 버팀대조차 구할 수 없음에 절망하고, 충동적인 행동에 몸을 내맡기며 현실로부터 도피하고자 한다. 김이석의 「감정세포의 전복」 역시 그런 경향을 보여주는데, 이는 모두 사회적 현실에 적응하지 못하고 내면의식에만 집착하였던 1930~40년대 지식인들의 무력화된 삶의 양상과 깊이 관련되어 있다.[316]

4) 편집 특성

《단층》 창간호는 변형 5×7판 크기에 122쪽 분량으로 발행되었으며, 정가는 15전이었다. 일반적으로 문예 동인지들이 30~60쪽 정도의 분량을 보이는 데 비해서 이 잡지는 120쪽 이상으로 비교적 두껍게 만들어졌다. 또 하나 큰 특징은 《단층》은 창간호부터 종간호에 이르기까지 '편집후기'를 비롯하여 동인의 문학적 경향과 성격을 짐작할 수 있는 어떠한 종류의 안내문도 수록해 놓지 않았다. 심지어는 창간호를 창간호 또는 제1호라고 하지 않고 '제1책'이라 하여 냈는데, 창간사도 없어서 마치 단행본처럼 발행한 것이 특징이다.

5) 창간 의의

이 잡지는 '단층(斷層, La Dislocation)'이라는 제호부터 기존 문학과 스스로를 차별화하려는 의도를 보여준다. 제4호 표지의 단층 그림, 곧 외부의 힘을 받은 지각이 두 개의 조각으로 끊어져 어긋난 지질구조처럼, '단층'은 기존의 문학과 구별되는 활동을 하겠다는 의지를 처음부터 드러내고 있다. 그런 의도대로 《단층》의 작품들은 문학적 성취와 수준에서 새로운 경향과 특성을 보여준다. 나아가 《단층》은 다소간의 이질적 경향이나 습작기적 미숙성에도 불구하고 유파 개념으로서의 성격, 즉 '단층파'로 논의되어도 무리가 없을 정도로 고른 경향과 높은 수준을 보여주었다. 당시 동인지의 주조가 시를 중심으로 형성되었다면, 《단층》은 소설 중심의 잡지라는 데 그 독특함이 있다. 이처럼 《단층》 동인이 이루어낸 형식적 실험들은 1920년대 중반의 전위시 운동에서 1930년대 초중반의 이상 및 《삼사문학》으로 이어져 온 일련의 문학사적 흐름을 구체적으로 보여준다.[317]

---

316 국립중앙도서관 편(2017), 앞의 자료, pp.123~125.
317 국립중앙도서관 편(2017), 앞의 자료, p.125.

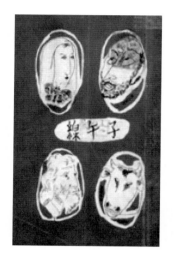

1) 창간 배경

《자오선》은 1937년 11월 10일 창간호만 나오고 종간된 시 전문 동인지로, 창간사와 후기 (後記)가 없어 간행 의도나 목적을 알기 어렵다.

2) 관련 인물

간기면을 보면 편집 겸 발행인 민태규(閔泰奎, 경성부 돈암정 399-8), 인쇄인 조수성(趙洙誠), 인쇄소 중앙인쇄소, 발행소 자오선사(경성부 돈암정 399-8), 총판매원 동광당서점으로 되어 있다. 발행소 주소는 민태규의 주소와 일치하는 것으로 보아 자택으로 추정된다. 그는 윤곤강, 이

병각 등과 함께 결성한 '낭만동인회'의 동인지로서 창간호를 내고 종간되었던 《낭만》(1936년 11월)을 발행했던 경험을 살려 《자오선》을 낸 것으로 추정된다.

3) 주요 내용

《자오선》목차에 나타나 있는 작품과 시인 목록을 살펴보면 다음과 같다.

황무지(荒蕪地)……오장환(吳章煥)

이상애도(李箱哀悼)……이성범(李成範)

노정기(路程記)……이육사(李陸史)

잔디에누어서……박재륜(朴載崙)

늙음의나라……박재륜(朴載崙)

對話:경애의령전에준다……김광균(金光均)

호접(胡蝶)/무녀(巫女)의춤……신석초(申石艸)

소년행(少年行)……함형수(咸亨洙)

유월공(六月空)……소정(素汀)

입마춤/맥하(麥夏)/안즌뱅이의노래……서정주(徐廷柱)

정야(靜夜)/별을우르러……전성(全馨)

고백(告白):정열의샘물에게/별바다의기억……윤곤강(尹崑崗)

여화(蘆花)……김상원(金相瑗)

귀로(歸路)……이병각(李秉珏)

노래를잊은이몸……정호승(鄭昊昇)

군와(群蛙)……여상현(呂尙玄)

황해(黃海)……민태규(閔泰奎)

몽개 몽개 이러나……백수

마네킹유풍도(遺風圖)……유연옥(劉演玉)

선부(船夫)의노래2……오장환(吳章煥)

THE ANGELUS……이해관(李海寬)

파첩(破帖)……고(故) 이상(李箱)

시에 대한 희망(希望)……C.D.루이스/이성범 역

목차에서 보는 바와 같이 오장환은 권두시격인 「황무지」, 환락과 관능으로 퇴폐한 항구의 풍경을 묘사한 「선부(船夫)의 노래2」를 발표했다. 여기 실린 「황무지」는 2014년 미발표 장시(6장 550행)로 발굴된 「황무지」의 3연에 해당된다. 시인은 퇴폐적 문명현상과 제국주의의 횡포, 식민지의 궁핍한 삶 따위를 "숫한 절망과 무기력"의 데카당스에 비추어 예리하게 형상화했다. 그와 동인지 《시인부락》을 함께 한 서정주의 「입마춤」, 「맥하(麥夏)」, 「앉은뱅이의 노래」도 소중한 성과다. 뜨거운 성애와 불구적 육체, 그에 결부된 뜨거운 생명의식과 부끄러운 죄의식에 대한 복합적 이해와 표현을 형용사를 배제한 동사 중심의 '직정언어(直情言語)'에 담아냈다. 일제에 맞서 투쟁하는 떠돌이 삶을 "목숨이란 마치 깨어진 배쪼각"에 비겨 그 고통과 위험을 단번에 드러낸 이육사의 「노정기(路程記)」도 인상적이다. '경애'라는 여성의 영전에 바친 김광균의 「대화」, 몸의 율동을 통해 생명을 발산하는 나비(「호접(胡蝶)」)와 무녀(「무녀의 춤」)를 노래한 신석초, 소년의 내면과 육체의 성장 서사를 노래한 함형수의 「소년행」 속의 6편도 흥미롭다. 자아의 정열(「고백」)과 별바다에 대한 추억(「별바다의 기억」)을 노래한 윤곤강, 저항시인으로 기억되지만 서정적 감각의 표현에도 능했던 이병각의 「귀로(歸路)」와 정호승의 「노래를 잊은 이 몸」도 함께 실렸다. 《자오선》 말미에는 "시인의 주요 목적은 경험의 적확한 세목을 전달하는 것이 아니요 그 색조와 음률을 전달하는 것"이라 주장한 C. D. 루이스의 「시에 대한 희망」이 이성범 번역으로 실렸다.[318]

4) 편집 특성

《자오선》은 5×7판 크기에 본문 57쪽 분량으로 발행되었다. 이 잡지의 편집 특성을 보면 먼저, 붉은 색 바탕의 표지화가 눈길을 끈다. 우측에서 좌측으로 써간 제호 '子午線'을 중심으로 상단에는 장년의 민둥머리 서양 남성과 긴 머리의 젊은 여성 얼굴을, 하단에는 뿔 달린 황소와 긴 머리와 수염의 노년 남성의 얼굴을 배치했다. 남성 얼굴 아래에는 'poéie'를, 황소 머리 왼편에는 'poéme'을 적어 넣었고, 여성의 목 부근에는 '나비'를 그려 넣었다.

다음으로, 《자오선》에는 당시 출간된 서적들의 광고가 몇 편 실려 있어 눈길을 끈다. 총판매원 '동광당서점'에서 발행한 서적들의 광고로 대부분 채워지고 있다(〈표 4〉의 이찬 작(作) 『대망(待望)』(풍림사)만은 예외임). 예컨대〈표 2〉에는 임화의 『현해탄』과 이태준의 『황진이』, 8쪽에는 오장환의 『성벽』, 51쪽에는 "조선 초유의 「에스페란토」 잡지"《KOREA

---

318 국립중앙도서관 편(2017), 앞의 자료, pp.127~128.

ESPRANTISTO》, 〈표 3〉에는 이기영의 『서화(鼠火)』 광고가 실렸다.

5) 창간 의의

이상에서 살핀 것처럼 《자오선》에는 시 32편이 실려 있는데, 특히 '수도(首都)의 폐허'를 배회하는 '고독한 기술사(奇術師) 「카인」'의 소외된 일상과 내면을 고백한 이상(李箱)의 유고작 「파첩(破帖)」이 들어 있어 눈길을 끈다. 여기에 부응하듯이 이성범은 1937년 4월 동경에서 요절한 이상 시인을 기억하고 추모하는 「이상애도(李箱哀悼)」를 썼다는 점도 이채롭다.

결론적으로, 《자오선》은 《시인부락》, 《시건설》, 《낭만》 등과 유사하게 1930년대 후반 신진시인의 시편 전달에 집중했다. 이런 조건은 젊은 시인들의 발표지면 증대, 식민지 근대성에 맞선 새로운 감각과 주제의 발현 등과 같은 긍정적 효과를 불러온 것으로 판단된다.[319]

〈참고〉 이상애도(李箱哀悼)〈현대어 표기로 고침〉

이성범

어둠이 썩는 밤 독(毒)이 침전(沈澱)하는 밤
밤의 무서운 침질 때문에 그는 각각(刻刻)으로 죽었다.
그는 문고리에 매달려 아침을 찾았으나
오오! 백일(白日)이여!
해골(骸骨)이여!

---

319 국립중앙도서관 편(2017), 앞의 자료, p.128.

팽이같이 어지러운 일월(日月)이여!

서글픈 작희(作戱)였다.

일체(一切)와의 절연(切緣)에서 그는 무엇을 얻었는가?

'제논'의 화살에 맞은 그의 심장에선 피가 흘렀다.

오점(汚點)과 같은 위치(位置)에서 그는 몸부림쳐 달아나려 했으나

길은 없었다.

피 토(吐)한 태양이 죽고 원한(怨恨)의 달이 기울 때

그의 스스로의 싸움이 끝났다.

돌아온 아침이 시각(視覺)을 잃었다.

삼림(森林)에 매달려 바람이 운다.

모든 사물(事物)은 상복(喪服)을 입으라.

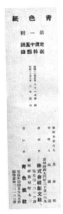

1) 창간 배경

《청색지》는 1938년에 창간된 문예 종합잡지로, 문학을 위주로 하되 연극·영화·음악·미술 등을 두루 다루었다. 화가로 활동 중이었던 구본웅(具本雄)이 주간하여 1938년 6월에 창간하였다. 1940년 2월 통권 제8집을 끝으로 종간되었다.

제2집 '편집후기'에서 잡지경영이 어려운 현실을 토로하면서도 하지만 《청색지》는 문화취미잡지를 목표로 한다는 것, 창간호가 모두 판매되어 놀랍다는 사실 등을 밝히고 있다. 제3호에서는 전시(戰時) 상황의 전개로 종이 수급이 어렵다는 것, 하지만 《청색지》는 많은 지면을 '컴마샤리즘(commercialism)'으로 채우는 상업주의 잡지와 달리 "훌륭한 잡지의 생산"을 추구할 것임을 밝히고 있는데, 이런 목표를 반드시 이루겠다는 듯이 시와 소설 모두 중견작가의 작품을 집중적으로 게재하고 있다.

2) 관련 인물

창간호의 간기면을 보면 편집 겸 발행인 구본웅, 인쇄인 고응민, 인쇄소 창문사, 발행소 청색지사(경성부 다옥정 7), 총판매소 삼문사, 정가 15전으로 표기되어 있으며, 8호에 이르면 인쇄인이 구본웅으로 바뀌어 있다. 창간호에는 임화(林和)와 이상(李箱)의 시와 김남천(金南天)·안회남(安懷南)·이상의 소설, 그리고 임화·이시우(李時雨)·이헌구(李軒求)의 논문 등이 실려 있다.

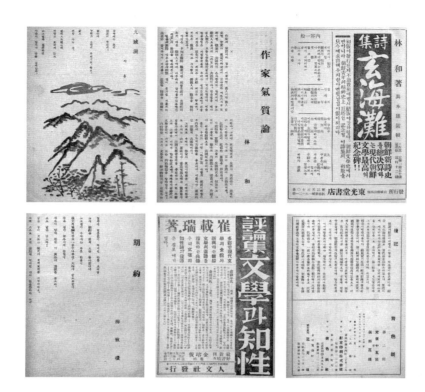

3) 주요 내용

《청색지》 발행을 주도한 구본웅은 이상(李箱)의 유작 4편을 싣고 있어 눈길을 끈다. 「시—'정식(正式) 1'~'정식(正式) 6'」과 나—순영—송군의 이상한 애욕을 서사화한 「환시기(幻視記)」(1집), 소설체로 쓴 작가론 「김유정」과 소설 「병상(病床) 이후」(5집)가 그것이다. 정인택은 이상의 문체를 차용한 「추방」(6집)을 실어 친우를 깊이 애도했다. 다방면에 걸친 임화의 글쓰기도 주목된다. "꽃과 애인과 승리와 패북과 원수까지를 한정열로 찬미"하자는 시 「한 잔 포도주를……」, 제국의 자본에 포위당한 조선문화의 슬픈 현실을 비평한 「문화기업론」(1호), 작가의 기질로서 장인정신의 중요성과 매너리즘에의 경계를 강조한 「작가기질론」(2집), 신파극 이후 조선 근대극의 역사와 현실을 검토한 「신극론(新劇論)」(3집), 운명의 역사적 성격과 영웅적 실현을 갈파한 산문 「잡록」(5집)이 보인다.

정지용의 금강산 연작 「비로봉」과 「구성동」(2집), 유치환의 빛나는 삶을 약속하는 「기약」과 부산항의 풍경을 담은 「부산도」(2집), 삶의 고통을 극화한 「내 차라리 생기지 않았거든!」(5집), 오장환의 청년의 비애와 열망이 가득한 「헌사(獻詞) ARTEMIS」(3집), 이찬의 국경생활을 담은 「국경일절」(3집)과 삶의 우울을 아로새긴 「우수(憂愁)」(5집), 신석정의 자연예찬 「가을을 보는 마음」(7집) 등은 조선시의 폭과 깊이를 잘 보여준다.

소설의 성과도 기억할 만하다. 시골기생 수향과 아버지의 갈등을 그린 김남천의 「누나의 사건」, 여급(女給)의 비애를 도드라지게 묘사한 안회남의 「에레나 나상(裸像)」(1집), 할머니와 하녀의 세대론적 갈등을 그린 이무영의 「적(敵)」(2집), 무능한 남편과 주의자(主義者) 형부 사이에서 갈등하는 여성의 양가적 욕망을 다룬 송영의 「경대(鏡臺)」(3집), 문학청년기 자아의 형상을 형제의 갈등을 빌려 묘사한 이기영의 「형제」(6~7집), 이석훈의 「소작인 덕보」와 현경준의 장편 「겨울야화(夜話)」(8집) 등이 실렸다.

현실모순을 넘어선 조화로운 인간상을 강조한 백철의 「휴마니즘의 본격적 경향」, 김남천의 '모랄론'이 표출된 「장편소설에 대한 나의 이상」(2집)과 작가의 안정적 직업을 요청한 「작가의 생활」(3집), 이기영의 인간과 기술자의 공동성을 강조한 「인간과 기술자」(5집)와 원산 방문기 「원산행 소감」(7집), 점심 요릿집에서 '신동아건설'의 세태를 일별하는 이태준의 「추억」(6집), 한설야의 「말의 매력」(7집), 「이런 처지」와 「소망(少妄)」과 『탁류』 등의 집필 과정과 의미를 소개한 채만식의 「자작 안내」(5집), 봄맞이의 기쁨을 그린 안회남의 「영춘사(迎春詞)」(5집), 조선영화의 현실을 이론과 작품으로 검토한 나웅(羅雄)의 「대자본의 진출과 조선영화계」(2집)와 주영섭의 「영화수첩」(3집), 조우식의 미술비평 「피카소와 지성」(8집) 등은 중견문인들이 집중했던 관심사의 다양성과 함께 《청색지》의 높은 문화수준을 짐작케 한다.

한편, 인정식의 「조선사회와 신일본주의」(5집), 「인간과 정치」(6집), 「아시아적 정체성의 문제」(7집), 사공 일의 「신동아건설의 신시대에 처하야 개인의 가정생활을 개선하라」(5집), 김문집의 일본어 산문 「文化表現の國語的趨勢(문화표현의 국어적 추세)」(6집) 등은 '신체제론'으로 진군하는 천황제 파시즘에 포획된 조선 잡지들의 슬픈 운명을 착잡하게 보여준다. 그러나 《청색지》는 8호로 종간함으로써 파시즘 체제와 미학에의 야합을 간신히 비켜간다. 이는 중견문인의 작품 없이 젊은 현경준과 이석훈의 소설, 시사에 흔적 없는 무명시인의 시편이 실렸다는 사실로도 충분히 짐작된다. 다만 국가적 시책에 대한 적극적 참여를 호소한 홍효민의 「문화인의 정신과 사상」은 '신체제론'의 짙은 그늘을 여지없이 확인시킨다.[320]

---

320 국립중앙도서관 편(2017), 『한국근대문학해제집Ⅲ-문학잡지(1927~1943)』, pp.129~131.

4) 편집 특성

창간호는 5×7판 크기에 64쪽 분량으로 발행되었다. 정가는 15전이었다.

당대의 문제적 화가답게 구본웅은 표지화의 구성에 정성을 기울였다. 우측에서 좌측으로 써간 큰 글씨의 제호 '靑色紙' 아래, 창간호는 두 여성의 누드를, 2집에서는 백합과 모란 속의 세 여성을, 3집은 단발 퍼머넌트의 여성을, 6집에서는 짧은 저고리 아래 가슴을 드러낸 기생을, 7집에서는 신여성의 얼굴 스케치를, 8집에서는 갈색으로 그린 구름 문양의 백자를 표지화로 각각 싣고 있다.

5) 창간 의의

《청색지》는 비록 48~114쪽 분량의 얄팍한 잡지였으나 당시로서는 특색 있는 잡지였다. 수준 높은 집필진을 고루 등장시켰고, 특히 이상(李箱)의 시 「정식(正式) Ⅰ·Ⅱ·Ⅲ·Ⅳ·Ⅴ·Ⅵ」과 소설 「환시기」, 소설체로 쓴 「김유정론」 등을 실었다는 점에서 주목할 만하다. 나아가 전반적으로 짜임새 있고, 장정(裝幀)도 잘되었으며, 내용 또한 수준이 높았을 뿐만 아니라 여러 면에서 청신미(淸新美)가 넘치는 잡지였다.[321]

---

321 한국민족문화대백과사전 [청색지]

〈참고〉 정식(正式)³²²

이상

Ⅰ 海底에가라앉는한개닻처럼小刀가그軀幹속에滅形하여버리더라完全히닳아없어겼을때完全히死亡한한개小刀가位置에遺棄되어있더라

Ⅱ 나와그알지못할險상궂은사람과나란히앉아뒤를보고있으면氣象은다沒收되어없곳先祖가느끼던時事의證據가最後의鐵의性質로두사람의交際를禁하고있고가졌던弄談의마지막順序를내어버리는이停頓한暗黑가운데의奮發은참祕密이다그러나오직그알지못할險상궂은사람은나의이런努力의氣色을어떻게살펴알았는지그때문에그사람이아무것도모른다하여도나는또그때문에억지로근심하여야하고地上맨끝整理인데도깨끗이마음놓기참어렵다

Ⅲ 웃을수있는時間가진標本頭蓋骨에筋肉이없다

Ⅳ 너는누구냐그러나門밖에와서門을뚜드리며門을열라고외치니나를찾는一心이아니고또내가너를도무지모른다고한들나는차마그대로내어버려둘수는없어서門을열어주려하나門은안으로만고리가걸린것이아니라밖으로도너는모르게잠겨있으니안에서만열어주면무엇을하느냐너는누구기에구태여닫힌門앞에誕生하였느냐

Ⅴ 키가크고愉快한樹木이키작은子息을낳았다軌條가平偏한곳에風媒植物의種子가떨어지지만冷膽한排斥이한결같아灌木은草葉으로衰弱하고草葉은下向하고그밑에서靑蛇는漸漸瘦瘠하여가고땀이흐르고머지않은곳에서水銀이흔들리고숨어흐르는水脈에말뚝박는소리가들렸다

Ⅵ 時計가뻐꾸기처럼뻐꾹거리길래쳐다보니木造뻐꾸기하나가와서모으로앉는다그럼저게울었을理도없고제법울까싶지도못하고그럼아까운뻐꾸기는날아갔나

---

³²² 출처 : 네이버 블로그 〈이상연구소〉

1) 창간 배경

《맥》은 1938년 6월 창간되어 통권 6집인 1939년 11월호까지 확인된 시 전문 잡지이다. 다만, 김경린의 『현대시문학』(학문사, 1966)에 의하면 《맥》은 1940년대 국내 발행이 어려워지자 일본에서의 발행을 시도했는데, 제10집을 조판(組版)하던 중 인쇄소가 불타 발행되지 못했다고 한다. 따라서 《맥》의 통권은 6집이 아닐 가능성이 있다. 제2집은 1938년 9월, 제3집은 1938년 10월, 제4집은 1938년 12월, 제5집은 1939년 4월, 제6집은 1939년 11월에 발간되었으며, 4집에 실린 윤곤강의 평론을 빼면 모두 시(詩) 작품으로만 이루어져 있다.[323]

2) 관련 인물

창간호 간기면을 보면 편집 겸 발행인 김정기(金正琦), 인쇄인 최봉섭(崔奉燮), 인쇄소 교본인쇄소(橋本印刷所), 발행소는 맥사(貘社)로 표기되어 있다. 맥사(貘社)를 경성 돈암동에 두고, 전국 총판을 한성도서주식회사(漢城圖書株式會社)에, 함경북도 총판을 청진 소비아서점(蘇比亞書店)에, 평양 총판을 문우당서점(文友堂書店)에 두었고, 간도 용정가문화사(龍井街文化社), 연길 문화서원(文化書院)에 각각 지사를 두었다.[324]

발행인 김정기는 《맥》에 시를 발표했으며 이후 잡지 《시학(詩學)》(1939년)을 발간하기도 했

---

323 국립중앙도서관 편(2017), 앞의 자료, p.132.

324 한국민족문화대백과사전 [맥]

다. 《맥》의 1집부터 6집까지 비교적 다수의 작품을 발표한 시인으로는 김진세, 황민, 조인규, 김남인, 함윤수, 홍성호, 김대봉, 김우철, 박남수, 윤곤강, 장만영, 김조규 등이 있으며, 이들을 포함하여 약 46명의 시인이 필진으로 참여했다.

3) 주요 내용

1집에 김진세(金軫世)・함윤수(咸允洙) 등 15명의 17편, 2집에 민태원(閔泰瑗)・장만영(張萬榮) 등 19명의 22편, 3집에 이상(李箱)・임화(林和) 등 32명의 38편, 4집에 허월파(許越波)・강시환(姜時環) 등 29명의 38편, 5집에 장응두(張應斗) 등 15명의 27편, 6집에 김북원(金北原) 등 12명의 작품이 실림으로써 현재까지 확인된 것만으로도 모두 120여 명 150편 이상의 작품이 수록되어 있다. 구체적인 작품으로는 김진세의 「운명(運命)」・「기심기(飢心記)」(1집), 김남인(金嵐人)의 「종다리」(1집), 이석(李石)의 「이깔나무」(1집), 박남수(朴南秀)의 「행복(幸福)」(1집), 이상의 「무제(無題)」(3집), 임화의 「차중(車中)」(3집), 김상옥(金相沃)의 「모래알」(3집), 장만영의 「들꽃이 핀 두덕」(3집), 서정주(徐廷柱)의 「모(母)」(3집), 윤곤강(尹崑崗)의 「오열(鳴咽)」(3집) 등이 있다.

한편, 《맥》에 수록된 시 중에서 주목할 만한 작품을 쓴 시인은 《문장》에서 정지용의 추천을 받은 '황민'과 중앙 문단에서도 이름을 알린 '박남수'이다. 황민의 시 「경」(1집)은 거울 속에 비친 모습에 시적 화자의 심경을 투영한 시로 총 14연으로 이루어져 있다. "거울거울 어리는 거울속에는/동고의 화원을 날려온 쩨하아야히 바래운 나의 나비의 숨결이 있읍니다"처럼 '거울거울~있읍니다'라는 반복구 속에, 호수, 하늘, 낙엽 등 다양한 자연 이미지를 동원하여 계절의 흐름과 인생의 무상함을 표현하고 있다. 「촌락시초」(2집), 「거머리」(3집), 「쇄포기」(4집) 등 이 잡지에 실린 황민의 시는 대체로 수준 높은 이미지 사용이 주목할 만하다. 박남수의 시 중에는 「삼림」(3집)이 완성도가 높다. "내 귀 안에 밀려드는 파도는/멀리 패각을 산 바다의 언어와는 다르다/무서운 소녀의 발육처럼 자라/삼림속에는 부르는 소리가 들린다(…) 짙은 성장 뒤에는 족보가 만들이어/생명의 화판은 시들지 않는다"처럼 이 시는 '인간-강물-소리-시간-생명'의 이미지를 매끄럽게 연결하면서 '삼림'의 원초적인 생명력을 느끼게 해주는 작품이다. 이와 함께 《맥》에는 김남인이나 김우철의 시처럼 뚜렷한 목적성에 방점을 둔 선전선 동시 계열의 작품도 다수 수록되었다. "우리는 지금 마음이 늙고 몸이 여위었지만/새로운 〈제네레-슌〉의 광휘 있는 〈삶〉의 탐구자들은/우리들 지난날의 대오의 빛나는 업적을/문화사상 첫머리에 아로색이리라"와 같은 김우철의 시 「사의 흑단 앞에 서서-삶의 철리를 탐색할 때」(1집)가 대표적이다. 이밖에도 「들꽃이 핀 두덕-소녀의 비애」(3집) 등 부드러운 서

정시 계열 작품을 주로 발표한 장만영도 주목할 만한 시인이다.[325]

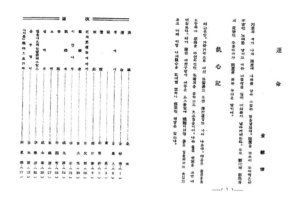

4) 편집 특성

창간호는 5×7판 크기에 38쪽 분량으로 발행되었다. 별도의 창간사나 편집후기가 없어 자세한 발행 동기나 취지를 확인하기가 어렵다.

5) 창간 의의

우선 《맥》에 작품을 게재한 시인의 수에 비해 한국문학사에 이름을 올린 시인은 함윤수, 박남수, 윤곤강, 장만영, 김조규 정도이며 많은 문인들이 북쪽 지방에 거점을 두고 활동했다는 점에서 특색을 읽을 수 있다. 김진세·함윤수는 함경도, 김남인·박남수·김조규는 평안도, 장만영은 황해도 출신이며, 《맥》 2집부터는 경성 판매소와 함께 함북 총판매소 소비아서점으로 판매소가 확대되었다. 요컨대 《맥》은 당시의 경성 중심의 문단에 흡수되지 않은 지방 문단의 중요한 성과라는 점에서 그 의미를 찾을 수 있다.[326]

한편, 《맥》 창간호에는, 별도의 창간사나 편집후기가 없기는 하지만, 6집에 실린 동인들의 후기를 통해 이 잡지의 성격을 가늠할 수 있다. 신동철은 "시는 조직학적 기술을 중시"하는 예술이며, "새로움을 구하는 심리"로 낡은 시관(詩觀)과 낡은 이미지, 낡은 정신을 배척할 것을 주장한다. 김북원은 윤곤강이 《맥》의 시가 난해하다고 평가한 것에 대해 "난해의 비난이 갖는 기준의 생리"를 되물으며, 오히려 "완전한 하나의 정체성"을 갖는 것을 거부할 것이

---

325 국립중앙도서관 편(2017), 『한국근대문학해제집Ⅲ-문학잡지(1927~1943)』, p.133.
326 국립중앙도서관 편(2017), 위의 자료, p.132.

라고 말한다. 황민 역시 "난해의 얼굴에는 잠들은 전통의 무의식적 인습을 살아가는 이 나라 온갖 구상들의 데드마스크가 혐오롭게 움직인다"며 낡은 시를 벗어난 새로운 시가 가진 난해성을 옹호하고 있다. 이처럼 《맥》동인들은 공통적으로 기성 문단과는 다른 새로운 형식과 정신을 바탕으로 낡은 것을 배척하고 새로운 시를 써내는 가운데 자연스럽게 모더니즘을 지향하였다. 그러나 《맥》은 동시대 《삼사문학》이 보여주는 의도적인 형식 파괴, 띄어쓰기 무시, 활자 변형과 같은 기법적인 실험에는 치중하지 않았다.[327]

---

327   국립중앙도서관 편(2017), 앞의 자료, pp.133~134.

1) 창간 배경

《박문》은 1938년 10월에 창간되어 1941년 1월에 통권 23집으로 종간된 우리나라 최초의 수필 전문 잡지이다. 1938년 10월부터 1941년 1월까지는 월간으로 간행되었으나 그 후 5차례에 걸쳐 격월간으로 간행되었다. 5×7판 크기에 30쪽에서 50쪽 내외로 박문서관(博文書館)에서 발행하였다. 집필진은 문인을 비롯 화가·음악가·종교가·학자·의사 등 다양하며, 발행처인 박문서관에서 펴낸 책들의 광고가 실려 있어 눈길을 끈다.

2) 관련 인물

창간호 간기면을 보면 편집 겸 발행인 최영주(崔泳柱, 1906~1944)[328], 인쇄인 김현도(金顯道),

328　최영주는 일찍이 소파 방정환이 주재한 《어린이》(1923년 3월 창간)에서 편집을 익힌 이후, 여러 잡지를 편집한 당대에 이름난 편집자였다. 그 친구인 아동문학가 윤석중은 『어린이와 한평생』 (범양사, 1985)에서 "최영주는 잡지 편집엔 귀신이었다"고 그를 회상했다. 또 1930년대 동경에서 《모던일본》 사장으로 활약했던 아동문학가 마해송(馬海松, 1905~1966)은 "참으로 활자를 아는 최영주에게서 이 재주를 빼면 무엇이 남을까?"하고, 그의 수필집 『편편상(片片想)』에서 최영주의 편집 기량을 칭찬했다. 동요 「오빠생각」을 지은 최순애, 「꼬부랑 할머니」를 지은 최영애 자매는 바로 최영주의 누이들이다. 최순애는 아동문학가 이원수(李元壽, 1911~1981)와 결혼했고,

인쇄소 대동인쇄소, 발행소 박문서관(서울 종로 2가)으로 표기되어 있다.

3) 주요 내용

《박문》제1집(창간호) 발간사에서 밝히고 있는 이 잡지의 성격, 전망, 편집 방침을 살펴보면 다음과 같다.(현대어 표기로 고침)

《박문》은 조고만 잡지외다. 이 잡지는 박문서관 기관지인 동시에 각계 인사의 수필지(隨筆誌)로서 탄생된 것입니다. 이 잡지의 사명(使命)이 점점 커지는 때에는 이 잡지 자신도 점점 자라갈 것입니다. 우리는 이 조고만 책이 점점 자라나서 반도(半島) 출판계에 큰 자리를 차지할 때가 속히 오기를 기다립니다. 그리고 앞으로 더욱 이 지면(誌面)을 광채(光彩) 있게 꾸며갈 것을 여러분께 약속합니다.

창간호는 크게 세 부분으로 구성되었다. 박문서관의 활동을 보여주는 고정란 「편집실 일기초」와 「출판부 통신」이 있고, 다음으로 잡지의 본문 역할을 하는 수필 수록 부분이 있고, 당대 문화현상을 정리하는 고정란이 실려 있다. 창간호의 32면 중에서 23면이 수필이고, 목차 1면, 광고 3면, 고정란이 5면을 차지하고 있다.

수록된 주요작품으로는 이태준(李泰俊)의 「작품애(作品愛)」, 김남천(金南天)의 「독서」, 이희승(李熙昇)의 「청추수제(淸秋數題)」(이상 제1호), 김안서(金岸曙)의 「신변잡화(身邊雜話)」, 김동인(金東仁)의 「춘원(春園)과 사랑」, 이효석(李孝石)의 「낙랑다방기(樂浪茶房記)」(이상 제2호) 등이 있다. 그리고 노천명(盧天命)의 「눈오는 밤」, 양주동(梁柱東)의 「나의 서재(書齋)」, 이희승의 「'소설(小說)'과 '얘기책'」(이상 제5호), 손진태(孫晋泰)의 「지게」, 김광섭(金珖燮)의 「감상(感想)」(이상 제6호), 한설야(韓雪野)의 「평가(評家)와 여인(女人)」, 박태원(朴泰遠)의 「항간잡필(巷間雜筆)」(이상 제11호), 김남천의 「무전여행(無錢旅行)」, 송영(宋影)의 「아동(兒童)」(이상 제15호), 최정희(崔貞熙)의 「춘소(春宵)」(제17호) 등이 실려 있다. 또한 김동석(金東錫)의 「녹음송(綠陰頌)」(제20호) 등의 수필과, 논문으로 조윤제(趙潤濟)의 「조선문학(朝鮮文學)의 고전」(제20·21호), 이병도(李丙燾)의 「삼국사기 해설」

최영애는 이화여전 음악과를 나온 소프라노로 한때 창덕여고 음악교사였는데, 그후 미국으로 이민을 갔다고 한다. 최영주는 1944년 1월 12일, 민족 해방의 날이 꼭 올 것이라고 예언 비슷한 말을 남기고 38세로 세상을 떠났다. 최덕교 편저(2004), 『한국잡지백년3』, 현암사, pp.110~111.

(제22·23호) 등이 있다. 그 밖에도 홍명희(洪命熹)·김기진(金基鎭)·유치진(柳致眞)·이광수(李光洙)·임화(林和)·최재서(崔載瑞)·홍난파(洪蘭坡)·마해송(馬海松)·유진오(兪鎭午)·조풍연(趙豊衍) 등 문예계의 대표적인 인물들이 거의 망라되어 있다고 볼 수 있다.[329]

이 중에서도 특히 오늘날까지 널리 읽히고 있는 이희승의 명수필 「청추수제」 중 '이슬'은 다음과 같다.(현대어 표기로 고침)

이슬은 가을 예술의 주옥편이다. 하기야 여름엔들 이슬이 없으랴. 그러나 청랑(淸朗) 그대로의 이슬은 가을이고야 더욱 청랑하다.

삽상(颯爽)한 가을 아침에 풀잎마다 꼬여진 이슬방울들의 영롱(玲瓏)도 표현할 말이 막히거니와, 달빛에 젖고 버러지 노래 엮어진, 그 청신(淸新)한 진주(眞珠) 떨기야말로 보는 이의 눈만 부실 뿐이다.

4) 편집 특성

창간호 판형은 5×7판에 32쪽 분량으로 발행되었으며, 정가는 5전이었다. 본문 앞부분에 수필 작품을 싣고 뒷부분에 고정란을 배치하는 형태로 지면을 안배하여 종간호까지 큰 변화 없이 편집체재를 유지하였다. 지면 분량은 11집까지 32쪽을 유지하다가 12집은 50쪽, 13집과 14집은 28쪽, 15집부터 종간호인 23집까지는 24쪽으로 이루어졌다. 2집부터는 '소원'이라는 제목으로 '연정독자(年定讀者) 일만획득(一萬獲得)'을 위하여 1년 선금(先金) 50전을 보낼 사람을 구하는 내용의 사고(社告)를 실었다.

---

329 한국민족문화대백과사전 [박문]

5) 창간 의의

《박문》은 매호마다 내용상 경수필과 중수필의 비율을 거의 비슷하게 안배함으로써 편집자가 균형을 유지하려고 했을 뿐만 아니라, 당시의 소설가를 중심으로 한 저명 문인이 대거 참여함으로써 수필의 수준이 상당히 높았다. 대표적인 수필로는, 앞의 「작품애」와 「청추수제」, 김안서의 「신변잡화」, 김동인의 「춘원과 사랑」, 이효석의 「낙랑다방기」, 노천명의 「눈오는 밤」, 손진태의 「지게」, 김광섭의 「감상」, 박태원의 「항간잡필」, 김남천의 「무전여행」, 최정희의 「춘소」, 김동석의 「녹음송」 등이 있다. 경수필 외에도 전문적인 성격의 수필로 박기채의 「영화자본의 예술화」, 임동혁의 「콩쿨 단평」, 유치진의 「연극 독본」, 이인영의 「고서 이야기」, 정인택의 「영화적 산보」, 조윤제의 「조선문학의 고전」, 이병기의 「삼국사기 해설」 등을 볼 수 있다. 「각씨와 각지의 평문」이라는 연재에서는 각 신문과 문학지의 서평을 실었는데 고정 필자 대신 여러 명이 집필에 참여하였다. 수필 외에 시와 소설도 게재되어, 시로는 이광수의 「고박용철군」과 김소월의 「진달래꽃」이 게재되었으며, 소설로는 박종화, 박영희, 현진건, 채만식, 이태준의 작품 중 일부를 발췌해 실었다.

이처럼 《박문》의 창간호부터 종간호까지 문인 100여 명이 쓴 210여 편의 수필이 수록되었다. 그 외 조선학 관련 글들이 눈에 띄고, 고정란에는 당대의 문화 현상이 정리되어 있어 중요한 문학적 사료 역할을 했다. 문예수필의 형성기인 1930년대의 수필을 토대로 현대의 수필이 발전해왔다는 것을 생각할 때 1938년 창간되어 2년 여 동안 문예수필의 창구 역할을 했던 《박문》의 가치는 결코 작은 것이 아니다. 동시에 이 잡지는 박문서관 기관지로서의 성격을 갖고 있었다. 그 주된 내용은 박문서관의 출간 서적 광고와 홍보였으며, 본문에 수록된 수필 대부분도 박문서관과 연관된 것이었다. 《박문》은 오늘날 기업체와 출판사에서 간행하는 홍보매체의 형태를 선구적으로 보여주었다는 점에서도 그 의미가 매우 크다.[330]

〈참고〉 박문서관(博文書館)[331]

노익형(盧益亨)이 1907년 4월 경성 남부 상동 68번지 12호에서 창설하였다. 한때 봉래동으로 옮겼다가 1925년 이후 종로 2가 82번지에 정착하였다. 창업주는 당시 자본금 200원

---

330   국립중앙도서관 편(2017), 앞의 자료, pp.136~137.
331   한국민족문화대백과사전 [박문서관]

으로 "한국에도 신문화가 수입되기 시작하는데, 책전 같은 것도 필요할 것 같아서 시작하였다."고 설립동기를 밝히면서 출판과 판매를 함께 시작하였다. 서관의 특색은 내외도서 1만 종의 서적과 문방구 각종을 구비하고 신속 수응(酬應)하였고, 박리다매주의와 신용 본위로 고객을 대하였다. 1920년대는 「짠발쟌 이야기」·「하므레트」·「카르멘」·「나나」·「무쇠탈」·「첫사랑」·「부평초」 등의 번역물·번안물을 많이 출판하였다. 한편, 1920년 중반 이후 한국 소설도 출간하여 염상섭(廉想涉)의 「견우화(牽牛花)」, 현진건(玄鎭健)의 「지새는 안개」, 이상협(李相協)의 「정부원(貞婦怨)」, 이광수(李光洙)의 「젊은 꿈」·「마의태자」 등이 출판되었다. 1930년대에 이광수의 「사랑」이 성공하고 『현대걸작장편소설전집』 전 10권, 『신선역사소설전집』 전 5권이 문학전집으로 성공하였다. 그리고 박문문고(博文文庫) 전 18권을 발행하여 고금동서문화의 최고작을 망라함으로써 양서보국의 기치를 내세웠다. 또한, 최초의 수필전문지인 《박문(博文)》을 통권 제23집까지 발행하였다. 1940년대는 물질통제를 받으면서 이광수의 문단생활 30년 기념 출판으로 『춘원시가집(春園詩歌集)』을 출간하였고, 양주동(梁柱東)의 『조선고가연구(朝鮮古歌研究)』, 방정환(方定煥)의 『소파전집(小波全集)』 등 출판을 통하여 겨레의 정신을 고취하였다. 박문서관은 일제강점기하의 대표적인 출판사의 하나로 민족정신의 고취와 국민계몽에 기여하였다.

1) 창간 배경

《신세기》는 1939년 1월에 예술종합잡지를 표방하며 창간된 잡지이다. "문화와 음악, 영화와 미술 등 예술을 사랑하는 이, 명랑한 마음과 굳은 육체를 바라는 이, 현실사회의 이면을 알고 싶어 하는 이, 이성에게 흥미와 매력을 느끼는 이들에게 이 잡지를 바친다"는 내용의 창간사에서 밝히고 있는 것과 같이, 예술 외에 정치와 연예 등 다양한 분야를 아우르고 있다. 이처럼 《신세기》에는 매호 소설과 시, 문인들의 수필 등이 빠지지 않고 실렸고, 간혹 서양음악의 소개나 조선미술전람회 개최 시기에 미술 기사 등이 게재되었다. 따라서 예술종합잡지라기보다는 당시 독자 대중을 사로잡았던 《삼천리》나 《조광》 등과 유사한 대중종합잡지라고 보는 편이 더 알맞을 것이다. 실제로 창간호가 발행 수일 만에 매진되고, 부수를 두 배로 늘

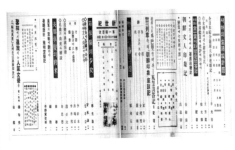

려 발행한 2호 역시 모두 팔리는 등 독자들에게 큰 인기를 끌었으며, 경성 시내 서점의 잡지 판매고에서 1위를 기록하기도 했다. 1940년 4월호에 친일파 박흥식의 호화 결혼식 참관기를 실은 것이 문제가 되어 발행이 중단되었다가 11월에 발행을 재개했고, 1941년 6월 통권 27호로 종간되었다.

2) 관련 인물

《신세기》창간호 간기면을 보면 편집 겸 발행인 곽행서(郭行瑞, 1907~1995), 인쇄인 최인환(崔仁煥), 인쇄소 일신인쇄주식회사, 발행소 신세기사(서울 서소문동 36 덕수빌딩)로 표기되어 있다.

3) 주요 내용…

비교적 짧은 창간사를 보면 다음과 같다.(현대어 표기로 고침)

문학과 음악을, 영화와 미술을, 아니 모든 예술을 사랑하는 이에게, 창공(蒼空)과 같이 명랑한 마음과 강철과 같이 굳은 육체를 바라는 이에게, 현실사회의 이면(裡面)의 검은 비밀을 알고 싶어하는 이에게, 이성(異性)에게 끝없는 흥미와 매력을 느끼는 이에게, 그리고 아직 오지도 않은 앞날의 희망에 불타는 이에게, 삼가《신세기》를 바치나이다.

창간호는 표지에 이어 일왕 부부의 초상 아래 만수무강을 비는 사진을 비롯하여 전쟁터에서 승리의 환호를 올리는 일본군 사진 등을 게재한 화보가 나오고, 여러 필자들의 글이 실려 있다. 내용을 보면 《신세기》에는 시와 소설, 문인들의 수필, 서양음악과 미술에 대한 소개, 영화평, 영화제작 현장 참관기, 영화배우와 문인을 비롯한 유명인들에 관한 가십성 기사, 연애담, 우스갯소리 등 다양한 종류의 글들이 실려 있다. 이런 지면 구성은 예술종합잡지를 표방하며 "조선문화 향상의 일익"이 되고자 한다고 했던 애초의 취지를 무색하게 한다. 창간호 말미에 있는 「편집후기」에서는 "기어이 나왔다. 계획한 지 5년, 착수한 지 3개월에 기어이 나왔다. 심혈을 쏟고 정열을 기울인 《신세기》가 새해 첫날 소리치며 나왔다. 조선에서는 아직 보지 못하던 잡지 체제……" 운운하며 자랑한 보람이 있었는지 이 잡지는 당시로서는 매우 성공한 베스트셀러 잡지가 되었다.

한편, 2호에 실린 「조선 여우(女優)의 남편 군상」이라는 글은 외설적이고 노골적인 내용 때문에 독자들의 항의를 받아 다음 호에 사과문을 싣기도 했는데, 이는 흥미성을 지나치게 추구하다 벌어진 일이었다. 매호마다 현실 정세를 분석하고 소개하는 기사를 싣고 있는 것도 특기할 만하다. 중일전쟁의 현황과 조선인 병사들의 무용담을 소개하면서 조선 젊은이들의 참전을 독려하는 식으로 친일적 태도를 드러내었다. 이런 친일적 기사의 비중은 갈수록 늘어갔다.[332]

4) 편집 특성

《신세기》창간호는 5×7판 크기에 156쪽 분량으로 발행되었으며, 정가는 30전이었다. 당대 일류 화가였던 정현웅(鄭玄雄)이 표지화와 삽화를 맡아 그렸고, 동경에서 표지를 인쇄함으로써 장정이 매우 화려했다. 매호마다 여성의 인물화로 표지를 대신했고, 할리우드와 국내 연예인들과 미술작품, 각종 대회 등의 사진을 화보 형태로 실었다. 1938년 국가총동원령이 공포되고 전시 경제체제로 전환되던 시기에 잡지가 창간된 것은 상당히 이례적인 일이라 할 수 있는데, 이 때문인지 친일적인 색채를 노골적으로 드러낸 지면이 많았다.[333]

5) 창간 의의

《신세기》는 문예란에 상당한 양의 지면을 할애했고, 질적으로 따졌을 때 여느 문학잡지와 견주어도 뒤지지 않을 것이라는 자부심을 갖고 있었던 것으로 보인다. 문예란의 대부분을 차지한 것은 소설이었다. 정비석, 김래성, 방인근, 계용묵, 장혁주, 이기영, 박태원 등의 단편과 이광수의 「늙은 절도범」, 엄흥섭의 「인생사막」과 「피난성」, 장혁주의 「안해」 등의 장편이 수

---

332 국립중앙도서관 편(2017), 앞의 자료, pp.140~141.
333 한국민족문화대백과사전 [신세기]

록되어 있다. 시 작품으로는 노천명, 서정주, 신석정, 이병기 등의 작품이 실려 있다. 하지만 수록된 작품들 가운데 높은 평가를 받은 작품은 거의 없으며, 다만 1939년 9월호(통권 7호)의 '각계 인물론 특집' 가운데 「문단 인물론」은 박영희 · 김기진 · 이광수 · 이기영 · 김동인 · 송영 · 한설야 · 염상섭 · 김억 · 정지용 · 임화 · 김남천 · 박태원 · 이태준 · 최재서 등 당대의 문단을 주름잡았던 여러 문인들에 대한 촌평을 싣고 있어 흥미를 끈다.

이처럼 《신세기》는 예술종합잡지를 표방했고 이런 취지에 부응한 면이 없지 않지만, 흥미 위주의 대중잡지에 머물렀다는 평이 더 지배적이다. 나아가 친일 색채를 강하게 띠고 있는 것도 잡지의 위상을 떨어뜨린다. 그런 점에서 《신세기》는 식민지시대 말기에 잡지의 역할이 제한적일 수밖에 없었던 현실을 적나라하게 드러낸 잡지의 하나라고 할 수 있다.[334]

---

334 국립중앙도서관 편(2017), 앞의 자료, pp.141~142.

1) 창간 배경

《동양지광》은 1919년 3·1운동 당시 민족대표 33인 중 한 사람이었던 박희도(朴熙道, 1889~1952)[335]가 1939년 1월에 창간한 일본어 잡지이다. 1921년 이래 박희도는 언론 활동을 통하여 일제에 저항했지만, 거듭되는 탄압과 투옥, 그리고 일제의 회유 끝에 결국 친일의

---

[335] 1889년 8월 11일 황해도 해주(海州)에서 태어났다. 1904년 평양의 숭실전문을 졸업한 후 서울의 감리교 협성신학교와 연희전문을 중퇴하고, 서울에 영신학교·중앙보육학교를 설립, 부교장을 지냈다. 1919년 3·1운동 때는 조선중앙기독교청년회(YMCA) 간사로 있으면서, 그리스도교 대표로 독립선언서에 서명한 민족대표 33인 중의 한 사람이 되었다. 이로 인해 일본경찰에 체포되어 징역 2년을 선고받았다. 출옥 후 신생활사(新生活社)를 설립하여《신앙생활》의 주필로 독립사상과 신앙운동에 힘쓰다가 1922년 '러시아혁명'을 특집으로 다룬 기사가 문제되어 다시 체포되었고 2년 동안 함흥형무소에서 복역하였다. 1928년에는 중앙보육학교를 설립하여 교장으로 취임하였고 '조선어사전편찬회'에 참여하였다. 1934년 천도교 신파가 조선총독부의 지원을 받아 결성한 시중회(時中會)에 가담하여 이사를 맡으면서 친일파로 변절하기 시작하였다. 조선에서도 징병제를 실시하여 일제의 전쟁에 참전해야 한다고 역설하였으며 시국강연 강사로 활동하였다. 친일성향의 잡지인《동양지광(東洋之光)》을 창간하여 주간을 맡았으며 일본의 내선일체 정책을 홍보하는 역할을 하였다. 1948년 반민특위(反民特委:반민족행위특별조사위원회)에 의하여 친일파로 체포되었으나 병보석으로 석방되었다. 1952년 9월 25일 사망하였다. 출처:국사편찬위원회.

길로 들어서고 만다. 1937년 중일전쟁 이후 일본 제국주의가 지속될 것이라고 판단했던 당대의 많은 지식인들처럼, 박희도 또한 《동양지광》을 창간하고 스스로 동양지광사의 사장이 되었다. 그리고 매월 120쪽 내외의 《동양지광》을 일본어로 발행하였다.

《동양지광》은 주로 시국과 관련된 사상을 다루는 잡지로서, 내선일체(內鮮一體)와 황도선양(皇道宣揚), 전쟁 수행과 일본어보급운동 등이 그 주된 내용이었다. 당대 친일 지식인들과 문인들이 필진으로 참여했지만, 조선총독부 관료들이나 재조선 일본인 수양단체 녹기연맹(綠旗聯盟) 회원들도 글을 발표했다. 2005년에 발간된 영인본에는 '1939년 12월호, 1940년 2월호~1941년 11월호, 1942년 4월호와 9월호, 1943년 2월호, 1943년 10월, 1944년 12월호'가 누락되어 있으며, 1945년 1월호까지만 수록되어 있다. 그러나 종간(終刊) 여부가 고지되어 있지 않아서 이 잡지가 언제 종간되었는지 확인할 수 없다.[336]

2) 관련 인물

창간호 간기면을 보면 편집 겸 발행인 박희도, 인쇄인 김용규(金容圭), 인쇄소 대동인쇄소로 표기되어 있다.

3) 주요 내용

발행인 박희도는 창간호의 권두언으로 실은 「창간에 즈음하여」라는 글을 통해 "동양인의 동양을 현현하는 역사적 신단계에 올라가는 날도 또한 멀지 않았다는 것"을 믿는다고 하면서 다음과 같이 말하고 있다.(현대어 표기로 고침)

〈전략〉 이럴 때 반도 2천만 동포의 마음에 일본정신을 철저히 하고, 황도정신을 앙양하고, 폐하의 적자로서, 황국일본의 공민으로서, 예외 없이 국체의 존엄을 체득하고, 황국일본의 대사명을 받들어, 황도의 선포, 국위의 선양에 정진하고, 이로써 동양의 평화는 물론 소위 팔굉일우(八紘一宇)[337]의 일대이상을 펴서, 세계 인류문화의 발달과 그 강령 복지 증진에 공헌하는

---

336 국립중앙도서관 편(2017), 앞의 자료, p.143. 반면, 최덕교는 1945년 5월 통권 83호까지 발행되었다고 적고 있다. 최덕교 편저(2004), 『한국잡지백년3』, 현암사, p.400.

337 일본 제국의 천황제 파시즘의 핵심 사상으로, 태평양 전쟁 시기에 접어든 일본 제국이 세계 정복을 위한 제국주의 침략 전쟁을 합리화하기 위해 내세운 구호로, "전 세계가 하나의 집"이라는 뜻을 갖고 있다.

일을 기하지 않으면 안 된다고 믿습니다. 생각하건대 이 대의를 이해하고 이 이념을 체득할 때 일본 국민으로서의 광영과 긍지를 감득(感得)하지 않을 자 누가 있겠습니까. 〈이하 생략〉

그리하여 사장 박희도는 "조선인 스스로가 자진해서 마음속으로부터 일본 국민이 되어버리는 것이 가장 필요하다"고 했던 것이다.

창간호에는 당시 조선총독 '미나미 지로[南次郞]' 역시 「피로써 역사를 철하자」라는 제목의 축사를 기고했다. 이로써 박희도를 중심으로 한 《동양지광》의 창간이 사실은 총독부와의 적극적인 협력을 바탕으로 이루어진 일임을 짐작할 수 있다. 창간호에는 또 총독 미나미 외에 총독부와 관변조직의 인사들의 축사가 다수 실려 있다.

그밖에 《동양지광》 창간호 논설란은 코노 세조[河野省三, 국학원 대학장]의 「대화심(大和心)의 특색」, 요시다 시게루[吉田茂, 귀족원 의원]의 「봉공정신과 경신(敬神)행사의 실천」, 인정식(경제학자)의 「내선일체의 필연성에 대하여」, 쿠리하라 미노루[栗原美能留, 대일본연합청년단 상임이사장]의 「국민정신과 근로보국운동」 등으로 채워졌다. 여기서 '대화심'이나 '경신행사' 등은 일본의 고유한 정신을 의미하며, 조선 지식인의 '내선일체론'도 확인된다. 그리고 '근로보국'은 중국 침략 전쟁을 수행하기 위한 노동력 동원을 암시한다. 이로써 《동양지광》이 지식인 중심의 시국 관련 잡지였음이 분명해진다. 그래서 《동양지광》의 편집 체제에서 중요한 것은 권두언에 이은 논설란이다. 《동양지광》의 논설란은 전시체제 구축과 내선일체의 선전 등 중일전쟁, 태평양전쟁으로 이어지는 전쟁 수행의 과정에서 필요한 청년, 여성, 지식인 등의 정신적, 육체적 동원을 강요하는 언설로 채워진다. 신동아 건설, 대동아 공영권, 국민총동원 체제, 지원병 및 징병제도 실시 등이 주된 이슈였다.[338]

 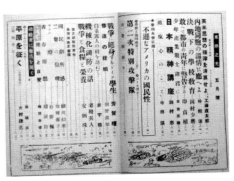

---

338 국립중앙도서관 편(2017), 『한국근대문학해제집Ⅲ-문학잡지(1927~1943)』, pp.143~144.

4) 편집 특성

《동양지광》 창간호는 5×7판 크기로 발행되었으며, 정가는 30전이었다. 매월 120쪽 내외의 일본어로 발행된 것이 특징이다.

5) 창간 의의

《동양지광》은 시사(時事) 잡지였기 때문에 문학과 예술과 관련된 작품이나 기사, 평론 등이 많이 실리지는 않았다. 다만, 이광수, 유치진, 박영희, 백철 등 한국근대문학사의 주요 작가들의 작품이나 평론이 더러 실렸다. 이광수의 일본어 시 「틈틈이 노래하라 折にふれて歌へる」(1939년 2월호), 수필 「산가일기」(1939년 8월호), 박영희의 기행문 「전선기행 1, 2」(1939년 9~10월호), 유치진의 수필 「拉濱線にて」(1942년 10월호) 등이 게재되어 있다. 무엇보다도 《동양지광》의 문예란을 통해 친일시인 김용제(金龍濟)의 존재를 발견하게 된다. 김용제는 평론 「전쟁문학의 전망」(1939년 3월호)을 필두로 「아세아시집 1~7」(1939년 7~11월호, 1940년 1월호), 「징병시초」(1942년 7월호), 「12월 8일」(1942년 12월호), 「청년시집 1~4」(1944년 2~4월호, 9·10월호) 등을 1944년 10월까지 지속적으로 발표했다. 1941년 12월 8일, 일본이 미국을 상대로 전쟁을 시작했음을 상기할 때, 그리고 시의 제목을 생각해 볼 때, 《동양지광》에 실린 김용제의 시는 일제의 전쟁 수행에 지속적이고도 적극적으로 협력했던 사례였음을 확인할 수 있다.[339]

---

[339] 국립중앙도서관 편(2017), 앞의 자료, pp.144~145.

1) 창간 배경

《문장》은 1939년 민족문학의 계승과 발전을 목적으로 창간된 문예잡지이다. 939년 2월에 창간되어 1941년 4월 통권 25호(1939년 7월 임시 중간호 포함 26호)로 종간되었다. 1940년 6월과 8월 용지난으로 휴간하고, 1941년 일제 당국의 《문장》·《인문평론》·《신세기》의 병합과 함께 "일선어(日鮮語)를 반분하여 황도정신(皇道精神) 앙양에 적극 협력하라"는 데 불응하고 스스로 폐간하였다. 1948년 10월 정지용(鄭芝溶)이 속간하였으나, 제1호로 종간하였다.

2) 관련 인물

창간호 간기면에 따르면 편집 겸 발행인에 김연만(金鍊萬), 인쇄인 정경덕(鄭敬德), 인쇄소 대동인쇄소, 발행소 문장사(경성 종로 한청빌딩 3층)로 되어 있다. 편집주간은 소설가 이태준(李泰俊)이 맡았다. 또, 추천제를 두어 신인을 발굴했는데, 소설에 최태응(崔泰應)·곽하신(郭夏信)·임옥인(林玉仁)·지하련(池河蓮)·정진엽(鄭鎭葉)·한병각(韓柄珏)·선진수(宣鎭秀)·유운경(劉雲卿)·허민(許民)·임서하(任西河) 등이 배출되었다. 그리고 시에는 이한직(李漢稷)·김종한(金鍾漢)·박남수(朴南秀)·박두진(朴斗鎭)·박목월(朴木月)·조지훈(趙芝薰)·박일연(朴一淵)·조정순(趙貞順)·최남령(崔嵐嶺)·허민(許民)·황민(黃民), 시조에 조남령(曹南嶺)·김영기(金永起)·김상옥(金相沃)·이호우(李鎬雨)·장응두(張應斗)·오신혜(吳信惠) 등이 《문장》을 통해 문단에 나왔다.

3) 주요 내용

창간호의 「시국과 문필인」이라는 권두사에서 "우리 문필인의 시험관은 연구실 속에 있지 아니하다. 우리가 발견하고, 지적하고, 선양할 바 대상은 민중 속에 있고, 전 국가적인 사태에 있고, 시대라거나 세기란 방대한 국면에 있는 것이다."라고 함으로써 이 잡지의 성격을 암시하고 있다. 외견상 "태양과 같은 일시동인(一視同仁)의 황국정신"을 운운하며 시대현실에 맞는 활동을 하겠다고 천명했지만, 실제로는 친일적 색채가 거의 없는 순수문학 작품을 다수 게재하였다. 「여묵(餘墨)」이라는 제목의 후기(後記)를 보면 《문장》이 오롯이 순수 문예지를 지향했음을, 당시 잡지 발행 허가를 얻기 위해 부득이 형식적으로 그리 표현했음을 잘 알 수 있다.

먼저 발행인 김연만의 후기를 보면 다음과 같다.(현대어 표기로 고침)

> 나는 공부한 것도 문학이 아니요, 현재의 생활도 문학이 아니다. 그러나 예술에의 존경과 서적에 대한 관심만은 이미 가져온 지 오랬고, 또 힘만 자라면 어느 각도에서나 좀 진취적인 문화행동을 갖고 싶었던 것이 나의 적년(積年)의 소회였다.
>
> 마침 나의 막역한 문학인 이태준 형과 뜻이 합하여, 우선 조그맣게나마 출판일에서부터 첫 걸음을 삼는 것이다. 잡지 《문장》은 월간으로, 단행본은 좋은 원고를 얻는 대로 수시 간행할 방침이다.
>
> 이러한 일이 작가들께, 문단에, 좀더 크게는 우리 문화 전반에 도움이 되어 드릴 수 있다면 하는, 나로서는 외람된 정열을 품는다. 특히 문단 제씨(諸氏)의 끊임없는 성원을 빈다.

다음으로, 편집주간 이태준의 후기를 보면 다음과 같다.(현대어 표기로 고침)

일전에 어느 회석(會席)에서다. 누가 조선 문화를 알려 함에 '정기출판물'의 수효를 물었다. 한 친구는 무엇무엇하고 다섯 손가락이나마 얼른 꼽지 못해 구구하였고, 한 친구는 이곳에 문화는 과거에 있지 현재에 있는 것은 아니라고 방패막이를 하였다. 아무렇든 현간(現刊)의 문예지 하나 갖지 못한 문단임엔 너무 얼굴이 들리지 않았다. 그렇다고 이 《문장》이 오로지 그런 일시(一時) 의분(義憤)으로서만 탄생됨이라 함은 아니나, 그로 말미암아 출세(出世)하는 시일을 단축시킨 것만은 사실이다. 《문장》은 모든 문장인들에게 축복받을 것을 믿는다.

사주(社主) 김연만 우(友)는 문단인은 아니다. 문단의 한 의인(義人)일 뿐이다. 그의 의에 대한 예(禮)나, 그의 의를 완성시킴엔 오직 우리는 좋은 작품을 낳는 것뿐이다. 좋은 작품을 낳음엔 작자 단독의 힘만은 아니다. 때로는 편집자가 한 산파(産婆)의 일을 담당하는 경우도 있다. 당분간 나는 작가로보다 편집자로서의 그 일에 충실할 것을 《문장》과 작가 여러 벗에게 약속한다.

편집이란 문장의 취사(取捨)만이 아님은 이미 여러분의 상식일 것을 믿는다. 출판물의 최후의 가치를 결정하는 것은 실로 활자 호수에서부터 제본에까지를 통제하는 장정(裝幀)으로서, 그 일을 길진섭 우(友)가 담당해 주게 된 것은 자랑이 아닐 수 없다. 나는 좋은 작품에, 길우(吉友)는 좋은 장정에 각기 전력(專力)해 나갈 것이다.

단행본으로는 박태원 씨의 창작집 『소설가(小說家) 구보씨(仇甫氏)의 일일(一日)』로 처녀출판을 삼았다. 작자 박태원 씨로도 처녀출판인 데에 더욱 문단적 의의가 크다. 우리의 출판이라 해서가 아니라, 정실(情實) 관계에서가 아니라, 사실 상(想)으로 문(文)으로 변(辨)으로 다채(多彩) 순란(純爛)한 박태원의 예술을 한 손에 들고 전국(全局)을 볼 수 있는 것은 참으로 유쾌한 일이다.

이 같은 발행인과 편집주간의 다짐에 걸맞게 《문장》은 《인문평론》과 함께 일제 말의 대표적인 문학전문지로, 특정한 사상과 이념에 치우치지 않은 경향을 보여주었다. 일제 말 민족문화말살정책의 와중에서 탄생하여 시, 소설 등의 창작뿐만 아니라 『한중록』, 『도강록』, 『인현왕후전』 등 우리의 고전을 발굴하여 주석을 달았고, 민족문학의 계승과 발전이라는 취지에서 다수의 신인들을 배출하였다. 《문장》에 글을 발표한 문인들은 소설 65명, 시 46명, 시조 10명, 희곡·시나리오 8명, 수필 183명, 평론 59명 등이다. 이들이 발표한 작품은 소설 162편, 시 180편, 시조 34편, 수필 183편, 희곡 6편, 시나리오 2편, 평론 119편에 달한다. 《문장》은 이렇듯 많은 작품들을 소개했을 뿐만 아니라 많은 문제작을 발표하기도 했다. 또한

국문학 고전을 수록하여 민족문학 유산을 옹호·전파하였고, 서구문화 도입에도 적극적인 태도를 취했다.

4) 편집 특성

창간호의 판형은 5×7판 크기에 200쪽 분량(광고 포함)으로 발행되었으며, 정가는 40전이었다. 표지에 새겨진 제호의 제자(題字)는 추사(秋史) 김정희(金正喜)의 필적(筆跡)을 집자(集字)한 것이며, 권두화(卷頭畫)·표지화(表紙畫)의 장정과 그림은 김용준(金溶俊)·길진섭(吉鎭燮)이 맡았다.

창간호 표지에는 수선화가 그려져 있는데, 튼튼한 구근(球根)에서 초록잎 다섯이 올라오고 노란 꽃잎이 피어나고 있는 모습이다. 이 또한 청나라 하경의 수선화에 대한 시를 옮겨 적은 추사의 '수선화부'에서 따온 것으로, 창간호 후기에서 길진섭은 "우리의 명보(名寶) 추사의 수선이 그만 인쇄기술에서 그 청렴한 맛을 잃게 된 것은 미안한 일이다. 앞으로 지금까지 우리가 느껴온 상업미술의 의미에서의 표지가 아니고 한 개의 작품으로 표지를 살려 나갈 작정이다."라고 쓰고 있다.

특별히 기억해야 할 것은 창간호뿐만 아니라 폐간호 또한 그 의미가 크다는 점이다.《문장》폐간호(통권 26호)는 마지막 면에다 "근고(謹告)-본지《문장》은 금번 국책(國策)에 순응하여 이 제3권 제4호로 폐간합니다."라고 쓰고 표지에도 '폐간호'임을 표기했다. 이처럼 잡지를 폐간하면서 폐간호임을 뚜렷이 내세운 잡지는 일찍이 없었다는 점에서, 그리고 평소에는 200쪽 내외였던 잡지 분량도 320쪽으로 엮었다는 점에서 편집상 특성을 엿볼 수 있다.[340]

---

340 최덕교 편저(2004), 『한국잡지백년3』, 현암사, pp.28~29 참조.

5) 창간 의의

《문장》은 《인문평론》과 함께 문학지의 대표적 수준의 잡지로 전 문단인을 망라하였다. 아울러 친일적인 색채가 거의 없는 순수문학을 지향했으며, 국문학 고전을 수록하여 민족 문학 유산을 옹호 전파하였고, 서구 문화 도입에도 뜻을 두었다는 점에서도 의미가 매우 큰 잡지이다. 나아가 국어국문학상의 논문 및 자료를 많이 싣고 있다는 점도 큰 업적이 아닐 수 없다. 구체적으로는 이희승(李熙昇)의 「조선문학연구초(朝鮮文學研究抄)」(3호), 이태준의 「문장강화(文章講話)」(창간호~9호), 송석하(宋錫夏)의 「봉산가면극각본(鳳山假面劇脚本)」(17호), 조윤제(趙潤濟)의 「조선소설사개요(朝鮮小說史概要)」(18호), 손진태(孫晉泰)의 「무격(巫覡)의 신가(神歌)」(18호), 조남령의 「현대시조론(現代時調論)」(19호) 등이 있다. 또한 이병기(李秉岐)의 「조선어문학명저해제(朝鮮語文學名著解題)」(19호), 양주동(梁柱東)의 「사뇌가석주서설(詞腦歌釋注序說)」(21호), 정인승(鄭寅承)의 「고본훈민정음(古本訓民正音)의 연구」(21호), 조윤제의 「설화문학고(說話文學考)」(24호), 최현배(崔鉉培)의 「한글의 비교 연구」(25호) 및 자료 「춘향전집」(고사본·고본·고대본, 21~25호) 등이 있다.[341]

한편, 《문장》의 특성을 형성함에 있어 중심 역할을 한 인물은 이병기, 이태준, 정지용이다. 이병기는 묻혀 있던 고전작품들, 예컨대 「한중록」, 「인현왕후전」, 「요로원야화기」, 「춘향가」, 신재효의 판소리 등을 발굴·소개하여 고전에 대한 관심을 환기하였고, 이태준은 거기에 보조를 같이 하면서 「문장강화」(9회)를 통해 우리의 고전과 근대문학의 대표적 작품들을 두루 언급하면서 한글 문장의 정립에 노력하였다. 「문장강화」는 말과 글의 일체감, 표현의 적절성, 각종 문장 쓰기의 요령 등에 역점을 두면서 현대적 문장의 확립에 기여하였다. 정지용 역시 조선적인 것에 관심을 보이면서 전통의 현대화와 창작적 수용에 깊은 관심을 보였고, 조지훈·박두진·박목월 등 소위 청록파 시인들을 배출했다. 이들의 활동을 근거로 《문장》은 우리말과 정신을 지키려는 고전주의 정신의 잡지로 자리매김했다. 《문장》은 1930년대 후반기, 중일전쟁 이후 일어 상용의 강제라는 암흑기 속에서 순수한 우리말과 정신을 지키려는 민족적 자존심의 표상으로 평가된다.[342]

---

341 한국민족문화대백과사전 [문장]
342 국립중앙도서관 편(2017), 앞의 자료, p.148.

1) 창간 배경

《시학》은 제호에 명확하게 드러난 것처럼 시가를 중심으로 발행된 문예잡지이다. 1939년 3월에 창간되어 1939년 10월 통권 4호로 종간되었다. 발행인은 1·2집 김정기(金正琦), 3·4집 한경석(韓慶錫)이며, 시학사(詩學社)에서 발행하였다. 《시학》이 창간될 무렵에는 일제의 우리 말과 글에 대한 탄압이 절정으로 치닫고 있었기에 4호까지 발행된 것만으로도 대단한 사건이 아닐 수 없다.

2) 관련 인물

창간호 간기면을 보면 편집 겸 발행인 김정기, 발행소 시학사(경성부 종로2정목 67번지), 발매소 대성당(大省堂), 인쇄인 김동옥(金東玉), 인쇄소 한성도서주식회사, 정가 20전으로 표기되어 있다.

3) 주요 내용

창간호에 실린 「권두언」은 당시의 문학 현실을 "감식(鑑識)의 폐사. 관념의 망령. 문자의 행렬"로 점철된 퇴폐기로 규정한다. 전체 내용을 살펴보면 다음과 같다.(현대어 표기로 고침)

오늘날처럼 시가 창 없는 방—, 순환 세계 속에서 만보(漫步)하는 시절이 앞으로 있을까? 감식(鑑識)의 폐사(斃死). 관념(觀念)의 망령(亡靈). 문자의 행렬(行列).

시의 부정(否定)과 그것의 긍정, 이 두 개의 '접촉점'에서 시인의 피는 불꽃을 피우리라. 그것의 불행을 구하기 위함이라면 무엇이든지 먼저 그것을 '사랑'하는 데서부터 시작되어야 한다.

여기서 아집척이(我執脊異)는 버려도 좋다. 이 두 개의 접촉점에서 시인의 피는 불꽃을 피우리라. 시는 좀더 일찍이 사회의 의지(意志)가 되어도 좋았을 것이다. 시인은 좀더 일찍이 시의 정신을 들쳐메고 온갖 괴로움과 슬픔의 성채(城砦)를 뛰어넘어서려는 커다란 의욕을 가져도 좋았을 것이다.

오랜 산문(散文)에의 인종(忍從)의 쇠사슬을 끊고 자아(自我)의 새벽을 향하여 돌진해야만 될 시와, 낡은 피견(避見)과 미몽(迷夢)을 아낌없이 팽개치고 눈먼 저널리즘에 대한 시 독자(獨自)의 기폭(旗幅)을 옹호해야 될 시인을 위하여 《시학》은 생탄(生誕)한다.

또, 잡지 말미에 편집후기로 실린 「여묵(餘墨)」에서는 다음과 같이 말하고 있다.(현대어 표기로 고침)

〈전략〉 우리는 이제부터 무기력한 소주관(小主觀)과 자기 흥분을 버리고 한 개의 신선한 호흡을 가져보기로 하자. 지금까지의 온갖 시지(詩誌)가 걸어온 전철을 되풀이하지 말고 포에지의 고매한 에스프리를 살펴보자.

포에지를 목숨처럼 아끼는 사람이여, 모두 이리 모여들라. 벌거벗은 알몸뚱이로 불꽃이 일어나는 실력의 싸움을 위하여—. 시인은 모름지기 《시학》의 앞날을 위하여 많은 도움과 꾸지람을 아끼지 말라.

창간호를 살펴보면, 먼저 이원조(李源朝)의 평론 「현대시(現代詩)의 혼돈(混沌)과 근거(根據)」, 최재서(崔載瑞)의 평론 「시의 장래」가 실려 있다. 그리고 시 작품으로는 권환(權煥)의 「유언장(遺言狀)」을 필두로, 이육사(李陸史)의 「연보(年譜)」, 신석정(辛夕汀)의 「등고(登高)」, 윤곤강(尹崑崗)의 「빙하(氷河)」, 김광균(金光均)의 「공원(公園)」, 서정주(徐廷柱)의 「웅계(雄鷄)」, 신석초(申石艸)의 「파초(芭蕉)」 등이 실려 있다.

창간호를 벗어나면 평론으로 홍효민(洪曉民)의 「시의 탈환(奪還)」(3호), 이병기(李秉岐)의 「시와 시조」(3호), 한흑구(韓黑鷗)의 「시의 생리론」(4호) 등이 있으며, 이육사의 「호수(湖水)」(2호), 김광균의 「조화(弔花)」(4호), 유치환(柳致環)의 「가마귀의 노래」(2호)·「추료(秋寮)」(4호), 신석초(申石艸)의 「가야금」(2호)·「배암」(3호), 이용악(李庸岳)의 「절라도가시내」(3호)·「강人가」(4호) 등 걸출한 시인들의 시가 실려 있다.

번역작품도 실려 있다. 번역시로는 2호에 괴테의 「파우스트」(권환), 린제이의 「길손」(이하윤), 예이츠의 「이니스프리로」(임학수), 푸시킨의 「소조(小鳥)」(함대훈), 포의 「엘도라도」(최재서) 등이, 3호에는 「파우스트」, 휘트먼의 「공상」(한흑구), 블레이크의 「라오콘 군상 주기(註記)」(청파) 등이, 4호에는 부릿지즈의 「나이팅게일」(이하윤)이 실렸다. 또한 청파생은 「뽀와로―시학초」(1호), 포의 「창작철학」(2호)을 번역하여, 앞의 가작(佳作)들을 낳은 서양의 시창작법에 대한 호기심을 자극하고 있다.

그밖에도 《시학》은 매호 '추천시고(推薦詩稿)'를 공모, 신인들을 꾸준히 배출했다. 1호는 동인지의 가치와 맥락을 살피기 위해 「시단인의 동인시지관」(시인용) 및 「동인시지의 현재와 장래」(각지 대표용)라는 설문을 마련해서 눈길을 끈다. 아울러 「메가폰」과 「시단풍문」(1호), 「직언판」(1~2호), 「시인주소록」(2호), 「촌어집(寸語集)」(3호), 「독자시단」(4호) 등을 실어 시단 안팎의 풍경과 주장을 담아내었다.

4) 편집 특성

창간호 표지를 보면 오른쪽에서 왼쪽으로 배열된 제호 '詩學'을 윗부분에 배치하고 있다. 이 같은 표지디자인은 2호에서도 그대로 나타난다. 이주홍(李周洪)이 그린 표지 그림의 경우 창간호에는 고대유물에 새겨진 상형문자 모양의 사자와 물고기, 현무(玄武) 등의 형상을 표현하고 있으며, 2호에서는 초록의 탱자나무 위에서 팔랑대는 나비의 모습이 그려졌다. 이처럼

《시학》의 표지화는 전통적 동양미학을 살려내고 있는데, '조선적인 것'을 향한 존중과 의욕이 엿보인다.[343]

5) 창간 의의

권두언에서 발행인은 당대 사회상황 속에서 시가 걸어가야 할 길을 모색하고 책임감 있는 시인의 역할이 중요하다는 점을 강조하고 있다. 시인의 자아확립과 주지(主知)를 존중하고 주관(主觀)과 흥분을 배격하고 있다. 추천시고(推薦詩稿)를 매호에 공모하여 방수룡(方壽龍)·임백호(林白虎)·김동림(金東林) 같은 신인들을 배출하였으며, 「시단인(詩壇人)의 동인시지관(同人詩誌觀)」·「동인시지(同人詩誌)의 현재와 장래」 등의 설문, 「시인주소록(詩人住所錄)」 등과 같은 특집이 실렸다.[344]

이처럼 《시학》은 60쪽 내외의 지면에 시와 시론, 비평과 번역, 신인 공모, 문단 풍경과 소식 등을 두루 담았으며, 당시 일제에 의한 강압이 강화되는 현실적 어려움에도 문인들의 창작의욕을 고취하고 유익한 시창작법을 제공한 잡지라는 점에서 의미가 크다.

---

343 국립중앙도서관 편(2017), 앞의 자료, p.149.
344 한국민족문화대백과사전 [시학]

1) 창간 배경

《총동원》은 1939년에 조선총독부 주도 아래 만들어진 국민정신총동원 조선연맹의 기관지이다. 국민정신총동원 조선연맹은 조선총독부가 재조선(在朝鮮) 일본인 사회와 조선인 상층부의 적극적인 협조를 얻어서 만든 단체로, 당대 식민지 조선 사회의 상하(上下)와 종횡(縱橫)을 치밀하게 엮었다. 1939년 6월 창간되어 1940년 8월 통권 15호로 종간되었으나, 이는 곧 《국민총력(國民總力)》이라는 제호로 바꿔어 계속 발행되었다.

2) 관련 인물

창간호 간기면을 보면 편집 겸 발행인 시오바라 토키사부로[鹽原時三郞], 인쇄인 사카이 요미요시[酒井與三吉], 인쇄소 선광인쇄주식회사(鮮光印刷株式會社), 발행소 국민정신총동원 조선연맹으로 표기되어 있다. 조선연맹의 이사장은 총독부 학무국장 시오바라 도키사부로[鹽原時三郞]로서, 조선총독부가 중앙조직을 관리하고 조선 팔도 각 부, 군, 도까지 지역 연맹조직을 만들었다. 여기에 조선총독부의 하부 관료들, 재조선 일본인 단체들, 그리고 조선인 사회단체, 경제단체, 문화 및 언론단체, 종교단체들이 망라되었다. 특히, 조선연맹의 하부이자 핵심조직은 '애국반'이었다. 전국 각지의 마을 단위로 조직된 애국반은 조선총독부가 설정했던 사회적 의제를 조선 민중들의 일상생활까지 전달하는 구실을 했고,《총동원》은 그것을 위한 핵심 매체였다. 따라서 《총동원》의 주된 내용은 '지원병 및 참전군인 독려와 원호, 공출과 헌금 협조, 폐품 수집과 근검절약, 창씨개명(創氏改名)의 설파' 등 주로 일상적이고 구체적인 차원에서 설정된 의제였다.[345]

3) 주요 내용

다음과 같이 창간호에 실린 발간사의 일부를 보면 이 잡지가 왜 창간되었는지 분명히 알수 있다.(현대어 표기로 고침)

국민정신이라는 것은 즉 일본정신으로, 전 국민이 단 한 사람도 빠짐없이 일본정신을 발양(發揚)하고 이를 실생활에 활동하여 시국에 대처하도록 하는 것이, 국민정신총동원의 중대한목적이다. 〈중략〉 전 국민은 복고 즉 추신의 정신에 따라 새로운 각오와 결의로써 비약을 수행하지 않으면 안 된다. 반도도 황국의 일부로서 일본의 사명 달성에 기여 공헌하는 것이지 않으면 안 된다. 《총동원》은 반도관민의 특별한 결의를 상징하고 표명하는 것으로 되지 않으면 안 될 것이다.

이처럼 《총동원》은 결국 식민지 조선인을 포함한 전 국민이 실생활에까지 일본정신을 발휘하게 하는 것을 그 목적으로 삼고 있다. 이러한 내용은 본문에 실린 조선연맹총재 가와시마 요시유키[川島義之]의 「機關誌發行に當りて」라는 글에서도 볼 수 있다. 곧 "기관지《총동원》에 기재된 기사는 각 연맹원의 각 부층(部層)을 연결하여 필요한 사항을 망라한 것인데, 특히 애국반원 특별히 읍면부락연맹의 지도계급에 있는 사람들이 이 기관지 총동원에 기재되어 있는 것을 참고자료로 해서 지도교양에 활용할 수 있기를 바란다."라고 하면서 잡지 《총동원》의 기능을 설명하고 있다. 즉 지도부에서 이 잡지에 실린 내용을 바탕으로 각 부락(部落) 가장 하위 단계에 이르기까지 교육하고 활용하라는 뜻을 담고 있다. 따라서 이 운동은 총후봉공(寵厚奉公)과 내선일체(內鮮一體)로 요약될 수 있다. 전시(戰時) 체제를 이어가면서 자원의 절약과 확보, 내선일체를 통한 황국신민화를 꾀하는 것이다.

---

345 국립중앙도서관 편(2017), 앞의 자료, p.152.

4) 편집 특성

《총동원》을 발행한 조선연맹의 조직적 성격은 당연히 이 잡지의 편집체제에도 큰 영향을 끼쳤다. 즉, 《총동원》은 대체로 일본어로 이루어져 있지만 초창기 몇몇 호에서는 주요 내용을 일본어와 조선어로 동시에 싣고 있다. '내선일체'나 '생산력 증대'를 강요하는 조선총독부의 핵심 관리들의 글이나, '궁성요배(宮城遙拜), 조기취침, 근검저축, 근로보국, 국방색 옷 입기' 등 조선 민중들의 일상적인 삶을 세세하게 통제하는 글들이 특히 그러했다. 한편, 《총동원》의 편집체제는 또한 '일사분란'하다고 말할 수 있다. 예를 들어, 조선총독부에서 '식량문제'를 특집의 의제로서 설정하면, 잡지의 권두언, 논설, 기사, 문예작품 등은 그 특집에 부응하는 방식을 취했다. 이런 식으로 《총동원》에서 다룬 기본의제는 '재해대책, 지원병제도, 경제전 수행' 등이었다.[346]

5) 창간 의의

1937년 7월 발발한 중일전쟁이 장기화하는 와중에 1941년 12월 8일 새벽 일본 함재기(艦載機)가 미군 태평양사령부가 있는 하와이 진주만을 기습하면서 태평양전쟁이 시작된다. 이에 앞서 《총동원》을 발행하던 국민정신총동원 조선연맹은 1940년 10월에 조직을 보다 강력한 기구인 '국민총력 조선연맹'으로 개편하고 기관지 《국민총력》을 발행하게 된다. 《총동원》에 이어 계속 그 취지를 살려나가겠다는 의도였다.

한편, 《총동원》의 문예란은 상대적으로 매우 빈약하다. 근대적 의미의 시나 소설, 수필은 물론 문학평론이나 문화평론도 거의 실리지 않았다. 일본어로 된 짧은 시가 지속적으로 게

---

[346] 국립중앙도서관 편(2017), 앞의 자료, pp.152~153.

재되기는 했지만, '문예'와 관련된 작품이나 글들이 매호 실리지도 않았다. 오히려《총동원》의 문예란이 '짧은 실화(實話)나 역사이야기, 종이연극 대본' 등으로 꾸며졌다는 점이 흥미롭다. 예들 들어, 월조(月照)의 「반도의 빛」은 '실화'라는 표제를 달고 있는데, 조선인 이성춘이 제국의 군인이 되어 갱생한다는 것이 주된 내용이다. 또한 다나카 하츠오[田中初夫]의 「갱생의 도」는 종이인형극의 각본으로, 난폭했던 청년이 건실한 생활인으로 거듭난다는 내용이다. 우리 근대문인 가운데 이광수와 김문집 등도《총동원》의 문예란에 글을 썼다. 이광수는 「지원병 송가」라는 시와 함께, 일본어 소설 「옥수수」를 발표했고, 김문집은 「검은 혈서」라는 소설을 썼다. 이광수의 시와 김문집의 소설은 조선인 지원병을 소재로 한 것이며, 이광수의 「옥수수」는 식량 절약과 관계된 내용이다.

　이처럼《총동원》의 문예란은 조선 민중들에게 친숙한 형식을 활용하면서, 조선총독부가 설정했던 기본의제를 충실하게 반영하는 내용이 대부분이었다. 이는 이 잡지가 일본의 침략전쟁과 관련된 의제들을 조선 각 지역의 민중들에게 선전하기 위한 잡지였음을 재차 확인시켜준다.[347]

 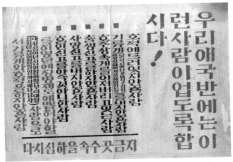

347　국립중앙도서관 편(2017), 앞의 자료, pp.153~154.

1) 창간 배경

《인문평론》은 1939년 10월에 최재서(崔載瑞)가 주도하여 창간한 문예잡지이다. 1941년 4월에 통권 16호로 폐간되었다. 창간호 권두언에서 문학자들도 건설사업에 협력해야 한다고 주장하여 일본의 침략전쟁을 긍정하고 합리화하는 데 앞장서고 있다. 최재서는 1941년 2월호에 「전환기의 문화이론」을 발표하고, 이어서 1941년 4월호에 「문학정신의 전환」이란 글을 발표하여 '문학정신의 국민적 전환'을 강조하였다. 곧, 전환의 목표를 문학 및 문화의 국민화(國民化)에 두었다. 이는 이른바 '국민문학'의 건설을 뜻하는 것인데, 최재서는 1941년 4월호로 《인문평론》을 폐간하고, 1941년 11월부터 《국민문학》을 발행함으로써 '국민문학'의 구체적인 문제를 제시하고, 실천하였다.[348] 다만, 1939년에 인문사 대표로서 황군위문 문단 사절을 조직하고 조선문인협회의 발기인 및 기초위원을 맡은 등 총독부의 전쟁 동원 및 내선일체 정책에 협조적인 최재서였지만, 『인문평론』 자체가 체제 협력적이라고 말하기는 어렵다는 견해도 있다.[349] 《인문평론》 속표지에 「황국신민의 서사」를 실은 것도 당대의 모든 잡

---

348 한국민족문화대백과사전 [인문평론]
349 국립중앙도서관 편(2017), 『한국근대문학해제집Ⅲ-문학잡지(1927~1943)』, p.155.

지에 부과된 의무였다는 것이다. 이 점은 《인문평론》과 나란히 당대의 순문예지를 대표했던 《문장》의 경우에도 마찬가지였는데, 《문장》이 조선주의의 입장에 서있었다면 《인문평론》은 서구적 이성으로 대표되는 지성주의의 입장에 서 있었으며, 지성주의의 입장에서 전체주의 사회로 급변하는 세계의 정세를 해석하고 그에 대처하려는 것이 《인문평론》의 기본적인 태도였다는 것이다. 또한, 《문장》이 창작에 역점을 둔 것과 달리 《인문평론》은 평론과 해외문학 소개에 중점을 두고 있다.

2) 관련 인물

창간호 간기면을 보면 편집 겸 발행인 최재서, 인쇄인 김용규, 인쇄소 주식회사 대동출판사(大同出版社), 발행소 합자회사 인문사(人文社)로 표기되어 있다. 인문사는 1937년 12월에 최재서가 만든, 문학을 비롯한 조선어 인문도서를 전문으로 하는 출판사로, 경성 광화문통 210번지 광화문빌딩 2층에 자리잡고 있었다. 전작장편소설을 기획하고 『조선 문예연감』을 간행하는 등 조선 문단에 많은 기여를 한 인문사는 《인문평론》 폐간 이후 일본어 문학서적을 전문으로 하는 출판사로 바뀌어 여러 권의 일본어 시집·소설집·평론집과 조선문인협회(이후 조선문학보국회)의 기관지인 《국민문학》, 《국민시인》을 발행하는 등 총독부의 정책에 적극적으로 협력하였다.

3) 주요 내용

창간호에는 권두언을 비롯하여 서인식(徐寅植)의 「문화에 있어서의 전체와 개인」, 이원조(李源朝)의 「비평정신의 상실과 논리의 획득」, 최재서의 「성격에의 의욕」, 박영희(朴英熙)의 「전쟁과 조선문학」, 백철(白鐵)의 「일본전쟁문학일고」, 김기림(金起林)의 「모더니즘의 역사적 위

치」, 김남천(金南天)의 「고리오옹과 부성애 기타」, 임화(林和)의 「실험소설론」 등의 평론, 이무영(李無影)의 「제1과 제1장」, 안회남(安懷南)의 「번민하는 쟌룩씨」, 이효석(李孝石)의 「일표의 공능」, 채만식(蔡萬植)의 「흥보씨」 등의 소설, 이 밖에 김기림·임학수(林學洙)·오장환(吳章煥)·이용악(李庸岳)의 시가 실렸다.

4) 편집 특성

창간호는 판형이 5×7판에 230쪽 분량으로 발행되었으며, 정가는 50전이었다.

5) 창간 의의

《인문평론》은 "창간 당시부터 일본의 침략정책에 적극 호응하였고, 계속해서 '국민문학의 선도적 역할'을 실천하다가 월간지 《국민문학》에 그 사명을 계승시켰다. 《인문평론》은 전기문학(前期文學)에서 암흑기의 친일문학으로 연결되는 가교의 구실을 하였다."는 평가와 함께 "당시 문단에 문학비평의 새 방법을 모색하느라고 노력하여 몇몇 문학비평가를 등장시켰고, 특히 서구의 문학비평이론을 도입하고 소개한 업적은 있다."는 평가가 엇갈린다.[350]

어쨌든 《인문평론》에 실린 문학평론에 대해서는 《인문평론》을 대표하는 분야라는 점에서 긍정적으로 살펴볼 필요가 있다. 전쟁 문학, 생산 문학, 신세대 문학, 개척 문학, 동양 문학, 신체제 문학, 국민 문학 등의 주제는 당대 문학의 주된 논점을 거의 포괄하는 것으로서 일본 문학계에서 비롯된 문학 논의에 조선 문학계가 어떻게 반응하고 대응했는가를 잘 보여주기 때문이다. 또한 관찰문학론, 장편소설론을 비롯한 소설론, 전체주의와 모더니즘 등에 관한 논의는 사회 변화에 대한 인식을 장르와 사조의 문제로까지 확대한 것이라 할 수 있다. 문학 평론의 집필자는 최재서를 비롯해 이원조, 임화, 김남천, 김기림, 유진오 등의 근대주의자로서 이들이 《인문평론》의 중심 논자(論者)였다. 임화의 「조선신문학사」와 같은 문학사, 최재서의 문학 시평(時評)과 같은 현장 비평을 실은 것도 이 잡지의 특징 가운데 하나이다.

또한, 소설과 시 작품은 문학평론에 비하면 단출하지만 그 문학사적 비중은 결코 가볍지 않다. 세대론과 관련되어 김동리·정비석·황순원·박노갑 등의 소설이 실렸으며, 세대론을 소설화한 백철의 「전망」도 그 일환이었다. 김남천의 장편소설 「낭비」, 유진오의 「봄」·「산울림」, 이무영의 「제1과 제1장」·「흙의 노예」, 채만식의 「냉동어」, 현경준의 「유맹」 등

---

350 한국민족문화대백과사전 [인문평론]

이 《인문평론》에 실린 대표적인 소설로서 이들 소설들은 소설사에서 중요한 자리를 차지하고 있다. 시의 경우에는 김광균·김기림·김광섭 등의 모더니즘 시와 서정주·오장환·유치환·윤곤강 등의 생명주의 시는 물론, 백석·노천명·이육사의 시까지 비교적 넓은 스펙트럼을 가지고 있었다. 이처럼 《인문평론》은 시, 소설 등의 문학 작품과 평론을 중심으로 전환기 조선 지성계의 대응을 잘 보여주고 있는 잡지라 할 수 있다.[351]

〈참고〉《문장》과 《인문평론》[352]

'찬란한 35년대'의 문예가 절정에 이르는 1939년, 작가 이태준이 주재하는 《문장》과 평론가 최재서가 발행하는 《인문평론》의 두 문예지가 창간된다. 암흑기로 접어드는 식민지 문학의 마지막 광염(光焰)이 되는 이 두 잡지는 1941년에 폐간되기까지 2년여 동안 유일한 작품 무대로 제공되면서 "일정(日政) 말기의 험악한 현실 조건 속에서 문학을 지키는 교두보 노릇을 한, 특기할 문학사적 공적"(백철)을 남기는 것이다.

20년대의 문학지가 문인 자신의 출혈로 이루어지고, 30년대 전반의 종합지가 대신문사에서 발행하는 것과 달리 비문인의 개인적 출자로 이루어지는 《문장》과 『인문평론』은 전자가 작가·시인이 주관, 고전적 시 정신을 탐구하는 경향을 보이며, 비평가가 편집하는 후자가 인문학의 도움을 받는 산문 정신의 지향을 반영하고 있지만, 문학의 순수성을 고취하고 세련된 창작의 발표에 노력한 것은 공통된 태도였다. 더구나, 유력한 신인을 발굴하고 탁월한 작품집을 다투어 출간시킨 데서도 같은 특징을 보인다.

1939년 2월에 창간된 《문장》지는 발행인 김연만(金鍊萬), 주간 이태준, 그리고 편집위원은 이태준·정지용·김상용, 편집장은 정인택과 조풍연, 객원 화가 길진섭(吉鎭燮)·김용준(金瑢俊) 등 호화로운 스태프로 이루어졌다. 발행인 김연만은 무역상 김기진(金琪振)의 아들로 당시 27세.

"오빠가 메이지 대학 정경학부를 졸업하자 아버지가 그 기념으로 그때 돈 40만 원을 조건 없이 주었어요. 오빠는 그 돈을 이화전문에 기부할까 하고 망설이는데, 마침 이화전문 선생으로 있던, 선배이자 친구인 이태준이 문학지를 만들자고 권했습니다." 김연만의 누이동생

---

351 국립중앙도서관 편(2017), 앞의 자료, pp.156~157.
352 [네이버 지식백과] 『문장』과 『인문평론』(한국문단사 1908-1970, 2003. 8. 30., 김병익)

일순(一順)이 전하는《문장》지의 창간 경위다.

종로 한청(韓靑) 빌딩 3층에 자리잡은 「문장」사는, 그리하여 첫 호에 춘원의 대표작인 「무명(無名)」을 비롯, 유진오의 「이혼」, 이효석(李孝石)의 「산정(山精)」, 이태준의 「영월 영감(寧越令監)」 등 소설과, 박종화의 「석굴암」, 김상용의 「어미 소」, 모윤숙의 「잠든 눈」 등의 시, 이원조의 「교양론」, 양주동의 「문장론」, 안회남의 「작가 박태원론」 등 평론, 그리고 당시 문학 청년들의 교범이 되는 이태준의 연재 『문장 강화(講話)』가 발표된다. 특히 고전의 발굴에 주력, 이병기가 주해한 혜경궁 홍씨의 「한듕록」, 이희승(李熙昇)의 「조선 문학 연구초(抄)」가 실린다.

《문장》이 이룩한 성과 중 하나는 일찍이 방인근의《조선문단》이 실시했던 추천제를 채택, 제도화하여 해방 후《문예》,《현대문학》 등 문예지의 신인 발굴 방법으로 도습시킨 점이다. 이병기가 시조, 정지용이 시, 이태준이 소설을 각각 고정 심사한《문장》의 추천제는 그 발굴 방법보다 오히려 발굴된 신인의 역량으로 더 큰 공헌을 세운다. 조지훈(趙芝薰)·박목월(朴木月)·박두진(朴斗鎭) 등 유명한 '청록파(靑鹿派)' 시인과 김종한(金鍾漢)·박남수(朴南秀)·이한직(李漢稷) 등 시인들, 곽하신(郭夏信, 1939년 동아일보의 신춘문예로 데뷔했지만 다시 추천을 받았다)·최태응(崔泰應)·임옥인(林玉仁)·지하련(池河蓮, 임화의 처)·임서하(任西河) 등 작가들이《문장》 출신이다.

문장사가 박태원의 『소설가 구보씨의 1일』, 김상용의 『망향』, 이태준(李泰俊)의 『딸 삼형제』 등 소설집과 시집을 출판하는 데 못지않게,《인문평론》을 발행하는 인문사(人文社)는 최재서의 평론집 『문학과 지성』, 김말봉의 『찔레꽃』 및 『조선 작품 연감(年鑑)』을 발행했다. 인문사의 출판 사업 중 가장 큰 공헌은 우리 문단사 최초로 '전작 장편소설 총서'를 기획, 우수한 장편 문학을 개발했다는 점이다.

김남천의 『대하(大河)』, 유진오의 『화상보(華想譜)』, 이효석의 『화분(花粉)』 등이 이 시리즈의 성과로, 인문사는 『인문평론』 창간 1주년을 맞아 대표작을 낸 이 세 작가 개개인에 대한 작가론을 현상 모집하기까지 했다.

"조선 비평 문학의 수립을 목표"로 한《인문평론》의 창간은《문장》보다 8개월 늦은 1939년 10월. 세종로 통에 자리잡은 인문사는 역시《문장》의 김연만처럼 문인이 아니면서 문학가를 애호한 실업인 석진익(石鎭翼)의 출자로 이루어진 것인데, 임화·김남천·이원조 등《문장》지와 다른 계열의 문인들의 참여를 받으며 창작보다 인문 과학·철학·역사 및 해외 문학의 조명 아래 비평 중심의 문학지를 구성한다.

1940년 안팎 한국 문예지의 쌍벽을 이루는 《문장》과 《인문평론》은 조선 어문의 말살 정책을 쓰는 총독부에 의해 폐간되는 비운을 맞는다. "조선어를 반분(半分)하고 일어를 반분하여 황도(皇道) 정신에 적극 협력하라"는 지시가 내려지자, 두 잡지는 1941년 4월 이 명령을 거부, 자진 폐간한다. 《문장》은 해방 후 정지용의 주관으로 2호까지 속간되나, 《인문평론》은 1942년 1월 《국민문학》으로 개편, 속간되어 해방되기 반년 전까지 친일 문학의 앞잡이로 전락했다.

두 잡지의 이 같은 불운 못지않게 슬픈 일은, 이 잡지 스태프들의 비극적인 말로들이다. 최재서를 비롯한 상당수는 '황도 문학'의 중심 멤버로 전향, 비굴한 변절의 오점을 찍고, 이태준 · 정지용 · 임화 등은 해방 후에 월북하며, 그 밖의 몇몇은 6 · 25 때 납북되거나 단명했다.

1904년생으로 북만(北滿)에서 유년 시절을, 철원에서 소년 시절을 보내다 상지대(上智大)를 중퇴, 《개벽》지 기자, 조선중앙일보 문예부장을 역임하며 아름다운 단편으로 이름을 떨친 상허(尙虛) 이태준의 명분 없는 월북과, 그보다 4년 연하로 경성제대 영문과를 졸업, 대학원 수료와 동시에 조선인으로는 처음으로 경성제대 강사로 발탁되면서, 아카데미 평론가로 독자적인 위치를 차지한 석경(石耕) 최재서의 전락은 한국 정신사의 비극적인 일면을 말해주고 있다.

1) 창간 배경

《태양》은 일문(日文)과 국문(國文)을 함께 쓴 시사 종합잡지로 1940년 1월 1일 창간되어 같은 해 2월 20일 제2호를 내고 폐간되었다. 창간 목적은 서두에 놓인 조선총독 미나미 지로(南車郎)의 「興亞維新に邁進せん(흥아유신에 매진하자)」, 서춘(徐椿)의 「皇紀 二千六百年を迎へて (황기 2600년을 맞아)」등만 보아도 잘 알 수 있다. 이것을 권말에 실린 '편집여묵(編輯餘墨)'을 빌려 소개한다면, "본지는 건전한 국민으로의 사상과 생활을 지도하는 동시에 정치라든가, 경제라든가, 외교라든가의 변천과 추이 같은 것을 소개하야 써 국민의 상식을 향상케 할 뿐 아니라, 그들의 일상생활에 응용할 수 있도록 편집방침을 취했습니다"라는 선언과 상통할 것이다. '건전한 국민'의 내용과 목표는 서춘이 작성한 일문 「창간사(創刊辭)」에 자세하게 설명되어 있다. 이에 따르면, 『태양』은 신동아 건설 및 내선일체의 구현, 그것에 관련된 신이론 체제의 창설, 건전한 사상의 양성, 개인 위인의 배출 조성, 시비선악(是非善惡)의 견별(甄別) 등의 성취를 목적으로 삼는다. 그 구체적 실천방법으로 내선일체의 구현, 일본정신의 앙양, 시국인식의 철저, 단체훈련의 조장, 국민협력의 고조, 과학지식의 보급, 취미오락의 선도, 동양문화의 재건 등을 내세웠다.

2) 관련 인물

창간호 간기면을 보면 편집 겸 발행인은 서춘(徐椿, 1894~1944)[353]으로, 경성부 종로 1의 77번지가 주소지다. 이곳은 발행소 조선문화사가 자리한 한양빌딩의 소재지이기도 했다. 인쇄인은 김동옥(金東玉), 인쇄소는 한성도서주식회사이다.

3) 주요 내용

《태양》 창간호를 보면 당시 모든 잡지의 서두를 장식하던 「皇國臣民の盟詞(황국신민의 맹사)」 앞쪽에 '성수무강(聖壽無疆)'이란 기원 아래 일왕 쇼와[昭和] 부부의 초상을 실음으로써 체제 협력 의지를 노골적으로 드러내고 있다. 곧 "목차만 보아도 첫장부터 일본 '천황·황후 양폐하'가 등장하고, 조선총독이 휘호를 주고, 정무총감(政務總監)이 격려사를 쓰고, 조선군 참모가 축사를 하고, 아무튼 요란하고 야단스럽다."[354]는 묘사가 그대로 들어맞는 잡지이다.

한편, 《태양》에는 중견 문인들이 한글로 쓴 글도 여러 편 실려 있다. 창간호의 경우, '신춘 수필첩'에 김진섭의 「청운정(淸雲町)의 달밤」, 정지용의 잠언 「천주당」, 김광섭의 「신계사(神溪寺)의 밤」, 정인택의 일기 「마즐카 환상」, 서로 주고받은 편지를 공개한 이효석과 유진오의 「편지」 두 편, 안석영의 「천국」이 실렸다. 또한 '시가'로 김안서(김억)의 백낙천 번역시 「琵琶行(비파행)」, 이하윤의 「물」, 이병각의 「추억」 등이 실렸다. 무명작가 곽석정(郭石亭)은 조선청년이 일본군을 지원하여 만주 북지에서 천황을 위해 싸우는 모습을 그린 친일소설 「북풍(北風)」을 발표했다. 임화는 「문예시평」에서 자신의 비평의 요체인 '현실', '리얼리즘', '경향',

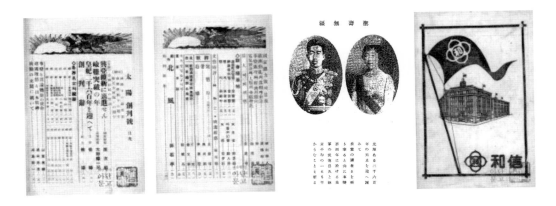

---

353 언론인. 2·8 독립선언에 참가한 독립운동가였지만 나중에 친일 언론인으로 변절했으며, 호는 오봉(五峰)이다.

354 최덕교 편저(2004), 『한국잡지백년3』, 현암사, p.406.

'진실', '생활', '세태소설', '내성' 등의 개념을 점검하면서, "내성에의 세계로 침잠"과 "심리적 경향의 리얼리즘" 개척이 리얼리즘 미학의 심화와 확장에 도움이 될 수 있음을 강조했다.[355]

4) 편집 특성

창간호는 5×7판 크기에 110쪽 분량으로 발행되었으며, 정가는 40전이었다. 잡지에 실린 글을 보면 일본인은 일문으로, 조선인은 한글로 게재한 것이 눈에 띈다.

표지는 상단에 검은 글씨의 에스페란토어 'LA SUNO'를, 중간부에 붉은 예서체로 새긴 '太陽'을, 그 아래 오른쪽에 세로글씨로 '創刊號'를, 하단부에 검은 인쇄체 글씨 '京城 朝鮮文化社 發行'을 새겼다. 뒷장에는 조선문화사와 태양사(太陽社) 명의로 새해를 축하하는 인사말 '근하신년(謹賀新年)'과 '근하신춘(謹賀新春)'을 새겼다. 그러면서 보통의 일왕 연호 대신 '황기 2600년(皇紀 二千六百年)'을 취함으로써 '태양'이 일왕을 상징하는 것임을 암시하고 있다.[356]

5) 창간 의의

《태양》이 발행될 무렵은 일제가 다수의 일간지와 잡지를 폐간시키며 언론 통폐합을 단행하던 시기인데, 이때에 창간이 가능했다는 것은 이 잡지가 그만큼 체제에 협력적이었음을 알게 해준다.

한편으로 보면, 《태양》은 총력전을 선전하는 국가시책에 관련된 글들의 경우 대체로 일본

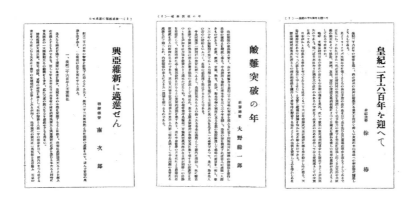

---

355 국립중앙도서관 편(2018), 『한국근대문학해제집IV-문학잡지(1907~1944)』, p.214.
356 국립중앙도서관 편(2018), 앞의 자료, p.213.

인들이 일본어로 집필하는 경향을 보인다. 이에 반해 조선 문인들은 한글로 시와 소설, 수필과 평론 등을 발표했다. 그 내용도 노골적인 친일의 문장과 거리가 있을뿐더러, 집필진 역시 당대의 유명한 중견 문인들이라는 점에서 총력전의 시대를 돌파하는 조선문학의 한 국면을 엿볼 수 있게 한다. 하지만 《태양》의 근본 목적은 내선일체의 강조와 태평양전쟁(대동아전쟁)의 독려에 있었다. 이를 생각하면, 조선문학은 폭력적이며 전체주의적인 일제와 전쟁의 본질을 호도하기 위해 동원되었다는 판단도 가능해진다.[357]

---

357 국립중앙도서관 편(2018), 앞의 자료, p.215.

1) 창간 배경

《신시대》는 시사적인 내용과 문예물을 수록한 월간잡지이며, 1941년 1월 창간되어 1945
년 2월 통권 54호로 종간되었다. 주로 시사성 있는 기사와 문예물을 실었지만, 그 내용은 친
일적인 색채가 짙었다. 곧 쉽고 재미있는 시국 선전용 대중잡지라고 할 수 있다. 발행인은 당
시 가장 규모가 컸던 출판사 박문서관의 창업주 노익형(盧益亨)이었으며, 그가 사망한 1941년
이후에는 아들 노성석(盧聖錫)이 계속 발행하였다.

따라서 《신시대》는 박문서관에서 발행하던 수필잡지 《박문》을 확대한 대중 종합잡지로 볼
수도 있다. 종합지를 발행하고자 했던 박문서관의 오랜 염원과 조선 대중에게 내선일체와 동
아시아 신질서의 이념을 효율적으로 전파하고자 했던 조선총독부 당국의 의도가 서로 맞아
떨어진 결과 《신시대》가 탄생했다는 것. 나아가 조선인에게 일본어를 강제하던 총독부도 대
중 선전에는 조선어가 필요함을 인정하지 않을 수 없었기 때문에 한글 잡지가 다수 폐간되던
와중에도 한글 잡지인 《신시대》가 탄생할 수 있었다는 것이다. 그 점은 "신질서 하의 일본의
참된 자태를 구명하고 일본의 이상, 일본의 정신을 깨닫고 또 세우기 위하여 또 그것을 조선
말을 통하여 조선말을 아는 동포에게 널리 전해드리"는 것, "새 시대가 요구하는 광범한 새
정신과 새 지식과 새 신념, 새 도덕, 새 예술, 새 생활의 모든 것을 가장 쉬운 말로 알기 편하

게, 또 자미스럽게 전해드리"는 것이라는 《신시대》의 목표를 통해서 확인할 수 있다. 대중성과 정치성의 결합이 곧 이 잡지의 가장 큰 특징이었다.[358]

2) 관련 인물

창간호 간기면을 보면 편집 겸 발행인 미즈하라 에키쿄[瑞原益亨], 인쇄인 이상오(李相五), 발행소 신시대사(新時代社, 경성부 인사정 29)로 표기되어 있다. 발행을 맡은 신시대사는, 박문서관과 대동인쇄주식회사를 소유하고 있던 출판계의 거물 노익형이 《신시대》를 발행하기 위해 새로이 설립한 회사로서 노익형이 사장이었고 아들 노성석(盧聖錫)이 부사장이었다. 창간 당시 발행 겸 편집인으로 표기된 미즈하라 에키쿄[瑞原益亨]는 노익형의 창씨명이다. 그의 사망 이후인 1942년 1월부터는 경성제국대학을 졸업하고 아버지의 사업을 이어받은 아들 마즈하라 다카시[瑞原聖, 노성석의 창씨명]가 발행을 맡았다. 주간은 아동문학가이자 전문 편집인으로서 그동안 《박문》을 편집하며 박문서관과 인연을 맺은 가츠야마 마사오[勝山雅夫, 최영주의 창씨명]가 맡아 편집을 총괄하였으나, 그가 병환으로 사직한 이후인1941년 9월부터는 채만식이 그 역할을 대신하였다.

3) 주요 내용

창간호의 맨 앞에 나오는 글을 보면 "창간사도 아니고 권두언도 아닌 '년두사(年頭辭)'라고 쓴 글은 일본 천황을 '대원수(大元帥) 폐하'라고 높이고는, '……황토(皇土)에 부복(俯伏)하여 대어능위(大御稜威)의 혁요(赫耀)함을 배(拜)하옵고' 운운, 그저 황송하여 시종 엎드려서 조아리는 자세로 쓴 글"[359]이다.

이처럼 친일적 의도가 농후한 《신시대》에 실린 글들은 크게 기사와 문예물로 나뉘는데, 기사는 시국을 해설하거나 일본의 정책과 사상을 선전하는 무거운 읽을거리와 전시생활과 오락, 상식 등을 소개하는 가벼운 읽을거리로 나뉜다. 무거운 읽을거리는 일본 정부 및 군부 또는 총독부 당국의 책임자가 쓴 글의 번역물, 서춘·유광렬·이광수 등 조선인 지도자층의 시국 관련 해설과 논설이 중심을 이루었다. 《신시대》가 표방한 대중성은 가벼운 읽을거리에 잘 드러나는데, 이 부류의 글들은 시국과 관련된 것도 있고 순수하게 유희적인 글들도 있다. 일

---

358 국립중앙도서관 편(2017), 『한국근대문학해제집Ⅲ-문학잡지(1927~1943)』, pp.158~159..

359 최덕교 편저(2004), 『한국잡지백년3』, 현암사, pp.408~409.

본의 위인을 다룬 전기나 강담·야담·스파이물·총후미담·만화 같은 서사물들은 일본 정신을 드높이고 시국에 대한 인식을 심화시키려는 의도를 숨기지 않았고, 과학·생활·법률·의학 등의 상식과 관련된 글들도 전선(戰線)에 반대되는 후방이라는 뜻으로 쓰인 총후(銃後)의 생활을 규율하는 지식을 담고 있어 대중성과 정치성의 결합을 꾀하였다. 문학작품으로는 역사소설이나 연애소설, 탐정소설과 같은 대중물을 주로 실었는데, 대표적인 작가로 「잔촉」의 김동인, 「매국노」의 김내성, 「애정문한」의 박계주, 「별은 창마다」의 이태준, 「심봉사」의 채만식, 「그들의 사랑」의 이광수 등을 들 수 있다. 이광수의 소설 「그들의 사랑」은 일본인과 조선인의 우정과 사랑을 그린 내선일체 문학의 한 본보기다. 박태원의 「삼국지」, 「서유기」 번역도 《신시대》의 대중잡지적 성격을 잘 보여준다.[360]

4) 편집 특성

창간호는 5×7판 크기에 253쪽 분량으로 발행되었으며, 정가는 1944년 6월호까지 50전을 유지하였다. 표지와 화보는 내선일체와 대동아공영권을 선전하는 그림과 사진으로 장식되었다. 표지는 정현웅, 안석주, 홍우백 등 당대의 유명 삽화가가 일정기간을 계약하여 그리거나, 그렇지 않은 경우는 사진을 이용하여 편집부에서 꾸몄다. 그 내용은 전선의 군인이나 총후의 노동자, 총후 부인 등 시국적인 색채를 담은 것이 대부분이었지만 전속화가였던 홍우백이 맡았을 때는 풍경화나 정물화를 표지로 그렸다. 광고는 모회사인 박문서관이 출판한 책을 비롯한 각종 서적광고와, 대중잡지답게 미용 관련 광고나 약품 판매 광고가 많았다. 또한 잡지 앞부분에 화보를 두어 전쟁에서 승리를 거듭하는 일본군과 물자 생산을 위해 노력하는

---

360 국립중앙도서관 편(2017), 앞의 자료, pp.159~160.

노동자·농부들, 전쟁에 대비하는 부인·청소년의 모습을 보여주었다.[361]

5) 창간 의의

이 잡지에는 시사적 내용과 함께 문예물이 폭넓게 실렸다. 수필란, 시단, 연재소설란, 희곡란 등을 따로 갖추고 있었다. 소설의 경우는 중장편 연재소설을 매호마다 실었으며, 내용은 가정소설, 역사소설, 명랑소설, 과학소설 등으로 다양하였다. 주요 연재 소설가로는 이광수, 이태준, 김동인을 꼽을 수 있다. 한편 기성시인의 시와는 별도로 신인들의 시를 주로 싣는 신시대시단 코너를 따로 둔 점도 눈에 띈다. 신인들은 친일과는 거리를 둔 순수 서정시를 많이 발표하였다.

친일적인 색채에도 불구하고, 일제 말 한국어의 공적 사용이 전면 금지된 상황 속에서 한글과 일본어를 혼용하여 발행한 월간잡지였다는 점에서 의미를 부여할 수 있다.[362]

---

361 국립중앙도서관 편(2017), 앞의 자료, p.159.
362 한국민족문화대백과사전 [신시대]

1) 창간 배경

《춘추》는 여러 논문 및 문학작품을 수록하여 창간한 월간 종합잡지이다. 1940년 8월《조선일보》·《동아일보》양대 신문이 강제 폐간당한 후 동아일보 기자였던 양재하(梁在廈)가 중심이 되어, 1941년 2월 1일 조선춘추사(朝鮮春秋社)에서 발행하였다. 1944년 10월 1일 통권 39호로 종간되었다가, 광복 후인 1946년 4월 1일 속간되었으나 곧 없어졌다. 특이하게 제2권 제1호가 창간호인 것은 원고가 일제(日帝)의 검열에 걸려 통과되지 못했기 때문인 것으로 보인다. 발행 초기는 우수한 논문들도 많이 수록되어 있었으며, 또한 문학란의 내용도 충실하였으나 점차 지면 분량이 줄어들었으며, 나중에는 일제의 침략전쟁에 협조하고 내선일체화(內鮮一體化) 운동을 지지하는 등 친일잡지로 전락하게 되었다. 일제가 우리말 말살정책의 일환으로 지면의 반을 일본어로 편집할 것을 강요하는 데 항거하여 1941년 4월《문장》·《인문평론》등이 자진 폐간한 뒤도《조광》과 더불어 친일적인 성격을 띤 채 계속 발행하였다.[363] 1935년 11월에 창간된 월간 종합잡지《조광》이 조선일보사 계열의 잡지였다면,《춘추》는 동아일보사 계열의 언론인들이 중심이 된 잡지였다고 할 수 있다.

---

363 한국민족문화대백과사전 [춘추]

2) 관련 인물

창간호 간기면을 보면 저작 겸 발행인 양재하, 인쇄인 가네미츠 히로스케[金光容圭], 인쇄소 주식회사 대동출판사, 발행소 조선춘추사로 표기되어 있다. 발행인 양재하는 1933년 10월 동아일보사에 입사하여 경제부 및 사회부 기자로 1940년 8월《동아일보》가 강제 폐간될 때까지 활약했던 기자이다.[364]

3) 주요 내용

창간호의 맨 앞쪽에는 육군대장 군복에 군모를 쓴 당시 조선총독 미나미 타로[南太郞]의 사진과 함께 그의 연두사(年頭辭)를 실었고, 다음에는 조선군사령관 나카무라 코타로[中村孝太郞]의 「성전(聖戰) 완수」라는 제목의 훈시(訓示)가 실려 있다. 이어 창간사 대신 발행인의 「근봉하(謹奉賀) 신년」이란 제목의 권두언이 나온다.

350쪽이 넘는 분량만큼 실린 글들의 가짓수도 매우 많은 잡지인데, 대부분 일제에 충성하고 전쟁을 지원하는 시국적 색채가 짙은 것들인 반면에 작가 김동리의 「새해에 부치는 편지」와 같은 글은 다음에서 보는 것처럼 암울한 시절을 견디는 작가의 심경이 잘 드러나 있다.[365]

세상이란 변하기 마련이니까 언제나 변함이 없을까마는 이즈음의 변함엔 그 템포가 빨라서 좋다. 돈도 없고 지위도 없고, 또 건강도 없고, 그밖에 아무것도 없는 내 형편이고 보니 아무런 변화가 온다더래도 밑질 것 없고, 해될 것 없고, 그리고 보면 불안 또한 있을 리 없다.

변하거라, 변하거라. 있는 것은 모두 없어지고 없는 데서 새것이 나오너라. 아무리 힘없고 건강 없는 병신 자식이라손치더라도 두 눈 두 귀 멀쩡한데야 구경하고 즐길 줄조차 없겠나. 말똥에 구르나 쇠똥에 구르나 이승이 좋다더니 그 친구의 그 말씀도 정히 이런 심경이었을게다.

슬프다 해도 답답하다 해도 다 그 한도는 짐작할 바 아니냐. 천지가 나를 낳았는지 내가 천지를 낳았는지 그 시비는 조용히 캐어 보기로 하더라도, 어쨌든 천지가 나한테 인연 없는 것 아니라면 내 천지 향해 할말 없을까보냐. 변하거라, 변하거라. 좀먹은 춘추(春秋)는 가라.

---

364 최덕교 편저(2004), 『한국잡지백년3』, 현암사, p.412.
365 최덕교 편저(2004), 앞의 책, p.414.

4) 편집 특성

창간호는 5×7판 크기에 354쪽 분량으로 발행되었으며, 정가는 60전이었다. 표지를 보면 창간호라 하지 않고 신춘호(新春號)라고 한 것이 눈에 띈다. 종간호가 된 1944년 10월호(통권 39호) 편집후기에 "이번 호부터 연재되는 신동엽 씨의 「조선고서적의 전장과 산실」"이란 표현이 있는 것으로 보아 잡지를 계속 발간할 계획이었던 것으로 보이나 종간되고 말았다.

5) 창간 의의

《춘추》는 표지화, 화보, 권두언, 논설, 기사, 만화 등 다양한 기사들은 물론 시, 소설, 수필, 시조, 가극 등 다양한 갈래의 문학작품도 실었다. 그러나 시사란과 문예란의 성격이 다소 달랐다. 표지화와 화보, 권두언과 논설, 기사 등의 시사란은 주로 일제의 국책사업과 전쟁수행과 관련된 주제를 심층적으로 다루었다. 전쟁이 확대되면서 유럽, 미국, 소련, 중국 등 각국의 동향을 다각도에서 점검하는 한편, 만주와 조선의 관계, 동남아시아의 역사와 문화 등 일본 제국주의에 새롭게 편입된 지역에 관한 지식도 다루었다. 특히, 일본의 전쟁에 조선인을 동원하기 위해서 지원병 및 징병제 등의 청년담론, 여성 및 모성 담론, 생산력의 확충과 경제 통제 담론 등 이른바 '시국적' 색채가 강했다. 곧 《춘추》의 시사란은 일제의 정책에 동조하고 전쟁을 부추기는 내용으로 꾸며진 것이다.

반면, 문예면은 친일(親日)이라는 말 한 마디로 재단할 수 없는 측면이 있다. 조선어 신문과 잡지의 잇따른 폐간으로 한국의 주요 문인들이 조선어로 된 글을 더 이상 발표할 수 없게 되자, 《춘추》의 문예면이 우리글 발표지면으로서의 역할을 충실히 했기 때문이다. 그래서 김남천의 「소설의 장래와 인간성의 문제」와 같은 중요한 비평문이 게재되는가 하면, 박종화의 「빙허와 상화」처럼 근대문인의 인물평도 실렸다. 또한 김남천의 「맥」, 이태준의 「무연」, 이효석의 「풀잎」, 한설야의 「세로」 등 시대적 어두움과 고민을 드러냈던 소설도 다수 발표되었다. 또한 《춘추》에 실린 소설 중에서 일제의 전쟁 수행과 관련된 주제를 다루면서도, 한편으로는 그와 같은 시국적 주제로 결코 포착할 수 없는 조선 민중들의 비참한 삶과 고통을 암시하는 것들도 있었다. 이무영의 「귀소」, 이북명의 「빙원」, 석인해의 「귀거래」, 최인욱의 「생활 속으로」 등이 그런 작품들이다. 《춘추》에 실린 시들도 마찬가지였다. 김용제·노천명·주요한 등의 일본군 찬양시가 실렸는가 하면, 김광균·김기림·이용악·오장환 등의 모더니즘 계열의 시도 발표되어 이 잡지의 시 지면을 다양하게 만들었다. 김광균·김기림 등의 시는 사물의 묘사를 바탕으로 정서를 드러냈고, 오장환의 시는 주로 고향 상실의 정서를 담아냈다. 이처럼 잡지 《춘추》의 문예면은 1944년 말기까지, 매호 조선어 작품들을 수록함으로써 당대의 문인들이 조선어로 작품을 발표할 수 있는 거점이 되었다는 점에서 문학사적 의의가 크다.[366]

---

366 국립중앙도서관 편(2017), 앞의 자료, pp.161~163.

1) 창간 배경

《국민문학》은 일제의 후원 아래 조선문단을 강압적으로 통합하고 어용화하기 위하여 창간한 월간 문예잡지이다. 1941년 11월 1일 창간되었고, 1945년 5월 1일 통권 40호로 종간되었다. 민족항일기 말기의 어용 문학잡지로 최재서(崔載瑞)가 편집과 발행을 함께 맡았고, 발행소는 인문사(人文社)였다. 따라서 이 잡지는 《인문평론》의 후신 또는 제호를 바꾼 것으로 알려져 있다. 그러나 보다 엄밀하게 말하면 일제의 전시총동원체제(戰時總動員體制), 이른바 신체제(新體制) 구축의 일환으로 조선총독부는 당시 조선문단 전체를 강압적으로 통합, 어용화하여 황도정신(皇道精神)에 입각하는 국책문학(國策文學)을 발현할 목적으로 《국민문학》을 발행하도록 하였던 것이다. 창간 당시의 발간지침은 속표지에 밝힌 것처럼 국문판(國文版, 일본어판)을 년 4회(1·4·7·10월호), 언문판(諺文版, 한글판)을 년 8회 내도록 정해졌으나, 1942년 5·6월 합병호(2권 4호)부터는 '반도황국신민화(半島皇國臣民化)의 최후의 결정'을 위하여 한글 사용을 완전히 폐지하였다. 그 이전에도 평론 분야는 거의 일본어로 쓰여졌으며, '언문판'이라 하여 한글로 된 것은 두세 권뿐인데, 거기에도 몇몇 창작물만이 우리말로 쓰여져 있을 뿐이었다. 발행인 최재서는 《국민문학》을 가리켜 "단적으로 말하면 일본정신에 의해 통일된 동아문화(東亞文化)의 종합을 기반으로 하고, 새롭게 비약하려는 일본국민의 이상을 시험한 대표적 문학으로서, 금후

의 동양을 인도할 수 있는 사명을 띠고 있는 것"이라고 창간호에서 밝힌 바 있다.[367]

2) 관련 인물

창간호 간기면에 따르면 편집 겸 발행인 최재서, 인쇄인 가네미츠 히로스케[金光容圭], 인쇄소 주식회사 대동출판사, 발행소 인문사(人文社)로 표기되어 있다. 인문사는 당시 《인문평론》을 발행했던 곳이며, 인쇄는 창간호만 대동출판사에서 맡았고 1942년 1월호부터 7월호까지 매일신보사에서, 1942년 8월호부터 1943년 4월호까지는 지카자와[近澤] 인쇄소에서 맡다가, 1943년 5월부터 종간할 때까지는 다시 매일신보사에서 담당하였다.

3) 주요 내용

창간호에 2쪽에 걸쳐 일본어로 「조선문단(朝鮮文壇)의 혁신(革新)」이란 제목 아래 실린 '권두

언'의 주요 내용을 번역해 보면 다음과 같다.[368]

조선문단은 바야흐로 기나긴 모색과 망설임을 깨고 혁신을 맞이할 때가 왔다. 과거의 관행도 있을 것이다. 그만한 이유도 있을 것이다. 그러나 그 모든 것을 극복하고 일어설 때 혁신이 일어난다. 혁신 없이 어찌 이 다사다난한 시국을 돌파할 수 있을까.

솔직히 말하면 문단이 제일 늦었다. 그러나 그것은 곧 문단인이 시국에 대해 무관심하기 때문은 아닐 것이다.

문인 특유의 사고와 반성이 격동의 시대 변화에 대해 자칫 위축됨에 기인한 것이다. 그러나 이젠 파악한 것이 틀림없다—역사적인 전환의 의의나 세계의 운명, 황국의 사명, 또한 조선문학의 장래 등을. 나머지는 단행과 비약이 있을 뿐이다. 그렇게 해서 혁신을 쟁취하는 것이다.

조선문학은 총력운동에 있어서 곧 의미 있는 역할을 할 것이 틀림없다. 이제까지의 사색과 반성은 결코 헛되지 않을 것이기 때문이다. 사색과 반성은 양심에서 온다. 이젠 국민운동에 있어서 양심이 옥과 같이 빛나는 가을이다. 청명한 마음과 한결같은 열정을 가지고 나라를 위해 봉사하고 싶다. 약간의 곤란과 희생은 오히려 궐기를 더 촉진하도록 박차를 가하게 되지, 결코 좌절의 장애가 되지 않는다. 조선문단은 그 명예를 걸고라도 이것을 극복할 것임에 틀림없다. 또한 그렇게 해야만 한다. 〈중략〉

이 잡지 《국민문학》은 조선문단의 혁신을 도모하기 위해 새로운 의도와 구상 아래 발간되었다. 새로운 구상이란 무엇인가? 첫째, 중대한 기로에 서 있는 조선문학 속에 국민적 열정을 불어넣어 재출발하게 하는 것. 둘째, 자칫 매몰될 뻔한 예술적 가치를 국민의 양심으로 수호하는 것. 그리고 마지막으로 질풍노도의 시대에 항상 변함 없이 진보 편이 되는 것.

요컨대, 《국민문학》은 국민과 예술과 진보에게 바치는 것이다. 이 영광스러운 약진의 시대에 이 잡지는 미약한 힘이나마 국민과 문학을 위해 혁신의 노력을 다할 것이다.

이 같은 취지에 따라 창간된 《국민문학》의 편집요강은 조선총독부 당국과의 교섭에 의해 만들어진 것으로 다음과 같다. 첫째, 국체(國體) 개념을 명징하게 한다. 둘째, 국민의식을 앙양한다. 셋째, 국민 사기를 진흥한다. 넷째, 국책에 적극 협력한다. 다섯째, 지도적 문화이론

---

368 국립중앙도서관 편(2017), 앞의 자료, p.165.

을 수립한다. 여섯째, 내선(內鮮) 문화를 종합한다. 일곱째, 국민문화를 건설한다.

이러한 편집요강에 의해 당대의 관심사인 내선일체와 전쟁 동원과 관련된 논문 및 문학 작품이 주로 수록되었는데, 《국민문학》의 관심사는 특집을 대신하여 마련된 좌담회에 의해 잘 드러난다. 좌담회 주제는 조선문단의 재출발, 태평양 전쟁의 의의 및 대동아공영권, 지방·농촌문화의 문제, 징병제, 학생문화, 시국영화 등이었다.

《국민문학》은 당국과의 교섭에 의해 원래 한글판 8회, 일본어판 4회로 계획되었으나 실제로는 3호와 4호만 한글판이고 나머지는 모두 일본어판으로 발간된다. 결국 징병제(徵兵制)의 각의(閣議) 통과를 계기로 1942년 5·6월 합병호부터는 일본어 전용으로 전환하여 순 일본어 잡지가 된다. 《국민문학》에 실린 문학작품도 몇 편을 제외하면 모두 일본어 작품이다. 눈에 띄는 작품으로 먼저 소설은 이효석의 「아자미의 장」, 유진오의 「남곡 선생」, 정인택의 「청량리 부근」, 이석훈의 「고요한 폭풍」, 한설야의 「피」, 김사량의 「태백산맥」, 최정희의 「야국초」 등의 일본어 작품이 있으며, 이태준의 「석양」, 안수길의 「원각촌」, 김남천의 「등불」 등의 한글 소설이 있다. 시로는 정지용의 「이토」, 유치환의 「수(首)」, 이용악의 「길」 등의 한글 시가 있고, 일본어 시로는 김용제, 김종한의 시가 대표적이다. 또한 《국민문학》에는 일본어 작가의 작품도 많이 실려 있다. 주요 작가로는 시인 사토 기요시[佐藤淸], 소설가 다나카 히데미츠[田中英光], 유아사 가츠에[湯淺克衛], 오비 주조[小尾十三]가 있었고, 그 가운데 오비 주조의 소설 「등반」은 아쿠타가와상 19회 수상작이 되기도 하는 등 《국민문학》은 재조선 일본인 문학의 장이기도 했다.[369]

---

369 국립중앙도서관 편(2017), 앞의 자료, pp.165~166.

4) 편집 특성

《국민문학》창간호는 5×판 크기에 235쪽 분량으로 발행되었으며, 정가는 70전이었다. 처음에는 이처럼 200쪽 내외의 분량으로 발행되기 시작했지만 1942년 1월호부터 150쪽 내외로 줄었으며, 용지 부족이 심각해진 1944년 7월호부터는 100쪽을 넘는 경우가 많지 않았다.

5) 창간 의의

《국민문학》은 1941년 4월 총독부 당국의 잡지 통폐합 정책에 따라 《문장》, 《인문평론》 등의 잡지가 폐간된 이후 만들어진 조선의 유일한 종합문예지였다. 총독부와의 긴밀한 협의를 바탕으로 창간된 문예지인 만큼 총독부, 국민총력조선연맹으로 이어지는 관의 통제 아래에 놓여 있었으며, 조선문인협회(1943년 4월 '조선문인보국회'로 재편)의 기관지로서 '문보(조선문인보국회)의 페이지'와 같은 난을 두어 조선문인협회의 소식을 알리거나 조선문인협회가 주최하는 일본어 현상소설 공모를 대행하기도 했다. 결국에는 조선문인협회의 기관지나 마찬가지였지만 협회 관련자가 직접 편집에 관여하는 것은 아니었고, 편집은 최재서와 김종한이 전담했다. 아울러 《국민문학》을 지탱했던 문화자본으로 흔히 경성제국대학이 거론되는데, 이는 여러 측면에서 확인된다. 창간호는 24편 가운데 10편, 가장 그 비율이 높은 1944년 1월호는 12편 가운데 6편, 전체적으로는 1/4에서 1/3에 이르는 필자가 경성제국대학 관련자였다. 그뿐만 아니라 주요 권두논문 대부분을 경성제국대학 교수 또는 졸업생이 썼다는 사실도 《국민문학》이 경성제국대학이라고 하는 토착적 지식 네트워크에 의해 유지되었음을 잘 보여준다.[370]

결론적으로, 《국민문학》은 친일 작가군의 어용 문학잡지에 불과하였다. 우리 민족의 얼과 문화, 그리고 우리말을 말살하려 했던 일제의 책동에 영합하였던 반민족적 문학 행위를 대변한 잡지로서 우리 문학사에 있어 치욕의 장(章)으로 남아 있다.[371]

---

370 국립중앙도서관 편(2017), 앞의 자료, pp.164~165.
371 한국민족문화대백과사전 [국민문학]

1) 창간 배경

《대동아》는 파인(巴人) 김동환(金東煥, 1901~1958)이 발행하던 잡지 《삼천리》의 제호를 변경하여 주로 일본어로 발행한 잡지이며, 통권 3호로 종간되었다. 창간호 「편집후기」를 보면 김동환은 "대동아 건설의 성전에 사상전(思想戰) 문화전(文化戰)의 전사(戰士)로서 선두"에 서고자, 1941년 12월에 발발한 태평양전쟁에 적극 앞장서고자 잡지명을 변경했다고 밝히고 있다. 따라서 《대동아》의 주요 내용도 이러한 맥락에서 살필 수 있다.[372]

2) 관련 인물

창간호 간기면을 보면 저작 겸 발행자는 시라야마 아오키[白山靑樹, 김동환의 창씨명], 인쇄인 박인환(朴仁煥), 인쇄소 중앙인쇄소, 발행소 삼천리사(이후 대동아사)로 표기되어 있다.

3) 주요 내용

미국과의 전쟁이 본격화되자 당대인들의 관심은 대동아 건설이나 대동아공영권 등으로

372　국립중앙도서관 편(2017), 앞의 자료, p.167.

쏠렸다. 주요 언론들은 영국과 미국을 인류의 적으로 간주하고, 일본을 중심으로 한 아시아 민족들이 뭉쳐서 이들과 싸워야 한다고 역설했다. 그러면서 조선 민중들을 이와 같은 전쟁에 동원하려는 목적에서 《대동아》 창간호는 「대동아 건설의 보무는 나아간다」, 「아시아의 효종, 일억일심 확고 단결」, 「아세아주의와 동아신질서 건설」 등의 글을 싣거나, 「반도지도층부인 의 결전보국의 대사자후」, 「영국의 말래침략사」 등의 논설을 게재했다.

《대동아》 2호는 징병제 실시에 따른 조선 청년들의 각오를 다지는 「반도민중의 황민연성 을 고조」, 「반도청년에게 여함, 징병제와 반도청년의 각오」와 같은 논설을 실었고, 전쟁 수 행 물자의 생산기지였던 조선 농촌과 만주를 조명했다.

《대동아》 3호는 「재남경 '반도인사' 좌담회」, 「상해반도동포의 진로-현지에 있어서 내선일 체운동에 대하여」 등과 같은 글을 통해 중국에서의 조선인에 의한 내선일체 소식을 전했다.

4) 편집 특성

창간호는 5×7판 크기에 188쪽 분량으로 발행되었으며, 정가는 50전이었다. 한편,《대동 아》 창간호 표지와 목차를 보면 5월호로 되어 있지만, 편집후기와 간기면을 보면 발행일이 3 월 1일로 되어 있다.

5) 창간 의의

《대동아》는 "1942년 3월 1일자로 '5월호'라 하여 창간, 그해 7월호, 1943년 3월호, 몇 달 만에 한 권 꼴로 끊어졌다 살아났다 하면서 통권 3호를 내고는 자진 종간했다. 잡지사로서는 이미 힘을 잃었고 기(氣)도 없어진 상태였음을 짐작할 수 있다. '삼천리'는 조선의 국토요, 민 족의 고향임은 말할 것도 없는데, 그 제호를 일제의 침략을 상징하는 '대동아'로 바꾸었으니, 그 사연이 오죽했겠는가."[373]라는 평가에서도 알 수 있듯이 그다지 활발하게 발행된 잡지는 아니었다.

그밖에《대동아》 창간호의 문예면에서 주목해야 할 사항은 두 가지다. 우선 재조선 일본인 들의 조선 기행문이 다수 실린 점이다. 테라다 에이[寺田瑛], 테라모토 키이치[寺本喜一], 다나 카 히데미츠[田中英光], 노리다케 카즈오[則武三雄] 등 일찍이 조선으로 건너와서 조선 생활에 익숙했던 재조선 일본인들은 불국사, 광한루, 장안사, 압록강, 외금강 등을 여행하고 글을 썼

---

373 최덕교 편저(2004), 『한국잡지백년3』, 현암사, p.418.

다. 이후 《대동아》 2호와 3호의 문예면은 이들 재조선 일본 문인들의 시와 소설, 희곡과 시나리오 등이 대부분을 차지하게 된다.

《대동아》 창간호에는 김기진, 이효석, 채만식, 정비석, 계용묵 등 조선인 작가들의 '전시 작가 일기'가 실려 있다. 제목이 암시하듯, 이 특집은 전쟁을 맞이한 조선 문인들의 일기지만, 《대동아》의 2호와 3호 문예면에서 이들의 시나 소설 작품을 찾을 수는 없다. 이태준의 「연재 장편과 작가」, 이기영의 「『동천홍』에 대하여」 등의 짧은 평문이나 유진오와 최정희의 「이효석, 작품과 인물」 등 회고의 글이 실려 있을 뿐이다. 그나마 함세덕의 역사극 「에밀레종」, 박영호의 역사극 「이차돈」, 최정희의 소설 「장미의 집」 등이 주목해 볼 만한 문예작품들이다. 당시의 근대 문인들이 강요된 친일의 길에서 어떤 고민을 했는지, 그리고 어떻게 친일의 길로 들어섰는지 확인할 수 있다.[374]

---

374 국립중앙도서관 편(2017), 앞의 자료, pp.168~169.

1) 창간 배경

《방송지우》는 일제강점기가 막바지로 치닫던 시기에 라디오 방송을 담당했던 조선방송협회에서 발행한 잡지이다. 1927년 사단법인 경성방송국으로 개국한 뒤 1932년 이름을 바꾼 조선방송협회의 라디오방송은 1933년 조선어 단독 방송을 의미하는 이중방송 실시 후 해방되던 시점까지 조선어로 방송을 송출하고 있었다. 일제 말기에 이르러 조선총독부는 일본어를 이해하지 못하는 문맹자들, 특히 여성이나 아동을 대상으로 국책을 선전하고 이에 대한 협력을 유도하기 위해 조선어 라디오 방송의 중요성을 강조하고 방송국을 증설하는 등 적극적인 조선어 방송 확충을 꾀했다. 《방송지우》는 이 같은 배경 속에서 조선방송협회가 1943년 1월에 창간한 이중언어 방송잡지로, 1권(1943년)은 6호까지, 2권(1944)은 12호까지, 3권(1945)은 3호까지 통권 21호에 걸쳐 발간되었다.

창간호에 실린 창간사에 따르면 이 잡지는 이미 방송이 끝난 내용을 글을 통해서 다시 볼 수 있도록 하려는 목적에서 간행되었으며, 부인이나 청소년과 같은 청취자들을 주된 대상으로 설정하여 일본의 국체를 분명히 하고, 당시의 현안이던 징병제 등을 쉽게 이해하고 준비할 수 있도록 하는 데 그 궁극적인 목표를 두었다.[375]

375　국립중앙도서관 편(2017), 앞의 자료, p.170.

2) 관련 인물

창간호 간기면을 보면 편집 겸 발행자 사단법인 조선방송협회 코시로 분파치[小城文八], 인쇄자 대동인쇄소(大同印刷所) 츠키조 다카시[月城孝], 발행소 조선방송출판협회(朝鮮放送出版協會)로 표기되어 있다.

3) 주요 내용

《방송지우》는 제호에서 알 수 있는 것처럼 방송 잡지의 외형을 띠고 있지만 실제에 있어서는 당시 일본 제국주의와 조선총독부의 정책을 효율적으로 수행하기 위한 대중 계몽 및 선전 잡지로서의 성격이 더 강하였다. 실제로 《방송지우》 창간호에 실린 「독자 여러분들께」라는 글에서는 다음과 같이 잡지 발간의 취지를 밝히고 있다.[376](현대어 표기로 고침)

방송을 들으시는 분들로부터 어떤 방송을 한번 더 듣고 싶다거나 글로 읽고 싶다는 이야기를 심심찮게 듣습니다. 전시 하의 방송에서 우리 국민이 어떻게 생활해야 하는지, 어떻게 하면 훌륭한 황국신민이 될 수 있는지 하는 문제에 대해 명사의 강연, 좌담회, 기타 연예 등 다양한 형태로 들을 수 있지만 이를 다 듣지 못해 아쉽다는 것은 우리가 가장 많이 듣고 있는 이야기입니다. 이런 까닭에 방송된 것 중에서 특별히 몇 가지를 골라내어 흥미있게 읽을 수 있도록 하기 위해 여기 《방송지우》를 출판하게 되었습니다. 본지의 특색은 읽기 쉽다는 것입니다. 국어(일본어)도 언문(한글)도 매우 쉽게 씌어져 있기 때문에 누구든지 읽을 수 있으며, 특히 부인과 청소년들에게는 아주 흥미 있게 여겨질 것이라고 믿습니다. 반드시 이겨야만 하는 대동아전쟁 하에서 세계에 그 유례가 없는 우리나라의 국체를 분명히 하는 한편으로 징병제도의 준비와 기타 일반의 지식을 고양시키기 위해 본지가 여러분들이 찾고 있는 마음의 양식이자 좋은 벗이 될 수 있다면 더없는 기쁨이 될 것입니다.

이처럼 일반대중을 대상으로 한 잡지인 까닭에 《방송지우》는 창간호부터 매호마다 시, 소설, 수필 등을 수록하고 있다. 주요작품으로는 이광수의 소설 「면화」・「귀거래」・「구장님」・「방공호」, 채만식의 「이상적 신부」, 유진오의 「가족부대」・「김포 아주머니」, 이기영의 「저

---

376 서재길(2011), 「식민지 말기의 매체 환경과 방송 잡지 방송지우의 성격」, 《근대서지》 제3호, 근대서지학회, p.188.

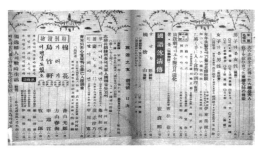

금통」·「장끼」·「증산일로」, 장덕조의 「재생」·「총후의 꽃」, 정인택의 「푸른 언덕」, 안회남의 「며누리」, 이석훈의 「새 시대의 모성」, 방인근의 「기러기」, 엄흥섭의 「어머니와 아들」 등의 작품이 방송소설 혹은 콩트의 형태로 수록되었고, 방인근의 장편소설 「모자」가 장편 연재되기도 했다. 이 중에는 제목을 통해서 알 수 있듯 노골적인 대일협력을 표방한 것도 있지만 이기영의 일부 작품들처럼 천황제 파시즘에 대한 풍자로 읽히는 작품들도 있다. 소설 외에도 방송잡지의 성격에 걸맞게 이기영의 「청년」, 「대륙의 꽃」, 이서구의 「가방」, 조명암의 「인정」 등의 방송극도 실렸다. 최정희의 「국어심청전」, 정인택의 「국어홍보전」 등은 한국 고전을 일본어로 소개하고 있기도 하다. 최남선의 「신세계 건설의 도화선」, 「정의는 이긴다」 등의 논설문, 모윤숙의 현장 탐방기, 김동인, 김팔봉, 이태준, 주요한, 이용악, 임화의 등의 수필이나 콩트 등도 실려 있다.

4) 편집 특성

창간호는 5×7판 크기에 164쪽 분량으로 발행되었으며, 정가는 50전이었다. 본문 삽화는 이행인(李杏仁), 정현웅(鄭玄雄) 등이 그렸다. 1943년 신년호로 창간된 《방송지우》는 애초에는 비정기적 간행물로서 출발한 것으로 보인다. 창간호에는 제2호가 3월말에 출간된다는 공지가 실려 있는 것을 확인할 수 있는데, 이는 초기에는 《방송지우》를 부정기적으로 간행하려 했다는 것을 의미한다. 실제로는 1943년 4월에 간행된 제2호의 '후기'에는 서점에 품절이 되어 추가 주문이 있었으나 제대로 공급이 되지 않아 사과를 드린다는 내용이 있는데, 이를 통해서 청취자 및 독자들로부터 기대 이상의 호응이 있었음을 확인할 수 있다. 또한 '第一卷第六號'로 발간된 1943년 12월호의 표지에 "昭和十八年八月三日第三種郵便物認可, 昭和十八年十二月一日發行(每月一回一日發行)"이라는 내용이 있는 것으로 미루어 1943년 하반기 시점부

터 정기 간행물로 등록하여 월간잡지로 변경하였던 것으로 짐작된다.[377]

5) 창간 의의

잡지의 표지를 보면 회람란이 있는데, 이는 이 잡지가 애국반과 같은 동원 조직을 통해서 전시 상황에 알맞은 '국민' 교육을 위한 교재로 사용되었을 가능성이 있었음을 뜻한다. 실제로 1943년 통권 2호에는 '라디오를 이용해서 국어공부를 하고 있는 사람들'이라는 캡션이 달려있는 사진이 소개되었는데, 이처럼 라디오를 다양한 형태의 공동학습을 위해 효율적으로 활용하기 위해서 문자 텍스트를 활용한 잡지의 발행의 필요성을 느꼈던 것이다. 이는 《방송지우》가 일본어를 읽지 못하는 이들만이 아니라 한글조차 제대로 읽지 못하는 이들을 위한 구연 텍스트로서 활용될 가능성을 지녔음을 의미한다. 식민지 말기 종이 부족으로 인한 용지 할당제 속에서도 《방송지우》가 약 2년여의 기간 동안 매호 2만 부 정도로 꾸준히 발간될 수 있었던 것은 이 때문이다. 결국 《방송지우》는 라디오 방송이 지닌 일회성을 보완하는 한편으로, 방송된 내용을 다시 '재생'할 수 있도록 일종의 '독본(讀本)'으로서의 역할을 부여받고 있었다.

또한 주목되는 것은 조선의 전통적인 고전명작을 당시의 대표적인 작가들로 하여금 일본어로 각색하게 하여 발표한 것이다. 현재로서는 최정희의 「춘향전」과 정인택의 「흥부전」만이 확인되지만 더 많은 작품이 일본어로 각색되었을 가능성도 배제할 수 없다. 1930년대 후반부터 일본방송협회의 주도로 라디오 고전명작 읽기 프로그램이 활발하게 방송되었는데, 그 주된 레퍼토리는 동서양의 고전이 주축을 이루었다. 일본방송출판협회에서는 이 강의의 내용을 묶어 교양교재도 다수 출간하였다. 그러다가 태평양전쟁 개전 이후에는 이른바 '일본

---

377 서재길(2011), 앞의 논문, p.187.

정신'이 잘 드러난 작품 중심으로 그 레퍼토리가 변경되는데, 조선의 고전을 일본어로 각색하려는 시도 역시 이같은 맥락에서 이루어진 것으로 보인다.[378]

　이처럼 《방송지우》는 전시체제 아래 방송을 통한 조선총독부 정책 홍보를 위한 목적으로 창간되었고 그 내용 역시 대일 협력 일색이었지만, 조선어를 사용한 문학작품이 게재된 식민지 말기의 몇 안 되는 잡지 중의 하나였다는 점에 그 의미가 있다.[379]

378　서재길(2011), 앞의 논문, p.194.
379　국립중앙도서관 편(2017), 앞의 자료, p.173.

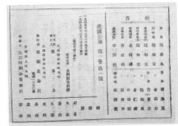

1) 창간 배경

《건국공론(建國公論)》은 1945년 12월 25일자로 창간된 시사종합지로, 1945년 12월 처음 출간되어 통권 28호까지 내다가 이후 《한국공론》으로 제호를 바꾸어 통권 12호까지 발행했다. 해방 후 지방에서는 잡지 발행이란 엄두도 내지 못하던 그 시기에, 32세의 청년 조상원 (趙相元 1913~2000)[380]이 혼자의 결단과 구상으로 일을 시작한 것이다. 조상원은 19세에 보통문관시험에 합격하여 관보에 이름이 오르고, 신문에 보도되고, 선산(善山) 고을이 들먹거리듯 소문난 인물이었다. 그리하여 관리생활을 시작한 그는 안동 부읍장을 지낼 때 8ㆍ15 해방을 맞이한다. 일본이 패망한 자리에 남은 조선인 관리들, 그 심정은 어떠했으며, 그 처신은 어떻게 해야 옳았을까? 다른 사람들은 어땠는지는 몰라도 그는 이런저런 고민에 사로잡힐 겨를도 없이 일찌감치 사표를 던지고는, 새 나라 새 시대를 위해 무엇을 할 것인가를 곰곰이 생각했다. 거기서 떠오른 것이 '나라를 세우는 데 정론(正論)을 펴는 잡지'를 내는 일이었다. 그는 이튿날부터 대구 역전으로 나갔다. 역전에 있는 처남의 가게 앞에서 진종일 서성거리면서 오가는 사람 중에 알 만한 사람이 있으면 붙잡아 세우고는, '어떻게 하면 잡지를 낼 수 있을까?'를 물었다. 친구들 중엔 이 사람 약간 이상해진 것이 아닌지 하고 머리를 흔드는 사람도

---

380   조상원은 후일에 현암사(玄岩社)를 창업한다.

있었다. 그 적지 않은 사람들의 의견을 일일이 메모해 나갔더니 한 달포 후에는 몇 권의 노트가 꽉 메워졌다. 아무튼 그 메모를 밑천삼아 이리 뛰고 저리 뛰면서 펴낸 잡지가 《건국공론》창간호이다. 그는 노후에 '회고록'을 쓰는 가운데, "…… 세상은 '신탁(信託)통치안'을 두고 찬(贊)탁과 반(反)탁으로 갈라져 온통 들끓고 있는데, 잡지는 나오자마자 매진되고 말았으니 그때의 흥분을 평생토록 잊을 수 없다."고 기록했다. 또 그는 서울 경교장(京橋莊)으로 김구(金九)선생을 찾아가서는 잡지를 드리고, '서해어용동(誓海魚龍動) 맹산초목지(盟山草木知)'라는 휘호를 받기도 했다.[381]

2) 관련 인물

창간호의 간기면을 보면, 편집 겸 발행인 정태영(鄭泰永), 인쇄인 대구인쇄합자회사, 발행소 건국공론사(대구 · 동본정 70), 같은 면에 '인사진용'이 발표되었는데, 사장 정태영(鄭泰永), 부사장 조상원(趙相元, 총무부장 · 편집부장 겸무), 참여(參與) 최영하(崔泳夏) · 김석암(金碩岩), 영업부장 김종율(金鍾律) · 사업부장 최성학(崔成鶴) · 서무주임 이연식(李淵植), 기자 석중파(昔重波) · 육종만(陸鍾萬) · 김인준(金仁俊) · 박노건(朴魯鍵) 최응곤(崔應坤), 편집 최한섭(崔漢燮) 등이다.[382]

사륙전지(全紙) 1장짜리 32면의 잡지를 내는 데 열세 사람이나 일을 했으니 그들의 보수는 무엇으로 감당했을까 하고 갸웃하겠지만, 이럴 때는 산술이 아니고 자원봉사의 차원에서 생각해 볼 일이다. 이거야말로 주인공의 능력이 아니겠는가. 발행인 정태영(鄭泰永)은 금융조합

---

381 최덕교 편저(2004), 『한국잡지백년3』, 현암사, pp.448~450.

382 1946년 3월에는 최석채(崔錫采 1917~1991)와 같은 큰 동지를 얻게 된다. 조상원은 최석채를 만나게 된 이야기를 이렇게 썼다.

"…… 한번도 잡지 편집을 해본 적이 없는 나로서는 손수 할 재간이 없었다. 생각 끝에 대구 시내에 벽보를 붙여 편집자를 구하기로 했다. 나도 일을 배울 생각이었다. 얼마 뒤 벽보를 보고 키 작은 한 젊은이가 찾아왔다. 그는 내가 오랫동안 애독하던 일본 《호세이(法制)》잡지의 편집기자였다고 자기 소개를 했다. …… 그를 편집장으로 하여 나도 열심히 배웠다."

최석채 또한 후일 자신의 사연을 《건국공론》(1948년 2월호)에다 이렇게 적었다.

"나는 일본 체재(滯在) 20년에 가까운 오사(汚史)를 가지고, 1946년 3월에 환국하여 처음 만난 사람이 건국공론사 사장인 조상원 씨라, 의기(意氣) 투합해서 《건국공론》의 동인으로 참가했다. 거기에서 국문에 대한 '가나다라'부터 배워 우리 글로 사설 정도라도 쓸 수 있게 되었다."

최석채는 그후 《경북신문》·《부녀일보》·《대구일보》 편집국장, 《대구매일신문》 주필, 《조선일보》주필 등을 역임했다. 그리하여 2000년 5월 3일 미국 보스턴 파누일 홀에서 열린 IPI(국제언론인협회) 창립 50주년 기념식에서 '언론자유영웅'(Press Freedom Heroes) 50명 가운데 한 사람으로 선정되었다. 최덕교 편저(2004), 앞의 책, pp.450~451.

연합회 출신으로 조상원(趙相元)과는 오랜 교분의 의형(義兄)이다. 그래서 자신은 몸을 낮추어 부사장이 되고 그 의형을 사장으로 모셨다고 한다. 제4호(1947년 7월호)부터 조상원이 편집 겸 발행인이 된다.[383]

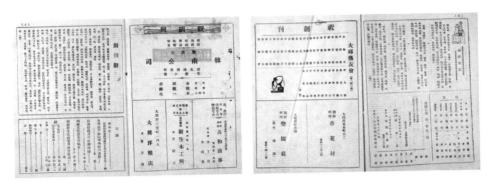

3) 주요 내용

창간호에 실린 창간사의 주요 내용은 다음과 같다.(현대어 표기로 고침)

독립은 건설을 전제로 한다. 건설의 요소는 통일이다. 〈중략〉 우리가 연합군에 탐닉(耽溺) 하고 일인(日人)을 배격할 필요는 이상 더 있다 하더라도 조선이란 본질을 잊어서는 안될 것 이다. 조선은 어디까지나 조선 그대로 엄연해야 한다. 위정자는 영웅주의를 버려야 하고 대 중은 대중의 갈 바를 알아야 한다. ……

지금 조선의 현상은 수많은 충열사(忠烈士)의 피를 더럽힐 우려가 불무(不無)하다. 이 모든 것이 민도(民度)의 문제라고 생각할 때, 우리는 절실히 지도적 언론의 필요를 느낀다. 본지의 사명도 실로 여기에 있는 것이다. 〈중략〉

이 땅에는 반드시 무류(無類)의 천재가 있고 거화(炬火)적인 지도자가 있으리라고 우리는 확 신한다. 이 모두가 뜨거운 흉금(胸襟)을 열고 의(義)와 성(誠)과 정(情)으로써, 천도(天道) 그대 로의 소리를 외친다면 민족의 피를 끓게 하는 위대한 힘을 얻을 것이다. 우리는 그 종(鍾)이 되려 한다. 우리는 그 북(鼓)이 되려 한다. 민족의 손으로 두들기고 민족의 피를 모을 종과 북 이 되려 한다.

---

383 최덕교 편저(2004), 앞의 책, p.449.

이와 같은 창간사를 필두로 창간호 목차에 나타난 전체 내용은 다음과 같다.

- 창간사
- 「축《건국공론》창간」 …… 영남일보사장 김의균(金宜均)
- 「세계사(世界史)의 동향(動向)과 조선(朝鮮)의 진로(進路)」 …… 고계(孤溪)
- 「신조선(新朝鮮) 건설(建設)의 경제(經濟) 단계(段階)」 …… 공원상(孔元相)
- 「조선문화(朝鮮文化) 연혁(沿革)의 사고(私考)」 …… 조규철(曺圭喆)
- 「조선문화정책(朝鮮文化政策)에 대한 제의(提議)'」 …… 화랑(花郎)
〈시〉
- 「네 고향」 …… 최영하(崔泳夏)
- 「그날의 이청산(李青山)」 …… 김효명(金曉鳴)
〈소설〉
- 「눈」 …… 최영하(崔泳夏)
- 문화상식 · 신어해설

《건국공론》은 비록 지방에서 발행된 잡지였지만 '눈과 귀'는 언제나 서울에다 두고 격동하는 세계정세와 시대상황에 민감하게 대처하면서 편집했다. 그러면서 문학작품도 적잖이 실었다. 제3호(1946년 4월호)에는 박목월의 명시 "구름에 달 가듯이 가는 나그네"로 애송되는 「나그네」가 실렸으니, 그때는 그저 그런가 했겠지만 오랜 세월이 지난 지금의 시각에서 보면 그것은 대단한 사건이다. 이 작품을 발표할 때의 제목은 「남도삼백리(南道三百里)」였고 '구름에 달 가듯이 가는 나그네'가 아니라 '바람에 달 가듯이 가는 나그네'로 인쇄되어 있다.

한편, 조상원은 《건국공론》에 만족하지 않고 1946년 4월 《건국공론》 제3호와 함께 타블로이드판 2면짜리 《민론(民論)》이란 신문을 창간하여 제14호까지 내다가, 일을 더 계속할 수 없는 지경이 되고 만다. 그는 그때의 이야기를 이렇게 썼다.

하나의 종말은 너무 빨리 나에게 왔다. 하나의 물결은 대해(大海)로 나가는 큰 파도가 되지 못하고, 긴 수렁으로 몰려 부질없는 물거품이 되고 있었다. …… 모든 것은 막을 내린다. 〈중략〉 이로부터 만 1년 동안 1947년 6월까지 쉬지 않고 술을 마시고 지냈었다. 말하자면 그것은 폭음이었다. 나는 그때 1년 내내 폭음을 했으되 취할 수가 없었다.

그러다가 1947년 7월 1일, 그 많은 곡절을 겪고 나서야 제 모습을 갖춘 속간 제5호가 나오게 된다. 권두는 박목월의 시 「건국공론 속간하다」로 장식되었다.

산(山)처럼 앉아서
태연스럽다
바람에 움짓않는
황금심주(黃金心柱)

한두 번 꺾일세라
두세 번 일어나고
꽃이 삭은 자리에
꽃이 일 듯이

어느날엔 눈물로
뵈올 고운님
구름 여는 하늘에
입을 잠기다

목월은 친구 조상원이 잡지에 열을 올리다가 힘에 부쳐 쓰러진 채 실의한 세월을 술로 달래는 것을 보았다. 그러던 차에 잡지를 속간한다니 너무 좋아서 이 한 편을 지어 친구를 격려한 것이다. 이런 시를 받은 조상원이 어찌 힘이 솟고 용기가 나지 않았겠는가. 목월은 이때부터 《건국공론》에 깊이 관여한다.

또 제28호(1949. 11)에 발표된 조지훈(趙芝薰)의 서사시(敍事詩) 「태양(太陽)의 송가(頌歌)」를 아는 이는 드물다. 이 작품을 오자(誤字)만 바로잡고 원문대로 옮기면 다음과 같다.[384]

아득한 옛날 먼 서쪽에서 길 떠나 해돋는 아침의 나라, 그들 마음의 고장을 찾아서 동방(東方)으로 동방(東方)으로 물결쳐 내려오는 한 떼의 흰옷 입은 무리가 있었다.

---

384 최덕교 편저(2004), 앞의 책, pp.452~453.

세월은 고난(苦難)의 길 그들 만년(萬年)의 요람(搖籃)을 버리고 새로운 꿈은 새로운 땅에서 이룩하려 어둠을 멸(滅)하는 새벽을 불러일으킬 수탉의 넋을 가슴마다 지닌 채 몇 만 리 앞길에 향방(向方)을 그르치지 않은 무궁한 성좌(星座)를 우러르며 그들은 왔다.

거룩한 보람에 소용돌이치는 심장(心臟)의 고동(鼓動)을 이 가슴에서 저 가슴에로 울려나가는 종소리로 들으며 한 줄기 광명(光明) 앞에 무릎 꿇어 기도하는 순교자(殉敎者)의 발자취 같이 그들은 눈물과 노래로 영혼을 달래며 피 비린 세기(世紀)의 밤길을 가는 나그네——

때로 어둠을 틈 타 몰려오는 사나운 짐승서리에 무찔리어 그들의 순(純)한 피 흰 옷자락에 반반(斑斑)히 아롱졌나니 별빛 아래 눈물로 간 돌칼 돌창도 오로지 불의(不義)를 예비하기 위한 것 꽃보담 더 붉은 피 사악(邪惡) 앞에 뿌리고 오만(傲慢)한 무리의 가슴에 화살을 겨누며 그들은 왔다.

꿈을 찾는 가슴일래 목숨은 새털보담 오히려 가볍고 처음이요 마즈막인 피의 계시(啓示)는 의(義)를 위(爲)한 죽음 속에 깃들어 있어 …… 불의(不意)의 원수의 독한 이빨에 온 족속(族屬)이 무찔리기로 무섭다 잊을리야 그 맑은 꿈의 빛나는 아침을 비는 마음이 가고픈 나라를 찾지 못하고 비바람에 낡아가는 흰 뼈가 된들 거룩한 보람에 회한(悔恨)은 없노라 가슴 깊이 새기며 그들은 왔다.

한 피로 얽히인 그들 머리에 언제나 같은 운명(運命)의 가시관(冠)은 내려서 암흑(暗黑)의 원수 앞에 맨발 벗고 달릴 때 피 맺힌 손길이 창과 활을 잡았으나 마음 가난하고 착한 백성 함께 춤추기 위하여 품속 깊이 피리 한쌍 지니기를 잊지 않은 그들은 실상 싸움보담 평화(平和)를 칼보담은 피리를 사랑하는 백성이었다.

아 눈보라 흰옷 옷보다 더 흰 마음이 순하디 순한 양떼처럼 풀밭에 머리 모아 먼 하늘에 흐르는 별빛을 손짓하고 구비치는 강물에 귀 기우리느니 언제사 언제사 그들 가슴에 환히 트이는 새론 하늘과 아름다운 산천(山川)의 눈부실 태양(太陽)이 솟아 오려나.

조지훈(1920~1968) 사후에 간행된 《조지훈전집》 등에는 이 서사시를 원형대로 싣지 않고 있다. 왜 그랬을까? 《건국공론》은 1949년 11월 통권 28호로 자진 종간하고, 그 다음 달인 1949년 12월에 《한국공론(韓國公論)》으로 제호를 바꾸어 1952년 4월까지 통권 12호를 냈다. 전쟁이 벌어졌건만 그의 잡지는 쉬지 않고 나왔다. 앞뒤 통권 40호의 잡지를 내는 데 혼자서 동분서주, 그야말로 잡지광(狂)으로 일관했다.[385]

4) 편집 특성
창간호는 4×6배판 크기에 32쪽으로 발행되었고, 임시 정가 4원 50전이었다. 표지를 보면 '창간크리스마쓰호'라고 적은 것과 함께 하단에 제호를 소리나는 대로 영문으로 적어놓은 것이 이채롭다.

5) 창간 의의
《건국공론》을 창간한 조상원은 훗날 "출판인은 단순한 장사꾼만은 아니다. 이 나라 교육과 문화의 일단을 맡은 용사와도 같다. 출판인은 대학 총장에 못지않은 사명을 지닌 사람"이라고 회고록에 쓴 바 있다. 비록 어수선한 해방 공간에, 그것도 서울에서 한참 떨어진 대구 지역에서 잡지를 창간하여 고군분투했지만, 조상원은 《건국공론》 발행 기간 동안 김구 선생의 휘호, 박목월 시인의 유명한 시 「나그네」 원작인 「남도 삼백리」, 부통령과의 단독 인터뷰 등 사회 각 분야 중심인물들의 다양한 기사를 게재했으며 시대를 선도하는 특집 기획, 르포 기사는 물론 흥미로운 연재소설까지 다양한 읽을거리를 제공함으로써 잡지인으로서의 사명을 다했다. 그리고 출판사 현암사(玄岩社)를 창립함으로써[현암(玄岩)은 시인 박목월이 조상원에게 지어준 아호다.] 출판인으로서의 길을 걸었으며, 오늘날 3대째 가업을 잇는 가장 오래 된

---

385 최덕교 편저(2004), 앞의 책, p.453.

출판사로서의 입지를 다질 수 있도록 토대를 만들었다는 점에서 높이 평가받을 만하다.

〈참고〉 현암사(玄岩社)[386]

1951년에 설립된 출판업체. 어문·사회과학·예술·아동분야 등의 서적을 광범위하게 출판하고 있는 출판사로서 1951년 12월 조상원(趙相元)이 창립하였다. 1954년 '현암문고(玄岩文庫)'를 시작으로 본격적 출판활동에 들어갔다. 1970년 '현암신서(玄岩新書)', 1976년 '현암문예신서(玄岩文藝新書)', 1984년 '현암새책', 1985년 '청개구리문고' 등 시리즈물을 기획, 출판하였다. 그밖에도 한국학 분야·법전·법서·수험서·어린이용 도서 등 광범하게 출판하고 있으며, 월간지로《월간 법전》, 계간지로《한국문학》등 잡지도 창간하였다. 대표적 출판물로는 수시로 추록 보완하는 법령집인『법전(法典)』, 한국일보사 제정 한국출판문화상의 1970년도와 1978년도 제작부문을 수상한『한국의 명저』(전 6권)와『한국사상전집』(전 10권)을 비롯하여,『대세계사』(전 15권),『육당최남선전집』(전 15권),『사서삼경(四書三經)』(전 6권),『대법원판례집』(전 6권), 최순우(崔淳雨) 저『한국미술5천년』, 황석영(黃晳暎) 작『장길산(張吉山)』(전 10권) 등을 들 수 있다. 서울 마포구 동교로에 소재하고 있다.

386 한국민족문화대백과사전 [현암사]

제3장 근대잡지 창간호 분석 결과

1. 근대잡지 창간 배경 개관

지금까지 1896년 2월 창간한《친목회회보》를 필두로 1945년 12월 창간한《건국공론》에 이르기까지 우리나라 근대잡지 창간호 100종을 살펴보았다. 일제강점기를 포함하여 50년 남짓한 기간 동안 명멸(明滅)했던 우리 근대잡지는 그 자체로서 당대의 시대상을 담은 그릇이었으며, 발행에 참여한 사람들의 노고가 고스란한 결과물이었다. 이러한 근대 초창기 잡지들은 발행 주체에 따라 종교 계통 잡지, 유학생 단체 잡지, 단체 또는 학회 발행 잡지, 독립된 잡지사 발행 잡지 등으로 나눌 수 있다.[1]

그 내용은 계몽적인 것들이 주류를 이루어 대부분 외국의 정치, 문화, 지리, 학문 등을 소개하고 개화와 자강사상을 전파하는 데 기여했다. 또한, 상업성을 초월하여 우리 민족이 지향해야 할 방향을 제시하는 이상주의적 경향을 띠는 한편, 서구와 일본의 문화와 사상을 소개하는 데 역점을 두었다. 이들 초기 잡지가 닦아 놓은 토대 위에서 비로소 종합잡지와 전문지들이 출현할 수 있게 되었던 것이다. 특히, 제2장에서 살펴본 근대잡지 100종의 창간 배경을 정리하면 몇 가지 갈래로 유형화할 수 있는바, 우리 근대잡지들은 유사하면서도 저마다 독특한 특성을 간직하고 있었다.

한편, 그동안 우리나라 근대잡지의 시대적 구분을 위한 연구는 여러 갈래로 진행되어 왔다. 대표적인 성과로는 1973년에 발간된 김근수(金根洙)의 『한국 잡지 개관 및 호별 목차집』(한국학연구소)에서 방대한 자료를 바탕으로 기초적인 시대 구분을 시도한 것을 비롯하여, 정진석(1990)의 『한국언론사』(나남)에서의 잡지 역사 고찰 등이 있다. 아울러 학위논문으로서 「한국 근대의 잡지 표지 이미지 연구」를 진행한 서유리(2013)는 근대잡지의 시대구분을 ① 1896년부터 1910년대: 계몽잡지의 발행과 신문관 잡지, ②1920년대: 개벽사 발행 대중잡지와 여성·아동잡지의 등장, ③1930년대: 신문사 발행 시사종합지의 시대, ④1940년대: 전쟁 동원기 등으로 나눈 바 있다.[2] 여기서는 이 같은 논의를 바탕으로 100종의 근대잡지를 유형별로 나누어 살펴보고자 한다.

---

1 김기태(2021), 「한국 근대잡지 창간호의 표지 디자인 연구」,《역사와 융합》제9호 참조. 이 논문은 이 저술의 연구 결과 중 일부를 수정 보완하여 발표한 것임.

2 서유리(2013), 「한국 근대의 잡지 표지 이미지 연구」, 서울대학교 대학원 고고미술사학과 미술사학 전공 박사학위 논문, pp.21~25.

1) 동경 유학생 중심의 친목 · 계몽 잡지들

근대시기 일본 유학생 사회에 공식적인 조직이 생기기 시작한 것은 1895년 대규모의 관비(官費) 유학생이 파견되면서부터이다. 이 시기에 처음으로 조직된 유학생 단체는 '대조선인일본유학생친목회(大朝鮮人日本留學生親睦會)'였다. 이 단체는 관비 유학생들이 일본에 도착한 직후인 1895년 5월 12일 출범했다. 그 결성 취지는 유학생 상호간의 친목 도모 및 정보 교환, 상호 권면(勸勉) 등에 있었다. 또한, 1896년 2월 15일《친목회회보》를 창간함으로써 언론 활동을 시작하게 된다. 이 잡지는 우리나라 사람이 발행한 최초의 근대잡지로 명명(命名)하기에 손색이 없다.《친목회회보》의 창간은 비록 일본 동경에서 이루어졌지만, 같은 해 11월 20일에 국내에서 발간된 최초의 잡지《대조선독립협회회보》보다 9개월 정도 앞서 이루어진 일이었다.《친목회회보》는 일본에서 발행되었지만 국내에도 배포되었고 각 호가 발행될 때마다 그 내용이《독립신문》 등에 보도됨으로써 국내 독자들에게도 적지 않은 영향을 미쳤다. '대조선인일본유학생친목회'는 약 3년 동안 지속된 후 해산되었으며, 그 자리를 '제국청년회(帝國靑年會)'가 이어갔다. 이후에도 일본 유학생들은 태극학회(太極學會), 공수학회(共修學會), 대한유학생회(大韓留學生會), 대한동인회(大韓同寅會), 낙동친목회(洛東親睦會), 대한학회(大韓學會), 대한흥학회(大韓興學會) 등을 만들어 1906년 8월《태극학보》를 창간하는 등 다양한 잡지를 발행하였다.[3]

잡지는 근대를 상징하는 매체이면서 동시에 지식인 사회를 대변하기도 한다. 당시 일본으로의 유학은 초창기 관(官)에서 주도한 파견생들과 이후 사비(私費) 유학생들과는 유학의 목적과 성격에서 분명한 차이가 있다. 문명세계에 대한 지향과 교육의 중요성은 개화기 이후부터 강조되어 왔다. 그러나 개인이 국가와 동일시되는 1900년대 전후의 애국계몽기와 국가가 이미 일제의 속국이 되어버린 1910년대 이후의 식민지 현실에서 개인의 교육을 상상하는 지점은 다를 수밖에 없다. 1900년대 애국계몽기에 국가와 개인은 동일시되었으며, 그 흥망성쇠 역시 궤를 같이하는 것으로 인식되었다.[4] 당대 유학생들이 상상하는 문명개화란 힘

---

3 김영민(2019),『1910년대 일본 유학생 잡지 연구』, 소명출판, pp.29~30.
4 "國家는 個人의 集合으로 成立된 者라 그럼으로 國家의 文明은 즉 個人의 文明이오 國家의 興亡은 즉 個人의 興亡이라 할지니"(김지간, 「문명의 준비」,《태극학보》제18호, 1908.2.)라 하여 개인의 흥망성쇠와 국가는 동일시되었다. 무엇보다 이 시기는 화이론적 세계관과 중세 봉건적 질서가 급격히 붕괴하고 난 뒤 국난극복의 열망으로 민족과 충군애국에 대한 담론이 가득했으나 정작 삶을 추동할 질서는 찾지 못하던 변혁기였다. 서은경(2017),『근대 초기 잡지의 발간과 근대적 문학관의 형성』, 소명출판, p.43 재인용.

에 대한 막연한 동경과 힘센 강국으로서 '외국'에 대한 선망이 있을 뿐 정작 우리의 제도와 습속, 삶의 터전을 바꾸는 구체적 힘으로써 문명을 상상하기에는 시기상조였다. 1900년대 는 국가·민족에 대한 열기가 부국강병·충군애국이라는 목적을 향해 나아갔던 시기였기에 근대 주체로서의 개인의 존재는 분화되기 어려웠다. 그러나 독립된 정치체(政治體)로서 국가 를 상실한 1920년대 이후에는 나와 국가에 대한 동일시가 어려워지면서 개인으로서 '나'의 존재를 탐색하기에 이른다. 동시에 근대문명의 힘에 의해 중세의 미신적이고 초자연적인 삶 의 질서가 힘을 잃어가게 됨에 따라 운명과 자연에 순응하던 각 개인은 점차 각 개인의 삶을 좌우하는 요인으로 개인의 의지와 노력 등 주체에 대한 각성에 눈뜨기 시작한다.[5]

그런 점에서 근대시기 일본에서 우리 유학생들이 발행한 잡지는 그 배포 대상이 회원에 국한되었지만 국내 사상계에도 영향을 미쳐서 개화사상과 독립사상 확산에 이바지하였다. 당시의 유학생들은 문화의 전달자였고, 민족의 진로를 제시할 젊은 엘리트들이었기 때문이 다. 이 시기 유학생 잡지가 수행한 가장 큰 기능은 친목과 계몽이었다. 친목은 이들 잡지가 특정한 단체의 기관지로 출발하거나 혹은 동인지로 출발했다는 사실과 관련이 있다. 한편 계 몽은 정치 방면보다는 주로 문화적 방면에서 진행이 되었다. 근대 초기 일본 유학생들은 조 선의 정치적 상황에 대해서도 적지 않은 관심을 지니고 있었지만, 검열로 인해 이를 표현하 기가 어려웠다. 때문에 모든 유학생 잡지가 공통적으로 큰 관심을 보였던 것은 혼인 제도와 같은 조선의 문화 및 관습에 대한 개량이었다. 나아가 이 시기 잡지에 대한 연구는 일제강점 기라는 특수한 시대적 상황 아래 놓여있던 한국 유학생들이 어떻게 현실을 인식하고 극복하 려 했는가에 대한 모색과 탐색의 결과물이라는 점에서 연구의 의의를 갖는다. 또한 일본 유 학생 잡지를 살피는 일은 당대 지식인의 변동과 사상계의 동향을 읽어낼 수 있을 뿐만 아니 라 서구의 문화와 예술을 받아들여 우리의 새로운 예술과 문화를 만들어 나가고자 하는 유학 생들의 실천 방향을 짐작할 수 있다는 점에서도 큰 의의가 있다. 특히 창간사는 잡지 간행의 목적 및 의도, 방법을 드러내는 잡지 전체의 방향성을 가늠해 볼 수 있는데, 재일본 한국유학 생의 사상과 시대적 인식을 응축해 놓은 자료라고 할 수 있다.[6]

이 연구에서 살펴본 근대잡지 중에서 '동경 유학생 중심의 친목·계몽 잡지들'과 이와 유

---

5 서은경(2017), 『근대 초기 잡지의 발간과 근대적 문학관의 형성』, 소명출판, pp.43~44.
6 안남일(2016), 「1910년 이전의 재일본 한국유학생 잡지 연구」, 《한국학연구》 제58호, 고려대학교 세종캠퍼스 한국학연구소, pp.260~261.

사한 잡지로는 다음과 같은 것들이 있다.

- 《친목회회보》(1896년 2월 15일 창간호 발행)
- 《대조선독립협회회보》(1896년 11월 30일 창간)
- 《가정잡지》(1906년 6월 25일 창간)
- 《태극학보》(1906년 8월 24일 창간)
- 《대한유학생회학보》(1907년 3월 3일 창간)
- 《학지광》(1914년 4월 2일 창간)
- 《근대사조》(1916년 1월 26일 창간)
- 《창조》(1919년 2월 1일 창간)
- 《삼광》(1919년 2월 10일 창간)
- 《예술운동》(1927년 11월 15일 창간)
- 《막》(1936년 12월 1일 창간)

2) 신문관에서 최남선이 만든 잡지들

1906년 11월에 창간되어 1907년 4월 통권 제6호로 종간된 《소년한반도》는 양재건(梁在謇)이 발행하고 신소설 작가 이해조와 이인직 등이 편집에 참여한 근대 초기 최초의 청소년 잡지이며, 최남선이 창간한 《소년》의 모태가 된 것으로 유명하다. 당시 청소년들에게 근대 문화와 사상을 전파하고, 애국과 구국의 방안을 계몽하는 내용의 글을 많이 실었다. 청소년 잡지를 표방하고 있지만 종합지 성격도 강해서 국민정신을 함양하고 신지식을 선도하는 데 발간 목적을 두었다.

한편, 경영 및 편집 측면에서 체계가 잡힌 정기간행물로서의 잡지는 1908년 여름에 육당(六堂) 최남선(崔南善)이 창립한 신문관(新文館)에서 그해 11월부터 발행하기 시작한 《소년》이 처음이었다. 1966년부터 우리 잡지계에서는 《소년》이 초창기 잡지 발달에 끼친 공적을 기려 이 잡지가 창간된 11월 1일을 '잡지의 날'로 정해 기념하고 있다. 당시 최남선의 폭넓은 문화운동과 저술활동, 그리고 '조선주의(朝鮮主義)' 선양을 위한 활동들은 모두 신문관에서 발행한 여러 잡지들을 통해 이루어졌다. 곧, 최남선이 신문관을 세운 목적은 잡지의 발행이었던 것이다.

그 중에서도 《소년》은 대한제국 시대인 1908년 11월호로 창간되어 한일 병합 직후인

1911년 5월호로 강제 폐간되기까지 통권 23호가 발행되었다. 《청춘》은 1914년 10월호로 창간되어 3·1운동 직전인 1918년 9월호(통권 15호)로 종간되었으나 1910년대의 시대정신을 대표한 잡지였다는 점에서 의미가 있으며, 특히 《청춘》의 표지는 우리나라 최초의 서양화가 고희동(高羲東)의 그림이라는 점에서도 남다른 잡지가 아닐 수 없다. 아울러 신문관은 1913~1914년에도 3종의 잡지 《붉은저고리》, 《아이들보이》, 《새별》을 잇달아 발행했는데, 모두 어린이를 대상으로 하는 잡지였다.

1913년 1월 1일에 창간된 《붉은 저고리》는 타블로이드판 신문의 형태를 띤 반월간 잡지로 1913년 6월까지 모두 11호가 발행된 뒤에 강제 폐간되었다. 《아이들보이》는 1913년 9월호로 창간된 월간지로 《붉은저고리》가 강제 폐간되고 나서 발행되었다는 점에서 그 후속 잡지이자 확장판으로 발행된 것이며, 1914년 10월호(통권 13호)까지 발행되었다. 1914년 10월에 《청춘》이 창간되면서 발행을 중단했으며, 《아이들보이》는 그 표지화가 매우 화려하고 강렬한 것이 특징인데, 심전(心田) 안중식(安中植)이 그린 그림이었다. 한편, 최남선과 신문관은 《아이들보이》와 함께 《새별》도 동시에 창간했다. 《새별》은 어린이 잡지라기보다는 학생 잡지에 가까운 것으로 보인다. 또, 최남선은 3·1운동 이후인 1922년 9월부터 시사주간지 《동명》을 발행하기도 했다.

이 연구에서 살펴본 근대잡지 중에서 '신문관에서 최남선이 만든 잡지'와 이에 연관된 잡지로는 다음과 같은 것들이 있다.

- 《소년한반도》(1906년 11월 1일 창간)
- 《소년》(1908년 11월 1일 창간)
- 《붉은저고리》(1913년 1월 1일 창간)
- 《아이들보이》(1913년 9월 5일 창간)
- 《청춘》(1914년 10월 1일 창간)
- 《동명》(1922년 9월 3일 창간)

3) 각종 학회나 단체에서 만든 기관지 겸 학술잡지들

각종 학회와 교육단체 역시 교육문화 운동을 전개하며 학회지를 비롯한 각종 기관지, 교과서 등을 발행함으로써 민지(民智) 계발과 국민 계몽에 기여했다. 특히 1906년 윤치호, 이효정, 장지연 등이 주동이 되어 결성한 대한자강회는 교육의 진흥과 식산의 흥업을 목표로 전국적인 대중계몽 활동을 펼쳤다. 교육 문제에서 정부에 의무교육 실시를 건의하는가 하면 학부의 교과서 편집 정책을 조사하였고, 회원들은 교과서 저술 활동에 힘을 기울였다. 또 종합잡지의 성격을 띤 ≪대한자강회월보≫를 발간하기도 했다. ≪공업계≫는 우리나라 최초의 공업 분야 월간지로서 관립(官立) 공업전습소(共業傳習所) 전습생들로 구성된 '공업연구회'가 1909년 2월에 창간했다. 이외에도 서북학회, 기호흥학회, 호남학회, 교남교육회 등이 각 지방 인사를 중심으로 설립되어 매월 학회보를 발행하는 한편, 교과서 집필 등 각종 학술활동도 전개하였다. 이들 학회가 발행했던 학회보는 단순한 학회지가 아닌 종합잡지의 성격을 띠었는데, 이는 통감부의 민간언론 탄압으로 외형상으로는 학회보의 형태를 취하는 대신 내용적으로는 다방면의 애국계몽적인 내용을 실었기 때문이다. 이로 인해 1909년 2월에는 새로이 제정된 출판법에 따라 모든 한국인의 잡지와 서적 출판은 정식으로 사전 검열 방식의 허가제로 바뀌었다.

이 연구에서 살펴본 근대잡지 중에서 '각종 학회나 단체에서 만든 기관지 겸 학술잡지'로는 다음과 같은 것들이 있다.

- ≪대한자강회월보≫(1906년 7월 31일 창간)
- ≪서우≫(1906년 12월 1일 창간)
- ≪대동학회월보≫(1908년 2월 25일 창간)
- ≪서북학회월보≫(1908년 6월 1일 창간)
- ≪호남학보≫(1908년 6월 25일 창간)
- ≪기호흥학회월보≫(1908년 8월 25일 창간)
- ≪공업계≫(1909년 2월 28일 창간)
- ≪교남교육회잡지≫(1909년 4월 25일 창간)
- ≪동광≫(1926년 5월 20일 창간)
- ≪해외문학≫(1927년 1월 17일 창간)
- ≪한글≫(1932년 5월 1일 창간)
- ≪과학조선≫(1933년 6월 10일 창간)
- ≪극예술≫(1934년 4월 18일 창간)

4) 개벽사 중심의 대중 종합잡지들

우리나라 최초의 종합지 성격을 띤 잡지는 1906년 6월 25일에 창간된 《조양보》로, 장지연 (張志淵)이 우리 국민들에게 지식을 보급하고 국내외 정세를 보도하기 위해 창간했다. 이러한 종합잡지의 발행이 본격화한 것은 《조양보》 창간 후 시간이 제법 흐른 뒤인 1922년에 조선총 독부가 신문지법에 의한 잡지를 허가하기 시작하면서부터였다. 조선총독부는 1920년에 3개 의 일간지 창간을 새로 허가하면서도 신문지법에 의한 잡지 발행은 허가하지 않다가 1922년 9월 22일자로 《개벽》, 《신천지》, 《조선지광》, 《신생활》 등 4개의 월간지와 주간지 《동명》의 창간을 허용했다. 당시 언론과 출판을 관장하던 총독부 경무국장 마루야마 츠루요시 (丸山鶴吉) 는 이들 잡지 발행을 허가하기 직전에 새로 부임하면서 독립사상, 과격사상, 공산주의 등의 언 론에 대해서는 사법처분과 행정처분으로 분리하여 처벌하기로 방침을 세웠다고 경고한 바 있 다. 여기서 '행정처분'은 문제가 된 신문이나 잡지를 압수, 발행정지(정간), 발행금지(폐간) 등으 로 처벌하는 것이고, '사법처분'은 언론인을 구금하고 재판에 의해 벌금 또는 체형을 선고하는 것이다. 당시 '사상취체(思想取締)'라 불리던 사법권의 발동은 일본에서도 이른바 '위험사상'을 처벌하는 방안으로 강화되고 있었는데, 우리 땅에서도 이를 적용시키기 시작한 것이다.[7]

한편, 1920년대에서 1930년대 초반에 걸치는 기간에 가장 많은 종류의 잡지를 발행하였 고, 그 영향력도 컸던 대표적 잡지사는 개벽사였다. 개벽사는 1920년 5월 20일에 허가를 얻 어 6월 25일자로 《개벽》 창간호를 발행하였다. 처음에는 출판법에 따라 발행하다가 1922년 에 신문지법의 허가를 받아 시사문제를 다룰 수 있게 되었다. 《개벽》은 천도교 계통의 여러 잡지 중 하나로 우리 근대 잡지문화를 한 단계 높여준 것으로 평가할 수 있는데, 3·1운동 후 개조주의(改造主義), 민족자결주의 등 새로운 용어가 등장했을 때 이러한 용어들을 체계화 하면서 민족의 진로를 제시하려고 노력했던 잡지였다. 춘원 이광수의 '민족개조론'이 이러한 편집방향을 나타낸 것으로 볼 수 있다. 《개벽》은 월간잡지였지만 《조선일보》, 《동아일보》와 거의 같은 비중을 가진 언론기관으로 인정되었다.[8]

개벽사에서는 1922년 6월에 여성지 《부인》을 창간하여 1923년 9월에 제호를 《신여성》으 로 바꾸어 발행하였으며, 1923년 3월에는 《어린이》, 《학생》을 창간함으로써 여러 잡지를 동 시에 발행하기도 했다. 하지만 일제는 6·10만세운동 직후인 1926년 8월에 《개벽》을 강제

---

7 한국잡지협회 편(1995), 『한국잡지 100년』, 사단법인 한국잡지협회, p.15.

8 한국잡지협회 편(1995), 위의 자료, p.16.

폐간시키고 말았다. 하지만 개벽사에서는《개벽》에 이어 1926년 11월에《별건곤》을 창간하여 1934년 3월까지 통권 101호를 발행했고, 1931년 3월부터는《혜성》을 창간하여 다음해 4월까지 통권 13호를 발행했으며, 이어서 제호를《제일선》으로 바꾼 잡지를 통권 11호까지 발행하기도 했다. 이처럼 개벽사는 그 내용 면에서나 경영 규모면에서 1920년대 우리나라 잡지계를 대표하는 언론기관이었으며, 이돈화·차상찬·방정환·채만식 등의 주요 인물들이 개벽사를 이끌었다.

한편, 대구에서 1945년 12월 25일자로 창간된 시사종합지《건국공론》은 통권 28호까지 내다가 이후《한국공론》으로 제호를 바꾸어 통권 12호까지 발행했다. 당시 32세의 청년 조상원(趙相元)이 발행한《건국공론》은 해방 후 어지러운 정세 속에서 잡지 발행이 수월하지 않았던 시기에 지방에서 발행한 잡지라는 점에서 의미가 크다.

이 연구에서 살펴본 근대잡지 중에서 대중을 대상으로 한 종합잡지로서의 면모를 갖춘 것들, 그리고 '개벽사 중심의 대중 종합잡지들'로는 다음과 같은 것들이 있다.

- 《조양보》(1906년 6월 25일 창간)
- 《야뢰》(1907년 02월 05일 창간)
- 《신문계》(1913년 4월 5일 창간)
- 《서광》(1919년 11월 30일 창간)
- 《개벽》(1920년 6월 25일 창간)
- 《조선지광》(1922년 11월 1일 창간)
- 《어린이》(1923년 3월 20일 창간)
- 《신여성》(1923년 9월 1일 창간)
- 《조선농민》(1925년 12월 13일 창간)
- 《별건곤》(1926년 11월 1일 창간)
- 《현대평론》(1927년 1월 20일 창간)
- 《혜성》(1931년 3월 1일 창간)
- 《비판》(1931년 5월 1일 창간)
- 《제일선》(1932년 5월 20일 창간)
- 《신계단》(1932년 10월 8일 창간)
- 《학등》(1933년 6월 10일 창간)

- 《사해공론》(1935년 2월 1일 창간)
- 《백광》(1937년 1월 1일 창간)
- 《건국공론》(1945년 12월 25일 창간)

5) 신문사 발행의 시사중심 종합잡지들

《개벽》이 폐간당할 무렵인 1926년 6월에 이르면 흥사단을 중심으로 주요한이 발행을 맡았던 《동광》이 창간되었고, 1929년 6월에는 김동환이 주재한 《삼천리》, 1931년 5월에는 송봉우가 발행을 맡은 사회주의 계열의 《비판》이 각각 창간되었는데. 이들은 모두 대중을 독자층으로 삼은 종합잡지였다는 공통점을 갖고 있다.

1930년대가 열리면서 신문사가 발행하는 잡지들이 우리 잡지계를 주도하는 새로운 현상이 나타나게 된다. 먼저 동아일보사가 1931년 11월 창간한 《신동아》를 필두로, 그때까지만 해도 개인 경영의 소자본으로 운영되거나 재정이 빈약한 단체가 잡지를 발행하던 관행에서 벗어나 일간지를 발행하는 신문사라는 거대 언론기관을 배경으로 풍부한 인력과 취재망, 그리고 광고력을 활용하여 잡지계의 판도를 뒤흔들어 놓았던 것이다. 《신동아》는 당시의 시대 상황과도 잘 조화를 이루면서 크게 성공을 거두어 여세를 몰아 1933년 1월에는 자매지 《신가정》도 창간하게 된다. 이와 때를 같이 하여 다른 신문사들도 잡지 발행에 나섬으로써 신문사 발행 잡지들의 전성기를 맞이하게 된다. 우선 조선중앙일보사가 1933년 11월 월간지 《중앙》을, 1935년 1월에는 《소년중앙》을 창간했고, 조선일보사는 1935년 11월 《조광》에 이어 1936년 4월에는 《여성》을 창간함으로써 동아일보사의 《신동아》·《신가정》과 경쟁을 벌이는 한편, 1937년 4월에는 《소년》 등의 어린이 잡지까지 발행하기 시작하였다. 이들 가운데 《신동아》·《신가정》·《중앙》 등 3개 잡지는 1936년 8월 손기정 선수의 일장기 말소사건과 관련하여 강제 폐간되고 말았다.

이 연구에서 살펴본 근대잡지 중에서 대중을 대상으로 한 시사 종합잡지로서의 면모를 갖춘 것들, 그리고 '신문사 발행의 시사중심 종합잡지들'로는 다음과 같은 것들이 있다.

- 《삼천리》(1929년 6월 12일 창간)
- 《신동아》(1931년 11월 1일 창간)
- 《신가정》(1933년 1월 1일 창간)
- 《중앙》(1933년 11월 1일 창간)

- ≪월간야담≫(1934년 10월 10일 창간)

- ≪조광≫(1935년 11월 1일 창간)

- ≪야담≫(1935년 12월 1일 창간)

- ≪여성≫(1936년 4월 1일 창간)

- ≪소년≫(1937년 4월 1일 창간)

- ≪춘추≫(1941년 2월 1일 창간)

6) 순수문학을 추구한 문예잡지들

우리나라 최초의 근대적 잡지로 1908년 최남선이 창간한 《소년》을 꼽는다면, 우리나라 최초의 문예동인지는 1919년 2월에 일본 동경에서 김동인·주요한·전영택 등이 창간한 《창조》라고 할 만하다. 물론 그 전에 1918년 9월 우리나라 최초의 주간잡지로 창간된 《태서문예신보》도 있었지만, 문예물만을 다룬 것이 아니었기에 문학적 가치로만 본다면 《창조》에 미치지는 못하는 것으로 보인다. 《폐허》는 1920년 7월 창간되었는데, 《창조》의 영향으로 염상섭·오상순·황석우 등이 모여 만든 문학동인회에서 1920년 7월 시·소설·논설 등을 수록하여 발행하였다. 그 뒤를 이어 《장미촌》, 《백조》 등 문예동인지 전성시대가 열린다. 그밖에 《조선문단》은 이광수가 주재한 문예잡지로 민족주의적 경향을 보여주었다. 이처럼 1910~1920년대에 발행된 문예동인지들은 문학동인들을 중심으로 다양한 문학관과 다양한 경향의 작품들이 발표되었다. 동인지는 전문적 문예지의 탄생을 의미하며 문학작품을 발표할 수 있는 지면의 확대와 더불어 문학작품이 예술 장르로서 독립적 위치를 차지하게 되었다는 의의를 지닌다. 순문예 월간지로 발행된 《문장》은 일제 말기 암흑기의 문단을 밝히는 등불 같은 존재였지만 조선어 사용을 금지하는 등 일본 식민지 당국의 민족혼 말살 정책과 같은 탄압을 견디지 못하고 자진 폐간함으로써 민족적 자존심을 지켰지만 해방이 될 때까지 우리 문학의 명맥이 일시 단절되었다는 점에서 아쉬움을 남기기도 했다.

이 연구에서 살펴본 근대잡지 중에서 '순수문학을 추구한 문예잡지'로는 다음과 같은 것들이 있다.

- ≪태서문예신보≫(1918년 9월 26일 창간)

- ≪폐허≫(1920년 7월 25일 창간)

- ≪장미촌≫(1921년 5월 24일 창간)

- ≪백조≫(1922년 1월 9일 창간)

- ≪금성≫(1923년 11월 10일 창간)

- ≪조선문단≫(1924년 10월 1일 창간)

- ≪조선시단≫(1928년 11월 7일 창간)

- ≪문예공론≫(1929년 5월 3일 창간)

- ≪조선문예≫(1929년 5월 5일 창간)

- ≪신소설≫(1929년 12월 1일 창간)

- ≪시문학≫(1930년 3월 5일 창간)

- ≪문예월간≫(1931년 11월 1일 창간)

- ≪문학≫(1933년 12월 25일 창간)

- ≪형상≫(1934년 2월 6일 창간)

- ≪신인문학≫(1934년 7월 9일 창간)

- ≪삼사문학≫(1934년 9월 1일 창간)

- ≪시원≫(1935년 2월 1일 창간)

- ≪시건설≫(1936년 11월 5일 창간)

- ≪시인부락≫(1936년 11월 14일 창간)

- ≪단층≫(1937년 4월 21일 창간)

- ≪자오선≫(1937년 11월 10일 창간)

- ≪청색지≫(1938년 6월 3일 창간)

- ≪맥≫(1938년 6월 15일 창간)

- ≪박문≫(1938년 10월 1일 창간)

- ≪문장≫(1939년 2월 1일 창간)

- ≪시학≫(1939년 3월 12일 창간)

- ≪인문평론≫(1939년 10월 1일 창간)

7) 친일 선동에 앞장선 부끄러운 잡지들

1939년 1월에 창간한 일본어 잡지 《동양지광》은 주로 시국과 관련된 사상을 다루면서 내선일체와 황도선양(皇道宣揚), 전쟁 수행과 일본어보급운동 등을 주된 내용으로 삼았다. 또, 《총동원》은 1939년에 조선총독부 주도 아래 만들어진 국민정신총동원 조선연맹의 기관지로, 1940년 8월 통권 15호로 종간되었으나 곧 《국민총력》이라는 제호로 바뀌어 계속 발행되었다. 《태양》은 일문(日文)과 국문(國文)을 함께 쓴 시사종합잡지로 1940년 1월 1일 창간되어 같은 해 2월 20일 제2호를 내고 폐간되었다. 《신시대》는 시사적인 내용과 문예물을 수록한 월간잡지로서 주로 시사성 있는 기사와 문예물을 실었지만 그 내용은 친일적인 색채가 짙었다. 곧 시국 선전용 대중잡지라고 할 수 있으며, 발행인은 당시 가장 규모가 컸던 출판사 박문서관의 창업주 노익형(盧益亨)이었다. 《국민문학》은 일제의 후원 아래 조선 문단을 강압적으로 통합하고 어용화하기 위하여 1941년 11월 창간된 민족항일기 말기의 어용 문학잡지로 최재서(崔載瑞)가 편집과 발행을 함께 맡았고, 《인문평론》의 제호를 바꾸어 발행한 것이었다. 《대동아》는 파인(巴人) 김동환(金東煥)이 발행하던 잡지 《삼천리》의 제호를 변경하여 주로 일본어로 발행한 잡지이며, 창간호 「편집후기」를 보면 "대동아 건설의 성전에 사상전(思想戰) 문화전(文化戰)의 전사(戰士)로서 선두"에 서고자, 1941년 12월에 발발한 태평양전쟁에 적극 앞장서고자 잡지명을 변경했다고 밝히고 있다.

이 연구에서 살펴본 근대잡지 중에서 '친일 선동에 앞장선 부끄러운 잡지들'로는 다음과 같은 것들이 있다.

- 《동양지광》(1939년 1월 1일 창간)
- 《총동원》(1939년 6월 4일 창간)
- 《태양》(1940년 1월 1일 창간)
- 《신시대》(1941년 1월 1일 창간)
- 《국민문학》(1941년 11월 1일 창간)
- 《대동아》(1942년 3월 1일 창간)

8) 그 밖의 잡지들

《유심》은 1918년 9월 만해 한용운이 정신문명의 중요성을 강조하면서 펴낸 불교 색채가 짙은 교양잡지이다. 1927년 1월 10일 창간호가 발행된 《장한》은 특이하게도 당시 경성의 권번 기생들이 만든 잡지로, 서해(曙海) 최학송(崔鶴松)이 편집한 권번 기생들의 동인지 형식을 띠고 있었다. 또, 1928년 10월 창간된 《신생》은 종교 · 철학 · 문학 · 예술 · 교육 · 역사 등 각 분야의 글을 수록한 기독교 계통의 교양잡지였다. 《철필》은 1930년 7월 1일 창간된 신문평론 잡지로서 1930년대에 들어서면서부터 《동아일보》와 《조선일보》를 중심으로 한 민간지들이 기업적 경영을 시작하고, 민족운동적 논조가 쇠퇴함에 따라 기자의 역량으로 보도 중심의 전문주의적 자질에 대한 필요성이 부각되면서 창간된 전문지였다. 《가톨릭청년》은 1933년 천주교 서울교구에서 가톨리시즘의 보급을 위하여 창간한 잡지였으며, 《음악평론》은 1936년 창간된 우리나라 최초의 월간 음악평론 잡지로, 당시 음악평론가로 활동했던 김관(金管)이 발행하였다. 또한, 《신세기》는 1939년 1월에 예술종합잡지를 표방하며 창간된 잡지로, 예술 분야뿐만 아니라 정치와 연예 등 다양한 분야를 아우르고 있다. 그밖에 1943년 1월에 창간된 이중언어 방송잡지인 《방송지우》는 일제강점기가 막바지로 치닫던 시기에 라디오 방송을 담당했던 조선방송협회에서 발행한 잡지였다.

이 연구에서 살펴본 근대잡지 중 위에서 다룬 특정 유형에 속한다고 보기 어려운 '그 밖의 잡지들'로는 다음과 같은 것들이 있다.

- 《유심》(1918년 9월 1일 창간)
- 《장한》(1927년 1월 10일 창간)
- 《신생》(1928년 10월 1일 창간)
- 《철필》(1930년 7월 1일 창간)
- 《가톨릭청년》(1933년 6월 10일 창간)
- 《음악평론》(1936년 4월 10일 창간)
- 《신세기》(1939년 1월 1일 창간)
- 《방송지우》(1943년 1월 1일 창간)

2. 근대잡지 창간호의 편집 특성

우리나라 근대시기에 등장한 잡지는 당대의 지식과 정보를 담아낸 그릇일 뿐만 아니라 여론주도층의 논설(論說)과 담론(談論)이 부딪치는 소통의 마당이었고, 이러한 시류(時流)를 집약한 내용들이 독자 대중을 계몽하는 데 선도적인 역할을 맡은 매체였다. 오늘날 수많은 사람들이 온갖 매체가 쏟아내는 이미지를 통해 세계를 이해하고 미래를 상상하는 것처럼 당시에도 잡지는 새로운 이미지가 등장하고 사라지는 근대적 매체 환경을 구성하는 중요한 장치였다. 무엇보다도 근대시기에 발행된 잡지는 국민계몽에 나서야 한다는 의무감이 팽배했던 지식인들을 근대화의 전장(戰場)으로 이끌었다. 그리하여 지식인들은 열악한 경제적 상황과 엄혹한 검열제도 속에서도 저마다의 기획력을 바탕으로 다양한 가치와 이념, 담론과 정보를 집약하여 잡지를 창간해 내기 시작했다. 그리고 잡지의 여러 요소 중에서도 표지(表紙)는 잡지의 '얼굴'로서 발행자가 기획한 모든 것의 상징을 이미지로 담아내는 통로였다. 한문 중심의 옛책에서는 전혀 관심을 두지 않았던 것이 표지였지만, 근대시기 책의 표지는 독자의 시선을 가장 먼저 끌어들여 자신을 알리고 구매를 자극하는 공간으로 인식되기 시작했으며, 특히 잡지의 표지는 독자 대상으로서의 새로운 주체들—소년, 여성, 지식인, 혁명적 대중, 민족적 투사 등—의 이미지를 제시하는 공간이었다. 요컨대, 잡지 표지의 이미지는 잡지의 얼굴이면서 동시에 잡지가 기획하는 주체의 얼굴이기도 했던 것이다.

1) 근대잡지 표지 이미지에 나타난 근대의 모습[9]

잡지 표지의 이미지들은 시대의 흐름을 따라 빠르게 변화함으로써 한때 받아들여질 수 없었던 이미지가 몇 년 후에는 기꺼이 수용되곤 한다. 표지의 이미지는 일방적으로 결정된 것이라기보다는 독자들과 마주보는 가상의 협상 테이블을 통해 선택된다. 이러한 이미지는 지식인 남성을 위한 잡지보다 여성과 아동을 위한 잡지에, 학술지나 동인지보다 노동자와 농민 등 보편적 대중을 위한 잡지에 필수적이었다. 무엇보다도 표지는 첨단의 디자인 양식이 소개되는 전시의 장이었다. 이 같은 잡지 표지의 이미지에 대해 이 분야 연구자 서유리는 다음과 같이 분석한다.

> 잡지의 표지에는 그 잡지가 표방하는 이념과 가치가 함축된 이미지가 실리게 된다. 이 과정에서 그림을 그리는 작가나 사진가의 자율성은 부차적이며, 잡지 편집자의 의도와 선택에 따른 이미지의 선정이 이루어지고, 때로는 이미지 본래의 의도를 다르게 전용하여 재창조하는 작업이 이루어지기도 한다. 잡지의 표지는 창작의 공간이라기보다는 이념의 공간이었다. 표지의 이미지에는 의미와 가치, 이념과 목적이 농도 짙게 함축되어 있으며, 표지 이미지의 해석은 직접적인 의미 너머의 이데올로기적 내포를 분석하는 작업이 된다.[10]

---

9 서유리(2016), 『시대의 얼굴: 잡지 표지로 보는 근대』, 소명출판 참조.

10 서유리(2013), 「한국 근대의 잡지 표지 이미지 연구」, 서울대학교 대학원 고고미술사학과 미술사학전공 박사학위 논문, p.3.

이와 같은 분석을 바탕으로 살펴보면, 인쇄매체 자체가 매우 귀했다는 점에서 잡지 역사의 초창기라고 할 수 있는 1890~1900년대에 발행된 회보나 학보의 표지 이미지를 장악했던 것은 대한제국의 국가상징물인 태극기와 한반도의 지도 이미지였다. 식민지화의 위기 속에서 우승열패의 지정학적 인식을 담아 붉게 칠해진 대한지도(大韓地圖)는 《대한자강회월보》등의 표지에 실림으로써 애국적 열정을 불러일으키는 도구로 활용되었다.

국민으로서의 개인보다는 국가(國家)만을 최상위에 놓고 그 의미를 되뇌어야 했던 시기에 최초로 스스로를 대한제국의 '신대한(新大韓) 소년'이라고 일컬으며 잡지 체재의 주체화 전략을 구사한 결과물로 등장한 것은 최남선이 주관한 신문관의 잡지 《소년》이었다. 《소년》의 '해상(海上) 소년'과 1910년대 《청춘》의 '호랑이 청년'은 해상 대한의 지정학적 이념과 '한반도형태론'을 가져와 민족주의적 주체를 창출하려고 했던 신문관의 이미지 전략과 맞닿아 있었다. 신문관의 잡지와 책의 표지는 서구의 디자인 양식을 들여와 응용하는 새로운 감각을 보여주었다.

1920년대 잡지계를 주도한 계몽기관인 개벽사가 발행한 잡지 표지에는 여성과 아동의 이미지가 꽃처럼 피어났다. 《부인》과 《신여성》에는 규방을 나와 쓰개치마를 벗어던진 구여성이 트레머리 검정치마의 지적인 여학생으로 변모해가는 과정이 흥미롭게 표현되어 있다. 이후 《신여성》 표지가 보여주는 과감한 모던걸(modern girl)의 이미지[11]는 당시 일본 화장품(化粧品) 디자인 감각과 직결되는 것이기도 했다. 방정환이 주재한 잡지 《어린이》는 서양의 상업화된 낭만적 아동의 귀엽고 사랑스러운 이미지를 가져와 조선아동과 결합시킴으로써 근대적 아동의 얼굴을 제시하려 했다.

1930년대의 시사종합잡지들은 식민지 조선을 이끌 남성주체를 내세워 독자들을 계몽하고자 했다. 《신동아》, 《동광》, 《삼천리》 등은 민족의 미래를 기획하는 신화적 투사, 민족의

---

11 '모던걸(Modern girl)'과 '모던보이(Modern boy)'는 1920년대부터 식민지 조선에서 자본주의 문화와 생활 양식이 확산되고, 서울의 도시화가 진행되면서 등장한 새로운 형태의 인간상을 가리키는 표현이었다. 당시 모던걸과 모던보이는 서양식 의복을 입고 전통적이지 않은 머리 스타일과 눈에 띄는 백구두나 뾰족구두를 신고 다니는 사람으로 묘사되었다. 모던걸과 모던보이가 보여주는 새로운 패션과 스타일은 전통적 생활 양식에 머물러 있던 사람들에게 낯선 풍경이었다. 시인이었던 박팔양(朴八陽)은 이들을 "의복, 언어, 동작은 물론이요 그들의 사고방식까지도 근대화하지 못한 사람들의 그것과는 몹시 거리가 멀었다."고 설명했다. 모던걸과 모던보이에 대한 낯섦은 호기심과 함께 혐오감도 포함하고 있었다. "모던한 생활"을 영위하던 모던걸과 모던보이는 문화적으로 시대적 첨단(尖端)에 서 있었지만, 사회적 모순과 퇴폐의 온상으로 비판받았다. 소설가이자 카프(KAPF)의 주요 인물이었던 박영희(朴英熙)는 이들을 "유산자 사회를 표상하는 유산자 사회의 근대적 퇴폐군"이라고 평했다. 모던걸과 모던보이는 근대적 삶의 양식을 보여주는 긍정적 인간상이 아니라 퇴폐적이고 불량한 의미의 '못된 보이'와 '못된 걸'로 불리기도 하였다. 모던걸과 모던보이는 전통적인 삶의 형태가 부정되고 새로운 시대의 삶의 양식이 출현하는 과정에서 당대의 문화적 변화를 상징하는 존재였다. 이들은 자본주의와 도시화의 진행 과정에서 새로운 세대의 출현, 근대적 인간상의 탄생을 의미하였다. 국사편찬위원회 우리역사넷 [모던걸/모던보이]

자본을 수립할 현대적 건설자, 극기와 인내로 국토를 오르는 등반가의 이미지를 표지에 실었다. 한편, 시각적 강장제이자 취미와 오락의 기호로서 여성의 이미지를 표지에 제시하여 남성독자의 시선을 사로잡기도 했다. 취미독물(趣味讀物), 즉 교양과 취미를 동시에 담아냄으로써 볼거리가 충만한 근대잡지의 상업적 성격이 대두된 것도 이 시기였다.

1940년대 전반, 한반도를 전운(戰雲) 가득한 전장의 보급기지로 활용하고자 혈안이 되어 있던 일제가 언론시장을 통폐합한 후 발행한 대규모 물량의 관제잡지 표지에는 이른바 '국민복'을 입고 일사불란하게 움직이는 사람들의 이미지가 독자들로 하여금 황국신민(皇國臣民)이 될 것을 강제하고 있었다.

이처럼 근대잡지의 표지에서는 근대인들이 꿈꾸었던 주체를 표현하기 위해 만들어진 다양한 이미지들과 함께 당대의 감각을 뛰어넘는 새로운 디자인 형식을 찾아볼 수 있다. 잡지 표지에 구현된 이미지들이 발산하는 다양한 표정과 외침은 당대의 독자를 자극하여 새로운

이념과 가치, 새로운 세계로 나아가도록 만드는 최고의 안내자였다. 그리고 잡지 표지의 이미지들은 항상 어느 정도 현실과의 사이에 '틈'을 지니고 있었다. 잡지의 얼굴로서의 표지 이미지가 지닌 그 '틈'이야말로 독자들의 욕망을 자극하여 새로운 시대를 향하도록 충동하는 지점이었다. 표지 이미지에 구현된 편집자의 욕망과 독자로서의 대중의 욕망이 만나는 순간, 비로소 역사가 움직이고 시대가 변화하는 계기가 만들어질 수 있었던 것이다.

2) 근대잡지 본문 편집에 나타난 형식의 특성

근대 초창기 잡지들은 본문 구성에 있어 몇 가지 범주를 정하여 배치하는 방식을 취했다. 우리나라 사람이 만든 최초의 잡지라고 할 수 있는 《친목회회보》(1896년 2월 창간)는 〈사설(社說)〉, 〈논문(論文)〉, 〈기부서(寄附書)〉, 〈문원(文苑)〉, 〈강연(講演)〉, 〈내외보(內外報)〉, 〈잡보(雜報)〉, 〈회중기사(會中記事)〉, 〈본회규칙(本會規則)〉 등의 범주에 따라 본문을 구성하였다. 또한, 우리나라 최초의 종합잡지로 불리는 《조양보》(1906년 6월 창간)는 창간호의 경우에는 단순 나열식으로 구성했지만 제2호부터는 〈논설(論說)〉, 〈교육(教育)〉, 〈실업(實業)〉, 〈총담(叢談)〉, 〈내지잡보(內地雜報)〉, 〈해외잡보(海外雜報)〉, 〈사조(詞藻)〉, 〈소설(小說)〉 등으로 구성하였다.

또한, 몇몇 범주들은 잡지 발행호수에 관계없이 본문의 중심적 위치를 차지하면서 고정적으로 배치되었다. 일본 유학생들의 기관지 역할을 했던 《태극학보》(1906년 8월 창간)는 창간 직후부터 한동안 〈강단(講壇)〉, 〈학원(學園)〉, 〈잡보(雜報)〉 등의 범주 아래 글을 배치했다가 1907년 6월호(통권 11호)부터는 〈논단(論壇)〉, 〈강단(講壇)〉, 〈학원(學園)〉, 〈문예(文藝)〉, 〈잡록(雜錄)〉 등 5개 범주로 본문을 구성하였다. 국내에서 발행된 《서북학회월보》(1908년 6월 창간)도 창간호에서는 〈논설(論說)〉, 〈교육부(教育部)〉, 〈위생부(衛生部)〉, 〈잡조(雜俎)〉, 〈사조(詞藻)〉, 〈인물고(人物考)〉, 〈회보(會報)〉 등으로 설정되었던 것이 〈논설〉, 〈교육부〉, 〈문예〉, 〈사조(詞藻)〉, 〈연단(演壇)〉, 〈가총(歌叢)〉, 〈총담(叢談)〉, 〈잡조(雜俎)〉 등으로 바뀌었다가 〈논설〉, 〈강단〉, 〈학원〉, 〈문예〉, 〈총담(叢談)〉, 〈항담(巷談)〉 등으로 바뀌었다. 곧 〈논단〉, 〈강단〉, 〈학원〉 등의 범주는 당시 학술잡지의 핵심적인 요소였던 것이다.

물론 당시에도 《소년한반도》(1906년 11월 창간)처럼 일정한 범주를 정하지 않고 단순 나열식으로 글을 배치하는 잡지도 없지 않았을 것이다. 하지만 대부분의 잡지들은 특정 범주를 지속적으로 설정하여 본문 편집에 활용하는 경향이 두드러졌다. 우리 역사상 최초의 이공계(理工系) 연구단체인 '공업연구회'가 발행한 《공업계》(1909년 1월 창간)도 창간호에서는 〈강연부(講演部)〉 하나만 두었다가 〈축사(祝辭)〉, 〈논설〉, 〈강연〉, 〈잡조〉, 〈회중기사〉 등으로 범주를 늘려나갔다. 이 같은 잡지 편집양식은 당시 근대화를 추구하는 과정에서 발행된 잡지라는 점에서 지식과 정보—그 중에서도 학술적·교과적(敎科的) 앎—의 중요성을 강조했기 때문이다. 그리하여 이후로 이 같은 범주의 설정은 보편적인 잡지 편집양식으로 자리잡게 되었다.[12]

한편, 우리나라 근대잡지 내용 중 상당 부분을 차지하는 문예물의 경우에는 초창기 잡지에서는 〈사림(詞林)〉, 〈사조(詞藻)〉, 〈문예(文藝)〉, 〈문원(文苑)〉 등으로 범주화되었으며, 드물게 〈문조(文藻)〉, 〈예원(藝苑)〉, 〈예원수록(藝苑隨錄)〉 등의 범주 아래 실리기도 했다. 이처럼 문예물에 대한 범주 설정이 다양하게 이루어진 까닭은 그것의 포괄적인 명칭에 대한 사회적 합의가 없었기 때문일 것이다. 물론 당시에도 문예물은 〈논설〉, 〈논단〉, 〈강연〉, 〈학원〉 등의 범주에 실렸던 글과는 다른 장르임이 분명하게 인식되어 있었다. 다만, 그 명칭이 다양했을 뿐이다.

이후 잡지가 계속 늘어나면서 점차 〈문예〉라는 범주로 문학적 글쓰기가 이루어진 것으로 보인다. 그러던 중 학문적 개념의 '문학(文學)'이라는 용어가 '학문 일반'이라는 뜻으로 쓰이다가 그 자리를 '과학(科學)'에게 빼앗기면서 그 하위 영역의 하나로서 자기 정체성을 정립하는 과정에서 "시, 소설, 수필, 희곡, 비평 등을 모두 포함하는 개념"으로 정착된 것으로 보인다.[13] 하지만 위에서 살펴본 잡지의 본문 편집양식은 1910년대 중반을 거치면서 해외유학을 마치고 돌아온 새로운 세대가 잡지 편집의 전면에 나서면서 일제의 언론·출판에 대한 검열이 강화되는 시기와 맞물려 해체되기 시작한다. 이런 점에서 근대잡지의 편집양식은 다양한 시도를 통해 더욱 다양하게 잡지 구성에 응용됨으로써 현대잡지 편집양식이 한국적으로 정착하는 데 크게 기여했다는 점을 간과해서는 안 될 것이다.

3. 근대잡지 창간의 시대적 의미와 시사점

지금까지 학계 및 잡지계에서 도출된 연구성과를 살펴보면 우리나라에서 일반 대중을 독자로 삼아 발행된 최초의 근대잡지는 1908년 11월 1일 최남선이 발행한 《소년》이라는 견

---

12 유석환(2014), 「근대 초기 잡지의 편집양식과 근대적인 문학 개념」, 《대동문화연구》 제88집, 성균관대학교 대동문화연구원, pp.309~310.
13 유석환(2014), 위의 논문, p.316 참조.

해가 우세하다. 경영 및 편집이 체계를 갖춘 점, 편집 체재나 내용이 당대에 있어 혁신적인 점, 당시 잡지의 주종(主種)을 이루던 학회나 단체의 기관지가 아닌 독립적인 매체인 점, 불특정 다수의 독자를 대상으로 한 점 등을 들어 근대잡지의 효시로 평가한다. 하지만 대내외적인 여건이나 근대화를 위한 사회적 토대가 긍정적이지 않았던 시대 배경을 살펴볼 때《소년》뿐만 아니라 당시 등장했던 모든 잡지들은 우리나라 근대화 및 자주독립을 향한 열망에 기여한 점, 그리고 식민지 시대를 건너가는 우리나라 사람들의 다양한 모습을 들여다볼 수 있다는 점에서 모두 소중한 것이 아닐 수 없다. 여기서는 이 연구에서 들여다본 근대잡지들을 중심으로 그것들의 창간이 가지는 시대적 의미와 시사점을 정리해 보기로 한다.

1) 1910년대까지 애국·계몽 잡지 전성시대

근대시기 잡지 등의 출판물은 융희(隆熙) 연간으로 일컬어지는 시기(1907년 ~ 1910년)에 이르면 상당히 많은 양이 쏟아져 나오기 시작한다. 그러나 일제는 한국인이 경영하는 정기간행물을 제약하기 위해 다양한 시도를 하게 되는데, 그 대표적인 사례가 '보안법'(1907.7.27.)과 '광무신문지법'(1908.4.30.) 같은 악법을 제정하는 것이었다. 이러한 법령이 시행된 이후 한국인이 경영하거나 발행하는 정기간행물은 모두 일제의 '출판법'과 '신문지법'에 따라 허가를 받을 수밖에 없게 되었다.

일제는 또한 애국계몽운동을 전면적으로 탄압하고 그 영향을 배제하려고 애썼다. 1910년 8월 이후에 일제는 우선 대한협회(大韓協會)·서북학회(西北學會)·기호흥학회(畿湖興學會)·관동학회(關東學會)·교남교육회(嶠南教育會)·호남학회(湖南學會)·대한흥학회(大韓興學會)·흥사단(興士團) 등 모든 애국계몽운동 단체들을 강제 해산시켰다. 또한 일제는《황성신문(皇城新聞)》·《대한매일신보(大韓每日申報)》·《제국신문(帝國新聞)》·《만세보(萬歲報)》·《대한민보(大韓民報)》를 비롯하여 애국계몽운동을 주도하던 모든 신문들을 강제 폐간시켰다. 뿐만 아니라《소년》을 비롯하여 모든 잡지들과 각 학회의 기관잡지들을 모두 강제 폐간시켰다. 그리고 조선총독부 기관지인《매일신보(每日申報)》와 그 영문판인《서울 프레스(Seoul Press)》, 일본인거류민들의《경성일보(京城日報)》만을 남겨 일제의 통치를 선전하도록 하였다. 일제는 그들의 한국민족 말살정책의 집행에 종래의 애국계몽운동의 영향이 크게 방해된다고 보고, 애국계몽운동의 영향을 조직적으로 배제하려 하였다. 한말에 한국인이 저술한 각급 학교용 교과서들을 모두 몰수하여 사용을 금지시켰고, 이때에 간행된 모든 애국계몽 서적들을 '금서(禁書)'라고 하여 모두 몰수하고 판매를 금지시켰으며, 이들을 읽는 한국인은 가혹하게 처벌하였다. 그리고 학교교과서는 일본인 저작의 교과서로 대체시켰다. 또한, 일제는 한국인의 정치집회는 물론이요 교양강연회와 연설회도 금지시켰으며, 종교집회까지도 반드시 사전에 조선총독부의 허가를 받도록 하였다. 한국인은 언론·출판·집회·결사의 자유를 철저하게 박탈당하였다. 일제의 이러한 무단탄압 조처에 의해 한국인의 입과 행동은 완전히 봉쇄당했으며, 일제의 사슬에 묶여 입이 있어도 말조차 제대로 하지 못하는 완전히 무력한 상태에 묶이게 되었다. 한국사회는 완전히 암흑천지가 되고, 오직 조선총독부와 일본의 기관지들만이 일제의 식민지 통치하에서 한국인이 행복에 가득 차 있으며 크게 발전하고 있다고 전 세계에 거짓 선전을 하고 있었다.[14]

이러한 시기에 발행된 잡지로는 《가정잡지》(1906년 6월 창간)—대한제국 말기에 발간된 월간지로서 순 한글 잡지의 효시이며, 당시의 유일한 가정용 잡지—를 비롯하여, 《조양보》(1906년 6월 창간)—우리나라 최초의 종합지 성격을 띤 잡지로, 장지연(張志淵)이 국민들에게 지식을 보급하고 국내외 정세를 보도하기 위해 창간한 잡지—가 있었다. 또한, 애국계몽운동을 주도한 단체들이 내는 기관지도 활발하게 발행되었는데, 《대한자강회월보》(1906년 7월 창간), 《태극학보》(1906년 8월 창간), 《서우》(1906년 12월 창간), 《대한유학생회학보》(1907년 3월 창간), 《대동학회월보》(1908년 2월 창간), 《서북학회월보》(1908년 6월 창간), 《호남학보》(1908년 6월 창간), 《기호흥학회월보》(1908년 8월 창간), 《공업계》(1909년 2월 창간), 《교남교육회잡지》(1909년 4월 창간), 《학지광》(1924년 4월 창간) 등을 볼 수 있다. 아울러 대중을 위한 계몽잡지도 발행되었는데, 《소년한반도》(1906년 11월 창간), 《야뢰》(1907년 2월 창간), 《소년》(1908년 11월 창간), 《붉은저고리》(1913년 1월 창간), 《신문계》(1913년 4월 창간), 《아이들보이》(1913년 9월 창간), 《청춘》(1914년 10월 창간) 등이 있었다.

2) 1920년대 문예 동인지 전성시대

1920년대에 들어서면 국내에서는 어려운 상황 속에서도 일본의 민족말살정책에 대항하여 민족과 민족문화를 보존, 발전시키려는 운동이 전개되었다. 1921년 조선어연구회(조선어학회 전신)가 조직되어 기관지 《한글》을 간행하고, 『조선어사전』 편찬사업을 시작함과 함께 민족어와 한글을 발전시키려는 투쟁이 전개되었다. 문학부문에서도 《창조》(1919)·《폐허》(1920)·《백조》(1922)·《조선문단》(1924)·《조선문예》(1929)·《조선시단》(1929)·《문예공론》

---

14 한국민족문화대백과사전 [일제강점기]

(1929)·《예술운동》(1929) 등의 문학지가 창간되고, 한글로 된 수많은 문학작품들이 창작되어 민족어와 민족문화를 발전시키는 데 크게 공헌했다. 또한, 시조가 현대화되어 부흥되고 민족고전들이 간행되었다. 1920년대에는 프로문학도 형성되어 가난에 허덕이는 민중의 참상을 고발하였다. 국사연구에 있어서도 박은식(朴殷植)이 중국에서 『한국통사(韓國痛史)』(1915)·『한국독립운동지혈사(韓國獨立運動之血史)』(1920)를 저술하여 근대사를 정립하고, 신채호(申采浩)가 일찍이 「독사신론(讀史新論)」(1908)을 저술한 이래 망명한 뒤에도 『조선사연구초(朝鮮史研究草)』·『조선상고사(朝鮮上古史)』·『조선상고문화사(朝鮮上古文化史)』를 저술하여 민족주의사학을 확립시켰으며, 정인보(鄭寅普)가 국내에서 『조선사연구(朝鮮史研究)』를 저술하였다. 이러한 국사연구들은 일제가 1925년에 조선사편수회(朝鮮史編修會)를 조직하여 식민주의사관에 의거하여서 한국사를 왜곡하고 날조하는 것에 대항하여 학문적 투쟁을 전개하고, 민족문화를 발전시키는 데 크게 기여했다. 또한, 독립을 쟁취하기 위해서는 장기적으로 민족의 실력을 양성해야 한다고 판단하고, 전국에서 민족교육의 열기가 고양되었으며, 1922년에는 조선민립대학 기성회가 조직되어 민립대학 설립운동이 전개되었다. 이에 놀란 일제는 할 수 없이 그 무마책과 회유책으로 1924년 경성제국대학을 설립했다. 또한 경제적으로도 민족실업이 육성되어야 한다고 판단하고, 1923년에 조선물산장려회가 창립되어 전국 각지에 지부를 결성하면서 1930년대까지 민족산업진흥운동을 전개했다.[15]

이 시기에 나온 문예 동인지로는 《근대사조》(1916년 1월 창간), 《유심》(1918년 9월 창간), 《태서문예신보》(1918년 9월 창간), 《창조》(1919년 2월 창간), 《폐허》(1920년 7월 창간), 《장미촌》(1921년 5월 창간), 《백조》(1922년 1월 창간), 《금성》(1923년 11월 창간), 《조선문단》(1924년 10월 창간), 《해외문학》(1927년 1월 창간), 《조선시단》(1028년 11월 창간), 《문예공론》(1929년 5월 창간), 《조선문예》(1929년 5월 창간), 《신소설》(1929년 12월 창간) 등이 있었다. 아울러 대중들을 대상으로 하는 종합잡지로는 《개벽》(1920년 6월 창간)을 필두로 《동명》(1922년 9월 창간), 《조선지광》(1922년 11월 창간), 《신여성》(1923년 9월 창간), 《동광》(1926년 5월 창간), 《별건곤》(1926년 11월 창간), 《현대평론》(1927년 1월 창간), 《신생》(1928년 10월 창간), 《삼천리》(1929년 6월 창간) 같은 잡지가 있었다. 그밖에 홍난파가 창간한 음악잡지 《삼광》(1919년 2월 창간), 방정환이 발행한 어린이 잡지 《어린이》(1923년 3월 발행), 천도교에서 발행한 《조선농민》(1925년 12월 창간), 권번 소속 기생들을 대상으로 한 《장한》(1927년 1월 창간), 조선프롤레타리아예술동맹 동경지부에서 기관

---

15 한국민족문화대백과사전 [일제강점기]

지로 발행한 《예술운동》(1927년 11월 창간) 등이 발행되었다.

3) 1930년대 종합잡지 수난시대

일제는 1931년 9·18 만주침략 이후부터 조선주둔 일본군을 2개 사단에서 5개 사단으로 증가시켜 탄압무력을 강화한 다음 한국민족말살정책을 적극적으로 강화하였다. 일제는 한국어를 말살시키는 것이 한국민족말살의 모체라고 판단하고, 한국어 말살에 광분하였다. 일제는 1930년대에 들어오자 관청에서는 한국농민의 민원도 일본어를 사용할 경우에만 접수하도록 하여 한국어 사용을 엄금하고, 사립학교에서의 한국어 교육과 한국어 사용을 엄금하였다. 또한 1935년부터는 한국문자를 농민들에게 가르치는 학생들의 하기 계몽운동을 총독부령으로 엄금하고, 1937년 중국침략 때부터는 한국인들의 일상 사회생활에서의 한국어 사용을 금지하여 일본어만 사용하도록 명령하였다. 일제는 심지어 철모르는 국민학교 학생들이 부지불식간에 한국어를 사용하는 경우에도 매질을 하고 벌칙을 적용하였다. 그리고 한국어로 간행되는 신문과 잡지는 기회가 있을 때마다 정간 등 탄압을 가하다가, 1936년에는 《신동아》를 폐간시켰으며, 1940년에는 《동아일보》·《조선일보》 등 모든 한국어 신문들을, 1941년에는 《문장》·《인문평론》 등 모든 한국어 잡지들을 폐간시켜버렸다. 1938년 한해에만도 전국에 3,660여 개의 일본어 강습소를 만들어 한국농민들에게 강제로 일본어를 배우게 하고, 일본어 사용을 강요하였다. 일제의 한국어 말살과 일본어 전용정책이 한국인들의 저항으로 진전되지 않자 그 씨를 없애야 한다며 1942년에는 조선어학회 회원과 학자들까지 체포, 투옥하였다. 또한, 한국인의 성명을 말살하고 일본식 이름을 짓도록 하는 이른바 '창씨개명'을 1937년부터 본격적으로 강행하였다. 1939년에는 「조선민사령」을 개정하여 전한국인에게 강요하는 파쇼적 방법으로, 일제는 1940년까지 한국인의 성명말살과 '창씨개명'을 강행하였다. 일제는 '창씨개명'에 응하지 않은 한국인에 대해서는 자녀의 학교취학을 못하게 하고, 학생들에게 매질을 가하였으며, 직장에서 채용하지 못하도록 규제하고, 심지어 우편물 수송까지 금지시켰으며, 경찰관주재소로 호출하여 응할 때까지 무기한 구류해 두고 박해를 가하였으므로 이에 불응하고는 생활을 영위해 나갈 수 없었다. 일제는 또한 전부터 날조해오던 식민주의사관을 더욱 본격적으로 발전시켜 1932년부터 『조선사(朝鮮史)』를 간행하기 시작하여 1940년에는 전37권을 완간하였다. 그리하여 동조동근설(同祖同根說)을 날조하여 일본민족은 시조신(始祖神)인 '아마테라츠오미카미(天照大神)'의 적자이고 한국민족은 그 서자로서 같은 기원과 뿌리에서 나왔으므로 한국민족은 당연히 한국민족됨을 버리고, '황국신민화'되어 천황에 무한한 충성을 바쳐야 한다고 설교하고 한국인에게 집집마다 '가미타나(神棚)'라는 그 시조신이 들어 있다는 나무상자를 모셔 아침마다 경배를 드리도록 강요하였다. 그뿐만 아니라 한국인에게 관제미신인 신사참배를 강요하고, 1937년부터는 매일 일본천황이 있는 동쪽을 향하여 최경례를 강제하는 이른바 '동방요배(東方遙拜)'라는 것을 강요하였다. 또한, 일제는 한국인이 한국민족의 성원이 아니라 일본천황의 신민임을 맹세하고, '황국신민서사(皇國臣民誓詞)'라는 것을 날마다 외워 맹세하도록 강제하였다. 그들은 이러한 방법으로 한국민족을 말살하여 일본제국의 천민(賤民)을 만들 수 있다고 망상하고 한국인에게 무한한 고통과 박해를 가한 것이었다.[16]

이처럼 엄혹한 시기에도 잡지 발행 의지는 불타올랐다. 언론인들을 위한 전문잡지 《철필》 (1930년 7월 창간)을 비롯하여 개벽사 또는 각 신문사, 그리고 독지가들이 발행한 대중 종합잡지도 다수 선보였다. 《혜성》(1931년 3월 창간), 《신동아》(1931년 11월 창간), 《제일선》(1932년 5월 창간), 《신계단》(1932년 10월 창간), 《신가정》(1933년 1월 창간), 《학등》(1933년 6월 창간), 《중앙》(1933년 11월 창간), 《사해공론》(1935년 2월 창간), 《조광》(1935년 11월 창간), 《여성》(1936년 4월 창간), 《백광》(1937년 1월 창간) 등이 1930년대에 발행되었다. 문예동인지도 계속 발행되었는데, 박용철이 발행하여 시문학파를 탄생시킨 《시문학》(1930년 6월 창간)을 비롯하여 《문예월간》 (1931년 11월 창간), 《문학》(1933년 12월 창간), 《형상》(1934년 2월 창간), 《신인문학》(1934년 7월 창간), 《삼사문학》(1934년 9월 창간), 《시원》(1935년 2월 창간), 《시건설》(1936년 11월 창간), 《시인부락》(1936년 11월 창간), 《단층》(1937년 4월 창간), 《자오선》(1937년 11월 창간), 《청색지》(1938년 6월 창간), 《맥》(1938년 6월 창간), 《박문》(1938년 10월 창간), 《문장》(1939년 2월 창간), 《시학》(1939년 3월 창간), 《인문평론》(1939년 10월 창간) 등이 있었다.

그밖에 조선어학회 기관지로 발행된 《한글》(1932년 5월 창간), 천주교 신앙심을 전도하기 위한 《가톨릭청년》(1933년 6월 창간), 발명학회와 과학지식보급회가 발행한 《과학조선》(1933년 6월 창간), 극예술연구회에서 박용철의 힘을 빌려 발행한 《극예술》(1934년 4월 창간), 윤백남이 창간한 야담잡지 《월간야담》(1934년 10월 창간), 김동인이 창간한 야담잡지 《야담》(1935년 12월 창간), 음악평론가 김관이 창간한 최초의 음악평론 월간지 《음악평론》(1936년 4월 창간), 연극운동단체인 동경학생예술좌(東京學生藝術座)에서 창간한 회보 겸 기관지 성격의 《막》(1936년 12월 창간), 조선일보사에서 발행한 어린이 잡지 《소년》(1937년 4월 창간) 등이 발행되었다.

---

16 한국민족문화대백과사전 [일제강점기]

4) 1940년대 친일잡지 발흥 및 광복 시대

일제의 한국민족말살정책과 식민지 수탈정책을 비롯한 온갖 탄압이 1930년대 이후에 더욱 강화되어갔음에도 불구하고, 독립운동이 이 시기에 줄기차게 발전된 것은 주목할 만한 일이다. 국내에서는 1931년 5월 신간회가 해체된 아픔을 겪은 뒤, 일제의 민족말살정책의 급속한 강행 속에서도 1931년에 조선어연구회가 조선어학회로 발전하여 민족어와 민족문자를 보존 발전시키기 위한 투쟁을 전개하였으며, 그 결실로 『한글맞춤법통일안』·『표준말모음』 등이 나왔다. 『우리말본』·『한글철자법일람표』·『우리말사전』 등도 이때 나왔다. 문학·예술분야에서도 민족적 작품들이 나와서 국민들에게 애독되고 독립사상을 고취하였다. 한국어 잡지들도 정간과 폐간을 되풀이 당하면서도 민족과 민족문화의 보존 발전을 위하여 문화투쟁을 전개하였다. 《동아일보》·《조선일보》·《조선중앙일보》 등 언론기관과 잡지들은 신채호 등의 민족주의사학을 국민들에게 교육하여 일제의 식민주의사관에 대항해서 투쟁하였다. 민족언론기관과 청년학생들은 한글보급과 함께 민중들에게 독립사상을 고취하기 위하여 '민중 속으로!'라는 구호를 내걸고, 1931년부터 브나로드운동을 본격적으로 전개하였다. 학생들 사이에서는 경성제국대학 학생들의 반제동맹(反帝同盟)을 비롯하여 크고 작은 단체들이 조직되어 완강하게 항일투쟁이 전개되었다. 1930년대에 들어와서 1937년까지는 소작쟁의와 노동운동이 더욱 강화되었다.이 시기의 소작쟁의와 농민운동은 물론이요 노동쟁의와 노동운동은 비단 농민·노동자층의 사회·경제적 지위를 향상시키기 위한 것만이 아니라, 1차로 일제의 식민지 수탈의 강화에 대항하고 투쟁하여 민족운동으로 전개된 것이었다. 1940년대에 들어와서 일제의 폭압이 극악하여 표면상 모든 민족운동이 정지된 것처럼 보이던 시기에도 청년학생들을 중심으로 하여 무수한 지하 서클들이 조직되어 완강하게 항일독립투쟁을 전개하였다.[17]

하지만 1930년대가 지나고 1940년대로 접어들면서 일제의 전쟁 총동원령에 따른 온갖 탄압이 자행되면서 자의적이든 타의적이든 친일의 행로를 선택한 잡지도 많이 등장하기 시작했다. 《신세기》(1939년 1월 창간)를 비롯하여 3·1운동 당시 민족대표 33인 중 한 사람이었던 박희도가 변절하여 만든 일본어 잡지 《동양지광》(1939년 1월 창간), 조선총독부 주도하에 만들어진 국민정신총동원 조선연맹의 기관지 《총동원》(1939년 6월 창간), 일어와 한글을 섞어서 만든 시사 종합지 《태양》(1940년 1월 창간), 박문서관과 대동인쇄주식회사를 소유하고 있던

---

17 한국민족문화대백과사전 [일제강점기]

출판계의 거물 노익형이 발행한 《신시대》(1941년 1월 창간), 일제의 후원 아래 조선 문단을 강압적으로 통합하고 어용화하기 위하여 창간한 월간 문예잡지 《국민문학》(1941년 11월 창간), 김동환이 발행하던 잡지 《삼천리》의 제호를 변경하여 주로 일본어로 발행한 잡지 《대동아》(1942년 3월 창간) 등이 그것이다. 일제강점기가 막바지로 치닫던 시기에 라디오 방송을 담당했던 조선방송협회에서 발행한 잡지 《방송지우》(1943년 1월 창간)도 방송 잡지의 외형을 띠고 있지만 실제에 있어서는 당시 일본 제국주의와 조선총독부의 정책을 효율적으로 수행하기 위한 대중 계몽 및 선전 잡지로서의 성격이 더 강하였다.

그럼에도 우리의 염원이었던 광복의 감격은 기어이 한반도에 찾아들었고, 잡지 발행 또한 더욱 활발해지기 시작했다. 미군정기(美軍政期)를 맞이한 데다 일제 식민지를 경험한 35년 세월의 묵은 때가 벗겨지기 전이라서 사회적으로 대혼란이 야기되었지만, 서울을 중심으로 다양한 잡지들이 새로 선보이거나 기존 잡지의 복간이 이루어졌다. 이런 상황 속에서 특히 지방에서는 잡지 발행이란 엄두도 내지 못하던 그 시기에, 당시 32세였던 조상원(趙相元)이 혼자의 결단과 구상으로 시사종합지 《건국공론》(1945년 12월 창간)을 창간하는 일도 있었다. 《건국공론》은 비록 지방잡지였지만 '눈과 귀'는 언제나 서울에다 두고 격동하는 세계정세와 시대상황에 민감하게 대처하면서 편집하는 민첩성을 보이는 한편, 문학작품도 적잖이 실었다. 특히 제3호(1946년 4월호)에는 박목월의 명시 "구름에 달 가듯이 가는 나그네"로 애송되는 「나그네」가 실렸으니 당시 작품을 발표할 때의 제목은 「남도삼백리(南道三百里)」였고 '구름에 달 가듯이 가는 나그네'가 아니라 '바람에 달 가듯이 가는 나그네'로 인쇄되어 있다.

이처럼 일제의 탄압이 극으로 치닫던 1940년대 초반은 우리나라 잡지 역사에서 뛰어난 문학적 업적을 이룩한 《문장》이 탄압에 못 이겨 자진 폐간한 이후 해방이 될 때까지 친일 잡지만 남아 우리 잡지의 명맥이 유지되는 불행한 시기였다. 우리글로 인쇄된 글이 실린 잡지는 1945년 8월 15일 광복 이후에야 다시 한반도의 정신적 핏줄로 되살아날 수 있었다.

제4장 결론

1. 연구 요약

이 연구에서는 우리나라 최초의 근대잡지로 일컬어지는 《친목회회보》를 비롯하여 문화예술·교육·학술·농업·종교·아동 등 분야별로 의미 있는 잡지들을 망라하여 표지, 창간사, 목차, 간기면과 함께 본문의 주요 내용을 들여다보는 한편, 이미 공표된 연구성과들을 실제 근대잡지의 내용과 비교해 가면서 1800년대부터 1945년 광복 시기까지 발행된 잡지들을 중심으로 연구를 진행하였다. 이를 통해 우리 근대잡지의 총체적 모습과 함께 근대화에 기여한 잡지의 위상을 확인하고, 잡지마다 가지고 있던 개별적 존재감을 되살려냄으로써 이 분야 연구자들에게 기초자료를 제공하는 동시에 근대잡지에 관심이 많은 독자들의 지적 호기심을 충족시켜주는 데 연구의 목적을 두었다.

이를 위해 우선 〈제1장 서론〉에서는 '1. 연구 목적 및 방법'을 통해 이 연구의 목적과 내용 및 방법, 결과 활용 및 기대효과, 그리고 주요 선행연구에 대한 소개를 담았으며, 다음으로 '2. 근대잡지와 시대적 배경'에 대해 살펴보았다. 우리 근대잡지가 태동할 당시의 시대적 배경을 구체적으로 살펴보기 위하여 1) 한국의 근대문화사 개관, 2) 한국 근대 출판문화의 형성, 3) 한국 근대잡지의 등장, 4) 일본 근대 출판 및 잡지의 등장과 시대적 배경 등의 순서로 기초 연구를 진행하였다.

〈제2장 근대잡지 창간호 분석〉에서는 이 연구를 위해 선별한 100종의 근대잡지에 대하여 1) 창간 배경, 2) 관련 인물, 3) 주요 내용, 4) 편집 특성, 5) 창간 의의 등의 순서로 잡지별 주요사항 분석을 진행하였다. 아울러 매우 방대한 자료를 섭렵하는 과정에서 연구자마다 달리 해석하거나 잘못 표기한 부분들을 찾아내어 바로잡기 위해 노력하였다.

〈제3장 근대잡지 창간호 분석 결과〉에서는 먼저 '1. 근대잡지 창간 배경 개관'을 통해 제2장에서 분석한 근대잡지 창간호 100종에 나타난 창간 배경의 특성을 간추려서 살펴보았다. 이를 위해 1) 동경 유학생 중심의 친목·계몽 잡지들, 2) 신문관에서 최남선이 만든 잡지들, 3) 각종 학회나 단체에서 만든 기관지 겸 학술잡지들, 4) 개벽사 중심의 대중 종합잡지들, 5) 신문사 발행의 시사중심 종합잡지들, 6) 순수문학을 추구한 문예잡지들, 7) 친일 선동에 앞장선 부끄러운 잡지들, 8) 그 밖의 잡지들 등으로 나누어 기술하였다. '2. 근대잡지 창간호의 편집 특성'에서는 표지 이미지의 특성과 본문 편집양식의 특성을 중심으로 살펴보았다. 이를 위해 분석한 내용을 1) 근대잡지 표지 이미지에 나타난 근대의 모습, 2) 근대잡지 본문 편집에 나타난 형식의 특성 등의 순서로 기술하였다. 다음으로 '3. 근대잡지 창간의 시대적 의미와 시사점'에서는 이 연구에서 들여다본 근대잡지들을 중심으로 그것들의 창간이 가지는 시대적 의미와 시사점을 정리해 보았다. 이를 위해 일반적인 시대 구분을 바탕으로 1) 1910년대까지 애국계몽 잡지 전성시대, 2) 1920년대 문예 동인지 전성시대, 3) 1930년대 종합잡지 수난시대, 4) 1940년대 친일잡지 발흥 및 광복 시대 등으로 나누어 기술하였다.

〈제4장 결론〉에서는 이 같은 연구 내용을 요약하는 한편, 연구 전반을 통해 도출된 결론을 제시하고, 연구의 제한점 및 제언에 대하여 기술하였다.

2. 결론

우리나라 대한제국 시대부터 일제강점기로 이어지는 근대시기에 등장했던 모든 잡지들은 우리 근대화 의식과 함께 자주독립에의 열망을 고취하는 데 크게 기여했을 뿐만 아니라, 국가와 민족 그리고 개인의 정체성까지 말살하려는 일제에 맞서면서 식민지 시대를 슬기롭게 견딘 사람들의 다양한 모습을 들여다볼 수 있다는 점에서 모두 소중한 문화유산이 아닐 수 없다.

이 연구에서는 먼저 대한제국 말기로부터 1910년대까지의 시기를 '애국·계몽 잡지 전성시대'로 규정하고, 일제의 탄압에도 불구하고 잡지 발행을 통해 우리 국민들의 애국심 고취와 계몽에 앞장선 지식인들의 면모를 살펴보았다. 그 결과 《가정잡지》(1906년 6월 창간), 《조양보》(1906년 6월 창간), 애국계몽운동을 주도한 단체들이 발행한 기관지로서 《대한자강회월보》(1906년 7월 창간), 《태극학보》(1906년 8월 창간), 《서우》(1906년 12월 창간), 《대한유학생회학보》(1907년 3월 창간), 《대동학회월보》(1908년 2월 창간), 《서북학회월보》(1908년 6월 창간), 《호남학보》(1908년 6월 창간), 《기호흥학회월보》(1908년 8월 창간), 《공업계》(1909년 2월 창간), 《교남교육회잡지》(1909년 4월 창간), 《학지광》(1924년 4월 창간) 등을 살펴보았다. 아울러 대중을 위한 계몽잡지로서 《소년한반도》(1906년 11월 창간), 《야뢰》(1907년 2월 창간), 《소년》(1908년 11월 창간), 《붉은저고리》(1913년 1월 창간), 《신문계》(1913년 4월 창간), 《아이들보이》(1913년 9월 창간), 《청춘》(1914년 10월 창간) 등을 들여다보았다.

1920년대는 '문예 동인지 전성시대'로 규정하고, 일제의 민족말살정책에 대항하여 민족과 민족문화를 보존하고 발전시키려는 운동과 함께 발행된 잡지들의 면모를 살펴보았다. 그 결과 한글로 집필한 수많은 문학작품들이 창작되어 민족어와 민족문화를 발전시키는 데 크게 공헌한 문예 동인지들이 많이 발행되었음을 확인할 수 있었다. 이 시기에 나온 문예 동인지로는 《근대사조》(1916년 1월 창간), 《유심》(1918년 9월 창간), 《태서문예신보》(1918년 9월 창간), 《창조》(1919년 2월 창간), 《폐허》(1920년 7월 창간), 《장미촌》(1921년 5월 창간), 《백조》(1922년 1월 창간), 《금성》(1923년 11월 창간), 《조선문단》(1924년 10월 창간), 《해외문학》(1927년 1월 창간), 《조선시단》(1028년 11월 창간), 《문예공론》(1929년 5월 창간), 《조선문예》(1929년 5월 창간), 《신소설》(1929년 12월 창간) 등이 있었으며, 대중들을 대상으로 하는 종합잡지로는 《개벽》(1920년 6월 창간)을 필두로 《동명》(1922년 9월 창간), 《조선지광》(1922년 11월 창간), 《신여성》(1923년 9월 창간), 《동광》(1926년 5월 창간), 《별건곤》(1926년 11월 창간), 《현대평론》(1927년 1월 창간), 《신생》(1928년 10월 창간), 《삼천리》(1929년 6월 창간) 같은 잡지를 살펴보았다. 그밖에 홍난파가 창간한 음악잡지 《삼광》(1919년 2월 창간), 방정환이 발행한 어린이 잡지 《어린이》(1923년 3월 발행), 천도교에서 발행한 《조선농민》(1925년 12월 창간), 권번 소속 기생들을 대상으로 한 《장한》(1927년 1월 창간), 조선프롤레타리아예술동맹 동경지부에서 기관지로 발행한 《예술운동》(1927년 11월 창간) 등이 있었음을 확인하였다.

1930년대는 '종합잡지 수난시대'로 규정하고, 이처럼 엄혹한 시기에도 잡지 발행 의지가 꺾이지 않았음을 확인한 결과로서 언론인들을 위한 전문잡지 《철필》(1930년 7월 창간)을 비롯하여 개벽사 또는 각 신문사, 그리고 독지가들이 발행한 대중 종합잡지를 다수 살펴볼 수 있었다. 이 시기에 창간된 잡지로는 《혜성》(1931년 3월 창간), 《신동아》(1931년 11월 창간), 《제일선》(1932년 5월 창간), 《신계단》(1932년 10월 창간), 《신가정》(1933년 1월 창간), 《학등》(1933년 6월 창간), 《중앙》(1933년 11월 창간), 《사해공론》(1935년 2월 창간), 《조광》(1935년 11월 창간), 《여성》

(1936년 4월 창간), 《백광》(1937년 1월 창간) 등과 함께 문예 동인지로는 《시문학》(1930년 6월 창간)을 비롯하여 《문예월간》(1931년 11월 창간), 《문학》(1933년 12월 창간), 《형상》(1934년 2월 창간), 《신인문학》(1934년 7월 창간), 《삼사문학》(1934년 9월 창간), 《시원》(1935년 2월 창간), 《시건설》(1936년 11월 창간), 《시인부락》(1936년 11월 창간), 《단층》(1937년 4월 창간), 《자오선》(1937년 11월 창간), 《청색지》(1938년 6월 창간), 《맥》(1938년 6월 창간), 《박문》(1938년 10월 창간), 《문장》(1939년 2월 창간), 《시학》(1939년 3월 창간), 《인문평론》(1939년 10월 창간) 등이 있음을 확인하였다. 또한, 조선어학회 기관지로 발행된 《한글》(1932년 5월 창간), 《가톨릭청년》(1933년 6월 창간), 《과학조선》(1933년 6월 창간), 《극예술》(1934년 4월 창간), 《월간야담》(1934년 10월 창간), 《야담》(1935년 12월 창간), 《음악평론》(1936년 4월 창간), 《막》(1936년 12월 창간), 어린이 잡지 《소년》(1937년 4월 창간) 등에 대해 살펴보았다.

끝으로, 1940년대는 '친일잡지 발흥 및 광복 시대'로 규정하고, 일제의 한국민족말살정책과 식민지 수탈정책을 비롯한 온갖 탄압이 더욱 강화됨에 따라 점차 친일의 길을 걷게 된 지식인들과 그들이 발행한 잡지의 면모를 살펴보았다. 그 결과, 《신세기》(1939년 1월 창간), 《동양지광》(1939년 1월 창간), 《총동원》(1939년 6월 창간), 《태양》(1940년 1월 창간), 《신시대》(1941년 1월 창간), 《국민문학》(1941년 11월 창간), 《대동아》(1942년 3월 창간) 등이 있음을 확인했으며, 조선방송협회에서 발행한 잡지 《방송지우》(1943년 1월 창간)도 실제에 있어서는 당시 일본 제국주의와 조선총독부의 정책을 효율적으로 수행하기 위한 대중 계몽 및 선전 잡지로서의 성격이 더 강했음을 확인할 수 있었다. 그럼에도 마침내 우리의 염원이었던 광복의 날은 밝았고, 전국적으로 잡지 발행이 활발해지는 가운데 출판문화의 불모지였던 지방에서도 《건국공론》(1945년 12월 창간)과 같은 걸출한 잡지가 발행되었음을 살펴보았다.

결국 근대시기에 명멸해 간 우리 근대잡지들은 이처럼 일제강점이라는 어려운 시기를 극복하고 우리 말과 글을 지켜낸 공로와 함께 우리 민족정신을 면면히 이어준 매우 중요한 매체였으며, 상업지로서의 성공보다는 국민정신 계몽이라는 역사적 사명을 수행한 지사적(志士的) 매체였음을 알 수 있었다.

3. 연구 제한점 및 제언

　이 연구에 앞서 기초 자료를 수집하는 과정에서 그 동안 묵묵히 문헌 수집가로서, 서지학자로서, 근대매체 연구자로서 근대잡지에 관한 다양한 성과를 남긴 선학(先學)들이 수도 없이 많았다는 사실에 매우 놀랐다. 근대잡지에 실린 글 한 편에 대한 분석 등 미시적인 담론에서부터 근대잡지 전반을 아우르면서 미래를 조망한 거시적 연구에 이르기까지 그 방대함에 더욱 놀라지 않을 수 없었다. 하지만 이 같은 성과들이 일목요연하게 정리되어 있지 않고 여기저기 산재해 있는 까닭에 이를 찾아내는 일이 쉽지 않았고, 또 기본적인 자료들―예컨대, 근대잡지 창간호 영인본이나 이미지 등―에 접근하는 것도 어려운 일이었다. 더구나 당시의 한글 문체와 한자(漢字) 투성이 기사(記事)들을 해독하는 일도 난감하기는 마찬가지였다.

　한편, 2004년에 발행된 최덕교의 『한국잡지백년』 제3권 말미에 보면 발행연대순(1896~1953)에 따른 《한국잡지총목록》이 실려 있는데, 여기에 오른 잡지만 해도 850종이 넘고, 『한국잡지백년』 3권에 걸쳐 다루고 있는 잡지만 해도 380종이 넘는다. 따라서 이 연구에서 다룬 근대잡지 100종은 어떻게 보면 빙산의 일각에 불과할지도 모른다. 이에 후속 연구를 위한 제언(提言)을 정리하면 다음과 같다.

　첫째, 근대잡지를 단순한 문헌이 아닌 소중한 문화유산 또는 미래의 중요한 자산(資産)이라는 관점에서 체계적인 관리가 필요하다. 개인 소장자를 포함하여 여기저기 흩어져 있는 근대잡지를 국립박물관 또는 국립미술관이나 국립문학관 등에 모두 모아서 관리해야 한다. 이를 위해 먼저 근대잡지를 소장하고 있는 개인과 단체가 흔쾌히 기증하거나 판매할 수 있는 국가적 플랫폼의 마련이 필요하다고 생각한다.

　둘째, 근대잡지는 창간호뿐만 아니라 발행호수 모두를 모아 객관적인 해제(解題) 작업을 통해 후학(後學)들이 쉽게 접근할 수 있도록 배려해야 한다. 이렇게 함으로써 연구자뿐만 아니라 문화콘텐츠 개발자들이나 작가들이 원천자료에 다가감으로써 2차적 활용 및 새로운 영감(靈感)을 얻는 기회로 삼을 필요가 있다.

　셋째, 현재까지 이루어진 연구 성과물 또한 비교 연구를 진행할 필요가 있다. 근대잡지의 내용이나 관련 정보를 해독하는 과정에서 오류가 있거나 연구자마다 서로 다른 평가를 내리는 등 혼란스러운 부분이 많이 있기 때문이다. 현대적 관점에서 객관적인 판단과 평가를 통해 근대잡지마다 그 의미와 가치를 재조명할 수 있기를 바란다.

넷째, 근대잡지 창간호뿐만 아니라 종간호(終刊號) 발굴 및 분석을 통한 종간 배경에 관한 연구가 필요하다. 현재까지 다양한 경로를 통해 확인되고 있는 근대잡지 발행 현황에 있어 종간 시점 및 종간호 존재 여부가 불투명한 경우를 많이 보았기 때문이다. 창간호뿐만 아니라 종간호가 중요한 이유는 창간사 등에서 밝히고 있는 잡지 발행 취지의 실천 여부와 함께 해당 잡지의 발행 성과를 가늠해 볼 수 있기 때문이다.

이상과 같은 연구 환경 개선 노력과 더불어 후속 연구자들이 아직 미진한 근대잡지 관련 연구주제들을 찾아내고 새로운 성과를 축적해 나감으로써 우리 근대잡지의 진면목이 고스란하고도 오롯하게 드러나게 되기를 바란다.

■ 참고문헌 ■

[국내 문헌]

〈논문〉

강용훈(2018), 「1930년대 개벽사 발간 잡지의 문예 담론과 식민지 조선의 매체 지형:『혜성』
　　(1931~32),『제일선』(1932~33), 속간『개벽』(1934~35)을 중심으로」,《비교문화연구》제
　　51집, 서울대학교 비교문화연구소

구장률(2011), 「근대초기 지식편제와 교양으로서의 소설—최남선과『소년』을 중심으로」,《한국
　　문학연구》제41집, 동국대학교 한국문학연구소

권혁준(2012), 「『아이들보이』의 아동문학사적 의의에 대한 연구」,《한국아동문학연구》제22호,
　　한국아동문학학회

김기태(1998), 「우리나라 인세 지불방법의 문제점과 개선방향」, 한국출판연구소,『인세 지불방
　　법 이대로 좋은가』(제15회 출판포럼 발표논문집, 1998. 12. 17.)

김기태(2010), 「새로운 패러다임 구축을 위한 '출판'의 재개념화 연구」,《한국출판학연구》제58
　　호, 한국출판학회

김기태(2018), 「1990년대 한국 단행본의 간기면 연구」,《한국출판학연구》제83호, 한국출판
　　학회

김기태(2021), 「한국 근대잡지 창간호의 표지디자인 연구」,《역사와 융합》제9호, 바른역사학
　　술원

김명옥(2021), 「『붉은저고리』와『아이들보이』의 역사인물 이미지 연구」,《동화와 번역》제41권,
　　건국대학교 동화와번역연구소

김영진(2019), 「『현대평론』의 정치적 위상과 그 주체들」,《전북사학》제57호, 전북사학회

김은규(2017), 「1930년대 신문비평 잡지〈철필〉에 대한 연구: 발행 의도 및 주장 논지를 중심
　　으로」,《한국출판학연구》통권 제79호, 한국출판학회

김은규(2019), 「1920/30년대 신문평론 잡지의 발행 배경과 지향점에 대한 고찰」,《정치커뮤니
　　케이션연구》통권 54호, 한국정치커뮤니케이션학회

김종수(2006), 「『가톨릭청년』의 문학 의식과 문학사적 가치 연구-1933년 6월 창간호부터 1936
　　년 12월 폐간호를 중심으로」,《교회사연구》27, 한국교회사연구소

김진량(2005), 「근대 잡지 『별곤건』의 "취미담론"과 글쓰기의 특성」, 《어문학》 제88집, 한국어문
　　학회

노병성(2008), 「아날로그와 디지털 텍스트의 독서 패러다임에 관한 고찰」, 《한국출판학연구》 제
　　54호, 한국출판학회

민병덕(1992), 「한국 개화기의 출판관 연구」, 한국출판학회 편, 《'92출판학연구》, 범우사

박찬승(1994), 「한말 호남학회 연구」, 《국사관논총》 제53집, 국사편찬위원회

서유리(2013), 「한국 근대의 잡지 표지 이미지 연구」, 서울대학교 대학원 고고미술사학과 미술
　　사학전공 박사학위 논문

서재길(2011), 「식민지 말기의 매체 환경과 방송 잡지 방송지우의 성격」, 《근대서지》 제3호, 근
　　대서지학회

신설령(2005), 「김관의 음악평론과 식민지 근대」, 동아대학교 박사학위 논문

신현규(2010), 「기생 잡지 『장한(長恨)』 서지 고찰」, 《근대서지》 제1호, 근대서지학회

안남일(2016), 「1910년 이전의 재일본 한국유학생 잡지 연구」, 《한국학연구》 제58호, 고려대학
　　교 세종캠퍼스 한국학연구소

양문규(2005), 「1910년대 잡지와 근대단편소설의 형성」, 《배달말》 36권, 배달말학회

양문규(2008), 「1910년대 유학생 잡지와 한국근대소설의 형성」, 《현대문학의 연구》 34권, 한국
　　문학연구학회

양윤모(2016), 「해방이전 한국 근대 잡지의 전개 과정 연구: 문예지를 중심으로」, 《한국융합인
　　문학》 제4권 제3호, 한국융합인문학회

유석환(2014), 「근대 초기 잡지의 편집양식과 근대적인 문학 개념」, 《대동문화연구》 제88집, 성
　　균관대학교 대동문화연구원

이미나(2020), 「음악평론가 김관과 식민지 근대 '음악'의 의미(1)」, 《구보학보》 24집, 구보학회

이소연(2002), 「일제강점기 여성잡지 연구: 1920~30년대를 중심으로」, 《이화사학연구》 제29집,
　　이화여자대학교 이화사학연구소

이용준(2006), 「한국잡지산업의 현황과 성장 구조 모델에 대한 연구」, 《한국출판학연구》 제51
　　호, 한국출판학회

이인영(2015), 「한국 근대 아동잡지의 '어린이' 이미지 연구」, 이화여자대학교 대학원 미술사학
　　과 석사학위 논문

이종국(1996), 「한국의 근대 인쇄출판문화 연구—신서적과 그 인쇄출판 인식을 중심으로」, 사단

법인 한국출판학회 편,『인쇄출판문화의 기원과 발달에 관한 연구논문집』, 청주고인쇄박
물관

이지원(2017), 「어린이 이미지의 문화사 : 잡지『신여성』에 나타난 어린이 이미지」, 《현대문학의
연구》 제62호, 한국문학연구학회

이춘실 · 이혜은 · 허지수(2017), 「계량정보학적 측면에서 본 우리나라 근현대 잡지 창간호의
모습—가천박물관 소장본을 중심으로」, 《열상고전연구》 제55집, 열상고전연구회

임상석(2018), 「統監府 治下 文明談論의 한 사례: 韓致愈의 '太極學會總說'과 '告學會說'」, 《어문
교육연구》 제46권 제3호, 한국어문교육연구회

전도현(2013), 「한국 근대잡지 소재 문학텍스트에 대한 통계적 분석」, 《한국학연구》 제47호, 고
려대학교 한국학연구소

전성규(2019), 「근대계몽기 학보 및 자료 연구의 현황과『조양보』번역의 시사점」, 《상허학보》
제57호, 상허학회

전성규 · 김병준(2019), 「디지털인문학 방법론을 통한『서북학회월보』와『태극학보』의 담론적
상관관계 연구」, 《개념과 소통》 제23호, 한림대학교 한림과학원

전은경(2019), 「근대계몽기『교남교육회잡지』의 '로컬리티' 인식과 서사화 전략」, 《어문론총》,
한국문학언어학회

정용서(2013), 「방정환과 잡지『어린이』」, 《근대서지》 제8호, 근대서지학회

정우택(2005), 「『근대사조』의 매체적 성격과 문예사상적 의의」, 《국제어문》 제34집, 국제어문
학회

정훈(2019), 「근대 계몽기『호남학회월보』의 특성 연구」, 《국어문학》 제71집, 국어문학회

조경덕(2017), 「『태서문예신보』소재 소설 「충복」 연구-번역 양상을 중심으로」, 《국제어문》 75
집, 국제어문학회

조명제(2016), 「1910년대 식민지조선의 불교 근대화와 잡지 미디어」, 《종교문화비평》 제30호,
한국종교문화연구소

조윤정(2007), 「잡지『소년』과 국민문화의 형성」, 《한국현대문학연구》 제21호, 한국현대문학회

조현신(2014), 「한국의 근대초기 잡지 표지 디자인의 특성」, 《Archives of Design Research》
27(1), 한국디자인학회

조현신(2019), 「잡지『개벽』의 근대적 시각성—표지와 본문의 이미지 사용에 드러난 전통과 근
대의 교섭을 중심으로」, 《기초조형학연구》 통권 91호, 한국기초조형학회

조희정(2003), 「근대 계몽기 어문교육 연구의 특성—근대 계몽기 학술 잡지를 중심으로」, 《국어교육연구》 제11집, 국어교육학회

차배근(1998), 「大朝鮮人日本留學生《親睦會會報》에 관한 硏究: 그 創刊趣旨·經緯·內容을 중심으로」, 《언론정보연구》 제35호, 서울대학교 언론정보연구소

차배근(1999), 「大朝鮮人日本留學生《親睦會會報》에 관한 硏究(續): 創刊後 終刊號까지의 發刊 實態와 주요 內容」, 《언론정보연구》 제36호, 서울대학교 언론정보연구소

차배근(2003), 「江戶時代末 日本의 西洋言論文物 受容過程에 관한 小考」, 《언론정보연구》 제40호, 서울대학교 언론정보연구소

최수일(2016), 「1930년대 잡지 편집과 문학 독법-창간 『신동아』론」, 《민족문학사연구》 제60호, 민족문학사연구소

한기형(2004), 「최남선의 잡지 발간과 초기 근대문학의 재편—『소년』, 『청춘』의 문학사적 역할과 위상」, 《대동문화연구》 제45집, 성균관대학교 대동문화연구원

한기형(2004), 「근대잡지와 근대문학 형성의 제도적 연관—1910년대 최남선과 竹內錄之助의 활동을 중심으로」, 《대동문화연구》 제48집, 성균관대학교 대동문화연구원

한기형(2006), 「식민지 검열정책과 사회주의 관련 잡지의 정치 역학—『개벽』과 『조선지광』의 역사적 위상 분석과 관련하여」, 《한국문학연구》 제30권, 동국대학교 한국문학연구소

한혜영(2010), 「대한제국시기(1897~1910)의 도서 출판에 관한 연구:정치, 외교, 행정 도서를 중심으로」, 서강대학교 언론대학원 석사학위 논문, p.16.

〈단행본〉

강명관(2007), 『책벌레들 조선을 만들다』, 푸른역사

강희일(2007), 『한국출판의 이해』, 다산출판사

검열연구회(2011), 『식민지 검열, 제도·텍스트·실천』, 소명출판

국립중앙도서관 편(2016), 『한국근대문학해제집Ⅱ-문학잡지(1896~1929)』, 국립중앙도서관

국립중앙도서관 편(2017), 『한국근대문학해제집Ⅲ-문학잡지(1927~1943)』, 국립중앙도서관

국립중앙도서관 편(2018), 『한국근대문학해제집Ⅳ-문학잡지(1907~1944)』, 국립중앙도서관

김기태(2014), 『동양 저작권 사상의 문화사적 배경 비교 연구: 한국·중국·일본의 근대 출판문화를 중심으로』, 도서출판 이채

김기태(2017), 『서평의 이론과 실제』, 도서출판 이채

김봉희(1999), 『한국 개화기 서적 문화 연구』, 이화여자대학교 출판부

김상환 외, 『매체의 철학』, 나남출판

김세익(1982), 『도서·인쇄·도서관사』, 종로서적

김영민(2019), 『1910년대 일본 유학생 잡지 연구』, 소명출판

김욱동(2010), 『번역과 한국의 근대』, 소명출판

김욱동(2010), 『근대의 세 번역가 서재필·최남선·김억』, 소명출판

대동문화연구원 편(2006), 『근대어·근대매체·근대문학—근대 매체와 근대 언어질서의 상관성』, 성균관대학교 출판부

문성환(2009), 『최남선의 에크리튀르와 근대·언어·민족』, 한국학술정보

문화재청(2010), 『근대문화유산 신문잡지분야 목록화 조사 연구 보고서』, 문화재청

박기현(2003), 『한국의 잡지출판』, 늘푸른소나무

배식한(2000), 『인터넷, 하이퍼텍스트 그리고 책의 종말』, 책세상

범우사 기획실 편(1995), 『출판학원론』, 범우사

부길만(2008), 『책의 역사』, 일진사

부길만·황지영(2009), 『동아시아 출판문화사 연구Ⅰ』, 오름

서유리(2016), 『시대의 얼굴: 잡지 표지로 보는 근대』, 소명출판

서은경(2017), 『근대 초기 잡지의 발간과 근대적 문학관의 형성』, 소명출판

안재성(2012), 『잡지, 시대를 철하다』, 돌베개

안춘근(1970), 『출판개론』, :을유문화사

안춘근(1987), 『한국출판문화사대요』, 청림출판

안춘근(1990), 『잡지출판론』, 범우사

오경호 편저(1989), 『인쇄커뮤니케이션입문』, 범우사

육당연구회(2015), 『최남선과 근대지식의 기획』, 현실문화

육영수(2010), 『책과 독서의 문화사: 활자 인간의 탄생과 근대의 재발견』, 책세상

이덕일(2012), 『근대를 말한다』, 역사의아침

이영석(2002), 『역사가가 그린 근대의 풍경』, 푸른역사

이재성(2009), 『조선출판주식회사』, 안티쿠스

이정춘·이종국 편(1995), 『독서와 출판문화론』, 범우사

이종국(2005), 『한국의 교과서상』, 일진사

이종국(2006), 『출판연구와 출판평설』, 일진사

이종수·임동욱 외(1993), 『현대사회와 출판』, 도서출판 말길

이희승 편(1961), 『국어대사전』, 민중서관

이화인문과학원(2016), 『근대 지식과 저널리즘』, 소명출판

정진석(2014), 『한국 잡지 역사』, 커뮤니케이션북스

정진석(2015), 『책 잡지 신문 자료의 수호자』, 소명출판

차배근(1987), 『커뮤니케이션학 개론(하)』, 세영사

천정환(2003), 『근대의 책 읽기』, 푸른역사

천혜봉(1993), 『한국서지학』, 민음사

최덕교(2014), 『한국잡지백년(전 3권)』, 현암사

한국잡협회 편(1995), 『한국잡지 100년』, 사단법인 한국잡지협회

〈기타〉

김욱동(2020), 「'외국문학연구회'에 관한 최초의 연구서… 그들의 의의와 행적을 재평가하다」
[대학지성 In&Out(http://www.unipress.co.kr)](2020.08.09.)

박상준(2017), 「'과학의 날' 원조 '과학데이'를 아시나요?」, [미래] 박상준의 과거창, 《한겨레신문》
(2017.04.17.)

부길만(2010), 「[출판으로 본 기독교 100년] 가뎡잡지(상동청년학원, 1906년 6월 창간)」, 《국민
일보》(2010.12.02.)

정상근(2016), 「1930년대 기자도 "월급이나 받겠다면 하기 힘든 일"」, [한국 언론비평의 기원을
찾아서(중)] '철필', 기자들을 위한 저널리즘 전문지…이광수 "기자에게는 천품(天稟)이
있다, 《미디어오늘》(2016.05.22.)

정진석(1992), 「〈철필〉에 대해서」, 『鐵筆(1930~1931)』(한국언론전문지 총서1), 관훈클럽신영
연구기금

정혜영(2017), [정혜영의 근대문학을 읽다] 「대중잡지 '별건곤'의 별난 세상 이야기」, 《매일신문》
(2017.11.18.)

[외국 문헌]

나가미네 시게토시, 다지마 데쓰오 · 송태욱 옮김(2010), 『독서국민의 탄생』, 푸른역사

나카스카 아키라, 성해준 옮김(2005), 『근대일본의 조선인식』, 청어람미디어

나리타 류이치 외, 연구공간 수유+너머 '일본근대와 젠더 세미나팀' 옮김(2011), 『근대 知의 성
　　립』, 소명출판

로제 샤르티에 · 굴리엘모 카발로 엮음, 이종삼 옮김(2006), 『읽는다는 것의 역사』, 한국출판마
　　케팅연구소

마거릿 윌리스, 이상원 옮김(2011), 『독서의 탄생』, 황소자리

사사키 도시나오, 한석주 옮김(2010), 『전자책의 충격』, 커뮤니케이션북스

스티븐 로저 피셔, 신기식 옮김(2011), 『읽기의 역사』, 지영사

야스카와 주노스케, 이향철 옮김(2011), 『후쿠자와 유키치의 침략사상을 묻는다』, 역사비평사

요시미 슌야 외, 연구공간 수유+너머 '일본근대와 젠더 세미나팀' 옮김(2007), 『확장하는 모터니
　　티』, 소명출판

著作權法百年史編纂委員會 編著(2000), 『著作權法百年史』, 東京:著作権情報センター

奧平康弘(1967), 『日本出版警察法制の歷史的研究序説4』, 《法律時報》, 第39卷 第8号

奧平康弘(1967), 『日本出版警察法制の歷史的研究序説5』, 《法律時報》, 第39卷 第9号

Alberto Mangual, 정명진 옮김(2000), 『독서의 역사』, 세종서적

Elizabeth L. Eisenstein(1983), THE PRINTING REVOLUTION IN EARLY MODERN EUROPE,
　　New York:Cambridge University Press

Hebrt S. Bailey(1970), The Art and Science of Book Publishing, Austin:University of Texas
　　Press

J. W. Irwin, 천경록 · 이경화 역(2003), 『독서지도론』, 박이정

Mikhail Ilin, 박수현 역(2003), 『백지 위의 검은 것』, 아이세움

R. Escarpit, 민희식 · 민병덕 역(1983), 『문학의 사회학』, 을유문화사

UNESCO, Cultural Industries—A Challenge for the Future of Culture, 도정일 역(1987), 『문화
　　산업론』, 나남

Walter J. Ong, 임명진 역(1995), 『구술문화와 문자문화』, 문예출판사

W. Benjamin, 차봉희 역(1980), 『현대사회와 예술』, 문학과지성사

W. Benjamin, 반성완 역(1983). 『발터 벤야민의 문예이론』, 민음사

[디지털 자료]

국사편찬위원회《우리역사넷》(http://contents.history.go.kr)
삼성출판박물관(http://ssmop.org)
한국잡지정보관(http://museum.magazine.or.kr)
한국학중앙연구원《한국민족문화대백과사전》(http://encykorea.aks.ac.kr)
현담문고(http://www.adanmungo.org)